涪城
FUCHENG

涪城年鉴 2023

（总第28卷）

中共绵阳市涪城区委党史研究室
（绵阳市涪城区地方志办公室）编

方志出版社

图书在版编目（CIP）数据

涪城年鉴．2023 / 中共绵阳市涪城区委党史研究室（绵阳市涪城区地方志办公室）编.—北京：方志出版社，2023.12

ISBN 978-7-5144-6039-1

Ⅰ．①涪… Ⅱ．①中… Ⅲ．①区（城市）—绵阳—2023—年鉴 Ⅳ．①Z527.14

中国国家版本馆 CIP 数据核字(2023)第 253119 号

责任编辑：张　颢
责任校对：张玉霞
责任印制：梅中英
出 版 者：方志出版社
地　　址：北京市朝阳区潘家园东里 9 号（国家方志馆4层）
邮　　编：100021
网　　址：http://www.zgfzcb.cn
发　　行：方志出版社图书营销中心（010-67110500）
印　　刷：四川天娇印务有限公司
开　　本：889毫米 × 1194毫米　1/16
印　　张：31.25
字　　数：953千字
版　　次：2023年12月第1版
印　　次：2023年12月第1次印刷
定　　价：268.00元

绵阳市涪城区行政区划图

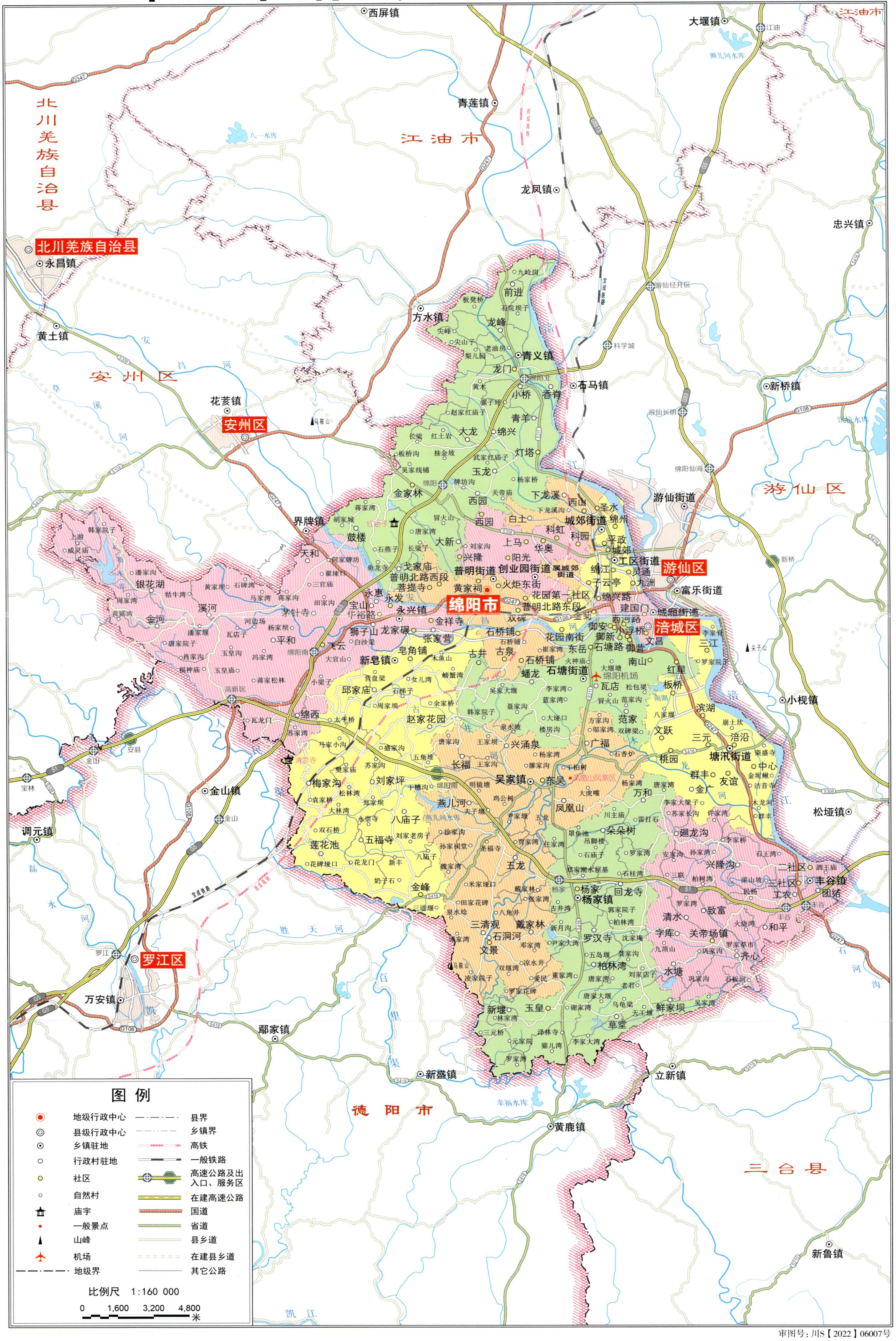

《涪城年鉴（2023）》编纂委员会

顾　问	邓　辉	区委书记
	顾　建	区人大常委会主任
	杜正茂	区政协主席
主　任	张虚怀	区委副书记、区政府区长
副主任	秦亚辉	区委常委、区政府常务副区长
	曾胜利	区委常委、组织部部长
成　员	沈　亮	区委办主任
	吴松云	区人大办主任
	曹　阳	区政府办主任
	蒋纯泉	区政协秘书长
	郑　茜	区财政局局长
	王　芳	区统计局局长
	王　东	区委党史研究室(区地方志办公室)主任

《涪城年鉴（2023）》编辑部

主　编	曾胜利	区委常委、组织部部长
执行主编	杨　剑	区委组织部部务委员
执行副主编	刘雪梅	区委党史研究室编研股股长
编辑、校对	刘雪梅	区委党史研究室编研股股长
	岳　骥	区委组织部四级主任科员

封面人物：欧阳修（北宋）

编辑说明

一、《涪城年鉴》是中共绵阳市涪城区委、绵阳市涪城区人民政府组织编纂的地方综合年鉴，按照"区委领导、政府主持、单位供稿、志办总纂"的原则，由中共绵阳市涪城区委党史研究室（绵阳市涪城区地方志办公室）编纂。1996年首次出版，每年出版一卷，《涪城年鉴(2023)》（简称本年鉴）是第28卷。

二、年鉴以马克思列宁主义、毛泽东思想、邓小平理论、"三个代表"重要思想、科学发展观、习近平新时代中国特色社会主义思想为指导，坚持辩证唯物主义和历史唯物主义的立场、观点和方法。全面、系统地记述2022年绵阳市涪城区经济和社会发展的基本情况，为各级党政机关、研究部门、社会各界和海外人士了解与研究涪城区提供基本资料。

三、本年鉴记述时限为2022年1月至2022年12月31日，为保持连续性和完整性，个别事物的记述时间适当上溯或下延。

四、依据绵阳市涪城区行政区划及市政府划定的涪城区本级与辖区内各园区行政管辖权，本年鉴记述的地域范围为断限期内区本级及所属青义、丰谷、新皂、吴家、杨家5个镇，城厢、工区、城郊、石塘4个街道，金家林总部经济试验区。除园区类目，如无明确说明，均不含设置于涪城行政辖区内的绵阳高新区代管的永兴镇与普明街道，绵阳经济技术开发区代管的塘汛街道，绵阳科技城新区代管的创业园区街道。

五、本年鉴采用分类编辑法编纂，以涪城区自然经济社会为标准设计结构，加以标引形成框架，按类目、分目、条目三个层次体例编辑，以条目为基本记述单位和检索单位，条目均加"【 】"表示。

六、本年鉴在尽量保持框架稳定的基础上进行适度调整，设特载、大事记、区情概览、中国共产党绵阳市涪城区委员会、绵阳市涪城区人民代表大会、绵阳市涪城区人民政府、中国人民政治协商会议绵阳市涪城区委员会、中国共产党绵阳市涪城区纪律检查委员会 绵阳市涪城区监察委员会、民主党派、群众团体、法治、军事、经济管理、园区、农业农村、工业、商贸服务、旅游、城乡建设与管理、开放合作、交通、安全应急管理、生态环境保护、科学技术、教育体育、文化、卫生、社会生活、镇(街道)、人物、附录、索引等。

七、本年鉴使用记叙文、说明文等文体，语言文字严格使用国家规范的简化汉字，以现代书面语为表现方式，称谓一律用第三人称，时间用年、月、日表示。文字、标点、数字、计量单位等按国家标准和局部一致的原则书写，保留部分地方习惯性排法定计量单位"亩"。

八、本年鉴主要内容由区级各部门、各镇、各街道及相关企事业单位指定专人撰稿并经单位负责人审核后提供，由涪城年鉴编辑部整理编辑，经编委会审查，出版社审定，具有权威性和资料性。

九、本年鉴图片和文字资料主要由全区各相关单位提供，综合性数据由涪城区统计局提供。正文中的数据经各级领导和统计部门审核，但少数数据，由于部门之间统计口径不尽一致，数值也不尽相同。除年度之间的对比和注明不变价计算者外，一般以现行价格计算。本年鉴中增、减比例或绝对数除注明比较年份外，其他省略比较年份的均为与2021年度相比较。

部分组织机构简称、全称一览表

机构简称	机构全称
市委	中国共产党绵阳市委员会
市政府	绵阳市人民政府
区委	中国共产党绵阳市涪城区委员会
区人大常委会	绵阳市涪城区人民代表大会常务委员会
区政府	绵阳市涪城区人民政府
区政协	中国人民政治协商会议绵阳市涪城区委员会
区纪委监委	中国共产党绵阳市涪城区纪律检查委员会（绵阳市涪城区监察委员会）
区人武部	中国人民解放军四川省绵阳市涪城区人民武装部
区委办	中国共产党绵阳市涪城区委员会办公室
区政府办	绵阳市涪城区人民政府办公室
区委组织部	中国共产党绵阳市涪城区委员会组织部
区委宣传部	中国共产党绵阳市涪城区委员会宣传部
区委政法委	中国共产党绵阳市涪城区委员会政法委员会
区委统战部	中国共产党绵阳市涪城区委员会统一战线工作部
区委巡察办	中国共产党绵阳市涪城区委巡察办公室
区委目标绩效办	中国共产党绵阳市涪城区委员会目标绩效管理办公室
区委编办	中国共产党绵阳市涪城区委员会机构编制委员会办公室
区委党校	中国共产党绵阳市涪城区委员会党校
区法院	绵阳市涪城区人民法院
区检察院	绵阳市涪城区人民检察院
区总工会	绵阳市涪城区总工会
团区委	中国共产主义青年团绵阳市涪城区委员会
区妇联	绵阳市涪城区妇女联合会
区工商联	绵阳市涪城区工商业联合会
区科协	绵阳市涪城区科学技术协会
区残联	绵阳市涪城区残疾人联合会
区发改局	绵阳市涪城区发展和改革局
区工信局	绵阳市涪城区工业和信息化局
区教体局	绵阳市涪城区教育和体育局
区科技局	绵阳市涪城区科学技术局
区公安分局	绵阳市公安局涪城区分局
区民政局	绵阳市涪城区民政局
区司法局	绵阳市涪城区司法局
区财政局	绵阳市涪城区财政局
区人社局	绵阳市涪城区人力资源和社会保障局
区自然资源局	绵阳市涪城区自然资源局
涪城生态环境局	绵阳市涪城生态环境局
区住建局	绵阳市涪城区住房和城乡建设局

续表序

机构简称	机构全称
区交通运输局	绵阳市涪城区交通运输局
区农业农村局	绵阳市涪城区农业农村局
区商务局	绵阳市涪城区商务局
区文广旅局	绵阳市涪城区文化广播电视和旅游局
区卫健局	绵阳市涪城区卫生健康局
区信访局	绵阳市涪城区信访局
区审计局	绵阳市涪城区审计局
区市场监管局	绵阳市涪城区市场监督管理局
区应急管理局	绵阳市涪城区应急管理局
区统计局	绵阳市涪城区统计局
区综合执法局	绵阳市涪城区综合行政执法局
区退役局	绵阳市涪城区退役军人事务局
区医保局	绵阳市涪城区医疗保障局
区行政审批局	绵阳市涪城区行政审批局
区经合局	绵阳市涪城区经济合作局
区供销联社	绵阳市涪城区供销合作社联合社
区乡村振兴服务中心	绵阳市涪城区乡村振兴服务中心
区机关事务服务中心	绵阳市涪城区机关事务服务中心
区创新改革研究中心	绵阳市涪城区创新改革研究中心
区公务服务中心	绵阳市涪城区公务服务中心
区档案馆	绵阳市涪城区档案馆
区委老干局	中国共产党绵阳市涪城区委员会老干部局
区委党研室（区方志办）	中国共产党绵阳市涪城区委员会党史研究室（绵阳市涪城区地方志办公室）
区社科联	绵阳市涪城区社会科学界联合会
区文联	绵阳市涪城区文学艺术界联合会
区金融办	绵阳市涪城区金融工作办公室
区文明实践服务中心	绵阳市涪城区文明实践服务中心
区民宗局	绵阳市涪城区民族宗教事务局
区城乡社会救助服务中心	绵阳市涪城区城乡社会救助服务中心
区企业培育发展中心	绵阳市涪城区企业培育发展中心
区农能中心	绵阳市涪城区农村人居环境和能源发展中心
区社保服务中心	绵阳市涪城区社会保险服务中心
区就业服务中心	绵阳市涪城区就业服务中心
区红会	绵阳市涪城区红十字会
区征地拆迁与旧城改造中心	绵阳市涪城区征地拆迁与旧城改造服务中心
区融媒体中心	绵阳市涪城区融媒体中心
涪城调查队	国家统计局涪城调查队
区消防救援大队	绵阳市涪城区消防救援大队
富诚集团	绵阳富诚投资集团有限公司
涪创集团	四川涪创发展集团有限公司

FUCHENG YEARBOOK

栏 目

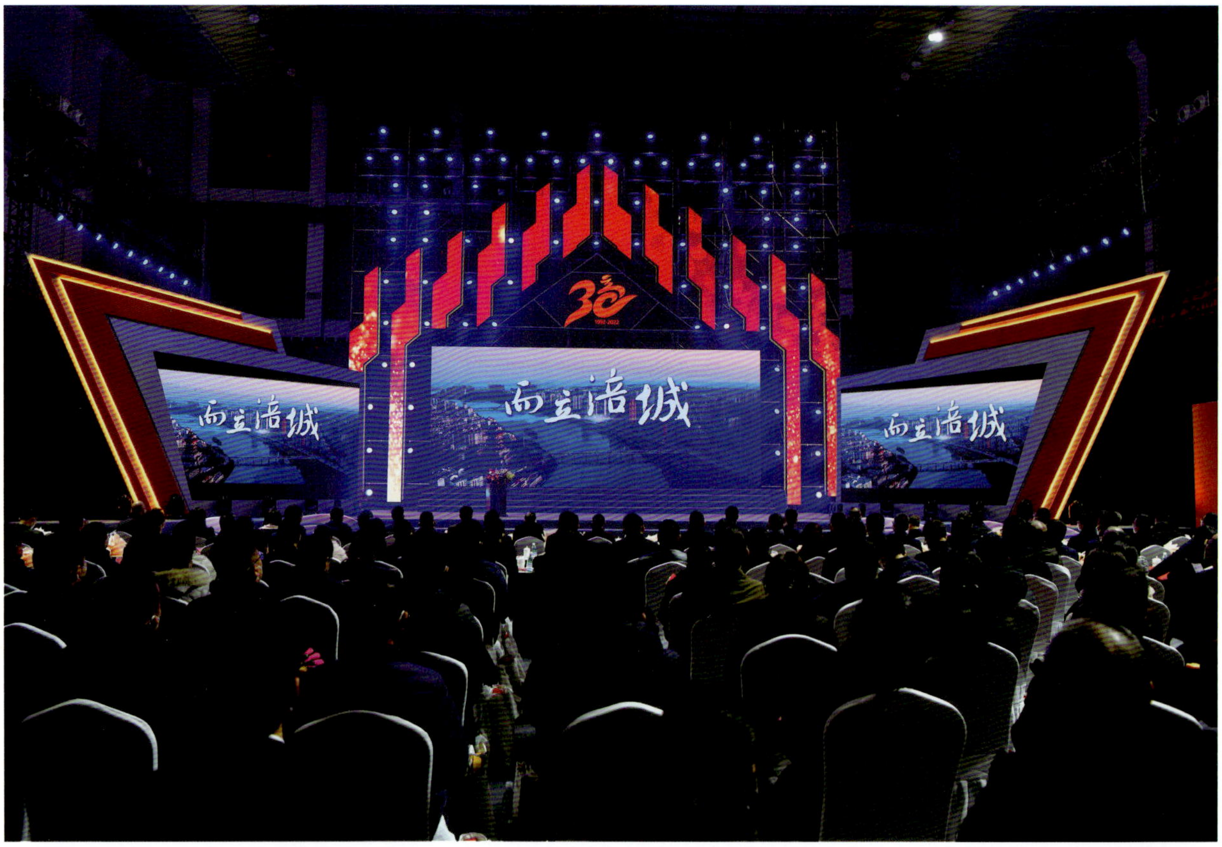

2022 年 12 月 30 日，涪城区“学习贯彻二十大 而立涪城再出发”迎新年群众文艺会演《而立涪城》宣传片播放现场

（涪城区文联）

2022 年 12 月 30 日，涪城区在“学习贯彻二十大 而立涪城再出发”迎新年群众文艺会演现场发布《画说涪城 30 年》与《三十而越——绵阳市涪城区 30 年发展图志(1992—2022)》

（涪城区文联）

2022年12月30日，涪城区在“学习贯彻二十大 而立涪城再出发”迎新年群众文艺会演现场举行《云涪城》展览馆发布仪式 （涪城区文联）

2022年12月30日，涪城区举行“学习贯彻二十大 而立涪城再出发”迎新年群众文艺会演现场 （涪城区文联）

2022 年 11 月 9 日，涪城区举行“科教强区”品牌发布仪式　　（涪城区融媒体中心）

2022 年 11 月 11 日，涪城区举行“产业强区”品牌发布仪式　　（涪城区融媒体中心）

2022年12月12日，涪城区举行“全域强区”品牌发布仪式 （涪城区融媒体中心）

2022年12月27日，涪城区举行“开放强区”品牌发布仪式 （涪城区融媒体中心）

2022年3月16日，涪城区人民政府与杭州海康威视数字技术股份有限公司举行战略合作协议签约仪式
（涪城区融媒体中心）

2022年6月14日，涪城区与厦门市湖里区签署建立友好城区关系协议书 （涪城区融媒体中心）

2022 年 6 月 15 日，涪城区人民政府与福建省物联网行业协会、厦门市新材料产业协会签署战略合作协议

（涪城区融媒体中心）

2022 年 6 月 15 日，中国（绵阳）科技城厦门推介会在厦门国际会议中心酒店举行，涪城区与罗普特科技集团股份有限公司签署战略合作协议

（涪城区融媒体中心）

2022 年 1 月 20 日，中共绵阳市涪城区群团组织综合委员会授牌仪式暨群团集中办公区入驻仪式在涪城区群团中心举行，区委书记邓辉（左）出席并授牌 （涪城区融媒体中心）

2022 年 7 月 12 日，涪城区“五力领航”党建品牌发布会举行 （涪城区融媒体中心）

2022年5月30日，九华府项目（高端人才住房项目）开工仪式在青义镇举行 （涪城区融媒体中心）

2022年6月5日，涪城区举行2022年考核招聘高层次人才(重庆专场)签约仪式 （涪城区融媒体中心）

2022年4月8日，涪城区"园区提质、企业满园"行动重点项目集中签约仪式暨"涪城荟"招商联盟誓师大会举行，总投资203.75亿元的51个重点项目集中签约 （涪城区融媒体中心）

2022年7月22日，涪城区"涪城荟"招商联盟2022年第二批项目集中签约仪式在中关村科技园路演大厅举行，涪城区人民政府与中物院成都科学技术发展中心签署《深化院地合作》战略协议，与成都成曼博尔顿教育科技有限公司签署《英国励格纳米石墨烯产业基地项目》投资协议，与成都市阿部农业科技有限责任公司签署《网红总部基地及食品集合加工产业园项目》投资协议，与浙江鑫众电器有限公司签署《鑫众芯基板项目》投资协议 （涪城区融媒体中心）

2022年7月22日，涪城区"涪城荟"招商联盟2022年第二批项目集中签约仪式在中关村科技园路演大厅举行，"涪城荟"招商联盟成员绵阳联东金毅园区管理服务有限公司、绵阳锦石涪鑫实业有限公司、绵阳中关村信息谷科技服务有限责任公司、绵阳黑马创启科技有限公司、深圳北斗互联网研究院、绵阳中科钛科技有限公司分别与相关企业签署合作协议

（涪城区融媒体中心）

2022年8月29日，"涪城荟"粤港澳大湾区招商联盟大会在东莞举行，涪城区政府与"涪城荟"粤港澳大湾区招商联盟盟主签署合作协议，"涪城荟"新型显示、汽车电子、5G制造、科技创新招商联盟盟主分别与深圳市明祺光电有限公司、深圳市万禄城科技有限公司、深圳市众利电源科技有限公司、广州佐翼科技有限公司签署合作协议 （涪城区融媒体中心）

2022年9月21日，创明新能源项目签约暨开工仪式在临港经济发展区东区举行，涪城区人民政府与深圳市创明新能源股份公司签署《创明新能源项目投资协议》，投资总金额120亿元

（涪城区融媒体中心）

2022年11月1日，“涪城荟”长三角招商联盟大会在苏州市举行，涪城区与“涪城荟”长三角招商联盟盟主签署合作协议 （涪城区融媒体中心）

2022年11月1日，“涪城荟”长三角招商联盟大会在苏州市举行，“涪城荟”长三角招商联盟与产业链企业签署合作协议 （涪城区融媒体中心）

2022年12月27日，涪城“科创大走廊”项目集中签约仪式举行，涪城区人民政府与中物院成都科学技术发展中心、四川橙科通信技术研究院有限责任公司共同签订《先进智能传感科技园飞秒微纳智能传感项目投资协议》，与西南科技大学签订《西南科技大学校地合作战略协议》，与罗普特科技集团股份有限公司签订《罗普特（绵阳）大数据科技园项目投资协议》，与四川中医药高等专科学校签订《支持学校专升本合作协议》 （涪城区融媒体中心）

2022 年 12 月 27 日，“涪城科创大走廊”科创平台招引项目签约现场　　（涪城区融媒体中心）

2022 年 12 月 27 日，“涪城科创大走廊”企业合作项目签约现场　　（涪城区融媒体中心）

2022 年 12 月 27 日，涪城“科创大走廊”项目集中签约仪式上，涪城“科创大走廊”智能传感科技园授牌
（涪城区融媒体中心）

2022 年 6 月 28 日，涪城区“湖光山色”稻渔亲水湿地农业主题公园开园 （涪城区融媒体中心）

2022 年，涪城区“湖光山色”稻渔亲水湿地农业主题公园 （米川宁摄影）

2022 年，位于杨家镇鲜家坝村的涪城区有机农业示范园 （米川宁摄影）

2022 年 6 月 13 日，“绵阳造”厦门行精品展在厦门中山路步行街开展。图为“涪城蚕茧”展台　（李祎摄影）

2022 年 7 月 7 日，涪城区“数智”乡村助力村级集体经济壮大项目签约仪式举行，绵阳移动涪城分公司分别与青义镇、吴家镇等 5 个镇以及石塘街道、城郊街道签订战略合作框架协议书　（涪城区融媒体中心）

2022 年 7 月 15 日，“兴农门市场·绵阳农产品智慧交易中心”开工奠基仪式举行 （青义镇）

2022 年 11 月 1 日—3 日，“绵品出川”苏州展上的涪城牡丹籽油 （涪城区融媒体中心）

2022 年 3 月 12 日，硅基智能“数字人全球直播基地”新闻发布会在科技智谷举行，随着首批 20 个数字人直播间上线，硅基智能“数字人全球直播基地”正式落户科技城新区涪城片区 （涪城区融媒体中心）

2022 年 6 月，中南高科在建项目工地 （米川宁摄影）

2022 年 7 月 4 日，涪城区中南高科·涪城智能电子产业园招商中心暨“涪城荟”汽车电子联盟联合招商中心正式投用

（涪城区融媒体中心）

2022 年 12 月 7 日，四川垚磊科技有限公司揭牌仪式在科技智谷 5G 科技园举行 （涪城区融媒体中心）

2022年12月7日,四川永贵科技光电连接器项目开工仪式现场 （涪城区融媒体中心）

2022年12月7日,四川核保锐翔科技有限责任公司揭牌仪式在科技智谷5G科技园举行 （涪城区融媒体中心）

2022 年 12 月 12 日，艾伯科技智能制造产业项目开工仪式在临港经济发展区西区举行 （涪城区融媒体中心）

2022 年，建设中的康宁显示科技项目工地 （米川宁摄影）

②
③
①
④

①智能传感科技园　（四川绵阳工业园区）
②2022年建设中的联东U谷　（米川宁摄影）
③北斗未来创新中心　（米川宁摄影）
④天仪研究院　（米川宁摄影）

联东U谷·绵阳国际企业港

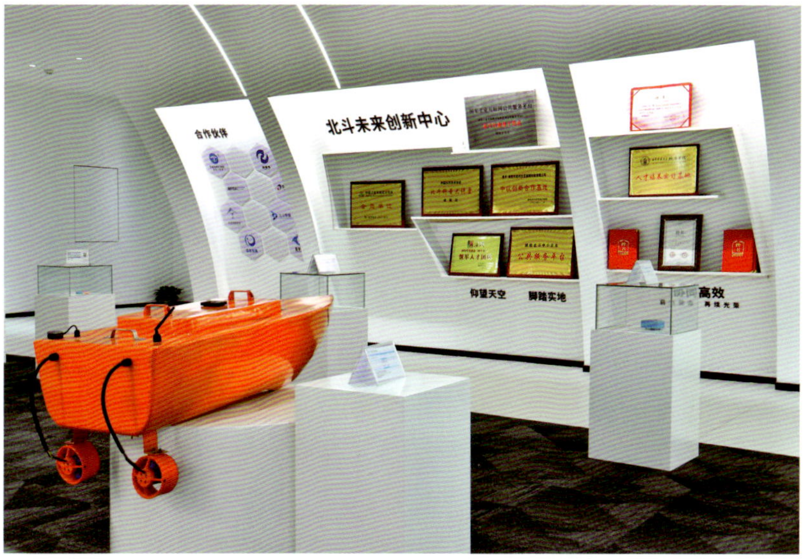
合作伙伴
北斗未来创新中心
仰望天空
脚踏实地
高效

天仪研究院绵阳测控中心

2022 年 10 月，垚磊科技有限公司无人机总装测试平台项目建成投用　　（四川绵阳工业园区）

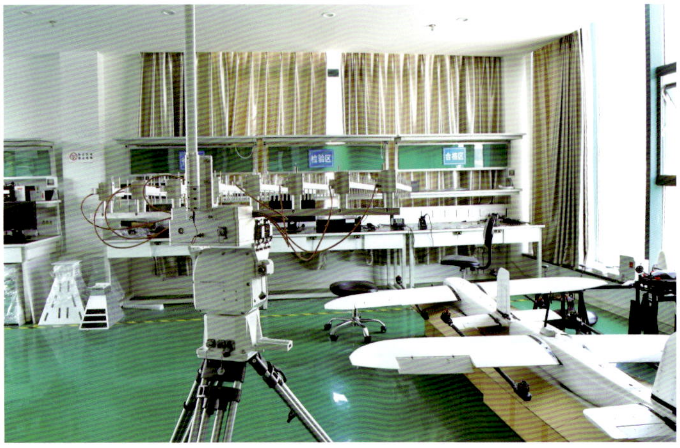

九强通信科技公司生产线　　（米川宁摄影）

九华光子通信技术有限公司生产间　（米川宁摄影）

长虹奥库科技有限公司压缩机调试区（米川宁摄影）

华拓光通信股份有限公司工作间（米川宁摄影）

2022 年 3 月 25 日，涪城区第一届营商环境大会暨企业家年会召开　　（涪城区融媒体中心）

2022 年 3 月 30 日，裕农商城商贸物流城建设工地　　（青义镇）

2022年5月28日，绵阳王府井购物中心开业　（涪城区融媒体中心）

2022年6月13日，涪城区举行"魅力涪城·生活狂欢节"启动仪式　（涪城区融媒体中心）

2022年6月13日，由绵阳市委、市政府主办的“绵阳造”厦门行精品展在厦门中山路步行街开展（涪城区融媒体中心）

2022年10月，通安巷夜市建成投用 （米川宁摄影）

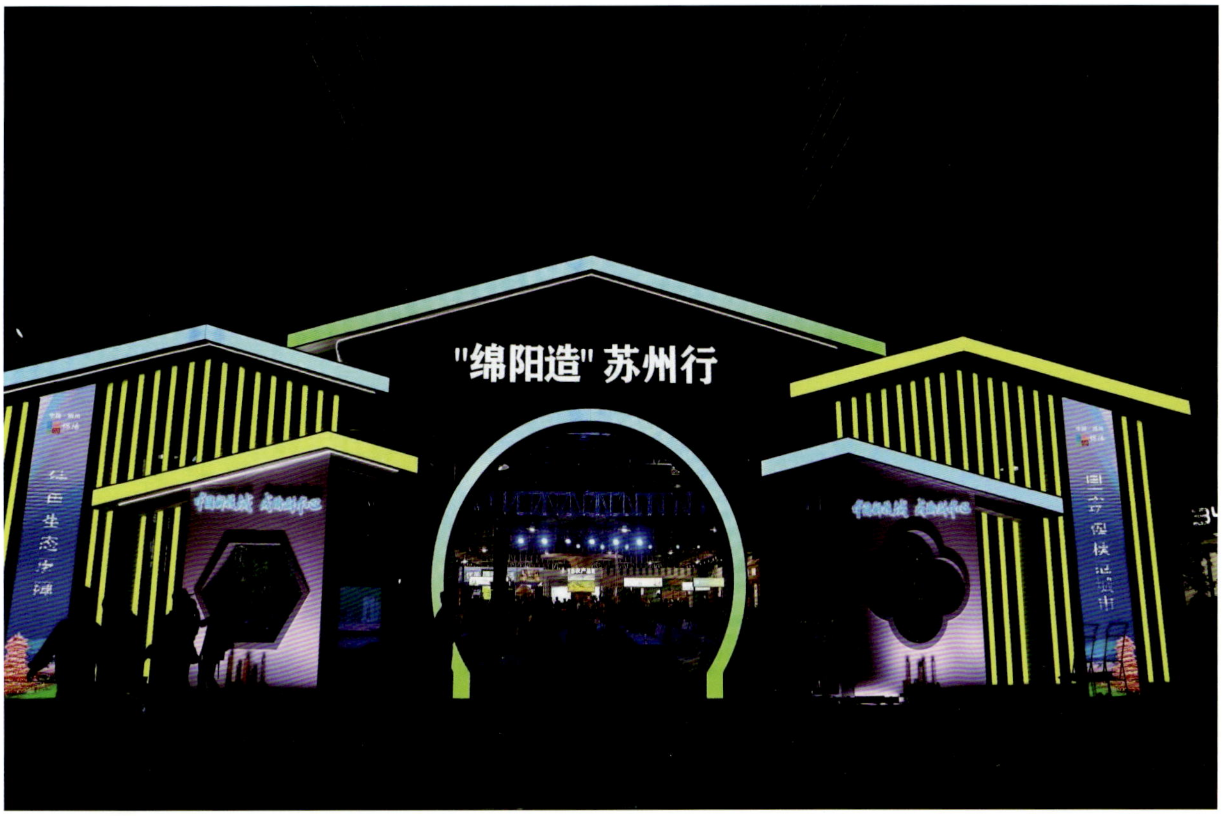

2022年11月1日—3日，“绵阳造”苏州展在苏州市东方之门广场举办 （涪城区融媒体中心）

马家巷 （米川宁摄影）

2022 年 1 月 12 日，涪城区建筑行业协会成立，市住建委主任苏杰、区委书记邓辉为涪城区建筑行业协会揭牌

（涪城区融媒体中心）

2022 年 1 月 20 日，涪城区富乐北路（1958 至跃虹路段）市政道路建设项目竣工

（涪城区住建局）

2022 年 3 月 4 日，涪城区荷花东西北街改造项目竣工　　（涪城区住建局）

2022 年 3 月 9 日，涪城区圣水南街西段道路建设工程项目竣工　　（涪城区住建局）

2022 年 1 月 16 日，振通智慧交通产业园项目开工奠基仪式举行　　（涪城区融媒体中心）

2022 年 6 月 20 日，中欧班列成渝号(绵阳)从涪城区皂角铺铁路物流基地正式发车。图为首发仪式现场

(涪城区融媒体中心)

2022 年，涪城区皂角铺铁路物流基地

(涪城区融媒体中心)

2022年5月18日，西部现代职业教育示范区一期暨四川汽车职业技术学院三期建设项目开工奠基仪式在位于新皂镇的四川汽车职业技术学院举行　　（涪城区融媒体中心）

2022年6月17日，涪城区中心复兴少年宫授牌仪式暨“音为有你”教师音乐会在绵阳市少年宫举行，区委副书记胡友谊为涪城区中心复兴少年宫授牌　　（涪城区融媒体中心）

2022 年 9 月 8 日，涪城区庆祝第 38 个教师节颁奖典礼在绵州大剧院举行，区委书记邓辉向新入选“涪城名师堂”的卓越校长、功勋教师颁发证书

（涪城区融媒体中心）

2022 年 9 月 8 日，涪城区人大常委会主任顾建（前右四），区政协主席杜正茂（前右一）为优秀教师团队颁奖

（涪城区融媒体中心）

2022 年 3 月 7 日，涪城区纪念三八国际妇女节 112 周年表扬大会暨丰谷镇桃花旅游节开幕仪式在丰谷镇九顶山举行，区委书记邓辉（中），区委副书记、区长张虚怀（右二）等为丰谷镇桃花节揭幕 （涪城区融媒体中心）

2022 年 5 月 17 日，四川省第二届乡村文化振兴魅力竞演大赛启动仪式在涪城区杨家镇原香·国际香草园举行 （涪城区融媒体中心）

2022 年 5 月 17 日，涪城区首届民俗文化展演启动仪式在杨家镇原香·国际香草园举行　　（米川宁摄影）

2022 年 5 月 17 日，与会领导为涪城区首届民俗文化展演揭幕　　（涪城区融媒体中心）

2022 年 6 月 6 日，“幸福涪城”群众文化艺术节暨第二届“涪城星光秀”决赛在铁牛广场举行　（涪城区融媒体中心）

2022 年 7 月 22 日，“湖光山色”稻渔亲水湿地农业主题公园首届荷文化旅游系列活动开幕晚会正式开启

（涪城区融媒体中心）

2022年5月17日，四川省第二届乡村文化振兴魅力竞演大赛启动仪式上，绵阳市非物质文化遗产保护项目“金峰雄狮”等节目演出现场（涪城区融媒体中心）

2022年12月25日，2022年绵阳涪城·田园自行车公开赛在杨家镇举行
（涪城区融媒体中心）

2022年12月30日，以“活力涪城·惠享文旅”为主题的2022年涪城区文化旅游消费季暨2023年新春系列活动启动仪式举行（涪城区融媒体中心）

2022 年 1 月 21 日，涪城区“智汇绵州 才聚涪城”直播带岗启动仪式暨就业援助月专场直播在五一大厦职工就业服务中心举行 **（涪城区融媒体中心）**

2022 年 4 月 13 日，涪城区对口帮扶昭觉县物资捐赠仪式在昭觉县城北镇沐恩邸社区举行 **（涪城区融媒体中心）**

2022 年 6 月 18 日，涪城区开展重点企业招聘季暨高校毕业生就业见习岗位发布活动，发布工作岗位 2500 余个、高校毕业生见习岗位 600 余个　（涪城区融媒体中心）

2022 年 8 月 24 日，2022 第十一届中国创新创业大赛（四川赛区）新一代信息技术和高端装备制造产业决赛启动仪式在涪城举行，绵阳涪城赛场正式启动　（涪城区融媒体中心）

2022 年 11 月 8 日，中国（绵阳）科技城涪城人力资源服务产业园开园仪式举行　　（涪城区融媒体中心）

2022 年 11 月 8 日，中国（绵阳）科技城涪城人力资源服务产业园校企地合作签约仪式和首批入园企业代表签约仪式举行　　（涪城区融媒体中心）

2022 年 12 月 14 日，涪城区“暖心快药”保障机制建立以来，在全区范围内为特殊困难群体等重点人群免费发放涪城暖心快药“爱心包”

（涪城区融媒体中心）

2022 年 12 月 23 日，涪城区首届青年创新创业大赛颁奖典礼举行，孵化器代表与落地选手签订入驻协议

（涪城区融媒体中心）

2022年12月29日，涪城区民生事业高质量发展"十心行动"品牌发布会在五一广场举行 （涪城区融媒体中心）

吴家污水处理厂 （米川宁 摄影）

特 载

大事记

区情概览

中国共产党绵阳市涪城区委员会

绵阳市涪城区人民代表大会

绵阳市涪城区人民政府

中国人民政治协商会议绵阳市涪城区委员会

中国共产党绵阳市涪城区纪律检查委员会 绵阳市涪城区监察委员会

民主党派

群众团体

法 治

军　事

经济管理

园　区

农业农村

工 业

商贸服务

旅 游

城乡建设与管理

开放合作

交 通

安全应急管理

生态环境保护

科学技术

教育 体育

文 化

卫　生

社会生活

镇（街道）

人 物

附 录

索 引

真抓实干 狠抓落实
为努力干出绵阳发展新天地贡献涪城力量

——在涪城区“真抓实干、狠抓落实”领导干部读书班暨解放思想大讨论开班式上的辅导报告（节选）

中共绵阳市涪城区委书记 邓 辉

（2022年7月10日）

同志们：

在全区上下认真学习贯彻习近平总书记四川视察重要指示精神和省第十二次党代会精神，全面落实市委“五市”战略，深入实施“三千工程”，加快建设“四个强区”，全面建设西部现代化强区的关键时期，我们举行“真抓实干、狠抓落实”领导干部读书班暨解放思想大讨论，主要目的是坚定贯彻习近平总书记四川视察重要指示精神和省第十二次党代会精神，对标落实省委常委、市委书记曹立军关于抓落实的系列重要要求，始终坚持发展第一要务，深化运用解放思想大讨论成果，动员全区上下以“功成不必在我”的境界和“功成必定有我”的担当，全面掀起“真抓实干、狠抓落实”干事创业热潮，全力抓好各项工作任务落地落实，全速推动涪城新一轮大开发、大建设、大开放、大发展，以实际行动迎接党的二十大胜利召开。

2020 年 9 月开展解放思想大讨论活动以来，全区上下以饱满热情、昂扬状态和务实举措，推动各项工作走深走实、见行见效。近两年来，大家聚焦发展第一要务，通过请进来讲、坐下来论、走出去看、赛场上练、实干中比，推动党员干部群众破除因循守旧的思想藩篱，开阔站高谋远的眼界格局，提振只争一流的精神士气，闯出因地制宜的发展新路，形成思想大解放和发展高质量同频共振、相得益彰的生动局面。

解放思想永远在路上。每一个发展阶段、每一个实践领域，都有问题需要解决、都有难点需要攻克、都有藩篱需要突破，并赋予解放思想不同的时代内涵和攻坚重点。先前我们解放思想的重点是思想上的“破冰”，主要目的在于为涪城高质量发展凝聚广泛思想共识；站在新的发展阶段和发展起点，解放思想的重点必须转换到行动上的“突围”，主要目的就是通过真抓实干、狠抓落实，把解放思想大讨论的成果持续转化为涪城高质量发展的实际成效。当前，涪城正行进在深入实施“三千工程”，加快建设“四个强区”，全面建设西部现代化强区的新征程中，全区上下必须以更高标准、更高水平真抓实干、狠抓落实，奋力推动涪城高质量发展取得新突破、迈上新台阶。

下面，主要谈三个方面问题。

第一，关于为什么的问题

真抓实干、狠抓落实，统一思想认识是前提。在今年2月18日举行的市八届人大二次会议上，曹立军同志向全市发出了“真抓实干、狠抓落实，努力干出绵阳发展新天地”的最强“动员令”，6月28日又明确指出、并在多个场合反复强调，“干与不干不一样，认真干与应付干不一样，全力以赴干与尽力而为干不一样”“真抓实干、狠抓落实是实现绵阳高质量发展的唯一途径”。站在新的发展起点，面对新的发展形势，我们必须再次从思想上深化对抓落实重要性的认识，切实增强抓落实的责任感、使命感和紧迫感。

一、“真抓实干、狠抓落实”是旗帜鲜明讲政治的重要标志

真抓实干、狠抓落实，饱含鲜明的马克思主义立场、观点和方法，彰显着共产党人鲜明的政治品质和历史担当，是指导我们工作的重要理念、思想方法和评价标准。

抓落实是马克思主义的朴实原理。马克思主义哲学是以科学实践观为理论基石，具有鲜明践行实干的特征，坚决反对空谈而注重行动、强调实践，鲜明指出实践是认识的基础，必须通过实践才能认识客观世界，全部社会生活在本质上是实践的。

抓落实是中国共产党的优良传统。空谈误国、实干兴邦。强调实干、注重落实，是我们党的优良传统和重要法宝。中国共产党101年的历史就是一部善谋划、抓落实的创业史，抓落实让中国共产党人心往一处想、劲往一处使，在革命、建设和改革的不同历史时期形成了强大的政党凝聚力和政策执行力，一步一个脚印推动党的事业不断取得更大辉煌。

抓落实是党员干部的立身之本。习近平总书记深刻指出，“抓落实，是衡量领导干部党性和政绩观的重要标志”，并把抓落实能力放在干部应具有“七大能力”的最后，体现了“七大能力”的内在逻辑，说明干部的所有能力最终都要转化为说实话、干实事的抓落实能力。如果党员干部没有抓落实的能力，就无以立身、无以为本。

对大家而言，讲政治最直接的体现，就是要坚决贯彻党中央大政方针和省委、市委决策部署，就是要坚决落实区委作出的各项工作安排，一抓到底、抓出成效，始终与区委在思想上同心、目标上同向、行动上同行。

二、“真抓实干、狠抓落实”是应对复杂局面的必然之举

当前国际形势错综复杂、经济下行压力加大、区域竞争日益加剧，我们唯有坚定信心、保持定力，真抓实干、狠抓落实，集中精力办好自己的事情，才能在危机中育先机，于变局中开新局。

从国际格局看，百年变局和世纪疫情相互交织，“东升西降”大势所趋，国际局势动荡不安，加之应对气变、通胀上升等影响叠加，全球经济发展不稳定、不确定、不平衡特点更加突出。必须深刻认识到，经过长期奋斗特别是党的十八大以来的砥砺奋进，我国全面建设社会主义现代化国家新征程已经顺利开启，实现中华民族伟大复兴进入了不可逆转的伟大历史进程。

从国内形势看，当前我国经济发展面临需求收缩、供给冲击、预期转弱三重压力，稳增长、稳就业、稳主体挑战较大，一些新的不利因素又在增加和演变，经济发展环境的复杂性、严峻性、不确定性上升。面对客观存在的暂时困难，我们有“稳”的基础和实力，有“进”的动力和空间，更有抵御风险、战胜挑战的坚定信心和强大能力。尤其是当前中央、省、市出台一系列稳经济大盘政策举措，必将推动发展整体向上向好。必须清醒认识到，冲击影响都是阶段性的、暂时的，中国经济向好的基本面没有变。

从区域竞争看，与成渝地区双城经济圈、西部地区和全国同类城区比较，涪城面临的区域竞争压力与日俱增，标兵渐远、追兵紧逼的局面更加严峻。进入高质量发展阶段，各地不仅没有放慢发展速度，而且发展的劲头强劲，形成你追我赶、奋勇争先的发展态势。就中国百强区来说，深圳南山区、广州天河区、深圳福田区稳居前三位，经济总量均超过5000亿元，发展遥遥领先，特别是排名第一的深圳南山区鲜明提出到2025年地区生产总值突破万亿，年均增速将超过9.3%，在高基数上全力推动实现高增长。这让我们深刻感受到，比我们优秀的往往比我们更努力。就省内

中国百强区来说，2020年，省内中国百强区共8个，涪城排名第7位。面对已有成绩，省内各百强区没有任何喘口气、歇歇脚的念头，抓发展一刻不停，抓落实全力以赴。比如，宜宾翠屏区响亮喊出在“十四五”期间实现地区生产总值翻番，年均增速将达到12.2%，远高于涪城年均8%的预期增速。2021年，8个百强区均实现晋级升位，并新入围2个区。特别是成都武侯区较2020年跃升51位，排名全国第18位、省内第1位；成都双流区2021年首次入围即排名全国第32位、省内第2位。涪城虽较2020年晋升6位、排名第68位，但在省内全国百强区中仍排名第7位。这让我们深刻感受到，抓发展“坐不住”“等不起”“慢不得”，稍微松劲就有下滑甚至落榜的危险。就友好城区来说，厦门市湖里区面积仅72平方千米，不足涪城区属面积的五分之一，以占厦门市4.2%的土地面积贡献了全市22%的地区生产总值、23%的工业增加值。2021年地区生产总值达到1539.41亿元，是涪城区属地区生产总值的2.5倍。这让我们深刻感受到，无论发展体量还是发展质量，我们与东部友城的差距还比较大。市内各兄弟县市区、园区谋发展思路新、抓发展劲头足，特别是“园区提质”“企业满园”行动有效激活发展动能。高新区把今年确定为“产业大招商、项目大建设”攻坚年，5月份一次性成功引进巨星稀土永磁新材料产业园、埃克森新能源产业园2个投资额均突破百亿元的重大项目，为加快建设全国一流的高新技术产业园区提供有力支撑；游仙区正抓紧建设投资150亿元的先进材料产业集群和国内领先的激光产业园；江油市明确江油高新区规模工业产值一年突破600亿元、两年突破700亿元、三年突破1000亿元的工作目标；安州区成功引进投资额破百亿的麦迪克莱光储一体化项目。这让我们深刻感受到，市内区域发展呈现出千帆竞发、百舸争流的激烈竞争状态，不进则退、慢进也是退。我们必须真抓实干、狠抓落实，以“人无我有”的劲头快动、快干、快上，以“人有我优”的作风干事业、促发展，以“人优我特”的标准拉高标尺、只争一流。

三、“真抓实干、狠抓落实”是涪城高质量发展的现实需要

2019年以来，在区委的团结带领下，全区党员干部群众凝心聚力谋发展、不折不扣抓落实，用实干的作风、过硬的担当，推动一个又一个重大项目落地建设，推进一个又一个矛盾问题突破化解，超越一个又一个竞争对手晋级升位，让涪城一步一个脚印坚定前行，干出了新业绩，闯出了新天地。2020年，全区21项主要经济指标中12项居全市第一，首次入围中国百强区；2021年，23项主要经济指标中14项排名全市第一，中国百强区排名晋升6位、居第68位，获评中国投资竞争力百强区、中国创新百强区、中国幸福百强区、中国工业百强区；今年上半年延续了良好发展态势，全区21项主要经济指标中，预计16项排名全市县（市、区）前三，其中地区生产总值和增速、固定资产投资总量等10项核心指标排名第一。与此同时，全区民生事业高质量发展，社会大局和谐稳定，党的建设得到全面加强。

可以说，今天的涪城，发展基础无比坚实。先进制造集群集聚、剑指千亿，科技创新前瞻布局、抢占高点，综合实力领跑全市、竞逐全国。今天的涪城，发展态势无比强劲。园区建设全面提质、如火如荼，重大项目纷至沓来、满园成势，开放合作联通全国、拥抱世界。今天的涪城，发展环境无比优越。政治生态风清气正、海晏河清，营商环境全国一流、全省领先，人民生活安康富足、幸福美好。全区上下用心想事、用心谋事，实心干事、专心成事，干部群众人心思上、人心思进、人心思干，成为涪城高质量发展的底气所在、支撑所在、关键所在。特别是省委书记王晓晖到绵阳调研，涪城作为全市唯一县（市、区）接受检阅，得到充分认可；曹立军同志对涪城工作高度评价、寄予厚望，多次在不同场合肯定涪城工作，要求涪城“干出新业绩、跑出加速度，在全市高质量发展中走在前列”，对我们恳请支持的重大事项，更是亲自协调、亲自推动。各级领导的高度重视和深切关怀，涪城发展的坚实基础和良好态势，干部群众的殷切期盼和美好向往，增强了我们全力以赴拼经济搞建设的底气和信心，也对我们真抓实干、狠抓落实提出了新的更高要求。立足新发展阶段、贯彻新发展理念、融入新发展格局，我们必须增强“一叶知秋”的敏锐性、不等不靠的主动性和“时时放心不下”的责任心，不满足于一般化、常规性、传统式落实，切实做到高标准抓落实、高效率抓落实、高质量抓落实、高水平抓落实。

面对新时期、新形势、新任务、新要求，我们要清醒看到，在抓落实过程中，还有部分干部对此认识不足、与此不相适应，在思想认识、工作能力、精神状态、

工作作风等方面还存在明显短板和差距。特别是面从腹诽“不落实”、消极怠工“慢落实”、浅尝辄止“假落实”、不温不火“冷落实”、用心不够“差落实”、业务不精“难落实”六类典型问题还不同程度存在，有些问题甚至出现反弹回潮。比如，个别单位和干部对区委、区政府决策部署缺乏敏锐性、敬畏心，传达学习不及时、理解领会不深刻、贯彻落实不彻底，导致盲目按照自己的想法推动工作；个别单位和干部缺乏时间观念和效率意识，干工作不积极、不主动，拖拖拉拉、慢慢吞吞，今天推明天、明天推后天，迟迟不见行动和成效；个别单位和干部行动在嘴上、落实在纸上，发个文、开个会，就等于工作已经开展了、任务已经完成了，把“说了”当成“做了”，“做了”当成“做好了”；个别干部爱惜羽毛、明哲保身，缺乏干事创业激情，习惯打太极、搞中庸，面对困难不敢攻坚，遇到工作不敢担责，该拍板时不敢决策，瞻前顾后、推诿扯皮、能躲就躲；个别干部没有干一行、钻一行、精一行的精神，对新问题、新知识、新理念缺乏主动研究把握，导致“老办法不管用、新办法不会用、硬办法不敢用、软办法不顶用”。这些问题和现象，是涪城高质量发展的“拦路虎”，是各项事业不断前进的“绊脚石”，我们必须通过真抓实干、狠抓落实来彻底解决和根除。

第二，关于抓什么的问题

真抓实干、狠抓落实，必须找准抓的支点、干的落点。一方面，我们必须对标对表上级决策部署抓落实。当前，党中央“疫情要防住、经济要稳住、发展要安全”的重要要求，省委“讲政治、抓发展、惠民生、保安全”的工作总思路，市委实施“五市”战略，“加快建设中国科技城、全力打造成渝副中心”的战略谋划，就是我们真抓实干、狠抓落实的“风向标”。上级有要求，我们要立即响应、迅速行动。另一方面，我们必须保持专注发展定力抓落实。区委六届十次全会以来，我们聚焦高质量发展主题，坚持系统观念，紧扣千亿经济总量、千亿产业园区、千户“四上”企业“三千工程”发展目标和科教、全域、产业、开放“四个强区”主攻方向不动摇、不懈怠、不折腾，统筹宏观战略、中观路径和微观保障，一锤接着一锤敲、一年接着一年干，奋力开创了涪城高质量发展新局面。实践证明，“三千工程”“四个强区”契合上级精神、符合发展实际、顺应群众期盼，我们必须坚定不移、一以贯之地抓好落实。

同时，必须深刻认识到，事物是运动变化发展的，不能以刻舟求剑、守株待兔的思维，去认识和理解发展路径和具体工作。随着上级要求、发展形势、发展阶段的变化，实现“三千工程”、建成“四个强区”的具体路径也必然会相应调整，但总体思路不会变，必须一以贯之，这必将推动区委既定发展战略得到更加科学有力的贯彻落实。当前和今后一个时期，对标党中央大政方针和省委、市委决策部署，特别是曹立军同志履新绵阳以来一系列新理念、新思路、新部署、新要求，我们要紧紧围绕科技立市、产业强市、开放活市、人才兴市、生态美市“五市”战略真抓实干、狠抓落实，力争每年都干成几件让人眼前一亮、精神一振的大事要事，确保每年都有新变化、每年都有大变化。

一要对标“科技立市”战略“真抓实干、狠抓落实”。创新是第一动力，抓创新就是抓发展、谋创新就是谋未来。市委确立“科技立市”战略，推动创新驱动和军民融合发展，打造高质量发展新引擎，加快建设国家科技创新先行示范区。真抓实干、狠抓落实，必须坚决贯彻市委“科技立市”战略，聚焦建设科技城新区涪城片区，推动科技智谷、环西科大两大组团整体成势，打造区域创新引领高质量发展的动力源和增长极。建强科创平台。构建“众创空间＋创业苗圃＋孵化器＋加速器＋产业园”“五位一体”的创新链，做大做强特色科技园区、高效运营专业平台，推进中关村二期、信息技术科技园建设，加快推进中国（绵阳）科技城超算中心落地运行。壮大科创产业。聚焦5G、卫星应用、人工智能等主导产业，强化科大讯飞、硅基智能、绵阳天仪、北斗未来等龙头引领，加快筹划组建“绵阳星座”，做强做优虚拟数字人全球直播基地、“云上教育”。营造科创生态，深化“1+X”科技服务体系，用好科普教育展示基地等资源，营造科技创新浓厚氛围。深化与区内外知名科研院所、工科类高校合作，探索建立科技研发、创新孵化、成果转化等功能性平台，促进协同创新，推动更多科技成果转化为现实生产力。

二要对标“产业强市”战略“真抓实干、狠抓落实”。产业是经济命脉，巩固经济长期向好发展势头，提升绵阳在全国经济版图中的地位，关键靠产业。市委确立“产业强市”战略，把强工业摆在更加突出位置，不断提升产业核心竞争力、整体实力和现代化水平。真抓实干、狠抓落实，必须坚决贯彻市委“产业强市”战略，全力以赴推动能级壮大、结构转型、层次提升，加快构建现代产业新体系。做大先进制造业。坚持工业向园区集中，深入实施“园区提质”“企业满园”行动，持续做大新型显示、汽车电子、5G 制造三大主导产业，加快建设千亿惠科产业园。做强现代服务业。以消费为重点持续推动五大商圈提档升级，加快推进“绵州记忆”特色街区改造提升，大力发展楼宇经济，着力培育消费新热点。做精现代农业，以“三品工程”为引领，培育壮大精品蚕桑、优质果蔬两大产业，梯次建设运营三大农业主题公园，推动农科文旅商“五态”融合发展。

三要对标“开放活市”战略“真抓实干、狠抓落实”。开放是重要法宝，必须以大开放促进大发展。市委确立“开放活市”战略，以精准大招商、拓展大通道、打造大平台为重点，着力塑造立体全面开放新态势，加快融入国际国内双循环、全国统一大市场。真抓实干、狠抓落实，必须坚决贯彻市委“开放活市”战略，加快构建高能级开放平台、高效率开放通道、高水平营商环境，让“涪聚三江、城纳四海”成为联通世界的最亮标识。对外提升开放水平，积极参与筹备“绵品出川”系列活动，充分发挥“涪城荟”招商联盟作用，大力开展精准化、专业化、平台化招商，持续招大引强、招新引优。对内聚力改革攻坚，按照市委“面对面听取意见、实打实解决问题”工作要求，深化联系服务企业“四大常态机制”，持续擦亮“三度服务”品牌。推进园区体制机制改革，深化村（社区）集体经济收益分配改革，切实将改革成果转化为发展红利。对上加大争取力度，坚持“月调度、月通报”，优化“前端、中端、后端”对上争取专班运行，落实“周到市局、月跑省厅、季进部委”机制，争取更多项目、资金、政策、试点和荣誉。

四要对标“人才兴市”战略“真抓实干、狠抓落实”。人才是第一资源，必须以高质量人才工作助推高质量发展。市委确立“人才兴市”战略，全面落实人才新政十条，聚天下英才而用之，加快建设国防科工人才高地。真抓实干、狠抓落实，必须坚决贯彻市委“人才兴市”战略，聚焦引育用服全链条，着力构建近悦远来的人才生态，加快建设全省人才工作先行区。聚焦“引得来”建强平台，坚持以平台引才聚才，围绕产业发展、科技创新、创新创业三大领域，建强“涪城荟”招商联盟、科创平台、创业黑马三大平台，精准引进对涪城发展贡献最大最直接、紧缺急需的各类人才。聚焦“留得住”做优服务，坚持以服务安才留才，全面落实市“人才十条”、区“人才十条”新政，持续提升“涪才无忧卡”含金量，高标准建设“院士小镇”，高水平打造“企业小镇”，拿出“真金白银”激励人才，形成爱才重才浓厚氛围。聚焦“用得好”创新机制。坚持以机制育才用才，创新院校合作、人才使用、资源链接三大机制，通过深化与院所高校的合作、优化运营“智汇涪城”柔性引智平台、开展国际人才合作，让各类人才在涪城大展才华。

五要对标“生态美市”战略“真抓实干、狠抓落实”。生态环境是人类生存和发展的根基，绿水青山就是金山银山。市委实施“生态美市”战略，把生态文明建设摆到更加突出的战略位置，推动绵阳加快崛起为生态文明新高地。真抓实干、狠抓落实，必须坚决贯彻市委“生态美市”战略，始终坚定不移走生态优先、绿色发展之路，以城乡融合发展为方向，统筹推进城市建设运营和乡村振兴，既要建设繁华城市，又要建设美丽乡村，努力提升发展“颜值”。加快建设繁华城市。中心城区以片区开发、点状更新和城市“微治理”三种模式实施城市有机更新，建就建成一片精品，改就改出一片新天地。加快建设美丽乡村。深入实施乡村振兴战略，以办好“一会一赛两节”突出抓好乡村文化振兴。盘活用好农村闲置宅基地和闲置农房，推动促进“城里人向农村回流”。持续巩固“全国交通运输一体化示范区”建设，推进村社道路全面提标。加快提质城乡环境。各镇街要扎实开展城乡环境综合提质三年行动，深化实施“五清”“四定”“四化”工程，积极争创“十佳”，坚决不当“十差”。

同时，要统筹抓好发展与民生、发展与安全、发展与党建的各项工作。全力增进民生福祉。民生是发展的根本目的。必须始终践行以人民为中心的发展思想，把人民群众根本利益作为一切工作的出发点和落脚点，坚持民生事业高质量发展的导向，确保民生支出占一般公共预算的 70% 以上，为西部地区共同富裕积极探索涪城路径。要深化以城带乡集团化办学，抓实“大学区制”改革，推进义务教育优质均衡发展。要持续深化医共体建设，推动医疗卫生事业高质量发展。要深化城镇困难群众精准帮扶，创新实施“五润行动”，真正让涪城人民的获得感成色更足、幸福感更可持续、安全感更有保障。牢牢守住安全底线。安全是发展的首要前提。必须始终坚持底线思维、增强忧患意识，不断提高治理现代化水平，确保社会大局和谐稳定。要严防疫情输入，落实“入川即检”“入绵查验”要求，抓好“红黄码”高效闭环排查。要狠抓燃气、老旧小区、防汛、道路交通等方面安全隐患的排查整治工作，坚决做到防患于未然。要扎实做好涉房、涉地、涉资、涉军、涉教等群体稳定工作，努力为发展大局营造和谐稳定的社会环境。全面加强党的建设。党的建设是发展的根本保障。必须坚持以党的政治建设为统领，全力打造“五力领航”党建品牌，以高质量党建引领、促进和保障高质量发展。要抓好干部队伍建设，实施“一把手”提能、专业化领导干部培养和年轻干部铸魂三大工程，有效激发干部活力。要抓好基层组织建设，围绕发展定位，持续构建“一镇街一特色”党建格局。要抓好人才引育用服，全面落实市区人才引领发展各项措施，构建近悦远来的人才生态。

同志们，每个阶段抓落实的重点不同，每个领域抓落实的重点也不同。今天，我们邀请了企业家、“两代表一委员”、村（社区）干部、青年代表参会。借此机会，就真抓实干、狠抓落实，与大家再作一些交流。

各位企业家真抓实干、狠抓落实，就是要做大做强企业。要站高谋远，以更高站位、更大格局，聚焦党和国家重大战略布局、重大政策走向投资兴业。要勇创一流，向最好的学、与最强的比、跟最快的赛，以关键技术、拳头产品塑造核心竞争力，创行业标杆、树业界典范。要感恩奋进，强化责任担当，感念社会哺育，回馈社会支持，切实增强稳经济大盘的责任感、使命感，为“两稳一保”作出应有贡献。

“两代表一委员”真抓实干、狠抓落实，就是要凝聚起社会各界推动发展的合力。要同心同向，矢志做涪城高质量发展的坚定支持者、参与者、推动者，始终与区委在思想上同心、目标上同向、行动上同步。要深入一线，倾听党员群众心声，了解社情民意，担当起人民群众与党和政府之间的桥梁。要示范带动，充分发挥扎根党员群众、联系密切广泛等优势，带头真抓实干、狠抓落实，以身边事带动身边人。

村（社区）干部真抓实干、狠抓落实，就是要落实好决策部署的“最后一米”。要讲政治，不断提高自身的政治判断力、政治领悟力、政治执行力，上级决定的坚决执行，上级禁止的坚决不做。要强素质，既要埋头拉车，也要抬头看路，不断掌握和运用做好基层工作的新理念、新思路、新方法。要促发展，始终把抓发展作为第一要务、头等大事，千方百计让群众富起来、村（社区）强起来。

青年代表真抓实干、狠抓落实，就是要砥砺奋进、勇往直前。要彰显勇毅胆识，保持初生牛犊不怕虎、越是艰险越向前的刚健勇毅，面对机遇敢于把握、面对艰险敢于探索、面对落后敢于奋起、面对竞争敢于争先。要彰显为民情怀，在人生青年时期、事业起步阶段塑牢民本情怀，努力把职业当成事业，将事业做出情怀，用情怀干出成绩。要彰显时代精神，积极发挥青年人思想活跃、观念新颖、精力充沛、行动快捷的优势，勇立改革潮头、争当时代先锋。

第三，关于怎么抓的问题

真抓实干、狠抓落实，方法路径很关键。同样的政策、同样的环境、同样的条件，最终落实的结果却大相径庭，往往就是路径偏离、方法失当所致。因此，必须高度重视、切实掌握抓落实的思想方法和工作方法，确保高质高效解决问题、推动发展、达成目标。

一要把准方向正确地干。曹立军同志强调，“抓落实本质上是政治要求。”真抓实干、狠抓落实，必须首先提高站位、把准方向，干正确的事、正确地干事。要把准政治方向。始终把旗帜鲜明讲政治的要求贯彻到抓落实全过程、各方面，树牢“四个意识”、坚定“四个自信”，自觉做“两个确立”的忠诚拥护者和“两个维护”的坚定践行者，不断提升政治判断力、政治领悟力、政治执行力，任何工作都要同习近平总书记重要指示精神和党中央、省委、市委决策部署对标对表，确保涪城各项工作始终沿着正确方向前进。要把准发展方向。始终坚持发展第一要务，完整准确全面贯彻新发展理念，围绕当好加快建设中国科技城、全力打造成渝副中心的主力军和排头兵新使命，聚焦全面建设西部现代化强区，深入实施“三千工程”，加快建设“四个强区”，在接续奋斗中推动涪城高质量发展行稳致远。要把准为民方向。始终践行以人民为中心的发展思想，将自己的价值追求、事业发展、前途命运与130万涪城人民的期待紧紧相连，把提高人民群众幸福指数作为抓落实的重点，深入群众了解所思所想所盼，用心用情解决热点难点痛点，精准精细落实利民惠民政策，不断满足人民群众对美好生活的新期待。

二要只争一流出彩地干。曹立军同志强调，“要跳出绵阳看绵阳，跳出四川看绵阳，在全国找坐标、争位次，向最好的学、与最强的比、跟最快的赛。”真抓实干、狠抓落实，必须高标高质、只争一流，干得漂亮、干得精彩。要树立争一流的思想。坚持以开放胸怀拥抱世界，以全球视野观察大势，自觉把涪城的工作放在全市、全省、全国发展大局中去定位、谋划和推动，在全国找坐标、争位次，勇于担当、主动作为、奋勇争先，各项工作都要走在前、作示范，持续巩固在全市的领跑地位、在全省的领先地位。要提升争一流的能力。聚焦高质量发展和履职尽责的现实需要，努力学习新理论、新技术、新模式、新方法，全面提升一流的专业水平、一流的专业能力、一流的专业精神，特别是领导干部要做到干一行爱一行、专一行精一行，注重调查研究、了解实情，及时提能增智、充电加油，做到“在外行面前做内行，在内行面前不做外行”。要坚持争一流的标准。坚持精细化、精致化、精品化“三精”标准，下足绣花功夫，认真负责把好每一道关口、尽心竭力抓好每一个细节，对标最高抓谋划，聚焦最好抓推进，锚定最优抓落实，自觉做到“接手的事使出最大力气，出手的事达到最高水平”。

三要深入一线务实地干。曹立军同志强调，“要大力践行‘一线工作法’，切实做到‘干部在一线工作、领导在一线指挥、问题在一线解决、能力在一线提升、绩效在一线考核、激励在一线兑现’，让实干成为绵阳干部最亮丽的底色。”真抓实干、狠抓落实，必须务实作风、深入一线，干在实处、干在前列。价值取向要求实。始终树立正确政绩观，既要有“功成不必在我”的境界，又要有“功成必定有我”的担当，用实干赢得实绩、用实绩标注担当、用担当推动发展，决不能为了不出事、宁可不干事，当“躺平式干部”；决不能只求过得去、不求过得硬，当“差不多先生”；决不能只想争功不想付出、只想出彩不想出力，当“下山摘桃人”。方法举措要务实。大力践行“一线工作法”，深入一线抓落实，按照任务项目化、项目清单化、清单具体化的要求，制定详细的责任清单、推进计划和工作台账，做到定人、定岗、定任务、定时限、定要求，确保任务可量化、措施可操作、工作可考核、责任可追究，全面形成人人有责任、层层抓落实的工作格局。工作推进要落实。力戒形式主义、官僚主义，反对表面文章和弄虚作假，真正把心思和精力用在干工作、抓落实上，踏踏实实把每一件实事办好、好事办实。区委将进一步精简会议活动、减少发文数量、减少检查考评，持续为基层减负，切实让各级干部腾出更多精力抓落实。

四要讲究方法创新地干。曹立军同志强调，“要勇于求新、锐意创新、破旧立新，不断突破条条框框的限制，变‘找依据’为‘创先例’，以改革的办法、创新的精神破解难题、推动工作。”真抓实干、狠抓落实，必须创新巧干、讲究方法，干得新颖、干出特色。要坚持系统观念。善于观大势、谋全局、想长远，聚焦党中央和省委、市委部署要求，聚焦人民群众反映最强烈的难点、堵点、热点问题，统筹好资源力量，把握好宏观战略、中观路径、微观措施的密切关系，兼顾好上与下、点与面、条与块、重点与一般，对工作做到前瞻性思考、全局性谋划、战略性布局和整体性推进，确保各环节有效对接、紧密协同、相互促进。要坚持改革创新。面对百年变局与世纪疫情相互交织的严峻复杂局面，未来我们还将面临更多逆风逆水的新情况新问题新挑战，绝对不能墨守成规、刻舟求剑，必须敢闯敢试、敢为人先，想别人不敢想、做别人不敢做，在符合规定与遵循惯例的基础上，不断创新理念思路和工作方法，用创新思维、改革办法、市场手段抓落实，才能突破瓶颈制约，打开工作局面。要坚持问题导向。对标“新、快、实、真、严”抓落实五字要求，找准本辖区、本行业以及重点领域不新、不快、不实、不真、不严的问题，分出轻重缓急，抓住症结要害，挂图作战、压茬推进，解决一件、销号一件，并积极开展“回头看”，举一反三、巩固成果。

五要雷厉风行高效地干。曹立军同志强调，“今天再晚都比明天早，明天再早都比今天晚。”真抓实干、狠抓落实，必须雷厉风行、大干快上，干得高效、干得有力。要立说立行。对区委、区政府决策部署，坚持“说了就办、定了就干、干就干好”，变“要我干”为“我要干”，变“催着干”“推着干”为“争着干”“比着干”，做到工作快上手、项目快推进、矛盾快化解、目标快完成，以高效率赢得高效益、以快节奏换来大发展。要不折不扣。只要区委、区政府有决策部署，无论任务多繁重、挑战多艰巨，必须保质保量，不打折扣、不搞变通，咬定目标任务盯住抓、反复抓、抓到底，切实做到落实目标不走样、落实力度不衰减、落实任务不缩水，坚决杜绝犹豫迟疑、观望不前，坚决杜绝口号式、表态式、包装式落实。要及时反馈。坚持有令必行，有命必复，切实做到“凡事有交代、件件有着落、事事有回音”，形成工作闭环，不断提升“划句号”能力。特别强调的是，工作推进情况要及时反馈，遇到确实难以解决的重大问题，要借力借势，不能孤军奋战。

六要守住底线廉洁地干。曹立军同志强调，“要引导各级领导干部严格规范和约束权力运行，既管好自身又管好家人亲属、管好身边人身边事、管好主管分管领域风气，以实际行动诠释忠诚干净担当。”真抓实干、狠抓落实，必须增强纪律定力、道德定力，干得干净、干得坦荡。要秉公用权受监督。坚决反对特权思想和特权现象，习惯于在法纪约束下作决策，在制度笼子里办事情，自觉接受党内与党外的监督、组织与群众的监督、社会与媒体的监督，清清白白做人，干干净净干事，坦坦荡荡为官。要正心修身强防线。自觉做到明大德、守公德、严私德，坚定理想信念、培养高尚情操、涵养家国情怀，知所趋、知所避、知所守，始终正确看待职务、正确看待名誉、正确看待地位、正确看待权力，不断增强拒腐防变能力。要严以律己不轻纵。常怀对纪律、法度的敬畏之心，谨记党纪国法是必须坚守的“底线”、是不容触碰的“红线”，做到不以“别人不知”放纵自己、不以“小节无碍”原谅自己、不以“下不为例”开脱自己。注重家庭家教家风建设，严管亲属和身边工作人员，注意防范被利益集团“围猎”，真正集干净与干事于一身，勤政与廉政于一体。

同志们，历史只会眷顾坚定者、奋进者、搏击者，而不会等待犹豫者、懈怠者、畏难者。让我们更加紧密地团结在以习近平同志为核心的党中央周围，撸起袖子、铆足干劲，真抓实干、狠抓落实，以实际行动迎接党的二十大胜利召开！

绵阳市涪城区人大常委会工作报告

——在绵阳市涪城区第七届人民代表大会第三次会议上

绵阳市涪城区人大常委会主任 顾 建

（2023年1月7日）

各位代表:

受区七届人大常委会委托，我向大会报告工作，请予审议。

2022年主要工作

过去一年，在区委的坚强领导下，区人大常委会坚持以习近平新时代中国特色社会主义思想为指导，深入学习党的十九届历次全会和二十大精神，全面贯彻习近平总书记关于坚持和完善人民代表大会制度的重要思想和中央、省市区委人大工作会议精神，坚持党的领导、人民当家作主、依法治国有机统一，认真落实区委全会精神，深入实施“三千工程”，加快建设“四个强区”，切实履行法定职责。一年来，召集区人民代表大会会议1次，召开区人大常委会会议8次、主任会议25次，听取和审议“一府一委两院”专项工作报告24个，开展执法检查3次，依法作出决议决定11个，任免国家机关工作人员31人，圆满完成了全年各项工作任务。

一年来，我们坚持党的全面领导，坚定正确政治方向，确保党的领导贯穿人大工作各方面全过程。

坚定正确政治方向。坚持以习近平新时代中国特色社会主义思想统揽和指导人大工作，深刻领悟“两个确立”的决定性意义，增强“四个意识”、坚定“四个自信”、做到“两个维护”，自觉在思想上政治上行动上同以习近平同志为核心的党中央保持高度一致，确保人大工作始终沿着正确政治方向前进。

强化政治理论武装。全年召开党组会议28次，开展各种政治理论学习58次，全面、系统、深入学习宣传贯彻党的二十大精神，认真学习领会习近平总书记在中央人大工作会议上的重要讲话精神，全面贯彻落实省委、市委、区委人大工作会议精神，切实把思想和行动统一到中央和省、市、区委的决策部署上来。

全面加强党的领导。坚持将区委重大战略、重要部署、重点工作作为谋划和推进人大工作的基本出发点。人大工作中的重大问题、重要情况、重点事项及时主动向区委请示报告，全年向区委专题请示报告工作12次。充分发挥常委会党组把方向、管大局、保落实的领导作用。

一年来，我们坚持围绕中心大局，依法开展工作监督，推动党委决策部署有效落实。

推动经济高质量发展。紧扣事关涪城经济发展的大事要事开展监督。围绕市委、区委“园区提质、企业满园”工作部署，开展市区联动监督，听取和审议区人民政府专项报告，组织代表实地调研惠科模组、富临精工、九华光子等项目，提出改进工作建议，督促政府推动企业招引提速、园区发展升级。听取和审议区人民政府关于“三区三线”划定和空间规划编制工作专项报告，提出做好临港和农旅融合片区专项规划、做细镇村两级国土空间规划、做深城镇开发边界内控制性详细规划等意见，推动发展空间优化拓展，保障园区发展和重大项目落地，改善提升城市形象。连续四年对区人民政府优化营商环境情况进行监督，与市人大常委会开展全流程上下联动监督，持续督促政府解决涉企历史遗留问题，改进政务服务质量，落实惠企政策，助力巩固提升“全国一流、全省领先”的营商环境。听取和审议2021年企业国有资产管理情况的专项报告，提出严控资产负债率、防范债务风险、加快市场化转型、增强盈利能力等建议，督促有关部门进一步改进企业国有资产管理，防止国有资产流失。对涪城区科技创新平台运行、区属国有金融企业经营、金融产品服务中小企业情况等开展调研，提出切实可行的工作建议，为涪城经济高质量发展注入人大智慧和力量。

强化财政预决算监督。制定《区人大常委会计划和预算咨询专家管理办法》，成立计划和预算咨询专家库，选聘15名专家充实预算审查力量，充分发挥专业人士在预算监督中的作用。组织代表调研26次，召开座谈会12次，引导行业领域专家深度参与预决算监督，听取和审议区人民政府2021年预算执行情况和2022年预算草案初步方案的报告、2022年上半年预算执行情况的报告；听取和审议2022年区本级预算调整的报告，并作出相关决议决定；听取和审议区人民政府2021年区级决算报告草案，审查和批准2021年区级决算；听取和审议区人民政府关于2021年度区级预算执行和其他财政收支审计查出问题整改情况的报告，并开展专题询问和满意度测评。全年向区财政局、审计局反馈并督促办理的预决算初步研究意见36条，列出问题41个，扎实开展监督工作，强化预算刚性约束，推动政府提高财政资源配置效率和资金使用效益，有效防范化解财政金融风险。

促进民生福祉改善。听取和审议区人民政府2022年区级民生实事票决项目实施情况，全年组织9个监督小组开展集中监督45次，提出意见建议65条，有力促进项目落地落实；通过座谈、走访、问卷等方式，多渠道征集2023年区级民生实事票决初选项目85个，经充分调研论证确定票决候选项目12个，为人代会票决打下坚实基础。对区人民政府常态化新冠疫情防控工作开展监督，组织专业代表34人次，开展实地明察暗访9次，听取和审议政府相关专项报告，督促政府抓实做细疫情防控各项工作，全力保障群众生命安全。听取和审议区人民政府关于基层医疗卫生机构运行情况报告，督促政府职能部门从人才建设、多元保障等方面着手，加快推进基层卫生健康工作高质量发展。系统梳理全区拆迁群众安置工作基本情况和问题台账，听取和审议政府相关专项报告，提出坚持安置政策标准、加快安置点建设、加强安置要素保障等建议，推动政府保障群众合法权益，维护社会和谐稳定。组织专业代表对背街小巷改造、绵州记忆特色街区、燃气改造等26个在建项目进行视察监督，向有关责任单位提出改进建议28条，督促项目建设提质增效。听取和审议区人民政府关于人力资源服务产业园建设工作的专项报告，促进产业园为涪城发展提供人才要素保障。在2021年审议区人民政府关于城镇困难群众精准帮扶专项工作报告的基础上，2022年对审议意见的研究处理情况报告进行审议，并开展满意度测评，对监督事项持续跟踪问效，助推出台《涪城区引导支持社会力量参与城镇困难群众精准帮扶工作机制》，今年通过社会力量已帮扶462人，进一步提升基层群众获得感、幸福感。

助力乡村全面振兴。监督农业社会化服务工作开展情况，在辖区5个镇20余个村共走访基层干部群众150余人，针对群众最关心的农业补贴发放等问题开展暗访3次，听取和审议政府专项工作报告，督促相关部门进一步提升农业社会化服务能力和水平，促进我区现代农业高质量发展。紧扣加快建设西部地区乡村文化振兴示范区工作，分类组织座谈会4次，听取和审议区人民政府关于乡村文化振兴的专项报告，提出加强文化队伍建设、文化资源利用、文化特色塑造等方面建议12条，切实推进乡村文化振兴。调研农产品质量安全情况，深入查找农产品在生产、加工、流通等环节质量安全方面存在的问题，督促政府持续提高农产品质量，增强农产品市场竞争力，保障人民群众身体健康。

一年来，我们坚持依法行使职权，助力法治涪城建设，推进民主法治进程。

依法决定重大事项。围绕全区改革发展中的重大事项和人民群众关心的热点难点问题，适时依法作出决议4项、决定7项。听取和审议区人民政府2022年上半年国民经济和社会发展计划执行情况报告，组织人大代表视察重点项目和企业8次，走访发改、工信、商务、农业等区级重点部门，全面了解2022年上半年国民经济和社会发展计划执行情况，提出4个方面的改进意见，助推经济社会高质量发展。听取和审议区人民政府“七五”普法工作情况和“八五”普法工作安排情况，作出关于开展第八个五年(2021～2025年)法治宣传教育的决议，为进一步增强公民法治素养、提升社会治理法治化水平、营造良好法治环境提供了基本遵循。

依法做好人事任免和选(任)后监督工作。坚持党管干部和人大依法任免有机统一,严把关键环节,规范任免程序,依法行使人大常委会人事任免权,做好国家机关工作人员和人民陪审员的任免及区七届人大代表的补选工作,全年依法任免国家机关工作人员31人38职,人民陪审员21人21职,接受国家机关工作人员和人大代表辞职6人,补选区人大代表3人。进一步优化任前考试方式,创新设立行政、司法、人大工作者3类考试题库,加强考试结果应用,增强任命人员的法律意识和人大意识。制定《涪城区人大及其常委会选(任)后监督办法实施细则》,首次按照新的实施细则对29名国家机关工作人员开展选(任)后监督,通过日常监督、现场调研、常委会专题会议集中考评,对选(任)后人员进行科学、客观、公正的评价,并向区委报告评价结果,切实督促国家机关工作人员依法履职、勤政为民。

推进法治涪城建设。依法有序推进对监察工作的监督,首次在区人大常委会会议上听取和审议区监委专项工作报告,对扫黑除恶“打伞破网”工作开展监督,聚焦重点领域整治、重点行业监管,提出落实常态长效、坚持深挖彻查、强化协作配合、做好标本兼治等具体要求,推动“打伞破网”工作成为整治腐败和不正之风的有力抓手,全面提升涪城人民的安全感和满意度。对《中华人民共和国人民陪审员法》《中华人民共和国道路交通安全法》《四川省粮食安全保障条例》开展执法检查,通过多种方式检查法律法规实施情况,列出问题清单并督促整改,促进相关法律法规在涪城得到全面贯彻实施。围绕少捕慎诉慎押刑事司法政策落实情况,先后组织5次视察,听取职能部门和律师、专家学者等60人次意见,审议区人民检察院相关专项报告,督促司法政策在我区全面落实,最大限度释放司法善意,全力维护社会和谐稳定。调研人民陪审员选用情况,推动解决陪审员“陪而不审、审而不议”的问题,推动人民陪审员履职能力和履职效果提升。通过持续开展司法监督促进公正司法,努力让习近平总书记提出的“让人民群众在每一个司法案件中感受到公平正义”在涪城落地落实。

深化立法联系点工作。制定《立法联系点工作制度》《区人大常委会关于进一步加强基层立法联系点建设的指导意见》,推动工作制度化、规范化和常态化。各立法联系点按照“因地制宜、资源共享”的原则,充分发挥立法联络员和信息员作用,坚持开展学法培训、法律宣传、立法调研、执法监督等活动。2022年10月21日,在全市“践行民主立法、服务基层治理工作现场会”上,我区迎宾社区立法联系点作为唯一现场示范点位接受全市人大工作者观摩,区人大常委会作为现场会唯一发言单位作经验交流,我区立法联系点工作得到各方一致好评。一年来,全区各立法联系点为上级人大立法共提出意见建议226条,充分发挥了基层立法联系点的“直通车”作用,广泛收集民意、及时传达民声,为上级人大立法贡献了涪城智慧、提供了涪城方案。

强化备案审查工作。按照新规定新要求,结合涪城实际,修订《涪城区人大常委会规范性文件备案审查办法》,进一步明确报备范围、完善审查程序,强化“有件必备、有备必审、有错必纠”的制度约束。制定《涪城区人大常委会备案审查司法监督专家库管理办法》,选聘专家库成员10名,实行“一件三审”,提高审查质量。按照新修订《中华人民共和国全国人民代表大会组织法》的规定和全国、省、市人大常委会的工作要求,2022年5月首次在区人大常委会会议上听取和审议了备案审查工作报告。今年以来,向市人大常委会报送区人民代表大会和区人大常委会作出的决议决定7件,收到各镇报送的镇人代会决议18件,经审查已作备案登记,有力地维护了国家法治统一。

一年来,我们坚持创新开展工作,激发代表主体活力,充分体现人民当家作主。

抓实代表履职培训。通盘考虑、统筹制订区七届人大代表履职培训计划和年度代表培训计划,重点围绕习近平法治思想、习近平总书记关于坚持和完善人民代表大会制度的重要思想、法律法规和人大业务知识,采取“请进来”、“走出去”、线上线下相结合等方式开展培训学习。邀请专家为区人大代表全覆盖开展“国内外宏观经济形势、政策取向与市场走势”专题辅导,指导各镇街和专业代表小组开展多种形式的代表培训活动27场,覆盖区、镇代表800余人次;组织代表和人大工作者赴井冈山、厦门、深圳等地开展集中培训,重点学习“发挥人大代表作用参与基层治理工作”“代表履职经验及如何提出高质量建议”等实用理论课程;创新开展履职知识线上“云培训”,区人大代表和人大工作者316人完成线上课程培训。通过培训，有效提升了新任代表的履职意识和履职能力。

搭建代表活动平台。依托区域代表小组和专业代表小组开展好各项履职活动。13个区域代表小组立足实际探索适合当地的特色工作模式，吴家镇探索“区镇人大代表监督派驻机构工作机制”并形成制度规范；永兴镇完善提升智慧人大代表履职平台建设；石塘街道探索代表量化考核促进代表接待日做实工作机制；工区街道建设“51C+人大代表双创联络点”等。财经、法治、社建等7个专业代表小组代表发挥专业特点和业务专长，积极参与视察调研、专项评议、督办代表建议等活动，提出专业建议300余条。加强“涪城夜话”“一线民情”“涪企有我”等代表履职微品牌建设，全年组织代表开展履职经验交流、民情民意调研、企业联系走访等主题活动17次，有力推动了代表履职能力提升，为促进辖区经济社会发展和解决群众急事难事作出了积极贡献。制定《关于人大代表履职阵地规范化建设的指导意见》，在全区建成14个代表之家、20个代表工作站、27个代表联络点。落实每月10日“代表接待日”工作，各家、站、点全年收集群众意见252条，解决问题146个，交办代表建议106件。各地积极探索“流动接待站”“专题接待点”等工作模式，听取反馈群众意见，推动相关部门办理落实，让代表履职阵地真正发挥了作用、凝聚了民心。

提高建议工作质量。对代表提出的初步建议进行会前预审，并反馈修改意见，评选年度11件优秀代表建议，激励代表不断提高建议质量。全面落实代表建议“主任督办制”，常委会领导督办8件重点建议，对9个承办单位进行现场督办2次。支持区人民政府出台《涪城区办理人大代表建议和政协提案工作办法》，制定“ABC三类办结制”分类标准，分类推动工作落实。推动园区代表建议办理工作缺少监督的难题逐步解决，专题召开园区代表建议交办会，常委会领导“面对面”向科技城新区、高新区、经开区交办代表建议，并开展督办。高新区探索的“一张清单、三次督办、三次沟通”的代表建议办理经验被多家媒体报道。区七届人大二次会议期间，收到代表建议124件，交办建议107件，交办建议已全部办复，代表对建议办理评价满意98件、基本满意9件，分别占91.59%和8.41%，努力促进代表建议办理从重“满意率”向重“落实率”转变。

强化代表履职服务。持续组织开展“三联”活动，保持常委会组成人员和代表、专工委室和代表、代表和群众的密切联系。常委会组织“为人民代言”“与发展同行”“请代表回家”等专题代表座谈会，搭建代表交流履职感想、提出意见建议的桥梁。各级人大代表参与“我为群众办实事——人大代表在行动”实践活动，联系帮助群众2000余人次，走访帮助企业732家，反映问题415个，推动解决339个。按照《涪城区人民代表大会代表履职量化评价制度》规定，对区人大代表履职情况进行量化评分，评选出年度履职优秀代表30名，切实提升了代表履职积极性和主动性。

一年来，我们坚持加强自身建设，不断提高履职水平，全面建设“四个机关”。

持续提升履职能力。每季度召开镇街人大工作会议，加强镇街人大工作指导和领导。紧扣常委会年度监督计划，组织常委会组成人员和人大代表开展会前学法和系统培训，提高会议审议和视察调研工作质量。常委会领导轮流讲党课，机关干部积极参与“微课堂人人讲”活动，紧密围绕法律法规和业务工作授课，推动以讲促学、学以致用。首开校地人大理论研究合作先河，与绵阳师范学院马克思主义学院签订合作协议，在基层人大工作探索、人大理论研究和学习培训等方面开展深度合作，推动人大研究工作质效不断提升。开展审议意见和调研报告第三方评估工作，提出改进意见，在机关营造勤练内功、比学赶超的良好氛围。

积极健全各项制度。坚持用制度管人管事。制定和完善《区人大常委会议事规则》《区人大常委会主任会议议事规则》《区人大常委会党组会议议事规则》，从会议组织、会期安排、议案提出、发言表决等方面进行规范，提高议事质量和效率。修订完善区人大专委会和工委室工作职责，制定出台机关公务接待管理制度，修订公文处理、财务管理等机关内部管理制度，形成充满活力、务实高效的人大机关运行机制。

切实锤炼过硬作风。强化党风廉政建设，组织干部观看警示教育片，学习通报文件，引导干部树立自律意识和法纪观念。加强意识形态工作，常委会党组每季度专题研判意识形态形势，邀请专家开展意识形态专题培训。做实联系昭觉县人大机关工作，开展委室对口业务交流，组织昭觉县人大代表和人大常委会机关干部赴深圳培训学习，为县人大机关协调帮扶资金10万元。坚持听民意、察民情，机关干部联系困难群众81户、重点企业59户，全年累计走访群众346次，走访企业并宣传惠企政策278次，聚焦群众和企业急难愁盼问题，积极开展协调帮扶工作。

加强人大宣传工作。深入开展法治宣传教育，扎实开展“12·4”国家宪法日宣传活动，维护宪法和法律权威。注重挖掘人大工作中的典型人物和典型事迹，全年在各类媒体发表宣传文稿和经验文章281篇。工区街道迎宾社区立法联系点服务社区治理、丰谷镇落实地方性法规加强历史建筑保护等经验做法，作为绵阳民主立法中的亮点工作被全国人大机关刊物《中国人大》刊载报道。城厢街道“基层人大代表践行全过程人民民主的有益探索”的经验文章，经过全市层层筛选、脱颖而出，受邀在重庆、绵阳、广安人大和西南大学联合举办的“全过程人民民主的基层实践路径”研讨会上进行交流。建设履职“微品牌”、做实人大阵地建设、开展“履职量化评价”等经验做法被省人大《民主法制建设》《人民权力报》和省市人大网站、微信平台等刊载，并被多地省、市级媒体转发，引发积极反响，生动展示了我区民主法治建设成果和人大代表履职风采。

各位代表，回顾过去一年的工作，我们依法履职、担当尽责，各项工作取得了新的成绩。这些成绩的取得，是区委正确领导的结果，是全体人大代表、人大常委会组成人员、人大常委会机关工作人员辛勤工作的结果，是“一府一委两院”密切配合的结果，也是全区广大干部群众和社会各界有力支持的结果。在此，我谨代表区人大常委会，向大家表示衷心的感谢并致以崇高的敬意！

在看到成绩的同时，我们也清醒地认识到，对照宪法和法律赋予的职责、上级人大和区委的要求，以及人民群众和代表的期盼，常委会工作还存在一些不足。主要有：监督工作成果有效转化运用的制度机制还不够完善；代表小组活动的质效还需要进一步提升等。我们高度重视存在的问题，将不断加强自身建设、提升工作质量，切实担负起宪法法律赋予的光荣职责。

2023年主要工作安排

各位代表，2023年区人大常委会工作的指导思想是：坚定以习近平新时代中国特色社会主义思想为指导，深入贯彻落实党的二十大精神和区委七届四次全会决策部署，坚持党的领导、人民当家作主、依法治国有机统一，切实担负起宪法法律赋予的各项职责，努力践行全过程人民民主，聚焦经济社会发展的重大事项和人民群众关心的热点难点，深入实施“三千工程”，加快建设“四个强区”，依法行权、为民代言，努力为涪城全面建设西部现代化强区贡献人大力量。

第一，坚持全面、系统、深入，学习贯彻党的二十大精神。把学习宣传贯彻党的二十大精神作为首要政治任务。紧密结合执法检查、视察调研、专题党课、代表小组活动等开展学习宣讲，将党的二十大精神传达到全区人大系统各层次各方面。把党的二十大精神作为全区人大代表、人大工作者学习培训的重要内容，组织开展全覆盖培训，推动学习贯彻走深走实。坚持学深悟透，把党的二十大精神贯彻落实到基层人大工作的实践中来，切实用党的二十大精神统一思想、凝聚共识、鼓舞斗志、推动工作。

第二，坚持党的全面领导，加强思想政治建设。深刻领悟“两个确立”的决定性意义，增强“四个意识”、坚定“四个自信”、做到“两个维护”，自觉在思想上政治上行动上同以习近平同志为核心的党中央保持高度一致。坚持把党的领导贯穿到人大工作的各方面、全过程，重大问题、重要事项、重要工作向区委及时请示、主动报告，对区委重要会议和重大决策及时传达、迅速贯彻，确保党委的决策通过法定程序得到严格执行和全面落实。始终把人大的政治机关属性放在首位，围绕区委决策部署安排推进人大工作，做到区委有决策、人大有落实，区委有部署、人大有执行，区委有号召、人大有响应。

第三，坚持服务中心大局，提高监督工作实效。全面贯彻区委七届四次全会精神，紧紧围绕全区经济社会发展各项重点工作依法开展监督，支持和推动重点工作高效落实、取得成效。加强对预决算的全过程审查监督，听取和审议国有资产管理情况报告、审计查出问题整改情况报告，增强预算刚性约束，保障经济平稳运行。聚焦事关人民群众切身利益的民生事项开展监督，助推一批群众急难愁盼的事项逐步解决，保障人民群众共享改革发展成果。加强与监督对象的沟通，建立完善监督成果运用机制，采取专题询问、满意度测评等方式，提高监督成果的转化运用效能。

第四，坚持依法行使职权，推进民主法治进程。

依法行使重大事项决定权，形成广泛共识、凝聚发展合力。坚持党管干部和人大依法任免的有机统一，严格任免程序，使区委推荐人选通过法定程序成为国家机关工作人员。依法开展执法检查，确保法律法规在涪城全面贯彻实施。以宣传和树立宪法权威为重点，督促政府加强法治宣传教育，增强全社会的法治意识。依法有序开展对监察工作的监督。强化对审判、检察工作的监督，促进司法公平公正，维护社会和谐稳定。认真开展规范性文件备案审查工作，全力维护法治统一。

第五，坚持优化服务保障，发挥代表主体作用。进一步调优专业代表小组人员组成，找准功能定位，充分发挥专业作用。通过强化服务保障、做优活动计划、加强成果运用、开展评议评比等举措，引导代表小组活动实效性持续提升。探索代表履职“微品牌”规范化运行，组织代表围绕中心工作及群众关心的热点难点问题开展活动。探索常委会领导回访重点建议办理机制，运用听取汇报、专题询问等手段，推动代表建议办理由“答复满意”向“结果满意”转变。对各镇街“家、站、点”建设情况开展督导，坚持“建、管、用”结合，突出发挥阵地功能作用，建设一批特色鲜明、务实管用的示范阵地。

第六，坚持加强自身建设，持续提升履职能力。加强法律法规和业务知识学习，促进人大队伍履职能力不断提升。创新完善各项工作制度规范，不断提高机关运行效率。深入开展调查研究，充分听取各方面意见，总结经验做法、提出意见建议。践行“一线工作法”，畅通联系群众的渠道，深入倾听群众呼声愿望。加大对镇街人大工作的指导领导力度，提升全区人大工作整体效能。加强人大理论研究和宣传工作，深挖典型事迹和典型人物，讲好涪城民主故事、展示人大工作成效、展现代表履职风采。

各位代表，矢志不渝、笃行不怠，方能不负时代、不负人民。让我们更加紧密地团结在以习近平同志为核心的党中央周围，以习近平新时代中国特色社会主义思想为指导，在区委的坚强领导下，努力践行全过程人民民主，凝心聚力、砥砺奋进，为涪城全面建设西部现代化强区做出新的更大的贡献！

政府工作报告（节选）

——在绵阳市涪城区第七届人民代表大会第三次会议上

绵阳市涪城区人民政府区长　张虚怀

（2023年1月7日）

各位代表:

现在，我代表区人民政府，向大会报告工作，请予审议，并请区政协委员提出意见。

2022年工作回顾

2022年，是极为不易、极不平凡、极不寻常的一年。面对风高浪急的国际环境、艰巨繁重的发展任务、反复冲击的新冠疫情，区人民政府在市委、市政府和区委的坚强领导下，在区人大及其常委会、区政协的有力监督和社会各界的大力支持下，坚定以习近平新时代中国特色社会主义思想为指导，把迎接和学习宣传贯彻党的二十大作为首要政治任务和工作主题主线，全面贯彻“疫情要防住、经济要稳住、发展要安全”重要要求和“讲政治、抓发展、惠民生、保安全”工作总思路，对标市委“五市战略”（科技立市、产业强市、开放活市、人才兴市、生态美市），深入实施“三千工程”，加快建设“四个强区”（到2025年，区属经济总量突破1000亿元、建成1000亿级产业园区、“四上”企业达到1000户，县域经济综合实力稳居全市首位；全面建成科教强区、产业强区、开放强区、全域强区），攻坚克难、狠抓落实，较好完成了区七届人大二次会议确定的各项目标任务，在建区30周年之际交上了一份高质量答卷。

——综合实力稳步提升。全力以赴拼经济、搞建设、抓发展、上项目，区属地区生产总值稳定增长、突破640亿元（预计数，下同），规模以上工业增加值增速自2020年12月以来稳居县（市、区）第一。21项主要经济指标中16项位列县（市、区）前三，其中10项排名第一。全国百强区跨越升级5位、居第63位，获得省委、省政府表扬奖励。全国投资竞争力百强区晋升6位、居第39位，排名西部地区同类城市首位。

——市场主体保住稳住。成立区稳经济政策落实办公室，落实“援企稳岗”等惠企政策措施70余项，覆盖市场主体3万余户。新增减税降费34.1亿元，其中增值税留抵退税26.5亿元。出台一、二、四季度刺激经济政策，兑现各类奖补资金7.68亿元。市场主体净增1.2万户、达到11.03万户，“个转企”（个体工商户以现有的生产经营条件为基础，依据有关法律法规规定申请设立登记公司制企业、个人独资企业、合伙企业，办理原个体工商户注销登记）182家，新增“四上”企业（规模以上工业，资质建筑业、房地产开发经营业，限额以上批发零售和住宿餐饮业，规模以上服务业）75家。

——园区建设如火如荼。四川绵阳工业园区委托涪城管理，结束涪城没有省级开发区的历史。大力实施“园区提质”“企业满园”行动【2022年4月，市委、市政府决定在全市国家级、省级开发区（园区）和市级工业园区开展“园区提质”“企业满园”行动，坚持企业入园满园，产业集聚集群，园区提质增效，确保一年转形象、两年见质效、三年大变样，把园区建设成为全市高质量发展的主引擎】，金家林总部经济试验区荣获全市园区高质量发展大会综合考评第一名，惠科产业园获评全市首批特色（专业）园区。“三种模式”（龙头企业自建自营、政府＋平台企业联建联营、平台企业自建自营）竣工标准厂房101.3万平方米、增长

102%。科技物流园主干路网基本形成、项目全面落地，传化物流公路港、高端食品产业园、成品油集中仓库等15个项目集中开建，成为全区项目投资、产业发展新引擎。

——项目投资势头强劲。成立“建设项目政务快速服务专班”，完善重大项目推进协调机制，着力构建项目全生命周期服务体系。33位区级领导全覆盖联系99个省市区重点项目，推动投资达到年度计划130%。25个项目获评全市“骏马项目”（全市当年度非房地产类省市重点项目中，超季度计划投资目标30%且超额完成投资额达5000万元/季度以上的项目），占比超过20%。178个项目开工建设，146个续建项目加快建设，162个项目竣工投产（投用）。全社会固定资产投资完成272亿元、总量连续七年排名全市第一，形成项目组团建设、滚动推进的良好态势。

——招大引强突破历史。围绕主导产业延链补链强链，招引项目118个、签约金额797.8亿元，其中百亿级项目5个，三项数据均创历史新高。投资120亿元的创明新能源、105亿元的艾伯科技产业园、100.5亿元的欣盛显示驱动项目实现“签约即拿地、拿地即开工”。与四川发展、四川产业振兴基金的合作形成务实丰硕成果。月星涪江环球港项目签约落地，将打造城市新地标、商业新标杆。

——民生福祉保障有力。高质量完成省市区民生实事项目43个。创新实施“五润行动”（聚焦城镇困难群众在家庭收入、医疗、教育、文化等方面实际需求，创新实施“润心”关爱、“润康”医疗、“润安”体检、“润禾”助学、“润视”文化行动），844名党员干部结对精准帮扶1960名城镇困难群众，其中“润禾”助学行动全额保障困难家庭学生就学。开展自建房等重点房屋安全排查6.49万栋，累计搬离住户1337户。历时两个月全覆盖排查燃气用户34.4万户，完成隐患整改4.8万处，进一步筑牢安全底线。全国幸福百强区上升3位、居第50位，幸福指数与发展指数同步提升。

过去一年，我们注重科技引领、创新驱动，发展动能大幅提升。科创平台效应凸显。建成西科数字经济创新中心、核与辐射数智协同创新基地，科创平台达到15个，新签约科创项目105个。新增中关村信息谷等市级孵化平台3家。新增创新载体14万平方米。科技部遥感中心绵阳分部落户涪城。与中物院成科中心达成战略合作，智能传感科技园挂牌运营。科创主体日益壮大。聚集科创企业460家。新认定科技型中小企业90家，国家科技型中小企业评价入库268家，有效高新技术企业总数达89家。规模以上企业研发经费投入突破10亿元，完成科技成果转移转化项目20个。长虹MCU、垚磊无人机等项目顺利投产。科创环境不断优化。成功举办省、市级创新创业大赛2场，涪城区首届青年创新创业大赛亮点纷呈。出台集聚创新人才引领发展十条措施，拿出1亿元招揽人才，引进重点领域高层次人才511名。建成投用人才公寓450套，“院士（专家）小镇”加快建设。人力资源服务产业园开园运营，引入专业服务机构60家。全国创新百强区成功入围、居第34位，排名全国同类城市首位。

过去一年，我们注重提质增效、转型升级，三次产业协同发展。先进制造业整体成势。实施制造业倍增行动，规模以上工业总产值达到360亿元，获评全国工业百强区。新型显示、汽车电子、5G制造三大主导产业持续壮大、产值占比达70%。惠科光电产值突破165亿元，入选全国电子信息百强企业。惠科模组、示润显示终端加快建设，康宁玻璃基板项目成功点亮，芯智热控等3个项目当年签约、当年投产。富临精工可变气门正时系统被认定为国家制造业单项冠军产品【包括单项冠军示范企业和单项冠军产品两类。制造业单项冠军示范企业（产品）是指长期专注于制造业某些特定细分产品市场，生产技术或工艺国际领先，单项产品市场占有率位居全球前列】，永贵科技被认定为国家专精特新“小巨人”（指具有“专业化、精细化、特色化、新颖化”特征的中小企业领军者和佼佼者，也是专注细分市场、创新能力强、市场占有率高、掌握关键核心技术、服务于产业链关键环节、质量效益优的排头兵企业）。省级专精特新中小企业、新经济示范企业、企业技术中心分别新增9户、2户、2户。现代服务业稳步提升。实施服务业升级行动，服务业增加值、社会消费品零售总额分别达430亿元、280亿元。王府井购物中心开业运营。“绵州记忆”特色街区项目加快推进。发放“乐享涪城”惠民消费券及稳岗、促销补贴3212万元，拉动消费超6亿元。启动临园路中段189号金融楼宇前期工作，加快建设临园路金融集聚区，金融机构总数达136家。“一楼一策”培育专业楼宇7栋。智能物流体系提档升级，国富云仓投入运营，智慧物流信息中心一期项目全面完工。成功入选全省首批县域商业建设示范县(区)。现代农业精致发展。夯实粮食安全根基,全面完成撂荒地复耕复种任务,新建高标准农田2.3万亩,粮食播种面积21.5万亩、产量8.8万吨。坚持以“三品”工程(品种改良、品质提升、品牌打造)为引领,持续壮大优质果蔬产业。新增省级农业龙头企业1家、市级2家。梯次建设农业主题公园,“千鹤桑田”蚕桑文化农业主题公园优质运营,“湖光山色”稻渔亲水湿地农业主题公园顺利开园,“蔬香绿野”芦笋大健康农业主题公园加快建设。

过去一年,我们注重融合互动、协调发展,城乡面貌明显改善。中心城区有机更新。大力实施城建攻坚八大专项行动【交通提升专项行动、公共服务设施建设专项行动、产业基础设施建设专项行动、防水排涝及污染防治专项行动、城市街道(区)提升专项行动、公园城市建设专项行动、棚改攻坚专项行动、老旧小区改造专项行动】,全年完成投资45.26亿元。烟厂老厂区及家属区等8个旧改棚改项目有序推进,南河花园等204个老旧小区实施改造,七彩游园等39处口袋公园(也称袖珍公园,指面向公众开放、规模较小、形状多样、具有一定游憩功能的城市开放空间)、美丽街角(在规模较小的城市开放空间内,通过绿化种植、配置休息设施为周边居民提供休闲服务的场地)完成建设,南河路西段等26条背街小巷完成改建,南山中路等3条市政道路加快建设。扎实开展违建专项整治,拆除121宗1.86万平方米。乡村振兴全面推进。坚持产业振兴,大力发展现代都市农业,新皂镇“总社+公司”集体经济发展模式全省推广,杨家镇获评全国第十二批“一村一品”示范镇。坚持人才振兴,新培育市级以上示范新型农业经营主体10家、新型职业农民40名。坚持文化振兴,成功承办省级魅力竞演大赛启动仪式,绵州吟诵、金峰雄狮成功申报省级非遗项目。坚持生态振兴,新改建农村户用卫生厕所300户,硬化村村通道路29.3千米,杨家镇鲜家坝村获评市级美丽宜居样板村。坚持组织振兴,挖掘83名返乡创业年轻人、大学毕业生为村社后备干部,66名进入村“两委”班子。青义镇“全国千强镇”晋升13位、居第179位。吴家镇获评首批“省级百强中心镇”。成功创建省级乡村振兴示范村3个、市级5个。生态环境大幅改善。按时序推进第二轮中央生态环境保护督察反馈问题整改。持续守好蓝天、碧水、净土,全年优良天数率和$PM_{2.5}$同比改善,辖区国省水质考核断面达标率100%,57个行政村农村生活污水得到有效治理,化肥农药使用量保持“零增长”,土壤环境安全可控。持续深化“河湖长制”,全面推行“林长制”。扎实推进城乡环境综合提质三年行动,系统实施村社“五清”、场镇“四定”、城区“四化”工程(村社“五清”即路面地面清扫、垃圾堆物清运、水面屋面清洁、广告招牌清理、违章搭建清除;场镇“四定”即划线定点停车、定时清扫保洁、定期洒水降尘、定位规范经营;城区“四化”即净化、绿化、序化、美化),全面开展“治脏”“治乱”“增靓”三大行动,城乡面貌焕然一新。

过去一年,我们注重深化改革、扩大开放,动力活力加速释放。对内改革迈向深入。两项改革(乡镇行政区划和村级建制调整改革)“后半篇”文章27个方面121项重点任务有序实施。高质量完成“三区三线”划定(“三区”指生态、农业、城镇三类空间;“三线”是指根据生态空间、农业空间、城镇空间划定的生态保护红线、永久基本农田和城镇开发边界三条控制线),新增城镇开发边界14.79平方千米,争取市级统筹倾斜3.79平方千米。顺利完成第五次全国经济普查国家专项试点。有序平稳推进机关事业单位编外人员规范化管理。圆满完成深化国企改革三年行动,双百亿、双AA级国企新格局正式形成,有力支持园区开发建设和重大项目招引落地。全面落实联系服务企业四大常态机制(企业家“早餐汇”、银企“鹊桥会”、重点企业全覆盖走访、企业家座谈会),全年收集问题1020个、化解率92.3%,“三度服务”(涪城区系统谋划、创新推出招商引资有“热度”、项目落地有“力度”、服务企业有“温度”的“三度服务”20条措施,为企业提供全生命周期服务,打造全国一流、全省领先的营商环境)作为赛迪创新案例在全国推广。持续深化“放管服”改革(简政放权、放管结合、优化服务改革),下沉政务服务事项376项,实现“企业办事不出园”。对外开放合作共赢。坚持精准化、专业化、平台化招商,签约5亿元以上项目22个,实际利用外资7485万美元。高质量参与全市“三推”活动(城市形象推广、产业项目推介、特色产品推销),成功举办大型投资推介活动9场,与厦门市湖里区结为友好城区,“涪聚三江、城纳四海”成为闪亮标识。绵遂内铁路高铁南站选址吴家镇,皂角铺物流基地成功开行中欧班列、西部陆海新通道东盟铁海联运班列。对上争取持续突破。聚焦国家、省重点支持方向和领域，策划包装项目301个、总投资1031亿元。安排项目前期经费3000万元，完成67个项目前期工作。争取到位央省预算内和债券等资金26.24亿元。全年争取资金45.63亿元、增长21.06%。

过去一年，我们注重利民惠民、共享发展，美好生活更加殷实。教育事业更放心。"双减"（有效减轻义务教育阶段学生过重作业负担和校外培训负担）工作稳步推进，学科类培训机构压减率91.2%。全面推开义务教育大学区制改革（根据"城乡统筹，均衡发展"的原则，将全区义务教育阶段学校划分为城南、城北、城西三大学区，每个学区由城市领航学校、城区成员校、农村成员校共同组建涵盖初中、小学的学校发展共同体，按学段整体规划初中、小学教育教学工作，创新九年一贯学生培养模式），教育资源供给更加优质均衡。职业教育产教融合实训中心、子云幼儿园云锦园区等项目建成投用，浸水幼儿园等项目开工建设。向乡镇学校、薄弱学校交流轮岗教师363人，其中名特优教师占比20%以上。完成校企合作签约22家，定向培育输送优秀人才2000余名。教育质量评价荣获全市特等奖。健康生活更安心。"健康涪城"建设深入推进，妇女儿童医院、中医医院主体完工。骨科医院成功创建全区首家三甲专科医院，肛肠病医院顺利创建三乙专科医院。成功承办第24届中国大学生篮球一级联赛男子全国（北区）大赛。民生保障更暖心。"十心行动"（教育提质放心行动、卫生健康安心行动、精神文化润心行动、就业支持贴心行动、扶弱救助暖心行动、多样便民省心行动、人居环境称心行动、生态惠民舒心行动、安全保障稳心行动、社会治理顺心行动）扎实推进，财政民生支出占一般公共预算支出比重71.8%，城乡居民人均可支配收入分别达到48278元、27759元。城镇新增就业1.04万人，城镇登记失业率2.71%。全民参保扩面行动持续开展，城乡居民基本养老、医疗保险参保率分别达95%、98.8%。发放城乡低保、特困供养等各类救助补助资金3798万元。实施全国居家和社区基本养老服务提升行动试点，省、市级民生托育改建项目全面建成。

过去一年，我们注重防范风险、保障安全，社会大局和谐稳定。安全底板全面加固。扎实开展安全生产大检查，有效整治各类安全隐患2200余处，全年未发生较大及以上生产安全事故。应急管理体系不断健全，防汛、地灾、应急"三合一"工作专班实体化运行，地灾、内涝风险点位责任到人、挂图作战，编制修订暴雨洪涝巨灾应急预案等专项预案22个。涪江右岸丰谷段防洪治理工程加快建设，"三无"老旧小区消防安全整治、青义一级普通消防站工程等项目全面完工。建立"十户联保"（按照相邻相近、便于管理原则，将10户左右的农户划分为1个"联保体"，明确1名联保组长，以村规民约明确共同履行森林草原防火义务、管控责任等。联保户之间加强联系，时刻互相监督提醒，相互宣传森林防火相关知识）制度，森林防灭火专项整治成果持续巩固。投入2400万元，集中整治道路交通安全隐患41个，完善农村道路安防设施，"两站两员"（"两站"即乡镇交通管理站、农村交通安全劝导站，"两员"即乡镇交通安全员、农村交通安全劝导员）配齐配全。国家食品安全示范城市创建工作扎实推进。各类风险处置有力。开展房地产市场秩序整治，推进"问题楼盘"化解，恒大翡翠龙庭如期交房，历时10余年的凯跃华庭历史遗留问题得到妥善解决。坚决守住不发生区域性系统性债务风险底线，化解隐性债务3.7亿元。治理效能有效提升。充实社区专职工作者、专职网格员队伍522人，全科网格治理体系加速构建（将基层社会治理人、财、物等要素划入相应网格，整合部门职能和社会资源，建立一支全科网格员队伍，承担党建、宣传、综治、公安、民政、司法行政、环保、住建、市场监管、应急管理、综合执法、消防等部门的基层网格管理工作，实现"一网运行、全域覆盖""多元合一、一格多能、一员多用"），"小单元认领"治理模式在全省推广。系统推进城乡治理示范创建，城厢街道与工区灵通社区等4个社区获评全省基层治理示范街道（社区），吴家镇与丰谷清水村等3个村获评全省第三批乡村治理示范镇（村）。平安涪城、法治涪城建设深入推进，刑事立案下降13.5%。新皂镇刘家坪村成功创建第一批省级"民主法治示范村"。

过去一年，我们注重真抓实干、狠抓落实，自身建设不断提高。始终把政治建设摆在首位，深入学习宣传贯彻党的二十大、省第十二次党代会精神，确保走深走实、入脑入心。深入推进法治政府建设，严格执行民主集中制、"三重一大"（重大事项决策、重要干部任免、重大项目安排、大额资金使用）等制度，出台

《区本级重大经济事项决策规定实施细则》，政府决策科学性、民主性不断提高。依法接受人大及其常委会监督，自觉接受政协民主监督，召开区政府与区人大常委会、区政协联席会议4次，出台《办理人大代表建议和政协提案工作办法》，高质量办理区人大代表建议124件、区政协提案130件。主动接受社会和舆论监督，高效办理市长热线、网络理政1.64万件，办结率、满意度分别达到100%、98.5%。不断加强政府系统党风廉政建设，完成省委巡视反馈问题年度整改任务，全力营造风清气正良好政治生态。

同时，国防动员、国安、民族、宗教、人民防空、机关事务、档案、保密、退役军人、双拥、地方志、住房公积金、通信、供销等工作取得新成效，支持工会、共青团、妇女儿童、工商联、文联、社科联、外事、侨务、对台、科协、老年人、残疾人、慈善、红十字等事业取得新进展。

各位代表，过去一年涪城经济社会发展取得的成绩来之不易，这是习近平新时代中国特色社会主义思想科学指引的结果，是省委省政府、市委市政府和区委坚强领导的结果，是区人大及其常委会、区政协和人大代表、政协委员监督支持的结果，是全区广大干部群众拼搏奋进的结果。在此，我代表区人民政府，向全区人民，向人大代表、政协委员和离退休老同志，向各民主党派、工商联、无党派人士和各人民团体，向所有关心支持涪城发展的社会各界人士，向驻军部队、公安干警、消防指战员，表示衷心感谢！过去一年在疫情防控、疫苗接种、燃气安全整治、自建房安全排查等急难险重工作中，全区的医务人员、镇街干部、村（社区）工作者、网格员、志愿者和各级领导干部迎难而上、冲锋在前，不知疲倦、默默奉献，共同筑牢了全区安全底线、提升了基层治理水平，让我们对他们致以崇高敬意！

回顾过去一年的工作，我们也清醒地认识到，涪城的发展仍存在不少矛盾和问题，主要是：面对复杂多变环境和经济下行压力，在增强内生动力、推动高质量发展上办法举措不多；科技创新能力不强，创新载体作用发挥不充分，产业发展空间不足；民生保障还有短板，教育医疗、城市建设、基层治理水平有待提升；少数干部专业性不强、精气神不足，主动适应新形势新变化新要求的能力还有所欠缺。对这些问题，我们已采取了一系列措施，今后必须加大工作力度。

2023年工作安排

2023年，是涪城全面贯彻落实党的二十大精神的开局之年，是实施“十四五”规划承上启下的关键之年，也是而立涪城乘势而上、接续奋斗的承前启后之年。做好今年政府工作意义重大、任务艰巨。**2023年政府工作的总体思路是：**坚定以习近平新时代中国特色社会主义思想为指导，全面贯彻党的二十大、中央经济工作会议、省委十二届二次全会、省委经济工作会议、市委八届五次全会、市委经济工作会议精神，认真落实区委七届四次全会决策部署，坚持稳中求进工作总基调，完整、准确、全面贯彻新发展理念，积极服务和融入新发展格局，着力推动高质量发展，深入实施“三千工程”，加快建设“四个强区”，更好统筹疫情防控和经济社会发展，更好统筹发展和安全，全面深化改革开放，大力提振市场信心，突出做好稳增长、稳就业、稳物价工作，有效防范化解重大风险，推动经济运行整体好转，实现质的有效提升和量的合理增长，奋力推动西部现代化强区建设取得新成效，为绵阳加快建设中国科技城、全力打造成渝副中心作出新贡献。

今年经济社会发展的主要预期目标是：区属地区生产总值增速高于全市0.5个百分点以上，全社会固定资产投资完成275亿元，一般公共预算收入增长与经济发展趋势基本一致，规模以上工业增加值增长12%，服务业增加值增长9%，城乡居民人均可支配收入分别增长6.5%、8%，城镇登记失业率控制在4%以内，全面完成省市下达的各项目标任务。

围绕2023年目标任务，重点做好以下工作。

一、以更好服务科技自立自强为目标，加快建设“科教强区”

壮大科创产业。加快建设涪城“科创大走廊”（位于科技城新区涪城片区，由绵江路、二环路、绵安路和科技城大道串联而成，全长30千米，辐射范围约70平方千米，着力打造面向世界、引领未来、服务全国、带动西部的科创高地与创新策源地），助力绵阳加快建成国家科技创新先行区、全力打造成渝科创副中心。建成中关村二期等科创载体，推动飞秒微纳智能传感、罗普特大数据科技园等项目建成投用，长虹科技园等项目加快建设。完成“绵阳星座”首星“涪城一号”卫星发射。新招引科创项目100个,新增市级科技型中小企业90家,国家科技型企业评价入库270家,新认定高新技术企业20家,高新技术产业主营业务收入突破200亿元。

优化科创生态。持续开展招才引智,新建人才公寓600套,高标准建设“院士(专家)小镇”“惠科小镇”,建成全省人才工作先行区。推动人力资源服务产业园创建国家级园区。完善科技城新区涪城片区城市功能配套,加速推进蜀北学校、科技城医院、北部生态公园建设。高效运营“五位一体”科技企业孵化链(以“众创空间+创业苗圃+孵化器+加速器+产业园”的“五位一体”闭环体系为基础,整合孵化资源、围绕创业企业从成长到发展壮大不同阶段的需求,提供全链条服务),完成科技成果转移转化项目22个。

促进科教融合。深化招院引所工作机制,力争1～2个院所在涪城设立分支机构。强化与中物院、气动中心、西南科大交流合作,推动“碳中和”等4个研究院落地运行。大力推进智慧教育示范区建设。深化产教融合,支持企业联合职校开设“定制班”“冠名班”。加快建设涪城区少年科学院,为科教强区建设蓄能储才。

二、以构建现代化产业体系为核心,加快建设“产业强区”

深入实施制造业倍增行动。持续构建“3+1”现代工业体系(新型显示、汽车电子、5G制造三大重点产业和新能源产业)。坚持工业向园区集中,大力实施“园区提质”“企业满园”行动,新增产业载体59万平方米,规模以上工业总产值突破450亿元。全力推动惠科模组、示润终端显示达产满产,创明新能源、艾伯科技产业园等项目力争建成投产,欣盛COF-IC和新型电池集流体材料等项目加快建设。大力发展数字经济,支持建设一批数字产线、智慧车间,提升重点企业智能制造能力。深入实施企业梯次培育计划,支持惠科光电申报国家级绿色工厂、龙华薄膜申报国家单项冠军产品、利尔作物申报国家专精特新“小巨人”。

深入实施服务业升级行动。持续构建“1+6”现代服务业体系(商业贸易和科技服务、现代金融、现代物流、电子商务、文化创意、旅游康养六大重点产业),助力绵阳加快建设成渝消费副中心、成渝金融副中心。突出抓好恢复和扩大消费,推动消费扩容提质,力争服务业增加值、社会消费品零售总额分别突破470亿元、300亿元。启动建设月星涪江环球港,开工建设华润万象城,提速打造跃进路历史文化街区,培育消费新场景。发挥临园路金融集聚区带动效应,加快建设金融专业楼宇B栋,净增金融机构2家。大力发展现代物流,推动公铁联运项目、科技物流园铁路专用线建设提速,完成传化物流公路港、高端食品产业园等项目主体工程,全面建成大型区域分拨中心。

加快发展现代特色农业。持续构建“1+2+3”现代农业体系(以现代都市农业为发展方向,以精品蚕桑、优质果蔬为主导产业,以“千鹤桑田”蚕桑文化、“湖光山色”稻渔亲水湿地、“蔬香绿野”芦笋大健康三大农业主题公园为平台)。加快建设蚕桑、稻渔、蔬菜等特色产业标准化基地。推动“千鹤桑田”蚕桑文化、“湖光山色”稻渔亲水湿地农业主题公园品质提升,“蔬香绿野”芦笋大健康农业主题公园如期开园。以三大农业主题公园、“五朵金花”为载体(青义镇“樱花节”、吴家镇“荷花节”、新皂镇“梨花节”、杨家镇“油菜花节”、丰谷镇“桃花节”),构建近郊旅游新环线,打造绵阳城市后花园、乡村旅游目的地。

三、以深化改革开放为动力,加快建设“开放强区”

更大决心改革攻坚。大力发展县域经济,推动全国百强区晋级升位3位以上。高效运行绵阳工业园区管委会,推进放权赋能、机构运行、人事编制、薪酬体系等改革创新,最大限度激发园区活力。组建区国资金融局。整合优化国企架构,加速企业市场化转型,提升国企发展质效。深化“放管服”改革,巩固提升“一网通办”能力。持续擦亮“三度服务”品牌,推行政商交往“正面清单”和“负面清单”,着力打造全国一流、全省领先营商环境,实现投资竞争力百强区晋级升位。全面做好第五次全国经济普查工作。坚定不移支持民营经济和民营企业发展壮大,出台支持市场主体高质量发展激励措施,确保市场主体净增1.4万户、“个转企”200家。

更广视野对外开放。深入实施“三化”招商,积极开展海外招商,力争新签约5亿元以上项目13个,其中50亿元以上项目2个。推行“拿地即开工”等机制,确保签约项目开工率超过60%。实现国内省外到位资金115亿元,实际利用外资5000万美元。继续开展“三推”活动,扩大友城“朋友圈”。

更大力度对上争取。坚持将项目投资作为夯实稳增长的“底盘”，抢抓扩大内需战略机遇，聚焦先进制造业、新型基础设施等重点方向，谋划储备项目200个，争取更多项目纳入国、省“大盘子”。提升前期经费使用质效，力争新增专项债券突破20亿元。用好“红黑榜”【根据每季度各县(市、区)、园区省市重点项目情况和投资运行情况进行量化评分，按照得分排名并结合相关情况确定“红黑榜”通报名单，以市委目标绩效办、市发改委的名义予以通报】、“骏马项目”等机制，加快省市区重点项目建设。深刻把握中央“财政政策加力提效”积极信号，拓宽项目资金争取渠道，到位资金突破46亿元。

四、以高品质城乡建设为抓手，加快建设“全域强区”

强化要素支撑保障。高效运用“三区三线”划定成果，推动新皂、吴家等片区控规编制，完成杨家、丰谷等控规优化调整。全力服务绵遂内铁路建设，统筹做好绵阳高铁南站和高铁商务区国土规划、产业布局、交通组织、拆迁安置等工作。加强龙溪、蟠龙“双龙组团”开发要素保障，做好新皂工业拓展片区、吴家兴涌泉片区、惠科西侧等1500亩重点工业用地储备。加大“清闲促建”力度(清理闲置、低效的土地，厘清闲置低效原因，“一地一策”制定措施，推动土地资源高效利用，提升土地节约集约水平)，确保土地节约集约利用。

不断提升城市品质。实施片区开发，积极争取片区平衡政策，推进青义老场镇、御营坝等棚改项目建设，谋划启动广电中心等旧城改造。实施点状更新，完成204个老旧小区改造，启动祥和苑等146个老旧小区改造项目建设。实施城市“微治理”，改造提升平政一巷、飞虹路等背街小巷20条，打造东方广场等口袋公园、美丽街角10处。扎实开展城乡环境综合提质三年行动，加快打造整洁优美人居环境，助力创建全国文明典范城市。

全面推进乡村振兴。巩固拓展脱贫攻坚成果同乡村振兴有效衔接，扎实推进对口帮扶工作。认真落实粮食安全和耕地保护党政同责，坚决遏制耕地“非农化”、严格管控“非粮化”。盘活农村资产资源，稳妥开展村集体经济组织和村委会分离试点，巩固农村产权交易服务。深化家庭农场和农民专业合作社带头人职业化试点，加强农村手艺人、致富带头人培育。开展非遗集市等系列民俗文化活动，提升金峰雄狮、天青苑川剧团影响力。实施农村生活污水治理“千村示范工程”，全面整治农村黑臭水体。争创省级乡村振兴先进镇1个、示范村3个。

五、以促进共同富裕为导向，推进民生事业高质量发展

增进民生福祉。持续加大民生投入，全力办好民生实事，确保财政民生支出占比71%以上。推动“五润行动”计划扩围增效，深化城镇困难群众精准帮扶。构建直达村社的医保服务体系，打造15分钟医保便民服务圈。完善“一老一小”服务保障体系。坚持精准治污、科学治污，持续打好蓝天、碧水、净土保卫战。完成第二轮中央生态环境保护督察反馈问题整改，常态化开展生态环境突出问题大排查大整治，不断夯实生态基底。

做好公共服务。增强公共服务的均衡性和可及性，助力绵阳加快建设成渝教育文化医疗副中心。深化义务教育大学区制、“区管校聘”改革(区级机构编制和人社部门分别负责核定区域内教职工编制总量、岗位总量；教育部门再核定总量统筹安排编制、统筹使用岗位、统筹教师交流均衡师资配备；学校按需设岗、以岗聘用，教师竞聘上岗、合同管理)，不断推进优质教育资源共享。滨江小学改扩建项目主体完工，六一学校【绵阳市六一学校(暂定名)，位于石塘街道红星社区和浸水村，南临城南街、北临规划路、东靠王家山隧道，占地约85亩，可容纳2500名学生的九年一贯制学校】开工建设，建成后新增学位3500个。支持和规范民办教育发展。巩固提升普职融通改革试点，提高职业学校服务本地企业能力。持续挖掘“欧阳修”文化，推动入选四川省第三批历史文化名人。完善区域医疗服务共同体，促进优质医疗资源优化配置。加快建设临港骨科医院，建成投用妇女儿童医院、中医医院等项目。因时因势、科学精准做好疫情防控，切实提升医疗救治能力。

保障充分就业。实施就业优先战略，城镇新增就业超过1.1万人。建好人力资源市场和零工市场，完善就业服务体系。加强大学生创业服务，打造创业孵化基地3个、见习基地30个。持续开展“直播带岗”“智汇绵州·才聚涪城”等系列招聘活动。深入实施技能提升“展翅”行动，规范开展企业职工技能培训，防范失业风险。全面落实《保障农民工工资支付条例》及配套政策，依法有效解决拖欠农民工工资问题。

六、以筑牢安全底线为保障，持续增强社会治理效能

强化公共安全监管。认真落实安全生产 15 条硬措施，坚决防范重特大安全事故发生。常态化开展安全生产大检查，综合整治建筑施工、城乡消防、燃气安全、危化品、道路交通、森林防灭火等重点领域隐患，完成 10 个山洪地灾、5 个城市内涝隐患点位整治。完善风险监测预警体系、应急管理体系。深入实施餐饮质量安全等专项行动，积极争创国家食品安全示范城市。

增强应对风险能力。有序推进政府债务风险化解，坚决遏制新增政府隐性债务。强化金融风险监测、排查和预警，严厉打击非法集资犯罪，守住不发生系统性风险底线。加快建设临港一级普通消防站，全面完成涪江右岸丰谷段防洪治理工程。积极施策促进房地产业良性循环和健康发展。妥善化解涉房涉地涉资历史遗留问题。

深化社会综合治理。实施基层治理“强基行动”，重点探索商圈、小区分类治理。常态化推进扫黑除恶斗争、禁毒人民战争，依法打击各类违法犯罪活动，争创全国社会治安防控体系示范城市。扎实开展“八五”普法，优化公共法律服务供给。完善信访和人民调解、行政调解、司法调解联动工作体系，提高矛盾纠纷排查调处质效。全力提升双拥工作水平，确保蝉联“省级双拥模范区”八连冠。

七、以务实高效服务为内涵，着力提升政府自身建设

加强政治建设。坚持不懈用习近平新时代中国特色社会主义思想凝心聚魂，全面学习、全面把握、全面落实党的二十大精神，坚定拥护“两个确立”，坚决做到“两个维护”。及时传达学习、贯彻落实党中央国务院、省委省政府、市委市政府和区委各项决策部署，确保在涪城落地生根、开花结果。始终坚持以人民为中心的发展思想，着力解决好群众急难愁盼问题。

坚持依法行政。深入贯彻落实习近平法治思想，加强科学民主决策，加快建设法治政府。践行全过程人民民主，认真执行区人大及其常委会决议决定，高质量办理人大代表建议、政协提案。自觉接受人大法律监督、工作监督和政协民主监督，强化审计、统计监督，主动接受社会、舆论监督。深化政务公开，及时回应群众关切。

建设廉洁政府。深入落实全面从严治党要求，纵深推进政府系统党风廉政建设。大力践行“一线工作法”（干部在一线工作、领导在一线指挥、问题在一线解决、能力在一线提升、绩效在一线考核、激励在一线兑现），持续深化整治“四风”，重点纠治形式主义、官僚主义，建设务实、高效、服务型政府。深入整治权力集中、资金密集、资源富集领域的腐败问题，坚决惩治群众身边的“蝇贪”。坚持政府过紧日子，严控“三公”经费支出，推进节约型机关建设。

各位代表，大道至简，实干为要。让我们更加紧密地团结在以习近平同志为核心的党中央周围，在省委省政府、市委市政府和区委的坚强领导下，在区人大及其常委会和区政协的监督支持下，深入实施“三千工程”，加快建设“四个强区”，不忘初心、牢记使命，苦干实干、顽强拼搏，奋力谱写全面建设西部现代化强区新篇章，为绵阳加快建设中国科技城、全力打造成渝副中心作出新贡献！

中国人民政治协商会议
绵阳市涪城区第七届委员会常务委员会工作报告

——在政协绵阳市涪城区第七届委员会第三次会议上

绵阳市涪城区政协主席 杜正茂

（2023年1月6日）

各位委员、同志们：

我受区政协常务委员会的委托，向大会报告工作，请各位委员审议，请同志们提出意见。

2022年工作回顾

2022 年是涪城建区三十年，也是涪城发展史上极为特殊的一年，经济形势错综复杂、新冠疫情轮番来袭，改革、发展和防范风险任务异常繁重。一年来，区政协在中共绵阳市涪城区委的坚强领导下，始终高举习近平新时代中国特色社会主义思想伟大旗帜，紧扣政治协商、民主监督、参政议政职能，在建言资政和凝聚共识上双向发力，团结联合社会各界人士为抗击疫情、稳定市场主体等大事要事聚智聚力，为助推涪城高质量发展作出了积极贡献。

通过一年努力，我们取得了三个方面的突出成效：

一是协商平台建设实现新突破。坚持“党委领导、政协搭台、委员主体、群众参与”，大力推进“有事来协商”平台建设，建成 1 个区级平台、12 个镇街委员联络站、6 个委员工作室。在全市率先实现基层协商平台全覆盖建设，平台运行经费全方位保障，协商机制全链条闭环，高质量承办全市“有事来协商”平台建设现场会，工作经验代表绵阳市在全省政协系统交流推广，获评全省政协系统“有事来协商”工作先进单位，形成了看得见、摸得着、用得上、很管用的协商民主新模式，在基层实践中创建了“有事来协商 · 涪江议事”品牌。

二是协商民主结出新硕果。紧扣党政决策部署，紧盯社会治理焦点难点，在创新协商模式、完善协商机制等方面蹚出了一条具有涪城特色的基层协商新路子。各委员联络站以每年协助镇街完成 1 ~ 2 项重点工作为目标，精心组织了金峰雄狮传承与发展、提升乡风文明等特色协商活动，形成了“涪商厢汇”“荷你来协桑”等基层协商议事新品牌。一年来，共计开展各类协商 95 次，参与人数 1000 余人，形成协商报告 20 余篇，关于推进食品产业园、“蔬香绿野”芦笋大健康农业主题公园建设的建议等一批协商成果转化成为具体工作举措，政协协商正以蓬勃发展之势破解基层之难、回应民生之问，成为党委政府的好帮手。

三是宣传思想开创新局面。坚持以习近平新时代中国特色社会主义思想为指引，深入学习宣传贯彻党的二十大精神，为推动大政方针和区委决策部署落地落实营造良好氛围。积极参与建区三十年系列活动，高质量策划编撰《画说涪城三十年》图文专辑，系统展示涪城建区 30 年的辉煌成就，全方位讲好“涪城故事”。围绕政协助力乡村振兴、疫情防控、营商环境优化等履职活动，宽领域讲好“政协故事”。注重对委员履职典型事迹的系列报道，多角度讲好“委员故事”。一年来，区政协宣传思想工作亮点纷呈，“有事来协商”、“双助”（“助力巩固脱贫，助推乡村振兴”专项活动）、“书香政协”等经验和事迹被全国、省、市政协媒体关注报道，工作成效在全省排名较上一年度跃升 42 位，被省政协评为 2022 年度宣传思想工作先进单位。

一年来，我们还扎实做好了以下五个方面的重点工作：

一、强化思想政治建设，不断夯实团结奋斗基础

持续深化理论武装。高举习近平新时代中国特

色社会主义思想伟大旗帜，深入学习贯彻习近平总书记四川视察重要指示精神，认真贯彻落实省委、市委、区委全会精神。组织开展《习近平谈治国理政》、“党的二十大”等专题学习14次，引导政协各参加单位、政协委员和机关干部深刻领悟“两个确立”的决定性意义，不断增强“四个意识”、坚定“四个自信”、做到“两个维护”。

加强党的全面领导。坚持在区委的统一领导下开展工作，重大事项、重要工作及时向区委请示汇报，认真落实区委政协工作会议精神，严格按照区委审定的协商计划开展协商议政，努力把区委的各项决策部署转化为政协的履职实践。发挥政协党组把方向、管大局、抓落实作用，严格落实全面从严治党和意识形态工作主体责任，抓牢抓实党风廉政建设和反腐败工作，不断强化党在政协工作中的核心领导地位。

强化思想政治引领。充分发挥重要阵地、重要平台、重要渠道作用，引导政协各参加单位和广大政协委员深入学习领悟党的二十大报告中蕴含的新思想、新观点、新理论，在学懂弄通、学深悟透、入脑入心、见行见效上下功夫。围绕“五力领航”（系统实施党建铸魂、筑基、提能、清风、聚力“五大行动”，创新打造以精神力、组织力、执行力、免疫力和领导力为核心的“五力领航”党建品牌）党建品牌，发挥委员综合党委重要作用，不断增进各族各界思想共识、政治共识，汇聚加快建设西部现代化强区的智慧和力量。

二、围绕加快建设“四个强区”，不断提升协商议政成效

助力加快建设“科教强区”。围绕实施科技创新，建设涪城“科创大走廊”（位于科技城新区涪城片区，由绵江路、二环路、绵安路和科技城大道串联而成，全长30千米，辐射范围约70平方千米，着力打造面向世界、引领未来、服务全球、带动西部的科创高地与创新策源地），深入开展协商议政。在市政协八届二次会议上，区政协作了培育科技创新增量的大会发言，呼吁市上支持涪城科教强区建设，受到省委常委、市委书记曹立军肯定性批示。开展“绵阳一号”卫星星座（一期）协商式民主监督，针对资金保障和科技人才服务提出建议。开展“全区科技创新平台运行情况”专题协商调研，从科技金融服务、营商环境、人才保障等方面提出建议。

助力加快建设“产业强区”。围绕构建现代化产业体系，积极建言献策。开展“园区提质”“企业满园”【2022年4月，市委市政府决定在全市国家级、省级开发区（园区）和市级工业园区开展“园区提质”“企业满园”行动，坚持企业入园满园，产业聚集集群，园区提质增效，确保一年抓形象、两年见质效、三年大变样，把园区建设成为全市高质量发展的主引擎】专题调研，从产业链项目招引、创新园区机制、提升园区承载能力和资源要素配置等方面提出建议。全过程跟进食品产业园建设，围绕项目策划、招商引资等方面开展调研协商，助力园区顺利开工。认真落实区委安排部署，区政协领导班子深入联系镇街，召开各类协调会议25次，协调解决问题50余个，助力传化物流港、艾伯科技等重点项目顺利实施。

助力加快建设“开放强区”。围绕提升高水平开放新格局，主动担当作为。组织政协委员立足涪城实际，通过社情民意信息、省市政协提案、大会发言等形式，在拓展产业发展空间、直管区投入结算等8个方面争取上级支持，开辟了对上争取工作新渠道。组织召开金融界委员座谈会，为委员企业搭建惠企金融平台。开展破产案件府院联动机制小微协商，助力提升破产案件办理效率。以联系重点企业为契机，完善联系走访委员企业制度，走访联系重点企业和委员企业276户，协调解决问题37件。鼓励委员企业积极参与“绵品出川”，协助企业拓展营销渠道。

助力加快建设“全域强区”。聚焦城市有机更新和美丽乡村建设，促进城乡融合发展。围绕研学实践创新，组织开展香草园综合实践教育基地项目专题协商，为推动乡村旅游贡献智慧。围绕现代都市休闲农业发展，组织开展“三大农业主题公园”（“千鹤桑田”蚕桑文化、“湖光山色”稻渔亲水湿地、“蔬香绿野”芦笋大健康三大农业主题公园）和“古道雄狮”林蔬农业主题公园建设运营专题协商，从强化规划引领、延伸产业链条、完善运营机制等方面提出可行性建议。组织政协委员开展“绵州记忆”特色街区改造提升专题视察和协商，提出挖掘文化内涵、提升城市品质等意见建议。

三、坚持人民政协为人民，推动民生事业高质量发展

在疫情防控中体现担当。落实“疫情要防住、经济要稳住、发展要安全”的要求，助力打赢疫情防控阻击战。及时发出倡议，号召政协委员携手抗疫，委员共

计参与各类防疫工作500余人次,科伦医贸、绵阳百盛、高农司等委员企业全力保障医疗物资和市场供应,王晓川、陈诚等委员积极反映优化疫情防控措施的建议16条,《关于解决疫情期间外地生活物资车辆出城方式的建议》得到市政协李亚莲主席、市委王华蓉副书记批示,并转化为具体工作举措。

在改善民生中展现作为。紧扣"十心行动"(教育提质放心行动、卫生健康安心行动、精神文化润心行动、就业支持贴心行动、扶弱救助暖心行动、多样便民省心行动、人居环境称心行动、生态惠民舒心行动、安全保障稳心行动、社会治理顺心行动)履职尽责,让群众享有更充实、更持久的获得感幸福感安全感。聚焦残疾人托养、克非公园建设等民生实事开展调研协商6次,提出建议17条。聚焦校外学生托管机构监管、城乡小微水体治理等群众关心关注的热点开展民主监督,向职能部门反馈监督意见11条。引导政协委员积极参与"五润行动",惠及残疾人、贫困儿童等困难群众62人。以壮大农村集体经济、提升农产品品牌等特色协商为抓手,深入实施"双助"活动,协调落地助农产业项目25个,组织职业技能培训近5000人次,为乡村群众办实事200余件,充分彰显政协委员的为民情怀。

在反映民意中发挥作用。常态化开展建言资政征集活动,引导政协委员、政协各参加单位用情、用智反映社情民意信息,切实为界别群众鼓与呼。组织委员深入基层开展专题调研视察7次,累计反映社情民意信息135条,被省市政协采用66条,连续4年获评全市反映社情民意信息工作先进单位。畅通石塘商贸物流园货运通道、推进普惠型补充医疗保险等建议被相关部门吸收采纳并转化为惠民政策。

四、坚持大团结大联合,不断发挥专门协商机构作用

深度开展交流合作。围绕打造城市文化品牌和农产品"三品一标"(无公害农产品、绿色食品、有机农产品和农产品地理标志)等主题,配合市政协开展调研协商13次。积极开展政协理论研究,被省、市政协采用理论研究文章3篇。加强与外地政协的友好交流,全年接待江西省宜春市、阿坝州壤塘县政协等来涪考察调研8次,出访外地政协考察学习5次,进一步推动政协工作互鉴互促。

加强"书香政协"建设。打造"书香政协·文化涪城"品牌,引领助推书香社会建设。在轩客会书店挂牌成立"涪畔书屋",开辟委员读书新阵地。精心举办委员读书分享活动,60余名委员围绕读书心得和履职体会,在哲学、艺术、经济等方面推荐好书40余本。涪城政协委员读书分享活动已逐渐成为"书香政协"品牌项目,受到社会广泛关注,获评"绵州读书会"活动组织奖。

巩固发展爱国统一战线。切实发挥凝聚共识重要职能,巩固发展生动活泼、安定团结的政治局面。区政协七届二次会议以来,各民主党派、工商联和无党派人士共提交提案89件,参与调研协商活动300余人次。加强与各族各界人士联系,积极帮助界别群众排忧解难。开展涪城籍在外知名人士联谊,向56名在外人士制作发送记录其在涪美好时光的贺岁卡片。通过形式多样的联谊活动广交朋友、善纳良言,积极营造商以求同、协以成事的良好氛围。

五、坚持守正创新,不断提升履职尽责能力

提高提案工作质效。不断创新提案形成、办理、反馈机制,把协商民主贯穿于提案工作全过程。面向社会征集提案线索,试行提案工作清单管理,组织提案人全程参与提案办理,第三方评价机构全程参与提案工作。区政协七届二次会议期间,收到提案135件、立案116件,办复率和委员满意率均达到100%。《关于疫情防控情况下稳定区属市场主体的建议》等提案有力助推了市场主体培育等重点工作,促进提案工作在新的起点高质量发展。

提升委员履职能力。落实"懂政协、会协商、善议政"重要要求,按计划、分批次、有重点地抓好委员履职本领提升。筛选42名委员组建动态调整的委员智库团队,将286名委员全部划入12个镇街委员联络站。建立政协常委提交年度履职报告制度,督促常委带头履职。依托"涪城数字政协"建立线上委员履职档案,80名委员全年完成5项以上考核任务。赴厦门大学开展委员履职培训,常态化邀请区级单位通报阶段性重点工作,双月编发《政协通讯》,帮助委员知情明政。一年来,全体委员履职热情高涨,实现了自身价值,展现了委员作为。张金蓉和白晓东委员分别被省政协评为全省"有事来协商"工作先进个人、"双助"活动先进个人。

加强政协机关建设。扎实推进"政治型、服务型、务实型、创新型"机关建设,引导政协干部树立一线思

维和一流标准，自觉在勤于学习、勇于实践、敢于创新中提升履职能力，着力造就一支作风过硬的机关干部队伍。进一步强化专委会能力建设，在专业领域深钻细研，加强同有关单位的对口联系，做精做优服务保障工作。

各位委员、同志们，一年来，区政协经常性工作提质增效，创新性工作亮点纷呈，工作实效可圈可点，交出了一份省、市政协认同，区委、区政府肯定，人民群众好评，社会影响较好的满意答卷。在此，我代表区政协常委会向所有关心支持涪城区政协的各级领导、各界人士表示最衷心的感谢！

在总结成绩的同时，我们也清醒看到，我们的工作与中共中央对于新时代市县政协的工作要求相比还有一定差距，特别是还存在工作不够规范、发展不够平衡、人员力量比较薄弱的短板。党的二十大对人民政协践行全过程人民民主，全面发展协商民主作出了一系列重要部署，我们将认真学习贯彻、抓好落实，进一步提升政协整体工作效能。

2023年工作建议

2023年是涪城区全面深入学习贯彻党的二十大精神的开局之年，也是而立涪城乘势而上、接续奋斗的承前启后之年。区政协工作总体要求是：坚定以习近平新时代中国特色社会主义思想为指导，把学习宣传贯彻党的二十大精神贯穿政协工作全过程，全面加强专门协商机构建设，进一步强化党的领导这个根本保证、协商议政这个专责主业、凝聚共识这个中心环节，胸怀国之大者，心系区之大要，作答民之所望，以“担当担责、一抓到底”的实干定力，聚焦经济社会发展重大项目和涉及群众切身利益的具体问题，坚持发扬民主和增进团结相互贯通、建言资政和凝聚共识双向发力，不断提高政协贡献率，努力为涪城深入实施“三千工程”、加快建设“四个强区”，全面建设西部现代化强区贡献更多政协智慧和力量。

一、以党的二十大精神为指引，更高站位把牢履职方向

强化党的创新理论武装。在全区政协系统大力开展学习宣传贯彻党的二十大精神系列活动，用党的创新理论武装思想、凝聚共识、推动工作。落实落细各项制度化学习安排，构建党组示范带头学、综合党委联动学、党内带动党外学的大学习格局，引导广大政协委员把党的二十大精神落实到工作谋划之中、调查研究之中、协商议政之中、对策建议之中。

强化党的全面领导。贯彻落实区委七届四次全会精神，着力把区委的决策部署转化为政协履职的自觉行动，切实担当“落实下去、凝聚起来”的政治责任。不断提升政协党组政治领导力，在谋划发展、制定措施、推动履职上充分发挥把方向、管大局、保落实的领导作用，把中国共产党领导的政治优势转化为专门协商机构的制度优势。

强化党建引领。坚持把党的建设贯穿政协工作各方面、全过程，在“五力领航”引领下，打造一流的政协党建品牌。进一步健全有政协特点的委员综合党委体系，推动“两个全覆盖”不断深化，以党建之效激发履职之能。压实意识形态和党风廉政建设工作责任，坚持用严明的纪律推进全面从严治党。

二、以“十件大事”为重点，更大作为服务中心大局

高质效开展协商。紧扣区委七届四次全会确定的“十件大事”，围绕助推绵阳工业园高效运行等议题召开专题议政性常委会议，为区委、区政府提供务实建议；围绕新一轮旧城改造更新、城乡环境综合提质等议题开展专题协商，在协商中让各方意见表达好、把各方智慧汇聚好；依托政协委员联络站等协商平台，围绕农业主题公园建设、基层治理“强基工程”和“涪鸥”芭蕾舞文化品牌打造等开展小微协商，为助推区域发展精准建言献策。

高质量开展民主监督。突出政治性，围绕区委、区政府中心工作开展民主监督，在协商式监督中发现问题、提出建议。突出协同性，重点围绕优化营商环境、城镇困难群众精准帮扶等广泛性、长期性工作开展调查研究，提出切实可行的意见和建议。突出协商性，紧盯就业创业、教育医疗等人民群众普遍关注的热点难点问题，分析症结、提供对策，用智慧建言助推问题解决。

高标准开展经常性工作。强化质量导向，做精做优提案、调研视察、社情民意信息等经常性工作，更好建言资政。深化政协主席会议成员领衔督办重点提案等工作制度，提升提案协商办理质效。进一步发挥好社情民意信息“直通车”作用，使社情民意信息成为党委政府连接社会各界的重要桥梁。

三、以协商民主为基调，更大优势广泛凝聚共识

在团结合作中形成共识。完善民主党派和无党派人士在政协推进经常性工作的机制，健全与各民主党派涪城基层组织、区工商联工作联动机制，积极搭建学习培训、考察交流平台，实现重要课题联合调研、重点提案联动督办、重大活动通力合作，在民主协商、建言资政中统一思想、统一意志、统一行动。

在联络联谊中增进共识。坚持常态化联系走访委员、界别群众和企业等制度，在走访联系中宣传涪城、推介涪城，吸引更多目光向涪城聚焦，更多商机向涪城聚集。引导委员广泛联系各界群众，宣传党的理论路线和方针政策，做好协调关系、理顺情绪、化解矛盾的工作，达到“一名委员”影响“一众人群”的乘数效应。

在交流交融中争取共识。加强与友好政协的沟通联谊，组织政协委员带着课题“走出去”，学习借鉴先进经验。积极参与上级政协组织的各类会议和活动，在协商对话中反映涪城发展中的困难和需求，争取各方支持。全方位开展区域合作，紧跟“绵品出川”步伐，广泛开展与发达地区的联络联谊、牵线搭桥工作，诚交四海朋友，助力涪城发展。

四、以“创先争优”行动为契机，更优质效塑造履职品牌

做优“有事来协商”品牌。以建强、做优、用好基层协商平台为重点，完善成果报送、办理、反馈等闭环机制，加强制度化、程序化、规范化等功能建设。坚持结果导向，加强与党政部门协调衔接，着力提升“有事来协商”成果转化率。提高深度协商互动水平，推动委员履职重心下沉到基层，促进政协协商有效服务基层治理，打造具有特色、富有实效的协商品牌。

做实“双助”活动品牌。聚焦农村集体经济发展、农业主题公园建设等主题，开展具有涪城政协特色的“双助”活动，多行为民之举、多尽精诚之力、多献务实之策，在助力乡村振兴重点工作上再加力，通过“小切口”解决民生大问题。

做精“书香政协”品牌。组织委员开展选书、讲书、评书、荐书等系列活动，构建覆盖全体委员、政协特色鲜明、操作运行便捷的读书体系。加强读书活动成果转化，实现委员自我教育和引领界别群众一体推进、相互促进，以“书香政协”促进“书香涪城”建设。有序开展文史资料编辑整理工作，挖掘和丰富欧阳修等涪城文化内核，以文化共识促进人心凝聚。

五、以固本强基为根本，更高要求提升整体水平

深入践行“一线工作法”，大力弘扬“新、快、实、真、严”作风，持续提升政协工作美誉度、显示度、精准度和贡献率。进一步提升服务保障水平，优化委员考核管理，丰富委员活动形式，为委员行使权利、履职尽责创造条件，让委员进来有荣誉、履职有收获，事业有成长。强化委员队伍建设，抓实委员教育培训，提高政治把握能力、调查研究能力、联系群众能力、合作共事能力，增强协商本领。加强专委会建设，推进专委会工作制度化、规范化，体现专门性、专长性、专业性。加强对镇街委员联络站的指导，完善履职评价体系，构建有事共商、资源共享的良好工作格局。

积力之所举，则无不胜；众智之所为，则无不成。各位委员、同志们，让我们更加紧密地团结在以习近平同志为核心的党中央周围，深入学习宣传贯彻党的二十大精神，在中共绵阳市涪城区委的坚强领导下，奋力开创新时代政协工作新局面，为谱写全面建设西部现代化强区的壮美篇章做出新的更大贡献！

保持永远在路上的坚韧执着推进全面从严治党 为奋力谱写全面建设西部现代化强区新篇章提供坚强保障

——在中国共产党绵阳市涪城区第七届纪律检查委员会第三次全体会议上的工作报告

中共绵阳市涪城区委常委、纪委书记、监委主任 张 伟

（2023年1月31日）

同志们：

我代表中共绵阳市涪城区第七届纪律检查委员会常务委员会向大会作工作报告，请予审议。

一、2022年工作回顾

过去一年，在市纪委监委和区委的坚强领导下，全区各级纪检监察组织坚持以习近平新时代中国特色社会主义思想为指导，深入学习宣传贯彻党的二十大精神，深刻领会“两个确立”的决定性意义，牢牢把握党的自我革命战略部署和全面从严治党战略方针，服务中心大局，忠诚担当作为，正风肃纪反腐，为全区经济社会高质量发展提供了坚强保障。

（一）强化政治监督，践行“两个维护”坚决有力。把学习贯彻习近平新时代中国特色社会主义思想和党的二十大精神作为首要政治任务，区纪委常委会带头开展集中学习、专题研讨13次，带动全系统学思践悟，不断提高政治判断力、政治领悟力、政治执行力。围绕习近平总书记重要讲话精神、四川视察重要指示精神和省市区重要会议精神贯彻落实情况，紧盯中央和省市区委统筹疫情防控和经济社会发展、防汛减灾、粮食安全、生态环保、教育“双减”等重大决策部署开展监督检查20余轮次，发现并责成整改问题947个，严肃问责14件22人、6个党组织。特别是在“9·29”等疫情防控中，开展各类督查284次，稳慎调查处置违反防疫纪律、落实防疫责任不力问题，发出通报53期，督促整改问题557个。实施优化营商环境“双清”行动，设立“清风护航服务中心”，建立清风联企“三百”机制，全面运行30个“营商环境监测点”，走访企业385家，收集问题建议77个，查处损害营商环境16件30人，助推创明新能源、欣盛显示等一大批重大项目快速落地投产。严把选人用人关口，稳妥审慎出具党风廉政意见986人次，叫停干部选拔任用2人次。

（二）坚持办案引领，一体推进“三不”成效明显。始终保持零容忍的警醒、零容忍的力度，全年受理信访举报134件，党纪政务立案187件，党纪政务处分182人，移送审查起诉7人，查封扣押冻结涉案财物1381万元。严肃查处华西集团第十二建筑工程公司原总经理助理谭德坤和绵阳分公司原项目经理曹颖贪腐超千万元、涪城粮油购销公司原总经理余贵金受贿及挪用公款300余万元、吴家镇凤凰山村原村委会主任王传礼骗取国家专项资金等系列典型案件，取得了良好的政治效果、纪法效果、社会效果。严把案件质量关，全面实行“乡案县审”，在全市“精品案件”评选中获得第一名。开展国有企业重大非正常亏损公司、亏损项目背后违纪违法问题专项治理，推进“五粮春”系列案以案促改工作，发现处置问题11个。发出纪检监察建议书13份，督促案发单位召开专题民主生活会，完善制度13项。创新实施“纪法教育周”，开展“亲情寄语·清风传家”、廉洁文化“六进”等系列活动，制作《新的天地》《廉洁树》等公益视频7部，在中央、省市媒体发布各类宣传稿件100余篇，阅读量超过100万余人次，唱响了涪城廉洁声音。

（三）深入纠治“四风”，党风政风持续向上向好。密切关注享乐主义、奢靡之风新动向、新变种，紧盯重要节点开展常态化明察暗访和专项监督检查，严肃查处违反中央八项规定精神问题20件41人。扎实开

展借培训名义搞公款旅游排查整治，发现问题班次18个，立案查处3件3人，26人主动说清问题，追缴退赔经费1.94万元。创新开展监督保障“真抓实干、狠抓落实”行动，以“六盯六查”为抓手，严肃查处涪城生态环境局原副局长刘定远工作作风漂浮、自然资源局地矿股原股长伍勇不担当不作为等形式主义官僚主义问题10件23人，发出作风通报5期。把握“三个区分开来”，为15名干部容错纠错、10名干部澄清正名，查处诬告陷害2人，开展受处分干部“暖心回访”106人次，帮助其卸下包袱、重拾信心、轻装上阵。持续纠治检查考核过多、过度留痕、“指尖上的形式主义”等问题，推动出台《涪城区精文减会七条措施》，实实在在为基层松绑减负。

（四）坚持固本强基，基层党风廉政建设见行见效。聚焦省纪委“三个方案”，创造性落实“四强行动”，着力构建“区负责、镇主抓、村执行”的监督体系，区纪委监委干部动态配备率达96.2%，9个镇街全面落实“两专三兼”，优选精培党风政风监督员407名，对全区113个村（社区）纪委书记、纪检委员开展履职能力提升培训，基层工作力量得到有效加强。坚持把案件质效作为纪检监察工作的生命，构建“室组地”联动协作机制，探索交叉检查、联合办案，镇街立案122件，处分119人，同比增长31%、46.96%，其中通过监督检查发现问题线索占比达45.9%，基层监督执纪执法质效大幅提升，“室组地”联动协作机制入选涪城2022年“十大改革案例”。编印村（社区）纪委主要监督事项和监督方式“双十”清单，全力推动实施村级监督示范村、示范点建设，深化“阳光问廉”下乡进村38场次，解决各类问题44个，“百理晒场”等一线监督做法被川报登载，并在全市加强基层党风廉政建设现场会上作经验推介。

（五）坚持执纪为民，群众获得感幸福感安全感更加充实。深入开展“听音问廉·三进三强”专项行动，突出“问廉”导向，全区各级党员干部累计走访68.9万余人次，推动解决问题1198个，处置党员干部9人。将群众声音作为监督执纪的“风向标”和“晴雨表”，务实开展“清风护民·解困同行”活动，深化纪检监察干部访，聚焦食品安全、教育医疗、生态环保、集体“三资”管理等方面，发现并督促整改问题117个，查处惠民利民、安民护民政策落实等群众身边腐败和不正之风问题31件77人。深入开展简易审批村庄建设项目问题专项治理，立案13件13人，党纪政务处分6人、组织处理11人。深化发改、卫健等重点行业领域突出问题系统治理，着力发挥派驻监督作用，督促整改问题48个，党纪政务处分10人、组织处理8人。抓深抓实“纪委书记盯粮库”专项工作，立案审查调查16人，留置3人，移送审查起诉3人，相关工作经验被省纪委工作专班推广。

（六）坚持守正创新，巡察工作深化发展。自觉接受省委第十巡视组赴绵开展巡察指导督导，统筹谋划七届区委巡察工作，制定巡察五年工作规划，确定巡察全覆盖任务名单。开展1轮市县联动疫情防控机动巡察和2轮常规巡察，以镇村同巡方式，对7个镇（街）及所辖76个村（社区）开展2轮巡察监督，发现问题65个，移交问题线索37条，立案30件。上线“涪城巡察”微信公众号、二维码举报平台，制作《村里来了巡察组》动画宣传短片，多措并举做好巡察宣传发动，积极培育对村巡察品牌，相关做法被《四川巡视》《市“两项”改革工作简报》刊载推广。加强巡察整改和成果运用，首次召开集中反馈和“一对一”相结合的反馈会议，制定整改责任清单，坚持“四方会审”机制，压实各方整改责任，推动开展行业系统治理11个。增配4名巡察专员，组建巡察“四库”人员130人。建成并全面试用巡视巡察综合平台，探索开展巡察质效评价，修订完善制度9项，机关办公条件明显改善，巡察工作的正规化、规范化、信息化建设迈上新台阶。

（七）加强自身建设，纪检监察铁军更加过硬。着力建设“正气、学习、活力”型机关，系统实施“主题党日铸魂、清风讲堂提能、品味书香养心、快乐运动强身”四大活动，开展党性教育10次，举办读书交流会5堂，以抽调监督办案、交流轮岗、线上线下应知应会知识测试等多种方式，分层分类组织各类赋能培训1200余人次，面向各领域广泛优选干部4名，队伍素质结构不断优化，委机关审理室被评为“绵阳市工人先锋号”，1名干部受到中央纪委国家监委嘉奖表彰。自觉接受人大监督，区监委依法首次向区人大常委会作扫黑除恶“打伞破网”专项工作报告。选聘特约监察员7人，开展系统内廉政风险排查，制定预防措施48条，制定、完善《重大决策部署贯彻落实情况督查督办工作制度》等内部管理制度17项，不断强化自我监督。

在充分肯定成绩的同时，我们也应当冷静清醒看到，党风廉政建设和反腐败斗争形势依然严峻复杂，全面从严治党依然任重道远，纪检监察工作与群众期盼相比、与高质量发展要求相比还存在一定差距，推进政治监督具体化精准化常态化还有薄弱环节，服务中心大局还有差距；个别领域腐败问题还未得到有效遏制，监督还不够有力有效；有的纪检监察干部把握纪法衔接、法法衔接的能力不足，监督执纪执法较真碰硬的精神还不够等。针对这些问题，我们必须高度重视、采取措施并切实加以解决。

二、2023年主要任务

2023年是贯彻党的二十大精神的开局之年，做好今年纪检监察工作意义重大。总体要求是：坚持以习近平新时代中国特色社会主义思想和习近平总书记对四川工作系列重要指示精神为指导，更加深刻领悟“两个确立”的决定性意义，更加自觉增强“四个意识”、坚定“四个自信”、做到“两个维护”，深入学习贯彻党的二十大和省市区委全会精神，按照中央、省、市纪委全会和区委七届四次全会决策部署，忠实履行党章和宪法赋予的职责，坚决贯彻坚定不移全面从严治党战略部署，认真落实健全全面从严治党体系任务要求，深入推进党风廉政建设和反腐败斗争，奋力推动涪城纪检监察工作守正创新、与时俱进高质量发展，为深入实施“三千工程”、加快建设“四个强区”，全面建设西部现代化强区提供坚强保障。

习近平总书记在二十届中央纪委二次全会上的重要讲话，深刻分析大党独有难题的形成原因、主要表现和破解之道，深刻阐述健全全面从严治党体系的目标任务、实践要求，对坚定不移深入推进全面从严治党作出战略部署，是深入推进新时代党的建设新的伟大工程的根本遵循，也是新时代新征程纪检监察工作高质量发展的根本指引。李希同志所作的工作报告，全面贯彻习近平总书记重要讲话精神，对深入学习贯彻党的二十大精神、持续推进纪检监察工作高质量发展作出了系统部署。省纪委十二届二次全会、市纪委八届三次全会，就深入贯彻二十届中央纪委二次全会精神，深入推进省市全面从严治党、党风廉政建设和反腐败斗争作出具体部署。全区各级纪检监察组织要全面系统学习领悟习近平总书记重要讲话精神，坚决贯彻落实党的二十大精神和中央、省、市纪委全会决策部署，时刻牢记全面从严治党永远在路上、党的自我革命永远在路上，一刻不停推进全面从严治党，锚定高质量发展目标，坚持创新引领，强化系统思维，攻坚克难、砥砺奋进，创新实干、争创一流，以高质量的纪检监察工作护航涪城高质量发展。

（一）牢牢把握全面贯彻落实党的二十大精神这条主线，以强有力的政治监督保障落实上级各项决策部署

筑牢政治忠诚。以认真学习宣传贯彻党的二十大精神为主线，持续学懂弄通做实习近平新时代中国特色社会主义思想，把握好这一重要思想的世界观方法论，坚持好、运用好贯穿其中的立场观点方法，把党的创新理论转化为坚定理想、锤炼党性和指导实践、推动工作的强大力量。跟进学习习近平总书记重要讲话和指示批示精神，准确把握党中央关于全面从严治党、党风廉政建设和反腐败斗争的新部署新要求，坚持学习、调研、实践相结合，丰富思路举措、改进工作方法、破解工作难题，不断提升理论思维、战略谋划、精准落实水平。

强化政治监督。扎实推进政治监督具体化、精准化、常态化，紧扣习近平总书记重要指示批示精神和党中央决策部署，紧扣学习宣传贯彻党的二十大精神，完善台账管理机制，深化督查问责和“回头看”，坚决纠治做选择、搞变通、打折扣等行为，督促全区各级党组织和党员干部把拥护“两个确立”、做到“两个维护”落实到行动上。围绕深入实施“三千工程”、加快建设“四个强区”等各项重大决策部署，开展一线监督、跟进监督，着力加强对行权、要素保障等重点部门，关键岗位、“一把手”等重点人员的监督，全力保障政令畅通、步调一致、工作落实。深化“清淤治乱·清风护航”优化营商环境专项行动，严肃纠治破坏营商环境的典型问题，推动助企纾困，护航涪城“全国一流、全省领先”营商环境。跟进即将开展的主题教育和各领域干部队伍教育整顿，加大监督力度，推动取得实效。及时发现、着力解决“七个有之”问题，坚决清除“两面人”“小团伙”“伪忠诚”。

（二）牢牢把握推动完善党和国家监督体系的重要职责，不断提升监督治理效能

坚守职责定位。推动健全全面从严治党责任体系，一体履行协助职责、监督专责，协助党委动态完善主体责任清单，构建发现问题、提出建议、压实责任、

推动整改、深化治理的监督闭环，推动党委（党组）主体责任、书记第一责任人责任、职能部门监管责任贯通联动、一体落实。精准规范问责，督促各级党组织和党员干部严于律己、严负其责、严管所辖。紧盯“一把手”和领导班子，探索“嵌入式”“蹲点式”等监督方法，常态化检视执行民主集中制、履职用权等方面存在的问题。从严管权治吏，抓住政策制定、决策程序、审批监管、执法司法等关键权力，探索精准监督有效载体和制度机制，督促执行领导干部违规插手干预重大事项记录报告。

树牢系统观念。坚持以系统观念提升监督治理效能，着力形成上下贯通、左右衔接、内外联动的监督合力。进一步完善请示报告制度，把双重领导和查办腐败案件以上级纪委监委领导为主的要求落到实处。持续深化“周安排、月例会、季点评、年考核”工作机制，改进区纪委常委会听取工作汇报制度，不断加强对下级纪检监察组织、派驻机构的领导。实施区镇村监督提能行动，深化“室组地”联动协作机制，不断健全区镇村三级联动、镇村监督一体化运行、片区协作、多种监督贯通融合的工作机制。健全纪检监察机关与审判机关、检察机关、执法部门协调协作体制机制，加强与审计机关协调配合，以党内监督为主导促进各类监督有机贯通。

（三）牢牢把握政治巡察定位，有力发挥利剑震慑作用

落实巡视巡察要求。全面贯彻中央巡视工作方针，聚焦“两个维护”根本任务，将学习贯彻党的二十大精神和省第十二次党代会、省委十二届二次全会、市委八届五次全会、区委七届四次全会部署情况纳入巡察监督重要内容。坚持板块轮动、分类安排，组织开展2轮常规巡察，持续加强村（社区）巡察工作。开展巡察质量提升行动，优化办组运行管理一体化机制，充实调整巡察人员库，抓好巡察信息系统基础数据建设，深化巡察监督贯通融合的实现路径，更好发挥巡察发现问题、形成震慑、推动改革、促进发展作用。

强化巡察整改和成果运用。研究制定巡察整改评估办法和整改销号办法，综合运用宣讲、约谈、提醒、督促、检查、报告、问责等方式，加强统筹协调、跟踪督导、分析统计，将整改主体责任、日常监督责任、指导督导责任贯通起来。及时向区委、区政府职能部门通报巡察情况、提供专题报告、移交工作建议，形成监督、整改、治理良性循环。

（四）牢牢把握严的基调，持之以恒强化正风肃纪

坚持全面从严。把中央八项规定精神作为长期有效的铁规矩、硬杠杠，对党的二十大后依然不收敛不收手、顶风违纪的，综合运用党纪政务处分、组织处理等方式从严从重处置。重点整治形式主义、官僚主义，深化监督保障“真抓实干、狠抓落实”行动，以“六盯六查”为抓手，精准施治只表态不落实，简单化、一刀切、乱加码，不作为、慢作为、乱作为和搞形象工程、数字造假、违反财经纪律、加重基层负担行为，形成有效震慑。着力发现、严肃查处享乐主义、奢靡之风背后的利益交换、请托办事问题，紧盯“公”字头强化公款报销、公车配备监督检查，“小切口”整治乱发钱物、违规公款吃喝和快递送礼、收受电子红包等问题，加大对改头换面问题查处力度。健全风腐同查同治机制，防范风腐滋生隐患。

着力常态长效。把纠“四风”和树新风贯通起来，在日常监督中前移作风防线，用好党风政风监督信息综合平台，健全作风问题预警分析机制，深入研判地区性、行业性、阶段性特点，抓住普遍发生、反复出现问题开展专项整治。加强制度建设，督促各级各部门对照党中央新要求，完善落实中央八项规定精神和省、市、区作风建设相关规定配套制度。开展时代新风宣传教育，践行“一线工作法”，弘扬“新、快、实、真、严”优良作风，推动党员干部牢记“三个务必”，真抓实干、担当作为。常态化推进“好风传家”家风家规建设，教育引导党员干部坚决破除特权思想和特权行为，严格管好家属子女。

（五）牢牢把握全面加强党的纪律建设新要求，让铁纪“长牙”发威、干部醒悟知止

强化经常性普纪教育。推动各地区各部门把党章党规党纪教育作为理论学习、党校培训的必修课，通过集体学习、知识测试、廉政谈话等多种方式，引导党员干部学纪明纪守纪。用好案情通报、忏悔录、警示教育片等“活教材”，督促指导案发单位召开专题民主生活会，促进党员干部在举一反三、对照检查中知戒知耻知止。加强对年轻干部的纪律宣传教育，实施“清风护苗”计划，帮助扣好廉洁从政“第一粒扣子”。

严格执行党的各项纪律。加强对党章党规党纪学习和贯彻执行情况的监督检查，对违反党纪的问题，发现一起查处一起，坚决维护党纪刚性。坚持党

性党风党纪一起抓，督促各级党组织加强和规范党内政治生活，落实好民主生活会、组织生活会、党内谈心谈话等制度，在严肃认真的批评和自我批评中坚持真理、修正错误。严把选人用人政治关、廉洁关，规范审慎回复党风廉政意见。坚持严管厚爱，精准运用"四种形态"，用足第一种形态，发现问题及时提醒，使批评教育成为常态；做优"谈话函询 +"，发挥核查监督作用，防止敷衍塞责、欺瞒组织；准确分类处置，用靶向思维、微创方式清除病灶。

（六）牢牢把握坚决打赢反腐败斗争攻坚战持久战的使命责任，一体推进不敢腐、不能腐、不想腐

始终坚持办案引领。深刻认识腐败是危害党的生命力和战斗力的最大毒瘤，以零容忍态度反腐惩恶，更加有力遏制增量，更加有效清除存量。盯紧重点事，坚决查处政治问题和经济问题交织的腐败，坚决防止领导干部成为利益集团和权势团体的代言人、代理人，坚决治理政商勾连破坏政治生态和经济发展环境问题。盯紧重点环节，深化整治国企、金融、政法等权力集中、资金密集、资源富集领域的腐败，坚决纠治政商"旋转门""逃逸式辞职"问题，坚决清理风险隐患大的行业性、系统性腐败。盯紧重点人，严查十八大后不收敛不收手，问题线索反映集中、群众反映强烈的领导干部，严肃查处领导干部配偶、子女及其配偶等亲属和身边工作人员利用影响力谋私贪腐问题。盯紧贪腐行为新表现新动向，坚决清理领导干部通过违规参股当"影子股东"、开办"影子公司"，通过违规插手工程项目敛取巨额"中介费""介绍费"等新型腐败、隐性腐败。坚持受贿行贿一起查，重点查处多次行贿、巨额行贿、向多人行贿行为，依法追缴行贿违法所得，推动强化联合惩戒。

提升案件查办质效。强化信访举报甄别筛选和分析研判，落实指定管辖工作办法和问题线索管理工作细则，健全包案督办台账，实行"周对账、月统计、季分析"，加强对问题线索处置和案件查办全周期动态监管、质效评估。聚焦监督制约把关、服务协作配合强化案件审理，优化派驻（出）机构案件审理模式，深化拓展案件质量评查，筑牢案件质量共同体。对标省纪委监委信息化工作规划，用好综合信息查询、监督信息协作等平台，积极推动案件监督管理、案件审理等业务流程信息化办理，运用"数字纪检监察体系"赋能精准高效执纪执法。深化以案促改、以案促治，加强新时代廉洁文化建设，运用全媒体全向度传播廉洁理念，打造廉政文化阵地，开设"廉政课堂"，开展廉洁文化"六进"活动，不断巩固发展涪城风清气正的良好政治生态。

大力实施容错纠错。认真落实"三个区分开来"要求，对干部在工作中特别是改革攻坚过程中的因公失误错误，实事求是、依纪依法、精准处置，坚决为想干事的人撑腰、为敢担当的人鼓劲。严肃查处并通报曝光诬告陷害行为，及时为受到不实举报的党员干部澄清正名。深入开展全覆盖个性化"暖心回访"，加强与组织人事部门的沟通衔接，推动受处分干部影响期满表现优秀再起用措施落实，旗帜鲜明为担当者担当、为负责者负责。

（七）牢牢把握大抓基层的鲜明导向，在固本强基中推动纪检监察工作整体性提升

持续巩固大抓基层成果。深化"四强行动"，常态化保持"两专三兼"动态稳定，督促用好乡镇纪检监察业务实操手册、百问百答、"双十"清单，分级分类组织开展基层纪检监察人员全员轮训，优化"室组地""乡案县审"运行模式，不断提升监督执纪办案能力。围绕主动发现问题、拓宽线索来源、提高初核成案率，完善问题线索高效处置、简单违纪违法案件快办快结等机制，加强对基层办案的督促指导、支持协调，推动镇街一级办案能力持续增强、案件结构持续优化。推动落实机关纪委建设，加强派驻机构对驻在部门机关纪委的业务指导和监督检查，规范基层党组织纪检委员日常履职。

推动解决群众急难愁盼问题。用好群众路线传家宝，结合"走基层、访民生、解难题"活动，深化"听音问廉·三进三强"专项行动，深入村庄院坝、田间地头，从家长里短中找准政策落实、小微权力运行上的突出问题，深挖严查群众最关注、反映多问题背后的贪污侵占、吃拿卡要、截留挪用、虚报冒领、优亲厚友、推诿塞责等腐败和不正之风，持续增强群众信任感、满意度。扎实开展乡村振兴领域不正之风和腐败问题专项整治，加强对重点项目、重大资金、重要环节的监督检查，深化村（社区）集体"三资"提级监督。常态化打击涉黑涉恶腐败和"保护伞"。

（八）牢牢把握打铁必须自身硬的重要要求，锻造忠诚于党、勇挑重担，敢打硬仗、善于斗争的纪检监察铁军

强化党建引领。把党的政治建设摆在首位，持续

加强区纪委常委会自身建设，巩固深化常委会“第一议题”制度和集体学习制度，认真开展党中央部署的主题教育，示范带动全系统自觉用党的创新理论凝心聚魂。把请示报告作为严肃政治纪律落细落实，既报告结果，也报告过程。认真落实党建工作责任制，抓实党建绩效管理，加强党支部标准化建设，不断推动党建工作筑基提标。突出政治标准选人用人，积极推进干部系统内外交流。

努力提升能力素质。统筹整合全区培训资源，以实战导向深化全员培训，实施办案能力提升专项计划，推进“全员办案”“全员参审”，着力培训发现、分类储备一批审查调查行家里手。注重在实践中磨炼干部，把基层和办案一线作为锻炼培养年轻干部的重要平台。持续深化监察官法实施，按照统一部署推进监察官等级确定工作。

从严从实自我监督。自觉接受最严格的约束和监督，强化干部监督力量配备，发挥特约监察员作用，完善内部管理监督制度，严格执行回避、保密和过问干预案件登记备案等内控制度。做实日常监督，常态化开展“三类”谈心谈话，用好“两必谈三必问”，把教育管理监督融入日常，确保执纪执法权正确行使。对执纪违纪、执法违法行为零容忍，严肃查处以案谋私、串通包庇、跑风漏气等问题，坚决防止利用监督执纪执法权和职务影响力谋取私利，对不适合在纪检监察系统工作的坚决调整。

同志们，使命呼唤担当，奋斗创造未来，新时代纪检监察工作使命光荣、责任重大。我们要更加紧密地团结在以习近平同志为核心的党中央周围，在市纪委监委和区委坚强领导下，团结奋斗、勇毅前行，以永远在路上的坚韧执着坚定不移推进全面从严治党、党风廉政建设和反腐败斗争，为深入实施“三千工程”、加快建设“四个强区”，奋力谱写全面建设西部现代化强区新篇章提供坚强保障！

绵阳市涪城区人民法院工作报告

——在绵阳市涪城区第七届人民代表大会第三次会议上的工作报告

绵阳市涪城区人民法院院长 杨小平

2023年1月7日

各位代表：

我代表区人民法院向大会报告工作，请予审议，并请区政协委员提出意见。

2022年主要工作

2022年，在区委的坚强领导下，区人大及其常委会的依法监督、区政府的大力支持、区政协的民主监督和上级法院的科学指导下，区法院深入学习贯彻党的二十大精神，全面贯彻落实党中央和省委、市委、区委各项决策部署，坚持服务大局、司法为民、公正司法，忠实履行宪法法律赋予的职责。全年受理各类案件24542件，审、执结23116件，同比分别上升13.81%、17.23%，收结案数均居全市第一、居全省基层法院第十三。

一年来，我们围绕中心大局，实干担当作为，努力为高质量发展提供优质司法保障

保障平安涪城建设。全面贯彻总体国家安全观，审结刑事案件528件。常态化开展扫黑除恶斗争，对魏璐等19人涉黑案判处5年以上有期徒刑14人，最高判处20年，对组织者并处没收个人全部财产，对其余人员并处罚金共计689.3万元。保持对严重暴力犯罪的高压态势，审结故意杀人、故意伤害、抢劫、敲诈勒索等犯罪43件。加大毒品犯罪打击力度，审结制毒、贩毒犯罪44件，一律不适用缓刑。开展打击整治养老诈骗、电信网络诈骗等专项行动，审结“以房养老”“保健品”“杀猪盘”等犯罪48件，判决退赔被害人损失4629.4万元，判处罚金386.2万元，刑事审判庭获评全省法院打击治理电信网络诈骗犯罪先进集体。积极推进反腐败斗争，审结贪污贿赂、渎职等犯罪8件，在审理穆晓清、张延斌、王树、谭德坤等职务犯罪案件中，相关单位干部到庭接受警示教育4次800余人。守护百姓“舌尖和出行”安全，审结食品药品、危险驾驶等危害公共安全犯罪84件，某高校教师酒后驾车致一死两伤获刑6年。

服务重大战略实施。用心用情开展“涪昭结对”，与昭觉法院持续致力文化共融、业务共推、人才共育，主要做法在《人民日报》刊载。围绕“园区提质”“企业满园”，成立科技城新区直管区法庭和绵阳工业园区法官工作站，积极在法律风控、纠纷化解等方面提供“嵌入式”司法服务（设立科技城新区直管区法庭和绵阳工业园区法官工作站，落实专门审判团队，为管委会决策部署、历史遗留问题化解提供强力司法服务支撑，为辖区企业纠纷快速有效化解提供绿色通道服务。同时，通过开展法治讲座、论坛交流、个案调解指导等方式，积极为管委会及辖区企业培养更多法律明白人）。全力保障“决战四季度、大干一百天”，对张某集结人群阻拦砂石运输影响市政建设的行为依法予以处置。始终站在稳定发展的高度，妥善审理浩兴、中建投、博爱等涉众型案件，积极参与罗汉寺、万福园等风险隐患处置，全力推进“恒大翡翠龙庭”“蓝润春风里”等楼盘保交楼，府院联动推进“九腾1街区”项目重整续建和凯跃华庭历史遗留问题彻底解决。积极开展信访稳控引导，院领导坐班接待信访群众124人次，化解信访积案22件，为党的二十大胜利召开创造安全稳定的政治环境。坚决筑牢疫情防控屏障，绵阳“9·29”疫情发生后，快速审结的50台核酸提取仪买卖合同纠纷案，为绵阳核酸检测能力提升增添“及时雨”，150余名干警夜以继日奋战在防控第一线，用实际行动彰显法院担当。

优化营商法治环境。当好民营企业发展护航员，高效审结涉企案件4911件，帮助企业快速回笼资金

8.39亿元。注重企业信誉修复，对履行完毕的被执行企业解除账号冻结711次，解除法人高消费限制835次，向上申报并修复企业因诉讼在招投标方面受限等问题16件。深入贯彻涪城区支持企业发展惠企政策，持续走访重点企业28家，走访败诉当事企业4家，召开营商环境涉法涉诉座谈会面对面解决问题20个。发挥破产制度在淘汰落后产能方面的功能作用，推进乡户农业等6个企业进入执转破，实现营商环境“再优化”。

一年来，我们坚守初心使命，深化为民实践，切实维护人民群众合法权益

强化司法民生保护。全面贯彻实施民法典，审结民商事案件12743件。护航未成年人健康成长，选派6名法官担任中小学法治副校长，开展防范欺凌、性侵、诈骗、毒品等普法宣讲14场次，对3位父母怠于子女教育发出家庭教育指导令。严防家庭纠纷演变成恶性事件，依托妇女儿童维权岗和家事纠纷联调机制，审结婚姻家庭纠纷727件，开展妇女儿童心理疏导8人次。倡议员工与企业共渡难关，调解劳动工资、工伤赔偿等案件270件，最大限度减少疫情对企业的影响。主动解决好当事人办理个人事项需提供相关证明等问题，出具生效证明、离婚证明书等3000余份。保障百姓家住环境改善，审结违法搭建、电梯加装、物业合同等案件1860件。强化司法人文关怀，针对75岁以上老人和其他出行不便的当事人上门巡回开庭51件，依法为符合条件的困难当事人发放司法救助金21.5万元。

全力兑现胜诉权益。抓牢维护社会公平正义的最后一环，执结执行案件9804件，执行到位金额13亿元。加大财产线索查找，通过网络查控被执行人银行、证券、保险、车辆、不动产、公积金等信息6956次，社区网格员协助查询被执行人及财产信息727条。加强失信联合惩戒，向相关部门反馈党员干部、代表委员等任前信用查询763人次，向信用中国平台推送失信信息384条次，在抖音、公众号等新媒体平台曝光失信被执行人信息285人次，发布失信后96人主动履行。突出执行工作强制，限制高消费6952人次，作出拘留决定96人次，向公安机关移送拒执犯罪线索3件，判处拒执罪4人。加强房产、汽车、股权等可供执行资产变现，在淘宝、京东等平台拍卖成交额2.64亿元，其中“8888”的手机靓号拍至9万元成交，保障了申请人和被执行人权益的双向最大化。

加强法治宣传教育。落实“谁执法、谁普法”工作要求，开展民法典宣讲进街道、进社区、进企业12场次。发挥案例警示教育功能，审结的“电子烟”“听话水”等2起新型毒品案件分别在《今日说法》栏目播出，对预防和惩治毒品犯罪起到良好社会效果。用好公众号、微博、头条、抖音等新媒体平台，发布以案释法图文信息74条次、普法短视频8条、典型案例12件，自编自导的《反诈孃孃养成记》荣获全省法院优秀宣传视频，拍摄的视频《五四·点亮青春梦想》在学习强国平台展播，原创MV《法治追梦人》荣获第六届平安中国看四川“三微”比赛优秀作品。

一年来，我们凝聚发展动能，坚持改革创新，推进审判体系和审判能力现代化

完善司法责任体系。持续落实“让审理者裁判，由裁判者负责”的改革要求，员额法官人均收案463件、人均结案436件，在全省183个基层法院中位居第19。抓住院庭长关键少数模范作用，院庭长带头办理涉众、涉资、涉稳等重大疑难复杂案件8806件，同比上升29.1%。坚持有序放权与有效监督相结合，开展案件质量、庭审和文书三评查132件，对涉群体性、疑难复杂、重大敏感等案件纳入“四类案件”监管（将以下案件纳入院长或分管副院长个案监管：①涉及群体性纠纷，可能影响社会稳定的案件；②疑难、复杂且在社会上有重大影响的案件；③与本院或者上级法院的类案判决可能发生冲突的案件；④有关单位或者个人反映法官有违法审判行为的案件）743件。推行类案与关联案件强制检索和结果运用，进入审委会讨论案件检索率100%，重大敏感案件邀请检察长列席审委会，同案不同判现象得到有效杜绝。

推进综合配套改革。修订员额法官办案考核细则，实行月调度、季考核，形成浓厚的办案氛围。推进四级法院审级职能定位改革试点，落实审判员一人适用普通程序独任审理案件1097件。完善民事案件繁简分流机制，民事速裁团队人均结案694件，最高结案727件，简案平均审理天数38.25天，民事繁案团队人均结案241件，最高结案294件，判决案件发改率0.63%，简案快办、繁案精审进一步彰显。深化要素式审判（对信用卡纠纷进行要素提炼，从简从略非要素部分，重点审查双方争议的要素，并以表格式制作特定要素的裁判文书，实现简案快审、文书快制，从而全面提升审判质效和司法服务水平)改革,通过要素式审理、表格式判决信用卡纠纷463件。坚持公正与效率兼顾,大力推动小额诉讼程序(根据新修订的《中华人民共和国民事诉讼法》第一百六十五条的规定,结合四川省实际,对事实清楚、权利义务关系明确、争议不大、标的额在人民币40710元及以下的简单金钱给付民事案件,适用小额诉讼程序审理,实行一审终审。标的额在162840元以下的,双方也可约定适用小额诉讼程序审理,从而提高审理效率)适用,审结小额诉讼案件2008件,平均审理天数比简案再短9.36天,小额案件进一步提速增效。

深化智慧法院建设。完善全流程在线诉讼,通过“四川微法院”立案4081件、“全域诉讼服务平台”跨域立案141件、“e调解平台”远程调处纠纷1680件,真正让人民群众足不出户享受到信息技术升级带来的便利。加强科技法庭建设,搭建“云上法庭”5个,实现网上开庭528件,与市看守所通过远程提讯审理刑事案件407件,为常态化疫情防控下有序推进审判工作提供强力技术支撑。建成投用“24小时自助法院”,当事人自助递交立案申请357份、查询案件171次、流转材料653份。建立电子送达集约平台,通过电子方式送达法律文书29598份,送达效率进一步提升。

一年来,我们筑魂强基固本,全面从严治党,打造忠诚干净担当法院队伍

全面加强党的建设。旗帜鲜明把政治建院摆在首位,深入开展“两个确立”主题教育和“忠诚铸魂、铁纪担当”专项活动,邀请高校教授专题辅导党的二十大精神及意识形态,全覆盖组织干警到“谭德政纪念园”“中共绵阳历史展览馆”开展实践教学,不断巩固党史学习教育及政法队伍教育整顿成果,增强“四个意识”、坚定“四个自信”、做到“两个维护”。围绕“抓党建带队建促审判”总体思路,推进党建与业务深度融合,在解放街、九洲等社区成立党员法官服务站,通过提供法律咨询、化解矛盾纠纷、培养法律明白人,让司法深度融入基层治理。通过“零距离”“面对面”倾听群众心声,不断改进司法作风,以党建促队建,推动党员“双报到”走深走实。

强化队伍教育管理。着力建设“学习型”法院,为干警购买民法典、反有组织犯罪法等书籍,组织干警参加“人民法院大讲堂”等各级各类培训,定期举办青年干警读书会,积极营造浓厚学习氛围。注重以比促学、以赛促训、以评促练,常态化开展岗位练兵、质效讲评、优秀裁判文书和优秀庭审评选等活动,审结的一合同纠纷案获评全市法院“十佳庭审”。加强办案力量配备,40名聘任制法官助理在11月底全部到岗履职,12月份单月结案突破4314件,环比提升36.76%,同比提升22.84%,“一审一助一书”的团队配比效能得到释放。

持之以恒正风肃纪。常态化开展司法顽瘴痼疾排查整治,查纠司法作风问题124条,通过批评、提醒等方式,持续推进思想转变、作风改善、形象提升。聚焦拧紧干警思想“总开关”,开展廉洁警示和纪律法规教育7次,坚持以案为鉴、以案促改、以案促治。秉承严管厚爱,持续贯彻好中央八项规定及实施细则,刚性落实防止干预司法“三个规定”(对存在领导干部干预司法活动、插手具体案件,司法机关内部人员过问案件,司法人员与当事人、律师、特殊关系人、中介组织违规接触交往的情况,必须在办案系统如实填写、上报防止干预司法“三个规定”,并随案入卷备查)和“三非”工作机制,记录报告“三个规定”情况60条,逢打听必记录、逢干预必留痕真正成为工作习惯。

一年来,我们聚焦司法公开,主动接受监督,持续提升服务和保障水平

始终将法院工作置于区委领导和人大、政协监督之下,加强与代表委员的联络沟通,主动向人大常委会专题报告贯彻实施宪法、人民陪审员法、道路交通安全法和优化法治化营商环境等工作,认真落实审议意见。虚心接受代表、委员监督,办理的“简化胜诉退费流程”和“打击虚假诉讼”代表建议均转化为公正司法的具体举措,胜诉退费实现当事人立案时“只跑一次”,针对审理中发现的涉嫌虚假诉讼线索向公安机关移送2条,启动再审1件。完善陪审员管理制度,加强司法民主建设,补选陪审员20人,邀请参加案件庭审、合议1638人次。

各位代表,一年来,区法院9个集体、23名个人获得上级表彰,张艳君获评首届“全省法院优秀执行局局长”、罗蕊获评“全省百名优秀女法官”。这些成绩的取得,是区委坚强领导、区人大依法监督、区政府大力支持、区政协民主监督以及社会各界关心、帮助的结果,是人大代表、政协委员监督、支持的结果。在此,我代表区法院全体干警表示衷心的感谢,并致以崇高的敬意!

在总结成绩的同时，我们也认识到自身还存在一些困难和不足：一是长期超负荷工作已经出现疲战心理，创先争优的信心和勇气亟待提振。二是案件大幅增长态势未减，矛盾纠纷多元化解的合力需进一步凝聚。三是信息技术助力审判质效提升的效果不太明显，智慧法院建设任重道远。针对这些问题，我们将高度重视，采取有力措施加以整改。

2023年工作打算

2023年，区法院工作总体思路是：坚定以习近平新时代中国特色社会主义思想为指导，全面学习贯彻党的二十大精神和习近平法治思想，系统落实中央、省委、市委、区委各项决策部署，立足新发展阶段，贯彻新发展理念，融入新发展格局，围绕涪城深入实施“三千工程”，加快建设“四个强区”，突出服务大局，深化改革创新，提高审判质效，践行为民宗旨，锻造过硬队伍，奋力推动新时代人民法院工作高质量发展，为涪城推动西部现代化强区建设再上新台阶提供更加有力的司法保障。为此，将重点抓好以下工作：

一是强党性、严纪律、提本领，凝心聚力锻造过硬队伍。坚持把政治建设摆在首位，学深悟透党的二十大精神和习近平总书记重要讲话精神，切实把学习贯彻成效转化为推动工作的强大动力。坚决贯彻落实《中国共产党政法工作条例》，严格执行重大事项请示报告制度，确保党中央和省市区委工作部署在法院落实落细。加强党建文化阵地建设，充分发挥党建文化培根铸魂、凝心聚力作用，以党建带队建促审判。健全干部轮训机制，分批分类开展职业素能培训，不断拓展视野，更新理念。狠抓党风廉政建设，认真落实“一岗双责”，严格执行“三个规定”和“三非”工作机制，持之以恒正风肃纪，努力为法院工作高质量发展提供坚强的纪律作风保证。

二是明方向、夯基础、促提升，勇毅前行服务中心大局。坚持总体国家安全观，打好常态化扫黑除恶持久战，依法严惩严重刑事犯罪，严厉打击电信诈骗、非法集资、网络传销等涉众型经济犯罪，让城乡更安宁、群众更安乐。主动对接区委中心工作，妥善处理涉房涉地涉资领域历史遗留问题，有效防范和化解旧城改造及重大项目建设中的各类风险挑战。用好调研报告、司法建议和白皮书，加强司法实践问题研究分析，为区委决策提供法律参考。不断完善科技城新区直管区法庭和绵阳工业园区法官工作站运行机制，全力保障园区高质量发展。始终坚持市场主体平等保护原则，妥善调处各种矛盾纠纷，刚性要求涉企案件生产经营影响评估，持续优化法治化营商环境。

三是抓重点、补短板，强弱项，砥砺奋进提升审执质效。完善“双优双差”评选机制及绩效考核制度，进一步激励干警争先创优。完善信用卡纠纷要素式审判机制，加大小额诉讼程序适用，促进简案办理再提速。完善聘任法官助理和书记员管理及考核办法，争取发挥最大作用，逐步让员额法官真正只专研审判和法律适用。加强与高校在实践教学、理论研讨、人才培养等领域的合作交流，推动司法实践与法学研究共促双赢。不断优化执行体制机制，进一步拓宽查人找物渠道，加强失信联合惩戒，努力提高案件自动履行率。加大智慧法院建设，让信息技术在助推审判质效提升中发挥更大作用。

四是护民生、办实事、解难题，踔厉奋发践行为民誓言。妥善化解民生领域矛盾纠纷，严格落实判后答疑、判后释理要求，努力增强案件当事人对裁判文书的认同度、信服感。健全未成年人权益保护和预防未成年人犯罪工作机制，为青少年健康成长撑起一片法治蓝天。进一步培树“与法同行”党建品牌（发挥党员法官专业素养，在解放街、九洲等社区分别设立党员法官服务站，以“固定日坐班＋不定时受邀”相结合的方式，党员法官深入社区开展法律咨询、纠纷化解、法治讲座等“贴心式”司法服务，推进“双报到”走向深入。活动开展以来，累计接受群众咨询800余人次，化解纠纷80余起，主要做法受到社区及群众欢迎好评，涪城融媒体、《绵阳晚报》等先后跟踪报道），发挥“24小时自助法院”作用，切实让人民群众感受到“家门口”的诉讼便利。完善和推广诉讼与非诉讼的有机衔接机制，深化矛盾纠纷诉源治理联调中心建设，推动更多纠纷源头治理。大力践行和弘扬社会主义核心价值观，以小案例讲述大道理，让时代新风尚成为社会主流。推进辅助事务深度剥离，进一步优化送达工作流程，加大电子送达平台应用，不断提高案件办理效率和质量。

各位代表，百舸争流千帆竞，攻坚克难奋者先。我们将更加紧密地团结在以习近平同志为核心的党中央周围，在区委的领导和上级法院的指导下，认真贯彻落实本次大会决议，踔厉奋发、勇毅前行，不断开创法院工作新局面，努力为涪城全面建设西部现代化强区做出新的更大贡献！

链接资料：

2022年涪城区人民法院与全市周边法院数据对比一览表

表1

	人员情况	案件情况（以涪城法院为基数进行对比）							
	中央政法编制数（人）	收案情况		结案情况		法官人均收案情况		法官人均结案情况	
		收案数（件）	对比情况（件）	结案数（件）	对比情况（件）	人均收案（件）	对比情况（件）	人均结案（件）	对比情况（件）
涪城法院	117	24542		23116		463		436	
收案第二法院	123	15668	+8874	15343	+7773	319	+144	313	+123
收案第三法院	129	11284	+13258	10854	+12262	289	+174	278	+158

2022年涪城区人民法院与全省对标法院数据对比一览表

表2

	人员情况	案件情况（以涪城法院为基数进行对比）							
	实际在岗员额法官数（人）	收案情况		结案情况		法官人均收案情况		法官人均结案情况	
		收案数（件）	对比情况（件）	结案数（件）	对比情况（件）	法官人均收案（件）	对比情况（件）	法官人均结案（件）	对比情况（件）
涪城法院	53	24542		23116		463		436	
翠屏法院	58	20131	+4411	19406	+3710	347	+116	334	+102

绵阳市涪城区人民检察院工作报告

——在绵阳市涪城区第七届人民代表大会第三次会议上的工作报告

绵阳市涪城区人民检察院检察长 肖 伟

2023年1月7日

各位代表:

现在,我代表区人民检察院向大会报告工作,请予审议,并请区政协委员提出意见。

2022年主要工作

2022年,涪城区检察院坚持以习近平新时代中国特色社会主义思想为指导,领悟践行习近平法治思想,全面贯彻党的十九届历次全会和党的二十大精神,以及中央、省、市和区委系列重要会议精神,认真落实《中共中央关于加强新时代检察机关法律监督工作的意见》,在区委和市检察院的坚强领导、区人大及其常委会的有力监督、区政府的大力支持、区政协民主监督和社会各界的关心支持下,聚焦涪城区实施“三千工程”、建设“四个强区”工作部署,牢记“为大局服务、为人民司法”的检察使命,以高度的政治自觉、法治自觉、检察自觉担当作为,各项检察工作高效推进。一年来,区检察院共办理各类案件1835件。办理的付某盗窃侦查活动监督案被评选为全国检察机关十大优秀侦查活动监督案例,创新开展行政违法行为检察监督试点工作经验被最高检、省检察院转发、推广,获评“全国检察宣传先进单位”等市级以上集体表彰(奖励)13项;1名检察官入选全国检察机关行政检察人才库,检察干警获评“全市检察机关三等功个人”等市级以上表彰(奖励)17人次。

一、聚焦中心大局,积极助推高质量发展

着力护航安全稳定发展秩序。坚持以保障党的二十大顺利召开和经济社会高质量发展为主题,统筹发展和安全,依法严厉打击各类刑事犯罪,批准和决定逮捕各类犯罪嫌疑人184人,提起公诉906人。深入落实《中华人民共和国反有组织犯罪法》,常态化推进扫黑除恶斗争,批准逮捕涉黑涉恶犯罪4人,提起公诉23人,成功指控魏某某等人组织领导、参加黑社会性质组织犯罪案。突出惩治重点,起诉暴力犯罪120人、多发型侵财犯罪253人、涉众型经济犯罪46人、黄赌毒犯罪171人;成功起诉全市首例洗钱犯罪,实现我市打击洗钱犯罪“零”的突破。认真落实“八号检察建议”(2022年,最高人民检察院针对当前安全生产监管工作中存在的突出问题,向应急管理部制发安全生产溯源治理方面的检察建议。这是最高检发出的第八号检察建议),深入开展城市公共安全治理专项监督,摸排高空抛物等危害公共安全案件线索300余件,监督公安机关立案侦办首例高空抛物犯罪案件并提起公诉。

全力营造法治化营商环境。认真落实《绵阳市政法系统优化营商环境36条措施》,依法办理破坏市场经济秩序案件,批捕6人,起诉79人。抓实服务保障“拼经济、搞建设”护航行动各项措施,依法保护和激发市场主体活力。开展民营企业“挂案”专项清理,监督公安机关分类处理“挂案”7件。联合市工商联举办《民营企业涉罪风险及防控》专题讲座,主动参加绵阳市“优化营商环境面对面”涉法涉诉专题座谈会。深入落实涪城区“三度服务”20条措施,组织检察人员对重点企业开展全覆盖“大走访”。充分保障民营企业合法、稳定经营,对涉案民营企业重点岗位人员不起诉9人。积极推进涉案企业合规改革,办理涉案企业合规案件1件,邀请人大代表、政协委员、人民监督员、行业专家组建评估小组,采用实地走访、咨询专家意见、听证论证等方式审查评估合规计划并验收。

持续做好反腐败斗争。深化监察调查与刑事司法衔接机制运用,提前介入职务犯罪案件7件,受理监察机关移送审查起诉职务犯罪8人。积极参与深化粮食购销等领域腐败专项整治,从严惩处涉粮腐败犯罪,提起公诉3件3人。深入开展司法人员职务犯

罪案件线索摸排，向市检察院移送具有可查性案件线索1件。全面推进反腐败预防工作，组织机关干部、国有企业职工旁听职务犯罪案件庭审3次，深入机关、企业、村社等单位举办职务犯罪预防专题讲座5场次。

深入推进社会治理。主动适应刑事犯罪结构变化，认真落实少捕慎诉慎押刑事司法政策，依法不批捕169人、不起诉247人。通过羁押必要性审查，变更强制措施16人，刑事案件诉前羁押率降至22.5%，同比下降18.8%。组织办案人员参加绵阳市贯彻落实少捕慎诉慎押刑事司法政策同堂培训，召开代表委员座谈会、专题调研会，推动形成政策适用共识。自觉履行认罪认罚从宽制度适用主导责任，适用认罪认罚从宽制度办理案件673件1031人，适用率87.7%，同比上升3.6%，一审服判率96.6%。做实"办理一案治理一片"效果，制发社会治理类检察建议9份，促进被建议单位建制堵漏、提高治理能力。其中，运用"穿透式"监督方式向主管机关制发推进农民工欠薪问题源头治理的《检察建议书》，获评四川省检察机关2022年度民事检察优秀法律文书。综合运用领导包案、带案下访、检察和解等方式，妥善化解一起长达8年的信访积案。

二、践行司法为民，用心纾解群众急难愁盼

守护人民群众美好生活。着眼斩断电信网络诈骗链条，积极参与"断卡"行动，起诉涉"两卡"犯罪105人。扎实开展打击整治养老诈骗专项行动，办理涉养老诈骗案件6件，提起公诉18人。认真落实食品安全"四个最严"要求，起诉危害食品药品安全犯罪13人，办理该领域公益诉讼案件14件。认真落实全国检察机关办理"消"字号公益诉讼案件推进会精神，开展药店违规销售含抗生素、抗真菌药物的抗（抑）菌制剂专项监督，督促主管机关查处药店10家，对销售不合规"消"字号抗（抑）菌制剂全渠道下架。认真落实检察机关"全面深化行政检察监督依法护航民生民利"专项活动部署，围绕社保、医疗、市场主体权益保护等民生热点领域全面开展专项监督，办理案件29件。

加强未成年人综合保护。严厉惩治侵害未成年人权益犯罪，批准逮捕12人、起诉23人。扎实开展未成年人犯罪教育挽救工作，对涉罪未成年人不批准逮捕12人，法定不起诉2人，微罪不起诉6人，附条件不起诉22人。深入开展"检爱同行·共护未来"未成年人保护法律监督专项行动，针对校园周边午托班无证提供餐饮、娱乐场所违规招聘未成年人、商家贩卖"三无"儿童玩具产品等问题，向相关部门发出诉前检察建议3份，督促解决影响未成年人安全健康成长的突出问题。针对未成年人监护缺失、抚养费追索难等问题，通过支持起诉方式帮助其获得有效监护和抚养费。深入开展防范校园欺凌专项整治活动，联合相关单位举办防范校园欺凌法治直播课。持之以恒贯彻落实"一号检察建议"（2018年10月，最高人民检察院向教育部发送高检建〔2018〕1号检察建议书。这是最高检认真分析办理的性侵幼儿园儿童、中小学生犯罪案件，针对校园安全管理规定执行不严格、教职员工队伍管理不到位，以及儿童和学生法治教育、预防性侵害教育缺位等问题，历史上首次以最高检名义发出的检察建议），认真落实强制报告和入职查询制度。深入推进法治进校园工作，协同辖区中小学校完善法治副校长工作机制，"熊猫未士·心港湾"团队深入中小学校、社区开展法治宣传讲座10场次，受众8000余人。

强化特殊群体权益保障。参与根治欠薪"飓风"行动，综合运用"支持起诉+全程调解+公开听证"工作方法，办理农民工欠薪支持起诉案件31件，帮助追讨劳动报酬16万余元，工作做法得到省、市检察院肯定，并被最高检网站、《检察日报》转发报道。针对辖区部分盲道被违法占用问题，依托"公开听证"机制，向主管部门发出检察建议2件，推动清理各类违法占用盲道情形180余起。针对在案件中合法权益受到损害的11名被害人，依法启动司法救助程序，审查后发放救助金12.8万元。落实《涪城区干部结对帮扶城镇困难群众工作制度（试行）》，10名检察干警与21户城镇困难群众结成对子，常态化开展帮扶走访。

做实检察服务便民措施。全面落实检察听证制度，召开案件听证会41次，听证办案实现"四大检察"全覆盖。做实"检察为民办实事"工作要求，全面推动行政检察与民同行，促成5件行政争议案件实质性化解。严格落实群众来信件件有回复制度，接待群众来信来访164件231人，七日内程序性回复、三个月内办理过程或结果答复率均为100%。强化律师和当事人权益保障，接待律师阅卷400余人次，均及时提供相关案卷材料。

三、强化检察监督，努力维护公平正义

持续做优刑事检察监督。在全市检察机关率先挂牌并实质化运行侦查监督与协作配合办公室，建立“四项机制”【为全面贯彻落实少捕慎诉慎押刑事司法政策，涪城区检察院联合区公安分局、区司法局等部门制定《轻微案件赔偿金提存制度（试行）》《社会危险性量化评估标准》《关于推动羁押必要性审查重点案件协调配合工作的意见》《绵阳市涪城区人民检察院、绵阳市公安局涪城区分局关于侦查监督与协作配合办公室实施办法（试行）》“四项制度”】、搭建“四个平台”（为深入推进侦查监督与协作配合办公室实质化运行，涪城区检察院与绵阳市公安局涪城区分局搭建了侦查实质化平台、疑案会诊专业化平台、侦控职能集成化平台和案件共享信息化平台，简称“四个平台”），形成检警协作新合力。依托侦查监督与协作配合办公室，派驻检察官参与案件合议20次，指导疑难、复杂案件36件，组织召开捕前会议5次，听取相关人员意见后作出不批准逮捕7人。深化刑事立案和侦查活动监督，监督立案42件，监督撤案68件，纠正侦查活动违法71件。组织开展刑事“挂案”专项监督，排查自2016年以来刑事案件台账1000余条，清理“挂案”249件，提出处置意见220件。完善行政执法与刑事司法双向衔接，建议行政执法机关移送涉嫌犯罪案件6件，建议行政机关对被不起诉人给予行政处罚196人。持续深化审判和执行活动监督，对审判程序提出监督意见5件，对监外执行、社区矫正和财产刑执行活动提出监督意见42件。提出（请）刑事抗诉2件。

持续做强民事检察监督。坚持精准监督理念，办理各类民事检察监督案件131件，对2件民事虚假诉讼案件提请市检察院提出再审检察建议均被采纳，向区法院发出民事审判程序、执行活动检察建议84件均被采纳。践行新时代“枫桥经验”，促成当事人和解结案6件，有效化解矛盾纠纷。着力维护司法权威，不支持监督申请3件，做好当事人释法说理，促使息诉服判。开展虚假仲裁、虚假公证监督专项活动，督促公证机构依法撤销虚假公证书2件，挽回当事人财产损失100余万元，促使公证程序更加规范。

持续做实行政检察监督。深入推进行政违法行为检察监督试点，制定《行政违法行为检察监督工作指引（试行）》《关于开展行政违法行为检察监督刑行同步审查的实施办法（试行）》等规范性文件，与区委政法委联合出台《关于推进行政违法行为检察监督工作的实施办法（试行）》，稳步构建行政违法行为检察监督试点的“涪城模式”。依托刑、行同步审查机制，排查刑事案件300余件，发现行政行为违法情形10余件，发出检察建议9件。联合区公安分局制定社会治安领域行政检察与行政执法衔接实施办法，构建“检察＋公安”一体化工作机制，推动社会治安领域行政检察与行政执法数据信息、案件办理和社会治理一体联动，共同助推社会治安法治化。通过公开宣告方式，督促市公安局交通警察支队对一起交通肇事案被告人依法吊销机动车驾驶证，并出台《办理吊销机动车驾驶证行政案件工作规范》，推动交通安全领域违法犯罪联动治理。

持续做好公益诉讼检察监督。创新公益诉讼案件线索举报、移送工作机制，摸排公益诉讼案件线索200余条，立案70件，发出检察建议和诉前公告70件，对一起未按期整改案件依法提起行政公益诉讼。致力打好蓝天碧水净土保卫战，办理生态环境领域公益诉讼案件12件，督促主管部门清理固体废弃垃圾20余吨。依托“四长联护＋检察监督”河湖管理与保护治理长效机制，办理禁渔期非法垂钓、捕捞公益诉讼案件13件。切实保障人民群众居住环境安全，开展“飞线充电”公益诉讼专项监督，办理案件10件，督促主管单位依法履职，加强安全风险防范。认真落实《绵阳市公益诉讼资金管理办法（试行）》，通过提起刑事附带民事公益诉讼，获得人民法院判决支持惩罚性赔偿金60余万元。

四、坚持严管厚爱，着力锻造过硬队伍

抓牢思想政治建设。始终坚持以习近平法治思想引领检察工作，深入学习贯彻党的二十大精神、习近平总书记来川视察重要指示精神，及中央、省委、市委和区委系列重要会议精神，深刻领会“两个确立”的决定性意义，增强“四个意识”、坚定“四个自信”、做到“两个维护”。始终坚持党对检察工作的绝对领导，严格落实意识形态工作责任制，坚决贯彻《中国共产党政法工作条例》及四川省实施细则，主动向区委及政法委、市检察院请示报告重大事项14件次。扎实开展“忠诚铸魂、铁纪担当”专项活动，通过专题学、集中找等方式，对标对表，全面提升检察干警政治素养、理论修养和

业务水平。自觉推动党史学习教育常态化长效化，坚持政治建设与业务建设“两手抓”，不断提高检察机关及检察人员的政治判断力、政治领悟力、政治执行力。聚焦涪城区机关党建“五力领航”工作要求，坚持机关党建与检察业务“相融相促”，突出“涪检心向党”机关党建主题，结合检察业务推进“一支部一特色”党建品牌打造。

*突出队伍能力建设。*以政治建设为引领，开展铸魂、提能系列行动，严格落实党组理论学习中心组集中学习制度，开展集中学习12次。加强干警教育培训，组织检察人员参加“线上+线下”各类培训700余人次。强化岗位练兵制度落实，选派检察干警参加全省、全市各条线业务竞赛，荣获全市检察机关“十佳”优秀公诉人3人、“十佳”公诉业务能手2人，全市检察机关公益诉讼业务竞赛能手1人。突出专业化人才培养，3名检察官被省、市委政法委聘为执法监督专家库成员，申报全省“基层优秀办案团队”培育对象1个。建立完善检察队伍政治轮训制度，组织领导干部参加省、市、区政法机关领导干部政治轮训10人次，举办全员政治轮训。突出实绩导向，建立并运行检察人员业绩考评体系。强化办案质效监管，开展案件评查69件，完善案件流程监控体系，督促整改办案流程不规范问题20余类，严格控制退回补充侦查、延长审查起诉期限等加重当事人诉累的办案环节，“案—件比”持续保持在较优水平。

*加强纪律作风建设。*压紧压实全面从严治党、从严治检主体责任，党组定期听取班子成员履行党风廉政建设责任制情况汇报。常态化开展纪律作风督查和警示教育，针对重点时间节点值班纪律、会风会纪和上下班考勤等开展督查21次，开展集中警示教育3次。认真深入开展“听音问廉绵州行”活动，走访群众、服务对象81人次，收集并解决问题4条。做实政法队伍教育整顿“后半篇文章”，认真落实新时代政法干警“十个严禁”要求。充分运用重大(要)案件、重大事项廉政谈话、廉政提醒等方法，深化办案(事)全过程监督。严格落实“三个规定”，检察人员主动记录填报过问、干预插手检察办案等重大事项17条次。

各位代表，在过去的一年，我们自觉接受人大监督、政协民主监督和社会各界监督，主动向区人大及其常委会专题报告工作7次，向区政协通报工作3次。邀请代表、委员参与视察调研、案件听证、庭审观摩91人次，邀请人民监督员监督办案27次；先后邀请代表委员参加贯彻落实少捕慎诉慎押刑事司法政策座谈会、行政违法行为检察监督试点工作座谈会，广泛听取代表委员对检察工作的意见建议；认真研究处理区人大常委会对贯彻落实少捕慎诉慎押刑事司法政策情况的审议意见。主动加强与代表的沟通联络，高质量办理代表提出的意见建议。主动接受社会监督，全面深化检务公开，公开法律文书和重要案件信息130份(条)、案件程序性信息1110条。构建线上、线下宣传矩阵，新闻稿件被省级以上媒体采用90余条、新媒体作品被省级以上平台转发60余条。

以上成绩的取得，是区委坚强领导、区人大及其常委会有力监督的结果，是区政府、区政协和社会各界关心支持的结果，是人大代表、政协委员监督支持的结果。在此，我代表区检察院全体干警向大家致以崇高敬意和衷心感谢！

同时，我们也清醒认识到，工作中还有一些问题和短板，主要表现在：一是能动履职意识有待进一步提高，服务保障“五市战略”和“三千工程”“四个强区”重大部署的主动性、精准度、贡献率还需提升。二是法律监督质效有待进一步增强，系统监督、精准监督、跟进监督等办案理念还需在办案全过程落实。三是深化检察改革的举措还需进一步压实，贯彻落实少捕慎诉慎押刑事司法政策还需形成合力。四是队伍建设还需进一步强化。队伍专业能力、参与社会治理能力尚需提升，干警践行“一线工作法”真抓实干、狠抓落实的作风需要持续改进。对这些问题，我们将紧盯不放，切实加以解决。

2023年工作安排

各位代表，2023年区检察院工作的总体思路是：坚定以习近平新时代中国特色社会主义思想为指导，全面贯彻党的二十大、省委十二届二次全会、市委八届五次全会和区委七届四次全会精神，系统落实最高检、省、市检察院工作部署，践行“为大局服务、为人民司法”的检察使命，扎实做好防风险、保安全、护稳定、促发展各项工作，为涪城区奋力谱写西部现代化强区新篇章提供优质高效的检察产品。

*一是服务大局，全面护航高质量发展。*围绕中央、省、市、区委重大决策部署，找准检察履职的结合点、

着力点、关键点。全面护航法治化营商环境，持续落实《绵阳市政法系统优化营商环境36条措施》，严厉惩治侵害企业合法权益犯罪，加大涉企案件法律监督力度，持续开展涉企“挂案”清理。深入推进涉案企业合规改革，促进企业合规守法经营。常态化开展联系企业活动，帮助企业解决涉法问题。落实总体国家安全观，坚决维护国家安全、社会安定、人民安宁。着力防范化解各领域重大风险，在加快构建新安全格局中履行好检察职能。认真执行《绵阳市平安建设规定》，在法治轨道上常态化推进扫黑除恶。依法严惩故意杀人、抢劫、涉枪涉爆等严重犯罪，持续打击黄赌毒、盗抢骗、食药环、互联网金融、电信网络犯罪，全面守护人民群众生命财产安全。全面贯彻宽严相济刑事政策，统筹落实少捕慎诉慎押刑事司法政策和认罪认罚从宽制度，最大限度减少社会对立面，促进社会内生稳定。深度参与市域社会治理，强化社会治理类检察建议运用，共筑长治久安基石。

二是为民司法，充分保障民生民利。依法从严惩治危害人民群众“钱袋子”“菜篮子”“头顶上”“脚底下”“舌尖上”安全的犯罪。持续加大食品药品、道路交通、居住环境等领域危害群众安全案实践监督力度，持续守护人民群众美好生活。做好民事支持起诉，积极稳妥拓展案件类型。严控“案—件比”，着力减轻检察环节当事人诉累。继续加强未成年人双向保护、综合保护、协同保护。巩固深化群众来信件件有回复系列举措，健全司法救助与社会救助、法律援助衔接机制。

三是强化监督，积极助推依法治理。围绕党的二十大提出的关于法治建设特别是“加强检察机关法律监督工作”“完善公益诉讼制度”的要求，深入落实《中共中央关于加强新时代检察机关法律监督工作的意见》。坚持敢于监督、善于监督、勇于开展自我监督，推进“四大检察”一体发展、融合发展。加强监检衔接，完善配合制约机制，更好地服务反腐败斗争大局。优化侦查监督与协作配合办公室实质化运行机制，深化检警协作。深化民事诉讼精准监督，加大民事虚假诉讼治理力度。全面开展行政违法行为检察监督，常态化推进行政争议实质性化解。积极稳妥拓展公益诉讼新领域，推动建立并完善公益保护协同共治机制。完善法律监督的内外部联动机制，共同提高依法治理水平。

四是治检从严，着力锻造检察铁军。始终把政治建设摆在首位，坚持党对检察工作的绝对领导，切实把党章要求、纪律铁规落实到检察工作各方面、全环节。全面加强队伍专业化建设，深化政治轮训、业务培训，着力打造专业化、革命化、正规化检察队伍。推动党建与业务相融相促，务实弘扬伟大建党精神，营造风清气正的机关环境。持之以恒正风肃纪，进一步压紧压实全面从严治党全面从严治检主体责任，守牢廉洁司法底线。加强对“案”和“人”的监督，规范办案制约和案件质效管理机制。严格落实“三个规定”（中办、国办、中政委、最高人民法院、最高人民检察院、公安部、国家安全部、司法部），落实重大事项报告制度，全面强化自身反腐败斗争。自觉接受监督制约，确保检察权依法正确行使。

各位代表，新思想引领新征程，新使命呼唤新作为。新的一年，涪城区检察院将在区委和市检察院的坚强领导下，认真落实本次大会精神，执行本次大会决议，大力践行“一线工作法”，做到担当善为、担当有为、担当能为，坚持踔厉奋发、勇毅前行，努力为涪城区深入实施“三千工程”、加快建设“四个强区”，奋力谱写全面建设西部现代化强区新篇章贡献更多检察力量！

大事记

1月

4 日，涪城区获绵阳市工业和信息化发展先进集体一等奖。

5 日，涪城区委副书记、区长张虚怀调研临港经济发展区医疗基础设施建设工程等三个项目推进情况。

是日，G5 高速复线建设项目(丰谷段)进场施工。

是日，绵阳市政协副主席文刚带队到涪城区调研“有事来协商”平台建设和助力巩固脱贫、助推乡村振兴“双助”专项活动推进情况并召开座谈会，听取区政协相关工作汇报。

6 日，涪城区政府与区人大常委会召开工作联系会议。会议听取 2021 年经济社会发展情况、区人大代表建议办理情况、区人大代表票决民生实事项目完成情况，还听取了区人大常委会对区政府相关工作以及《政府工作报告》《2021 年国民经济和社会发展计划执行情况与 2022 年计划草案的报告》《2021 年预算执行情况和 2022 年预算草案的报告》的意见和建议。

是日，四川省住建厅何树平厅长实地调研涪城区浸水安置点建设情况。

是日，涪江右岸绵阳丰谷段防洪治理工程(一期)建设项目进场施工。

是日，人民渠六期干渠骑龙庙放水闸开闸放水，计划放水 10 天，向燕儿河水库补水 200 余万立方米。

7 日，四川省委统战部新阶处处长李金润一行到石塘街道南山社区调研新阶统战工作，市委统战部副部长吴刚陪同。

是日，绵阳市关工委常务副主任沙正刚、市关工委办公室主任伍刚、区关工委常务副主任马成德一行到玉皇小学慰问教职园工。

9 日，63833 部队 220kV 变电站扩容工程输电线路 2 个项目完成全部拆迁任务。

11 日，涪城区召开 2021 年度新提拔科级领导干部廉政谈话会。区委常委、区纪委书记、区监委主任张伟出席会议并讲话。

是日，涪城区发改局与区应急管理局在区救灾物资储备库举行冬令春荒自然灾害救助物资发放仪式，向新皂镇、吴家镇、丰谷镇发放御寒应急棉被 500 床、棉大衣 284 件、棉衣裤 216 套。

12 日，涪城区建筑行业协会成立大会召开。宣布涪城区建筑行业协会第一届第一次理事会协会负责人选举结果。涪城区建筑行业协会与绵阳农村商业银行股份有限公司、绵阳市商业银行涪城支行签订战略合作协议。

是日，绵阳市检察院确定涪城区检察院为开展行政违法行为检察监督试点工作单位。

是日，涪城区应急管理局协同区公安分局、区住建局、区消防救援大队、城郊街道办事处等单位，在城郊街道沿江一社区开展涪城区城中村消防应急演练。

13 日，涪城区首次区委政协工作会议召开，深入学习贯彻习近平总书记关于加强和改进人民政协工作的重要思想，全面落实党的十九届六中全会精神，以及中央和省委、市委政协工作会议精神，安排部署新时代加强和改进区人民政协工作。区委书记邓辉出席会议并讲话。区委副书记、区长张虚怀主持会议。区人大常委会主任顾建，区政协主席杜正茂出席会议。会议传达中央、省委、市委政协工作会议精神和中办《关于加强和改进新时代市县政协工作的意见》。部分政协参加单位、有关镇（街道）委员联络站在建言资政、凝聚共识方面的经验做法作交流发言。

14日，涪城区工业和信息化局被绵阳市经济和信息化局评为"全市推进工业和信息化高质量发展表现突出单位"。

16日，振通智慧交通产业园项目开工奠基仪式举行。

17日，中国人民政治协商会议绵阳市涪城区第七届委员会第二次会议在绵阳市委党校开幕。

18日，绵阳市涪城区第七届人民代表大会第二次会议在绵阳市委党校知行堂主会议厅开幕。

是日，涪城区委书记邓辉主持召开区委理论学习中心组专题学习会暨七届区委第17次常委会会议，集中学习习近平总书记在党的十九届六中全会、庆祝中国共产党成立100周年大会、中央经济工作会议上的重要讲话精神，为高质量召开区委常委班子党史学习教育专题民主生活会做好思想理论准备。

18—25日，按照绵阳市委统一部署，采取"推磨式"交叉机动巡察方式，北川县委联动巡察组对涪城区开展新冠肺炎疫情防控机动联动巡察，涪城区委组建1个联动巡察组对梓潼县同步开展机动联动巡察。

19日，绵阳市涪城区第七届人民代表大会第二次会议举行第二次全体会议。

是日，四川省妇联党组成员、提名副主席杨卉一行到涪城区开展调研及慰问活动，共慰问26名困境儿童，并为涪城区家庭教育指导中心揭牌，绵阳市妇联党组成员、副主席蒋明霞，涪城区委常委、统战部部长、总工会主席董静陪同调研。

是日，涪城区委副书记、区长张虚怀带队到青义统规统建安置房等6个项目现场办公。

是日，涪城区委副书记、区长张虚怀带队调研啤酒厂家属区老旧小区改造。

是日，国内知名智库"赛迪顾问"发布2021中国科技创新竞争力榜单，涪城区位列"2021年科技创新百强区"第75位，省内地级市城区唯一上榜。

20日，四川省总工会党组成员、副主席杜长江带队到涪城区开展送温暖活动，看望慰问环卫工人、家政服务等新就业形态劳动者30人。

是日，涪城区群团组织综合委员会授牌仪式暨群团集中办公区入驻仪式在涪城区群团中心举行。区委书记邓辉出席并为"中共绵阳市涪城区群团组织综合委员会"授牌。董静参加活动。

是日，涪城区委书记、区委巡察工作领导小组组长邓辉主持召开区委巡察工作领导小组2022年第1次会议暨书记专题会议，听取并审议七届区委第一轮常规巡察综合情况报告、各组情况报告和问题线索报告。

是日，绵阳市涪城区红十字会第一次会员代表大会召开，依法设立理事会、监事会，完善法律监督、政府监督、审计监督、社会监督、内部监督相结合的综合监督体系，聘请中共绵阳市涪城区委书记邓辉，中共绵阳市涪城区委副书记、区长张虚怀为绵阳市涪城区红十字会名誉会长，选举王宇为绵阳市涪城区红十字会会长，选举唐余琴为绵阳市涪城区红十字会副会长兼秘书长，选举向新望、张明、巫杰、齐玲、吴文君、刘海东6人为绵阳市涪城区红十字会兼职副会长，民主推选刘小辉同志为绵阳市涪城区红十字会兼职监事长。

是日，涪城区富乐北路（1958至跃虹路段）市政道路建设项目竣工。

21日，涪城区"智汇绵州 才聚涪城"直播带岗启动仪式暨就业援助月专场直播在五一大厦职工就业服务中心举行。

24日，涪城区检察院办理的付某盗窃侦查活动监督案被最高人民检察院评选为"全国检察机关十大优秀侦查活动监督案例"。

25日，在春节即将来临之际，涪城区委书记邓辉带队走访慰问退休老干部、困难老党员、困难群众、优抚对象、统战人士，为他们送上党委政府的温暖关怀和新春祝福。区领导董静、曾胜利、李大年、罗泽斌、刘琳、肖兴亮参加慰问。

26日，涪城区党史学习教育总结会议召开，深入学习贯彻习近平总书记关于党史学习教育重要指示精神和中央、省委、市委党史学习教育总结会议精神，全面总结我区党史学习教育成效经验，对巩固拓展党史学习教育成果作出部署，进一步激励全区党员干部从党的百年奋斗历程中汲取智慧和力量，奋力走好新时代赶考之路。区委书记邓辉出席会议并讲话。区委副书记、区长张虚怀主持会议。区人大常委会主任顾建,区政协主席杜正茂,区委副书记胡友谊出席会议。会议传达了党史学习教育市委第一巡回指导组点评意见。区委常委,区人民检察院检察长参加会议。

是日,涪城区人民法院“党员志愿法律服务站”在解放街等四个社区挂牌设立。

是日,富乐路北段建成通车。

28日,涪城区检察院被四川省人民检察院评为2018—2020年度全省检察机关“文明接待室”。

是日,绵阳市委副书记王华蓉及市财政局一行到涪城区杨家镇鲜家坝村开展慰问活动。

是日,涪城区2022年村级集体经济发展专题会暨村级集体经济“消薄”行动联席会议召开,区委常委、组织部部长曾胜利主持。

是日,《绵阳市涪城区创新项目“全周期”服务机制》被《绵阳改革专报》第3期刊载。

30日,涪城区圣水北街市政道路建设工程竣工。

31日,涪城区应急管理局调度国网市区供电中心、中国移动涪城分公司等单位,对春节期间宗教场所对外开放工作进行现场保障。

1月,总投资2.3亿元的涪城区智慧教育示范区项目正式启动。

1月,金西湖环境提升项目一期完工,科技智谷科技园区孵化示范中心开始建设。

2月

10日,涪城区民政局开发全区统一的“涪爱多多”社会救助综合信息服务平台。

11日,绵阳市委副书记王华蓉带领相关部门负责人到石塘街道调研2022年省市重点项目建设推进情况。绵阳市发改委主任冯中兵、市经信局局长衡国钰、市住建委主任苏杰、市文广旅局局长代宏参加相关项目调研。涪城区委书记邓辉、区委副书记胡友谊陪同调研。

是日,中国共产党绵阳市涪城区第七届纪律检查委员会第二次全体会议举行。区委书记邓辉出席会议并讲话。区委常委、区纪委书记、区监委主任张伟代表区纪委常委会作题为《奋力推进纪检监察工作高质量发展 为全面建设西部现代化强区提供坚强保障》的工作报告。

是日,涪城区委书记邓辉调研冲刺“开门红”重点项目要素保障。

15日,青义镇召开九华府项目工作推进会。

16日,绵阳市八届人大二次会议涪城区代表团第一次会议召开。会议推选代表团团长、副团长,明确团长、副团长职责。经推选,区委书记邓辉任代表团团长;区委副书记、区长张虚怀,区人大常委会主任顾建任副团长。会议审议大会主席团和秘书长名单草案、大会议程草案、大会议案审查委员会名单草案。

是日,涪城区新皂镇举行2022年度助学金发放暨困难学生座谈会,正式宣布成立“皂角树”助学基金。

18日,2019年涪城区教育振兴行动计划基础设施建设项目EPC竣工。

19—20日,四川省市场监督管理局组织的检验检测机构资质认定评审专家组,对涪城区疾控中心申请的检验检测机构资质(扩项)认定进行现场评审。

21—22日,四川省委第十巡察指导督导组到绵阳市开展指导督导并召开专题培训会。

22日,绵阳市人大常委会副主任李川萍调研涪城区2022年省市重点项目建设情况。

是日,四川省人民检察院确定涪城区检察院为四川省人民检察院第二批民事检察工作基层联系点,工作特色方向为支持起诉工作。工作做法和经验被《最高人民检察院门户网》《检察日报》等国家级单位和媒体宣传报道。

23日,中国工程院院士、绵阳市科协主席范国滨,绵阳市科协党组书记、常务副主席王久华一行到涪城调研指导“天仪星谷”项目建设推进情况。

28日,涪城区民政局牵头制定《涪城区干部结对帮扶城镇困难群众工作制度(试行)》,全区844名党员干部全覆盖结对帮扶,全年完成4轮联系走访和帮扶工作。

2月,涪城区公共资源交易服务中心创建为全省公共资源交易服务标准化规范化“示范交易中心”。

3月

1日,涪城区手拉手文化服务中心在美团涪城区城厢街道南河站,组织开展“文明出行·安全配送”网约送餐员安全知识培训活动。

2日,御营坝危旧房棚户区改

造项目启动第二批次征收签约工作。

是日，绵阳市政协副主席胡进耀带队到涪城区调研2022年省市重点项目建设情况。

3日，绵阳市副市长袁明调研涪城区丝厂家属区老旧小区改造。

4日，“科技赋能 乐学涪城”涪城区全域研学综合实践活动启动仪式筹备会召开，涪城区委常委、区纪委书记、区监委主任张伟主持。

是日，涪城区荷花东西北街改造项目竣工。

是日，涪城区政协委员联络站（城郊街道精开站）揭牌成立并举行“微观新城郊 问道奋斗人”首次委员开放日活动。

是日，涪城区举行2022年选派驻外投资促进工作人员集中培训会。

7日，涪城区纪念“三八”国际妇女节112周年表扬大会暨丰谷镇桃花旅游节开幕仪式在丰谷镇九顶山举行。

9日，四川省生态环境厅党组成员、机关党委书记陈秋绿一行到涪城生态环境局调研垂改“后半篇”文章工作，绵阳市生态环境局局长淳道怀、副局长庞捷、机关党委书记杜天福，市级相关单位，涪城区委常委、政法委书记李东，以及部分区县生态环境局局长参加座谈。

9日，涪城区圣水南街西段道路建设工程项目竣工。

是日，新皂镇召开股份经济合作联合总社第一届股东代表大会，审议并通过《绵阳市涪城区新皂镇股份经济合作联合总社章程（草案）》，依法选举产生第一届理事会、监事会机构组成。

9—10日，涪城区送文化、科技、卫生、法律“四下乡”系列活动在杨家镇、丰谷镇举行。

10日，涪城区在杨家镇草堂村举行2022年义务植树活动。

是日，绵阳市政协副主席赵朝晖率相关部门负责人到涪城区调研2022年省市重点项目建设情况，区政协副主席刘正西陪同调研。调研组一行先后到阳光·云山晓项目营销中心、远大·蔚蓝海岸项目现场、东原鸿山·启城项目营销中心、领地城项目现场，详细了解各项目当前施工、推进措施等相关情况，并对各项目推进过程中存在的困难和问题逐一进行梳理和分析。

是日，涪城区应急管理局协同区自然资源局、区公安分局、区工信局、区消防救援大队、吴家镇人民政府等单位，在吴家镇凤凰山开展涪城区森林火灾扑救应急演练。

11日，四川省住建厅住房改革和保障处处长何国林到青义镇调研老场镇危旧房棚户区改造项目。

是日，新皂镇党委党校建成。30日，新皂镇与涪城区委党校联合打造的刘家坪村“新皂镇党委党校”（乡村振兴学堂）揭牌。

12日，硅基智能“数字人全球直播基地”新闻发布会在科技智谷举行。随着首批20个数字人直播间上线，硅基智能“数字人全球直播基地”正式落户科技城新区涪城片区。

14日，涪城区与汶川县“国培计划”“一对一”精准帮扶培训工作推进会在涪城区教师进修学校召开。

15日，绵阳市人大常委会党组副书记、副主任经大忠一行到涪城区工区街道迎宾社区调研全过程民主推动基层治理工作。

16日，涪城区第二届产业高质量发展大会召开，总结2021年全区产业高质量发展工作，集中兑现《涪城区推动产业高质量发展86条政策》，表彰2021年度建设“四个强区”突出贡献先进集体和先进个人，安排部署2022年产业高质量发展重点工作。

是日，涪城区人民政府与杭州海康威视数字技术股份有限公司战略合作协议签约仪式举行。

是日，杨家镇回龙寺村被涪城区委组织部评为2021年度AAA先进党组织。

17日，青义镇人大开展2022年民生实事票决项目调研。

18日，由绵阳市妇联主办，涪城区妇联承办的“心悦科技 创新绽放”关爱女科技工作者主题活动在金家林总部经济试验区中科（绵阳）创新园举办。来自中物院、绵阳农科院、电科九所、长虹集团、九州集团、西南科大、中科钛领、致远方略等多家重点科研机构（单位）及科技型企业的18名女科技工作者代表参与活动。市妇联党组成员、副主席蒋明霞，市科协党组成员、副主席杨丽琳出席并参加活动。

21日，涪城区跃进东街（九虹路）一段市政道路建设项目竣工验收。

是日，绵阳市政协副主席田荣华带领市社法台侨民宗委到涪城区视察农业主题公园建设，区政协党组书记、主席杜正茂，副主席刘正西陪同视察。视察组一行实地走访调研丰谷镇水塘村、齐心村农业主题公园建设区域，在字库村与委员企业百善缘董事长邱大东交流座谈，了解企业经营情况，就农业主题公园建设理念、功能区设置及项目建设情况等进行调研。

22 日，涪城区民政局制定出台《涪城区城镇困难群众精准帮扶“五润”行动计划》。

是日，涪城区工业和信息化局被绵阳市民营经济和中小企业发展领导小组办公室评为“全市促进民营经济和中小企业发展先进单位”。

是日，涪城区交通运输局组织蓝海（福建）信息科技、重庆呼我出行网络科技、滴滴出行、深圳万顺叫车等网约车平台绵阳分公司，召开规范营运秩序座谈会。

23 日，涪城区第二届民生事业高质量发展大会召开，全面总结2021 年度全区民生事业高质量发展成效，安排 2022 年度医疗卫生事业高质量发展、深化拓展城镇困难群众精准帮扶等民生工作。

25 日，涪城区第一届营商环境大会暨企业家年会召开，畅叙发展心路、凝聚发展共识、拓展发展机遇、携手走向共赢。

是日，绵阳市委副书记王华蓉调研涪城区 2022 年省市重点项目建设情况。

27 日，涪城区“幸福·涪娃”困境儿童帮扶公益活动在富临时尚天街举行启动仪式。

28 日，绵阳市人大常委会副主任李京平带领市人大常委会调研组一行到涪城区石塘街道南山社区调研城市民族工作。

29 日，七届涪城区委第二轮巡察工作动员部署会召开。

是日，绵阳市涪城区监委召开第一届特约监察员聘请大会，向优选聘请的 7 名特约监察员发放聘书。区委常委、区纪委书记、区监委主任张伟出席会议并讲话。

30 日，涪城区举行 2022 年一季度党建促发展大拉练，贯彻落实习近平总书记关于党的建设重要论述特别是新时代党的建设总要求，围绕发展抓党建、抓好党建促发展，不断提升党建引领发展能力。区委书记邓辉，区委副书记、区长张虚怀，区人大常委会主任顾建，区政协主席杜正茂带队到 9 个镇（街道），现场检验党建引领发展成效。区级联系镇街指导组领导对联系镇街工作进行点评，区级领导、各镇（街道）党（工）委书记现场评比打分。

30 日，绵阳市人大派员到涪城区人民法院调研审判监督工作。

是日，新皂镇与涪城区委党校联合打造的刘家坪村“新皂镇党委党校”（乡村振兴学堂）揭牌。

31 日，涪城区第七届人大常委会第五次会议召开，审议通过《关于开展第八个五年法治宣传教育的决议》。

是日，涪城区妇联首个家庭教育指导中心工作站在先锋路小学成立。

31 日至 6 月 10 日，涪城区委派出 3 个巡察组，以镇村同巡方式，分别对丰谷镇、石塘街道、城郊街道及所辖 40 个村（社区）全覆盖开展常规巡察。

3 月，涪城区城郊街道高水社区引进社会资本 260 余万元，社区投资 50 余万元，在平政河高水四组段建成 1000 余平方米的“印象高水”口袋公园和城郊街道首个党群暖心驿站。

4月

1 日，涪城区纪委监委召开2022 年第一季度镇（街道）纪（工）委工作点评会。区委常委、区纪委书记、区监委主任张伟出席会议并讲话。

2 日，谭德政纪念园二期工程项目完工并投入使用。

6 日，绵阳市人大常委会副主任李京平带领市人大常委会第三联合调研组到涪城区开展常态化疫情防控工作联合调研。

7 日，绵阳市纪委副书记温亚彬到丰谷、吴家粮站督察。

是日，新皂镇过境路、弘光南路桥开工仪式在涪城区新皂镇举行。

8 日，涪城区举行“园区提质、企业满园”行动重点项目集中签约仪式暨“涪城荟”招商联盟誓师大会，51 个总投资 203.75 亿元的重点项目集中签约，现场发布《“园区提质、企业满园”行动计划》《“涪城荟”招商联盟“双招双引”行动计划》。

是日，四川发展（控股）有限责任公司副董事长、总经理张宜刚在临港经济发展区考察先进制造业发展、四川发展与涪城区合作项目建设工作。四川发展公司对外合作部总经理黄晓廉参加考察。邓辉、杜正茂、黄梦瑶陪同考察。

是日，涪城区人武部组织召开全区党管武装工作会议，对 2021 年全区武装工作进行总结回顾，并部署 2022 年工作任务。区委书记、区人武部党委第一书记邓辉同志出席会议并讲话。

是日，涪城区委常委、区纪委

书记、区监委主任张伟组织召开专题会议，研究修改《清淤治乱·清风护航优化营商环境20条措施》。

10日，惠科模组项目完成封顶。

13日，涪城区委副书记、区政府区长张虚怀督导示润智慧显示终端智能制造总部基地项目等5个二季度新开工重点项目推进，协调解决项目推进过程中存在的问题。

是日，涪城区对口帮扶昭觉县物资捐赠仪式在昭觉县城北镇沐恩邸社区举行。昭觉县委常委、副县长、涪城区委常委、宣传部部长、区对口帮扶昭觉县工作队领队关键出席捐赠仪式。活动现场，关键代表涪城区向昭觉县竹核镇、比尔镇、沐恩邸社区、昭美社区等9个乡镇、社区发放包含衣物、床上用品等在内的“爱心大礼包”，总价值70万元。

14日，绵阳市人大常委会委员、市人大监察司法委主任委员奉光明带领市人大常委会立法调研组到涪城区开展城区停车管理立法调研。

19日，四川广播电视台党委书记、台长刘成安一行到科技智谷科普教育基地、天仪科技卫星工厂、硅基智能(全球)数字科技总部项目、“千鹤桑田”蚕桑文化农业主题公园、绵阳惠科光电科技有限公司、惠科模组项目建设现场调研涪城经济社会发展情况。

是日，新皂镇股份经济合作联合总社、供销合作社有限公司揭牌成立。

20日，涪城区人民法院“24小时自助法院”启用仪式举行。

21日，绵阳市政协副主席周琳带领市政协经济委、部分市政协委员及市级相关部门负责人，到涪城区开展“实施‘园区提质、企业满园’行动，推动园区高质量发展”调研。区政协党组书记、主席杜正茂陪同调研。调研组先后到四川龙华光电薄膜股份有限公司、绵阳富临精工股份有限公司、惠科股份有限公司等地，通过实地走访、听取汇报、现场交流等方式，详细了解当地“园区提质、企业满园”行动推进情况，并就园区发展、产业布局、项目建设、招商引资、企业发展等方面内容进行了深入交流，提出了意见建议。

21日，涪城区委常委、常务副区长秦亚辉到大润发、绵阳友乐食品有限公司、绵阳市涪城粮油购销有限公司吴家粮站调研督导粮食安全、市场保供工作。

22日，涪城区邀请俄罗斯自然科学院外籍院士丁治明、俄罗斯自然科学院外籍院士林丰成，举办2022中俄科技创新高峰论坛俄罗斯自然科学院主题月活动，开展科技项目“云对接”。

是日，涪城区应急管理局牵头编制的《涪城区“十四五”应急管理体系规划》经区人民政府七届第15次常务会议审议通过，正式印发。

是日，涪城区杨家镇获评2021年度绵阳市涪城区乡村振兴实绩考核优秀镇。

23日，涪城区市政工程建设维护中心对涪城区(御营片区及毅德商贸片区)排水管道(含沟渠堰)进行排查。

25日，绵阳市委常委、统战部部长、秘书长姚永红出席绵阳统一战线结对帮扶涪城区滨江社区困难群众见面会并讲话。

是日，一季度，涪城区在已公布的21项主要经济指标中，14项居区市县前三，其中GDP总量、增速和规上工业增加值增速、固投总量等12项主要经济指标居区市县第一。

26日，中物院副院长邱勇一行到涪城区青义镇前进村调研闲置农房盘活及服务“大院大所”开展情况。

是日，四川省委统战部副部长陈武带队到石塘街道南山社区考察新的社会阶层人士工作。

是日，涪城区市政建设维护中心在新龙舟码头组织开展防汛应急演练。

27日，四川省委常委、绵阳市委书记曹立军在惠科光电科技有限公司、绵阳富临精工股份有限公司、四川龙华光电薄膜有限公司、中南高科·涪城智能电子产业园项目、联东U谷·绵阳国际企业港项目建设现场、惠科模组项目建设现场调研涪城区经济社会发展情况。

28日，涪城区防止返贫动态监测和帮扶工作培训会召开，对全区2022年防止返贫监测帮扶集中排查工作进行安排部署。

是日，涪城区委审计委员会2022年第一次会议召开，区委书记、区委审计委员会主任邓辉主持，传达学习全国、全省、全市审计工作会议精神，听取2021年审计工作情况和2022年工作重点汇报，审议通过《绵阳市涪城区2022年度审计项目计划方案》。

是日，涪城区镇(街道)、村(社区)纪检监察干部培训班召开，涪城区委常委、区纪委书记、区监委主任张伟参加并讲话。

4月，赛迪顾问城市经济研究中心重磅发布“赛迪创新百强区(2022)”，涪城区居全国第34位、四川省第2位。

4月，长虹MCU智能芯片项目建成投用。

4月，《涪城区新皂镇八庙子村以盘活闲置农房助推乡村振兴》被绵阳市两项改革“后半篇”文章简报2022年第10期(总第77期)刊载，《涪城区创新开展村(社区)直接巡察提升基层监督质效》被绵阳市两项改革“后半篇”文章简报(第75期)刊载，《涪城区新皂镇“总社+”提质壮大村集体经济》被绵阳市两项改革“后半篇”文章简报2022年第11期(总第78期)刊载，《绵阳市涪城区杨家镇“四种模型”盘活闲置资产》被《四川省乡镇行政区划和村级建制调整改革后“半篇”文章工作动态》(第7期)刊载。

5月

6日，四川省委党建工作领导小组副组长刘中伯一行在“千鹤桑田”蚕桑文化农业主题公园、绵阳惠科光电科技有限公司、城厢街道临东社区调研涪城区两项改革“后半篇”文章工作，并召开绵阳市两项改革“后半篇”文章工作座谈会，邓辉陪同调研、参加会议并汇报。胡友谊、曾胜利参加活动。

是日，绵阳市委巡察工作领导小组成员、市委巡察办常务副主任杨昆一行到涪城区调研指导巡察工作。区委常委、区纪委书记、区监委主任、区委巡察工作领导小组常务副组长张伟，市委巡察办副主任罗春、罗建参加调研。

7日，涪城区纪委监委召开“扬清风 话使命 勇担当”青年干部座谈暨党性教育会议。

11日，涪城区委常委、常务副区长秦亚辉带队陪同农业银行四川省分行公司业务部总经理贾鸿燕一行到中国(绵阳)科技城临港经济发展区和循环经济产业园建设项目(二期)现场进行实地调研。

是日，涪城区妇联举办“送法进万家 家教伴成长”家庭教育促进法宣传周启动仪式，绵阳市妇联挂职副主席王美出席活动，并为指导中心授予“绵阳市家校共育基地”牌子。

12日，四川省住建厅厅长何树平到涪城区城郊街道文兴街14号调研自建房整治工作。

12—13日，四川省工会系统女职工工作会议在绵阳市召开，省总工会党组成员、常务副主席宋开慧带领全省各市(州)总工会党组书记和分管领导一行参观涪城区家政行业协会和涪城区安昌社区，考察妈咪宝贝屋等女职工工作阵地建设和工作开展情况。

13日，四川省委巡视办召开全省对村(社区)巡察工作推进会视频会议。涪城区委常委、区纪委书记、区监委主任、区委巡察工作领导小组常务副组长张伟，区委常委、组织部部长、区委巡察工作领导小组副组长曾胜利参加分会场会议。

是日，绵阳市涪城区2022年二季度重大项目集中开工仪式在临港经济发展区示润智慧显示终端智能制造总部基地项目现场举行，集中开工项目28个、总投资251.4亿元，涵盖产业发展、基础设施、社会民生等多个领域。

是日，2022年创业黑马商业航天产业高峰论坛在创业黑马(西部)科创基地通过线上线下相结合的方式举行。

是日，2022年涪城区生态环境保护工作会召开，涪城区委副书记、区长、区环委会主任张虚怀主持，会议听取2021年全区生态环境保护工作开展情况，安排部署相关工作。

是日，“涪城夜话”第七期活动在杨家镇组织召开，活动主题为：聚焦产业发展 助力乡村振兴，是首次在乡镇组织的涪城夜话活动，省市区镇四级人大代表联动话杨家。

是日，四川夏粮实割实测现场会在新皂镇八庙子村召开，四川调查总队党组成员、副总队长李诗刚，涪城区副区长刘琳参加现场会。

16日，新皂镇股份合作联合棕红色，三点水生物科技公司、莲花池村股份经济合作社在莲花池村开展羊肚菌种植签约仪式。

17日，四川省第二届乡村文化振兴魅力竞演大赛和涪城区首届民俗文化节展演在杨家香草园举办，杨家“朵朵树”民间传统表演队、吴家“小蛮腰”秧歌队、丰谷“井上添花”腰鼓队、青义“田野天籁”秧歌队、“艺苑明珠”川剧队、新皂“古驿金狮”舞狮队6支民俗巡游队伍展示涪城乡村文化队伍的风采。

是日，涪城区首届民俗文化展演启动仪式在杨家镇原香·国际香草园举行。涪城区委书记邓辉出席仪式并宣布开幕。市文广旅局局长代宏、区委副书记胡友谊出席仪式并致辞。区领导顾建、杜正茂、张伟、黄梦瑶参加活动。

17—18日，绵阳市人大常委会检查组到涪城区调研《中华人民共和国残疾人保障法》《四川省〈中华人民共和国残疾人保障法〉实施办法》贯彻落实情况。

18日，“西部现代职业教育示范区一期暨四川汽车职业技术学院三期建设项目”开工奠基仪式在四川汽车职业技术学院举行。区委副书记、区长张虚怀出席仪式并宣布项目开工。区委常委、副区长、试验区管委会主任黄维主持仪式。

是日，青义镇统规统建安置房（一期）项目启动，该项目获得2022年二季度“骏马项目”。

是日，绵阳市政协系统“有事来协商”平台建设观摩会在涪城区丰谷镇清水村举行，现场观摩涪城区政协“提升文明乡风，建好农业公园”小微协商活动。

是日，涪城区纪委监委组织召开村（社区）集体“三资”提级监督工作推进会。区委常委、区纪委书记、区监委主任张伟出席会议并讲话。

19日，涪城区学习贯彻习近平总书记在庆祝中国共产主义青年团成立100周年大会上的重要讲话精神座谈会召开。学习习近平总书记在庆祝大会上的重要讲话精神，通报涪城区青年（青年集体）获全国、全省、全市及区委、区政府表扬情况。

是日，涪城区委常委、区纪委书记、区监委主任张伟组织召开助力旅行社纾困解难工作推进会。

20日，涪城区2022年上半年企业家座谈会召开。

21日，“涪城区创梦绵州·创响涪城活动”在51C+创客中心闭幕，共19个优秀创业项目参加活动，并邀请3名省、市两级创业指导师紧急性创业指导，此次活动为创业者提供了创业服务，帮助涪城创业项目提升与成长。

23日，四川省委书记王晓晖，四川省委常委、绵阳市委书记曹立军在惠科光电科技公司、惠科模组项目现场调研全省重点产业项目建设和工地常态化疫情防控工作，涪城区委书记邓辉陪同。

是日，涪城区乡村振兴服务中心派出3个督导组，到各镇（涉农街道）开展防止返贫监测帮扶集中排查工作专项督导，集中对返贫致贫风险户信息进行深度排查。

是日，涪城区工区街道灵通社区“跃进路·三线建设记忆馆”、城厢街道勇拓洋楼小区图书室和丰谷镇文化站阅览室被绵阳市委党史研究室（绵阳市地方志编纂中心）命名为“省市县共建史志阅览室”，全区首批省市县共建史志阅览室建成。6月29日，授牌仪式举行，绵阳市委党史研究室（绵阳市地方志编纂中心）副主任吴锋一行出席仪式并授牌。

24日，绵阳市人大常委会副主任李京平带队到涪城区调研宗教教职人员社会保障情况。

是日，绵阳市政协副主席尚丽平带领部分政协委员及市级相关部门一行21人到涪城区调研“塑造城市文化品牌，推动文旅消费集聚区建设”工作。调研组一行先后到126文化创意园区、三江半岛、马家巷、大观园片区、天青苑铁牛广场、1958特色文化街区、三线记忆馆等进行实地调研。详细了解点位规划建设、业态发展、运营管理等方面情况。

是日，涪城区应急管理局协同区农业农村局、区公安分局、区工信局、区消防救援大队、绵阳蒲公英应急救援中心、丰谷镇人民政府等单位，在丰谷镇赵家脊开展涪城区防汛应急演练。

25日，生态环境部西南督察局到涪城区督导第二轮中央生态环保督察信访件办理情况。

是日，四川省生态环境厅一级巡视员董晓辉一行到涪城区开展夏季大气污染防治攻坚帮助服务，现场查看滨河南路道路综合改造工程，绵阳市生态环境局局长淳道怀、副局长袁海舰陪同。

是日，绵阳市人大常委会副主任李川萍带队到涪城区调研义务教育阶段学生“双减”政策落实情况。

是日，绵阳市政协副主席赵朝晖带领市政协城环资委和市政协委员及市级相关部门一行15人到涪城调研“发挥山水生态优势，打造公园城市新典范”工作。

是日，绵阳市科协到涪城区调研指导“科学家小镇”项目建设工作。

是日，由涪城区文化广播电视和旅游局、城厢街道党工委、涪城区新时代文明实践中心主办的“幸福涪城”群众文化节暨第二届“涪城星光秀”海选活动在铁牛广场开幕。

26日，绵阳市妇联党组书记、妇联主席冯科敏，市妇联党组成员、副主席蒋明霞一行到涪城区家政行业协会妇女就业培训基地、省级妇女居家灵活就业基地天虹产业园“杨家绣房”、涪城区家庭教育指导中心、城厢街道临东社区、城郊街道新庙社区等工作阵地开展妇女儿童工作调研。涪城区委常委、统战部部长、区总工会主席董静，区政协副主席于晓燕陪同调研。

是日，临港经济发展区（东区）公共法律服务律师驻点正式启动。

27日，涪城区举办中科钛领“领行家科技驿站”，邀请俄罗斯自然科学院外籍院士郭鸣明进行《二维磁性石墨烯的制备与应用》主题分享。

28日，金西湖二期外滩3号路绿化提升、金西湖二期科智大道绿化提升项目完工。

是日，涪城区妇联在涪城区家庭教育指导中心开展“妇爱涪娃”六一儿童节关爱活动。涪城区委常委、统战部部长、总工会主席董静出席活动并讲话。本次活动慰问了26名儿童，为他们送去价值10400元的慰问品和慰问金。

是日，绵阳王府井购物中心盛大开业。

30日，九华府项目（高端人才住房项目）开工仪式在青义镇举行。

是日，涪城区与四川高速公路建设开发集团有限公司在成都举行座谈会。

是日，涪城区委常委、区纪委书记、区监委主任张伟组织召开欧阳修家风馆筹备建设工作交流座谈会。

是日，四川省科协党组成员、副主席经戈、中科院院士蒙大桥、省科协调研宣传部副部长施玉梅一行到涪城区调研指导“科学家小镇”项目建设工作。

是日，绵阳市委常委、宣传部部长、市总工会主席郑志恒，绵阳市总工会常务主席刘春涛，涪城区委副书记、区长张虚怀一行到工区街道灵通社区三线记忆馆参加“相伴读好书·与你共成长”绵阳市职工亲子阅读故事会活动。

是日，涪城区审计整改工作专题会议召开，区委副书记、区长张虚怀主持，听取全区2019—2021年审计发现问题整改推进情况汇报，安排部署相关工作。

31日，中科院院士蒙大桥、四川省科协副主席经戈到涪城区专题调研“科学家小镇”项目建设工作。

5月，西科数字经济创新中心项目建成投用。

5月，涪城区残联搭建涪城区“互联网+”残疾人辅具自购平台。

5—10月，涪城区市场监督管理局在全区分批建成10个药店便民核酸采样点，累计为60余万人次提供核酸便民采集服务。

6月

1日，七届涪城区委召开第35次常委会（扩大）会议，传达学习四川省第十二次党代会、省委十二届一次全会、省纪委十二届一次全会精神、5月31日省委常委会会议和6月1日市委常委会会议精神，研究全区贯彻落实意见。

是日，涪城区委书记邓辉调研涪城区上半年经济运行情况。

是日，新皂镇城乡环境综合提质三年行动志愿者服务启动仪式在新皂镇皂角铺社区召开。

2日，四川省委常委、市委书记曹立军在绵阳中学检查2022年涪城区高考、中考备考工作。涪城区委书记邓辉陪同检查。

2—5日，涪城区落实绵阳市委“人才兴市”战略，到重庆开展高层次人才引进招聘研究生以上人才35人。

6日，四川省副省长罗强到永贵公司、绵阳惠科光电公司、惠科模组项目现场调研，涪城区委书记邓辉陪同调研并汇报惠科产业园建设情况。

是日，涪城区委副书记、区政府区长张虚怀督导绵阳市绵州记忆旅游基础设施提质升级建设项目等6个重点项目推进，协调解决项目推进过程中存在的问题。

是日，涪城区委常委、区纪委书记、区监委主任张伟组织召开欧阳修家风馆建设座谈会。

是日，“幸福涪城”群众文化艺术节暨第二届“涪城星光秀”决赛在铁牛广场举行。

7日，绵阳市人大社会委、法制委和常委会法工委调研组一行到涪城区专题调研《绵阳市城镇职工基本医疗保险办法》《绵阳市城乡居民基本医疗保险办法》执行情况。

是日，涪城区委常委、区纪委书记、区监委主任张伟组织召开丰谷镇农业主题公园建设专题会。

7—8日，涪城区委书记邓辉带队到厦门市开展投资促进活动，考察人工智能、先进制造等领域重点企业，会见相关行业协会负责人，就深化多领域合作进行深入交流。市政府驻厦门投资促进中心主任张君参加活动。区领导陈洪芳等参加活动。

9日，绵阳市委副书记王华蓉，市政府副市长李栋、袁明到城厢街道建国门社区兴力达广场参加城乡环境综合提质三年行动市级现场会，调研市政基础设施、城市家具维护整治情况。

是日，涪城区委书记邓辉带队到厦门市湖里区考察城市规划、经济发展及产业发展相关情况，并与湖里区就友好城市合作座谈交流。湖里区委书记吴新奎、涪城区委书记邓辉出席会议并讲话。湖里区委副书记陈晓东，湖里区委常委、组织部部长潘敏毅出席会议。区领导黄维、曾胜利、陈洪芳等参加活动。

是日，涪城区档案馆组织观看国家档案局“6·9国际档案日”2022年专题讲座视频会，全国政协委员、中共中央党校（国家行政学院）马克思主义学院院长张占斌作《构建新发展格局》报告。

是日，涪城区档案局、档案馆联合城厢街道、铁牛街社区，在铁牛广场开展以“喜迎二十大·档案颂辉煌”为主题的宣传活动，迎接第十五个“6·9”国际档案日。

是日，四川省科协党组书记、副主席毛大付，省科协党组成员、副主席经戈带领成都、德阳、资阳市科协主要负责人到涪城区调研指导天府科技云服务高质量发展推进工作。绵阳市人大常委会副主任李川萍陪同调研。

是日，涪城区住建局发布绵阳美能材料科技有限公司国有土地上房屋征收决定书。

11日，绵阳市工商联、涪城区工商联与四川省福建商会、绵阳福建商会联合举办“闽商涪城行”活动并召开座谈会。

13日，由绵阳市委、市政府主办的“绵阳造”厦门行精品展在厦门中山路步行街开展，8家涪城企业带着各自特色产品进行展示展销。

是日，由涪城区主办的“魅力涪城·生活狂欢节”促销活动在富临大都会百盛广场启动。

是日，涪城区机关事务服务中心联合区政府办、区发改局在绵州大剧院广场举行以“绿色低碳 节能先行”为主题的涪城区2022年公共机构节能宣传周活动启动仪式。

14日，厦门市与绵阳市全面战略合作签约仪式在福建省厦门市举行。仪式上，绵阳市涪城区与厦门市湖里区签署建立友好城区关系协议书。涪城区委书记邓辉出席会议并签署协议。

15日，涪城区人民政府、湖里区人民政府在厦门联合举办投资恳谈会，深入贯彻绵阳、厦门两市全面战略合作部署，全面落实《湖里区与涪城区建立友好城区关系协议书》，推动两地双向合作走深走实。湖里区委副书记、区长黄颖出席会议并致辞。四川省人民政府驻厦门办事处经济合作处处长张顺刚、副处长陈春林出席会议。涪城区委书记邓辉出席会议、推介涪城区投资环境并见证签约。区领导秦亚辉、陈洪芳参加会议。

是日，财政部四川监管局雒春良率领评估组到涪城区财政局开展残疾人就业保障金优惠政策评估和留抵退税专题调研，并就相关工作召开座谈会。

是日，绵阳市涪城区第七届人大代表培训会在市委党校知行堂召开。市委常委、副市长张明出席会议并作专题辅导。

是日，涪城区人民政府、湖里区人民政府在厦门联合举办投资恳谈会，涪城区人民政府与福建省物联网行业协会、厦门市新材料产业协会签署战略合作协议。

是日，中国（绵阳）科技城厦门推介会在厦门国际会议中心酒店举行。会上，涪城区与罗普特科技集团股份有限公司签署战略合作协议。

16日，四川省政协主席田向利，省委常委、市委书记曹立军在天虹园督导学习宣传贯彻习近平总书记在川视察重要指示精神、省第十二次党代会精神，区委书记邓辉陪同督导并汇报涪城区贯彻总书记指示精神、省党代会精神和做大做强川字号农业特色产业、促进农村一、二、三产业融合发展情况。

是日，在绵全国人大代表、绵阳市人大常委会原党组书记、主任马华带领在绵全国、省人大代表第二小组成员到绵阳东江环保科技有限公司开展环境保护法在绵阳市贯彻落实情况专题调研，绵阳市生态环境局局长淳道怀、涪城区人大常委会副主任罗泽斌、涪城区副区长胡峪涛参加调研。

是日，涪城区委常委、区纪委书记、区监委主任张伟组织召开疫苗接种专题会，组织召开西部历史文化名镇策划方案汇报会。

是日，绵阳城区法院与金融机构“面对面”座谈会在涪城区人民法院召开。

是日，绵阳市涪城区妇女第七次代表大会开幕。绵阳市妇联党组书记、主席冯科敏出席开幕式并致辞。区委书记邓辉出席开幕式并讲话。区委常委、统战部部长、总工会主席董静主持会议。区领导曾胜利、李里、王宇、于晓燕参加开幕式。

17日，绵阳市涪城区妇女第七次代表大会闭幕，区委常委、统战部部长、总工会主席董静出席闭幕式并讲话。

是日，绵阳市委副书记王华蓉到涪城区调研2022年省市重点项目建设情况。

是日，涪城区住建局发布沿江二组国有土地上房屋征收决定书。

是日，涪城区中心复兴少年宫授牌仪式暨“音为有你”教师音乐会在绵阳市少年宫举行。区委副书记胡友谊为涪城区中心复兴少年宫授牌。

18日，涪城区举办“2022年涪城区重点企业招聘季暨高校毕业生就业见习岗位发布活动”，发布工作岗位2500余个、高校毕业生见习岗位600余个。涪城区委书记邓辉出席活动并致辞，绵阳市人社局党组成员、市就业促进中心主任汤云春出席活动并讲话，涪城区委常委、组织部部长曾胜利主持活动。

20日，《涪城区义务教育大学区管理实施意见（试行）》由涪城区委、区政府正式印发。涪城区在全省创先推行“大学区”制管理改革，成立城南、城北、城西三大学区，进一步激发学校办学活力，推动城乡教育优质同享，促进实现教育公平。

是日，涪城区人民法院开展防范打击养老诈骗普法宣传活动。

是日，中欧班列成渝号（绵阳）首发班列从绵阳皂角铺铁路物流基地出发，四川省委常委、绵阳市委书记曹立军出席。

20—21日，涪城区残联第七次代表大会召开，来自各战线的170名代表，选举产生第七届主席团35名主席团委员，第七届主席团第一次会议选举产生新一届主席团主席1名，副主席7名，推举产生执行理事会理事长1名，通过副理事长2名，兼职副理事长2名，各类别残疾人推选产生5个专门协会的主席、副主席。

22日，四川省民政厅试点项目第三方评估公司到石塘街道西河路社区验收四川省2021年城乡社区治理试点项目工作开展情况。

是日，涪城区委常委、区纪委书记、区监委主任张伟组织召开丰谷镇农业主题公园建设策划方案座谈会，到丰谷镇调研主题公园建设情况。

是日，《关于在全市推行“街长制”工作的指导意见》正式印发，意见明确要充分发挥基层基础力量，实施城区“四化”工程，助力城乡环境综合提质，充分调动基层综合治理力量，结合网格化服务管理体系建设，在全市推行“街长制”。

是日，涪城区聚焦“园区提质、企业满园”，举行2022年半年工作大拉练。邓辉、张虚怀分别带领A、B两组人员，前往金家林总部经济试验区、中物院高端人才住房、绵阳传化物流公路港和健康食品产业园、涪城芦笋现代种植推广中心、中国（绵阳）国际康养产业园、临港经济发展区，现场检阅各地半年发展成效，通过赛成绩、比效能、找差距，动员全区上下深入实施“园区提质、企业满园”行动，以园区高质量发展引领带动全区经济高质量发展。区领导顾建、杜正茂、胡友谊、张伟、秦亚辉、黄维、周雪霖、李里、罗泽斌、李永钢、陈洪芳、喻焰斌、刘琳等参加。

是日，四川省妇联党组成员、副主席胡秀琴带队到涪城区调研女科技工作者服务站点筹备工作。绵阳市妇联党组书记、主席冯科敏，党组成员、副主席蒋明霞，区委常委、统战部部长、总工会主席董静陪同调研。

是日，中国共产主义青年团绵阳市涪城区第九次代表大会于富临大都会酒店开幕。共青团绵阳市委书记李浩然出席开幕式并致辞，区委书记邓辉出席开幕式并讲话。

是日，涪城区人民法院法官针对行动不便老人上门开庭。

是日，临港经济发展区科技物流（横九路）铁港大道（纵七路）竣工通车仪式举行。

24日，四川省发展改革委政策研究室主任陈国伟到绵阳市开展稳住经济大盘调研督导。

是日，绵阳市政协副主席、民盟绵阳市委主委胡进耀带队到涪城区开展长江生态环境保护民主监督工作。此次民主监督以实地调研和召开座谈会的方式进行。涪城区委常委、统战部部长董静参加座谈会，区政协副主席刘正西，涪城生态环境局、区住建局相关负责人陪同。

是日，涪城区“五力领航我争先”主题微党课村（社区）党组织书记决赛在区委党校举行，9名通过初赛选拔的村（社区）党组织书记参加。

是日，涪城区吴家镇被评为四川省首批“省级百强中心镇”名单公布。

25日，涪城区第一批国家级夜间文化和旅游消费集聚区、市重点项目绵阳市绵州记忆旅游基础设施提质升级建设项目正式启动。

27日，攀枝花市米易县人大常委会主任董明远，县委常委、政法委书记熊玉兰，县人大常委会副主任王纪伦带领该县教育工委、县人大常委会教科文卫工委、县教体局等部门负责人一行，到涪城区考察集团化办学等教育发展情况。

28日，涪城区举行“湖光山色”稻渔亲水湿地农业主题公园开园仪式，区委书记邓辉出席仪式并致辞。市委宣传部副部长、市新闻出版局（版权局）局长温芬出席仪式。市委农办主任、局长张廷伟出席仪式并宣布开园。市乡村振兴局局长刘玉华、市文广旅局副局长凌开业、市商务局副局长陈卉、绵阳电视台副台长范涛，区领导顾建、杜正茂、胡友谊、刘琳出席仪式。

是日，中物院成都科学技术发展中心刘彤主任一行到惠科模组项目、惠科光电公司调研园区建设情况，区委书记邓辉陪同调研并汇报。西南科技大学副校长曾刚，中物院成都科学技术发展中心成果转化与创新体系建设处处长冯仕云参加调研。区领导黄维陪同调研。

是日，涪城区委党校常务副校长在龙门社区讲党课《中国共产党为什么能》。

29日，涪城区委书记邓辉带队到东莞市拜访华为公司就深化拓展涪城与华为合作进行座谈交流并在东莞市、深圳市开展投资促进活动，华为政务一网通军团解决方案总裁陈金助出席座谈并讲话。胡友谊、陈洪芳参加活动。

是日，“绵阳市中共党史教育基地”授牌仪式在涪城区谭德政纪念园举行。谭德政纪念园是涪城区第一个市级中共党史教育基地。“绵阳市中共党史宣传教育示范点”命名授牌仪式在涪城区工区街道灵通社区“跃进路·三线记忆馆”举行。

30日，绵阳市政协党组副书记、副主席罗蒙一行到涪城区调研协商平台建设情况。调研组先后到涪城区政协委员之家、石塘街道政协委员联络站实地调研场地建设、制度建立和活动开展等情况。区政协主席杜正茂、副主席秦纯参加调研。

是日，《涪城区“三级”资源调度 激活城市基层治理新动能》被绵阳市两项改革“后半篇”文章简报2022年第13期（总第80期）刊载。

是日，丰谷镇开展“赓续红色血脉 开拓发展新局”庆“七一·喜迎二十大”主题活动。

是日，涪城区举行禁毒宣传暨全区公职人员毛发检测筛查启动仪式。

6月，智能传感科技园项目建成。

6月，省级第二批城乡社区治理试点项目通过四川省民政厅委托的第三方绩效评价。在全市3个试点县市区中，涪城区唯一获得优秀等次；在全省43个试点街道中，城厢街道排名第1；在全省150个试点社区中，灵通社区排名第1、临园路东段社区排名第7、铁牛社区排名第13。

7月

1日，涪城区教体局举行大学区成立大会，为城南、城北、城西三大学区授牌并任命大学区联合党委书记、大学区长。

是日，涪城区委常委、常务副区长秦亚辉带队调研九洲一生活区、华丰一区、阳光城和花园小区老旧小区改造。

4日，涪城区中南高科·涪城智能电子产业园招商中心暨“涪城荟”汽车电子联盟联合招商中心正式投用。

5日，四川省科协党组成员、副主席经戈一行到涪城区调研指导社区科普工作。

5—11日，第24届中国大学生篮球一级联赛男子全国大赛（北区）在涪城区体育馆举行。

6日，涪城区委常委、区纪委书记、区监委主任张伟组织召开丰谷酒业酿酒基地选址座谈会。

7日，绵阳市政协主席李亚莲到涪城区参观涪城区政协委员之家、石塘街道政协委员联络站，就涪城政协开展书香政协建设、基层协商阵地建设、“双助”活动有关情况进行调研。

7日，涪城区“数智”乡村助力村级集体经济壮大项目签约仪式举行。绵阳移动涪城分公司分别与青义镇、吴家镇等五个镇以及石塘街道、城郊街道签订战略合作框架协议书。

8日，四川省委副秘书长、办公厅唐文金主任一行在科技智谷调研，车览临港经济发展区项目建设情况，区委书记邓辉陪同。

10日，涪城区委书记邓辉在涪城区“真抓实干、狠抓落实”领导干部读书班暨解放思想大讨论开班式上作“真抓实干、狠抓落实，为努力干出绵阳发展新天地贡献涪城力量”专题辅导报告。

11日，四川省文旅厅、省发改委联合发文命名杨家镇柏林湾村为四川省乡村旅游重点村。

是日，涪城区检察院办理和制发的《绵阳市某行政机关怠于履行监督管理职责案》检察建议书,获评“四川省检察机关2022年度民事检察优秀法律文书”。

12日,四川省以工代赈项目组到涪城区杨家镇查看项目建设及备建情况。

是日,涪城区“五力领航”党建品牌发布会举行。区委书记邓辉出席发布会,并为“一镇街一特色”党建示范案例授牌。区委副书记胡友谊出席发布会。区领导张伟、董静、曾胜利,区委党建领导小组成员,各镇(街道)党(工)委副书记,村、社区、学校、医院、“两新”等领域党组织书记代表参加发布会。

13日,中央文明办三局副局长吴涛调研吴家镇“复兴少年宫”。

是日,涪城区提升昭觉县公共卫生服务能力项目医疗设备交付仪式在昭觉县觉哺社区举行。该项目投入帮扶资金20万元,采购了心电监护仪、除颤仪、心电图机、空气消毒机等急需医疗设备,用于觉哺社区卫生服务中心公共医疗卫生设备提升,提高社区服务绿色家园特殊人员水平。

13—16日,涪城区各公立义务教育学校,按照《涪城区义务教育大学区管理实施意见(试行)》关于“共享学位”招生办法相关规定,启动首次共享学位申请报名工作。

14日,四川省委宣传部产业发展处副处长李镭,省统计局社会科技处四级调研员辛丙松一行到涪城区调研指导第五次全国经济普查文化产业统计试点工作,并召开专题工作会。区委副书记胡友谊参加会议。

15日,兴农门市场·绵阳农产品智慧交易中心开工奠基仪式举行。

是日,农发行四川省分行“服务稳住经济大盘”绵阳攻坚座谈会在中国农业发展银行绵阳分行召开。涪城区委常委、常务副区长秦亚辉带领区财政局、区企业培育发展中心、富诚集团、涪创集团共同参加会议。

19日,四川省委常委、绵阳市委曹立军书记在平政河长虹培训中心检查督导城市内涝治理工作,涪城区委书记邓辉陪同。

20日,涪城区委书记、区委巡察工作领导小组组长邓辉主持召开涪城区委巡察工作领导小组2022年第2次会议暨书记专题会议,听取并审议七届区委第二轮常规巡察综合情况报告、分组情况报告和问题线索报告。

21日,青义镇举行退役军人及其他优抚对象优待证首发仪式。

22日,涪城区“涪城荟”招商联盟2022年第二批项目集中签约仪式在中关村科技园路演大厅举行。总投资130.2亿元的46个产业项目签约落地。绵阳市委副书记王华蓉出席仪式并见证签约。中物院成都科学技术发展中心党委书记、主任刘彤,区委书记邓辉出席仪式并致辞。区级领导,签约项目代表及企业代表,“涪城荟”招商联盟代表,区级相关部门负责同志,各镇(街道)党(工)委主要负责同志等参加活动。

是日,“湖光山色”稻渔亲水湿地农业主题公园首届荷文化旅游系列活动开幕晚会正式开启。

是日,新皂镇“皂角树”教育助学金捐赠签约仪式暨新皂镇优秀学生座谈会举行。

26日,绵阳市人大常委会副主任李川萍带队到涪城区调研适龄女孩HPV疫苗接种补助民生实事项目开展情况。

27日,涪城区应急管理局调度四川中援重工机械有限公司对冲入平政河道的厢式货车进行调离,彻底消除河道安全隐患。

是日,绵阳市政协副主席赵朝晖一行到涪城区调研东原鸿山启城、领地城等重点项目建设情况。

28日,涪城区委巡察工作领导小组召开七届区委第二轮常规巡察集中反馈会议,区委常委、区纪委书记、区监委主任、区委巡察工作领导小组常务副组长张伟出席会议并讲话。

是日,中国(绵阳)科技城金家林科技圈妇女第一次代表大会在涪城区金家林总部经济试验区中科(绵阳)创新园内召开。绵阳市妇联党组成员、副主席蒋明霞出席大会,并为科技圈妇联和绵阳市女科技工作者(金家林)服务站授牌。

29日,绵阳市人大常委会党组副书记、副主任经大忠带队调研涪城区优化营商环境工作。

是日,涪城区举办中科钛领领行家科技驿站,邀请中国科学院生态环境研究中心研究员、海智归国专家陈卫平进行《土壤污染修复技术及工程应用》主题分享,邀请中国科学院生态环境研究中心研究员、海智归国专家陈卫平进行《城市矿产资源循环》主题分享。

是日,涪城区在青义镇龙峰村举行“植‘数’进村·强村惠民”壮大村级集体经济项目签约仪式。在签约现场,绵阳联通公司分别与青义镇人民政府、吴家镇人民政府、新皂镇人民政府、杨家镇人民政府、丰谷镇人民政府、石塘街道办事处、城郊街道办事处签署合作协议。

7月，撤销涪城区电子政务内网服务中心，新设涪城区公务服务中心，为涪城区委直属正科级公益一类事业单位，核定事业编制13名，机动事业编制3名，其中：主任1名、副主任2名；正股级中层职数3名。

7月，涪城区《统筹疫情防控和经济社会发展的涪城改革实践》经验做法被中共四川省委全面深化改革委员会办公室、中共四川省委政策研究室主办《调查与决策》2022年7期刊用。

8月

2日，涪城区城区排水管渠建设项目、御营片区及毅德商贸城片区排水管道（含沟渠堰）排查服务竣工验收。

3日，涪城区委常委、副区长黄维到青义镇宣讲习近平总书记四川视察重要指示精神和省第十二次党代会精神。

是日，涪城区人民法院组织召开涪城区优化营商环境涉法涉诉专题座谈会。

10日，涪城区委书记邓辉带队拜访四川振兴集团党委书记、董事长杨自力，并举行工作座谈会，就培育特色产业、建设产业园区、组建产业基金进行深入对接。四川省纪委监委驻四川振兴集团纪检监察组组长、四川振兴集团纪委书记、党委委员邓平，四川振兴集团党委委员、副总经理杨旭参加座谈。区领导秦亚辉、黄维、文峰、陈洪芳，区级相关部门负责人参加活动。

11日，涪城区住建局发布绵阳汇川科技有限责任公司国有土地上房屋征收决定书。

16日，涪城区财政局党组改设党委，直接领导区属国有企业党组织，综合管理其党的建设及目标考核等工作。

18日，由涪城区委组织部主办的第二期“涪城政策汇”活动（科技智谷专场）在科技智谷服务中心举行，辖区23家科技企业的业务负责人参加活动。

19日，涪城区企业培育发展中心召集富诚集团、涪创集团在区财政局会议室召开高质量完成国企改革三年行动任务推进会。

22日，中国经济体制改革杂志社社长、地方改革创新研究院院长潘治宏在科技智谷科普教育基地、天仪科技卫星工厂、硅基智能（全球）数字科技总部项目、科技智谷服务中心调研，涪城区委书记邓辉陪同。

22—24日，四川省城镇燃气第六督导组到涪城区检查燃气工作情况。

23日，四川省纪委监委驻省总工会纪检监察组组长、省总工会党组成员钟验鹰，省纪委监委驻省总工会纪检监察组一级调研员王志平，绵阳市总工会党组书记、常务副主席刘春涛，涪城区委常委、统战部部长、总工会主席董静走进困难职工家中，为他们的子女送去工会组织的关心与关爱。2022年共助学帮扶47人，发放资金9.7万元。

是日，涪城区应急管理局协同区农业农村局、区公安分局、区卫健局、区综合行政执法局、区消防救援大队、城厢街道办事处等单位，在城厢街道三江半岛开展涪城区主汛期防汛减灾应急演练。

24日，中国经济体制改革杂志社潘治宏社长、蔡文武主任一行到杨家镇调研乡村振兴工作。

24—27日，涪城区承办2022年第十一届中国创新创业大赛（四川赛区）新一代信息技术和高端装备制造产业决赛。该赛事为国内科技领域层次最高、规模最大、辐射最广、影响力最强的品牌赛，来自全省15个地市州118家企业同台竞技，集聚新一代信息技术和高端装备制造领域的众多优秀成果。涪城区共有12家企业晋级决赛，经过激烈的角逐，绵阳耳赞声科技有限公司荣获新一代信息技术产业三组初创组第一名。

25日，绵阳市城乡环境综合提质三年行动2022年第二季度评比总结会召开，青义镇被评为“十佳乡镇”。

是日，涪城区首场“创享涪城”系列活动——“创想涪城之营销密码创业沙龙活动”就业创业政策分享会在绵阳中关村信息谷创新中心举办，参加企业50户，活动为创业者分享创业扶持政策和成功创业的经验。

是日，由绵阳市残联、涪城区残联指导举行的“爱无声”公益助残助学金捐赠活动在涪城区举行。

26日，绵阳市金家林总部经济试验区市政公共配套设施提升（二期）项目完工。

是日，涪城区人大常委会与涪城区人民政府工作联系会议召开。会议听取2022年上半年经济社会发展情况、区人大代表建议办理情况、区人大代表票决民生实事项目推进情况，以及年初区人大常委会与区政府工作联系会议收集意见办理情况。

29日，“涪城荟”粤港澳大湾区招商联盟大会在“先进制造之都”东莞举行。涪城区政府与“涪城荟”粤港澳大湾区招商联盟盟主签署合作协议；“涪城荟”新型显示、汽车电子、5G制造、科技创新招商联盟盟主分别与深圳市明祺光电有限公司、深圳市万禄城科技有限公司、深圳市众利电源科技有限公司、广州佐翼科技有限公司签署合作协议。

是日，涪城区创新推出的AI虚拟主播“涪小洁”正式与观众见面。

8月，创青年·1952项目选址于青义镇前进村，是前进村与西南科技大学机器人团队共同打造的集研学、科普等为一体的教育实践基地，是院士（专家）小镇落地的第一个专家团队项目，也是近年来西南科技大学和属地合作的第一个项目。

8月，涪城区“十心行动”促进共同富裕经验做法入选《中国改革年鉴》。

8月，绵阳二中金家林校区（涪城区少年科学院）被共青团中央青年发展部、中国青少年发展基金会认定授牌为“小平科技创新实验室”。

9月

2日，四川省政协田向利主席，四川省委常委、绵阳市委曹立军书记在金家林高速出口、高农司、西部冷都督导疫情防控工作，在科伦医贸高速督导医疗物资储备工作，涪城区委书记邓辉陪同。

是日，涪城区应急管理局组织专家对绵阳惠科配套超纯气生产扩容项目安全预评价进行审查。

5日，绵阳市人大常委会副主任李作虎带队到涪城区督导疫情防控工作。

是日，涪城区委审计委员会2022年第二次会议召开，区委书记、区委审计委员会主任邓辉主持，审议通过《绵阳市涪城区2021年度区级预算执行和其他财政收支的审计工作报告》。

6日，涪城区道路交通安全改造完善项目开始基础安装。

7日，绵阳市实验小学教育集团领航南山小学授牌仪式举行。

8日，绵阳市人大常委会到涪城区就《绵阳市物业管理条例（修订草案）》立法工作进行调研座谈。

是日，涪城区庆祝第38个教师节颁奖典礼在绵州大剧院举行，区委书记邓辉出席活动并讲话。区委副书记、区长张虚怀，区人大常委会主任顾建，区政协主席杜正茂出席活动。活动现场播放涪城区教育30年发展宣传片，举行“涪城名师堂”落成仪式，发布《涪城教育文丛》，宣读区委、区政府《关于表彰2021—2022年度涪城区优秀校（园）长、优秀教育工作者、优秀教师的通知》。邓辉为“涪城名师堂”揭牌，并向新入选“涪城名师堂”的卓越校长、功勋教师颁发证书。首批“涪城名师堂”卓越校长王宗富、功勋教师梁庆凤为2022年涪城教书育人楷模颁奖。区领导顾建、杜正茂为优秀教师团队颁奖。

9日，绵阳市委副书记王华蓉到涪城区调研2022年省市重点项目建设情况。

是日，涪城区第2期院士（专家）“早餐汇”在区委机关食堂二楼举行。中国工程院院士范国滨，中物院十所所长赵剑衡，西南科技大学副校长曾刚，西南科技大学党委常委、副校长兼环境友好能源材料国家重点实验室常务副主任代波应邀出席活动。区委书记邓辉与院士、专家们同吃早餐，倾听他们对科技城新区涪城片区建设、涪城区科技创新产业发展的意见建议。区委副书记胡友谊参加活动。区领导黄维、曾胜利参加活动。

是日，涪城区应急管理局组织专家对绵阳惠科配套超纯气生产扩容项目设施设计进行审查。

13日，涪城区生态环境保护委员会暨生态环境保护督察工作领导小组2022年第一次会议召开。会议传达学习习近平总书记关于生态文明建设、生态环境保护工作的重要论述以及中央、省、市相关会议精神，审议有关事项和文件，通报2021年全区生态环境保护工作情况，安排部署相关工作。区委书记邓辉主持会议并讲话，区委副书记、区长张虚怀，区委副书记胡友谊参加会议。

16日，绵阳市人大常委会副主任李京平带领市人大常委会执法检查组到涪城区，通过实地察看的方式，对《绵阳市文明行为促进条例》贯彻实施情况开展执法检查。

19日，《绵阳市涪城区创新开展村社区书记“早餐汇”推动终端落实见效》被《绵阳改革专报》（第28期）刊载。

20日，绵阳市委副书记、市长李云督察调研绵中路疫情防控工作。

是日，绵阳市人大常委会副主

任代顺兴带队到涪城区开展“园区提质”“企业满园”行动联动监督调研。

是日，涪城区人大代表调研2022年背街小巷综合提升改造项目。

21日，创明新能源项目签约暨开工仪式在临港经济发展区东区举行，绵阳市涪城区人民政府与深圳市创明新能源股份公司签署《创明新能源项目投资协议》，投资总金额120亿元。四川省委常委、绵阳市委书记曹立军出席并宣布开工。绵阳市委常委、科技城党工委副书记、管委会常务副主任、市国资委党委书记黄朝阳主持仪式。

是日，涪城区召开“决战四季度、大干一百天”工作动员部署会，传达学习全市“决战四季度、大干一百天”工作动员部署会精神，安排部署相关工作。

22日，绵阳市人大常委会副主任李川萍出席绵阳市涪城区对口帮扶凉山州昭觉县工作联席会。会议由涪城区委副书记、区长张虚怀主持，会议听取2022年上半年对口帮扶工作汇报。

26日，四川省2022年第三季度重大项目现场推进活动（绵阳分会场）在新皂镇传化公路港项目现场召开。

是日，涪城区举办亚太院士产业创新大讲堂，邀请俄罗斯工程院外籍院士肖桂山进行主题分享。

是日，《绵阳市游仙高新区污水专管建设项目监理》项目在绵阳市、北碚区和涪城区三地完成异地评标，首次实现跨省远程异地评标。

是日，青义镇政协委员联络站组织开展“服务高端人才建言院士小镇”调研活动。

是日，杨家镇万和村获评涪城区城乡环境提质三年行动第二季度九佳村。

27日，绵阳市人大常委会副主任周涛调研涪城项目投资及招商引资工作。

27日，绵阳市深化妇联基层组织建设改革助力城乡环境综合提质三年行动现场会在新皂镇刘家坪村召开。绵阳市妇联党组书记、主席冯科敏，市妇联党组成员、副主席蒋明霞出席活动，各县市区妇联主席、各县市区镇（街道）、村（社区）妇联主席等50余人参加此次调研学习。

27日，涪城区临港经济发展片区应急体系专项规划（2021—2035）、涪城区千鹤田园农旅融合片区应急体系专项规划（2021—2035）经区城乡规划委员会2022年第5次会议通过，并报省应急厅备案。

28日，涪城区向金家林总部经济试验区、临港经济发展区放权赋能集中交接仪式举行。绵阳市政府副秘书长任文治出席会议并讲话，涪城区委副书记、金家林总部经济试验区党工委书记胡友谊主持会议。

9月，涪城区《工农互促融合发展 建设西部先进制造业强镇》经验做法被中共四川省委全面深化改革委员会办公室、中共四川省委政策研究室主办《调查与决策》2022年9期刊用。

10月

3日，绵阳市委副书记王华蓉、涪城区委书记邓辉一行到工区街道飞来石社区视察疫情防控工作。

6日，青义镇统规统建安置房项目正式复工。

8日，涪城区南山中路、南支六路延伸段道路建设工程项目进场施工。

11日，涪城区民政局探索制定《涪城区引导支持社会力量参与精准帮扶工作机制》。

是日，涪城区住建局发布卫生巷5号国有土地上房屋征收决定书。

12日，涪城区委书记邓辉带队到“三江半岛城市夜经济商圈”发展服务中心调研社区工作，听取三江半岛城市夜经济商圈规划汇报。

16日，中国（绵阳）科技城科技物流启动区食品产业园配套基础设施建设项目正式启动。

17日，“涪城科技巾帼管家”微信小程序上线启动仪式在涪城区5G科技园举行。绵阳市妇联党组书记、主席冯科敏出席上线仪式并致辞。

18日，四川省委组织部副部长、省委党建办主任、省委“两新”工委书记易林一行到社区调研党建引领小区自治、疫情防控等工作。

19日，涪城区向昭觉县卫健系统援助医疗应急设备交付仪式在昭觉县卫健局举行。涪城区向昭觉县卫健系统援助救护车3辆，系涪城区2022年帮扶昭觉县卫生项目之一，投入财政帮扶资金70万元，用于改善昭觉县基层医疗条件，提升医疗卫生服务能力。

是日，平安财险绵阳市科技支公司揭牌仪式暨涪城区第15季银企“鹊桥会”在中大财富广场举行。

20日，四川省住建厅到涪城调研农村生活垃圾收转运体系建设工作。

是日，七届涪城区委第三轮常规巡察暨第一轮巡察整改落实情况“回头看”工作动员部署会召开。区委书记、区委巡察工作领导小组组长邓辉出席会议并讲话。区委常委、区纪委书记、区监委主任、区委巡察工作领导小组常务副组长张伟主持会议，区委常委、组织部部长、区委巡察工作领导小组副组长曾胜利宣布巡察组长授权任职及任务分工决定。

10月20日至12月31日，涪城区委派出4个巡察组开展七届区委第三轮常规巡察暨第一轮巡察整改落实情况“回头看”，以镇村同巡、直接巡察方式，对青义镇、吴家镇、新皂镇、城厢街道及所辖36个村（社区）开展常规巡察，对七届区委第一轮巡察青义镇、吴家镇、新皂镇的12个村（社区）开展巡察整改落实情况“回头看”。

是日，四川省住建厅、绵阳市住建委调研2022年老旧小区改造项目开工情况。

是日，绵阳市党风政风监督工作推进会在涪城区城厢街道清风护航服务中心拉开帷幕，市纪委监委分管领导、各县（市、区）纪委监委主要领导、党风政风监督室主任共计40余人现场观摩指导。

21日，绵阳市人大常委会副主任李京平带队到涪城区调研新侨创新创业情况。

是日，涪城区生态环境保护委员会2022年第二次全体（扩大）会议召开。会议听取2022年全区生态环境保护工作推进情况汇报，通报涪城生态环境局2020年以来党风廉政建设有关情况，安排部署相关工作。区委书记邓辉主持会议并讲话，区委副书记、区长张虚怀，区委副书记胡友谊出席会议。

24日，城郊街道三里村生活垃圾中转站建设项目开工。

26日，涪城区纪委监委机关召开传达学习党的二十大精神会议。区委常委、区纪委书记、区监委主任张伟主持会议。

26日，绵阳市委副书记王华容到城郊街道牌坊社区督导林长制相关工作。

27日，绵阳市政协“加强和改进市县政协工作的基层实践”小微协商会在涪城区召开。

是日，涪城区微党课《从国歌中解读中国人民的精神密码》在四川省委宣传部“理响巴蜀”栏目展播。

28日，绵阳市人大常委会副主任李京平带队到城厢街道成绵路社区调研城镇困难群众精准帮扶工作。

是日，由涪城区援昭志愿服务队主办的以“健康成长·法治护航”为主题的法治进校园活动在昭觉县竹核镇尔古村小学举行。

30日，涪城区副区长刘琳调研2022年背街小巷综合提升改造项目。

31日，四川省经信厅官网发布，绵阳惠科光电科技有限公司、四川龙华光电薄膜股份有限公司入选2022年四川省新经济示范企业。

是日，绵阳市疫情防控指挥部第一督察组到杨家高速卡点督察疫情防控工作。

是日，由绵阳市委组织部主办，绵阳市涪城区委组织部承办的绵阳市2022年下半年首场招才引智成都专场活动在四川大学举办。四川大学党委副书记郭勇，绵阳市委常委、组织部部长莫怀学，涪城区委常委、组织部部长曾胜利，绵阳市其他各县市区委组织部相关领导及重点企业相关负责人参加活动。涪城区发布2022年首批“揭榜挂帅”全球揽才项目榜单。四川龙华光电薄膜有限公司与四川大学高分子科学与工程学院特聘研究员王延青博士就超长碳纳米管散热薄膜研究与技术开发项目签订合作协议，成功揭榜。

10月，涪城区制造业单项冠军企业培育实现“零”的突破：绵阳富临精工股份有限公司可变气门正时系统产品被工信部认定为“第七批制造业单项冠军产品”。

10月，垚磊科技无人机总装测试平台项目、核与辐射环境数智装备协同创新基地项目建成投用。

10月，涪城区创新开展村（社区）书记“早餐汇”推动终端落实见效相关经验做法，被《改革内参》1801期、《绵阳改革专报》第28期刊载。

11月

1日，四川省经信厅官网发布，绵阳富临精工股份有限公司入选四川省2022年新赛道领先型“赛手企业”。

是日，涪城区第二期经济合作专场暨第90期企业家“早餐汇”在苏州举行。区委书记邓辉邀请16位长三角企业家、商会代表共进早餐，话家常、聊变化、听心声、谋发展，集聚全面建设西部现代化强区新动能。四川省政府驻上海办事处副主任卢戈，市经合局副局长刘福龙应邀参加。区人大常委会主任顾建，区委副书记、试验区党工委书记胡友谊参加。区领导黄维、曾胜利、陈洪芳参加活动。

是日，"涪城荟"长三角招商联盟大会在"最强地级市"苏州举行，涪城区与"涪城荟"长三角招商联盟盟主签署合作协议，"涪城荟"长三角招商联盟与产业链企业签署合作协议。

是日，涪城区"三区三线"划定成果获自然资源部批复启用。

1—3日，"绵品出川"苏州展举办。

2日，由涪城区文广旅局、区新时代文明实践中心和区文联联合主办，区文化馆、区美术馆承办的《学习贯彻党的二十大 而立涪城再出发》涪城区文化馆中国画公益研修班美术作品展在涪城区美术馆开展，展期为2022年11月2日至11月20日。

3日，涪城区传统音乐四川吟诵"绵州吟诵"、传统舞蹈舞狮"金峰雄狮"分别被四川省文旅厅推荐为第六批省级非物质文化遗产代表性项目名录新列入项目和扩展项目。

是日，在中国（绵阳）科技城苏州推介会，涪城区与上海月星集团签订总投资103亿元的月星"涪江环球港"项目。

4日，绵阳市首个院士小院开工仪式在青义镇前进村举行。

6日，上海月星"涪江环球港"落地绵阳。

7日，四川省民政厅到涪城区城厢街道成绵路社区开展社区困难群众满意度入户调查。

8日，中国（绵阳）科技城涪城人力资源服务产业园开园仪式举行。绵阳市副市长李栋，涪城区委书记邓辉，区委副书记、区长张虚怀，区人大常委会主任顾建，市就业创业中心主任汤云春，市人社局副局长徐林峰，市残联副理事长简文峰，区委常委、统战部部长、区总工会主席董静，区委常委、常务副区长秦亚辉，区委常委、组织部部长曾胜利出席仪式。

是日，经四川省委编办批复，四川绵阳工业园区党工委、管委会委托绵阳市涪城区管理。

9日，绵阳市委第一巡察组组长彭凯到涪城区调研指导正在开展的七届区委第三轮常规巡察暨第一轮巡察整改落实情况"回头看"工作，并看望巡察干部。区委常委、区纪委书记、区监委主任、区委巡察工作领导小组常务副组长张伟陪同调研。

是日，涪城区妇联召开"涪城区妇女儿童发展纲要编制工作推进会议"。副区长、妇儿工委主任谢欣出席会议并讲话。

是日，涪城区妇联召开"涪城区妇女儿童权益保障工作分析研判会"。区委常委、统战部部长、区总工会主席董静出席会议并讲话。

是日，涪城区"科教强区"品牌发布会举行，与会领导共同发布涪城区"科教强区"品牌。

10日，四川省第二届乡村文化振兴魅力竞演大赛绵阳赛区决赛，在游仙区小枧镇湿地公园举行。涪城区获四川省第二届乡村文化振兴魅力竞演大赛绵阳赛区决赛优秀组织奖，新皂镇获绵阳市第二届乡村文化振兴魅力乡镇称号，参演节目新皂镇省级物质文化遗产项目金峰雄狮精品打造"古驿金狮耀绵州"节目获绵阳赛区"一等奖"。

是日，围绕西科大等8所大中专院校组建的全省首个创新创业党建联盟——环西科大创新创业党建联盟建立。

11日，涪城区2023届毕业生就业双选招聘会暨校企合作签约仪式在四川汽车职业技术学院举行。在校企合作签约仪式上，涪城区九洲光电、富临精工等本地龙头企业，传化物流、宏波光电等重大招商引资项目，分别与川汽院签订校企合作协议。

是日，涪城区"产业强区"品牌发布会在惠科模组厂区广场举行。

是日，涪城区总工会2022年创业援助补助资金发放仪式在总工会五楼会议室举行，现场向9个创业援助项目发放6.3万元创业援助资金。

14日，涪城区委理论学习中心组和区人大常委会、区政府、区政协党组理论学习中心组联合学习会议召开，集中学习党的二十大精神。

14—18日，绵阳市涪城区2022年基层妇联维权及基层治理能力培训班在四川省妇女干部学校举行，省妇干校党委书记、校长蒋琳出席开班仪式并致辞，区妇联主席唐娟作学习动员讲话。涪城区妇联第七届全体执委、各镇（街道）、村（社区）妇联主席、部分单位妇委会主任等49人参加培训。

15日，在第十届中国（绵阳）科技城国际科技博览会投资推介会暨集中签约仪式上，绵阳市涪城区与艾伯科技股份有限公司签订总投资105亿元的艾伯科技智能制造产业项目；与某显示驱动公司签订总投资100.5亿元显示驱动项目。

是日，涪城区与四川省政府驻厦门办事处工作座谈会召开，就进一步深化双方合作进行深入交流。省政府驻厦门办事处主任陈俚君，区委书记邓辉出席座谈并讲话。区委副书记、区长张虚怀出席座谈。

是日，在第十届中国(绵阳)科技城国际科技博览会投资推介会暨集中签约仪式上，涪城区与艾伯科技股份有限公司签订总投资105亿元的艾伯科技智能制造产业项目，与常州欣盛半导体技术股份有限公司签订总投资100.5亿元的欣盛显示驱动项目。

16日，涪城区网约车、快递及外卖配送行业党委授牌暨“骑行先锋·耀绵州”活动举行。

18日，四川门多萨足球俱乐部落成典礼在青义镇举行。

20日，涪城区委书记邓辉调研疫情防控、“园区提质 企业满园”及欣盛、艾伯项目开工仪式筹备工作。

20—27日，长宁县交叉考核组一行15人到涪城区开展2022年省级巩固脱贫攻坚成果同乡村振兴有效衔接考核评估，涪城区杨家镇草堂村、朵朵树村、罗汉寺村、新堰村，丰谷镇齐心村、清水村、致富村，吴家五龙村、燕儿河村、长福村，新皂镇八庙子村、五福寺村、梅家沟村、赵家花园村、刘家坪村，青义镇大龙村、大新村、龙峰村、前进村19个村作为样本村进行2022年省级巩固脱贫攻坚成果同乡村振兴有效衔接考核评估。抽样321户样本，其中脱贫户235户，监测户12户、一般农户74户。反馈疑似问题三类3个，均已佐证、整改，及时销号，评估工作得到长宁县交叉考核组高度评价。

21日，涪城区被四川省烟草发展工作领导小组评为“2022年度川烟培育突出县(市、区)”。

是日，涪城区迎接省级2022年度巩固脱贫成果后评估情况交流会召开，向考核组汇报涪城区巩固脱贫成果工作开展情况。区领导邓辉、顾建、杜正茂、胡友谊、刘琳参加会议。

24日，绵阳市委副书记王华蓉到涪城区宣讲党的二十大精神和调研2022年省市重点项目建设情况。

是日，四川省民政厅、省委组织部发文明确城厢街道、临园路东段社区、西河路社区、灵通社区、铁牛街社区为2021年全省基层治理示范街道示范社区。

25日，《中国县域工业经济发展报告(2022)》揭晓2022年“中国工业百强区”榜单，涪城区上榜，列第73位。

30日，涪城区恒大“翡翠龙庭”项目全部交付，保交楼工作取得重大胜利。

11月底，涪城区2022年背街小巷综合提升改造项目竣工，其中“最美上学路”南河路登上《四川日报》。

11月，涪城区投资200万元的涪城区人力资源市场智能招聘大厅建成，通过积极探索“五步工作法”，实现招才引智、招工求职智能化，填补了绵阳城区没有人力资源市场的空白。

11月，涪城区应急管理局完成年度民生实事票决项目“三无老旧小区消防隐患整治”工作任务。为331个三无老旧小区增设10439具灭火器，631套室内消火栓枪头、水带，3469盏应急照明灯；在具备安装条件的三无老旧小区新建30个电动车集中停放充电点、改建修缮115个电动车集中停放充电点，设置充电点位1160个。

12月

1日，涪城区人民法院依法审理魏某等涉黑案件。

4日，涪城区微党课《平凡与非凡——绵阳县第一个共产党员谭德政》在四川省委宣传部“理响巴蜀”栏目展播。

6日，涪城区乡镇行政区划和村级建制调整改革“后半篇”文章2022年重点工作(提升基层应急能力)通过四川省两改考评。

是日，涪城区委审计委员会2022年第三次会议召开，区委书记、区委审计委员会主任邓辉主持，审议通过《绵阳市涪城区2021年度区级预算执行和其他财政收支审计查出问题整改情况的报告》。

7日，科技城临港经济发展区医疗基础设施项目正式启动。

是日，四川垚磊科技有限公司、四川核保锐翔科技有限责任公司揭牌仪式在科技智谷5G科技园举行，标志着两家企业正式投入运营。

是日，四川永贵科技光电连接器项目开工仪式举行。项目占地47亩，总投资1.7亿元，建成后预计实现新增年产值10亿元以上。

9日，涪城区委书记邓辉调研重点项目建设、联系服务重点企业。

12日，艾伯科技项目开工仪式暨“全域强区”品牌发布会在涪城区临港经济发展区西区举行。

是日，绵阳市委编委印发《关

于更名设置四川绵阳工业园区党工委、管委会的通知》(绵编发〔2022〕86号)和《关于明确四川绵阳工业园区党工委、管委会相关机构编制事项的通知》(绵编发〔2022〕87号),批复同意更名设置四川绵阳工业园区,委托涪城区管理。

是日,绵阳市委副书记王华蓉到双汇督导A级食品生产经营,并调研食品安全生产情况。

13日,涪城区校地团组织结对共建暨"大学生社区实践计划"启动仪式举行,区委常委、统战部部长、区总工会主席董静出席仪式。

是日,党的二十大绵阳市委宣讲团第三分团团长、市委副书记王华蓉带队到青义镇绵兴村宣讲党的二十大精神、四川省委十二届二次全会精神。

14日,涪城区大学生创业孵化基地、四川中医药高等专科学校医药健康创新创业孵化基地、51C+创客中心通过2022年度市级创业园区(孵化基地)的复核;西南科技大学国家大学科技园新认定为2022年度市级创业园区(孵化基地)。

是日,涪城区"暖心快药"保障机制建立以来,涪城区相关部门、镇(街道)各司其职、密切配合,在全区范围内为特殊困难群体等重点人群免费发放涪城暖心快药"爱心包",上门摸排"三类"重点人群信息和购药需求,帮助解决后顾之忧,为重点人群居家抗疫提供"定心丸"。

15日,涪城区区域化营商服务中心(工区片区)正式运营投入使用。

是日,涪城区举行"涪城荟"长三角招商联盟涪城行投资恳谈会。

17日,绵阳市涪城区工商业联合会(总商会)第七次代表大会在富临大都会酒店召开。会议听取审议区工商联(总商会)第六届执行委员会《汇聚涪商力量 促进两个健康 在全面建设西部现代化强区征程中奋力谱写民营经济发展新篇章》工作报告,审议通过区工商联(总商会)第七次代表大会决议,选举产生区工商联(总商会)第七届执行委员会(理事会)、监事会以及新一届领导班子。选举四川富临实业集团有限公司董事长安舟为区工商联主席、总商会会长,副主席19名、副会长17名、执委(理事)91名、监事9名。

是日,四川垚磊科技有限公司、四川核保锐翔科技有限责任公司揭牌仪式在科技智谷5G科技园举行,标志着两家企业正式投入运营。

19日,《绵阳市涪城区做好"三资"文章全力以赴拼项目搞建设》被《绵阳改革专报》(第39期)刊载。

20日,绵阳南500千伏变电站220千伏配套工程项目完成红线范围内全部拆迁任务。

23日,涪城区首届青年创新创业大赛颁奖典礼在王府井举行,区委书记邓辉出席典礼并讲话。大赛经过前期的初赛、网络投票、决赛等层层选拔,最终评选出金奖1个、银奖2个、铜奖3个、单项奖5个。获奖选手将分别获得20000元、15000元、10000元、5000元奖金及其他支持事项,孵化器代表与落地选手签订入驻协议。

是日,涪城区委2022年度理论学习中心组统计工作专题(扩大)学习会议召开,专题学习习近平总书记关于统计工作重要论述精神,贯彻落实四川省委常委、绵阳市委书记曹立军关于做好统计工作的指示要求,坚定扛牢统计政治责任、做深统计分析研判、提升统计数据质量,以高质量统计保障全区经济社会高质量发展。

25日,2022年绵阳涪城·田园自行车公开赛正式开赛。

26日,青义镇再度入选"全国综合实力千强镇",居179位,较2021年度上升13位。

是日,总投资105亿元的艾伯科技项目在绵阳市开工。市委副书记、市长李云出席并宣布开工。艾伯科技股份有限公司董事长黎子明、涪城区委主要负责人致辞。区、市级有关部门负责人参加。

是日,涪城区应急管理局组织各镇、街道、区级有关部门接受绵阳市安委会2022年安全生产巡查涪城区工作。

是日,四川省住建厅住房改革和保障处何国林调研涪城区警钟街97号及周边地块改造项目。

27日,涪城区"开放强区"品牌发布会举行。

是日,绵阳市妇联挂职副主席王美一行到涪城区慰问走访涪城区困难妇女,调研刘家坪村妇女发展工作并召开座谈会,宣讲党的二十大精神。

是日,涪城"科创大走廊"项目集中签约仪式在金家林总部经济试验区智能传感科技园举行。涪城"科创大走廊"党建联盟、涪城"科创大走廊"智能传感科技园揭牌。集中签约分为涪城"科创大走廊"政府合作项目、企业合作项目、科创平台招引项目三轮签约,共计签约项目17个。涪城“科创大走廊”按照“一环、两区、多点”构想,谋划科技智谷、环西科大两大组团相融互动、专业平台沿线串联、科创企业沿链聚合、科研院所协同创新,科学规划了全长30千米、辐射70平方千米的科教产研全面融合创新高地。

是日,涪城区沿江二组城中村改造项目完成土地出让。

是日,青义镇第九届人民代表大会第三次会议召开。

是日,涪城区再次上榜赛迪顾问“2022年全国幸福百强区”,位全国第50位,较2021年上升3位。

28日,涪城区委全面依法治区委员会第四次会议召开。

是日,涪城区卫生巷5号项目房屋签约工作启动。

29日,涪城区民生事业高质量发展“十心行动”品牌发布会在五一广场举行,深入贯彻党的二十大和省委十二届二次全会、市委八届五次全市精神,全面落实市委“五市战略”,集中展示涪城民生事业高质量发展“十心行动”成果,充分汇聚全面建设西部现代化强区强大合力。

是日,绵阳市人大常委会党组副书记、副主任经大忠一行到涪城区税务局调研指导优化营商环境工作,听取优化服务、减税降费等方面的情况介绍,并对税务部门精准兑现政策红利、精细税费服务相关做法表示肯定。区人大常委会党组书记、主任顾建参加调研。

是日,涪城区委党校迎接绵阳市县级党校分类改革工作领导小组办学质量终评。

30日,涪城区举行“学习贯彻二十大 而立涪城再出发”迎新年群众文艺会演。

是日,《三十而越——绵阳市涪城区30年发展图志(1992—2022)》正式发布。

是日,“云涪城”展览馆正式上线。展览馆包含学习贯彻党的二十大精神、殷切关怀·硕果涪城、经济建设·勇立潮头、政治建设·风清气正、文化建设·钟灵毓秀、社会建设·民生至上、生态文明·绿水青山、党的建设·五力领航、担当作为·奋进涪城9大栏目,并装载《三十而越》图志、《画说涪城30年》画册电子版、《而立涪城》视频。共计编辑上传视频88个,图片7688张,文章765篇。

是日,以“活力涪城·惠享文旅”为主题的2022年涪城区文化旅游消费季暨2023年新春系列活动启动仪式举行。

是日,绵阳市涪城区归国华侨侨眷联合会成立大会暨第一次代表大会召开,选举产生涪城区侨联第一届委员会及领导班子。薛忆当选涪城区侨联第一届委员会主席,向世超、梁耘博当选副主席,秘书长由刘世杰兼任。邓辉为当选的涪城区侨联第一届委员会主席薛忆颁发证书。

12月,涪城区城郊街道高水社区引进社会资本6000余万元,将13000余平方米的旧仓库改建为文化创意园区,提升了城北片区的城市形象,成为高水片区标志性网红打卡地。

建置区划

【建置沿革】 绵阳市涪城区境夏、商时属梁州之域。周朝时，四川分巴、蜀两个奴隶制王国，区境属蜀国辖地。战国时，周慎靓王五年（前316），秦灭巴、蜀，区境属蜀侯国。周赧王三十年（前285），秦改蜀侯国为蜀郡，区境属蜀郡，至秦末。汉高祖六年（前201）设涪县，因治地近涪水（涪江）在境域而得名，属广汉郡，县政区建置自此开始。西汉末，王莽篡汉建立新朝，改涪县为统睦县，寓统一和睦之意，故得名，属就都郡。王莽政权灭亡后，公孙述割据四川，自立国号“成家”，统睦县属子同郡。东汉建武十三年（37）灭成家，复置涪县，属广汉郡。东汉末年，自建安二十二年（217）至三国蜀汉灭亡，涪县属梓潼郡。西晋末年，李雄据蜀，建立“成汉”，西晋永嘉元年（307)，梓潼郡由梓潼迁至涪县，县城同为郡、县治地。东晋永和三年（347）灭成汉，又将巴西郡寄治于涪县，县城为实郡梓潼和侨郡巴西两郡治地，涪县仍属梓潼郡。东晋宁康元年至太元八年（373—383），涪县一度为前秦占领，但其政区建置未变。后晋军收复其地，孝武帝将梓潼郡治迁回梓潼县，涪县仅为侨郡巴西郡治地，仍属梓潼郡。南北朝时期，刘宋将梓潼郡治复迁涪县，再次成为巴西、梓潼两郡治地。南齐时，涪县仍为巴西、梓潼两郡治地。梁改巴西、梓潼两郡为巴西梓潼郡，并新建潼州，涪县为州、郡、县三级治地。西魏废帝二年（553）改涪县为巴中县，因巴中地处巴西郡所领昌隆、魏城、益昌之中部，故得名；同时又将梓潼郡治迁回梓潼县，巴西郡由侨郡改为实郡，潼州与巴西郡仍治巴中县。北周承袭西魏建置，政区未变。隋开皇元年（581）改巴中县为巴西县，因县治地曾为巴西郡治地，故得名。开皇三年（583）全国政区实行州、县二级制，废除巴西郡，巴西县属潼州。开皇五年（585）改潼州为绵州。大业三年（607）全国改行郡、县二级制，绵州改为金山郡，巴西县属金山郡。隋代潼州、绵州、金山郡皆以巴西县城为治地。唐武德元年（618）仍置巴西县，复改金山郡为绵州，巴西县属绵州。天宝元年（742）又改绵州为巴西郡，巴西县亦改属巴西郡。乾元元年（758）复改巴西郡为绵州，巴西县复属绵州，后至五代后蜀灭亡，政区建置未变。宋代州、郡互称，巴西县属绵州，故绵州又称巴西郡。元初，巴西县属绵州。元至元二十年（1283）实行“省县入州”制，州治所在地不再设县，以州代县。于是巴西县撤销，原县境域为绵州直辖（通称“本州”）。明洪武十年（1377），降绵州为绵县。洪武十三年（1380），又升绵县为绵州。清雍正五年（1727）升绵州为直隶州，除直辖本州地域外，还领辖梓潼、安县、彰明、罗江、德阳和绵竹6个县。民国2年（1913）绵州裁撤，以绵州本州地域建置绵阳县，因县城位于绵山之南，按“山南水北为阳”的古义，故名绵阳。同年，实行省、道、县三级制。绵阳县隶川西道（治今成都市），民国3年（1914）改川西道为西川道。民国7年（1918）四川实行军阀割据的“防区制”，在其后长达17年的时间里，绵阳县成为川军“防区”。其间，道辖县的政区体制已名存实亡，县的一切政务皆属“防区”驻军统辖。民国19年（1930）西川道裁撤，绵阳县改隶四川省。民国24年（1935）川政统一，以绵阳县为治地建立四川省第十三行政督察区，绵阳县隶属督察区，直至1949年12月21日绵阳县解放。1950年1月20日以绵阳县为治地建立绵阳专区，绵阳县隶属绵阳专区。1968年7月8日绵阳专区改称绵阳地区，绵阳县隶属绵阳地区。1976年2月4日，经国务院批准，将绵阳城关改建绵阳市（县级），辖城关镇和城郊、开元、园艺、五一4个公社，绵阳市归绵阳地区领导。1978年4月25日，经国务院批准，将绵阳县全部划归绵阳市，撤销绵阳县建制，绵阳市归绵阳地区领导。至此，县建制结束。1978年5月1日，绵阳市政权机构设立，绵阳市人民政府驻绵阳文庙街8号。1985年2月8日，经国务院批准，撤销绵阳地区，建立绵阳市（地级），设立市中区，以原绵阳市的行政区域为绵阳市市中区的行政区域。绵阳市市中区隶属地级绵阳市。1985年5月，绵阳市市中区政权机构设立，政府驻原绵阳市人民政府。1992年10月30日，经国务院批准，撤销绵阳市市中区，其辖区以涪江主航道中心线为界分设绵阳市涪城区、游仙区。涪城区位于涪江以西，以古为涪县治地而得名。

绵阳县境曾置魏城、盐泉两县。魏城县自西魏建县至元初裁撤，历时730年。西魏废帝二年(553)分涪县地置魏城县，因是西魏所建之县，故名“魏城”，其治地在今绵阳市游仙区玉河镇属巴西郡，隋开皇三年(583)属潼州，开皇五年(585)属绵州，大业三年(607)属金山郡。大业十年(614)，县治地从今绵阳市游仙区玉河镇迁至今绵阳市游仙区魏城镇。唐至宋代属绵州(巴西郡)。元至元二十年(1283)魏城县撤销，所辖地域并入绵州本州。盐泉县自唐初建县至元初裁撤，历时663年。唐武德三年(620)分魏城县地置盐泉县，因县境多盐井，故名“盐泉”，其治地在今绵阳市游仙区玉河镇属绵州，宋代仍属绵州(巴西郡)，元至元二十年(1283)盐泉县裁撤，所辖地域大部并入绵州本州。

绵阳市涪城区（县、市）政区建置沿革一览表

表3

公元纪年	历史朝代		隶属	政区名称
前2070—前1046	夏、商		梁州之域	
前1046—前771	西周		蜀国	
前316—前285	春秋、战国	周慎靓王至战国末	蜀侯国	
前285—前206	秦	周赧王三十年至秦末	蜀郡	
前201—8	西汉	汉高祖六年至孺子婴初始元年	广汉郡	涪县
9—23		新（王莽）	就都郡	统睦县
23—25		更始帝	就都郡	统睦县
25—26		成家（公孙述）	子同郡	统睦县
37—220	东汉		广汉郡	涪县
221—263	三国	蜀汉	梓潼郡	涪县
265—306	西晋	西晋初至光熙元年	梓潼郡	涪县
307—420		永嘉元年至东晋末	梓潼郡	涪县
420—479	南北朝	刘宋	梓潼郡	涪县
479—502		南朝齐	梓潼郡	涪县

续表3

公元纪年	历史朝代		隶属	政区名称
502—557		梁	巴西梓潼郡	涪县
535—556		西魏	巴西郡	巴中县
557—581		北周	巴西郡	巴中县
581—582	隋	开皇元年至二年	巴西郡	巴西县
583—584		开皇三年至四年	潼州	巴西县
585—606		开皇五年至大业二年	绵州	巴西县
607—618		大业三年至隋末	金山郡	巴西县
618—741	唐	武德元年至开元二十九年	绵州	巴西县
742—757		天宝元年至至德二年	巴西郡	巴西县
758—907		乾元元年至唐末	绵州	巴西县
907—965	五代	前后蜀	绵州	巴西县
965—1279	宋	乾德三年至祥兴二年	绵州（巴西郡）	巴西县
1279—1282	元	元初至元十九年	绵州	巴西县
1283—1368		元至元二十年至元末	绵州	绵州（本州）
1368—1376	明	洪武元年至九年	绵州	绵州（本州）
1377—1380		洪武十年至十三年	成都府	绵县
1380—1644		洪武十三年至明末	绵州	绵州（本州）
1644—1726	清	清初至雍正四年	绵州	绵州（本州）
1727—1911		雍正五年至清末	直隶绵州	直隶绵州（本州）
1912	民国	民国元年	直隶绵州	直隶绵州（本州）
1913		民国2年	川西道	绵阳县
1914—1929		民国3年至民国18年	西川道	绵阳县
1930—1934		民国19年至民国23年	四川省	绵阳县
1935—1949		民国24年至民国38年	四川省第十三行政督察区	绵阳县

绵阳市涪城区（县、市）新中国政区建置沿革一览表

表4

时间	隶属	政区名称	备注
1950—1967年	绵阳专区	绵阳县	涪城区位于涪江以西，以古为涪县治地而得名
1968—1975年	绵阳地区	绵阳县	
1976—1977年	绵阳地区	绵阳市	
1978—1985年	绵阳地区	绵阳市	
1985—1992年	绵阳市	绵阳市市中区	
1992年起	绵阳市	绵阳市涪城区	

（张爱萍　杨思江）

【行政区划】 2022年，涪城区辖青义、新皂、吴家、杨家、丰谷、永兴6个镇，普明、城郊、创业园、城厢、工区、石塘、塘汛7个街道，162个村（社区）。其中97个社区、65个村。青义镇3个社区、12个村，丰谷镇3个社区、10个村，吴家镇2个社区、9个村，杨家镇2个社区、8个村，新皂镇2个社区、8个村，永兴镇5个社区、11个村；普明街道11个社区，城郊街道11个社区、2个村委会，创业园街道9个社区，城厢街道13个社区，工区街道16个社区，石塘街道10个社区、4个村，塘汛街道10个社区、1个村。

2022年绵阳市涪城区区本级所属镇、街道基本情况一览表

表5

序号	镇（街道）	行政区划代码	政府（办事处）驻地	社区（个）	村（个）
1	普明街道	510703007	普明寺社区普明北路东段566号	石桥铺社区、古泉社区、菩提寺社区、普明北路东段社区、普明寺社区、双碑社区、火炬东街社区、虹苑路社区、黄家祠社区、凝祥寺社区、普明北路西段社区（11）	—
2	城郊街道	510703010	城郊社区高水中街19号	平政社区、高水社区、三里社区、圣水社区、沿江社区、南河社区、花园第一社区、花园第二社区、牌坊社区、新庙社区、城郊社区（11）	白土村、下龙溪村（2）
3	创业园街道	510703009	阳光社区元通南路7号	兴隆社区、八角社区、科园社区、元通社区、上马社区、科虹社区、华奥社区、阳光社区、西园社区（9）	—
4	城厢街道	510703001	绵州路中段社区通安巷7号	解放街社区、钟鼓楼社区、滨江社区、警钟街社区、得月楼社区、绵兴路社区、会仙社区、文昌社区、铁牛街社区、临园路东段社区、建国门社区、安昌社区、成绵路社区（13）	—
5	工区街道	510703003	跃北社区长虹大道北段35号	绵州社区、绵江社区、迎宾社区、子云亭社区、西山社区、跃北社区、滨涪社区、灵通社区、华丰社区、九洲社区、朝阳社区、金菊社区、飞来石社区、花园南街社区、临园路西段社区、长虹社区（16）	—
6	石塘街道	510703011	瓦店村瓦店南路6号	御营社区、红星社区、古井社区、东岳社区、御安社区、御新社区、西河路社区、石塘路社区、小浮桥社区、南山社区（10）	浸水村、瓦店村、范家村、蟠龙村（4）
7	塘汛街道	510703013	涪沿社区塘汛街192号	中心社区、群丰社区、文跃社区、友谊社区、三元社区、板桥社区、三江社区、滨湖社区、桃园社区、涪沿社区（10）	金广村（1）

续表5

序号	镇（街道）	行政区划代码	政府（办事处）驻地	社区（个）	村（个）
8	青义镇	510703103	香社村龙港路60号	灯塔社区、金家林社区、龙门社区（3）	大龙村、青羊村、鼓楼村、大新村、龙峰村、前进村、香脊村、小桥村、戈家庙村、西园村、玉龙村、绵兴村（12）
9	新皂镇	510703110	皂角铺社区新希望街265号	皂角铺社区、金峰社区（2）	八庙子村、五福寺村、莲花池村、石梯子村、邱家庙村、赵家花园村、梅家沟村、刘家坪村（8）
10	吴家镇	510703106	东吴社区源龙街57号	东吴社区、文景社区（2）	广福村、五龙村、凤凰山村、兴涌泉村、长福村、燕儿河村、三清观村、戴家林村、石洞河村（9）
11	杨家镇	510703107	场镇社区兴杨路27号	杨家社区、玉皇社区（2）	罗汉寺村、柏林湾村、回龙寺村、万和村、朵朵树村、新堰村、草堂村、鲜家坝村（8）
12	丰谷镇	510703100	一社区团结路19号	二社区、三社区、关帝场镇社区（3）	团结村、工农村、廻龙沟村、和平村、致富村、兴隆沟村、清水村、水塘村、齐心村、字库村（10）
13	永兴镇	510703113	龙家碾社区兴业南路2号	永发社区、龙家碾社区、金祥寺社区、华裕路社区、飞云社区（5）	天和村、永惠村、宝山村、平和村、绵西村、溪河村、金河村、银花湖村、张家营村、狮子山村、茅针寺村（11）

（张爱萍　杨思江）

地理环境

【地理位置】涪城区位于四川盆地西北部，绵阳市中部偏西，地处涪江西岸。东与绵阳市游仙区隔江相望，南与绵阳市三台县、德阳市中江县接壤，西与德阳市罗江区、绵阳市安州区相连，北与绵阳市江油市毗邻，距省会成都98千米。地理坐标位于北纬31° 15'~31° 36'、东经104° 30'~104° 48'。

【地形地貌】 涪城区境内丘陵起伏，沟谷纵横，地势西北高，东南低，最高海拔639米、最低海拔426.2 米。丘陵地带较为平缓，呈条状分布，一般相对高差不超过50米，且以浅丘面积较大。以涪江、安昌河及其支流冲积河谷平坝为主要地貌类型，占辖区面积的62.71%：地貌由河漫滩和一级阶地组成。丘状台地由涪江、安昌河沿岸的二、三、四级阶地组成，占辖区面积的16.49%。地势由西北丘陵区向东南河谷平坝区倾斜，海拔450～600米，最高点在磨家镇破庙子，海拔639米，最低点在丰谷镇团结村1组、游仙区松娅镇普照寺村2组与三台县永明镇烂田坝村1组的交界处，海拔426.2米。区境大地构造单元属扬子准地台四川台拗的川西台陷和川北台陷接合部。地质构造简单，褶皱开阔平缓，没有大规模的断裂构造，但与构造有关的裂隙比较发育。出露地层单一，只有中生界白垩系下统的七曲寺组，以及新生界第四系地层。由于构造变形不强烈，区境内出现平行开阔排列的平缓背、向斜褶皱构造。阶地形成较早，大部被切割成丘包，在木龙河以东与宝成铁路梅家沟至皂角铺段以南为浑圆低丘地貌。丘体低矮，起伏不大，沟谷发育。

（赵叶子 朱绪顺）

自然资源

【国土资源】 2022年，涪城区面积554.47平方千米，占全省的2.7%。有耕地12241.84公顷，林地8319公顷，工矿用地2273.74公顷，交通运输用地4316.87公顷，水域及水利设施用地4870.47公顷，其他土地1358.69公顷。

【矿产资源】 2022年，涪城区有页岩矿10处和矿泉水1处，主要分布在青义镇、石塘街道、吴家镇、杨家镇和新皂镇。

【水资源】 2022年，涪城区境内当年水资源总量35300万立方米，其中地表水总量35300万立方米，地下水总量7900万立方米（为重复计算量）。区境内有8条河流，分别为涪江、安昌河、草溪河、方水河、麻柳河、木龙河、平政河、阴山河。其中，涪江和安昌河为主要河流。全区2022年平均降雨量613.1毫米，汛期总体降雨情况前期降雨少，进入主汛期后降雨量开始明显增多。1—9月全区平均降雨量577.75毫米（较2022年同期903.6毫米减少约四成），5—9月平均降雨量433.02毫米（较2022年同期827.55毫米减少约五成），10—12月降雨量较少。年度降水量较2022年减少约四成。

【林业资源】 2022年，涪城区森林面积12362公顷，新增森林面积26.6公顷，林地保有量7659公顷，森林蓄积52.26万立方米，新增森林蓄积0.02万立方米，森林覆盖率22.30%。2022年全区严格落实森林采伐限额制度，批准采伐林木7757立方米，使用林地面积37.27公顷，共计36宗。其中长期占用36.18公顷；临时占用1.09公顷。

【动植物资源】 2022年，涪城区内动植物资源丰富，有省级森林公园1个。区野生动物资源主要有鼠、蛇、兔、白鹭、斑鸠、紫燕、喜鹊、野鸡、鹰等。林木树种有鸡爪槭、红枫、元宝槭、槭树、五角枫、羽毛槭、三角槭、中华猕猴桃、八角枫、毛脉南酸枣、清香木、黄连木、盐肤木、红麸杨、青麸杨、野漆、夹竹桃、白花夹竹桃、夜来香、络石、冬青、秤星树、大果冬青、枸骨、满树星、白簕、楤木、八角金盘、刺楸、鹅掌柴、花叶鹅掌柴、异叶鹅掌柴、常春藤、异叶南洋杉、湖北小檗、豪猪刺、紫叶小檗、南天竹、桤木、蓝花楹、菜豆树、粗糠树、黄杨、蜡梅、山黄麻、红豆杉等413种（变种、栽培种），分属86科218属。其中，分类阶元科水平上以蔷薇科、豆科、桑科、芸香科、木犀科、木兰科、禾本科、棕榈科为主，林木树种均在10种以上；属水平上以蔷薇属、栎属、悬钩子属、刚竹属、柑橘属、樱属、榕属、槭属、胡颓子属、菝葜属等为主。林木树种中，野生树种和野生状态生长的树种近200种，栽培树种200多种，包括乔木、灌木、木质藤本和竹类。其中，大量林木树种具有造林、绿化、观赏、食用和药用等栽培利用价值。

（赵叶子 禹珍 朱绪顺 文圣春）

人口民族

【概况】 2022年，涪城区总人口777861人，总户数302183户，每户平均人口2.57人，其中男381418人、占49.03%，女396443人、占50.97%，性别比96（女：100）；城镇人口671608人，占全年总人口的86.34%；乡村人口106253人，占全年总人口的13.66%；0～17岁人口144014人，占全年总人口的18.52%，18～34岁人口131779人，占全年总人口的16.94%，35～59岁人口342272人，占全年总人口的44.00%，60岁及以上人口159796人，占全年总人口的20.54%。除汉族外，有羌族、回族、满族、藏族、土家族、苗族、蒙古族、彝族、壮族、布依族、佤族、东乡族、布朗族等40个少数民族。

【户籍人口变化】 2022年，涪城区人口出生10508人，出生率13.67‰；死亡5733人，死亡率7.46‰；人口自然增长4775人，人口自然增长率为6.21‰。户口迁入23268人，迁入率30.26‰，其中省内迁入21039人、省外迁入2229人；户口迁出9966人，迁出率12.96‰，其中迁往省内8531人、迁往省外1435人，人口机械增长13302人，人口机械增长率为17.30‰。总人口净增长18077人，2022年度全区年人口增长率为2.35%。

2022年出生人口10508人，其中男性5520人、女性4988人，出

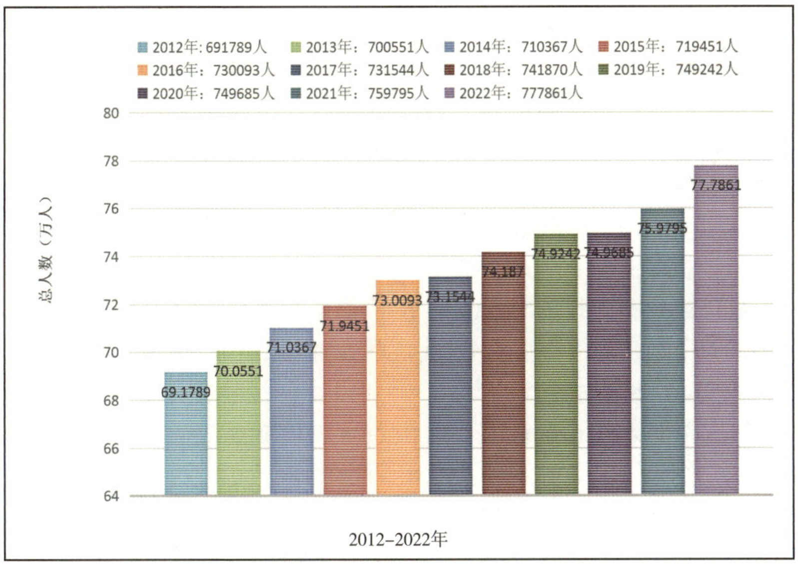

近11年户籍人口总数图

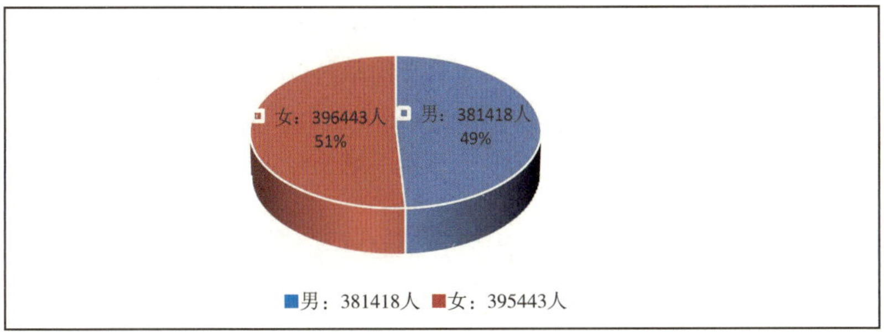

男/女人数对比图

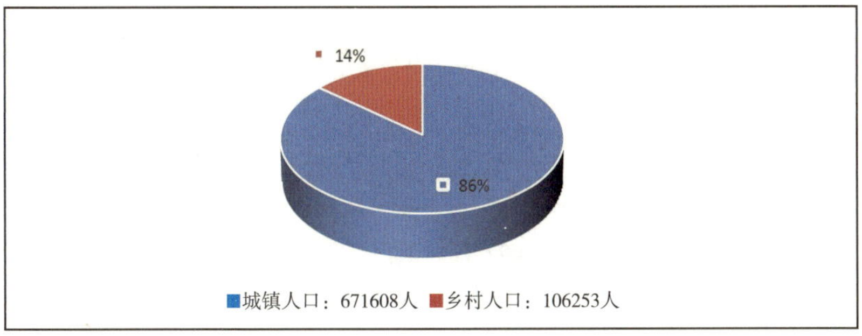

城镇人口/乡村人口对比图

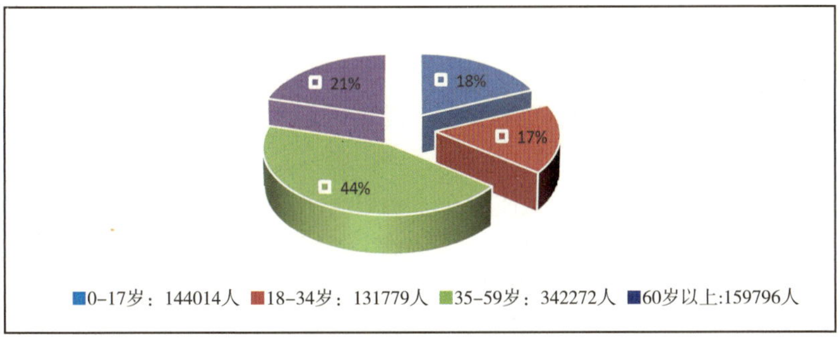

人口年龄段占比图

生率13.67‰；比较2019年度人口出生率11.59‰、2020年度人口出生率9.59‰、2021年度人口出生率11.30‰，近四年人口出生率稳定在9.50‰以上。数据反映出国家全面二孩政策实施以来，生育率大幅提高，政策红利集中进一步释放，由于2021年三孩政策放开，预计2022年人口出生率能够达到10‰以上，2022年实际出生率高于预测数据。2022年死亡人口5733人，其中男性3525人、女性2208人，人口死亡率7.46‰。人口自然增长4775人，人口自然增长率为6.21‰。2022年出生人口仍大于死亡人口，人口自然正增长趋势不变。

【户籍人口老龄化趋势】 2010年60周岁以上人口106273人，占全年总人口的15.66%；2011年60周岁以上人口112042人，占全年总人口的16.36%；2012年60周岁以上人口118931人，占全年总人口的17.17%；2013年60周岁以上人口126709人，占全年总人口的18.09%；2014年60周岁以上人口134431人，占全年总人口的18.93%；2015年60周岁以上人口140639人，占全年总人口的19.55%；2016年60岁及以上人口145239人，占全年总人口的19.89%；2017年60岁及以上人口142350人，占全年总人口的19.46%；2018年60岁及以上人口149446人，占全年总人口的20.14%；2019年60岁及以上人口150168人，占全年总人口的20.04%；2020年60岁及以上人口148935人，占全年总人口的19.87%；2021年60岁及以上人口151298人，占全年总人口的19.91%；2022年60岁及以上人口159796人，占全年总人口的20.54%。从2010年至2022年13年间统计数据看，60周岁以上人口逐年增加，年均增长4000余人，且自2016年以来占当年总人口比例维持在20%左右。

【流动人口】 2022年，涪城区（涪城区区属范围）实有人口768318人，其中流动人口320405人，占总人口的41.70%；境外居留人员230人，占总人口的0.03%。流动人口中，跨区县流入人口131050人，跨市州流入人口141968人，跨省流入人口47387人。流入人口融入涪城辖区生活居住并办理“居住证”人员34939人。已办“居住证”人员中，务工的12979人，投亲靠友的11426人，经商的1580人，从事服务、借读培训等其他人员8954人。已办“居住证”人员居住情况：自购房屋居住的11667人，住居民家中的10890人，住在单位内部的412人，租赁房屋居住的11935人，其他方式居住的35人。

【说明:实有人口数据包含户籍人口和流入常住人口(即流动人口)数据。以上流动人口数据来源于“四川省警务信息综合应用平台”中实有人口定时统计报表和居住证定时统计报表,因权限问题,只能统计涪城区区属范围数据】

【民族人口】 涪城区是绵阳政治、经济、文化中心，是一个多民族杂散居住的地方。户籍总人口中，以汉族为主，汉族人口764732人，占户籍总人口的98.31%。除汉族外，有羌族、回族、满族、藏族、土家族、苗族、蒙古族、彝族、壮族、布依族、佤族、东乡族、布朗族等40个少数民族，少数民族户籍人口总数13129人，占户籍总人口的1.69%，超过500人的有羌族、回族、满族、藏族、土家族5个民族，占少数民族户籍人口的85.00%。其中羌族人口6763人，占少数民族户籍人口的51.51%；回族人口2210人，占少数民族户籍人口的16.83%；满族人口622人，占少数民族户籍人口的4.74%；藏族人口900人，占少数民族户籍人口的6.86%；土家族人口670人，占少数民族户籍人口的5.10%。

（孙　武）

经济社会发展

【概况】 2022年，涪城区地区生产总值1290.78亿元，按可比价格计算，比上年增长5.6%。其中，第一产业增加值31.21亿元，增长3.8%；第二产业增加值633.21亿元，增长7.5%；第三产业增加值626.35亿元，增长4.0%；三次产业结构为2.4∶49.1∶48.5。三次产业对经济增长的贡献率分别为1.9%、61.8%和36.4%。全年民营经济增加值760.45亿元，比2021年增长3.5%。其中，民营工业增加值333.37亿元。年末辖区行政区域面积达554.47平方千米，城镇化率82.79%。

【农业】 2022年，涪城区农林牧渔业增加值32.60亿元，比上年增长3.9%。农林牧渔业总产值57.65亿元，增长4.0%。其中，农业产值36.38亿元，增长4.1%；林业产值1.74亿元，增长9.4%；牧业产值14.12亿元，增长3.9%；渔业产值3.1亿元，增长3.6%;农林牧渔服务业产值2.31亿元，增长5.0%。粮食播种面积达13820公顷，粮食总产量8.63万吨。经济作物种植面积20100.9公顷，比上年增加245.1公顷，其中，蔬菜及食用菌播种面积17.72万亩，增长2.2%。有效灌溉面积达11.03千公顷。农业机械总动力231371千瓦，机收面积18533公顷。全年化肥施用量（折纯）12457吨。

【工业和建筑业】 2022年，涪城区规模以上工业增加值比2021年增长14.3%。年末规模以上工业企业330户，营业收入1955.97亿元，产销率达96.2%，盈亏相抵后利润45.48亿元。全年建筑业总产值比上年增长11.1%。

【固定资产投资】 2022年，涪城区全社会固定资产比2021年增长15.4%。其中，工业投资增长22.4%；企业技术改造投资增长3.0%；房地产开发投资增长1.5%。

【国内贸易】 2022年，涪城区社会消费品零售总额669.25亿元，比上年下降1.4%。批发业销售额下降0.5%，零售业销售额增长6.2%，住宿业营业额增长6.2%，餐饮业营业额增长1.3%。

【对外经济】 2022年，涪城区进出口总额364931.39万美元。其中，进口总额134183.06万美元，出口总额230748.33万美元。

【交通运输】 截至2022年年底，涪城区境内公路总里程1361.56千米。其中，等级公路1353.75千米

（高速公路54.81千米），等级外公路7.81千米。境内铁路营业里程104.51千米，铁路旅客运量（发送量）462.33万人，铁路货物运量（发送量）6.58万吨，境内火车站3个。

【邮电通信】 2022年，涪城区电信业务总量180570万元，电信业务收入142713万元。截至年底，本地固定电话用户（不包括分机，包括小灵通）45.85万户、移动电话用户228.95万户、互联网宽带接入用户74.59万户、三网合一用户64.76万户。

【财政和科技】 2022年涪城区地方一般公共预算收入70.22亿元，比上年下降13.2%。截至年底，全区有高新技术企业455个；科技型中小企业1257个，其中本年新增224个。全年专利授权数5872件，其中发明1948件。

【教育】 截至2022年年底，涪城区拥有小学学校44所，在校学生8.7万人；普通中学44所，在校学生9.5万人；中等职业教育学校7所，在校学生1.6万人；小学、普通中学、中等职业教育学校专任教师分别为4247人、6476人、689人。

【文化】 截至2022年年底，涪城区有公共图书馆2个、图书总藏量80.1万册，艺术馆、文化馆（站）27个，剧场、影剧院1个，博物馆、展览馆1个。全区广播覆盖率为100%、电视覆盖率为100%。

【卫生和体育】 截至2022年年底，涪城区共有各类医疗卫生机构681个。其中，医院37个，卫生院8个，疾病预防控制中心3个，妇幼保健站2个。卫生机构人员16584人。卫生技术人员13602人，其中执业（助理）医师4864人、注册护士6772人。卫生防疫人员262人。医疗卫生机构床位数9986张。拥有设施比较完备的大型体育场馆5个。

【环境保护】 2022年，市区年降水量567.5毫米，至年平均气温18.3℃，年日照时数1220.8小时。

【人民生活和社会保障】 2022年，涪城区城镇居民人均可支配收入48075元，较上年增长4.6%；全年农村居民人均可支配收入27748元，较上年增长6.5%。截至年底，城镇登记失业人数8129人，城镇登记失业率2.25%，失业保险参保人数305950人。全年企业职工养老保险参保人数661298人；城乡居民社会养老保险参保人数96401人；基本医疗保险参保753803人，其中城镇职工基本医疗保险人数296285人、城乡居民基本医疗保险人数457518人；生育保险参保人数221248人；工伤保险参保人数339240人。全年城镇居民最低生活保障人数2018人；农村居民最低生活保障人数2351人。农村五保供养人数841人。年末，有各种社会福利收养性单位26个，床位数5368张。

（刘训文　顾学林）

概　述

【概况】　2022年，在绵阳市委的坚强领导下，涪城区委深入学习贯彻党的二十大精神，按照省委“讲政治、抓发展、惠民生、保安全”工作总思路，坚定贯彻落实市委“五市战略”，始终保持专注发展定力，高效统筹疫情防控和经济社会发展，以科学之策应对非常之事，以精准之力应对非常之难，推动各项事业取得新的重要进展。21项主要经济指标中，16项位列全市县（市、区）前三，其中10项核心指标排名第一。区属生产总值实现656.08亿元、增长5.7%，增速高于全市0.7个百分点。全国百强区再次跨越升级5位，居第63位、西部地区第9位；全国创新百强区成功入围、居第34位，排名全国同类城市首位；全国投资竞争力百强区晋升6位、居第39位，排名西部地区同类城市首位；全国工业百强区居第73位；全国幸福百强区晋级3位、居第50位，排名内陆地区同类城市首位。

【政治引领】　2022年，涪城区委坚定把党的二十大精神作为根本遵循和行动指南，拥护“两个确立”，做到“两个维护”，确保涪城发展行稳致远。组织集中收听收看党的二十大开幕盛况、聆听总书记报告，开展学原文、谈体会、话举措活动，引导党员干部深学细悟、笃信笃行。分层分类、全员覆盖开展学习培训，党内党外、线上线下组织宣传宣讲，区委主要负责人为114名村（社区）党组织书记面对面宣讲，推动党的二十大精神在涪城家喻户晓、深入人心。举行“学习贯彻二十大·而立涪城再出发”系列活动，引导广大党员干部群众感党恩、听党话、跟党走。坚持将党的二十大与习近平总书记四川视察重要指示精神，省委十二届二次全会、市委八届五次全会等重要会议精神一体学习、一体贯彻、一体落实，研究形成提交全会审议的决定稿，推动党的二十大精神在涪城落地生根、开花结果。

【科技创新】　2022年，涪城区委坚持创新第一动力，落实“科技立市”战略，“涪城科创大走廊”格局基本构建。核与辐射数智协同创新基地、数字经济创新中心建成投用，新增创新载体14万平方米。15个创新平台新签约科创项目105个、累计集聚科创企业460家，智能传感科技园、垚磊无人机、核保机器人等9个重点项目投入运营。5G、北斗卫星、人工智能加速抢占“新赛道”，“绵阳星座”计划有序推进。科创企业梯次成长计划深入实施，新增科技型中小企业90家、高新技术企业35家、“瞪羚企业”1家，永贵科技被认定为国家级专精特新“小巨人”企业。创业黑马商业航天产业高峰论坛、第十一届中国创新创业大赛（四川赛区）新一代信息技术和高端装备制造产业决赛、涪城区首届青年创新创业大赛成功举办；富临精工等4家龙头企业异地创建技术研究中心，中科钛领联合俄罗斯自然科学院开办在线“院士大讲堂”，天仪卫星与阿根廷达成合作，硅基智能数字人直播基地联通全球，科技与产业对接、涪城与世界同步成为美好现实。

【产业发展】 2022年，涪城区委把产业作为经济之本，深入落实“产业强市”战略，现代产业体系加快构建。实施“园区提质、企业满园”行动，绵阳工业园区“一园四区”布局全面成型。惠科模组、示润显示等产业链项目即将投产；创明新能源从首次对接到“签约即开工”仅用83天，刷新全市百亿级项目招引新速度；竣工标准厂房101.3万平方米、增长102%，累计达241.5万平方米，中南高科、联东U谷集聚产业链项目17个。“一楼一策”促进楼宇经济发展，培育“想到·涪城创新创业苗圃”等专业楼宇7栋；王府井购物中心开业运营，“绵州记忆”特色街区精彩呈现；发放“乐享涪城”惠民消费券及稳岗、促销补贴3212万元，拉动消费超6亿元。坚持以“三品”工程为引领，“千鹤桑田”主题公园提质升级，“湖光山色”主题公园正式开园，“芦笋大健康”主题公园加快建设，三大农业主题公园成为涪城现代都市农业闪亮品牌。

【招商引资】 2022年，涪城区委以大改革大开放促进大发展，落实“开放活市”战略，开放之路越走越宽。实施精准化专业化平台化“三化”招商，创新组建“涪城荟”招商联盟，全年签约项目118个、签约金额797.8亿元，其中百亿级产业项目5个、3个已开工，项目总数、重大项目个数、签约金额均创下历史新高。与厦门市湖里区结为友好城区，涪城“朋友圈”持续扩大。持续深化联系服务企业四大常态机制，累计收集问题3958个、化解率93.5%，创新营商环境“三度服务”入选“中国改革2022年度案例”；组建稳经济政策落实办公室，接续出台一、二、四季度稳增长和“激励镇街抓经济”等系列创新措施，兑现各类奖补资金7.68亿元，新增减税降费34.1亿元；重组两大百亿级国企，涪创集团取得AA主体信用等级，服务发展能力大幅提升。全年到位资金45.63亿元、增长21.06%。四川绵阳工业园区委托涪城区管理，成为支撑涪城发展的重要平台。

【人才工作】 2022年，涪城区委坚持人才第一资源，深入落实“人才兴市”战略，全省人才先行区加快建设。“揭榜挂帅”全球揽才首批榜单发布，“带岗上门、带编进校”招贤纳士，引进高层次专业人才1767名。高标准打造“院士（专家）小镇”，2个“院士小院”加快建设，“惠科小镇”项目有序推进；450套人才公寓建成投用、拎包入住，“涪才无忧卡”持续升级、一卡通办；院士（专家）“早餐汇”创新开展，510名科级及以上干部与1245家企业“结对认亲”。全面落实绵阳“人才十条”新政，设立1亿元人才资金池，“1+1+N”人才引育留用体系全方位构建。

【城乡融合】 2022年，涪城区委坚持城乡融合发展，落实“生态美市”战略，城市更新、乡村振兴、环境提质协调推进。“三种模式”推进城市有机更新，青义老场镇等8个棚改旧改项目加快推进，外贸小区等204个老旧小区改造项目顺利实施，“七彩游园”等39处口袋公园、美丽街角建成投用，改出老城区一片新天地。加快推进乡村全面振兴，青义镇“全国千强镇”晋级13位、居第179位、全省首位，吴家镇获评首批“省级百强中心镇”；投入1000万元系统推动乡村文化振兴，全省乡村文化振兴魅力竞演大赛启动仪式成功举办；全市首宗闲置农房使用权完成交易。统筹投入10亿元资金，城乡环境综合提质三年行动全面启动，“五清”“四定”“四化”工程系统实施，“治脏”“治乱”“增靓”行动全面开展，人居环境持续改善。

【民生事业】 2022年，涪城区委坚持共享发展，公共财政支出的71%以上投入民生领域，群众获得感、幸福感、安全感不断增强。持续深化防控体系，快速打赢多轮疫情，有力保障城市运行不停摆、骨干企业不停产、重大项目不停工。及时优化调整防疫策略，前瞻部署落实农村地区疫情防控和健康服务工作，有力保障人民群众生命安全和身体健康。义务教育阶段“大学区制”改革全面推开，成绵路小学滨江校区改扩建等5个项目建成投用；医疗卫生资源布局逐步优化，区中医医院、区妇女儿童医院项目主体完工；人力资源服务产业园建成投用。脱贫攻坚成果持续巩固，社会保障和救助体系更加健全，城乡居民收入分别增长5%、6.5%；城乡自建房建筑安全、老旧小区消防安全隐患有效整治。历时10余年的凯跃华庭历史遗留问题妥善解决，凯厦花园、铁路家属区等12个小区由乱转治，33件信访积案难案成功化解。充实社区专职工作者、专职网格员队伍522人，全科网格治理体系加速构建，“小单元认领”治理模式在全省推广。

【党的建设】2022年，涪城区委坚持高质量党建引领高质量发展，“五力领航”党建品牌更加闪亮。深入学习贯彻党的二十大和习近平总书记四川视察指示精神，意识形态工作责任制全面加强，党员干部理想信念更加坚定。四大片区功能型党组织建设持续深化，“一镇街一特色”党建有序推进，新业态新就业群体服务中心加快建设，全域党建水平明显提升。突出实干实绩、担当担责，提拔重用真抓实干、狠抓落实、业绩突出干部88名，“揭榜挂帅”选配科级领导干部8人，分批分类职级晋升526人；为15名干部容错纠错、10名干部澄清正名，打击诬告陷害行为2人。区委坚持“三个聚焦”开展3轮政治巡察，“听音问廉·三进三强”活动扎实开展；一体推进“三不腐”，全年立案187件，党纪政务处分182人。全力支持“一府一委两院”依法依规履行职责，支持区人大、区政协依法依章行使职权，充分调动全区上下、党内党外力量，凝聚起干事创业的强大合力。

中共绵阳市涪城区第七届委员会委员、候补委员名单

区委委员（36人，以姓氏笔画为序）

王　宇　王定强　邓　辉　文　峰　刘　琳　杜　军　杜正茂　李　东　李　华　李大年　李济东　杨小平　杨世伟　肖　伟　余　华　张　伟　张虚怀　张琦伟　胡友谊　胡峪涛　胡高勇　秦亚辉　顾　建　顾雪邦　陶　波　黄　维　商仕健　崔　平　彭　辉　彭三高　董　静　喻焰斌　曾胜利　谢　欣　熊　燚　衡　敏

候补区委委员（7人，以得票多少为序，得票相同以姓氏笔画为序）

王　红　张晓军　唐　娟　傅　鹏　谢世军　谢东恒　付　霞

（李漫玲　郑颖旻）

重要会议

【概况】2022年，中共涪城区第七届委员会召开全体会议1次、常委会议59次。

【区委七届三次全体会议】2022年1月19日，中共绵阳市涪城区委七届三次全体会议召开，圈选确定出席党的二十大和省第十二次党代会代表候选人推荐提名人选。

【七届区委常委会会议】中共绵阳市涪城区委七届委员会全年召开常委会会议59次，学习贯彻习近平新时代中国特色社会主义思想和关于“三农”工作等重要论述，学习《中国共产党农村工作条例》《中华人民共和国乡村振兴促进法》《中华人民共和国反有组织犯罪法》等法律法规，审议通过《涪城区环境卫生综合提升项目实施方案》《涪城区2022年优化营商环境工作方案》和审议相关人事事项等议题，安排部署经济运行、对上争取、防汛减灾、疫情防控等工作。

2022年中共绵阳市涪城区委全体会议、常委会会议一览表

表6

时间	会议名称	主要内容
1月19日	七届三次全体会议	圈选确定出席党的二十大和省第十二次党代会代表候选人推荐提名人选
1月11日	七届区委第15次常委会（扩大）会议	审议《区人大常委会工作报告（送审稿）》及召开绵阳市涪城区七届人大二次会议相关事项，审议《区政协常委会工作报告（送审稿）》及召开政协绵阳市涪城区第七届委员会第二次会议相关事项，审议区委常委班子党史学习教育专题民主生活会相关事宜（区委办、区委组织部），研究干部事项

续表6

时间	会议名称	主要内容
1月12日	七届区委第16次常委会（扩大）会议	传达学习市委罗增斌书记调研涪城区经济社会发展情况时的指示精神，研究涪城区贯彻落实措施，审议《政府工作报告（送审稿）》，听取《绵阳市涪城区2021年国民经济和社会发展计划执行情况与2022年国民经济和社会发展计划（草案）报告（送审稿）》《绵阳市涪城区2021年预算执行情况和2022年预算（草案）报告（送审稿）》，审议《2022年涪城区人大代表票决民生实事项目建议方案（送审稿）》，听取《区人民法院工作报告》《区检察院工作报告》
1月18日	七届区委第17次常委会（扩大）会议	审议《涪城区出席党的二十大代表候选人推荐提名人选建议名单（送审稿）》，审议《涪城区出席省第十二次党代会代表候选人推荐提名人选建议名单（送审稿）》
1月21日	七届区委第18次常委会（扩大）会议	涪城区2021年度党委（党组）书记抓基层党建工作述职评议会
1月22日	七届区委第19次常委会（扩大）会议	传达学习全市领导干部大会会议精神，研究我区贯彻落实措施并安排部署近期相关工作
1月24日	七届区委第20次常委会（扩大）会议	传达学习习近平总书记在中央政治局党史学习教育专题民主生活会、十九届中央纪委六次全会和省部级主要领导干部学习贯彻党的十九届六中全会精神专题研讨班上的重要讲话精神，习近平总书记关于党史学习教育工作的重要指示精神和党史学习教育总结会议精神，习近平总书记对政法工作作出的重要指示精神和中央政法委书记郭声琨部署要求精神，十九届中央纪委六次全会精神，省十三届人大五次会议和省政协十二届五次会议精神，全省、全市党史学习教育总结会议精神，省军区党委九届六次全体(扩大)会议和2021年省委、市委议军会议精神，研究涪城区贯彻落实措施，区卫健局就黄码人员冯某管理失控事件作检讨，听取全区新冠疫情防控工作情况汇报，安排部署下一步工作，通报2021年全年经济运行情况，研究2022年开门红工作，听取《绵阳市涪城区经济合作工作管理办法》有关情况报告，审议《关于进一步深化区属国有企业改革的方案（送审稿）》，审议《关于2021年意识形态工作责任制落实情况的报告（送审稿）》，听取区人大常委会党组、区政府党组、区政协党组、区人民法院党组、区检察院党组、试验区党工委2021年度工作报告，听取2021年度机构编制工作情况汇报，听取《2020年度省级服务业强区项目资金分配方案》的情况报告，传达学习《中共绵阳市纪委关于四起违反中央八项规定精神典型问题的通报》精神，研究干部事项
2月10日	七届区委第21次常委会（扩大）会议	传达学习省纪委十一届六次全会和市纪委八届二次全会精神，研究我区贯彻落实措施，通报涪城区政协委员履职能力提升培训班学习情况，审议《关于表彰2021年建设“四个强区”突出贡献机关事业单位先进个人和先进集体的方案（送审稿）》《关于表彰2021年建设“四个强区”突出贡献企业的方案（送审稿）》《关于表彰2021年建设“四个强区”突出贡献领军人才团队及菁英人才的方案（送审稿）》，审议《恒大在涪项目资产收购协议》，审议《中国科技城四川发展两业融合创新产业园项目投资协议及补充协议》，听取《2021年政法工作情况报告》，听取区委领导班子成员及区人大常委会、区政府、区政协、区法院、区检察院党组书记2021年度履行党风廉政建设主体责任情况，听取2022年相关经费安排情况（第一批）报告，审议区纪委七届二次全会工作报告，通报党纪政务处分事宜

续表6

时间	会议名称	主要内容
2月18日	七届区委第22次常委会（扩大）会议	传达学习全国组织部长会议精神，省级领导干部和市厅级主要负责同志读书班、全省宣传部长会议、全省组织部长会议、全省老干部局长会议精神，市委安全生产工作专题会议、全市组织部长暨老干部局长会议精神，研究涪城区贯彻落实措施，传达学习市八届人大二次会议、市政协八届二次会议精神，审议《涪城区企业家“早餐汇”实施办法（试行）》《涪城区村社区书记“早餐汇”实施办法（试行）》，听取省级“四好农村路”示范县奖补资金使用计划情况报告，研究干部事项
2月25日	七届区委第23次常委会（扩大）会议	审议2021年度建设“四个强区”突出贡献先进集体和先进个人拟表彰(表扬）名单，审议《法治涪城建设（2021—2025）责任分工方案（送审稿）》，审议《涪城区优秀企业家评选办法（送审稿）》，审议《凯跃华庭项目委托管理方案（送审稿）》，审议《新能源汽车智能热管理系统及零部件产业项目投资协议》及其补充协议相关内容变更事宜，审议中国（绵阳）科技城科技物流园启动区食品产业园配套基础设施建设项目等四个项目建设实施方案，听取新皂镇东西干道提档升级和青义镇玉龙村市政道路项目建设实施方案相关情况，审议《涪城区干部结对帮扶城镇困难群众工作制度（送审稿）》，听取2022年相关经费安排情况（第二批）报告
3月7日	七届区委第24次常委会（扩大）会议	审议2021年度产业政策兑现事宜，审议兑付绵阳惠科项目扶持资金事宜，审议《三力汽车智能转向系统项目投资协议》及其补充协议，审议《示润智慧显示终端智能制造总部基地项目投资协议》及其补充协议
3月22日	七届区委第25次常委会（扩大）会议	传达学习习近平总书记参加有关团组审议讨论时的重要讲话精神和全国两会精神，习近平总书记在中央党校（国家行政学院）中青年干部培训班开班式上的重要讲话精神，习近平总书记对党的建设研究工作及森林防灭火工作作出的重要指示精神，统战部长会议和森林草原防灭火工作会议精神，《四川省人民政府 2022 年森林防火命令》《绵阳市人民政府 2022 年森林草原防火命令》精神，全市宣传部长会议、全市信访工作会议暨信访工作联席会议全体（扩大）会议、市做好两项改革“后半篇”文章工作领导小组会议暨以片区为单元编制乡村国土空间规划工作现场调度会会议精神，听取石塘街道党工委、吴家镇党委、区工信局党组书记 2021年度述责述廉报告，研究部署涪城区相关工作，传达学习 3月17日中共中央政治局常务委员会会议精神，3月14日、3月18日省委常委会关于全省疫情防控工作的部署要求精神，听取涪城区疫情防控工作汇报，安排部署下一步工作，听取全区安全生产工作和校园安全工作汇报，安排部署下一步工作，听取一季度主要经济指标“开门红”工作情况汇报，安排部署下一步工作，审议《关于全面推进乡村文化振兴的实施意见（送审稿）》，审议《绵阳市涪城区法治宣传教育第八个五年规划（2021—2025 年）（送审稿）》，审议《聚焦“提标扩面”目标 深化拓展城镇困难群众精准帮扶工作方案（送审稿）》，审议《关于推动医疗卫生事业高质量发展的实施意见（送审稿）》，审议《中共绵阳市涪城区委关于新时代坚持和完善人民代表大会制度加强和改进人大工作的实施意见（送审稿）》，审议《绵阳市涪城区人大常委会 2022 年工作要点（送审稿）》，审议《政协绵阳市涪城区委员会 2022 年工作要点（送审稿）》，审议《中共绵阳市涪城区委巡察工作规划（2022—2026年）（送审稿）》（区委巡察办），听取涪城粮食购销领域专项联动巡察和七届区委第一轮常规巡察的综合情况报告，听取 2022 年相关经费安排情况（第三批）报告，审议《2021 年度涪城区抓基层党建工作述职评议点评意见问题整改方案（送审稿）》，审议《中共绵阳市涪城区委常委班子 2021 年度党史学习教育专题民主生活会对照检查问题整改方案（送审稿）》，审议《2022 年全区组织工作要点（送审稿）》，研究干部事项

续表6

时间	会议名称	主要内容
4月1日	七届区委第26次常委会（扩大）会议	传达学习全省项目投资工作暨“十四五”规划重大工程项目建设推进现场会、全市重点工作推进会和市委民族工作会议暨全市宗教工作会议精神，研究我区贯彻落实措施，传达学习全省党建引领城市基层治理工作会议精神，研究涪城区贯彻落实措施，通报一季度党建促发展大拉练量化评分结果，审议《涪城区“十四五”新型城镇化和城乡融合发展规划（送审稿）》，审议《绵阳市涪城区“十四五”应急管理体系规划（送审稿）》，审议《绵阳市涪城区“十四五”文化和旅游发展规划（送审稿）》，审议《涪城区“十四五”综合交通运输发展规划(送审稿）》，审议《绵阳市涪城区河道水系综合治理实施计划（送审稿）》，审议《绵阳传化物流公路港项目投资协议》及补充协议，审议《公开招聘社区专职工作者方案（送审稿）》，审议《涪创集团涪城区沿江社区二组（富乐路）“城中村”旧城更新改造项目投资方案（送审稿）》，听取区财政局党组、区教体局党组落实区委决策部署不力的检查，审议《2022年全区党委（党组）理论学习中心组专题学习安排意见（送审稿）》，研究干部事项
4月7日	七届区委第27次常委会（扩大）会议	审议《涪城区激励镇街抓经济促发展财税支持措施（送审稿）》，审议《“涪城荟”招商联盟双招双引十条措施（送审稿）》
4月15日	七届区委第28次常委会（扩大）会议	传达学习习近平总书记在3月31日中央政治局常委会会议上的重要讲话精神，习近平总书记关于安全生产工作重要指示和李克强总理批示要求精神，省委书记彭清华在新冠肺炎疫情防控专家座谈会上的讲话精神，4月11日市委常委会（扩大）会议精神，市级领导干部和县级主要负责同志读书班精神，研究涪城区贯彻落实措施，审议《2022年全区政法工作要点及责任分工方案(送审稿）》
4月21日	七届区委第29次常委会（扩大）会议	审议《涪城区2022年第一批国有资产资源整合重组方案（送审稿）》，听取2021年涪城区对口帮扶昭觉县工作开展情况及 2022年重点工作安排情况汇报，听取2022年省级、区级财政衔接推进乡村振兴补助资金安排情况报告，听取2022年相关经费安排情况（第四批）报告，研究干部事项
4月27日	七届区委第30次常委会（扩大）会议	专题传达学习省委常委、市委书记曹立军调研涪城区经济社会发展时的指示精神，研究部署有关工作
4月27日	七届区委第31次常委会（扩大）会议	传达学习省委书记王晓晖调研疫情防控工作时的指示精神和疫情防控工作专题会议精神，4月25日省委常委会会议精神，4月26日市委常委会（扩大）会议、市生态环境保护委员会第十一次全体会议暨市生态环境保护督察工作领导小组第四次会议精神，听取一季度经济运行情况汇报，研究部署有关工作，听取城镇困难群众精准帮扶工作推进情况汇报，研究部署有关工作，听取区委领导班子成员及区人大常委会、区政府、区政协、区法院、区检察院党组书记2022年第一季度履行党风廉政建设主体责任情况汇报
5月12日	七届区委第32次常委会（扩大）会议	传达学习习近平总书记对湖南长沙居民自建房倒塌事故作出的重要指示和李克强总理批示要求精神，4月29日中共中央政治局会议、5月5日中共中央政治局常务委员会会议精神，5月7日省委常委会议精神，全市重点工作推进会会议精神，研究涪城区贯彻落实措施，传达学习市委人才工作会会议精神，听取我区人才招聘工作汇报，安排部署下一步工作，听取二季度经济运行分析研判情况报告，安排部署下一步工作，听取涪城区2022年一季度激励措施兑现情况报告，审议《涪城区2022年二季度“稳增长”十条激励措施（送审稿）》，审议《涪城区2022年冲刺“半年红”目标绩效激励约束措施（送审稿）》，审议《涪城区集聚创新人才引领发展九条措施（送审稿）》及实施细则，审议《绵阳市滨江小学（成绵路小学滨江校区）改扩建项目等3个学校基础设施项目建设方案（送审稿）》，听取2022年相关经费安排情况（第五批）报告，审议《涪城区2022年统战工作要点（送审稿）》，研究干部事宜

续表6

时间	会议名称	主要内容
5月16日	七届区委第33次常委会（扩大）会议	审议《2022年涪城区城建攻坚重点项目工作计划（送审稿）》，审议《绵阳市涪城区支持卫星产业发展二十四条措施（送审稿）》，研究干部事项
5月24日	七届区委第34次常委会（扩大）会议	传达学习省委书记王晓晖来绵调研指示精神，八届市委第38次常委会会议精神，研究部署有关工作，听取涪城区代表团赴宜宾市翠屏区考察学习情况报告，听取排查整顿农村发展党员违规违纪问题工作情况报告
6月1日	七届区委第35次常委会（扩大）会议	传达学习省第十二次党代会、省委十二届一次全会、省纪委十二届一次全会精神、5月31日省委常委会会议和6月1日市委常委会会议精神，研究涪城区贯彻落实意见
6月1日	七届区委第36次常委会（扩大）会议	传达学习全国稳住经济大盘电视电话会议、5月31日省委常委会和6月1日市委常委会会议有关精神，5月30日市委专题会议精神，审议《绵阳市涪城区工业高质量发展“十四五”规划（送审稿）》，审议《绵阳市涪城区“十四五”先进制造业产业功能区规划（送审稿）》，审议《涪城区“十四五”服务业发展规划（送审稿）》，审议《涪城区“十四五”推进农业农村现代化规划（送审稿）》，审议《绵阳市涪城区义务教育大学区管理改革有关事宜》，审议《涪城区事业单位管理岗位职员等级晋升制度实施方案（试行）》，听取2022年相关经费安排情况（第六批）报告
6月13日	七届区委第37次常委会（扩大）会议	传达学习习近平总书记四川视察重要指示精神，中央、省委、市委农村工作会议精神及中央、省委、市委一号文件精神，6月10日省委常委会（扩大）会议和6月13日市委常委会（扩大）会议精神，全市重点工作推进会、全市城乡环境综合提质三年行动城区环境提质工作现场推进会、2022年市委宗教工作领导小组全体会议、全市学习贯彻《关于以乡村国土空间规划引领县域内片区高质量发展的指导意见》《关于以乡村国土空间规划引领县域内片区高质量发展的政策清单》专题培训会议精神，集中学习《中华人民共和国反有组织犯罪法》，通报唐山烧烤店打人事件情况，听取2022年涪城区常态化开展扫黑除恶斗争工作，2021年度省市平安建设考评工作，涪城区平安建设工作汇报，听取《厦门市湖里区人民政府 绵阳市涪城区人民政府友好城区合作协议》情况报告，听取《网红品牌总部基地及食品集合加工产业园项目投资协议》及其补充协议有关情况报告，审议《英国励格纳米功能化石墨烯产业基地项目投资协议》及其补充协议，审议《鑫众芯基板项目投资协议》及其补充协议，听取《2022年农村综合改革转移支付资金安排方案》情况报告，听取《2021年省级现代服务业集聚区资金分配方案》情况报告，听取《2022年区级教育费附加资金二次分配（第一批）方案》情况报告，听取《涪城区2022年校舍维修改造资金分配方案》情况报告，听取2022年相关经费安排（第七批）情况报告，审议《2022年全区宣传思想工作要点（审议稿）》，审议2021年度涪城区市管干部年度考核评优建议人员名单，研究干部事项
6月23日	七届区委第38次常委会（扩大）会议	传达学习绵阳市园区高质量发展大会会议精神，研究涪城区贯彻落实意见

续表6

时间	会议名称	主要内容
7月6日	七届区委第39次常委会（扩大）会议	传达学习市文明委2022年第一次会议精神，中央军委国防动员部盛斌部长、刘家国政委、黄桃益副部长在贯彻落实民兵建设“十四五”规划任务部署会上的讲话精神和《绵阳市“十四五”时期民兵建设发展计划》，审议《绵阳市涪城区“十四五”科技创新发展规划（送审稿）》，审议《绵阳市涪城区“十四五”新经济发展规划（送审稿）》，听取60岁及以上人群新冠疫苗接种第二轮攻坚行动情况报告，审议《涪城区环境卫生综合提升项目实施方案（送审稿）》，审议《涪城区农村人居环境改善整治项目建设方案（送审稿）》，审议《绵阳市涪城区农村道路隐患整治项目实施方案（送审稿）》，听取2022年中央、省级、区级财政衔接推进乡村振兴补助资金安排情况的报告，听取2021年第二批和2022年第一批省级交通专项资金使用计划的报告，听取省委巡视反馈意见整改工作推进情况汇报，审议《绵阳市公安局涪城区分局执法办案管理中心项目建设方案（送审稿）》，审议《绵阳市青石路涪江大桥建设合作协议书（送审稿）》，审议成立绵阳星座股权投资合伙企业（有限合伙）事宜，听取2022年相关经费安排（第八批）情况报告，研究区委书记、副书记、常委分工调整事宜，审议党纪政务处分事宜，研究干部事项
7月17日	七届区委第42次常委会（扩大）会议	传达学习省委书记王晓晖，应急管理部党委书记、部长黄明，省委副书记、省长黄强，省委常委、市委书记曹立军等领导对做好防汛抗旱地灾防治工作作出的批示精神，以及全省防汛救灾工作调度会议、八届市委第45次常委会会议、全市防汛抗旱和地灾防范应对工作会议精神，安排部署全区防汛抗旱、地灾防范应对工作，审议区级领导包镇（街道）防汛减灾联系机制，听取全区新冠肺炎疫情防控工作情况汇报，安排部署下一步工作
7月21日	七届区委第43次常委会（扩大）会议	传达学习习近平总书记在中共中央政治局第四十次集体学习时的讲话精神，十二届省委财经委员会第一次会议、八届市委第46次常委会（扩大）会议、全市统筹推进片区乡村国土空间规划编制和两项改革“后半篇”文章暨农村环境综合提质工作现场调度会会议精神，研究我区贯彻落实意见（区委办、区两改办），通报赴省科技厅、中物院成都科学技术发展中心对上争取工作情况，安排部署相关工作，审议《绵阳市涪城区人民政府 中物院成都科学技术发展中心深化院地合作战略协议》，听取区委领导班子成员及区人大常委会、区政府、区政协、区法院、区检察院党组书记2022年第二季度履行党风廉政建设主体责任情况报告，审议《涪城区机关事业单位编外人员管理办法（试行）》及其配套制度（送审稿），审议《绵阳市涪城区贯彻落实第二轮中央生态环境保护督察报告整改实施方案（送审稿）》，审议《科技智谷人才公寓项目投资建设实施方案（送审稿）》，审议《临湖配套商业项目投资建设实施方案（送审稿）》，审议《青义加油加气站投资建设实施方案（送审稿）》，审议《为部分区直部门核增科级领导职数建议方案》，研究干部事项
7月29日	七届区委第46次常委会（扩大）会议	传达学习全省学习贯彻习近平总书记关于“三农”工作的重要论述视频宣讲会、全省农村工作中期推进会议、全省宣传工作年中推进会会议精神，研究我区贯彻落实意见，传达学习绵阳市精神文明建设暨创建全国文明城市工作会议精神，安排部署我区下一步工作，审议《涪城区区本级重大经济事项决策规定实施细则（送审稿）》，审议《关于2022年上半年意识形态工作责任制落实情况的报告（送审稿）》，听取2022年相关经费安排（第十批）情况报告，听取2021年度省级军民融合高技术产业基地专项资金使用情况报告

续表6

时间	会议名称	主要内容
8月3日	七届区委第47次常委会（扩大）会议	安排部署我区文明城市创建相关工作，审议《关于调整部分区政府领导同志分工的建议方案》，审议《创明新能源项目投资协议》及其补充协议，审议《绵阳科技城医院项目建设方案（送审稿）》，审议区财政局党组改设党组性质党委事宜
8月26日	七届区委第48次常委会（扩大）会议	传达学习习近平总书记在省部级主要领导干部“学习习近平总书记重要讲话精神，迎接党的二十大”专题研讨班、7月28日中央政治局会议、7月25日党外人士座谈会上的重要讲话精神和在辽宁考察时的重要指示精神，7月28日、8月22日省委常委会会议精神，《省委关于深入学习贯彻习近平总书记四川视察重要指示精神推动实现全年经济社会发展目标任务的意见》精神和全省组织工作中期推进会精神，7月29日、8月23日市委常委会和全市组织系统重点工作暨组织工作中期推进会会议精神，研究涪城区贯彻落实意见，传达省、市党的二十大维稳安保工作推进会和市委研究信访维稳工作专题会会议精神，研究涪城区信访维稳工作，听取七届区委第二轮常规巡察综合情况报告，审议《第七届涪城区工商联（总商会）领导班子及执委（理事）、监事人事安排方案》（区委统战部），研究干部事项
9月19日	七届区委第49次常委会（扩大）会议	传达学习习近平总书记在中央全面深化改革委员会第二十七次会议上的讲话精神，9月6日省委常委会、省委理论学习中心组专题学习会精神，9月8日市委常委会、市委民营经济工作专题会议精神，研究涪城区贯彻落实意见，传达学习《市县党委常委会重大事项决策规定(试行)》精神，听取涪城区“东莞行”系列活动开展情况报告，听取2021年度全市目标绩效综合考核情况汇报，审议《涪城区引导支持社会力量参与城镇困难群众精准帮扶工作机制（试行）》，审议《涪城区增配专职网格员的实施方案（送审稿）》，审议《涪城区农旅融合产业园区基础配套设施建设项目实施方案（送审稿）》，审议《涪城区翠花街片区南华宫等36个老旧小区燃气管网更新及配套设施改造项目实施方案（送审稿）》等6个项目实施方案，审议《新皂镇八号路提档升级项目建设实施方案（送审稿）》，审议调整涪城区公检法部门编外人员经费保障事宜，审议富诚集团投资四川省天府芯云数字经济发展基金有限公司事宜，听取2022年相关经费安排（第十一批）情况报告
9月29日	七届区委第50次常委会（扩大）会议	传达学习全国和省、市政法领导干部加强政治建设培训班精神，中央和省委、市委党的二十大信访维稳工作会议精神，听取省委、市委督导组督导涪城区党的二十大信访维稳工作相关情况报告，传达学习9月29日市委常委会会议精神，研究涪城区贯彻落实意见，审议《欣盛COF-IC项目投资协议》及其补充协议，审议《欣盛新型电池集流体材料项目投资协议》及其补充协议，审议《艾伯科技智能制造产业园项目投资协议》及其补充协议，审议《绵阳市涪城区2022年优化营商环境工作方案（送审稿）》，听取2022年相关经费安排（第十二批）的情况报告，审议政协绵阳市涪城区第七届委员会2022年增补委员名单，研究干部外借事项
10月13日	七届区委第51次常委会（扩大）会议	传达学习李克强总理对森林草原防灭火工作作出的重要批示和全国秋冬季森林草原防灭火工作电视电话会议精神，传达学习中央、省委、市委中长期青年发展规划相关联席会议精神，全省市县党委统战部长培训班精神，传达学习《四川省领导干部违规插手干预重大事项记录和报告办法 (试行)》精神，听取2020—2021年体育彩票公益金分成资金二次分配方案情况报告，听取2022年度中央义务教育薄弱环节改善与能力提升补助资金及支持学前教育发展资金二次分配方案情况报告，审议《涪城区机关事业单位流动管理办法（送审稿）》，审议《关于新设绵阳市涪城区国有资产监督管理和金融工作局的建议方案》，传达学习9月19日、9月30日省委常委会会议精神，10月5日、10月10日省委常委、市委书记曹立军批示精神，安排部署相关工作，审议涪城区2021年纳入区委统筹考核的正科级领导干部年度考核评优事项，研究干部事项

续表6

时间	会议名称	主要内容
10月26日	七届区委第52次常委会（扩大）会议	传达学习党的二十大精神和党的十九届七中全会、二十届一中全会精神，10月25日省委、市委常委会（扩大）会议精神，四川省、绵阳市传达学习党的二十大精神大会精神，研究涪城区贯彻落实意见，听取区委领导班子成员及区人大常委会、区政府、区政协、区法院、区检察院党组书记2022年第三季度履行党风廉政建设主体责任情况报告（建议书面），审议《区委书记、副书记、常委工作分工（送审稿）》《区政府区长、副区长工作分工（送审稿）》《区级领导联系镇、街道指导组分工（送审稿）》，听取《罗普特（绵阳）大数据科技园项目投资协议》有关情况报告，审议《涪江环球港项目投资协议》，听取2022年相关经费安排（第十三批）情况报告，传达学习全省市县组织部长培训班精神，研究干部事项
11月11日	七届区委第53次常委会（扩大）会议	传达学习习近平总书记在10月25日中央政治局会议、二十届中央政治局第一次集体学习、带领中央政治局常委瞻仰延安革命纪念地的重要讲话精神、关于“三农”工作重要论述精神和在陕西延安、河南安阳考察时的重要指示精神，11月10日中共中央政治局常务委员会会议、11月11日全国全省新冠肺炎疫情防控工作电视电话会议、11月1日省委常委会、四川省老干部工作先进集体和先进个人表彰大会精神，省委常委、市委曹立军书记11月7日关于疫情防控工作的批示精神，11月9日市委常委会、市委2022年省考核目标冲刺会议精神，研究涪城区贯彻落实意见，听取2022年涪城区对口帮扶昭觉县工作开展情况汇报，听取第十届中国（绵阳）科技城国际科技博览会涪城区工作方案及总体工作推进情况以及艾伯科技、欣盛半导体百亿级重大项目签约仪式筹备情况，审议《涪城区2022年新增一般债券分配方案（送审稿）》《涪城区2022年新增专项债券分配方案（送审稿）》，听取2022年相关经费安排（第十四批）情况报告，审议《绵阳市涪城区教育体育系统会计核算中心所持绵阳东辰学校5%国有出资份额转让方案（送审稿）》
11月18日	七届区委第54次常委会（扩大）会议	传达学习省委王晓晖书记来绵调研指示精神，11月14日省委常委会、11月17日市委常委会和市委专题会议精神，研究涪城区贯彻落实意见，听取全区疫情防控工作汇报，安排部署我区相关工作，听取涪城区迎接县级党校办学质量终评筹备情况报告，审议《绵阳市涪城区临园路片区城市有机更新项目投资方案（送审稿）》，听取《2022年省级现代服务业集聚区资金分配方案》有关情况报告
11月30日	七届区委第55次常委会（扩大）会议	传达学习习近平总书记对河南安阳市凯信达商贸有限公司火灾事故作出的重要指示精神，11月25日省委常委会、11月23日省委应对新冠肺炎疫情工作领导小组会议精神，省委办公厅、省政府办公厅《关于坚决扛起政治责任扎实做好当前安全生产工作的紧急通知》有关精神，11月22日市委常委会会议精神，研究涪城区贯彻落实意见，传达学习省委十二届二次全会和11月30日市委常委会会议精神，研究我区贯彻落实意见，听取《先进智能传感科技园飞秒微纳智能传感项目投资协议》有关情况报告，听取《2022年区级教育附加资金二次分配（第二批）分配方案》情况报告，听取2022年相关经费安排（第十五批）情况报告
12月13日	七届区委第56次常委会（扩大）会议	传达学习12月6日中共中央政治局会议、12月9日省委常委会、12月11日市委常委会会议精神，研究涪城区贯彻落实意见，听取12月12日省委常委、市委曹立军书记指示精神落实情况汇报，审议《绵阳市涪城区食品安全党政同责责任清单（送审稿）》，听取涪城区2022年思想政治工作情况报告，审议《关于当前我区意识形态领域形势的通报（送审稿）》，审议《关于2022年意识形态工作责任制落实情况的报告（送审稿）》，研究干部事项

续表6

时间	会议名称	主要内容
12月29日	七届区委第59次常委会（扩大）会议	传达学习中央、省委、市委经济工作会议精神，12月19日省委常委会、12月23日市委常委会会议及中共绵阳市委八届五次全体会议精神，研究涪城区贯彻落实意见，审议《中共绵阳市涪城区委七届四次全体会议方案（送审稿）》《区委书记邓辉同志在区委七届四次全会上的报告和讲话》《中共绵阳市涪城区委关于深入学习贯彻党的二十大精神 全面建设西部现代化强区的决定（审议稿）》《2023年涪城区各单位重点工作目标（送审稿）》《涪城区目标绩效管理办法（送审稿）》，商仕健（《中共绵阳市涪城区委关于深入学习贯彻党的二十大精神 全面建设西部现代化强区的决定（审议稿）》），审议《政府工作报告（送审稿）》，听取《绵阳市涪城区2022年国民经济和社会发展计划执行情况与2023年国民经济和社会发展（草案）报告（送审稿）》，听取《绵阳市涪城区2022年预算执行情况和2023年预算（草案）报告（送审稿）》，听取《绵阳市涪城区2022年预算调整方案（送审稿）》情况报告，审议《绵阳市涪城区人大常委会工作报告（送审稿）》及召开绵阳市涪城区七届人大三次会议相关事项，审议《政协绵阳市涪城区第七届委员会常委会工作报告（送审稿）》及召开政协绵阳市涪城区第七届委员会第三次会议相关事项，听取《区人民法院工作报告》《区人民检察院工作报告》（区人民法院党组、区人民检察院党组），审议《绵阳市涪城区加强机关事业单位编外人员控制数人员管理工作方案（送审稿）》，审议《2023年区级民生实事人大代表票决候选项目（送审稿）》，审议《绵阳市涪城区全面推行田长制实施方案（送审稿）》，审议《中国科技城四川发展两业融合创新产业园项目投资协议》及其补充协议之解约协议，审议《中国科技城四川发展两业融合创新产业园项目投资协议》及其补充协议，审议涪创集团入伙四川区域协同发展投资引导基金合伙企业（有限合伙）相关事宜，听取2022年相关经费安排（第十六批）情况报告，审议《关于补选绵阳市涪城区七届人大常委会委员候选人建议名单》，研究干部事项

（李漫玲　郑颖旻）

区委办工作

【概况】 2022年，在涪城区委的正确领导和绵阳市委办公室的关心指导下，涪城区委办公室坚定以习近平新时代中国特色社会主义思想为指导，全面落实党中央大政方针和省委、市委、区委决策部署，紧扣新发展阶段、贯彻新发展理念、融入新发展格局，服务推动高质量发展，践行“五个坚持”和“三个更好，一个加强”要求，全年共起草各类文稿200余篇，上报信息300余条，机关全面精细化管理持续推进，“三服务”工作水平和能力提高，推动区委各项决策部署落地见效。

【政治建设】 2022年，涪城区委办公室坚持把政治能力建设作为重中之重，旗帜鲜明讲政治，通过党史学习教育、中心组学习、专题培训等形式和载体，增强“四个意识”、坚定“四个自信”、做到“两个维护”，自觉在政治上思想上行动上始终同党中央保持高度一致，确保政令畅通和上级各项路线方针政策全面贯彻落实。把增强政治执行力作为推动区委决策部署高效落地的根本保证，坚持底线思维、强化责任意识、做到令行禁止，准确把握发展大势、肩负历史使命，教育引导干部始终站在政治和全局高度贯彻落实上级决策部署，谋划部署工作、出台文件、制定举措都坚持同上级党委要求高度一致。加强基层党组织建设，完善、落实党的“三会一课”、组织生活会、民主评议党员等组织生活制度，对照先进典型找准差距，坚持问题导向，深入查摆表象和深层次问题，做到持续用力、久久为功，坚持以人为本，全面强化党员干部教育管理，实现党组织凝聚力和战斗力不断提升，干事创业激情持续增强。

【综合协调服务】 2022年，涪城

区委办公室对标党中央和省委、市委、区委全会作出的系列决策部署，组织全体干部认真学习、系统研究，撰写调研报告10余篇，为区委决策提供有价值的意见建议60余条，服务决策的能力和水平有所提升。准确把握中央精神和上级要求，完成区委七届四次全会报告、全区产业高质量发展大会、读书班上的讲话等重要文稿起草任务，全年共起草各类文稿200余篇，高质量完成区委和区委主要领导文稿服务。发挥督查“利剑”作用，抓牢抓实庆祝建区30周年活动、新冠疫情防控、县域经济高质量发展等重点工作，发现问题、分析问题、反映问题，督导工作落实，确保区委各项决策部署落实到位。紧扣落实“六个一”工作机制和防控体系，参与多场新冠疫情防控工作。组织力量，聚焦深入推进“四个强区”建设开展调查研究，提交7篇专题报告及4篇专项建议，为成功应对疫情和推动经济社会发展贡献智慧和力量。

【信息编发】 2022年，涪城区委办公室瞄准“前哨”定位，在纷繁复杂的情况下捕捉信息，紧扣党中央和省委、市委决策部署和群众身边的热点难点问题报送信息，信息融合中心工作，为市委、区委科学决策、指导工作提供优质高效信息服务。全年向市委报送信息300余条，超额完成市委办下达的目标任务，编印《涪城要情》21期。

【文件会议办理】 2022年，涪城区委办公室科学制定年度发文计划，明确发文标准，倡导“短、实、新”文风，加强发文必要性把关，切实改进文风。严格会议计划管理，完善建立全区性会议每周会商机制，按照“能并则并、能简则简”的原则，集中统筹安排好全区性重大会议，切实保障各级干部有更多时间和精力抓落实。印发实施《涪城区精文简会七条措施》，2022年区委办发文数量同比2021年减少21%。

【制度建设】 2022年，涪城区委办公室围绕办文办会、请示报告、党内法规、调研信息等工作，完善制定基层减负、进一步规范办文办会办事等10余项管理制度，牵头制定明确每个环节处理的步骤程序和办结时限，完善文件闭环管理流程，确保办文办会各个环节衔接更加紧密、运转更加高效，各项工作有据可依、有章可循。力戒形式主义和官僚作风，严格执行中央八项规定精神和省市区相关规定，整合调研内容，提高工作效率，基层调研轻车简从，减轻基层负担，严格执行财经纪律，厉行勤俭节约、廉洁奉公，杜绝违规开支与铺张浪费，以务实作风推进各项工作，提升机关良好干部队伍的整体形象。发挥绩效管理“指挥棒”和“风向标”作用，继续深入推进干部“积分制”管理，坚持用数据说话，以积分体现工作质量、作风优劣，作为年终奖分配、评先选优、职务晋升、约谈提醒等方面的重要依据，构建起以积分为核心的奖优罚劣鲜明导向。注重干部实践锻炼，组织干部职工到杨家镇万和村、杨家社区开展“双报到”、志愿服务和“一对一”结对帮扶等活动40余次。

（李漫玲　郑颖旻）

组织建设

【概况】 2022年，涪城区以学习贯彻党的二十大和省第十二次党代会精神为主线，坚持“政治引领、标准提升、基础规范”工作思路，全面提升组织工作水平，创新打造“五力领航”党建品牌，努力为全面建设西部现代化强区提供坚强组织保证。刘家坪村党委获评省级“AAAAA”先进村党组织。城厢街道，灵通等4个社区、天籁一品等4个小区获评全省基层治理示范单位。村社区书记“早餐汇”、新业态新就业群体党建“三安”模式、退岗干部任区级领导“助理”等经验被《党建》《中国组织人事报》《四川党的建设》等刊载推广。

【思想政治建设】 2022年，涪城区严格执行“第一议题”制度，深入学习贯彻习近平新时代中国特色社会主义思想，跟进学习贯彻习近平总书记四川视察等最新指示批示精神。深入学习贯彻党的二十大精神，把党的二十大及省市区党代会精神纳入干部教育培训、党员轮训的必修课。统筹实施“创新理论铸魂计划”，举办读书班、主体班等34个，统筹开展中青年后备干部、乡村振兴等专题培训，培训党员干部5000余人。巩固党史学习教育成果，深化“我为群众办实事”实践活动，落实领导干部联系服务重点企业、院所、高校、单位制度，挑选844名干部参与城镇困难群众精准帮扶、510名干部与辖区企业结对子解难题。筹备庆祝建区30周年系列活动，编纂出版《三十而越》，开展干部大走访、老干部座谈会，展示发展成就，激发党群干群成就感和荣誉感。

【干部队伍建设】 2022年，涪城区践行“一线工作法”，选优配强班子和队伍。落实“十六字”选任方针，出台推荐区委管理的领导职位人选管理办法，规范干部选任，动态掌握储备48名优秀干部。探索实施政治素质考查考核，综合运用分析研判、平时考核、年度考核等手段考查识别干部，提拔重用实绩突出干部88名，调整交流任职85人。建立145名年轻干部后备库，选派34名年轻干部到招商引资等9个一线历练，推荐12名年轻干部到省市重要部门锻炼。创新退岗干部管理服务，17名区级领导择优“点将”143名退岗干部组建17个助理工作组。用活职级职数，按党务政务等7个领域开展6批次公务员职级晋升526人，启动首批事业单位职级晋升169人。制定思想引领等5方面25条关爱激励干部措施，高效运行干部职工心理服务中心，专门设立干部接待室，广泛听取干部心声，帮助解决困难问题81个。拿出12个科级领导职位面向全区张榜求才，激发和吸引338人次“揭榜”，择优选配科级领导干部8人。出台《加强机关事业单位人员流动管理办法》，实施选调生“双向互派”，12名急需紧缺选调生到村任职，向市级机关选派5名选调生顶岗锻炼。

【干部监督】 2022年，涪城区开展干部监督执纪，建立干部选任监督工作联席会议成员单位信息沟通机制，组织领导干部个人有关事项和社会关系集中填报，开展公职人员违规在企业、社会团体兼职，领导干部因私出国（境）、借培训之名搞公款旅游等专项清理，受理信访举报4件，协助开展查核7件。

【基层党建】 2022年，涪城区落实“党支部标准工作法”，印制党支部标准工作法实用手册3000余册，全覆盖开展专题培训5次，集中开展检查3次。分七大领域开展党建质量示范提升行动，推动农村党建“五链强村”示范振兴、机关党建“点亮机关”示范提升、学校党建“红烛育人”示范引领、医院党建“白衣先锋”示范选树、两新党建“新新向党”示范提质。对标基层党建绩效管理，制发党组织、党组织书记、党员绩效管理工作清单，构建可量化易操作的党支部建设质量评价制度体系，分领域开展党支部建设质量评价。利用党建绩效管理“杠杆撬动”，构建四大片区功能型党组织，探索“一镇街一特色”党建示范，选树11个市级基层党建示范点、33个区级基层党建示范点，成功发布“五力领航”党建品牌。巩固“两新”组织“两个覆盖”双百集中攻坚成果，动态摸排走访“两新”组织2.3万余家，通过单建和联建方式组建“两新”党组织225个，指派党建指导员92名，实现304个“两新”组织和1400余名党员有形有效覆盖。聚焦新业态党建，依托货车司机等行业综合党委，建成相关行业党组织9个，有效管理新业态新就业党员140人。建成“红心暖蜂驿站”等暖心驿站5个，积极探索“三员变三员”服务模式，开展午餐有人管等“九有”暖心服务。探索城乡结对“农品进城”、邻村抱团“连片突破”、村企联营“龙头带动”等集体经济发展模式，提前全面完成10个村消“薄”任务。整改提升4个中省扶持村集体经济试点项目，有序推进2022年度3个试点项目建设。盘活利用闲置场地打造基层党校，挖掘“土专家”“田秀才”充实师资，培训党员110余场次、1.2万余人次。实施城市“全发展周期”分类治理，细化3类9项治理措施45条，试点打造“三乐”服务中心，创办“红色物业”社区社会企业，打造党员“双报到”服务示范小区。探索建好服务阵地、搭建智慧平台、改革分配制度、建优激励机制、建强治理队伍“五个一”治理模式，5个挂牌整治社区全面通过市级验收。创新开展村（社区）书记“早餐汇”21期，解决问题153个，推动上级决策部署终端见效。实施村（社区）书记“牵手提能”行动，以强带弱、强强联手、就近原则“牵手”62对。开展“一季度看党建”大拉练比拼，组织微党课竞赛20余场次，以“党课微讲堂”打造“能力提升大舞台”。开展新冠肺炎疫情防控工作，督促指导62个社区成立应急指挥部，1253个小区成立临时党组织，全覆盖设置环境卫生等5个工作组。组建党员干部突击队，495人主动“请缨”，统一调配提供服务1568人次。全面建立“三本台账”，梳理完善485024条《小区居民信息台账》、8639人《小区志愿者台账》，摸清特殊关爱群体376人并逐一建立《特殊困难群体台账》和“一对一”

帮扶机制。

【人才发展】 2022年，涪城区建好人才工作先行区，助力“人才兴市”建设。推进人才引领，发布“人才十条”，实施推动产业高质量发展86条，配套制定人才保险、人才驿站等专项政策，形成“1+1+N”政策体系。革新人才评价机制，从创新等4个维度建立量化评价指标，由企业推荐领军人才52人、团队22个，兑现奖金217万元。创新举办“人才政策汇”23期，面对面解答人才政策问题。举办企业家年会，评选杰出企业家4名、优秀企业家8名。设立1亿元政策资金池，兑现政策资金4056万元。推进产才融合，组建新型显示等4大产业招商联盟，推动创名新能源等百亿级项目落地，集聚高端研发人才100余名。惠科光电引进韩籍专家攻克液晶面板技术难题，带领6个人才团队入选“科技城人才计划”。实施科技智谷和环西科大组团发展，国家大学科技园、数字创新中心加速建设，硅基智能数字人全球直播基地开播，与中物院成都科学技术发展中心携手建设智能传感产业园，集聚5G、人工智能等领域科创企业438家。“带岗上门、带编进校、现场面试、现场签约”赴成都、重庆等地开展引才27场，在全市率先进高校发布“揭榜挂帅”全球揽才榜单，引进人才1767名，其中高层次人才511名，特设事业单位岗位签约建区以来首位博士后。探索社会化、市场化人才服务，建设人才发展研究院（人才之家）。服务园区发展，成立企业服务中心4个，集成376项涉企高效化政务服务。发布“涪才无忧卡”线上服务平台，微信扫码即可安排专人受理子女入学等11项定制服务，协调解决子女入学等“关键小事”1000余件。打造“院士（专家）小镇”，新建成拎包入住人才公寓416套。

宣传工作

【概况】 2022年，涪城区组织开展区委中心组学习、集体研讨15次，区委书记作专题辅导1次，邀请专家授课1次，征订《习近平谈治国理政》第四卷等时政刊物5种2万余套。开展意识形态领域分析研判5次。建好“涪城视界”宣讲品牌，开展“涪城视界”大讲堂系列活动10余场次。召开硅基智能“数字人全球直播基地”新闻发布会1次、产业高质量发展大会新闻通气会等7场。做好疫情防控常态化宣传，做好信息发布、舆情处置、新闻宣传等工作。在《人民日报》、新华社刊发（播）正面宣传报道稿件7条，在《人民日报》客户端、央视新闻客户端、央视其他频道和《光明日报》等中央重点新闻媒体及《四川日报》《四川新闻联播》等省级主流媒体刊发（播）稿件44篇（条），在《绵阳日报》、绵阳电视台等市级主流媒体发稿500余篇。开展文明实践志愿服务活动1300余场次。处置网络舆情400余条，办理市、区留言1410封，按时办结率100%，群众满意率98%。

【党的二十大精神学习宣传】 2022年，涪城区印发《关于认真学习宣传贯彻党的二十大精神的通知》，成立区委宣讲团和“新业态”“红马甲”“涪小妹”等5个特色宣讲小分队，统筹开展党的二十大精神宣讲200余场次。在涪城手机台开设《党的二十大特别报道》等专题专栏，转载《二十大报告原文》《向着第二个百年奋斗目标，前进！——党的二十大开幕侧记》《“数”读二十大报告》《新华社评论员：深刻把握新时代十年的伟大变革》等中央、省、市主流媒体重要文章、权威消息、融媒体产品，采写《涪城广大党员干部群众认真收听收看党的二十大开幕会》《涪城广大干部群众热议党的二十大报告》全区干部群众收听收看、积极评价和热烈反响等稿件44条。推送全区学习宣传贯彻党的二十大精神工作举措成效，在《四川新闻联播》《绵阳新闻》等上级媒体刊播稿件20余条。

【庆祝建区30周年活动】 2022年，涪城区举办庆祝涪城建区30周年《聚合》绘画邀请展，受到业内人士和广大市民群众的广泛关注。举办喜迎党的二十大、庆祝建区30周年涪城区第二届舞蹈作品展演文艺活动。面向全区中小学生组织开展“爱家乡爱涪城”主题征文活动。举办《镜享涪城》摄影展，用镜头记录涪城30年的巨变。组织开展“涪城之歌”主题歌曲征集活动，拍摄《而立涪城》三十周年专题片。12月30日，在涪城体育馆举行“学习贯彻二十大 而立涪城再出发”迎新年群众文艺会演，廖凯、张世弟、张承俊、张晓丰等曾任涪城历届区“四大班子”主要领导，胡斌、卿官亮、白此联、曾建军、唐顺江、黄建、姜坤、周福兰、任彤玫、姚军、祝润明、陈冬梅、邓勇等兄弟县（市、区）、园区相关领导，部分学校、金融机构、媒体的领导及部分曾在涪城工作过的领导人应邀出席活动。区委书记邓辉出席活动并讲话。活动还举行《画说涪城30年》与《三十而越——绵阳市涪城区30年发展图志（1992—2022）》发布仪式、“云涪城”展览馆上线仪式，播放《而立涪城》30周年专题片及兄弟县（市、区）和园区、涪城友好城市主要领导的祝福视频。部分在涪科研院所、医院、学校、国有企业、其他金融机构、新闻媒体相关负责人，部分在涪重点企业相关负责人，各行业领域典型模范代表，以及各民主党派、无党派、工商联等各界人士代表应邀参加活动。区“四大班子”、区决咨委、区法院、区检察院、区人武部领导，区级各部门、各镇（街道）党政主要负责同志等参加活动。

【乡村文化振兴宣传与创建】 2022年，涪城区在全市率先出台《全面推进乡村文化振兴的实施意见》（5月）、《涪城区全面推进乡村文化振兴七条措施》，区财政每年安排1000万元专项资金，全面保障乡村文化振兴工作。印发《涪城区全面推进乡村文化振兴重点任务清单》，有序推进乡村文化振兴工作。全年扶持乡村文化振兴3批次21个项目，扶持资金达586.4万元。5月17日，举办四川省第二届乡村文化振兴魅力竞演大赛启动仪式，省委宣传部副部长王红芯，市委常委、宣传部部长郑志恒等省市领导出席启动仪式并发表讲话，10余家省市媒体齐聚涪城，180余家县级融媒体进行了现场直播。举行涪城区首届民俗文化展演启动仪式，组织线上线下竞演活动，发布展演乡村视频126个，点击量达7.56万人次。安排部署第二批区级乡村文化振兴样板村镇建设工作，评选区级样板镇1个、样板村4个。获评市级样板镇1个、样板村2个，省级样板村1个。

【舆论监督】 2022年，涪城区成立由区委副书记任组长，区委常委、常务副区长任副组长，相关区级领导为成员的涪城区“舆论监督促发展”工作专班，配合市级媒体做好舆论监督报道的采访曝光和追踪问效，协调全区涉事部门、镇（街道）主动接受采访。在涪城手机台及时转载绵阳观察“辣1度”，直播绵阳“直击”系列舆论监督报道共计217篇。在涪城手机台开设《涪城“晒”场》专栏，与区级部门协同配合，对文明城市建设不规范、城乡环境综合整治力度不够等单位进行曝光。通过媒体力量，引导全区各级各部门全力做好相关工作，共刊发稿件25条。

（罗燕玲　向旭平）

统一战线

【概况】 2022年，涪城区统一战线始终坚持以习近平新时代中国特色社会主义思想为指导，全面贯彻中央和省委、市委决策部署，以学习宣传贯彻落实党的二十大精神为主线，以构建大统战工作格局为抓手，以防范化解统战领域风险隐患为重点，持续抓好《中国共产党统一战线工作条例》贯彻落实，围绕中心、服务大局，攻坚克难、守正创新，在加快建设中国科技城、全力打造成渝副中心中彰显“统战之力”。发挥区委统战工作领导小组作用，区委、区政府全年研究统战工作6次，举办区委理论学习中心组（扩大）学习会议和全区统一战线素质能力提升培训班。常态化走访各民主党派、工商联和无党派人士，宣讲党的二十大和省委、市委重要会议精神，引导全区统一战线凝心聚力。建立涪城区“同心学堂”学习会制度，坚持理论学习中心组学习和业务培训相结合，组织全区统战系统“关键少数”每月集中学习党的二十大精神、习近平总书记关于做好新时代党的统一战线工作重要思想和统一战线法规政策，推动新时代涪城统战工作高质量发展。

【民主党派工作】 2022年，涪城区制订《政党协商年度计划》，召开政府工作情况通报会、区委班子民主测评会等，促进民主协商的规范化、制度化和程序化。增加民主党派工作经费10万元，指导民主党派集中换届选优配强领导班子。党派发展规划和工作规章制度更加完善。推荐民主党派成员担任区政协委员94名、担任区人大代表37名，扩大民主党派有序参与政治协商。动态调整区级民主党派代表人士库，协调区委组织部、区委党校共同探索党派人才队伍多元化培养模式。引导具备条件的民主党派基层组织开展阵地建设，建成涪城“民革之家”。

【非公有制经济领域统战工作】 2022年，涪城区在德政园建立“民营经济人士理想信念教育基地”，举办“涪城区民营企业高管素质提升培训班”活动，建设高素质民营经济代表人士队伍。结合涪城“开放强区”建设，组织优秀民营企业家代表外出考察，先后与厦门市湖里区工商联、重庆市北碚区工商联等多个商会开展交流合作，异地友好商会达到25个，为民营企业寻求合作资源、推动转型升级奠定基础。区工商联被评为全国“五好”标杆县级工商联。组织民营企业家参加涪城区“早餐汇”“银企鹊桥会”，收集企业意见建议255条，化解困难问题161个。扎实推进民营经济统战工作向基层商会覆盖，开展民营经济代表人士综合评价187人次，吸纳多家本土知名企业及商会加入工商联组织，会员总数达到817名。

【民族宗教事务】 2022年，涪城区初步完成清真寺铸牢中华民族共同体意识示范场所建设，建成飞来石社区、南山社区等民族团结进步示范点。开展对口平武县虎牙藏族乡等5个民族乡的协同合作工作，拨付年度协同发展资金400万元，开工建设虎牙藏族乡上游村旅游公共基础设施建设项目，协同民族乡巩固拓展脱贫攻坚成果同乡村振兴有效衔接。全面完成清真寺维修改造工作。坚决落实宗教场所有序开放要求。投入财政资金40万元，完成丰谷镇大佛寺、华严寺后山地质灾害隐患治理，消除存在多年的地质灾害隐患。常态化开展宗教场所建筑、消防、食品等安全管理工作，全年未发生任何安全事故。

【党外知识分子和新的社会阶层人士统战工作】 2022年，涪城区建立统战、组织部门联席会议制度，分类建立党外后备干部名单。全年新提拔党外正科级领导干部1名、副科级2名，交流党外科级领导干部2名，新推荐省人大代表、政协委员5名。制定《关于进一步加强党外干部人才工作的实施方案》，构建以“广选、优培、细管、活用”为核心的“四位一体”模式，将优秀党外人士纳入全区后备干部队伍。联合推出MV《少一点多一点》，在央视频、“学习强国”学习平台同步展播。加强阵地建设，升级建设126文化创意园、“科技城君名荟”统战工作实践创新基地，创树涪城特色品牌。

【港澳台统战工作和侨务工作】 2022年，涪城区承办首届川港澳台青年合作发展论坛暨助力乡村振兴研讨会分路线活动，60余名川港澳台青年齐聚涪城开展调研考察活动，围绕乡村振兴开展研讨交流。开展《中华人民共和国归侨侨眷权益保护法》系列宣传活动，组织开展《中华人民共和国归侨侨眷权益保护法》知识竞赛，广泛宣传《中华人民共和国反分裂国家法》，印发《侨法知识宣传》2万册，共同营造“和谐、平安、幸福”的大家园。在城厢街道铁牛街社区建设“侨胞之家”，发放“为侨服务卡”，真心实意为广大港澳台同胞和海外侨办实事、解难题。12月30日，涪城区归国华侨侨眷联合会成立大会暨第一次代表大会召开，选举产生涪城区侨联第一届委员会及领导班子。

2022年，涪城区先后帮助协调台资企业绵阳大润发商贸有限公司疫情期间租金减免事宜、台资企业四川一点味餐饮股份有限公司疫情结束复工复产事宜。帮助协调2名台胞适龄子女解决入学就读需求。涪城区台胞、四川一点味餐饮股份有限公司总经理杨鹏程获四川省“川台交流融合突出贡献台湾同胞”称号。12月30日，涪城区归国华侨侨眷联合会成立大会暨第一次代表大会召开，选举产生涪城区侨联第一届委员会及领导班子。

（崔 媛 陈溪溪）

2022年11月16日，涪城区统一战线集体学习党的二十大精神会议召开

（涪城区统战部）

【党的二十大精神学习】 2022年11月16日，涪城区统一战线集体学习党的二十大精神会议召开，区委常委、统战部部长、区总工会主席董静主持会议并带头谈认识体会。会议集中学习“中国共产党第二十次全国代表大会开幕会会议精神、习近平总书记在参加党的二十大广西代表团讨论时的重要指示精神、中国共产党第二十次全国代表大会闭幕会会议精神、习近平总书记在二十届中共中央政治局常委同中外记者见面时的讲话精神和学习贯彻党的二十大精神中央宣讲团报告会精神、学习贯彻党的二十大精神省委宣讲报告会精神”等内容。全区各群团组织、各镇（街）统战分管领导、各民主党派、工商联代表、无党派人士代表、新的社会阶层人士代表、民族宗教界代表共计40人参加会议。

2022年12月30日，涪城区归国华侨侨眷联合会第一次代表大会召开
（涪城区统战部）

【“同心学堂”开班】 为全面贯彻习近平总书记关于做好新时代党的统一战线工作的重要思想，培养高素质的统战干部队伍和党外代表人士队伍，2022年11月16日，涪城区第一期“同心学堂”学习会举行。会议传达学习习近平总书记在中央统战工作会议上的重要讲话精神，省委书记王晓晖在省委统战工作会议上的讲话精神，赵俊民部长在全省市县统战部长培训班上的讲话精神等内容；集中学习《中国共产党统一战线工作条例》《中国共产党政治协商工作条例》《坚持和发展中国特色社会主义要一以贯之》《坚持“4321工作法”推动新时代四川统战工作高质量发展》等党内法规和重要文章，并就机关总工会主席董静主持会议。全区各群团组织、各镇（街）统战分管领导、各民主党派、无党派人士代表、新的社会阶层人士代表、民族宗教界代表共计40人参加会议。涪城区“同心学堂”坚持理论学习中心组学习和业务培训相结合，统战干部领学和党外代表人士主讲相结合，通过“学理论、讲故事、说案例、传经验”等形式，建立“统战+”常态化学习机制，创树涪城统一战线文化品牌，努力为巩固和发展新时代爱国统一战线提供理论支撑和智力支持。

2022年11月16日，涪城区第一期“同心学堂”学习会举行（涪城区统战部）

【归国华侨侨眷联合会一次会议】 2022年12月30日，绵阳市涪城区归国华侨侨眷联合会第一次代表大会召开，选举产生涪城区侨联第一届委员会及领导班子。区委书记邓辉出席会议并颁发当选证书。绵阳市侨联党组书记、主席、市友协会长陈福林出席会议并讲话，区委常委、统战部部长、区总工会主席董静主持会议。会议选举产生涪城区侨联第一届委员会，薛忆当选涪城区侨联第一届委员会主席，向世超、梁耘博当选副主席，秘书长由刘世杰兼任。会上，当选的涪城区侨联第一届委员会主席作了讲话并汇报工作计划。涪城区侨联第一届委员会代表、特邀代表、区

群团组织综合党委书记、群团主要（常务）负责人等参加会议。

（何　毅　陈溪溪）

外　事

【概况】 2022年，涪城区持续深化体制机制建设，全力维护安全稳定涉外环境，健全涉外突发事件处置机制，制定《涪城区涉外突发事件应急预案（试行）》等，有效应对涉外风险。加强中国领事保护和协助政策宣传。开展涉外交流合作，持续营造良好开放大局。

【涉外项目合作】 2022年，涪城区签约投资15亿元的英国励格纳米功能化石墨烯产业基地外资项目。促进绵阳天仪阿根廷国际地面站建设和国防科工局高分中心南美分中心建设等海外项目深入合作。指导外资企业四川门多萨足球俱乐部有限公司举办线上线下俱乐部落成典礼。建立涪城海智工作站和人才资源库，入库专家63人（外籍专家39人、归国专家24人），全年共对接海智人才供需项目11个，促成四川永贵科技与俄罗斯自然科学院李松军院士合作签约、绵阳金富邦数字科技有限公司与俄罗斯自然科学院谷宇院士合作签约。

【涉外交流活动】 2022年4月22日，涪城区邀请俄罗斯自然科学院外籍院士丁治明、俄罗斯自然科学院外籍院士林丰成，举办2022中俄科技创新高峰论坛俄罗斯自然科学院主题月活动，开展科技项目“云对接”；5月27日，举办中科钛领领行家科技驿站，邀请俄罗斯自然科学院外籍院士郭鸣明进行《二维磁性石墨烯的制备与应用》主题分享；6—7月，涪城区先锋路诗琳通公主小学与泰国皇家吉拉达学校围绕“牵手、共融、发展”主题，以班级或泰语社团为单位，以直播或录播的方式开展语言交流、风土人情文化交流、美食文化交流和学校文体展示等线上交流活动。7月29日，举办中科钛领领行家科技驿站，邀请中国科学院生态环境研究中心研究员、海智专家陈卫平进行《土壤污染修复技术及工程应用》主题和《城市矿产资源循环》主题分享；9月26日，举办亚太院士产业创新大讲堂，邀请俄罗斯工程院外籍院士肖桂山进行主题分享。

（李　婧　张南冰）

2022年11月18日，四川门多萨足球俱乐部落成典礼在青义镇举行

（绵阳市涪城区委外事工作委员会办公室）

港澳台事务

【概况】 2022年，涪城区坚持以习近平新时代中国特色社会主义思想为指导，密切联系港台同胞，通过织密网络，健全机制，强化协作，提升港台事务质效。疫情防控期间，通过电话、微信等方式与港台同胞、港资企业负责人等保持密切联系，广泛宣传疫情防控政策，免费发放防疫物资240套，帮助解决在生产经营、生活中遇到的问题3个。

申请了“港澳姊妹校平台”项目。10月，涪城区子云小学与香港柏立基教育学院校友会卢光辉纪念学校(原李一谔纪念学校)、何寿基纪念学校采取了线上线下相结合的形式，开展以“双新背景下的习作教学”为主题的国学经典及学生创意活动。

贯彻落实《关于加强新时代海外统战工作的意见》系列文件精神，先后召开台商协会、台胞台属联谊会、侨资企业家座谈会6次。开展《中华人民共和国归侨侨眷权益保护法》系列宣传活动、组织开展侨法知识竞赛，在镇(街道)、村(社区)广泛宣传《中华人民共和国反分裂国家法》，印发《侨法知识宣传》2万册。

【涉港事务】 2022年，涪城区开展10余次港资企业复工复产、安全生产等系列调研活动，收集企业困难问题3条，全部协调解决。邀请港资企业代表3人参加涪城区民营企业家“早餐汇”，与区委、区政府主要领导面对面深入交流，表达诉求建议，直接帮助解决港资企业发展中遇到的问题2个。建立区级领导干部联系企业制度，对重点港资企业实行“一对一”帮包。区委书记邓辉对港资代表企业进行走访，向企业宣传区委区政府优化营商环境的重要举措，征求企业对涪城区经济社会发展和践行优化营商环境“三度服务”措施情况的意见和建议，聚焦企业反映的问题，建立沟通网络。

【首届川港澳台青年合作发展论坛】 2022年7月13日，涪城区承办首届川港澳台青年合作发展论坛暨助力乡村振兴研讨会分路线活动，60余名川港澳台青年齐聚涪城开展“青春中华情 圆梦新征程”调研考察活动，先后到涪城区乡村振兴社会化服务中心、天虹丝绸桑蚕产业园、“湖光山色”稻渔亲水湿地农业主题公园，详细了解涪城区乡村振兴工作开展情况，港澳台青年与涪城区青年学生代表和青年创业代表围绕乡村振兴积极开展研讨交流。

（崔　媛　陈溪溪）

机构编制管理

【概况】 2022年，涪城区委编办在深化改革上持续发力，在盘活资源上持续探索，在优化管理上持续创新，服务保障高质量发展成效显著，为深入实施“三千工程”、加快建设“四个强区”提供了坚实的体制机制保障。全年，涪城区净核增科级领导职数12名，核增行政编制11名、事业编制597名，动态置换专账管理人员编制16名，推动人大、政协单列编制规范管理，为镇（街道）实质性增编29名。严肃实名制管理，更新实名制信息系统，建立健全机构编制管理册台账，实现实名制信息和机构编制管理册信息对应，动态调整。全年，核发用编共计356名，办理上下编共计926人，其中上编475人，下编451人。开展“统一社会信用代码证”“事业单位法人证书”新（换）领工作，全年共办理登记服务事项75件，办结率100%。完成全区228家事业单位2021年度事业单位法人年度报告公示工作，年报公示率100%。《绵阳市涪城区“三活三变”推动教育资源均衡配置》《涪城区“三优机制”推动编外人员规范化管理》《扩权赋能激发活力，推进镇街两项改革“后半篇”文章走深走实》《加大人才引进编制保障力度，跑出招才引智“加速度”》《突出“早、准、动”，做好中文域名管理工作》等10余篇经验材料被《绵阳日报》、市委编办网站、《涪城要情》等媒体全文刊载。

【绵阳工业园体制机制创新】 2022年，涪城区落实市委“园区提质、企业满园”重大部署，分别于11月8日、12月12日获省委编办、市委编委批复同意，科创园区更名为四川绵阳工业园，委托涪城区管理，核定5个县级、7个正科级和7个副科级领导职数，彻底结束了涪城区属没有省级开发区的历史。

【机构编制改革】 2022年，涪城区全面推行机构编制“扁平化”管理，创新镇（街道）运行模式，模块化整合镇（街道）机构职能，组建相应工作平台，压缩管理层级、实现扁平化管理，合理设置工作岗位，强化人员统筹使用与编制分类管理，印发《绵阳市涪城区镇街全面推行机构编制“扁平化”管理工作方案》，9个镇（街道）因地制宜出台“扁平化”管理工作方案，基本构建简约高效的基层管理机制。在2021年第一轮赋权的基础上，坚持以中心镇为主体，在全区各镇（街道）保持相对一致的前提下，针对第二轮赋权的主要特点，创新提出可进行赋权的三种情况，明确乡镇法定事项115项、赋权事项53项；城市街道法定事项36项、赋权事项1项；涉农街道法定事项36项、赋权事项40项。深化基层综合执法改革工作，逐步完善镇（街道）综合行政执法体系，印发《关于明确镇（街道）管理体制改革工作职责分工的通知》《绵阳市涪城区关于深化镇街“一支队伍管执法”工作实施方案》。2022年，各镇（街道）组建镇（街道）综合执法队伍9支，结合实际组建专项执法小组30余个，打造由“镇（街道）干部+区直执法人员+村（社区）网格员”构成的执法线索采集、协查联动的执法信息传递机制，完善镇（街道）行政执法公示制度、执法全过程记录制度和重大执法决定法制审核制度。

【事业单位改革】 2022年，涪城区结合公益类事业单位改革，对“小、散、弱”等问题突出的事业单位予以撤并，优化农业农村、乡村文化振兴等重点领域机构职能设置。全年，整合撤并区电子政务内网服务中心、区新农村建设服务中心、区电教教仪站、区教师进修校4个事业单位，升格区文化馆为副科级事业单位，将区教师进修校、区电教教仪站合并为区教育研究与发展中心，新设区教师服务中心、区高端人才服务中心、区政务服务热线中心、区公务服务中心、区社会治理中心、区政协机关理论信息中心。

【教育、卫生事业用编保障】 2022年，涪城区核增中小学教职工编制475名，并对中小学、幼儿园、职业中学教师用编分类施策予以保障。同意区卫健系统部分单位使用空缺编制448名，其中区级公共卫生机构38名、区级直属医院319名、城区社区卫生服务中心57名、乡镇卫生院34名。强化区疾控中心领导班子力量，为区疾控中心增设副主任3名。

【编外人员管理】 2022年，涪城区出台《涪城区机关事业单位编外人员管理办法》《涪城区激励编外人员担当作为干事创业十二条措施》等配套文件，明确编外人员管理措施，实现“进、管、出”全流程规范化管理，对编外人员的定义、用人原则、用人形式、申报条件、招录管理、相关部门职责权限等作了明确规定，形成编办、人社局、财政共同管数量核定，人社管聘用政策指导、财政管经费、用人单位管招用的协作管理机制。

（赵进涵　兰惟茜　周文成）

目标督查

【概况】 2022年，涪城区委目标绩效办紧紧围绕区委深入实施“三千工程”，加快建设“四个强区”，全面建设西部现代化强区的发展战略，全力做好目标绩效管理、督查督办、民生统筹、建议提案办理、巡视整改和整治形式主义为基层减负等工作，助推涪城各项经济社会事业不断发展。

【目标绩效全过程考核】 2022年，涪城区委目标绩效办牵头制发《2022年涪城区冲刺“开门红”、决胜一季度目标绩效激励约束措施》《涪城区2022年冲刺“半年红”目标绩效激励约束措施》，对主要经济发展指标的完成情况实行季度通报，依据阶段性目标绩效激励约束措施进行加扣分，纳入年度考核总分，激励全区各级各部门夯责任、挖潜力、多贡献，增强责任单位完成目标的紧迫感，确保完成每个季度主要经济指标目标任务。在2021年度目标考核工作中，除基础工作目标由牵头单位负责考核外，2021年单位重点工作目标和全区重点工作目标均由区委目标绩效办牵头组织考核，保证考核的权威性和精准性，激励全区各级各部门创新实干、奋勇争先，推动全区各项工作再上新台阶。2021年度全市目标绩效综合考核，涪城区列县（市、区）一等次、居第一位。从2019年至今，涪城区已连续3年县（市、区）目标绩效综合考核第一，彰显当好全市经济社会发展“排头兵”的涪城担当。

【督查督办】 2022年，涪城区采取“月预告”方式，每月初通过涪城政务网平台将本月督查事项、督查时间、督查方式、督查重点等内容提前进行公示，压紧压实各方责任，推动各项工作落实落细；采取“月通报”方式，月底再通过涪城政务网平台将责任落实、工作推进、问题整改、督查问效等结果进行通报，无缝衔接各个环节，形成督查工作闭环，大力提升督查工作成效；采取“再统筹”方式，将贯彻落实市委重点工作部署相关议定事项进行统筹，纳入区委“周周听汇报”专题会议题，落实区级牵头领导和牵头单位，单独听取或集中通报，有效减轻基层负担。

（邱钰峰　王　艳）

巡察工作

【概况】 2022年，涪城区委巡察办坚持以习近平新时代中国特色社会主义思想为指导，准确把握习近平总书记关于巡视工作重要论述，贯彻中央巡视工作方针，落实省委第十巡察指导督导组整改要求，以“实现涪城巡察工作高质量发展、争创全市巡察工作排头兵”为目标，落实同级纪委领导班子成员担任巡察办主任要求，落实调整交流、提拔使用巡察机构专职干部听取巡察办意见机制，增设副科级巡察专员领导职数4名，交流调整巡察干部7名，职级晋升11人。调整组建巡察“四库”人员130人，从第二轮巡察开始落实由区委组织部牵头选派巡察干部工作机制，全年选派49名干部参加市、区巡察工作。本着精简、优化、整合原则，提请领导小组修订完善9项巡察制度。开展“夯基提标年”活动，建强巡察组临时党支部，开展2轮巡察作风纪律后评估，接通纪检监察内网，规范使用巡察网络平台和巡察单机系统，发动27名巡察干部志愿参加“9·29”新冠肺炎疫情处置工作。全面推进巡察各项工作，区委巡察工作多次受到区委和市委巡察办的表扬和肯定。

【政治巡察】 2022年，涪城区学习贯彻习近平总书记重要讲话和四川视察重要指示精神10余次，学习党的二十大、全国巡视工作会议等会议和文件精神20余次，提请区委召开常委会、巡察工作领导小组会和区委书记专题会、动员部署会共8次，准确把握中央和省市区重大决策部署。先后开展新冠疫情防控机动联动巡察，七届区委第二轮常规巡察、第三轮常规巡察暨七届区委第一轮巡察整改落实情况“回头看”，发现并及时纠正落实重大决策部署方面问题41个。贯彻中共中央《关于加强对“一把手”和领导班子监督的意见》，首次将被巡察7个镇（街道）党（工）委书记履行第一责任人职责和廉洁自律情况单独成段表述。科学编制七届区委巡察五年工作规划，明确对72个区级党组织以及114个村（社区）党组织开展全覆盖巡察。

【村（社区）巡察】 2022年，涪城区坚持把对村（社区）巡察作为优先和主攻方向，将全区114个村（社区）纳入常规巡察对象，以镇村同巡方式，连续2轮对7个镇（街道）所辖76个村（社区）开展直接巡察，共发现问题65个，移交问题线索37条，区纪检监察组织根据巡察移交线索党纪政务立案30件。七届区委换届以来，已巡察88个村（社区）党组织，约占村（社区）总数的77%。上线“涪城巡察”微信公众号、二维码举报平台，制作《村里来了巡察组》MG动画宣传短片，利用宣传单、村村通广播、村居微信群、院坝会、宣讲会等反复推送巡察公告，多举措做好巡察宣传发动。培育对村巡察品牌，总结提炼“三进四访”“三单四不”“三盯四看”工作法，撰写《对村（社区）直接巡察，提升基层监督质效》经验材料，分别被《四川巡视》《市“两项改革”工作简报》专刊采用。

【巡察监督】 2022年，涪城区制定《巡察监督贯通融合联席会议办法（试行）》制度，明确纪检、组织、宣传、财政、审计、信访、统计等11个成员单位巡前、巡中、巡后的主要工作任务，从巡前征求意见开始探索起步巡察监督与人大监督、政协监督贯通机制。发挥上下联动系统优势，推动解决群众关切的“老大难”问题2个。推动“室组地巡”贯通融合，边巡边移问题线索4条，快速查清问题、形成震慑。推动巡察与被巡察镇（街道）、村（社区）同题共答，立行立改问题4个。

【巡察整改】 2022年，涪城区委巡察办系统学习中办《关于加强巡视整改和成果运用的意见》和省委办《关于加强巡视巡察整改和成果运用的工作措施》，梳理被巡察党组织、监督单位和巡察机构3张责任清单。优化反馈方式，从第二轮常规巡察开始，第一次采取集中反馈和“一对一”反馈相结合的方式，释放整改从反馈开始的强烈信号。坚持“区镇村”同责，“点线面”结合，推动开展村（社区）集体经济组织运行管理、违规发放补贴等行业系统治理11个，助推基层治理、纠风治乱、乡村振兴，市委巡察办专期印发涪城抓巡察整改工作的主要做法。协调区纪委监委机关牵头对粮食购销领域专项联动巡察整改落实情况开展一轮专项监督，形成工作闭环。

【区委巡察工作领导小组第一次会议】 2022年1月20日，涪城区委书记、区委巡察工作领导小组组长邓辉主持召开涪城区委巡察工作领导小组2022年第一次会议，听取并审议七届涪城区委第一轮常规巡察综合报告、分组报告和问题线索报告。会议指出，本次巡察总体情况不错，很有深度，也很精准，体现了差异化、个性化，巡察工作专业性增强，水平提升。会议要求，对巡察发现的问题，要逐个盯紧抓好整改落实。巡察办、巡察组反馈问题后，纪委牵头对整改抓好落实，督促村（社区）纪委书记、纪检员要将日常整改盯死盯牢。区委常委、区纪委书记、区委巡察工作领导小组常务副组长张伟，区委常委、组织部部长、区委巡察工作领导小组副组长曾胜利，区委巡察工作领导小组成员及巡察办副主任、巡察组组长、副组长、副科级巡察专员参加会议。

【七届区委第二轮常规巡察动员部署会议】 2022年3月29日，七届涪城区委第二轮巡察工作动员部署会召开，会议学习贯彻习近平总书记关于巡视工作重要论述，落实中央、省委、市委、区委关于巡视巡察工作决策部署，安排部署七届涪城区委第二轮巡察工作。涪城区委书记、区委巡察工作领导小组组长邓辉出席会议并讲话。会议强调，要坚守政治巡察定位，深入群众、依靠群众。要聚焦巡察监督重点，完善巡察工作制度体系。强化“一把手”监督，盯住“一把手”和班子成员，既督促他们带头履职尽责、正确行使权力，又推动他们落实管党治党责任，形成主体责任、监督责任贯通协同的良好局面。要精心组织开展，确保本轮巡察工作走深走实。区委巡察工作领导小组成员，区委巡察机构全体干部，区级相关部门主要（常务）负责人，相关镇（街道）党（工）委书记、纪（工）委书记，被巡察村（社区）党组织主要负责人等参加会议。

2022年7月20日，涪城区委巡察工作领导小组第二次会议召开（涪城区委巡察办）

【区委巡察工作领导小组第二次会议】 2022年7月20日，涪城区委巡察工作领导小组第二次会议召开。涪城区委书记、领导小组组长邓辉主持会议并讲话。会议指出，近两年巡察工作专业性提升，成效明显，一针见血地指出问题，要继续努力，把巡察工作推向一个新的阶段。会议强调，对巡察发现镇（街道）、村（社区）和集体经济组织的问题务必高度重视，要把一些村（社区）干部打着集体经济组织的旗号、招牌干自己的事，谋取私利等问题消灭在萌芽状态。巡察发现的问题对于社会影响面宽、性质恶劣的，必须重处严查。会议要求，对干部的教育、管理、监督问题，区纪委监委机关、区委组织部要认真进行研究反思。

2022 年 3 月 29 日，七届涪城区委第二轮常规巡察动员部署会召开（涪城区委巡察办）

【七届区委第三轮常规巡察会议】 2022年10月20日，七届涪城区委第三轮常规巡察暨第一轮巡察整改落实情况“回头看”动员部署会召开。涪城区委书记、区委巡察工作领导小组组长邓辉出席会议并讲话。邓辉指出，涪城区委始终高度重视巡察工作，把巡察作为自我“体检”的重要方式，开展巡察监督，发挥巡察“利剑”作用，以巡促改、以巡促治、以巡促建，为涪城新一轮大开发、大建设、大开放、大发展提供有力保障。邓辉强调，要贯彻中央巡视方针，发现问题和推动解决问题。深化政治巡察，始终坚持问题导向、目标导向、结果导向、质量导向，推动区委巡察工作深入发展。要抓好巡察整改，做好巡察“后半篇文章”。压实整改主体责任、强化系统集成整改、做实整改日常监督、综合用好巡察成果，提高巡察整改质量。要把握基层特点，坚定稳妥做好本轮巡察工作。根据区委统一部署，七届区委第三轮巡察对4个镇（街）党（工）委

2022年10月20日，七届涪城区委第三轮常规巡察暨第一轮巡察整改落实情况“回头看”动员部署会召开 （涪城区委巡察办）

和36个村（社区）党组织开展常规巡察，并对七届区委第一轮巡察涉及的12个村（社区）党组织整改落实情况开展“回头看”。

（周　旭　文小青）

党校工作

【概况】 2022年，涪城区委党校坚定“党校姓党”的政治方向，狠抓干部教育培训，立足“红色智库”的政治职责，抓牢课题项目研究，立足区委总体战略部署要求，调研涪城经济发展、政治建设、社会建设、文化建设、生态文明建设和党的建设等方面的现状和问题，精心选题，撰写咨政报告，围绕基层所盼，开展习近平新时代中国特色社会主义思想、党的二十大精神、省第十二次党代会精神等重大主题宣讲活动，充分发挥干部教育培训、科研咨政和理论宣讲三大职能作用。全年，举办各类主体班次17期（次），累计培训1409人次，完成8项课题项目研究，开展理论宣讲21场次，宣讲人数963人次。

【干部教育培训】 2022年，涪城区委党校按照《市县级党校主体班班次办学规范（试行）的通知》（川组训〔2020〕30号）要求，建立健全干部教育培训相关制度，主体班课程安排优质化、教学管理规范化、教学资源共享化、学员交流扩大化等优势明显。全年举办各类主体班次17期（次），包括学制不少于1个月的乡科级领导干部进修班和中青年干部培训班2期；学制不少于15天的公务员任职培训班1期；学制为5天及以下的班次13期（次），分别是：2022年十九届六中全会专题研讨班、村党组织书记进修班、社区党组织书记进修班、入党积极分子和预备党员示范培训班（5期）、基层党员示范轮训班、区委理论学习中心组（扩大）学习会议暨2022年度涪城区领导干部读书班、“新时代治蜀兴川执政骨干递进培养计划”专业化领导干部培养工程——乡村振兴暨基层治理专题培训班、新任基层党组织书记培训班、基层党校师资培训班；学制为13天的新录用公务员初任培训班1期。累计培训1409人次。

【课题项目研究】 2022年，涪城区委党校完成《绵碚特色农业带建设的路径探索》《乡村振兴背景下农民合作社参与乡村社会治理的方式和路径研究》2项四川省党校系统调研项目调研课题立项与结项，《成渝地区双城经济圈建设下绵碚特色农业带建设的路径探索》《关于对绵阳城区幼儿园实施普惠提高办学质量的建议——以涪城区普惠性幼儿园建设为例》《涪城区加快城乡融合发展的思考与对策》《乡村振兴背景下农民合作社参与乡村社会治理的方式和路径研究——以涪城区为例》等一般项目1项、自

2022年3月18日，绵阳市委党校常务副校（院）长党海燕一行到涪城区实地调研党员干部教育培训工作和现场教学点暨党性教育基地建设情况（涪城区委党校）

筹项目3项共4项绵阳市社科规划项立项与结项，《做深做实两项改革“后半篇”文章对策研究》《农民合作社参与乡村社会治理研究》重点课题、一般课题各1项共2项绵阳市党校系统咨政课题立项与结项。

【资政服务】 2022年，涪城区委党校编辑《党校咨政参考》6期呈送涪城区委、区政府主要领导，获涪城区委书记、区长肯定性签批意见并采纳5篇。全年，有11篇入选省级（含省级学会）理论研讨会，1名教师撰写的案例《涪城区“1+3”公调对接治理模式调处矛盾纠纷》入选绵阳市委党校组织编写的《基层治理现代化的绵阳实践》，2篇文章入选“甘陕川毗邻地区市级党校2022主题论坛”，分别获一等奖和二等奖。4名教师参与绵阳市委党校组织编写的《绵阳市乡村振兴案例丛书》（拟公开出版），3篇文章获涪城区第五届社会科学优秀成果三等奖和优秀奖。

【理论宣讲】 2022年，涪城区委党校组建由校委班子、学科带头人、骨干教师组成的专家宣讲团队，坚持领导干部带头讲、专家学者辅导讲、青年教师创新讲，推动党校教师在建设“四个强区”中作示范。全体专兼职教师聚焦党的创新理论，立足不同学科领域选择不同切入点拟定教学主题、备课思路和教学设计，召开集体备课会，通过内部反复试讲和精心研磨，对课程设计、授课提纲、内容框架、重点亮点等内容逐一研讨，相互碰撞思想火花，不断总结提升，打造精品课程。全年，开发专题课和小微党课共8门，其中1门获评绵阳市党校系统微党课一等奖。探索创新理论宣讲形式，利用“互联网+”优势，采取直播党课、微视频等方式，打造短、平、快的“小微党课”，把“说教式”转化为“分享式”，引导基层党员群众参与互动讨论，增强党课的趣味，扩大学习教育的覆盖面。《平凡与非凡——绵阳县第一个共产党员谭德政》《从国歌中解读中国人民的精神密码》同时被学习强国四川频道、四川党委中心组公众号、《四川观察》、理想巴蜀等省级平台展播。2022年到基层开展理论宣讲21场次，宣讲人数963人次。

【谭德政烈士课题研究】 谭德政是原绵阳县第一个共产党员，在绵阳地方特别是绵阳县（今涪城区、游仙区辖区）党史上具有重要地位。由于谭德政烈士是在白色恐怖的年代从事党的地下工作，牺牲时年仅28岁，留下的史料极其有限，致使其知名度不高，甚至很多家乡人对其都知之不多、了解不深、研究更少。谭德政纪念园的建成为学习纪念革命英烈、传承革命精神、弘扬革命传统、激励鞭策后人提供了重要的阵地和平台。2022年，涪城区委组织部和区委党校成立联合课题《绵阳县第一个共产党员谭德政的时代价值与当代传承研究》，对谭德政烈士的英勇事迹和革命精神进行研究，形成相关研究成果。课题报告简述谭德政烈士英勇战斗的一生，阐述他在地方党史中的重要地位和重要作用，分析谭德政烈士精神的时代价值和当代传承，列举涪城区（含原绵阳县）部分英雄人物和烈士名录及相关事迹，供学习、宣传、敬仰和传承，具有一定的借鉴参考作用。

（李　懿　邓含松）

创新改革研究

【概况】 2022年，涪城区对改革的目标任务、工作思路、推进路径进行更加深入的研究、更加整体的把握，围绕人民群众关心的事项，找准改革切入点，把握发展关键点，从体制机制入手，积极发挥主动性创新实践，系统集成推进改革，改革氛围更加浓厚，改革实效更加突出。《四川省绵阳市涪城区创新营商环境“三度服务”，企业发展跑出加速度》入选中国改革2022年度县域改革案例，成为绵阳市唯一入选的区（县、市）。涪城区积极探索创新开展村（社区）书记“早餐汇”推动终端落实见效的典型经验做法被国家发改委主管、中国经济体制改革研究会主办刊物《改革内参》第1801期刊载。

【经济体制领域改革】 2022年，涪城区探索优化营商环境“三度服务”改革。深化企业家“早餐汇”制度，出台《涪城区企业家“早餐汇”实施办法（试行）》，健全组织架构、规范运行流程、闭环解决问题、构建长效机制，相关经验做法《绵阳涪城：一顿“早餐汇”亲清“政商情”》被《四川经济日报》头版头条刊发，《早餐汇，汇起发展新动能》被《光明日报》刊载。《绵阳市涪城区全面整合区域资源、推行跨区域、全时段、零距离服务》入选《四川省优化营商环境经验做法（第六批）》。创新打造区域化营商环境服务中心，围绕建立企业信息库，建立“企业+街道+行业主管部门”的“1+1+X”工作机制，推出“一窗口一平台六中心”，全方位满足企业多元化需求，实现跨区域、全时段、零距离服务区域企业。优化公共资源交易服务，推动公共资源交易平台场地和设施配备配套建设，涪城区公共资源交易服务中心获评四川省第二批“示范交易中心”。实施“园区提质”“企业满园”行动。聚焦招大引强扩增量，加速推动园区高质量发展，投资120亿元的创明新能源项目仅用83天即实现“签约即拿地，拿地即开工”，体现涪城项目招引和落地建设新速度。大力发展先进制造业，绵阳市富临精工股份有限公司自主研发的可变气门正时系统（VVT）产品被认定为全国“第七批制造业单项冠军产品”，实现全区“零突破”。惠科新型显示产业园被授牌全市首批特色（专业）园区。11月25日，涪城区上榜“中国工业百强区”，列第73位。践行“开放强区”。为破解招商队伍专业人才缺乏、项目信息获取单一、驻外资源运用不充分等问题，创新组建“涪城荟”招商联盟，持续深化专业化、精准化、平台化“三化”招商机制。全年累计签约项目103个、签约金额达792.5亿元，其中百亿元项目5个，十亿元项目13个。持续深化友城交流促进开放发展，与厦门市湖里区建立友城关系，签订《湖里区与涪城区建立友好城区关系协议书》。

【科技城建设改革】 2022年，涪城区推动科技创新产业发展，抢抓数字经济“新风口”，出台《绵阳市涪城区数字经济发展2022年行动计划》，加快产业数字化进程、推动数字产业化发展，3月，硅基智能“数字人全球直播基地”正式落户涪城，截至年底，20个数字人直播间建成并投入使用。加大科技成果转化支持服务力度，积极构建“以科技企业为龙头引领、科研院所联动协同发展、平台载体定制服务”的一体化科技成果转化机制，促进科技成果转化高效落地，四川永贵科技有限公司入选国家第四批专精特新“小巨人”企业名单。推行“天府科技云”全员“保姆式”服务，促进科技供需精准对接，服务创新驱动发展，全年累计完成“保姆式”服务117单，各项指标位居全省前列。涪城区跻身全国创新百强区第34位，居四川省第2位。

【农业农村体制领域改革】 2022年，涪城区做好两项改革“后半篇”文章，抢抓以乡村国土空间规划引领县域内片区高质量发展契机，探索机制健全、条抓块统，结构重塑、集约集群，党建引领、多跨协同的“横纵联动”模式，推动片区一体化高质量发展。探索壮大村集体经济新路径，创新建立“总社+公司”提质壮大集体经济模式，有效破解村级集体经济发展不平衡、规模小、融资难、监管弱、无品牌特色等瓶颈弱项，相关经验做法被《四川经济日报》刊用推广。推进农村集体产权制度改革，在落实所有权、保障资格权、放活使用权的基础上，探索推进农村闲置房屋盘活利用。新皂镇八庙子村立足村情实际，通过产权流转交易平台推动闲置农房盘活，在全市率先完成首宗闲置农房使用权流转交易，《“三建三合”激发乡村振兴新动能》经验做法被改革网宣传报道。巩固乡村振兴成果，丰谷镇字库村、吴家镇戴家林村、青义镇小桥村获四川省乡村振兴示范村称号，涪城区吴家镇入选四川省百强中心镇名单，涪城区蚕桑现代农业园区被评为四川省四星级现代农业园区。

【文教卫体制领域改革】 2022年，涪城区探索“大学区制”改革，出台《涪城区义务教育大学区管理实施意见（试行）的通知》，通过大学区管理的推进，逐步实现区域内学校教育资源均衡配置，优化区域教育生态，激发学校办学活力，整体提升教育教学和办学水平。创新成立全市首家家庭教育指导中心。推行以城带乡医共体建设，建立“5+5”“4+4”医共体建设模式，实施5家区级公立医院与5家镇卫生院、4家区级公立医院与4家“两改”后合并而成的社区卫生服务中心“一带一”组团发展模式，完善片区医疗服务联动体系。健全完善公共卫生应急管理体系。创新组建疫情防控“快反专班”，通过重塑组织体系、优化运行流程、坚持特事特办，实现扁平指挥、高效联动，破解平战不分、环节过多、各自为战等工作弊端，相关做法被绵阳市应对新型冠状病毒肺炎疫情应急指挥部办公室转发推广。

【社会体制和民主法制领域改革】 2022年，涪城区探索城镇困难群众精准帮扶。首创“五润行动”帮扶品牌，出台《涪城区城镇困难群众精准帮扶“五润行动”计划》，创新实施“润心、润康、润安、润禾、润视”五润行动，从政策体系、帮扶举措、保障制度等方面改革创新，形成完善的帮扶体系，推动涪城民生事业由“保障型民生”向“品质型民生”转变。推动“一站式”多元解纷和诉讼服务体系创新升级，探索建立“24小时自助法院”，创新建立“24小时自助法院+调解室+巡回法庭”新模式，实现家门口、信息化、24小时不打烊的诉讼服务。提升社会治理法治水平，创新体系、机制，打造邓启贵人民调解“金牌团队”、小区“勇拓自治”和“桃园说事”等社会治理新品牌，涪城区城厢街道获“全国依法治理创建活动先进单位”荣誉称号。涪城区在全省第二批省级城乡社区治理试点单位绩效评价中获评“优秀”，为绵阳市唯一获此评价的区（市、县）。

【党的制度建设改革】 2022年，涪城区创新开展村（社区）书记“早餐汇”。出台《涪城区村（社区）书记“早餐汇”实施办法（试行）》，相关经验做法被《中国组织人事报》专题刊载，入围2021年全市“微改革”典型案例。涪城区探索创新开展村（社区）书记“早餐汇”推动终端落实见效的典型经验做法被《改革内参》第1801期刊载。创新打造“五力领航”党建品牌，创建“一镇街一特色”党建示范，形成组团党建、企业社区化党建、“两业”融合党建、联合党委党建、“微权”监督党建、圈层互促党建、商圈党建、小区党建、全科网格党建等9类党建示范格局，以“镇街过硬、整区提升”提升全域发展能级。7月12日，涪城区“五力领航”党建品牌发布会举行。深化人才体制机制改革，创新人才招引政策，在园区、中小企业集中街区等地举办“人才政策汇”活动，针对企业人才政策知晓不全面、不系统等问题，每周组织科技、人社等受理单位，实现由“人才找政策”向“政策找人才”转变。上半年，返乡创业的本科及以上学历人才同比增长36%。相关做法被人民网四川频道推介。全面推广机构编制“扁平化”管理改革，探索实行“大部制”平台化管理，对应镇（街道）机构、区直部门派出（驻）机构职能模块，将“主要领导→分管领导→中层干部→工作人员”管理架构压缩成“主要领导→平台负责人岗位→平台岗位人员”管理架构，破除现行多层级管理模式。

【纪律检查体制领域改革】2022年，涪城区创新构建室、组、地纵向联动、横向协作、一体运行工作机制，提升监督效能和审查调查质效，实现监督力量统一调配、工作任务协同推动。相关做法被《廉政瞭望》2022年21期刊载。创新开展对村（社区）直接巡查，组建3个巡察组，对承担重点任务的12个村（社区）开展直接巡查，有效发挥巡查监督综合平台和联系群众桥梁纽带作用，打通全面从严治党“最后一米”。探索增强自我革命免疫力新途径，以“百姓事百姓理”为思路，在涪城区杨家镇探索搭建“百理晒场”，“晾晒”问题、评理化解，蹚出破解“家事难断”困局的新路子。

【深化改革委员会第十一次会议】 2022年5月12日，涪城区委书记、区委全面深化改革委员会主任邓辉主持召开区委全面深化改革委员会第十一次会议。传达学习中央全面深化改革委员会第二十四次、第二十五次会议精神，省委全面深化改革委员会第十六次会议精神，市委全面深化改革委员会第十三次会议精神。会议审议并原则通过《中共绵阳市涪城区委全面深化改革委员会2022年工作要点（送审稿）》《中共绵阳市涪城区委全面深化改革委员会2022年度改革落实台账（送审稿）》《涪城区2022年自主创新“五大改革行动”实施方案（送审稿）》《涪城区人民代表大会常务委员会关于加强国有资产管理情况监督的决定（送审稿）》。安排部署全区全面深化改革工作。

【深化改革委员会第十二次会议】 2022年9月5日，涪城区委书记、区委全面深化改革委员会主任邓辉主持召开区委全面深化改革委员会第十二次会议。传达学习中央全面深化改革委员会第二十六次会议、十二届省委全面深化改革委员会第一次会议、市委全面深化改革委员会第十四次会议、全市改革办主任工作会议精神。会议听取“大学区制”改革工作、创新“三种模式”推动城市更新工作和“涪城荟”招商联盟运行推进情况汇报。会议对全面深化改革工作提出要求，要深化思想认识、突出问题导向、聚焦重点任务、形成改革合力，提升改革的系统性、整体性和协同性。

【深化改革委员会第十三次会议】 2022年12月28日，涪城区委书记、区委全面深化改革委员会主任邓辉委托区委副书记、区委全面深化改革委员会副主任胡友谊主持召开区委全面深化改革委员会第十三次会议。传达学习中央全面深化改革委员会第二十七次会议精神。会议审议并原则通过《涪城区推进县域共青团基层组织改革实施方案（送审稿）》。会议听取国家级试点乡村“复兴少年宫”推进情况汇报，听取2022年自主创新改革推进情况，审议涪城区“十大改革案例”。会议对全面深化改革工作提出要求，要及时查漏补缺，要做好重点工作，要加强宣传推广，不断扩大改革影响力。

（张钰菁　谢晓玲）

档案管理

【概况】 2022年，涪城区档案馆采取电话咨询、预约查档、来信来函查档、延时服务、开通绿色通道、异地查档跨馆服务等多种服务方式，实现查档立查立取，为群众提供方便快捷的档案利用服务。通过查阅档案，为规范干部人事档案、退休工龄认定、享受政策、办理贷款、解决纠纷、维护稳定、案件调查、村级建制调整改革、疫情防控提供大量翔实可靠的档案凭据。全年共接待档案利用10652人次，提供利用档案8262件，复印16370页，完成异地查档416件。按照档案管理的“九防”“七无”要求，加强档案安全工作，建立安全工作领导小组，落实档案安全工作职责，制定档案保密制度和档案馆安全突发事件应急预案，开展消防安全培训和消防应急演练，坚持24小时值班，实行职工节假日轮流值班值守制度，馆领导和相关人员定期开展安全检查，确保档案实体安全和信息的安全。

【档案资源开发】 2022年3—11月，涪城区档案馆征集进馆中央、省、市领导视察涪城以及反映涪城近30年变化的照片近3万张。通过绵阳市摄影家协会、涪城区融媒体、区文管所、区政协、区委组织部等单位资源共享，复制征集照片、视频近500G。

【档案比对核实】 2022年5—12月，涪城区档案馆开展数字化档案和纸质档案比对核查工作，完成2785卷（97734件）纸质档案与数字化副本的“一致性”对照，清理目录97734条、档案97734件、图片384722张（页），共计清理57个全宗。

【档案业务指导】 2022年1—12月，涪城区档案馆针对档案收集、整理、保管、利用等方面存在的问题，先后到区供销社、民政局、区检察院、各镇（街道）等单位开展档案业务指导96次；对2022年党代会、人代会、政协会专题档案资料的收集、整理工作现场指导5次。

【档案移交进馆】 2022年12月，涪城区档案馆指导全区相关单位2021年抗击新冠疫情工作档案资料归集整理并接收进馆，合计65盒，1610件，18452页，10G。

【珍贵馆藏档案陈列室打造】2022年9—12月，涪城区档案馆购置展示柜19组、展示台10组，陈列民国档案、绵阳县志、绵阳县钢印、历史地图等珍贵档案，完成珍贵馆藏档案陈列室打造升级。

【“云涪城”展览馆上线】 2022年6—12月，在涪城区委领导下，涪城区档案馆牵头承担“云涪城”展览馆建设任务。12月30日，“云涪城”展览馆正式上线。展览馆包含学习贯彻党的二十大精神、殷切关怀·硕果涪城、经济建设·勇立潮头、政治建设·风清气正、文化建设·钟灵毓秀、社会建设·民生至上、生态文明·绿水青山、党的建设·五力领航、担当作为·奋进涪城9大栏目，并装载《三十而越》图志、《画说涪城30年》画册电子版、《而立涪城》视频。共计编辑上传视频88个、图片7688张、文章765篇。

（余龙海　沈　飞）

党史工作

【概况】 2022年，涪城区完成《中国共产党涪城执政实录（2021）》、《涪城党建》（2022年第1～6期）编纂出版，完成《中国共产党绵阳执政实录（2021）》编撰组稿，完成区级

2022年6月29日，“绵阳市中共党史教育基地”授牌仪式后，参会人员参观谭德政烈士事迹陈列室和中共涪城历史展厅 （涪城区委党史研究室）

社科课题《绵阳县第一个共产党员谭德政的时代价值与当代传承研究》资料撰写。指导丰谷镇完成“谭德政纪念园”外围布展，“谭德政纪念园”“跃进路·三线建设记忆馆”分别申报命名为“绵阳市中共党史教育基地”“绵阳市中共党史宣传教育示范点”并予授牌。遴选11处申报《四川首批省级红色资源保护名录（遗址类）》，动员全区各单位到“谭德政纪念园”开展主题党日活动万余人次。报送党史信息50余条，在中央省市媒体刊发近30条，《四川省绵阳市涪城区：依托红色资源 谱写振兴新篇》等经验信息被中央党史文献研究院网刊发，实现近年来涪城党史信息在中央级媒体报道零的突破。《中国共产党涪城历史1921—2021（新时代卷）》获评“绵阳市第十八次社会科学优秀科研成果三等奖”，涪城区委党史研究室被四川省委党史研究室评为“全省网络宣传工作信息报送先进单位”，被评为全市“综合成效突出单位”“史志宣传教育工作先进集体”“党史编研工作先进集体”“文献资料工作先进单位”。

2022年6月29日，“绵阳市中共党史教育基地”授牌仪式在涪城区谭德政纪念园举行 （涪城区委党史研究室）

【《中国共产党涪城执政实录（2022）》出版】 2022年2月11日，制发《涪城执政实录（2022）》编纂通知文件，收集、整理组稿材料，梳理审核存在的问题与不足，指导完善编撰内容。12月，完成《涪城执政实录（2022）》出版发行。

【首个市级中共党史教育基地授牌】 2022年6月29日，“绵阳市中共党史教育基地”授牌仪式在涪城区谭德政纪念园举行，标志着谭德政纪念园成为涪城区第一个市级中共党史教育基地。绵阳市委党史研究室副主任吴锋为纪念园授牌并讲话，涪城区委常委、组织部部长曾胜利出席仪式并致辞。涪城区各镇（街道）、区级有关部门分管负责人和区委党史研究室全体人员参加授牌仪式。命名授牌仪式上，绵阳市委党史研究室首先向谭德政烈士铜像敬献花篮。市委党研室宣传科科长王仕春宣读命名文件，吴锋代表绵阳市委党史研究室为谭德政纪念园授牌，丰谷镇党委书记付鹏代表纪念园接牌。仪式结束后，参会人员参观谭德政烈士事迹陈列室和中共涪城历史展厅。

【市级党史宣教示范点授牌】 2022年6月29日，“绵阳市中共党史宣传教育示范点”命名授牌仪式在涪城区工区街道灵通社区“跃进路·三线记忆馆”举行。绵阳市委党史研究室副主任吴锋，市委党史研究室宣传科科长王仕春、文献资料科科长张永

2022年6月29日，“绵阳市中共党史宣传教育示范点”命名授牌仪式在涪城区工区街道灵通社区“跃进路·三线记忆馆”举行

（涪城区委党史研究室）

2022年6月28日，涪城区举办2022年度离退休党组织书记暨老干部工作者培训班

（涪城区委老干部局）

兴，涪城区委组织部部务委员杨剑、工区街道党工委书记杜军、灵通社区党委书记陈霞和涪城区委党史研究室全体干部参加授牌仪式。授牌仪式上，王仕春宣读命名文件，吴锋为示范点授牌，杜军接牌。仪式结束后，吴锋一行到“三线记忆馆”进行了实地调研，对灵通社区通过“涪娃讲故事”等多种群众喜闻乐见的形式开展党史“七进+”宣传活动给予充分肯定。

【红色资源保护】 2022年，保护挖掘全域“红色资源”，系统梳理，分类编制普查成果清单，对普查完成的70处红色资源进行图文资料精细化再整理，建成涪城区红色资源图片库。

（岳骥 杨剑）

老干部工作

【概况】 2022年，涪城区有离休干部11人，实职副县级以上退休干部37人。全区共建成离退休干部党总支1个，离退休干部党支部52个，其中离退合建党支部9个，退休单建党支部43个。

【政治引领】 2022年，涪城区组织离退休干部政治学习，举办老干部大讲堂、专题辅导、座谈研讨等10余场次。为全区离退休干部征订《晚霞杂志》2000余份，《人民日报》《四川日报》《求是》等党报党刊100余份，累计达40余万元。组织52个离退休党支部收看线上专题报告会10场，覆盖老干部700余人，线上推送网络学习资料18期，引导老同志线上交流学习20余次，覆盖600余人。

【组织建设】 2022年，涪城区实施离退休党组织建设质量提升行动，举办离退休党组织书记暨老干部工作者培训班，推动离退休党支部标准化规范化建设，提升离退休党务工作者工作水平，覆盖离退休党支部书记、老党员工作室负责人以及老干部工作者90余人。开展社区离退休干部党建工作，在工区街道打造迎宾“和

2022年4月28日，涪城区开展“喜迎二十大 我看涪城发展三十年”老干部调研活动

（涪城区委老干部局）

事老”、华丰“三线记忆”志愿服务队等多个离退休干部党建品牌，在城厢街道探索“党建+公益”“党建+物业”“党建+文化”模式。

【服务保障】 2022年，在春节、“七一”等重要时间节点前夕，涪城区委书记邓辉率区“四大班子”走访慰问部分老党员、老干部，并为党龄满50年的老党员代表颁发“光荣在党50年”纪念章，全年走访慰问离退休干部及遗属290余人次，发放慰问物资21.4万元；看望问住院的离退休干部20人次，慰发放慰问金2万元。区委老干部局审核发放新中国成立初期参加革命工作的部分退休人员住院和门诊补助费用14.42万元，审核报销离休干部住院及门诊医疗补助共51.95万元。开展2次副县级以上特殊困难离退休干部帮扶工作，涉及离退休干部及无工作遗孀共11人，发放困难帮扶资金2.2万元。

【老干部作用发挥】 2022年，涪城区委老干部局搭建老干部“余热”发挥平台，组织召开“喜看新成就 建言二十大”专题座谈会，引导老干部围绕全区中心大局建言献策。开展“银星促治理”行动，广泛动员、深入挖掘在基层治理、矛盾调解、抗疫防疫等方面取得显著成绩的老同志先进事迹材料35篇，评选出“担当作为星”“抗疫防疫星”“学习宣传星”“纠纷调解星”“惠民帮扶星”等五类“银星”18名，在全区营造尊重、爱护、学习老干部的良好氛围，其中涪城区离休干部关景宝获得“四川省最美老人”称号，先进事迹在四川电视台等媒体广泛宣传报道。

【老干部活动】 2022年，涪城区委老干部局组织老干部到谭德政纪念园、三线记忆馆等红色教育基地考察调研，让老同志深切感受在党的领导下涪城取得的新发展成果。开展红色主题教育活动，挖掘优秀典型，常态化选树表彰优秀老党员老干部，成立“红色宣讲团”，全覆盖到机关、学校、社区义务开展党史党课宣讲120余场。拍摄“壮心如炬为涪城”“三十有涪·老干部送祝福”“银龄生辉献涪城”等老干部短视频、专题片，在抖音、微信等媒体广泛发布，歌颂党的光辉历程，赞扬涪城建区30年经济社会发展取得伟大成就。

（任科卉　罗玉琼）

2022年5月20日，涪城区组织召开“喜看新成就 建言二十大”老干部座谈会

（涪城区委老干部局）

精神文明建设

【概况】 2022年，涪城区精神文明建设工作以习近平新时代中国特色社会主义思想为指导，全面贯彻落实党的十九大和十九届历次全会精神，深入学习贯彻习近平总书记关于宣传思想工作和精神文明建设的重要思想，认真落实中央和省委、市委、区委有关决策部署，持续深化文明创建、文明实践、文明培育，不断提高市民素质和社会文明程度，推动全区精神文明建设高质量发展，为深入实施“三千工程”、建设“四个强区”、全面建设西部现代化强区提供强大精神力量和良好社会环境。

【文明城市创建】 2022年，涪城区探索建立文明城市创建“一方案三体系”，创新制作《涪城区文明城市创建工作手册》，创新推行创建“点长”制，文明创建工作机制进一步完善。区委区政府专题研究文明城市创建工作15次，区“四大班子”领导多次深入社区、市场、医院、学校等一线开展督查指导、指挥调度。文明城市创建集中攻坚期间，28名区级领导下沉一线，包片督导9个镇（街道），15个行业主管部门包干负责迎检点位，57个区级部门对口联系114个村（社区），550名街道和社区干部包小区、包楼栋、包院落，逐人落实包片区域、岗位职责。设计制作《与涪同行看文明》等创建宣传音视频

15个，印制公益宣传广告50000余张（幅、条），定制发放文明创建环保袋1500个、雨伞1500把、主题口罩8万个、志愿服务马甲4000套，动员广大群众参与文明城市宣传，切实提升群众对文明创建的知晓率、支持率和参与度。2022年8月中下旬，顺利接受实地测评和入户调查，为绵阳文明城市创建工作贡献了涪城力量。

【新时代文明实践】 2022年，涪城区印发《涪城区2022年新时代文明实践所（站）建设提质攻坚行动实施方案》，拓展阵地功能、深化志愿服务、丰富实践活动、扩大宣传影响，建立常态化制度化管理运行机制，推动新时代文明实践所、站建设提质增效。强化新时代文明实践中心（所、站）红色阵地属性，突出思想引导、道德教化、文明洗礼、文化熏陶内涵，全面落实有场所、有队伍、有活动、有项目、有机制标准，在1中心、9所、114个站建设全覆盖的基础上，高标准提档升级打造市级示范所、站6个，区级特色化实践所、站2个。全区实名注册志愿者达20.6万人，建立志愿者队伍1000余支，扶持培育理论宣讲、文化文艺、助学支教等服务项目20个，组织开展“我们的节日”“疫情防控”等主题文明实践志愿服务活动1300余场次。

【复兴少年宫试点建设】 2022年，涪城区推进乡村“复兴少年宫”建设试点工作，区财政投入253万元保障复兴少年宫建设运行。依托绵阳市少年宫、镇（街道）新时代文明实践所、城乡中小学校，建成中心复兴少年宫1个，镇（街道）“复兴少年宫”9个，学校“复兴少年宫”45所，整合图书馆、文化馆、体育馆、村史馆等建成实践活动基地27处，打造“复兴少年宫”辐射阵地、研学基地，实现全区复兴少年宫30分钟服务圈全覆盖。结合涪城剪纸、金峰雄狮、炳林毛笔等本地特色传承文化手艺项目，推出“复兴少年·涪城未来”“风筝制作·放飞理想”等特色孵化项目40余个。5月，吴家小学复兴少年宫承办绵阳市复兴少年宫现场会，7月，中央文明办三局副局长吴涛率调研组到涪城区调研乡村“复兴少年宫”建设试点工作，对涪城区试点工作给予高度评价。中国文明网、四川文明网、绵阳志愿服务网等上级平台报道我区复兴少年宫特色做法和建设成效50余篇次。

【公民思想道德建设】 2022年，涪城区组织开展“身边好人”评选推荐工作，向上级文明办推荐邓启贵、周建国等6名“身边好人”，其中涪城区司法局城厢司法所所长邓启贵获评2022年第一季度“四川好人”、第二季度“中国好人”敬业奉献类光荣称号；涪城区残联副理事长周建国获评2022年第二季度“四川好人”。持续开展“新时代好少年”、优秀童谣征集评选推荐工作。特教校龙婷婷同学获得“四川省新时代好少年”荣誉称号，吴承璐、林沚娴获得“绵阳市新时代好少年”荣誉称号。在优秀童谣征集评选推荐活动中，实验小学陈鲁怀恩同学的《拍手歌，家乡赞》进入绵阳市小学组点赞投票提名。做好道德模范关爱礼遇工作，区“四大班子”领导带队走访慰问部分道德模范，区文明办牵头帮扶慰问生活困难道德模范，累计发放各类慰问资金、物资价值15000元。组织文明细胞培育，青义镇前进村等4个村、区司法局等5个单位、先锋路小学等2所学校、何娟等7个家庭，分别入围新一轮市级文明村、文明单位、文明校园、文明家庭候选名单。

关心下一代工作

【概况】 2022年，涪城区关工委职能从团区委划转至区委组织

2022年7月18日至8月1日，涪城区组织开展2022年“加油！涪娃夏令营”活动 （涪城区委组织部）

部，区关工委对领导班子进行优化调整，并指导全区5个乡镇和4个街道足额配备关工委班子，全区已建“五老关爱活动室”24个，“五老”志愿者800余人。

【儿童关怀品牌项目实施】2022年，涪城区关工委举办“加油！涪娃夏令营”“涪娃梦想周末营”活动，带领农村儿童特别是留守儿童家庭走进博物馆、科技馆，开展科普教育、团队实践。到涪城区、昭觉县11个村（社区）开展“加油！涪娃夏令营”，覆盖学生265名。创新开展“听涪娃讲故事”“童心向党 红色领航”小主播等项目，邀请“5·12”抗震救灾纪念馆讲解员和抗美援朝老战士等分享抗战经历、抗震救灾故事，讲述党的光辉历程，让孩子们在接受爱国主义教育的同时提高自信心和耐挫力。

2022年8月19日，涪城区离休干部走进少年宫开展“铭记奋斗历程 传承红色基因”活动（涪城区委组织部）

【困境儿童帮扶】2022年，涪城区关工委开展“五助”（助学、助困、助孤、助残、助业）活动，实施“金秋助学”品牌项目，全年共为7名学生送去1.4万元助学金。开展“关爱青少年健康成长”慰问活动2场次，为42名困境儿童送上“爱心”大礼包。

【儿童思想健康关注】2022年，涪城区关工委聚焦青少年心理健康问题，开展“心理健康进学校进社区”“525心理健康周”“中高考直播减压”等活动，到各乡镇、街道进行心理健康测评服务，全面了解青少年群体的心理健康状况，为他们的心理健康服务提供专业支持。

（任科卉　罗玉琼）

绵阳市涪城区人民代表大会

概述

【概况】 2022年，在涪城区委的坚强领导下，涪城区人大常委会坚持以习近平新时代中国特色社会主义思想为指导，深入学习党的十九届历次全会和二十大精神，全面贯彻习近平总书记关于坚持和完善人民代表大会制度的重要思想和中央、省市区委人大工作会议精神，坚持党的领导、人民当家作主、依法治国有机统一，认真落实区委全会精神，深入实施“三千工程”，加快建设“四个强区”，切实履行法定职责。全年，召集区人民代表大会会议1次，召开区人大常委会会议8次、主任会议25次，听取和审议“一府一委两院”专项工作报告24个，开展执法检查3次，依法作出决议决定11个，任免国家机关工作人员31人。

【镇街人大工作会】 涪城区人大常委会分别于2022年4月19日、2022年9月2日和2022年11月30日召开了三次镇街人大工作会。会上，涪城区13个镇人大主席团、人大街道工委负责人围绕贯彻落实区委文件和谋划2022年人大工作情况作发言，区人大常委会联系镇街领导和有关委室作工作点评。会议组织对《关于人大代表履职阵地规范化建设的指导意见（征求意见稿）》等材料征求意见，就加强镇街人大工作进行了指导，推动各镇人大主席团、人大街道工委加强学习、深化认识、提升履职能力，围绕中心服务大局，系统谋划好镇街人大工作，更好贯彻执行党的决策部署，满足中央、省、市、区人大工作会议对新时代人大工作提出的更多、更新、更高的要求。

【基层立法联系点现场会】 2022年10月21日，为深入贯彻落实发展全过程人民民主要求，进一步提高地方立法质量，市人大常委会召开“践行民主立法、服务基层治理”工作推进会，区迎宾社区立法联系点作为唯一现场示范点位接受全市人大工作者观摩，区人大常委会作为现场会唯一发言单位作经验交流，涪城区立法联系点工作得到各方一致好评。会上，市人大法制委还安排部署下阶段立法联系点工作，市人大常委会副主任经大忠作了总结讲话。本次会议为认真学习贯彻党的二十大精神，依法履职尽责，积极担当作为，加强基层立法联系点工作，深入推进科学立法、民主立法、依法立法，进一步提高立法科学化、民主化水平，为法治中国、法治四川、法治绵阳建设贡献智慧和力量。

【自身建设】 2022年，涪城区人大常委会切实加强思想作风建设，坚持以习近平新时代中国特色社会主义思想为指导，不断增强“四个意识”、坚定“四个自信”、做到“两个维护”。引导干部坚决摒弃“二线”思想，时刻保持“一线”作风、发挥“一线”作用、作出“一线”贡献。常委会领导带头深入基层、代表和群众，坚持问题导向，围绕两项改革、教育强区、产业发展等扎实开展调查研究。常委会领导带头听民意、察民情，主动联系慰问城镇困难群众，扎实做好重点企业全覆盖走访，2022年机关干部累计走访群众346次，走访企业并宣传惠企政策278次，聚焦群众和企业急难愁盼问题，积极开展协调帮扶工作。切实提升履职能力，紧扣常委会年度监督计划，组织常委会组成人员和人大代表开展会前学法和系统培训，提高会议审议和视察调研工作质量。组织机关干部围绕法律法规和业务工作开展“微课堂人人讲”活动，推动以讲促学、学以致用，已开展11期，取得积极成效。切实加强制度建设，区七届人大换届以来，着力推动建章立制，坚持用制度管人管事，修订完善了常委会会议、主任会议、党组会议议事规则，全面梳理11个委室职能职责，明确各专委会、工委室工作定位、职责任务，形成分工具体、职责清晰的工作体系，修订完善机关党建、考察培训、群众来访、公务接待管理等15项工作制度，有效提升了人大各项工作的质量和效率。

绵阳市涪城区第七届人大常委会组成人员名单

（2022年1月1日至11月29日，共计35人）

顾　建　林　勇　李　里　罗泽斌　李永钢　丁　凯　王　斌　王震波　邓启贵　冯兴刚　冯丽玲　冯清春　向　婧　刘　国　杜立君　李　荐　肖兴斌　张　杨　张　英　张　林　张晓琴　苟兴权　范少国　范金燕　林　辉　孟合江　赵永生　胡胜龙　胥兴军　黄富敏　释常明　谢从玉　雷文英　鲜跃辉　潘　智

绵阳市涪城区第七届人大常委会组成人员名单

（2022年11月29日至12月31日，共计32人）

顾　建　林　勇　李　里　罗泽斌　李永钢　丁　凯　王　斌　王震波　邓启贵　冯兴刚　冯丽玲　向　婧　刘　国　杜立君　肖兴斌　张　杨　张　林　张晓琴　苟兴权　范少国　范金燕　林　辉　孟合江　赵永生　胡胜龙　胥兴军　黄富敏　释常明　谢从玉　雷文英　鲜跃辉　潘　智

（李虹颖　黄瑞成）

重要会议

【概况】 2022年，涪城区人民代表大会会议召开1次，第七届人民代表大会第二次会议于1月17—19日召开。第七届人民代表大会常务委员会全年召开常委会会议8次。

【区七届人大二次会议】 2022年1月17日—19日，绵阳市涪城区七届人民代表大会第二次会议票决2022年民生实事项目；通过关于绵阳市涪城区人大常委会工作报告的决议、关于绵阳市涪城区人民政府工作报告的决议、关于绵阳市涪城区人民法院工作报告的决议、关于绵阳市涪城区人民检察院工作报告的决议、关于2021年国民经济和社会发展计划执行情况及2022年国民经济和社会发展计划的决议、关于2021年预算执行情况和2022年预算的决议、区人大常委会关于区人大代表履职量化评价制度（试行）；表决通过区七届人大社会建设委员会主任委员人选名单。

【区七届人大常委会第四次会议】 2022年1月12日，涪城区七届人大常委会第四次会议召开。会议听取和审议区人民政府2021年预算执行情况和2022年区本级预算草案初步方案的报告、区七届人大常委会代表资格审查委员会关于第72选区补选区七届人大代表资格审查报告(草案)、关于代表资格审查和清理情况的报告(草案);表决通过关于召开绵阳市涪城区第七届人民代表大会第二次会议的决定，决定大会于2022年1月17日至19日在绵阳城区召开，会

2022年1月19日，区七届人大二次会议第二次全体会议上，区人大代表票决2022年区级民生实事项目　（涪城区人大办）

期两天半。

【区七届人大常委会第五次会议】 2022年3月31日，区七届人大常委会第五次会议召开。会议审议通过本次常委会会议议程；听取区人民政府关于“七五”普法工作情况和“八五”普法工作安排情况的报告、区人大常委会执法检查组关于检查《四川省粮食安全保障条例》贯彻实施情况的报告；审议通过《区人大常委会2022年工作要点》《绵阳市涪城区人民代表大会常务委员会议事规则》《绵阳市涪城区人民代表大会及其常务委员会选举及任命“一府一委两院”国家机关工作人员选(任)后监督办法(试行)》。会议作出了《绵阳市涪城区人民代表大会常务委员会关于开展第八个五年法治宣传教育的决议》。会议表决通过《关于检查〈四川省粮食安全保障条例〉贯彻实施情况的审议意见》、有关人事任免事项，举行颁发任命书及宪法宣誓仪式。会议通报2021年镇（街道）人大工作考评结果，举行颁奖仪式。

2022年3月31日，涪城区七届人大常委会第五次会议召开（涪城区人大办）

【区七届人大常委会第六次会议】 2022年5月31日，涪城区七届人大常委会第六次会议召开。会议听取区人大常委会备案审查工作报告，作出关于加强国有资产管理情况监督的决定，听取和审议区人大常委会执法检查组关于检查《中华人民共和国道路交通安全法》贯彻实施情况的报告、区人民政府关于开展“园区提质”“企业满园”行动情况的报告、区人民政府关于征地拆迁群众安置工作情况的报告、区人民政府关于常态化疫情防控工作情况的报告，并表决通过相应的审议意见。

【区七届人大常委会第七次会议】 2022年7月27日，绵阳市涪城区七届人大常委会第七次会议召开，会议听取和审议区人民政府关于优化营商环境工作情况的报告、关于2021年度企业国有资产管理情况的报告、关于农业社会化服务工作情况的报告、关于城镇困难群众精准帮扶工作开展情况审议意见的研究处理情况的报告，区人民检察院关于贯彻落实少捕慎诉慎押刑事司法政策情况报告，表决通过相应的审议意见。会议对城镇困难群众精准帮扶工作开展情况审议意见的办理落实情况开展了满意度测评。会议还表决通过有关人事任免事项；举行颁发任命书及宪法宣誓仪式。

【区七届人大常委会第八次会议】 2022年9月28日，绵阳市涪城区七届人大常委会第八次会议召开，会议听取和审议区人民政府关于“三区三线”划定及国土空间规划编制工作情况的报告、关于涪城区2021年区级决算草案的报告、关于涪城区2021年度区级预算执行和其他财政收支审计情况的报告、关于涪城区2022年1—6月预算执行情况的报告、关于2022年1—6月国民经济和社会发展计划执行情况的报告、关于区七届人大一次、二次会议期间代表建议、批评和意见办理情况的报告、关于基层医疗卫生机构运行情况的报告、关于中国（绵阳）科技城涪城人力资源服务产业园建设情况的报告，区监委关于扫黑除恶“打伞破网”工作情况报告，区人大常委会人代工委关于区七届人大一次、二次会议代表建议、批评和意见办理情况的报告，表决通过相应的审议意见。会议审查和批准绵阳市涪城区2021年区级决算，对2022年1—6月国民经济和社会发展计划执行情况开展专题询问和满意度测评，对区七届人大一次、二次会议期间代表建议、批评和意见办理情况开展专题询问。会议还表决通过有关人事任免事项，举行颁发任命书及宪法宣誓仪式。

【区七届人大常委会第九次会议】 2022年10月27日，涪城区七届人大常委会第九次会议召开。会议传达学习党的二十大精神，审议区人大常委会主任会议关于接受王宇辞去绵阳市涪城区人民政府副区长职务的议案，并作出相应决定。会议还表决通过有关人事任免事项，举行颁发任命书及宪法宣誓仪式。

【区七届人大常委会第十次会议】 2022年11月29日，涪城区七届人大常委会第十次会议召开，会议听取区人民政府关于涪城区2022年生态环境状况和环境保护目标完成情况的报告。听取和审议区人大常委会执法检查组关于人民陪审员法贯彻实施情况的报告，区人民政府关于2022年区级民生实事票决项目推进情况、推动乡村文化振兴工作情况的报告。会议还表决通过关于部分区人大代表辞职、资格终止、补选代表的决定及有关人事事项。

【区七届人大常委会第十一次会议】 2022年12月28日，涪城区七届人大常委会第十一次会议召开。会议听取和审议区人民政府关于2021年度区级预算执行和其他财政收支审计查出问题整改情况的报告、关于2022年区本级预算调整的报告、关于2022年预算执行情况和2023年区本级预算草案初步方案的报告，区七届人大常委会代表资格审查委员会关于补选区七届人大代表资格审查、部分代表资格终止的报告，表决通过相应的决议、审查意见。会议还听取市人大代表向区人大常委会的述职报告，选(任)后监督对象向区人大常委会的述职报告。会议对2021年度区级预算执行和其他财政收支审计查出问题整改情况开展专题询问和满意度测评，对市人大代表述职开展满意度测评，对选(任)后监督对象开展集中考评。会议表决通过关于召开绵阳市涪城区第七届人民代表大会第三次会议的决定，决定于2023年1月6日至8日在绵阳城区召开，会期两天半。

2022年绵阳市涪城区人大常委会会议一览表

表7

时　间	会议名称	主要内容
1月12日	区七届人大常委会第四次会议	人事事项： 　区人大常委会主任会议关于黄瑞成任职的议案 　区人民检察院关于依火伍牛等人员职务任免的议案 听取和审议区人民政府2021年预算执行情况和2022年区本级预算草案初步方案的报告，提出初步审查意见 听取和审议区七届人大常委会代表资格审查委员会关于第72选区补选区七届人大代表资格审查报告（草案） 听取和审议区七届人大常委会代表资格审查委员会关于代表资格审查和清理情况的报告（草案） 审议区七届人大二次会议相关资料（草案），作出召开区七届人大二次会议的决定
3月31日	区七届人大常委会第五次会议	通报2021年度镇街人大工作考评结果 人事事项： 　区人大常委会主任会议关于肖刚任职的议案 　区人民政府关于李济东等人员职务任免的议案 审议区七届人大常委会代表资格审查委员会关于杨帆代表资格终止的报告 听取和审议区人民政府关于“七五”普法工作情况和“八五”普法工作安排情况的报告，并作出相应决议 听取和审议区人大常委会执法检查组关于检查《四川省粮食安全保障条例》贯彻实施情况的报告 审议《区人大常委会2022年工作要点（草案）》 审议《绵阳市涪城区人民代表大会常务委员会议事规则（草案）》 审议《绵阳市涪城区人民代表大会及其常务委员会选举及任命“一府一委两院”国家机关工作人员选（任）后监督办法（试行）（草案）》

续表7

时 间	会议名称	主要内容
5月31日	区七届人大常委会第六次会议	人事事项： 区人大常委会主任会议关于管宏光等人员职务任免的议案 区人民政府关于张南冰任职的议案 区人民法院关于吴倩等人员免职的议案 区人民检察院关于隆欢等人员职务任免的议案 听取区人大常委会备案审查工作报告 听取区人大常委会主任会议关于加强国有资产管理情况监督的议案，并作出相应决定 听取和审议区人大常委会执法检查组关于检查《中华人民共和国道路交通安全法》贯彻实施情况的报告 听取和审议区人民政府关于开展“园区提质”“企业满园”行动情况的报告 听取和审议区人民政府关于征地拆迁群众安置工作情况的报告 听取和审议区人民政府关于常态化疫情防控工作情况的报告
7月27日	区七届人大常委会第七次会议	人事事项： 区人大常委会主任会议关于杨浚任职的议案 区人民政府关于文峰任职的议案 区人民法院关于李华峰等人员任职的议案 听取和审议区人民政府关于优化营商环境工作情况的报告 听取和审议区人民政府关于2021年企业国有资产管理情况的专项报告 听取和审议区人民政府关于农业社会化服务工作情况的报告 听取和审议区人民政府关于城镇困难群众精准帮扶工作开展情况审议意见的研究处理情况的报告，并开展满意度测评 听取和审议区人民检察院关于贯彻落实少捕慎诉慎押刑事司法政策情况报告
9月28日	区七届人大常委会第八次会议	人事事项： 区人大常委会主任会议关于文小青等人员免职的议案 区人民政府关于范俊等人员职务任免的议案 区人民法院关于王婷任职的议案 区人民检察院关于依火伍牛免职的议案 听取和审议区监委关于开展扫黑除恶“打伞破网”专项工作情况的报告 听取和审议区人民政府关于“三区三线”划定和空间规划编制工作情况的报告 听取和审议区人民政府关于涪城区2021年区级决算报告草案，审查和批准2021年区级决算 听取和审议区人民政府关于涪城区2021年预算执行和其他财政收支审计情况的报告 听取和审议区人民政府关于涪城区2022年1—6月预算执行情况的报告 听取和审议区人民政府关于涪城区2022年1—6月国民经济和社会发展计划执行情况的报告，开展专题询问和满意度测评 听取和审议区人民政府关于区七届人大一次、二次会议期间代表建议、批评和意见办理情况的报告，开展专题询问 听取区人大常委会人代工委关于区七届人大一次、二次会议期间代表建议、批评和意见办理情况的报告 听取和审议区人民政府关于基层医疗卫生机构运行情况的报告 听取和审议区人民政府关于人力资源服务产业园建设情况的报告
10月27日	区七届人大常委会第九次会议	听取和审议区人大常委会主任会议关于接受王宇辞去绵阳市涪城区人民政府副区长职务的议案，并作出相应决定 人事事项： 区人民政府关于谢欣等人员职务任免的议案

续表7

时　间	会议名称	主要内容
11月29日	区七届人大常委会第十次会议	人事事项： 　区人民法院关于张新等人员职务任免的议案 听取和审议区人大常委会执法检查组关于人民陪审员法贯彻实施情况的报告 听取和审议区人民政府关于2022年区级民生实事票决项目推进情况的报告 听取和审议区人民政府关于推动乡村文化振兴工作情况的报告 听取和审议关于接受冯清春辞去区七届人大常委会委员、专委会主任委员职务的议案，并作出相应决定 听取和审议关于接受李荐等人员辞去区七届人大代表职务的议案，并作出相应决定 听取区人民政府关于涪城区 2022 年生态环境状况和环境保护目标完成情况的报告 审议区七届人大常委会代表资格审查委员会关于部分代表资格终止的报告 听取和审议区人大常委会主任会议关于提请审议《绵阳市涪城区人大常委会关于补选区七届人大代表有关事项的决定》的议案，并作出相应决定
12月28日	区七届人大常委会第十一次会议	听取和审议区人民政府关于2021年度区级预算执行和其他财政收支审计查出问题整改情况的报告，并开展专题询问和满意度测评 听取和审查区人民政府关于2022年区本级预算调整的报告，并作出相应决议 听取和审议区人民政府2022年预算执行情况和2023年区本级预算草案初步方案的报告，提出初步审查意见 听取和审议区七届人大常委会代表资格审查委员会关于补选区七届人大代表资格审查、部分代表资格终止的报告 审议区七届人大三次会议相关事宜，作出召开区七届人大三次会议的决定 听取市人大代表向区人大常委会的述职报告，并开展满意度测评 听取选（任）后监督对象向区人大常委会的述职报告，对被监督对象开展集中考评

（李虹颖　黄瑞成）

依法监督

【概况】　2022年，涪城区人大常委会坚持服从服务工作大局取向，围绕区委中心工作和人民群众急难愁盼问题依法履行监督职能，推动涪城区高质量发展，提升监督工作的针对性、实效性，推动区委重大决策部署落地落实。全年共听取和审议“一府一委两院”专项工作报告24个，开展执法检查3次、专题调研8次，依法作出决议决定11个，任免国家机关工作人员31人。

【经济发展监督】　2022年，涪城区人大常委会听取和审议区人民政府2022年上半年国民经济和社会发展计划执行情况报告，提出针对性建议，助力政府把握经济社会发展主动权。听取审议区人民政府关于“三区三线”划定和空间规划编制工作专项报告，促进国土空间合理规划和利用，优化经济社会发展空间布局。围绕区委“产业强区”部署，聚焦“三大主导产业”发展，审议政府关于工业经济发展的专项报告，督促政府推动产业上档升级。听取和审议区人民政府优化营商环境情况报告，持续推动政府完善政务服务体系，全面落实惠企政策。听取和审议2021年企业国有资产管理情况的专项报告，督促有关职能部门进一步规范和改进企业国有资产管理，防止企业国有资产流失。对涪城区科技创新平台运行、区属国有金融企业经营、金融产品服务中小企业情况等开展调研，提出切实可行的建议，助推区域经济高质量发展。听取和审议财政预算执行情况报告、2022年区本级预算调整的报告，并作出相关决议决定。审查批准2021年区级决算。听取和审议2021年度区级预算执行和其他财政收支审计查出问题整改情况的报告，并开展专题询问和满意度测评。开展监督工作，强化预算刚性约束，推动政府提高财政资金使用效益、防范化解财政金融风险。

【民生监督】　2022年，涪城区人大常委会听取和审议区人民政府2022年民生实事票决项目实施情

2022 年 7 月 15 日，涪城区人大代表视察监督青少年预防近视工程民生实事项目进展情况 （涪城区人大办）

况，促进项目落地落实、高质量完工。听取和审议区人民政府拆迁群众安置工作情况的报告，推动安置工作质量进一步提高，保障群众合法权益，维护社会和谐稳定。对涪城区人力资源服务产业园建设开展监督，听取和审议政府相关专项报告，推动产业园建设成为高效优质的人力资源信息共享和专业服务平台。组织专业代表对背街小巷改造、绵州记忆特色街区、燃气改造等26个在建项目进行视察监督，向有关责任单位提出改进建议28条，督促项目建设提质增效。听取和审议区人民政府关于基层医疗卫生机构运行情况的报告，促进基层医疗卫生机构健康运行，提升基层医疗卫生机构服务能力。听取和审议区人民政府关于2021年城镇困难群众精准帮扶工作开展情况审议意见的研究处理情况报告，并开展满意度测评，对监督事项持续跟踪问效，督促政府解决困难群众所急所盼，提高人民群众获得感、幸福感。

【乡村振兴监督】 2022年，涪城区人大常委会听取和审议区人民政府关于农业社会化服务的报告，促进农业社会化服务市场化、专业化水平进一步提升，实现小农户与现代农业发展有效衔接。紧扣加快建设西部地区乡村文化振兴示范区工作，听取和审议区人民政府关于乡村文化振兴的专项报告，推进农村文化建设。调研农产品质量安全情况，深入查找农产品在生产、加工等环节质量安全方面存在的问题，督促政府持续提高农产品质量，提升农产品市场竞争力，保障人民群众身体健康。

【法治建设监督】 2022年，涪城区人大常委会听取和审议区人民政府“七五”普法工作情况和“八五”普法工作安排情况，作出关于开展第八个五年（2021—2025年）法治宣传教育的决议，提升普法规划的科学性和实效性，推动涪城法治宣传教育和依法治区工作高效开展。对人民陪审员法、道路交通安全法、四川省粮食安全保障条例开展执法检查，促进法律法规在涪城的贯彻实施，推动法治涪城建设向纵深推进。听取和审议区人民检察院贯彻落实少捕慎诉慎押刑事司法政策情况报告，督促区人民检察院落实司法政策，体现司法宽和，促进社会和谐。调研人民陪审员选用情况，促进解决陪审员“陪而不审、审而不议”的现象，推动人民陪审员履职能力和履职效果提升。依法有序推进监察工作监督，听取和审议区监委扫黑除恶“打伞破网”工作情况报告，聚焦重点领域整治、重点行业监管，推动“打伞破网”工作成为整治腐败和不正之风的有力抓手，提升涪城人民的满意度和安全感。

【人事任免监督】 2022年，涪城区人大常委会依法任免国家机关工作人员31人38职，人民陪审员21人21职，接受国家机关工作人员和人大代表辞职6人，补选区人大代表3人。制定《涪城区人大及其常委会选（任）后监督办法实施细则》，首次按照新的实施细则对29名国家机关工作人员开展选（任）后监督，通过日常监督、现场调研、常委会专题会议集中考评，对选（任）后人员进行科学、客观、公正的评价，并向区委报告评价结果，切实督促国家机关工作人员依法履职、勤政为民。

（李虹颖 黄瑞成）

代表工作

【概况】 2022年，涪城区人大常委会重点围绕习近平法治思想、习近平总书记关于坚持和完善人民代表大会制度的重要思想、法律法规和人大业务知识，开展多种形式的代表培训27场，组织代表和人大工作者赴井冈山、厦门、深圳等地开展集中培训，创新开展代表履职“云培训”，有效提升人大代表履职能力。以行政辖区为单位组建13个区域代表小组，由专工委室牵头组建财经、法治、社建等7个专业代表小组，丰富代表小组活动，搭建代表履职平台。在全区建成14个代表之家和37个代表联络站，依托“家站”每月10日开展“代表接待日”活动，探索代表履职量化评价制度，激发代表履职活力。加强“涪城夜话”“一线民情”“涪企有我”等代表履职微品牌建设，全年组织代表开展履职经验交流、民情民意调研、企业联系走访等主题活动17次，为促进辖区经济社会发展和解决群众急事难事作出积极贡献。

【代表建议】 2022年，涪城区七届人大二次会议期间，收到代表建议124件，交办建议107件，交办建议全部办复，代表对建议办理评价满意98件、基本满意9件，分别占91.59%和8.41%。区人大常委会听取和审议区人民政府关于区七届人大一次、二次会议期间代表建议、批评和意见办理情况的报告，首次由常委会工作部门报告建议、批评和意见办理工作综合情况，促进代表建议办理从重“满意率”向重“落实率”转变。

2022年度履职优秀代表名单

（排名不分先后）

黄富敏	谢　平	周建国	王　斌
张晓琴	喻浩城	谷丽静	戴志华
邓启贵	鲜跃辉	张继秀	李金华
谢长华	冯　庆	杜立君	何晓翔
张尚均	侯习敏	欧阳曼娘	
朱学召	熊英伟	史晓丽	任　莉
胡丹丹	马宗才	周　伟（石塘）	
杨革英	张启伟	马山成	李雨嘉

2022年度优秀人大代表建议一览表

（排名不分先后）

表8

序号	领衔代表	建议内容
1	张　锐	关于进一步推行“城管+公安”联勤联动机制强化综合执法保障的建议
2	侯习敏	关于简化胜诉方诉讼费用退还手续及提高退费效率的建议
3	朱学召	关于加强农村公共文化服务交通提升体系建设的建议
4	戴志华	关于物业管理服务费标准的有关建议
5	张启伟	关于为涪城区公办寄宿制学校学生寝室安装空调的建议
6	黄富敏	关于对我区城乡接合部自建房、城区老旧小区电力线路进行集中清理维护的建议
7	陈　湘	关于加强三无小区消防安全隐患整治的建议
8	罗耀均	关于解决绵阳市循环经济产业园、临港产业园南部企业及鲜家坝村村民用水匮缺问题的建议
9	贾大雁	关于强化基层服务，打通医保经办工作一公里的建议
10	周建国	关于在城区主要交通要道设置障碍宣传牌，推动我区无障碍环境项目建设的建议
11	任　莉	关于协调改建绵兴东路608处立交桥的建议

（李虹颖　黄瑞成）

概　述

【概况】 2022年，涪城区全面贯彻“疫情要防住、经济要稳住、发展要安全”重要要求和“讲政治、抓发展、惠民生、保安全”工作总思路，对标市委“五市战略”，深入实施“三千工程”，加快建设“四个强区”，攻坚克难、狠抓落实，完成区七届人大二次会议确定的各项目标任务。区属地区生产总值656.08亿元，增长5.7%，规模以上工业增加值增速自2020年12月以来稳居县（市、区）第一。21项主要经济指标中16项位列县（市、区）前三，其中10项排名第一。全国百强区跨越升级5位、居第63位，获得省委、省政府表扬奖励。全国投资竞争力百强区晋升6位、居第39位，排名西部地区同类城市首位。

2022年，涪城区全社会固定资产投资同比增长10.3%；规模以上工业增加值同比增长15.8%；服务业增加值434.62亿元，同比增长5.2%；社会消费品零售总额281.21亿元，与2022年同期持平；地方一般公共预算收入24.06亿元；城乡居民人均可支配收入分别达48075元、27748元，分别增长4.6%、6.5%。

【经济建设】 2022年，涪城区成立稳经济政策落实办公室，落实“援企稳岗”等惠企政策措施70余项，覆盖市场主体3万余户。新增减税降费34.1亿元，其中增值税留抵退税26.5亿元。出台一、二、四季度刺激经济政策，兑现各类奖补资金7.68亿元。市场主体净增1.2万户、达到11.03万户，“个转企”182家，新增“四上”企业75家。

【园区建设】 2022年，四川绵阳工业园委托涪城管理，结束涪城没有省级开发区的历史。实施“园区提质”“企业满园”行动，金家林总部经济试验区获全市园区高质量发展大会综合考评第一名，惠科产业园获评全市首批特色（专业）园区。“三种模式”竣工标准厂房101.3万平方米、增长102%。科技物流园主干路网基本形成、项目全面落地，传化物流公路港、高端食品产业园、成品油集中仓库等15个项目集中开建，成为全区项目投资、产业发展新引擎。

【项目建设】 2022年，涪城区成立“建设项目政务快速服务专班”，完善重大项目推进协调机制，着力构建项目全生命周期服务体系。33位区级领导全覆盖联系99个省市区重点项目，推动投资达到年度计划130%。25个项目获评全市“骏马项目”，占比超过20%。178个项目开工建设，146个续建项目加快建设，162个项目竣工投产（投用）。全社会固定资产投资完成272亿元、总量连续七年排名全市第一，形成项目组团建设、滚动推进的良好态势。

【科技创新】 2022年，涪城区注重科技引领、创新驱动，发展动能大幅提升。科创平台效应凸显。建成西科数字经济创新中心、核与辐射数智协同创新基地，科创平台达到15个，新签约科创项目105个。新增中关村信息谷等市级孵化平台3家。新增创新载体14万平方米。科技部遥感中心绵阳分部落户涪城。与中物院成科中心达成战略合作，智能传感科技园挂牌运营。科创主体日益壮大。聚集科创企业460家。新认定科技型中小企业90家，国家科技型中小企业评价入库268家，有效高新技术企业总数达89家。规模以上企业研发经费投入突破10亿元，完成科技成果转移转化项目20个。长虹MCU、垚磊无人机等项目顺利投产。科创环境不断优化。成功举办省、市级创新创业大赛2场，涪城区首届青年创新创业大赛亮点纷呈。全国创新百强区成功入围、居第34位，排名全国同类城市首位。

【产业发展】 2022年，涪城区注重提质增效、转型升级，三次产业协同发展。先进制造业整体成势。实施制造业倍增行动，规模以上工业总产值达到363亿元，获评全国工业百强区。新型显示、汽车电子、5G制造三大主导产业持续壮大、产值占比达70%。省级专精特新中小企业、新经济示范企业、企业技术中心分别新增9户、2户、2户。现代服务业稳步提升。实施服务业升级行动，服务业增加值、社会消费品零售总额分别达430亿元、280亿元。“绵州记忆”特色街区项目加快推进。发放“乐享涪城”惠民消费券及稳岗、促销补贴3212万元，拉动消费超6亿元。启动临园路中段189号金融楼宇前期工作，加快建设临园路金融集聚区，金融机构总数达136家。“一楼一策”培育专业楼宇7栋。智能物流体系提档升级，国富云仓投入运营，智慧物流信息中心一期项目完工。入选全省首批县域商业建设示范县（区）名单。现代农业精致发展。夯实粮食安全根基，完成撂荒地复耕复种任务，新建高标准农田2.3万亩，粮食播种面积21.5万亩、产量8.8万吨。坚持以“三品”工程为引领，持续壮大优质果蔬产业。新增省级农业龙头企业1家、市级2家。梯次建设农业主题公园，“千鹤桑田”蚕桑文化农业主题公园优质运营，“湖光山色”稻渔亲水湿地农业主题公园开园，“蔬香绿野”芦笋大健康农业主题公园加快建设。

【城乡协调发展】 2022年，涪城区注重融合互动、协调发展，城乡面貌明显改善。中心城区有机更新。实施城建攻坚八大专项行动，全年完成投资45.26亿元。烟厂老厂区及家属区等8个旧改棚改项目有序推进，南河花园等204个老旧小区实施改造，七彩游园等39处口袋公园、美丽街角完成建设，南河路西段等26条背街小巷完成改建，南山中路等3条市政道路加快建设。开展违建专项整治，拆除121宗1.86万平方米。乡村振兴全面推进。坚持产业振兴，发展现代都市农业，新皂镇“总社+公司”集体经济发展模式在全省推广，杨家镇获评全国第十二批“一村一品”示范镇。坚持人才振兴，新培育市级以上示范新型农业经营主体10家、新型职业农民40名。坚持文化振兴，承办省级魅力竞演大赛启动仪式，绵州吟诵、金峰雄狮成功申报省级非遗项目。坚持生态振兴，新改建农村户用卫生厕所300户，硬化村村通道路29.3千米，杨家镇鲜家坝村获评市级美丽宜居样板村。坚持组织振兴，挖掘83名返乡创业年轻人、大学毕业生为村社后备干部，66名进入村“两委”班子。创建省级乡村振兴示范村3个、市级5个。生态环境大幅改善。按时序推进第二轮中央生态环境保护督察反馈问题整改。持续守好蓝天、碧水、净土，全年优良天数率和$PM_{2.5}$同比改善，辖区国省水质考核断面达标率100%，57个行政村农村生活污水得到有效治理，化肥农药使用量保持“零增长”，土壤环境安全可控。持续深化“河湖长制”，全面推行“林长制”。推进城乡环境综合提质三年行动，实施村社“五清”、场镇“四定”、城区“四化”工程，开展“治脏”“治乱”“增靓”三大行动，城乡面貌焕然一新。

【改革开放】 2022年，涪城区注重深化改革、扩大开放，动力活力加速释放。对内改革迈向深入。两项改革“后半篇”文章27个方面121项重点任务有序实施。完成“三区三线”划定，新增城镇开发边界14.79平方千米，争取市级统筹倾斜3.79平方千米。完成第五次全国经济普查国家专项试点。有序平稳推进机关事业单位编外人员规范化管理。完成深化国企改革三年行动，双百亿、双AA级国企新格局形成，支持园区开发建设和重大项目招引落地。全面落实联系服务企业四大常态机制，全年收集问题

1020个、化解率92.3%，“三度服务”作为赛迪创新案例在全国推广。持续深化“放管服”改革，下沉政务服务事项376项，实现“企业办事不出园”。对外开放合作共赢。坚持精准化、专业化、平台化招商，围绕主导产业延链补链强链，招引项目118个、签约金额797.8亿元，其中百亿级项目5个，三项数据均创历史新高。签约5亿元以上项目22个，实际利用外资7485万美元。高质量参与全市“三推”活动，举办大型投资推介活动9场，与厦门市湖里区结为友好城区，“涪聚三江、城纳四海”成为闪亮标识。绵遂内铁路高铁南站选址吴家镇，皂角铺物流基地开行中欧班列、西部陆海新通道东盟铁海联运班列。对上争取持续突破。聚焦国家、省重点支持方向和领域，策划包装项目301个，总投资1031亿元。安排项目前期经费3000万元，完成67个项目前期工作。争取到位央省预算内和债券等资金26.24亿元。全年争取资金45.63亿元，增长21.06%。

【社会民生】 2022年，涪城区注重利民惠民、共享发展，美好生活更加殷实。高质量完成省市区民生实事项目43个。“双减”工作稳步推进，学科类培训机构压减率91.2%。全面推开义务教育大学区制改革，教育资源供给更加优质均衡。教育质量评价获全市特等奖。骨科医院创建为全区首家三甲专科医院，肛肠病医院创建为三乙专科医院。承办第24届中国大学生篮球一级联赛男子全国（北区）大赛。推进“十心行动”，创新实施“五润行动”。城镇新增就业1.04万人，城镇登记失业率2.71%。全民参保扩面行动持续开展，城乡居民基本养老、医疗保险参保率分别达95%、98.8%。发放城乡低保、特困供养等各类救助补助资金3798万元。实施全国居家和社区基本养老服务提升行动试点，省、市级民生托育改建项目全面建成。全国幸福百强区上升3位、居第50位，幸福指数与发展指数同步提升。

【安全保障】 2022年，涪城区注重防范风险、保障安全，社会大局和谐稳定。安全底板全面加固。开展安全生产大检查，有效整治各类安全隐患2200余处，全年未发生较大及以上生产安全事故。开展自建房等重点房屋安全排查6.49万栋，累计搬离住户1337户。历时两个月全覆盖排查燃气用户34.4万户，完成隐患整改4.8万处，进一步筑牢安全底线。应急管理体系不断健全，防汛、地灾、应急“三合一”工作专班实体化运行，地灾、内涝风险点位责任到人、挂图作战，编制修订暴雨洪涝巨灾应急预案等专项预案22个。建立“十户联保”制度，森林防灭火专项整治成果持续巩固。投入2400万元，集中整治道路交通安全隐患41个，完善农村道路安防设施，“两站两员”配齐配全。扎实推进国家食品安全示范城市创建工作。各类风险处置有力。开展房地产市场秩序整治，推进“问题楼盘”化解，恒大翡翠龙庭如期交房，历时10余年的凯跃华庭历史遗留问题得到妥善解决。33件信访积案难案成功化解。坚决守住不发生区域性系统性债务风险底线，化解隐性债务3.7亿元。治理效能有效提升。充实社区专职工作者、专职网格员队伍522人，全科网格治理体系加速构建，“小单元认领”治理模式在全省推广。系统推进城乡治理示范创建，城厢街道和工区灵通社区等4个社区获评全省基层治理示范街道（社区），吴家镇和丰谷清水村等3个村获评全省第三批乡村治理示范镇（村）。平安涪城、法治涪城建设深入推进，刑事立案下降13.5%。新皂镇刘家坪村创建为第一批省级“民主法治示范村”。

（李伟　柳青）

重要会议

【概况】 2022年，涪城区第七届人民政府召开全体会议2次，召开政府常务会议29次。

【区政府全体会议】 2022年1月12日，涪城区人民政府七届第一次全体会议召开，审议通过《政府工作报告（征求意见稿）》《绵阳市涪城区2021年国民经济和社会发展计划执行情况与2022年国民经济和社会发展计划（草案）报告（征求意见稿）》《绵阳市涪城区2021年预算执行情况和2022年预算（草案）报告（征求意见稿）》等3个报告，总结2021年工作，安排部署2022年重点工作及近期重点工作。

2022年12月26日，涪城区人民政府七届第二次全体会议召开，审议并原则通过《政府工作报告(送审稿)》《涪城区2022年国民经济和社会发展计划执行情况及2023年计划草案的报告(送审

2022年1月12日，绵阳市涪城区人民政府七届第一次全体会议召开（涪城区政府办）

稿）》《涪城区 2022 年财政预算执行情况和 2023 年财政预算草案的报告(送审稿)》,安排部署近期重点工作。

【区政府常务会议】 2022年涪城区第七届人民政府召开常务会议29次，审议通过《关于聚焦“提标扩面”目标 深化拓展城镇困难群众精准帮扶工作的通知（送审稿）》、省级“四好农村路”示范县奖补资金使用计划、《绵阳市涪城区人民政府 铭盛国富（深圳）科技有限公司战略合作协议》等议题205个，研究部署民生保障、资金分配、招商引资等工作。

2022年绵阳市涪城区人民政府全体会议、常务会议一览表

表9

时 间	会议名称	主要内容
1月12日	区政府七届第一次全体会议	审议《政府工作报告（征求意见稿）》《绵阳市涪城区2021年国民经济和社会发展计划执行情况与2022年国民经济和社会发展计划（草案）报告（征求意见稿）》《绵阳市涪城区2021年预算执行情况和2022年预算（草案）报告（征求意见稿）》，总结2021年工作，安排部署2022年工作
12月26日	区政府七届第二次全体会议	审议《政府工作报告（送审稿）》《绵阳市涪城区2022年国民经济和社会发展计划执行情况与2023年国民经济和社会发展计划（草案）报告（送审稿）》《绵阳市涪城区2022年预算执行情况和2023年预算（草案）报告（送审稿）》，安排部署岁末年初政府重点工作
1月12日	区政府七届第9次常务会议	传达学习市委经济工作会议、区委七届二次全会精神，审议《政府工作报告（征求意见稿）》《绵阳市涪城区2021年国民经济和社会发展计划执行情况与2022年国民经济和社会发展（草案）报告（征求意见稿）》《绵阳市涪城区2021年预算执行情况和2022年预算（草案）报告（征求意见稿）》
1月24日	区政府七届第10次常务会议	传达学习十九届中央纪委六次全会、省“两会”、区“两会”精神、全市领导干部大会精神，研究全区政府系统贯彻落实措施，审议《关于进一步深化区属国有企业改革的方案（送审稿）》、人事事项
2月24日	区政府七届第12次常务会议	传达学习近期国务院常务会议、省委书记彭清华在省级领导干部和市厅级主要负责同志读书班上讲话、省纪委十一届六次全会、市纪委八届二次全会、市八届人大二次会议、市政协八届二次会议精神，全省耕地保护重点工作专题会精神，学习贯彻中共中央办公厅 国务院办公厅印发《关于更加有效发挥统计监督职能作用的意见》，研究全区政府系统贯彻落实措施；审议《涪城区优秀企业家评选办法（试行）》《2021年涪城区建设“四个强区”突出贡献企业拟表彰对象名单》《2021年涪城区建设“四个强区”突出贡献领军人才团队及菁英人才拟表扬对象名单》《2021年涪城区建设“四个强区”突出贡献机关事业单位先进个人和先进集体拟表彰对象名单》和汇鑫集团2022年项目建设计划事宜、烟厂老厂区棚改配套基础设施建设项目相关事宜、2022年第二批相关经费安排事宜、人事事项等

续表9

时　间	会议名称	主要内容
4月15日	区政府七届第17次常务会议	学习《四川省优化营商环境条例》，学习贯彻近期习近平总书记等中央领导同志关于安全生产、森林草原防灭火工作重要指示批示精神，党中央国务院、省委省政府、市委市政府森林防灭火会议精神及《河南郑州“7·20”特大暴雨灾害调查报告》，传达学习近期国务院常务会议精神、绵阳市级领导干部和县级主要负责同志读书班会议精神，听取2021年涪城区对口帮扶昭觉县工作开展情况及2022年重点工作安排汇报，安排部署相关工作；审议《涪城区“十四五”科技创新发展规划（送审稿）》、《涪城区“十四五”新经济发展规划（送审稿）》、《涪城区城镇燃气安全排查整治工作实施方案（送审稿）》、《2022年涪城区城建攻坚重点项目工作计划（送审稿）》、绵阳市滨江小学（成绵路小学滨江校区）改扩建项目等3个学校基础设施项目建设方案、《2022年省级、区级财政衔接推进乡村振兴补助资金安排建议方案》、区土地管理委员会2022年第2次会议议定事项、《涪城区2022年第一批国有资产资源整合重组方案（送审稿）》、富乐北路（1958至跃虹路段）市政道路建设项目增加工程量相关事宜、2022年第四批相关经费安排事宜
5月11日	区政府七届第19次常务会议	学习《四川省水利工程管理条例》，传达学习习近平总书记、李克强总理对湖南长沙居民自建房倒塌事故作出的重要指示、批示精神，以及全国自建房安全专项整治电视电话会议精神，中央财经委员会第十一次会议、省委财经委员会第十二次会议精神，近期国务院常务会议精神，5月7日省委常委会、5月9日全省经济运行调度电视电话会议精神；听取近期全区疫情防控重点工作开展情况汇报，安排部署相关工作；通报2022年一季度“12345”热线运行情况，安排部署相关工作；通报2022年省市区民生实事项目推进情况，安排部署相关工作；审议《绵阳市涪城区工业高质量发展“十四五”规划（送审稿）》、涪城区2022年一季度激励措施兑现事宜、《涪城区2022年二季度“稳增长”十条激励措施（送审稿）》、《涪城区2022年冲刺“半年红”目标绩效激励约束措施（送审稿）》、《2022年绵阳市涪城区润禾计划实施方案（送审稿）》、《涪城区集聚创新人才引领发展十条措施》及其实施细则、《绵阳市涪城区支持卫星产业发展二十四条措施》、《绵阳市涪城区人民政府 铭盛国富（深圳）科技有限公司战略合作协议》、涪城区临港经济发展区一级普通消防站项目实施方案、2022年第五批相关经费安排事宜、人事事项
5月26日	区政府七届第20次常务会议	学习《中华人民共和国审计法》，传达学习近期国务院常务会议，以及全国、全省、全市稳住经济大盘电视电话会议精神，国务院第五次廉政工作会议、省政府第五次廉政工作会议、市政府廉政工作会议精神，省委书记王晓晖到绵阳调研指示精神；通报2022年区人大代表建议、政协提案办理情况，安排部署相关工作；审议《涪城区“十四五”推进农业农村现代化规划（2021—2025年）（送审稿）》、区土地管理委员会2022年第4次会议议定事项、《涪城区义务教育大学区管理实施意见（试行）》、《涪城区事业单位管理岗位职员等级晋升制度实施方案（试行）》、《绵阳市涪城区城厢街道片区改造项目（原广电中心）投资合作框架协议书（送审稿）》、2022年第六批相关经费安排事宜
6月10日	区政府六届第21次常务会议	传达学习省第十二次党代会、省委十二届一次全会、省纪委十二届一次全会精神，研究全区政府系统贯彻落实措施；审议《涪城区农村人居环境改善整治项目建设方案》、《石拦路改建提升项目建设方案》《2022年农村综合改革转移支付资金安排建议方案》、《厦门市湖里区人民政府 绵阳市涪城区人民政府友好城区关系协议》、2022年第七批相关经费安排事宜、《绵阳科技城医院项目建设方案》、沿江二组“城中村”改造项目国有土地上房屋征收决定、《2022年校舍维修改造资金拟分配方案》、《2022年区级教育费附加资金二次分配（第一批）拟分配方案》、《2021年省级现代服务业集聚区资金分配方案》、更新购置特种专业技术用车事宜

续表9

时　间	会议名称	主要内容
6月30日	区政府七届第23次常务会议	学习《信访工作条例》，传达学习习近平总书记四川视察重要指示精神、近期国务院常务会议精神、绵阳市园区高质量发展大会精神，研究全区政府系统贯彻落实措施；通报全区第二轮60岁及以上人群新冠疫苗接种攻坚行动工作情况，安排部署下一步重点工作；听取全国文明城市创建工作推进情况汇报，安排部署下一步重点工作；审议《全区自建房等重点房屋安全专项整治实施方案（送审稿）》、《涪城区环境卫生综合提升项目实施方案》、《2022年中央、省级、区级财政衔接推进乡村振兴补助资金安排建议方案》、《绵阳市涪城区农村道路隐患整治项目实施方案》、2021年第二批和2022年第一批省级交通专项资金使用计划、《2022年城镇困难群众精准帮扶资金分配建议方案》、《绵阳市涪城区人民政府　北京风云天下科技发展有限公司战略合作协议》、《绵阳市公安局涪城区分局执法办案管理中心项目建设方案》及相关事宜、区土地管理委员会2022年第6次会议议定事项、2022年第八批相关经费安排事宜、《绵阳市涪城区人民政府　绵阳市农业融资担保有限公司乡村振兴农业产业发展信贷担保合作协议》
7月21日	区政府七届第24次常务会议	传达学习近期国务院常务会议精神、省委书记王晓晖，应急管理部党委书记、部长黄明，省委副书记、省长黄强，省委常委、市委书记曹立军，市委副书记、市长李云等领导对做好防汛抗旱地灾防治工作作出的批示精神，以及全省防汛救灾工作调度会议、八届市委第45次常委会会议、全市防汛抗旱和地灾防范应对工作会议精神，安排部署全区防汛抗旱、地灾防范应对工作；学习《新型冠状病毒肺炎防控方案（第九版）》，通报全区第二轮60岁及以上人群新冠疫苗接种攻坚行动工作情况，安排部署下一步工作；审议《涪城区机关事业单位编外人员管理办法（试行）及其配套制度（送审稿）》、《绵阳市涪城区贯彻落实第二轮中央生态环境保护督察报告整改实施方案（送审稿）》、《科技智谷人才公寓项目投资建设实施方案（送审稿）》、《青义镇加油站加气站投资建设实施方案（送审稿）》、《临湖配套商业项目投资建设实施方案（送审稿）》、《2021年度省级军民融合高技术产业基地专项资金使用建议方案》、《绵阳市涪城区人民政府中物院成都科学技术发展中心深化院地合作战略协议》、《绵阳市涪城区人民政府 深圳市绵阳商会（粤港澳）大湾区招商联盟合作协议》、调整南山中路、南支六路延伸段道路建设工程项目总投资事宜、涪城区御营坝危旧棚户区改造项目基础配套设施工程（二期）一道路及排洪渠项目增加工程量相关事宜、2019年涪城区教育振兴计划基础设施建设项目（绵阳市成绵路小学扩建工程）增加工程量相关事宜、2019年涪城区教育振兴计划基础设施建设项目（绵阳市第二中学金家林校区改扩建工程）增加工程量相关事宜、2022年第九批相关经费安排事宜、人事事项
9月7日	区政府七届第28次常务会议	传达学习近期国务院常务会议精神，审议《绵阳市涪城区乡镇（街道）行政权力事项清单（2022年版）（送审稿）》、《涪城区引导支持社会力量参与城镇困难群众精准帮扶机制（试行）（送审稿）》、《涪城区增配专职网格员的实施方案（送审稿）》、《涪城区人民政府与四川中医药高等专科学校校地合作协议》、涪城区翠花街片区南华宫等36个老旧小区燃气管网更新及配套设施改造项目等6个项目实施方案、调整涪城区执法单位编外人员经费保障事宜、2022年第十一批相关经费安排事宜、《涪城区推进中小学教师“区管校聘”管理改革的实施意见（送审稿）》、《2020—2021年体育彩票公益金分成资金二次拟分配方案》、《2022年度中央义务教育薄弱环节改善与能力提升补助资金及支持学前教育发展资金二次拟分配方案》、区土地管理委员会2022年第8次会议议定事项、富诚集团投资四川省天府芯云数字经济发展基金公司有关事宜
11月8日	区政府七届第32次常务会议	学习《四川省农村集体经济组织条例》，学习贯彻习近平总书记关于“三农”工作的重要论述，听取城乡环境综合提质三年行动推进情况汇报，安排部署下一步工作；听取2022年涪城区对口帮扶昭觉县工作情况汇报，安排部署下一步工作；审议《2022年小型水库维修养护项目建设任务暨资金分配方案》、《2022年省级现代服务业集聚区资金分配方案》、2022年第十四批相关经费安排事宜、《绵阳市涪城区人民政府 西南科技大学校地合作战略协议》、《绵阳市涪城区临园路片区城市有机更新项目投资方案》、《经开区S8至绵吴路道路工程项目建设增加建安费支付协议书（送审稿）》、关于更新购置3辆应急保障公务用车事宜、《绵阳市涪城区教育体育系统会计核算中心所持 绵阳东辰学校5%国有出资份额转让方案》

续表9

时 间	会议名称	主要内容
11月28日	区政府七届第33次常务会议	学习《中华人民共和国地方各级人民代表大会和地方各级人民政府组织法》《四川省行政规范性文件管理办法》，传达学习习近平总书记在10月25日中央政治局会议、二十届中央政治局第一次集体学习会议、带领中央政治局常委瞻仰延安革命纪念地的重要讲话精神和在陕西延安、河南安阳考察时的重要指示精神，11月10日中共中央政治局常务委员会会议、近期国务院常务会议精神，11月11日全国、全省新冠肺炎疫情防控工作电视电话会议精神，11月1日省委常委会会议和11月9日市委常委会会议有关精神，研究全区政府系统贯彻落实措施；传达学习中央、省、市关于政府过紧日子有关要求，听取涪城区2023年部门预算编制有关情况；审议《绵阳市涪城区行政许可事项清单（2022年版）（送审稿）》、《涪城区普通公务用车配备更新管理办法（送审稿）》、《临园路中段189号农行家属区地块国有土地上房屋模拟搬迁补偿安置方案》、区土地管理委员会2022年第11次、12次会议议定事项，2022年第十五批相关经费安排事宜、《2022年区级教育附加资金二次分配（第二批）拟分配方案》、人事事项等
12月16日	区政府七届第34次常务会议	学习《四川省水资源条例》，传达学习 12 月 6 日中共中央政治局会议、12 月 9 日省委常委会会议精神，习近平总书记对河南安阳市凯信达商贸有限公司火灾事故作出的重要指示，近期全省、全国安全生产及森林草原防灭火工作电视电话会议精神及省委办公厅、省政府办公厅《关于坚决扛起政治责任扎实做好当前安全生产工作的紧急通知》精神，省委十二届二次全会精神，习近平总书记关于食品安全重要论述、国务院食安委关于食品安全“两个责任”相关文件和会议精神；听取涪城区 2022 年 1—11 月中央直达资金执行情况汇报、“一网通办”能力巩固提升工作情况汇报，审议涪创集团入伙四川区域协同发展投资引导基金合伙企业（有限合伙）事宜

（李金金　柳　青）

综合事务

【概况】 2022年，涪城区人民政府办公室紧紧围绕政府中心工作，坚持“以文立室、以文辅政”工作理念，持续优化服务能力、提升服务水平。牢固树立“精品公文”的意识，加强会务组织和服务，确保会议高效务实、精益求精，确保调查研究精准优质，公文会务规范高效，政务信息持续进步，督查督办落实有力，服务协调全面保障，营商环境稳步提升，金融工作亮点突出，助推政府各项工作高效、有序开展。

【政务公开】 2022年，涪城区政府办优化完善政务公开机制，持续推行“五公开”制度，增强政务信息公开实效。强化工作落实机制。进一步完善全区政务信息公开监督、考评机制，定期开展政府信息公开网上巡查，以检查促问题整改、以考核促工作落实，有效确保政务信息公开规范、严谨。规范公开渠道。在官方网站涪城政务网开设“政府信息公开目录”专栏，设置政府信息公开指南、政府信息公开制度、法定主动公开内容等项目，科学有序开展政务信息公开工作，政府门户网站实现“天天更新”。依法处理公开申请。全年，接收信息公开申请22件，全部办理完结。

【市长热线办理】 2022年，涪城区政府办充实力量、理顺机制，积极应对主城区“12345”市长热线量大、问题相对复杂等情况，提升办理质效。健全快速转办机制。完善首问责任制、限时办结制等相关制度，落实专人24小时值守“12345”热线电话，依托绵阳市云办公平台、工作QQ群等，实现“即接即转”。统筹协调抓好跟进落实。根据群众诉求，及时与责任单位沟通，督促解决问题并限期回复；对涉及多个责任单位的事项，通过召开协调会、现场督办等方式，统筹多方力量，做到群众诉求“件件有着落、事事有回音”。规范有序实现高效办结。全面梳理工作流程，明确工作职责，层层落实责任人，实行专人专办等系列措施，优化形成“签收转办—调查处理—审核上报—收集回复—整理归档”程序闭环。2022年，共受理转办件15334件，办结率99.84%，满意率96%，特别是5月以来，涪城区在信件量持续居全市第一的情况下，按时办结率和满意率均达到100%。

【政务督查】2022年，涪城区政府办发挥办公室督查督办职能，确保政府工作件件有结果、事事有回音。健全督查工作体系。坚持把政务督办作为推动工作落实的重要手段，明确由分管政研室同志牵头、政研室具体负责，优化《区政府重大工作事项督办制度》，及时制定督查工作年度计划，明确督查内容、流程和要求，按照轻重缓急和办理时限，建立督办台账，实现重点事项每周一督查、一汇总、一反馈。重点工作督查。紧扣实施“三千工程”、建设“四个强区”目标，聚焦制造业倍增行动、服务业升级行动、对上争取、重点项目推进、招商引资等事关全区经济社会发展的重点工作，适时开展专项督办，做到监督到位、协调到位、解决到位、参谋到位，确保重点工作落地落实。全年，累计开展专项督查40余次。围绕群众关注的热点问题开展督办。高效办理市长热线、网络理政。老旧小区消防安全整治项目等2022年票决的十大民生实事项目全面完成目标任务。主动承担市政府交办的人大代表建议、政协委员提案回复办理，人大代表建议和政协委员提案办复率均达100%。

【政务调研】2022年，涪城区政府办紧扣区委区政府中心工作，组织开展政务调研工作，形成一批高质量的调研成果，发挥参谋助手作用。准确把握全区中心工作，把调研活动同推进当前重点工作相结合，精心制定调研计划、选定调研课题，围绕智慧教育、科技创新、社区治理、要素保障、园区管理、城乡融合发展、物流经济功能区建设等方面开展专题调研，形成《关于加快推进涪城区教育信息化的调研报告》《关于完善项目建设中规划国土等要素保障机制的调研报告》《关于创新园区管理体制和发展模式的调研报告》等重点课题9个。建立区级领导牵头、多个部门参与的课题组，配强领导力量、优化专家智库、充实专业队伍，先后形成城市老旧小区治理、乡村旅游发展等方面调研专报15期、决策动态12期。聚焦全域发展中的新情况、新问题，坚持快谋划、快介入、快调研，结合重点课题调研反映的突出问题，提出《关于园区体制机制实施方案的修改完善建议》《涪城区城市社区养老体系建设现状与发展对策思考》《涪城旅游产业发展建议》等意见建议，为相关政策措施的制定提供可靠依据。

（高长虹　柳　青）

民生实事

【概况】2022年，涪城区以民生事业高质量发展为导向，坚持精准突破，把民生实事作为推进民生事业高质量发展的现实回应，针对省、市、区民生实事（人大票决）项目，做到建设有计划、推进有步骤，制定作战图、任务节点表，明确每月工作内容，精准安排好进度。全年完成省、市、区三级民生实事共43件，投入6.607亿元。

【民生事业高质量发展大会】2022年3月23日，涪城区第二届民生事业高质量发展大会召开，全面总结2021年度全区民生事业高质量发展成效，安排部署2022年度医疗卫生事业高质量发展、深化拓展城镇困难群众精准帮扶等民生工作。以落实“规定动作”、落细“自选动作”为抓手，整合全区各行业、各领域、各镇（街道）民生实事项目，形成重点民生项目化清单，系统化、集成化、科学化推进民生事业高质量发展。

【“十心行动”民生品牌发布会】2022年12月29日，涪城区民生事业高质量发展“十心行动”品牌发布会在五一广场举行，深入贯彻党的二十大和省委十二届二次全会、市委八届五次全市精神，全面落实市委“五市战略”，集中展示涪城民生事业高质量发展“十心行动”成果，充分汇聚全面建设西部现代化强区强大合力。

2022年12月29日，涪城区民生事业高质量发展“十心行动”品牌发布

（涪城区融媒体中心）

2022年绵阳市涪城区省级民生实事目标完成情况一览表

表10

项目名称	目标任务		完成情况	完成比例（%）	责任单位
减免非民族自治地区1.62万名幼儿保教费	0.18万人		0.18万人	100	区教体局
为符合条件的义务教育阶段学生提供生活费补助和营养膳食补助	为义务教育阶段家庭经济困难学生提供生活费补助	0.2万人	0.2273万人	113.65	区教体局
向1.8余万名家庭经济困难的普通高中学生发放助学金	0.03万人		0.0318万人	106	区教体局
支持5.72万名进城务工人员随迁子女就近入学	2.63万人		2.63万人	100	区教体局
新增337个普惠性托位	100个		100个	100	区卫健局
为6.45万名农村适龄妇女免费提供“两癌”筛查服务	0.545万人		宫颈癌0.5698万人/乳腺癌0.5933万人	宫颈癌104.55 乳腺癌108.86	区卫健局
持续为全市482.87万名常住城乡居民免费提供12项国家基本公共卫生服务	74万人		74万人	100	区卫健局
实现城镇新增就业4.7万人、脱贫人口就业8.1万人，实施“川字号”特色劳务品牌培育创建行动	城镇新增就业	0.94万人	1.1183万人	118.97	区人社局
	城镇失业人员再就业	0.18万人	0.2658万人	147.67	
	就业困难人员就业	0.063万人	0.076万人	120.63	
	脱贫人口就业	0.1144万人	0.1223万人	106.91	
	城镇登记失业率（%）	4	2.71	—	
为低保对象、特困人员、返贫致贫人口等困难群体代缴城乡居民基本养老保险个人缴费部分7万人	0.26万人		0.2276万人（据实据效）	98.77	区人社局
提高养老金待遇水平，按时足额向符合条件的人员发放养老金	企业养老	4.72万人	4.9782万人	105.47	区人社局
	机关养老	0.41万人	0.4372万人	106.63	
	城乡居民养老	2.31万人	2.3285万人	100.80	
提高395万名城乡居民基本医疗保障水平	26.728万人		26.4万人（据实据效）	87.58	区医保局
适度提高城乡困难群众基本生活保障水平	在全省城乡低保标准低限出台后，及时制定涪城区城乡低保标准且不低于全省城乡低保标准低限		已完成低保调标任务，且标准均高于省标准	100	区民政局
为3.34万名困难残疾人发放生活补贴	0.1436万人		0.1344万人（据实据效）	93.58	区民政局
推进实施绿色惠民殡葬政策	采取减免费用或提供补贴等方式为全市符合政策范围内的逝者家庭做好基本殡葬服务，推进实现基本殡葬服务的普惠性、均等化		4179人	100	区民政局
实施14个社会工作服务试点示范项目	3个		3个	100	区民政局

续表10

项目名称	目标任务		完成情况	完成比例（%）	责任单位
支持既有住宅增设电梯330部	90部		90部	100	区住建局
新开工改造城镇老旧小区344个	134个		134个	100	区住建局
为346名0—6岁残疾儿童提供康复救助	39名（含科创、经开区）		71名	182.05	区残联
实施312个美术馆、公共图书馆、文化馆（站），9个博物馆（纪念馆）全部向社会免费开放	公共图书馆	1个	1个	100	区文广旅局
	文化馆	1个	1个	100	
	美术馆	1个	1个	100	
	文化站	18个	18个	100	
新（改）建790千米农村公路	17千米		17千米	100	区交通运输局

2022年绵阳市涪城区市级民生实事目标完成情况一览表

表11

项目名称	目标任务	完成情况	完成比例（%）	责任单位
*绵兴路、绵江路、机场东路标美化综合整治项目	对绵江路干道进行标美化综合整治	完成目标任务	100	区住建局
*生活垃圾分类转运站建设项目	三里村垃圾分类中转站	完成目标任务	100	区住建局
御营坝片区棚户区改造项目	完成面积107000平方米安置房主体封顶	完成目标任务	100	区住建局
农村义务教育学校教师周转房改造提升工程项目	99套	99套	100	区教体局
农村学校教育数字化质量提升项目	新建1间专递课堂主播教室，6间具有实时互动功能的专递课堂接收教室	新建1间专递课堂主播教室，6间具有实时互动功能的专递课堂接收教室	100	区教体局
居家和社区基本养老服务提升项目	建成家庭养老床位不少于242张	332户	137.19	区民政局
普惠托育服务能力提升项目	1所	1所	100	区卫健局
适龄女孩HPV疫苗接种补助项目	为全区年满13～14岁且未满15岁的在校女学生进行接种HPV疫苗补助，实现“愿接尽接”	已完成第一批次在校适龄女孩接种5474人，第二批次在校适龄女孩接种777人	100	区卫健局、区教体局
社保缴费“最多跑一次”项目	完成试点工作任务	完成目标任务	100	区税务局

续表11

项目名称	目标任务	完成情况	完成比例（%）	责任单位
食品安全综合整治项目	创建食品安全示范乡镇（街道）1个	1个	100	区市场监管局
特种设备应急救援项目	915台电梯纳入“96933”平台服务范围	915台	100	区市场监管局
涪江绵阳赵家脊段防洪治理项目	新建及整治堤防（护岸）5.09千米，桥梁1座	完成目标任务	100	区农业农村局
巩固脱贫成果衔接乡村振兴项目	培育壮大农村特色产业项目、补齐农村人居环境和小型公益性基础设施短板项目等3大类项目	完成目标任务	100	区乡村振兴服务中心

（邱钰峰　王　艳）

人力资源

【概况】　2022年，涪城区组织70家企业携1003个人才岗位参加专场招聘会5场；开展研学活动3场、开展人才公益培训2场、人才沙龙1场；新增见习基地14家，共管理见习基地34家；推荐高校毕业生参加就业见习213人次，落实就业见习补贴82.26万元；规范整理档案5550人，录入档案信息3000人，安全转接档案532人，并实现档案扫描系统分配位置编码上架；实施应届高校毕业生报到“全程网办”，审核高校毕业生网上报到668人；落实绵阳市委“人才兴市”战略，建成中国（绵阳）科技城涪城人力资源服务产业园和线上线下相结合的智能化人力资源市场。

【人才招聘】　2022年4月12日、9月29日、11月8日，涪城区人社局分别组织54家涪城区重点企业参加由涪城区委组织部、区人社局主办的“智汇绵州·才聚涪城”2022年西南科技大学校园专场人才招聘活动。三场招聘会共吸引上千名高校毕业生应聘洽谈，提供就业岗位853个，招聘会共接待咨询586人，收到简历484份。

5月30—31日、5月12—13日，涪城区委组织部、区人社局组织力王新能源、长虹空调、双汇食品、富临精工、川庆创油、百姓乐业、三力股份等16家区内重点企业到贵州大学、西安电子科技大学举办“智汇绵州·才聚涪城”专场校园招聘会，进行人才延揽。提供工商管理、新能源科学与工程、研发工程师、电气工程师、软件工程师、机械制造及其他技术类、管理类等岗位150个，提供就业政策咨询服务118人次，收到简历51份，签订意向协议41份。

【中国（绵阳）科技城涪城人力资源服务产业园开园】　2022年11月8日，中国（绵阳）科技城涪城人力资源服务产业园开园仪式举行。绵阳市副市长李栋，涪城区委书记邓辉，涪城区委副书记、区长张虚怀，涪城区人大常委会主任顾建，绵阳市就业创业中心主任汤云春，绵阳市人社局副局长徐林峰，绵阳市残联副理事长简文峰，涪城区委常委、统战部部长、区总工会主席董静，涪城区委常委、常务副区长秦亚辉，涪城区委常委、组织部部长曾胜利出席仪式。仪式上，李栋、邓辉为中国（绵阳）科技城涪城人力资源服务产业园揭牌，并为产业园运营机构授牌。张虚怀为人力资源协会、产业园就业见习基地、涪城区创新创业孵化基地、校企（地）合作服务中心授牌。汤云春为涪城区创业导师颁发聘书。秦亚辉代表涪城区委、区政府致辞。曾胜利发布涪城区人力资源服务产业园扶持办法。与会领导共同见证开园。活动还举行中国（绵阳）科技城涪城人力资源服务产业园校企地合作签约仪式和首批入园企业代表签约仪式。

2022年，为加快涪城区人力资源服务产业建设，促进人力资源服务业集聚发展，中国(绵阳)科技城涪城人力资源服务产业园(以下简称“产业园”)采取“一园三区、五站多点”的模式进行建设，规划建设总面积1.5万余平方米，分别在城厢街道福星·都市时尚

2022年11月8日，中国（绵阳）科技城涪城人力资源服务产业园举行开园仪式　（涪城区融媒体中心）

大楼、石塘街道东岳社区、泗水巷区人社局人力资源和社会保障综合服务中心建设A、B、C三个功能区，产业园A区地处绵阳中心城区，于2022年11月正式获批授牌并投入运营。产业园制定出台《中国（绵阳）科技城涪城人力资源服务产业园扶持办法》，从注册优惠、场地及运营扶持、经济贡献奖励、就业创业支持奖励、创新奖励等方面明确20条扶持办法。确定区级牵头领导，设立人力资源服务产业园建设管理办公室，按照政府主导、市场运作的方式成立“人力资源服务产业园”运营机构，引进第三方运营机构为A区和B区提供专业化、市场化的园区运营服务。产业园采取“一园三区”的模式建设，以服务于涪城乃至全市高质量发展为核心，围绕“培植产业、服务企业、促进就业、服务人才”四大发展方向，明确园区功能定位。产业园建成后，通过大数据服务平台建设，实现人才与人力资源市场的数据共享和全维度结构分析，达到智能就业、智慧就业的目标。同时在建设创新创业孵化基地、项目招引、培育人力资源产业、开展校企地合作，助力全区“招才引资”等方面充分发挥作用，协同推进“人才兴市”战略，招聘（流动）事业人员共607人。稳步推进全区事业单位管理岗位职员等级晋升工作，晋升八级以上职员225名。

【智慧化人力资源市场建设】

2022年，涪城区坚持就业优先战略，发挥人力资源服务产业园智能招聘平台作用，推行精细化、智能化服务，促进重点就业群体求职就业。广覆盖收集信息。依托微信公众号、企业QQ群、线上电子宣传册等平台“全方位”收集企业用工信息，以“分区域、分类别、分行业、分工种”建立企业用工需求库，以“菜单式”形式为求职者提供岗位“点餐服务”。分类别发布数据。建立人才市场智能数据分析系统，第一时间分析发布求职人员信息、招聘企业和热门岗位等信息，并将数据结果以动态图形式呈现，实现“找人才”“找专家”“找技术”“找企业”“找职位”的实时信息高地，为人才求职和企业招工提供详细参考指导。精准对接供需。用好系统招聘求职管理、职位及简历托管和面试管理三大功能，待企业和求职者双方达成初步意向后，系统可实现企业招聘需求及求职简历的定向匹配和推送，并免费提供云上“屏对屏”、线下“面对面”面试服务，实现招聘求职无缝对接、精准高效。主动跟踪反馈。依托面试反馈系统，动态掌握企业对新入职员工的岗位安排、培训教育和用人鉴定情况，以及新入职员工对企业认同、岗位适应和能力发挥等信息，为提供“点对点”的就业服务夯实基础。一体化数字服务。以人才市场智能招聘数

2022年11月，涪城区人力资源市场智能招聘大厅建成　（涪城区人社局）

2022年6月2日—5日，涪城区到重庆开展高层次人才引进活动，共招聘研究生以上人才35人 （涪城区融媒体中心）

据分析系统为总引擎，结合前期信息收集、招聘求职及跟踪反馈情况，按照职位工种、薪酬比例等类别及时更新人才库、企业库、职位库，各类企业、就业群体可根据自身需要自行调用参考，实现智慧就业。

【编外人员聘用管理】 2022年，涪城区出台《涪城区机关事业单位编外人员管理办法（试行）》《涪城区激励编外人员担当作为干事创业十二条措施》《涪城区编外人员绩效考核管理办法（试行）》文件；成立工作专班，收集汇总各单位编外人员基础数据（人数、姓名、用工方式、岗位类别、聘用时间、收入情况），并与各单位使用编外人员的政策依据、编制增减、空编使用、职能职责变动、经费来源等详细情况进行对比分析，精准对接区委编办、区财政局核实相关情况，截至12月，编外人员实际统计5500人，拟核定编外人员2785人（其中纳入财政预算1607人）。

【事业人员公开招（选）聘】 2022年，涪城区人社局共开展公招、考核招聘、考察流入等工作18场，招聘（流动）事业人员共607人，特岗教师29人。落实市委“人才兴市”战略，加大对高层次人才的引进，到成都、重庆开展高层次人才引进5场，招聘研究生以上人才162人。开展事业单位公开考试招聘3次，招聘事业人员233人；组织开展事业人员公开选调2场，选调人员14人；组织西部计划志愿者定向招聘等考核招聘5场，招聘事业人员198人；组织开展特岗教师招聘1场，招聘特岗教师29人。

【事业单位管理岗位职员等级晋升】 2022年，涪城区人社局摸排全区管理人员聘用情况，在学习借鉴试点地区和其他县（市、区）经验的同时，结合全区实际，制定《涪城区事业单位管理岗位职员等级晋升制度实施方案》、统筹方案、首次晋升方案等，稳步推进全区事业单位管理岗位职员等级晋升工作，共开展事业单位管理岗位职员等级晋升2次，晋升八级以上职员225名。其中，七级职员59名，八级职员166名。

（何雨峰　李春梅　姝　怡　吴　勇）

信访工作

【概况】 2022年，涪城区信访工作坚持以习近平新时代中国特色社会主义思想为指导，深入学习贯彻党的二十大精神和中央、省、市、区关于信访工作的决策部署。面对新形势、新特点、新要求，拓宽信访渠道，完善体制机制，推动“事心双解”，做到“案结事了”，维护群众合法权益。组织开展“化解信访突出问题攻坚战”专项行动，一批信访事项，尤其是积案难案得到妥善解决，“减存控增”目标实现，为全区经济社会高质量发展贡献信访力量。全年，涪城区信访总量1091件（批）次，其中走访477（批）次，网上信访信息系统转送件614件。信访及时受理率和按期答复率均为100%，信访部门满意率和责任单位满意率均为97.53%。

【信访工作层级责任落实】 2022年，涪城区坚持“属地管理、分级负责”和“谁主管、谁负责”的原则，压紧压实镇（街）属地和区级部门行业主管责任，将信访工作责任落实到具体单位、具体责任人。加强信访督查，组织对信访事项办理、公开接访、信访积案化解等信访工作进行专项督查或挂牌督办，督查督办结果全区通报，并纳入镇（街道）、区级部门目标考核范畴。实行信访积案化解加扣分考核激励约束机制，对积案化解工作领导重视、措施有

2022年6月10日，涪城区召开“治重化积”专项工作推进会（涪城区信访局）

力、成效明显的单位，予以加分奖励，反之扣分处罚，通过层层压紧压实责任，形成守土有责、守土尽责、守土负责的大信访工作格局。

【信访积案难案化解】 2022年，涪城区对信访积案难案分类建立台账，“一案一策”推进案件化解。聚焦群众急难愁盼问题，尤其是历史遗留问题，坚持运用法治方式分类处理信访事项。根据中央信联办工作部署，突出抓好“治重化积”专项工作，截至年底，已全部完成第二批18件“治重化积”信访事项的化解上报。4月，区委办、区政府办联合印发《关于做好涪城区2022年区级领导包案化解信访积案难案工作的通知》，将涪城区33件信访积案难案，按照业务分管和联系（街道）的工作实际，落实到18名区级领导进行包案。包案领导亲自挂帅、亲自出征，梳理案情、找准角度，综合运用法律、政策、经济、行政等手段，推进案件化解，现已全部完成结案上报。

【信访安全保障】 2022年，涪城区委、区政府先后召开5次会议专题研究部署信访安全保障工作，按照“党政同责、一岗双责，属地管理、分级负责，谁主管、谁负责”的原则层层压实责任、逐级抓好落实。区信访工作联席会议围绕统筹协调、整体推进、督促落实的职能职责，召开信访工作联席会议8次，听取信访安全保障工作汇报，研判信访工作形势，安排部署下一步工作。各镇（街道）、各部门主动作为、集智集力、联合攻关，推进信访安全保障各项工作落地见效。

【《信访工作条例》宣传】 2022年5月1日，中央新颁发的《信访工作条例》（以下简称《条例》）正式实施，为深入推进条例宣传贯彻，区信联办全面统筹，各镇（街）具体实施，以学条例“五进”活动为抓手，开展条例宣传教育，制作学习展板50余块，下发宣传资料3万余份，开展宣讲活动近100场，制作微动漫《狮实胜于熊辩》和微视频《跟我一起学信访》宣传普及信访知识。通过条例学习宣传贯彻，健全信访工作长效机制，推动信访工作依法规范运行、群众诉求依法理性表达、合法权益依法有效保护。

【信访首接首办】 2022年，涪城区执行信访事项首接首办制度，实行首接领导包接访、包交办、包督办、包解决的“四包”举措，杜绝“坐堂问诊、接而不处”现象，努力将群众初访的“第一站”变成问题解决的“终点站”。推行区级领导批示件办理“一案三卷”抄送机制，对区级领导接谈的初信初访，责任单位在答复信访人时，同步将办理

2022年6月16日，涪城区信访局在铁牛广场开展《信访工作条例》宣传活动（涪城区信访局）

情况及处理结果抄送报告区信联办及相关区级领导，做到初信初访交必办、办必果、果必报。

【信访队伍建设】 2022年，围绕《信访工作条例》的宣传贯彻，以提升信访干部适应新形势、实现新要求、落实新部署的能力为导向，组织开展各类教育学习培训8次，根据区委组织部统一安排，组织涪城区信访干部30余人进高校开展综合素质能力培训，提升信访干部为民解难、办好实事的能力。保障人民群众合法权益，增强人民群众的获得感、幸福感、安全感。

【信访制度健全】 2022年，涪城区健全完善矛盾纠纷排查长效机制，落实区级领导信访包案制度，贯彻实施信访排查调处机制、重大信访问题报告机制、信访问题责任机制、统一规范接访制度和责任追究措施。全年实行定期（每周三）和不定期区级领导接访及区级部门联合接访制度。

（阮绍东　王　军）

绵阳市涪城区各级人民来访接待室一览表

表12

单位名称	地址	联系电话
涪城区群众来访接待中心	绵阳市涪城区文庙街8号	0816–2268757
城厢街道办事处人民来访接待室	绵阳市涪城区通安巷7号	0816–2231093
工区街道办事处人民来访接待室	绵阳市涪城区长虹大道北段35号	0816–2692804
石塘街道办事处人民来访接待室	绵阳市涪城区瓦店南路6号	0816–2391173
城郊街道办事处人民来访接待室	绵阳市涪城区高水中街19号	0816–2681686
吴家镇政府人民来访接待室	绵阳市涪城区吴家镇源龙街57号	0816–2891791
青义镇政府人民来访接待室	绵阳市涪城区青义镇龙岗路60号	0816–2625722
新皂镇政府人民来访接待室	绵阳市涪城区新皂镇新希望街120号	0816–2567140
丰谷镇政府人民来访接待室	绵阳市涪城区丰谷镇团结路19号	0816–2810354
杨家镇政府人民来访接待室	绵阳市涪城区杨家镇兴杨路27号	0816–2886852

政务服务

【概况】 2022年，涪城区行政审批局把握国家和省、市、区关于深化“放管服”改革优化政务服务的各项要求，领会优化营商环境以及政务服务工作的责任感和紧迫感，推进各项工作。全年累计受办各类审批业务8.5万余件，现场咨询、电话咨询等业务咨询10万余次。

【政务通办服务】 2022年，涪城区持续提升“一网通办”能力，组织全区专题会研究部署“一网通办”能力巩固提升工作，印发《涪城区“一网通办”能力巩固提升专项攻坚重点任务清单》。坚持“日监测、周通报、月总结”制度，建立“一网通办”工作群，已出5期周通报、3次提醒函、召开培训会议5次、组织集中填报2次。截至年底，全区“一网通办”事项认领上报率、发布率均为100%。加快推进“跨区域通办”，在区政务服务大厅设置“跨区域通办”专窗，通过“异地线下受理+EMS邮寄”形式，实现133项“跨省通办”、148项“西南五省通办”、95项“川渝通办”、43项“绵碚通办”、58项“衢绵通办”、44项“涪罗通办”，逐步推动异地办事“无差别受理、同标准办理”。

【行政审批便民管理】 2022年，涪城区推进“容缺受理+告知承诺+信用审批”“审批前置”等特色服务，累计梳理14个主项79个办理项的176个申请材料实行容缺受理，6个主项18个办理项的31个申请材料实行告知承诺，有效解决办事群众和企业因申请材料不齐造成的多跑腿、来回跑、时间长等问题。卫生类审批建立医疗机构审批预审机制，推进审批服务前置，截至年底，主动选择该类方式办理审批的医疗机构已达40家。户外广告类审批为重点企业提供信用审批“绿色通道”，确保区重点项目的顺利推进。

【审批监管联动】 2022年，涪城区强化“审管协同”联动，印发《关于加强行政审批与监管协调联动工作的通知》，探索建立区行政审批局与监管部门协调联动“1+4”工作机制（即行政审批分类审查机制+审管联动会商机制、审管信息双向衔接机制、审管业务指导培训机制、审管联络员机制），从议事协调、信息互通、责权划分、工作协同等多方面进行了明确，构建起审批权、监管权既相互分离又相互协调的运行体系。

【企业开办审批服务】 2022年，涪城区涉及企业开办的企业登记、印章刻制、税务办理等事项已全部进驻企业开办服务专区，实现以“工商登记注册为基础（受理后2小时办结）、数据先行、人到即办结为出发点，企业开办一站式、小时办、零成本”的改革目标，企业在“一窗通”申请办理营业执照时，或领取营业执照后，均可自主选择刻章企业、开户银行，税务发票申领、社保、公积金登记达到数据共享、无缝衔接，同时为新设企业提供免费首套印章。全年共办理企业新设5242户、农民专业合作社5户、社会组织（民办非、社会团体）44户。

【工程建设项目审批服务】2022年，涪城区持续推进工程建设项目“一窗受理、分类审批、一窗出件”。使用四川省工程建设项目审批管理系统收件、受理、审核和决定，政府投资、社会投资等不同规模共四大类建设项目审批时间压减至30—80个工作日以内。全年，工程建设项目服务专区共受理涉及用地许可、工程规划许可等事项400余件，为绵阳市金家林总部经济试验区市政公共配套设施提升（二期）项目等重点项目提供审批专员服务，满意率达100%。

【园区企业政务服务】 2022年，涪城区围绕全面落实“园区提质、企业满园”行动，在全市率先推出“企业办事不出园”行动计划，结合涪城园区地域分散等实际情况，创新构建“1+4+N”园区企业服务体系。分两批次下沉“企业办事不出园”政务服务事项376项（直接下放31项、委托行使30项、网上可直接办理事项227项、由园区企业服务中心服务专员帮办代办和区级部门巡回驻点服务事项88项），并分类梳理形成《园区政务服务事项办事指南》。在科技城新区涪城范围、临港经济发展区东区、西区、南区设置4个园区企业服务中心，配备服务专员，在各镇（街道）村、社区便民服务站点增设企业服务中心和窗口，做好涉企政务服务工作。截至年底，园区企业服务中心累计办理政务服务事项500余项，形成技术成果转移转化20余项，实现相关成果转化并在涪城注册公司16家；对接高校技术专家，帮助企业进行技术指导和攻关服务50余次，帮助企业解决技术难题2个；协调外部资源，帮助57家科技型企业拓宽市场渠道，实现30个项目与外部资源形成合作。

【远程异地开评标】 2022年，涪城区全面使用四川省政府采购一体化平台开展政府采购工作，推进使用绵阳中介服务网上超市，健全完善政府采购电子化。试点政府采购跨地区远程异地评审，运用视频会议、加密传输等技术手段，在市公共资源交易服务中心牵头下，联合游仙、安州集采机构，实现四地同步评审。9月26日，《绵阳市游仙高新区污水专管建设项目监理》项目在绵阳市、北碚区和涪城区三地顺利完成异地评标，首次实现跨省远程异地评标。1—9月，区交易中心实施政府采购项目共计57次，成交金额6970.85万元，节约资金269.13万元；完成国有土地使用权出让13宗，成交金额4.38亿元；收取土地出让服务费438万元，均全部按时足额上交区财政。

【政务便民服务示范点创建】 2022年，涪城区争取区级财政资金190万元，在政务中心、园区企业服务中心、村（社区）便民服务站的14个点位，实施便民服务标准化规范化便利化建设（二期）项目。支持青义镇、城厢街道等6个便民服务中心创建省级

"示范便民服务中心"，支持城郊街道、新皂镇等3个便民服务中心创建市级"示范便民服务中心"，支持清水村、飞来石社区等60个村（社区）创建省、市、区三级"示范便民服务站"，待省级验收后，全区便民服务示范点位覆盖率将达到50%以上。

【镇村便民服务】 2022年，涪城区先后印发《绵阳市涪城区深化政务服务体系建设实施办法》《镇（街道）村（社区）便民服务体系建设责任清单》《关于进一步加强政务服务大厅管理的通知》等规范性文件，明确238项入驻乡镇（街道）便民服务中心的政务服务事项清单、19项建议入驻乡镇（街道）便民服务中心的便民服务事项清单及77项村级代办事项清单。同时，对窗口人员仪容仪表、着装、接待礼仪、工作纪律等进行业务指导，组织区级政务大厅和相关窗口部门，召开窗口建设专题会议4次，对接相关窗口部门39次，开展业务培训10次。

【便民服务响应体系】 2022年，涪城区发挥涪城城乡融合优势，健全"三个一"便民服务响应体系（一个热线服务电话，一个十分钟可达的服务站点，一个全覆盖的代办网络），构建"十分钟便民服务圈"，实现群众需求急速响应、精准对接、用心服务。在开展周六延时服务基础上，开通24小时服务热线，提供送证上门、预约上门辅导等个性化、定制化服务。全区719名代办员全天候提供帮办代办、上门办等服务，提供服务6000余件次。

【政务服务评价监管】 2022年，涪城区出台《关于进一步规范政务服务"好差评"评价工作的通知》，形成反馈、整改、监督全流程闭环工作机制，对企业群众办事中的差评和堵点痛点问题及时处理整改并反馈，提升政务服务质量。在本级政务服务大厅、区级部门办事大厅和镇（街道）便民服务中心配备评价仪122台。截至年底，办件"好差评"主动评价率99%，评价"满意率"100%，差评按期整改率100%。在"互联网+监管"平台注册率100%，事项认领率100%。各部门按照"谁产生、谁负责、谁监管、谁录入"的原则，及时将产生的行政检查、行政处罚、行政强制等监管数据逐项录入"互联网+监管"系统。截至年底，监管行为录入共32134条，录入数据总量位居全市第二。畅通群众诉求渠道，区、镇两级政务服务场所规范设置"办不成事受理窗口"，开展"局长进大厅""一起来找茬""一窗综合受理""窗口作风建设专项整治"等系列活动。截至9月底，领导值守533人次，查找问题112个，开展整改112个，解决群众需求120个。加强信用监管，利用局门户网站、微信公众号、LED显示屏等多种载体，及时公示"红黑榜"名单。通过信用中国、国家企业信用信息公示系统、四川政务服务网等渠道开展信用核查，并签订信用承诺书。截至年底，共在绵阳公共信用信息平台上发布行政许可信息3633条，利用平台查出预警信息50条，均已根据相关政策予以限制，同时签订信用承诺书3114份。

（严　欢　夏巧玉）

公共资源交易

【概况】 2022年，涪城区公共资源交易中心（涪城区人民政府采购中心）实施政府采购项目80次，完成采购预算1.0364亿元，实际成交金额9895.67万元，节约资金468.48万元，节约率为4.52%；完成国有土地使用权出让15宗，成交金额7.9289亿元；收取土地出让服务费792.89万元，均全部按时足额上交区财政。2月，涪城区交易中心被省政府政务服务和公共资源交易中心授予全省"示范交易中心"称号。6月，在以"喜迎党的二十大、技能争优竞风采"为主题的绵阳市政务服务和公共资源交易服务技能知识竞赛活动中，涪城区获公共资源交易服务类二等奖，受到市政务服务监督管理局的表彰。

【公共资源交易"四化"建设】 2022年，涪城区交易中心以"互联网+公共资源交易"为抓手，运用现代信息技术，加强标准化、电子化、流程化、公开化"四化"建设，提升公共资源交易科技含量，促进公共资源交易提速增效。坚持交易工作标准化，将交易流程、交易制度、平台建设、监督管理等列入标准化建设范围，标准化贯彻实施率达100%。坚持进场规范标准化，坚持"统一进场，集中服务，应进必进"，政府采购集采目录内项目100%进场交易。简化受理流程、减少受理审批环节、压缩办结时限、实行一次告知、落实容缺受理、创新监管方式，完善平台建设，涉及内部流程的工作由各股室完成，不让服务对象多跑腿。按照分岗分级授权，确保进场交易项目规范运行、全程留痕。完善涪城区电子化政府采购平台，以网上信息传输取代传统人工操作，降低交易主体的交易成本，预防围标、串标等行为发生，实现政府采购货物、服务项目从项目创建、制作标书、报名获取采购文件、开标、评标工作全流程电子化。明确信息公开范围，编制公共资源交易服务公开事项标准目录，全面公开交易内容、交易流程、办事指南、监督投诉电话等信息。创新信息公开方式，综合利用政府门户网站、微信公众号、公示栏等平台和办事大厅等场所，多渠道发布公共资源交易服务信息，方便群众查询或获取。

【首次跨省远程异地评标】2022年9月26日，涪城区首次实现公共资源交易跨省远程异地评标。本次远程异地评标项目为《绵阳市游仙高新区污水专管建设项目监理》，在重庆市北碚区、四川省绵阳市和涪城区三地顺利完成开标、评标。此次跨省远程异地评标工作打破了地理区域限制，绵阳市公共资源交易中心作为项目评审主场，重庆市北碚区公共资源交易中心和绵阳市涪城区公共资源交易中心作为项目评审副场，由北碚和绵阳分别抽取评标专家，通过远程评标系统共同对《绵阳市游仙高新区污水专管建设项目监理》项目实行远程异地评标。该项目的顺利完成，标志着涪城区公共资源交易中心在跨省专家资源共享、实现项目远程异地评标常态化工作上迈出了坚实的一步。

【政府采购一体化】 2022年，涪城区为贯彻落实深化政府采购制度改革，推动政府采购管理和服务向数字化、智能化转型，促进政府采购提质增效，打造一流营商环境，提升政府采购治理能力，四川省财政厅组织建设四川省政府采购一体化平台。通过全面使用新平台，全区政府采购工作实现从预算、项目受理到采购执行的闭环运行。同时，通过运用新平台供应商库功能，有效减少政府采购工程项目围标、串标现象；通过系统入库审核代替资格预审，降低了疫情期间人员聚集风险。全年，区交易中心通过该平台完成政府采购项目共计40个。

【中介服务网上超市】 2022年1月5日，涪城区交易中心精心组织召开绵阳市“中介服务网上超市”涪城区培训会，来自全区各镇（街道）和区级相关部门等单位从事采购工作的人员共计30余人参加培训。培训内容为“中介服务网上超市”的注册、使用和管理，并围绕政府采购、工程招投标、国有土地出让等相关工作开展交流。全年，区交易中心通过绵阳市“中介服务网上超市”先后受理土地评估、审计决算、造价咨询等中介服务项目共计24个。2022年，绵阳市“中介服务网上超市”按照“一个平台、全市共用，一地入驻、全市通行，一处失信、全市受限，一体管理、分级使用”的原则进行运营、服务和监管。“中介服务网上超市”作为“互联网+政务服务”的重要承载平台，具有公开、公平、公正、规范和共享等特征，将为项目业主创造更加公开透明、方便快捷的选择通道，解决了基层代理机构选取环节不方便的问题，提升项目招投标前期的工作效率。同时，“中介服务网上超市”将为行业主管部门提供监督通道，推动中介服务市场更加公开、透明运行，进一步优化营商环境，降低企业制度性交易成本。

（蒋威权）

机关事务

【概况】 2022年，涪城区机关事务服务中心参与会场服务400余次，开展接待工作75次，接待来宾 850余人。科学调配公车资源，全年累计派车9000余车次。完成涪城区产业高质量发展大会、涪城区第一届营商环境大会暨企业家年会、四川省第二届乡村文化振兴魅力竞演大赛启动仪式等重大活动的会务、公务接待、车辆保障工作。国有资产报废处置共35件，涉及账面金额3570.5919万元；报损处置4件，涉及账面金额16.4805万元；调剂资产6件，涉及金额12.3万元；向行政事业单位提出国有资产购置意见37条。有效调剂公务仓物资，保障涪城区卫健局、区委组织部等7个单位临时性重点工作，涉及资产原始价值30万余元。完成“四大班子”办公用房结构安全鉴定，鉴定面积14454.26平方米；区级部门办公用房排查总建筑面积11万平方米，排查并整改安全隐患11处。协调完成区委机关及相关部委搬迁至财政大楼办公，财政局、生态环境局分别搬迁至南河路18号老法院和宇隆大厦办公。制定包括司法局等10家单位办公用房调整方案，优化全区办公用房布局，改善提升区直单位办公条件。完成涪城区委常委会议室装修、扩建，完成党政涉密高清电视会议系统涪城区分会场项目建设、无纸化会议室建设、UBS会议应急照明系统建设，实现信息化会务保障新模式。加强集中办公区域、机关食堂等新冠疫情防控。大规模核酸检测期间，对接区级部门落实好转运人员，做好车辆保障，确保样本转运频次“街道每半小时转运一次、镇每小时转运一次”，保障精准高效抗疫。

【公务用车管理】 2022年，涪城区机关事务服务中心牵头草拟并经涪城区政府常务会议审议通过《涪城区普通公务用车配备更新管理办法》，加强公务用车管理，规范公务用车配备更新，实施更新购置公务用车7辆，其中接待调研用车2辆，应急保障用车5辆（新能源汽车3辆），保障全区公务出行。

【办公用房管理】 2022年，涪城区机关事务服务中心牵头草拟并经涪城区政府办公室出台《涪城区区级机关办公用房管理暂行办法》，明确办公用房维修审批程序，加强办公用房维修管理，及时排除办公用房安全隐患，开展全覆盖检查1次，重点单位检查4次，涉及67处区直部门和9个镇（街道），及时整改办公用房违规使用行为，提高办公用房规范使用水平。以争取市级办公用房资产和租金减免的方式，完成对上争取资金187.7万元。

【特色机关食堂】 2022年，涪城区机关事务服务中心以需求为导向，推出“绵阳米粉”等特色早晚餐服务，提高干部办事效率。在机关食堂，播放《一桌涪城菜》微视频，设置“涪城区农特产品展示区”，展示涪城形象，体现人文涪城。通过张贴“厉行节约，反对浪费”等节约粮食宣传画，推广“节约印记”机关食堂。

【公共机构节能改造】 2022年，涪城区机关事务服务中心完成2022年公共机构能耗下降的各项指标，25家单位完成节约型机关创建，公共机构创建率达95%以上。督导人民医院完成重点单位能源审计，建立能耗监测点15个，完成新能源充电设施建设8个。

（左容文　谢　波）

地方志工作

【概况】 2022年，涪城区完成《三十而越——绵阳市涪城区30年发展图志（1992—2022）》《涪城年鉴（2022）》《丰谷镇志》《龙门镇志》《丰谷镇二社区志》编纂出版，推进《吴家镇志》《新皂镇志》《杨家镇志》《城郊街道志》《石塘街道古井社区志》5个镇（街道）志、1个社区志编纂工作，完成《中国地方志年鉴（2022）》《四川年鉴（2022）》《绵阳年鉴（2022）》及《绵阳地情》丛书之《绵阳故事（一）》4部地方志书籍图文供稿，完成对《成渝地区双城经济圈建设年鉴》资料收集的指导。完成《绵阳地方志服务乡村振兴战略研究》《涪城区第二轮修志工作总结报告》《涪城区地方志发展报告（2021卷）》等市、区级社科课题与专题报告资料撰写。指导工区街道灵通社区“跃进路·三线建设记忆馆”、城厢街道勇拓洋楼小区图书室、丰谷镇人民政府综合文化站等3个点位首批创建命名为“省市县共建史志阅览室”并予授牌，省、市、区联合赠送各类史志、地情资料书籍600余册。报送史志信息50余条，在四川省情网等网站刊发近30条，《眉山市、绵阳市涪城区等着力推进志鉴质量提升》《绵阳市涪城区扎实推进镇（街道）、村（社区）志编纂工作》等经验信息被《四川省地方志工作简报》刊发，向全区各单位赠送各类地方志书籍2000余册。四川省地方志办公室党组成员、副主任赵行到涪城区调研，并对涪城区镇（街道）志、村（社区）志编纂、年鉴编纂质量提升、历史名人的挖掘与宣传、红色文化资源保护利用等工作给予好评。《涪城年鉴（2021）》作为“四川省第二十次地方志优秀成果年鉴类二等奖”进行公示，涪城区委党史研究室（涪城区地方志办公室）获评绵阳市“综合成效突出单位”“史志宣传教育工作先进集体”“名镇志名村志编纂工作先进单位”“文献资料工作先进单位”。

【《三十而越——绵阳市涪城区30年发展图志（1992—2022）》公开出版】 2022年，编撰《三十而越——绵阳市涪城区30年发展图志（1992—2022）》被纳入涪城区委重要工作内容。由涪城区委组织部牵头，涪城区委党史研究室（涪城区地方志办公室）具体组织实施，全区各单位参与，在深入调研访谈，广泛收集、查阅、整理大量文字和图片资料基础上，精心编撰纲目和撰写初稿，并反复修改完善，征求各方意见，历时半年精心编纂。12月，经四川美术出版社公开出版，12月30日，在涪城区迎新年群众文艺会演活动中正式发布。全书共6章，45万字，收录重要历史图片资料800余张，图文并茂、全面系统、客观真实地记载了涪城建区30年来经济社会发展的主要历程，包括以建立市场经济体制为目标加快改革开放、实施西部大开发战略与推进涪城跨世纪发展、全面建设小康社会、践行科学发展观与实现灾后发展新跨越、开启中国特色社会主义新时代高质量发展新阶段以及全面建成小康社会和开启全面建设西部现代化强区新征程等六个历史阶段的变化发展与取得的重要成果。

【《涪城年鉴（2022）》公开出版】 2022年，涪城区聚焦年鉴质量提升，探索“突出依法治鉴，促进年鉴编纂规范化”“突出与时俱进，促进篇目设置科学化”“突出重点特色，促进组稿模式创新化”和“突出精编细校，促进年鉴成果精品化”的“四突出促四化”年鉴编纂模式，通过优化篇目、创新组稿、规范编纂、精细编校，探索新时代对提高编纂质量的新思路、新方法、新路径，力求全过程质量把控。8月下旬，将稿件移交方志出版社，9月起，集中组织学习并开展精品年鉴品读活动，学习精品年鉴编纂方法，完善《涪城年鉴（2022）》条目内容，增强封面设计感，优化编排印制质量，不断推进年鉴编纂精品化。12月，《涪城年鉴（2022)》由方志出版社正式出版发行。涪城年鉴是由涪城区委、区人民政府主办，区委党史研究室（区地方志办公室）编纂的年度综合性文献，1996年创办，已连续编纂出版27卷。根据涪城实际和年度特点，《涪城年鉴（2022）》封面选取出生于涪城区的宋代文坛领袖欧阳修塑像图片作为封面，凸显浓郁的地域特点和涪城特色。彩页设庆祝建党100周年、党史学习教育、工业、农业、服务业、城镇建设、科技、教育、文旅、疫情防控、民生等11个图片专栏共91幅，直观展现全区2021年各方面重要事件与重大成就。全书设特载、大事记、区情概览、经济综合管理等31个类目、170余个分目、1000余个条目、14篇文章、170余张图表，共103万字。全面、系统、翔实地载录了2021年涪城区的自然、政治、经济、文化和社会等方面基本情况、重大事件及主要发展变化成就。

2022年12月30日，《三十而越——绵阳市涪城区30年发展图志(1992—2022)》在涪城区迎新年群众文艺会演活动中正式发布　（涪城区融媒体中心）

【名镇名村志编纂】 2022年，涪城区推进名镇志名村志编纂进度，加大编纂指导力度，对稿件质量审核严格把关，提升编纂质量。6月，完成《丰谷镇志》《丰谷镇二社区志》复审与《龙门镇志》初审。9月初，完成《丰谷镇志》《丰谷镇二社区志》终审进入出版社审稿流程，完成《龙门镇志》复审。10月，完成《龙门镇志》终审。12月，完成《丰谷镇志》《丰谷镇二社区志》《龙门镇志》公开出版印刷。

【镇村志编纂】 2022年，涪城区推进镇(街道)村(社区)志编，指导吴家镇、新皂镇、杨家镇、城郊街道、石塘街道按照《地方志工作条例》《地方志书质量规定》及四川省乡镇(街道)志、村志编有关规范相关要求开展《吴家镇志》《新皂镇志》《杨家镇志》《城郊街道志》

2022年11月2日，涪城区2022年镇（街道）、村（社区）志编纂工作推进会召开
（涪城区委党史研究室）

《石塘街道古井社区志》等4个镇（街道）志、1个社区志编纂工作。11月2日，涪城区委党史研究室（涪城区地方志办公室）组织吴家镇、杨家镇、新皂镇、城郊街道、石塘街道5个镇（街道）召开镇（街道）、村（社区）志编纂工作推进会，各镇（街道）分管负责人和区委党研室全体干部参加，区委组织部部务委员杨剑主持。各镇（街道）负责人汇报编纂情况，与会人员共同分析编纂过程中遇到的问题和原因，探讨研究解决方案。并对省市有关文件精神和《涪城区镇（街道）志、村（社区）志编纂工作规划》进行深度学习解读。为2023年出版一批高质量镇村志奠定坚实基础。截至12月底，5个镇（街道）有序开展资料收集与初稿编纂等工作。

【全区首批省市县共建史志阅览室建成】 2022年，涪城区深化史志开发利用，推进全区镇（街道）、村（社区）史志阅览室建设工作。在全面摸排各镇（街道）、村（社区）阅览室（农家书屋、社区书屋）建设情况的基础上，动员硬件设施较好、藏书较多的阅览室所在镇（街道）积极申报。分类提升条件不太成熟的单位，力求阅览室建设取得新的突破。在各镇（街道）申报的阅览室中重点筛选管理到位、阅览室利用率高的3个阅览室，邀请绵阳市委党史研究室（绵阳市地方志编纂中心）领导专家进行现场指导。3月，由涪城区委党史研究室（涪城区地方志办公室）进行集中申报。5月23日，涪城区工区街道灵通社区“跃进路·三线建设记忆馆”、城厢街道勇拓洋楼小区图书室和丰谷镇文化站阅览室被绵阳市委党史研究室（绵阳市地方志编纂中心）命名为“省市县共建史志阅览室”。6月29日，举行授牌仪式，绵阳市委党史研究室（绵阳市地方志编纂中心）副主任吴锋一行出席仪式并授牌。授牌仪式上，市、区两级党史研究室向各史志阅览室赠送《中国共产党绵阳执政实录》《绵阳市志》《绵阳市名镇志》《中国共产党涪城历史1921—2021（新时代卷）》《涪城区志》等各类史志、地情资料书籍300余册，涪城区首批“省、市、县共建史志阅览室”建成。

【全国精品年鉴品读活动】 2022年9月起，涪城区委党史研究室（涪城区地方志办公室）印发《涪城区“精品年鉴品读季”活动实施方案》，组织全区史志系统开展全国精品年鉴品读活动。学习中国地方志指导小组办公室、省方志办、市方志编纂中心分别组织的精品年鉴品读工作会议精神和系列讲话，品读《北京朝阳年鉴（2020）》《长沙年鉴（2020）》《孝义年鉴（2020）》《连云港年鉴（2019）》四部精品年鉴，学习四部精品年鉴编纂相关结构设置、条目撰写、特色体现、彩页设计、版面编排、封面设计等。11月，进行学习总结，分享学习心得，借鉴精品年鉴特色亮点与经验做法，找差距、补短板，做到学、思、研、用相结合，探索新时代对提高编纂质量的新思路、新方法、新路径，提升涪城区年鉴高质量编纂水平，增强“三个服务”能力，充分发挥年鉴“存史、育人、资政”的功能。

（刘雪梅　杨　剑）

中国人民政治协商会议绵阳市涪城区委员会

概　述

【概况】 2022年，中国人民政治协商会议绵阳市涪城区第七届委员会强化思想政治建设，深化理论武装，加强党的全面领导，夯实团结奋斗基础。坚持大团结大联合，深入开展交流合作，加强“书香政协”建设，巩固发展爱国统一战线。坚持守正创新，提高提案工作质效，提升委员履职能力，加强政协机关建设。聚焦加快建设“四个强区”，围绕科技创新、产业发展、开放合作、城乡融合等重点工作精选议题、深入调研、务实建言，全年共计开展各类协商95次。紧扣政治协商、民主监督、参政议政职能，在建言资政和凝聚共识上双向发力，团结联合社会各界人士为全面建设西部现代化强区聚智聚力。坚持人民政协为人民，在疫情防控中体现担当，组织政协机关干部参与点位值守、核酸转运等200余人次，号召政协委员参与各类防疫工作500余人次，反映优化疫情防控措施的建议16条。聚焦残疾人托养、克非公园建设等民生实事开展调研协商6次、提出建议17条，聚焦校外学生托管机构监管、城乡小微水体治理等开展民主监督并反馈监督意见11条，深入实施“双助”活动，协调落地助农产业项目25个，组织职业技能培训近5000人次，为乡村群众办实事200余件。组织委员深入基层开展专题调研视察7次，累计反映社情民意信息135条，被省市政协采用66条，连续4年获评全市反映社情民意信息工作先进单位，推动民生事业高质量发展。

【协商平台建设】 2022年，涪城区政协坚持“党委领导、政协搭台、委员主体、群众参与”，推进“有事来协商”平台建设，建成1个区级平台、12个镇（街道）委员联络站、6个委员工作室，在全市率先实现基层协商平台全覆盖建设、平台运行经费全方位保障、协商机制全链条闭环。

【协商民主】 2022年，涪城区政协紧扣党政决策部署，紧盯社会治理焦点难点，在创新协商模式、完善协商机制等方面蹚新路。全年，共计开展各类协商95次，参与人数1000余人，形成协商报告20余篇，关于推进食品产业园、“蔬香绿野”芦笋大健康农业主题公园建设的建议等一批协商成果转化成为具体工作举措。

政协绵阳市涪城区第七届委员会常务委员会组成人员名单

2021年9月28日至2023年2月13日
（按姓氏笔画为序）（47人）

于晓燕　马晓晖　王　蕾　王泷天
王晓川　王铁蓉　牛　欢　邓　勇
龙运锋　白荣其　白晓东　冯　涛
兰　翼　向冬梅　刘正西　许小君
杜正茂　李　贵　李　勇　李江川
李剑生　杨　婷　肖兴亮　吴　蕾
何显兵　张　茜　张安珂　罗　松
赵友章　赵贤政　秦　纯　钱建苹
徐　弘　徐洪波　高　敏　高广泰
康翠兰　梁　俊　蒋　洁　蒋纯泉
释昌果　谢佳琦　蒲　佳　熊　敏
黎　挺　薛　雷　魏子秦

（李　波　汪三贵　米　妮）

重要会议

【概况】 2022年，中国人民政治协商会议绵阳市涪城区第七届委员会召开常务委员会会议5次，区政府与区政协联席工作会议2次，涪城区在外人士春节慰问工作专题会议1次，《画说涪城30年》编撰工作会议1次，确保“区委、区政府工作推进到哪里，政协工作就跟进到哪里”，不断开创履职新局。

【区政协常委会会议】 2022年，涪城区政协召开常务委员会会议5次，通报全区经济社会发展情况、提案办理情况，协商讨论七届区政协一次、二次会议相关事宜，并专题议政性协商“蔬香绿野”芦笋大健康农业主题公园建设情况、食品产业园建设。

【区政府与区政协工作联席会议】 2022年，召开涪城区政府与区政协联席工作会议2次，通报全区经济社会发展、提案办理等情况，就进一步加强工作对接和配合，共同推动涪城高质量发展取得新成效进行深入交流并达成共识。

【在外人士春节慰问工作专题会议】 2022年1月19日，涪城区在外人士春节慰问工作专题会议召开，区政协党组书记、主席杜正茂主持，专题研究如何在春节即将来临之际，将最诚挚的问候和最美好的祝福传递给涪城区在外人士。

【《画说涪城30年》编撰工作会议】 2022年6月14日，涪城区政协召开《画说涪城30年》编撰工作会议，安排《画说涪城30年》编撰工作，强调要对涪城30年来的辉煌成就进行系统梳理和归纳，通过历史维度和观赏视觉，为涪城区建区30周年献礼。

2022年绵阳市涪城区政协重要会议一览表

表13

时间	会议名称	主要内容
1月6日	涪城区人民政府与政协涪城区委员会工作联系会议	区委常委、常务副区长秦亚辉通报2021年经济社会发展情况、政协提案办理情况 交流发言 区政协主席杜正茂讲话 区委副书记、区人民政府区长张虚怀讲话
1月7日	区政协七届第2次常委会议	协商讨论《政府工作报告（草案）》，通报全区2021年经济社会发展情况、提案办理情况 通报涪城区2021年党风廉政建设工作情况 协商讨论《七届区政协常务委员会工作报告（草案）》 协商讨论《七届区政协一次会议提案工作情况报告（草案）》 协商通过《关于授权主席会议审议七届区政协第2次常委会议未尽事宜的决定（草案）》 协商通过区政协办公室副主任任免事项 追认撤销曾建斌政协委员资格等有关事项 听取各专委会2021年工作总结和2022年工作计划 区政协党组书记、主席杜正茂讲话
1月19日	区政协七届第3次常委会议	通报甄丽蓉同志辞去七届区政协委员、常委有关情况 审议通过《区政协七届二次会议提案审查情况报告（草案）》 审议通过《区政协七届二次全会决议（草案）》

续表13

时间	会议名称	主要内容
1月19日	涪城区2022年在外人士春节慰问工作专题会议	助理工作组唐洪组长汇报资料收集等相关情况 西蜀网汇报准备工作情况 参会领导、单位交流发言 杜正茂主席讲话
6月14日	《画说涪城30年》编撰工作会议	区政协主席助理专员刘伟平通报《画说涪城30年》编撰的主要构架 区政协副主席肖兴亮安排相关工作 区委副书记胡友谊讲话 区政协党组书记、主席杜正茂讲话
7月8日	区政协七届第4次常委会议	专题议政性协商“蔬香绿野”芦笋大健康农业主题公园建设情况 协商决定七届区政协委员调整事项 审议《政协绵阳市涪城区委员会常务委员会委员履职述职办法（草案）》 听取各专委会2022年上半年工作总结和下半年工作计划 区政协党组书记、主席杜正茂讲话
9月1日	区政府与区政协工作联系会议	区委常委、常务副区长秦亚辉通报涪城区上半年经济社会发展、提案办理、委员建议办理等工作情况 交流发言 区政协主席杜正茂讲话 区委副书记、区人民政府区长张虚怀讲话
10月18日	区政协七届第5次常委会议	区人民政府通报涪城区上半年经济社会发展情况 协商决定七届区政协委员调整事项 专题议政性协商食品产业园建设 区政协党组书记、主席杜正茂讲话
12月28日	区政协七届第6次常委会议	协商讨论《政府工作报告（草案）》 通报全区2022年经济社会发展情况、提案办理情况 通报2022年全区党风廉政建设和反腐败工作情况 协商决定人事任免事项； 协商决定委员、常委资格事项 协商审议《七届区政协常务委员会工作报告（草案）》 协商审议《七届区政协二次会议提案工作情况报告（草案）》 协商审议七届区政协三次会议日程、议程 协商审议《关于授权主席会议审议七届区政协第六次常委会议未尽事宜的决定（草案）》 听取区政协常委2022年度工作述职 听取各专委会2022年工作总结和2023年工作计划 区政协党组书记、主席杜正茂讲话

（李　波　汪三贵　米　妮）

政治协商

【概况】　2022年，涪城区政协抓好政治协商这一首要职能，旗帜鲜明讲政治，找准找实工作定位，汇聚各方合力，开展“有事来协商”工作，共计开展各类协商95次，参与人数1000余人，形成协商报告20余篇，协商工作质量不断提高，确保“提得好”“议得好”与“办得好”相互促进。

【区政府与区政协联席会议】 2022年1月6日，涪城区政府与区政协工作联席会议召开，区委副书记、区长张虚怀，区政协主席杜正茂出席。张虚怀对区政协民主监督区政府工作，给予关心支持表示衷心感谢。他指出，2021年，区政府在区委的坚强领导下，区政府始终坚持稳中求进工作总基调，坚持高质量发展主题，深入实施“三千工程”，加快建设“四个强区”，推动西部现代化强区建设迈出坚实步伐，实现“十四五”良好开局。杜正茂指出，2021年以来，面对经济下行压力加大、外部环境发生深刻变化的复杂形势，区政府攻坚克难、奋发作为，促进重大项目持续落地建设，有效破解制约发展的要素瓶颈，推动形成各镇（街道）竞相发展态势，全区经济发展逆势上扬，经济质量稳步提升。他表示，2022年，区政协将继续发挥政协工作的职能作用和独特优势，做好围绕中心谋发展、强化监督促落实、凝心聚力增进共识等方面的各项工作，共同推动全区各项事业取得新的更大成就。

2022年9月1日，区政府与区政协工作联系会议召开。区委副书记、区长张虚怀出席会议并讲话。区政协主席杜正茂主持会议并讲话。会上，张虚怀就区政协对区政府工作的关心、支持表示衷心感谢。他指出，上半年，区政协在区委的坚强领导下，认真履行政治协商、民主监督、参政议政职能，各方面工作卓有成效、亮点纷呈，为推动全区经济社会高质量发展作出了重要贡献。区政府将在区委的坚强领导下与区政协同频共振，自觉接受政协的民主监督以及社会的舆论监督，广泛听取委员意见，高质量办好政协提案，一如既往加强与区政协的工作对接和配合，针对发展中的重大问题主动与政协沟通协商，积极向政协借智借力，凝聚更多发展力量。杜正茂对区政府年初以来的工作成效表示祝贺。他表示，区政协将一如既往地全力支持区政府的各项工作，做好围绕中心谋发展、强化监督促落实、凝心聚力增共识等各方面工作，共同推动涪城经济社会各项事业取得新的更大成绩。

【七届二次会议重点提案办理协商会议】 2022年5月11日，区政协七届二次会议重点提案办理协商会议召开。区政协主席杜正茂出席会议并讲话。会议强调，各办理单位要坚持问题导向、目标导向、结果导向，集中精力，攻克提案办理中遇到的各种难题；要将提案办理成果作为践行“一线工作法”的实际检验，发挥重点提案办理的示范效应、带动效应；要推动提案办理工作由“答复型”向“落实型”转变，“解释型”向“解决型”转变，办出实实在在的成效，做到委员真心满意、群众真正受益。政协委员要聚焦党委政府中心工作，从大处着眼、小处着手，切实提出真知灼见；要注重方向性、前瞻性、主动性，切实提高提案质量；要加大集体提案征集力度，培育精品提案。

【“留抵退税争取上级支持协商”讨论会】 2022年9月20日，区政协主席杜正茂组织召开留抵退税争取上级支持协商讨论会，听取区税务局、财政局就增值税留抵退税相关情况介绍，牟效、李剑生等政协委员和社情民意信息员从政策源头、制度体制、风险管控、对上争取政策等方面积极建言献策。

【犬只管理工作协商座谈会】 2022年9月21日，区政协副主席刘正西召集部分政协委员及区公安分局等部门，召开涪城区政协犬只管理工作协商座谈会，就即将施行的《绵阳市养犬管理条例》面临的困难和问题交流座谈。座谈会上，参与部门和委员就该条例落地落实积极建言献策。在犬只防疫、流浪犬收容、法规宣传等方面形成共识，后续将通过提案、社情民意信息等方式推动协商成果转化。

（李 波　汪三贵　米 妮）

民主监督

【概况】 2022年，涪城区政协突出政治性，把准监督方向、原则、节奏和力度，开展多形式民主监督6次，在监督中发现问题、分析症结、提供对策，推进民主监督职能创新发展，让协商式“软监督”发挥出助推重大方针政策贯彻落实的“硬作用”。

【重点提案督导】 2022年4月27日，区政协副主席于晓燕带领教科卫体委、农业农村委有关负责人和部分委员到区教体局会议室与区教体局、部分学校、新华文轩就七届二次全会“研学”重点提案督办情况开展面对面沟通交流。

【“绵阳一号”卫星星座项目一期建设协商式监督】 2022年5月26日，涪城区政协经济委组织部分委员开展“绵阳一号”卫星星座一期项目建设推进协商监督工作。委员们实地调研“绵阳一号”卫星星座测控中心，了解“绵阳一号”卫星发射流程、市场前景，应用范围，未来计划及对涪城科技战略发展的重要意义。在座谈会上，涪创集团汇报“绵阳一号”卫星星座一期项目建设推进情况，试验区经发局、区科技局、天仪研究院等单位和与会政协委员交流发言，对“绵阳一号”卫星发射工作寄予期望，也对卫星发射工作中存在的困难和问题提出意见建议。区政协副主席于晓燕全程参加监督活动。

【儿童青少年近视综合防控民主监督座谈会】 2022年10月28日，涪城区政协教科卫体委组织部分区政协委员和区级相关部门负责人就“全区儿童青少年近视综合防控”开展民主监督视察并召开座谈会，涪城区政协副主席于晓燕出席座谈会。会议指出，“全区儿童青少年近视防控”协商成果的落地转化是对区政协工作的肯定，充分体现了区政协委员的全过程履职，切口小、关注度高、受益面广、社会反响大、委员成就感高，受到区委、区政府的高度重视，与区级相关部门的工作高度契合，提案办理投入小、见效好，办理优质，值得肯定，希望各位委员和区级相关部门继续关注，建立持续跟踪检测的长效机制。

【小微水体治理专题协商前期调研】 2022年10月19日，涪城区政协组织开展小微水体治理专题协商前期调研活动。调研组一行实地察看城郊街道牌坊社区平政河段、青义镇西科大国家大学科技园园区内河段。涪城区政协委员西科大环境与资源学院刘畅带领学生实地取水，现场检测。座谈会上各位委员和区级职能部门热烈讨论，从水体治理、小微水系景观打造、河渠工程建设等方面提出大量有见地的意见和建议，为专题协商提供丰富的内容。

【涪江右岸绵阳丰谷段防洪治理工程（一期）建设民主监督】 2022年9月27日，涪城区政协秘书长蒋纯泉带领农业农村委和丰谷镇政协委员联络站部分委员到丰谷镇，开展涪江右岸绵阳丰谷段防洪治理工程（一期）建设民主监督。委员们先后实地察看一标段河堤、二标段交通桥，随后在丰谷委员联络站进行座谈交流。会上，委员们对河堤工程质量监控、后期规划与开发、文化资源挖掘和整合、生态环境保护等方面积极建言献策。

（李 波　汪三贵　米 妮）

参政议政

【概况】 2022年，涪城区政协发挥人才荟萃、智力密集的优势，紧扣区委重视的重点、群众关心的热点，履行参政议政职能，坚持“建言建到点子上、议政议到关键处”，累计反映社情民意信息135条，被省市政协采用66条，获评全市反映社情民意信息工作先进单位；收到提案135件、立案116件，办复率和委员满意率均达到100%，为涪城全面建设西部现代化强区贡献政协智慧和政协力量。

【重点提案交办会】 2022年3月17日，涪城区政协重点提案交办会召开，区政协副主席秦纯出席会议。会上，区委目标绩效办通报了重点提案督办情况，重点提案承办单位汇报了提案办理情况。会议强调，各承办单位要明晰思路抓落实，狠抓办理进度，提高办结效率；要进一步强化机制建设，规范办理程序，强化督办督导，严格奖惩考核；要持续注重重点提案办理的成果转化，提高重点提案办理水平，做到让委员满意、让社会各界满意、让人民群众满意，不断推动涪城经济和社会事业高质量发展。

【“全民健身器材维护与更新”专题协商会】 2022年5月27日，涪城区召开“全民健身器材维护与更新”专题协商会议，进一步贯彻落实习近平总书记关于加快建设体育强国重要指示精神，全面落实全民健身国家战略，不断提高人民健康水平。区政协副主席肖兴亮主持会议。会上，参加协商的人员围绕议题畅所欲言，各抒己见。区政协文史委介绍了前期调研情况；区教体局汇报了全区全民健身器材基本情况；与会委员们围绕全民健身器材安装、维护、管理、使用等方面与职能部门进行了充分沟通和面对面交流。

（李 波　汪三贵　米 妮）

中国共产党绵阳市涪城区纪律检查委员会 绵阳市涪城区监察委员会

概　述

【概况】 2022年，中共绵阳市涪城区纪律检查委员会、涪城区监察委员会（以下简称涪城区纪委监委）聚焦中心大局强化政治监督，坚持办案引领，贯通“三不”一体推进，持续纠治“四风”不断弘扬清风正气，突出整治群众身边腐败和不正之风，深化政治巡察充分彰显“利剑”作用，推动各类监督贯通融合，加强自身建设锻造纪检监察铁军，在全市基层监督现场会作交流发言，委机关审理室被评为“绵阳市工人先锋号”，1名纪检监察干部受到中央纪委国家监委嘉奖表彰，并被评为“全省纪检监察系统先进个人”。

【基层党风廉政建设】 2022年，涪城区纪委监委聚焦省纪委“三个方案”，创造性落实“四强行动”，着力构建“区负责、镇主抓、村执行”的监督体系，区纪委监委干部动态配备率达96.2%，9个镇（街道）全面落实“两专三兼”，优选精培党风政风监督员407名，对全区113个村（社区）纪委书记、纪检委员开展履职能力提升培训，基层工作力量得到有效加强。坚持把案件质效作为纪检监察工作的生命，构建“室组地”联动协作机制，探索交叉检查、联合办案，镇（街道）立案122件，处分119人，同比增长31%、46.96%，其中通过监督检查发现问题线索占比达45.9%，基层监督执纪执法质效大幅提升，“室组地”联动协作机制入选涪城2022年“十大改革案例”。编印村（社区）纪委主要监督事项和监督方式“双十”清单，推动实施村级监督示范村、示范点建设，深化“阳光问廉”下乡进村38场次，解决各类问题44个，“百理晒场”等一线监督做法被川报登载，并在全市加强基层党风廉政建设现场会上作经验推介。

中共绵阳市涪城区第七届纪律检查委员会

书　记：张 伟
副书记：路春玲（女）　梁志勋
常务委员会委员：李　建　周　伟
赵栋辉　刘永红（女，8月前）
罗　勇（10月后）
委　员（按姓氏笔画为序）：
向旭平　刘永红（女，8月前）
张　伟　张金蓉　李　建
杨海泉　陈永康　吴　勇　罗　勇
周　伟　周　刚　赵栋辉　贾　岩
徐海燕（女）　路春玲（女）
樊远平　梁志勋　潘　智

绵阳市涪城区监委委员名单

主　任：张　伟
副主任：路春玲（女）　梁志勋
委　员：李　建　周　伟
罗　勇（10月前）　贾　岩

（邱连刚　路春玲）

重要会议

【概况】 2022年，中共绵阳市涪城区纪律检查委员会召开全体会议1次。区纪委七届二次全体会议于2月11日召开。

【区纪委七届二次全体会议】 2022年2月11日，中国共产党绵

2022 年 2 月 11 日，中国共产党绵阳市涪城区第七届纪律检查委员会第二次全体会议举行　（涪城区纪委监委）

阳市涪城区第七届纪律检查委员会第二次全体会议举行。区委书记邓辉出席会议并讲话。区人大常委会主任顾建、区政协主席杜正茂出席会议。全会传达学习十九届中央纪委六次全会、省纪委十一届六次全会、市纪委八届二次全会精神，审议通过区委常委、区纪委书记、区监委主任张伟代表区纪委常委会所作的《奋力推进纪检监察工作高质量发展，为全面建设西部现代化强区提供坚强保障》工作报告。与会同志进行分组讨论。区委、区人大常委会、区政府、区政协领导，区决咨委领导，区法院院长、区检察院检察长，试验区领导，区级各部门主要（常务）负责人，各镇（街道）党（工）委书记等参加会议。出席全会的有区纪委委员18人，列席165人。

【第一届特约监察员聘请大会】

2022年3月29日，涪城区监委召开第一届特约监察员聘请大会，向优选聘请的7名特约监察员发放聘书，并开展履职培训。区委常委、区纪委书记、区监委主任张伟出席会议并讲话。会议宣读《关于聘请第一届特约监察员的决定》，学习《特约监察员工作办法》，通报区纪委监委职能职责和履职情况，特约监察员代表作表态发言。区纪委监委班子成员，委机关各室（部）、派驻机构负责人等参加会议。

2022 年 3 月 29 日，涪城区监委召开第一届特约监察员聘请大会，向 7 名特约监督员发放聘书并开展履职培训　（涪城区纪委监委）

2022年绵阳市涪城区纪律检查委员会重要会议一览表

表14

时　间	会议名称	主要内容
2月11日	区纪委七届二次全体会议	传达学习十九届中央纪委六次全会、省纪委十一届六次全会、市纪委八届二次全会精神，审议通过区委常委、区纪委书记、区监委主任张伟代表区纪委常委会所作的《奋力推进纪检监察工作高质量发展，为全面建设西部现代化强区提供坚强保障》工作报告
3月29日	区监委第一届特约监察员聘请大会	会议宣读了《关于聘请第一届特约监察员的决定》，向优选聘请的7名特约监察员发放聘书，并开展履职培训

（邱连刚　路春玲）

党风廉政建设

【概况】 2022年，涪城区纪委监委围绕习近平总书记重要讲话精神、四川视察重要指示精神和省市区重要会议精神贯彻落实情况，紧盯中央和省市区委统筹疫情防控和经济社会发展、防汛减灾、粮食安全、生态环保、教育“双减”等重大决策部署开展监督检查20余轮次，发现并责成整改问题947个，严肃问责14件22人、6个党组织。实施优化营商环境“双清”行动，设立“清风护航服务中心”，建立清风联企“三百”机制，全面运行30个“营商环境监测点”，走访企业385家，收集问题建议77个，查处损害营商环境16件30人，助推创明新能源、欣盛显示等一大批重大项目快速落地投产。开展国有企业重大非正常亏损公司、亏损项目背后违纪违法问题专项治理，推进“五粮春”系列案以案促改工作，发现处置问题11个。发出纪检监察建议书13份，督促案发单位召开专题民主生活会，完善制度13项。创新实施“纪法教育周”，开展“亲情寄语·清风传家”、廉洁文化“六进”等系列活动，制作《新的天地》《廉洁树》等公益视频7部。密切关注享乐主义、奢靡之风新动向、新变种，紧盯重要节点开展常态化明察暗访和专项监督检查，严肃查处违反中央八项规定精神问题20件41人。开展借培训名义搞公款旅游排查整治，发现问题班次18个，立案查处3件3人，26人主动说清问题，追缴退赔经费1.94万元。创新开展监督保障“真抓实干、狠抓落实”行动，以“六盯六查”为抓手，严肃查处涪城生态环境局原副局长刘定远工作作风漂浮、自然资源局地矿股原股长伍勇不担当不作为等形式主义官僚主义问题10件23人，发出作风通报5期。把握“三个区分开来”，为15名干部容错纠错、10名干部澄清正名，查处诬告陷害2人，开展受处分干部“暖心回访”106人次。聚焦省纪委“三个方案”，创造性落实“四强行动”，着力构建“区负责、镇主抓、村执行”的监督体系。开展“听音问廉·三进三强”专项行动，突出“问廉”导向，全区各级党员干部累计走访68.9万余人次，推动解决问题1198个，处置党员干部9人。聚焦食品安全、教育医疗、生态环保、集体“三资”管理等方面，发现并督促整改问题117个，查处惠民利民、安民护民政策落实等群众身边腐败和不正之风问题31件77人。开展简易审批村庄建设项目问题专项治理，立案13件13人，党纪政务处分6人、组织处理11人。深化发改、卫健等重点行业领域突出问题系统治理，发挥派驻监督作用，督促整改问题48个，党纪政务处分10人、组织处理8人。统筹谋划七届区委巡察工作，制定巡察五年工作规划，确定巡察全覆盖任务清单。开展1轮市县联动疫情防控机动巡察和2轮常规巡察，以镇村同巡方式，对7个镇（街道）及所辖76个村（社区）开展2轮巡察监督，发现问题65个，移交问题线索37条，立案30件。

【“亲情寄语·清风传家”活动】 2022年1月26日，为弘扬清风正气、厚植廉洁土壤，涪城区纪委监委以虎年春节为契机，在全区开展“亲情寄语·清风传家”活动，为全区500余名科级领导干部送上“廉节礼包”，向全区科级领导干部家属致送一封清廉寄语书信，邀请家属（配偶或父母、子女）题写“亲情寄语”，送“福”嘱“廉”贴春联，通过送书《中华人民共和国监察法实施条例》，使公职人员

2022年1月26日，涪城区纪委监委在全区开展“亲情寄语·清风传家”活动
（涪城区纪律检查委员会）

2022年7月，涪城区纪委监委择优选聘党风政风监督员，图为吴家镇选评现场

（涪城区纪律检查委员会）

学法明纪。“一信一联一书”三重礼，让年味更有廉味。

【党风政风监督员选育】 2022年，涪城区纪委监委按照个人自荐、群众举荐，村（社区）“两委”会议审议，镇（街道）纪（工）委审核的程序，从两代表一委员、老党员、老干部及能人乡贤等人员中择优选聘村（社区）党风政风监督员404名，其中普通党员群众占比80.69%，任期与村（社区）两委同步，最大限度保证监督效果。战训合一练内功。镇（街道）纪（工）委直接负责村（社区）党风政风监督员的日常监督管理工作，围绕本地民生事项、党员干部纪律作风等内容，每年组织1次专题业务培训，每半年组织1次工作会议，日常保持紧密联系。制定村级监督“双十”清单，梳理10项主要监督事项、10项主要监督方式，编印成“掌上手册”，简明扼要，作为党风政风监督员履职尽责的务实指南。拟定《村（社区）党风政风监督员（监察工作信息员）制度（试行）》，聚焦发挥“信息员”“宣传员”“风评员”三个作用，对村（社区）党风政风监督员工作积极、贡献突出的，进行表彰奖励。全区党风政风监督员到岗履职以来，共收集报送各类问题109条，其中转化问题线索12条。

【“清风护民·解困同行”活动】 2022年7月，涪城区纪委监委开展“清风护民·解困同行”活动，解决群众急难愁盼问题。突出“问廉”导向，开展纪检监察干部深度访，将村（社区）党风政风监督员、营商环境监督员、“护航直通专班”等作为了解社情民意、收集问题线索的重要载体。全年，从群众中查找、发现检举控告类、涉法涉诉类、干部作风类等问题280个。坚持以案件查办为引领，围绕惠民惠农政策执行、教育医疗、养老社保等方面，严肃查处虚报冒领、贪污侵占、截留挪用等群众反映强烈的问题，形成有力震慑。全年，立案查处11件28人，党纪政务处分23人。推进作风建设，重点整治在服务群众中“敷衍塞责”、在执行政策中“与民争利”、在化解问题中“推诿扯皮”，在办理事项中“冷硬横推”等问题。全年，发现并整改问题12个，发出工作提示函5份。督促行业部门用心用情用力解决群众急难愁盼问题，落实干部结对帮扶城镇困难群众等制度，通过上门走访与群众拉近距离，摸清群众困难诉求，精准开展帮扶。全年，开展走访130余人次，收集并推动解决群众困难问题38个。

【信访渠道畅通】 2022年，涪城区纪委监委变“坐等上访”为“主动下访”。建立领导包案下沉访、协作片区全员信访工作机制，聚焦听到真信息、找准真问题，形成真线索，畅通信访举报渠道，结合“听音问廉”，通过摸排走访、重点约访、带案下访等方式，深入村组、深入群众，面对面倾听诉求、解决矛盾问题。全年，累计走访群众1.5万人次，收集民生诉求、党风廉政意见建议590条，进行专题信访答复13次。变“单一办信”为“暖心解困”。坚持把解决群众实际问题作为信访工作的落脚点，精准甄别信访件类别，规范信访问题线索处置管理，用心用情推动群众诉求高效、妥善解决，并做好信访回访，耐心告知办理结果，讲清讲透政策依据，搭好干群“连心桥”。全年受理群众信访举报97件，查处敷衍塞责、与民争利、推诿扯皮等问题12个，回访群众17人次。变“单项处置”为“协同化解”。坚持以办案为引领，紧盯信访反映的问题线索，围绕营商环境、工程招投标、“三资”管理等领域，优先排查、深入研判，精准处置问题线索集中可查性强的信访反映，全年，移交相关问题线索13条。成立工作专班，重点围绕近年来“案结事未了”“结案仍在访”的信访问题开展核查督办，有效处置化解缠访异常访4批30人次。

【监督执纪容错纠错】 2022年，涪城区纪委监委坚持精准监督执纪和“查诬”“澄清”相结合，巩固和发展风清气正政治生态和干事创业良好环境。根据“三个区分开来”精神，出台容错纠错实务操作指南，明确依主动启动或个人申请等18类可容错纠错情形，重点加强在国土规划、项目建设等领域运用。在案件线索办理、日常监督中，坚持既核实干部“犯错”证据，又查清客观背景和困难，同时考量社会反响因素。全年，为在推动项目建设、招商引资等工作中犯错的15名干部实施容错纠错。制定澄清正名及处置诬告陷害工作流程，对干部选用等方面举报优先排查研判，对挂名举报且无实质内容举报件，研判后可不再转办；对检举控告件核查失实的，召开会议或当面通报等及时澄清；对主观捏造、故意陷害的举报线索进行“反向取证”、严厉打击。全年，对优化营商环境、干部选用等工作中被不实举报的10名干部澄清正名，对2名实施诬告陷害举报人严肃处理。制定全覆盖个性化“暖心回访”工作方案，建立工作台账，结合“听音问廉绵州行”，向受处分干部所在单位核实，通过群众打听、本人谈心等方式，跟踪干部思想状况，教育引导干部正确面对、及时改错。全年，回访教育106人，通过出具政治鉴定、党风廉政意见和召开会议等形式，向有关单位提出或通报意见建议30余条，对9人出具不影响使用的意见建议。

（邱连刚　路春玲）

监督执纪

【概况】 2022年，涪城区各级纪检监察组织坚持以习近平新时代中国特色社会主义思想为指导，深入学习宣传贯彻党的二十大精神，深刻领会“两个确立”的决定性意义，牢牢把握党的自我革命战略部署和全面从严治党战略方针，服务中心大局，忠诚担当作为，正风肃纪反腐，为全区经济社会高质量发展提供了坚强保障。

【政治监督】 2022年，涪城区纪委监委把学习贯彻习近平新时代中国特色社会主义思想和党的二十大精神作为首要政治任务，区纪委常委会带头开展集中学习、专题研讨13次，带动全系统学思践悟，提高政治判断力、政治领悟力、政治执行力。围绕习近平总书记重要讲话精神、到四川视察重要指示精神和省市区重要会议精神贯彻落实情况，紧盯中央和省市区委统筹疫情防控和经济社会发展、防汛减灾、粮食安全、生态环保、教育“双减”等重大决策部署开展监督检查20余轮次，发现并责成整改问题947个，严肃问责14件22人、6个党组织。特别是在“9·29”等疫情防控中，开展各类督查284次，稳慎调查处置违反防疫纪律、落实防疫责任不力问题，发出通报53期，督促整改问题557个。实施优化营商环境“双清”行动，设立“清风护航服务中心”，建立清风联企“三百”机制，全面运行30个“营商环境监测点”，走访企业385家，收集问题建议77个，查处损害营商环境16件30人，助推创明新能源、欣盛显示等一大批重大项目快速落地投产。严把选人用人关口，稳妥审慎出具党风廉政意见986人次，叫停干部选拔任用2人次。

【日常监督】 2022年，涪城区纪委监委密切关注享乐主义、奢靡之风新动向、新变种，紧盯重要节点开展常态化明察暗访和专项监督检查，严肃查处违反中央八项规定精神问题20件41人。开展借培训名义搞公款旅游排查整治，发现问题班次18个，立案查处3件3人，26人主动说清问题，追缴退赔经费1.94万元。创新开展监督保障“真抓实干、狠抓落实”行动，以“六盯六查”为抓手，严肃查处涪城生态环境局原副局长刘定远工作作风漂浮、自然资源局地矿股原股长伍勇不担当不作为等形式主义官僚主义问题10件23人，发出作风通报5期。把握“三个区分开来”，为15名干部容错纠错、10名干部澄清正名，查处诬告陷害2人，开展受处分干部“暖心回访”106人次，帮助其卸下包袱、重拾信心、轻装上阵。持续纠治检查考核过多、过度留痕、“指尖上的形式主义”等问题，推动出台《涪城区精文减会七条措施》，实实在在为基层松绑减负。开展“听音问廉·三进三强”专项行动，突出“问廉”导向，全区各级党员干部累计走访68.9万余人次，推动解决问题1198个，处置党员干部9人。将群众声音作为监督执纪的“风向标”和“晴雨表”，务实开展“清风护民·解困同行”活动，深化纪检监察干部访，聚焦食品安全、教育医疗、生态环保、集体“三资”管理等方面，发现并督促整改问题117个，查处惠民利民、安民护民政策落实等群众身边腐败和不正之风问题31件77人。开展简易审批村庄建设项目问题专项治理，立案13件13人，党纪政务处分6人、组织处理11人。深化发改、卫健等重点行业领域突出问题系统治理，着力发挥派驻监督作用，督促整改问题48个，党纪政务处分10人、组织处理8人。抓深抓实“纪委书记盯粮库”专项工作，立案审查调查16人，留置3人，移送审查起诉3人，相关工作经验被省纪委工作专班推广。

【腐败惩治】 2022年，涪城区纪委监委始终保持零容忍的警醒、零容忍的力度，全年受理信访举报134件，党纪政务立案187件，党纪政务处分182人，移送审查起诉7人，查封扣押冻结涉案财物1381万元。严肃查处华西集团第十二建筑工程公司原总经理助理谭某某和绵阳分公司原项目经理曹某贪腐超千万元、涪城粮油购销公司原总经理余某某受贿及挪用公款300余万元、吴家镇凤凰山村原村委会主任王某骗取国家专项资金等系列典型案件，取得良好的政治效果、纪法效果、社会效果。开展国有企业重大非正常亏损公司、亏损项目背后违纪违法问题专项治理，推进“五粮春”系列案以案促改工作，发现处置问题11个。发出纪检监察建议书13份，督促案发单位召开专题民主生活会，完善制度13项。

【“清淤治乱·清风护航”优化营商环境专项行动】 2022年，涪城区纪委监委围绕狠抓落实强监督，优化兴商的大环境，出台《“清淤治乱·清风护航”优化营商环境二十条措施》，设立“营商环境监测点”，组建“护航直通专班”，选聘“营商环境监督员”，收集问题建议77个，推动解决问题67个，以高质量监督走出护航营商环境最优路。把破坏营商环境问题作为监督执纪问责重点，紧盯中心工作行动迟缓、重点项目消极怠工、发展机遇无故错失等六类突出问题，强抓招投标领域腐败、中介乱象、助企纾困政策落实等五类专项整治，“室组地”协同，一体推进，查处12件26人，问责5人3组织，点名通报5期，倒逼全区上下真抓实干、狠抓落实，打造优化营商环境“快车道”。把问题共找、信息共享、整改共促作为加强联动协作的支撑点，建立与目督、发改、营商等部门联席配合机制，每月梳理1次企业诉求建议，发挥舆论监督作用，全年组织1次第三方测评，征询涉营商环境方面问题，线上线下，协同发力，发出整改问题清单15份，推动解决企业诉求200余个，约谈提醒党员干部38人。

（印连刚 路春玲）

民主党派

概　述

【概况】　2022年，涪城区有民主党派基层组织7个，其中民盟、民建、民进、农工、致公为基层委员会，民革为总支，九三为支社。有民主党派成员693人，其中民革43人、民盟87人、民建103人、民进206人、农工党157人、致公党58人、九三学社39人。全年各民主党派参加各类培训学习、主题教育和实践活动，参政议政，提交省、市、区人大建议、政协提案79件，开展营商环境、乡村振兴等民主监督工作，发挥民主监督作用。全区各民主党派成员累计捐赠疫情防控物资与现金合计超过30万元，践行民主党派与党和人民携手同心、共克时艰的家国情怀和使命担当。

【民主党派建设培育】　2022年，涪城区加强民主领导班子建设，发展储备各民主党派领导班子后备人选，协助各民主党派按照年度规划发展成员，提升民主党派组织发展质量。加强党派干部队伍建设，动态调整民主党派代表人士库。与区委组织部协调，全面推进党外干部人才队伍建设。举办全区统一战线素质能力提升培训班，提升民主党派干部理论素养和业务能力。落实并完善党外干部人才培养若干措施，开展好党外干部培训活动，向组织推荐优秀的党外干部20人次。新建民主党派阵地1处，利用已有民主党派阵地开展交流学习活动，发挥民主党派阵地在推动党派工作中的积极作用。

【民主党派参政议政】　2022年，涪城区各民主党派人大代表、政协委员提交省、市、区人大建议、政协提案79件，其中8件被列为重点建议（提案）。4篇调研报告在区委、区政协的建议献策会上书面或口头向区委报告。

【民主党派民主监督】　2022年，涪城区发挥民主党派民主监督的作用，创造宽松和谐的政治环境，正确对待来自民主党派的声音，鼓励各民主党派人士讲真话、出实招，争当中共的良友、净友。对接民盟绵阳市委到涪城区开展营商环境民主监督工作，区内7个民主党派基层组织联合对辖区镇（街道）开展乡村振兴民主监督，联系活动20余次。通过沟通情况、征求意见、联合调研等方式，为民主党派知情知政、履行民主监督职能发挥作用。

各民主党派活动情况

【民革涪城总支】　2022年，民革涪城总支有党员43人。民革涪城总支加强支部建设，履行参与政治协商活动、课题调研、社会服务等职能，帮助解决群众难题，服务涪城区经济社会发展。2022年，民革涪城总支开展“矢志不渝跟党走、携手奋进新时代”政治交接主题教育，通过线下专题会议和微信群，及时传达学习贯彻中共中央决策部署、重要会议精神。3月18日，“涪城民革党员之家”建成投用，总面积353平方米。重阳节组织慰问老党员9名。向生育二胎的唐春梅送去慰问。春节前夕组织慰问老党员11名。按照姓氏笔画顺序为27名党员订阅《团结报》。参与政治协商活动，围绕中共涪城区委、区政府的中心工作，紧扣人民群众关心的热点难点。在“两会”期间，钱建苹提交建议意见《关于加快推进跃进路1958历史文化特色街区打造提升》《关于加强基层应急管理能力建设》，梁俊提交集体提案《深化产教融合 校企共育技能人才》，吴彬提交委员个人提案《关于推动九绵高速沿线文旅融合发展的建议》的集体提案和《关于推动民用天然气掺氢商业化示范应用建设并纳入市级氢能应用专项规划的建议》。1月5日，为涪城区特殊教育学校捐赠价值5000元的生活用品200余套。9月5日，为泸定地震灾区累计捐款3450元。9月6日，参与“我为帮扶下一单”活动，累计认购近千元物资。10月12日，向铁牛社区定向捐赠围栏，总价值2.52万元。钱建苹对口帮扶关帝镇猫林村李林珍老人，送去价值5000余元物资。

【民盟涪城基层委员会】 2022年，民盟涪城基层委员会组织盟员学习贯彻习近平总书记“七一”重要讲话，传达涪城区第七次党代会精神。开展庆祝中国共产党成立100周年系列活动，举行主题演讲比赛，组织盟员观看庆祝中国共产党成立100周年电影《杨善洲》等，提升盟员对中国共产党的感情和认识。发挥界别优势，围绕中心积极建言献策，全年提交提案46件，涪城区重点督办提案2件，盟省委采用6件，报全国政协1件，民盟中央采用1件。对接遂宁市民盟经济支部及遂宁市民盟企业家联谊会的交流考察活动，基层委员会盟员参加各种调研考察交流共计18次。40余名盟员到一线参与疫情防控，为高温一线的环卫工人送“清凉包”，定期到养老服务中心看望慰问老人等。

【民建涪城基层委员会】 2022年，民建涪城基层委员会以思想建设为核心，以组织建设为基础，以制度建设为保障，持续推进自身建设，下设3个支部，共有正式会员98名，委员11名。其中市、区两级人大代表5名，市、区两级政协委员19名，特约监督员7名，10余名会员在省委会及市委会各专委会任职，各级专家库入选专家6名，民建中央画院四川分院院士1名。狠抓政治建设，强化思想引领，通过会前学习、专题讨论等形式，不断凝聚共识，巩固多党合作的思想政治基础。持续强基固本，强化自身建设，建设集中办公区、会员之家和论坛基地三大活动阵地和综合性会务品牌“涪城论坛”，开展形式丰富的组织活动，增强会内凝聚力，扩大会外影响力。突出界别特色，积极参政议政，围绕中心工作全年提交市、区代表建议、政协提案23件，多名会员和建议提案获得了市区两级表彰。创新工作方式，优化社会服务，全年走访会员企业12家，为会员企业排忧解难；开展新冠疫情防控志愿服务、金秋助学、爱心助农、关爱老人、音乐公益课等活动，捐赠乐器、水果牛奶等慰问品价值10余万元，会员和会员企业广泛参与公益事业，体现涪城民建的民生温度和党派担当。

【民进涪城基层委员会】 2022年，民进涪城基层委员会围绕民主党派五种能力建设开展工作，取得一定的成效。为庆祝党的二十大胜利召开和涪城建区30周年，民进涪城基层委员会创作歌曲《携手向未来》，代表全体会员献礼，祝愿祖国繁荣昌盛，祝福涪城明天更美好，原创歌曲《携手向未来》被“学习强国”平台、民进中央网站、民进四川省委网站采用刊发。深刻学习领会党的二十大精神及省市区委重要会议精神，坚持把民进中央省市重要会议精神和涪城区委重要会议精神作为工作的行动指南，全年开展各类学习11次。积极建言献策。基委会围绕市委、区委中心工作找准切入点，不断提高履职能力，推进参政议政各项工作取得实效。全年共开展“乡村文化振兴、专精特新中小企业发展、特殊教育学校工作、双减背景下中小学作业改革”专题调研四次，形成高质量调研报告四篇，提交民进市委、区委统战部。2022年市、区“两会”期间，民进涪城基层委员会共提交集体提案2件，个人建议、提案30件。民进涪城基层委员会全年组织爱心企业为学校捐赠设备、防疫物资等价值3万余元；新冠疫情期间，60余名会员坚持奋斗在抗疫一线；在酷暑高温之际，为一线社区干部和网格员送去4000余元的清凉包；积极开展“我为泸定灾区”捐款活动，共捐款2.6万余元；开展捐赠助学、困难群众帮扶工作，共组织会员向在校学子、困难群众、独居老人捐赠物资等价值2万余元。关心关爱会员，结合“三八”妇女节对部分女会员开展慰问，结合春节对老会员、优秀会员等开展慰问，向区委统战部、民进市委推荐优秀人才，助力会员个人成长。

【农工党涪城基层委员会】2022年，农工党涪城基层委员会始终坚持以习近平新时代中国特色社会主义思想为引领，在组织建设、参政议政、社会服务等方面取得了新的成效。理论学习不放松。组织党员召开各类专题学习会议20余次，推选8名党员参加市委组织基层负责人培训会和涪城区委统战部举办的全区统一战线素质能力提升培训班。组织建设夯基础。发展新党员8人，其中拥有高级职称3人、体制内2人。开展“矢志不渝跟党走，携手奋进新时代”主题教育、“同心庆七一·喜迎二十大”书画创作等支部活动30余次。参政议政履好职。撰写建议提案20余篇，其中《关于加强公共卫生服务体系规范化建设的建议》被市政协评为优秀提案，《关于推进城区内共享单车规范停放的建议》被区政协采用。社情民意信息共报送10余篇，多篇被农工党省委会、市政协采用。撰写《〈中国共产党政治协商工作条例〉与〈中国共产党统一战线工作条例〉的逻辑关系解读》理论文章获市政协“学习贯彻《中国共产党政治协商工作条例》”课题研究优秀成果三等奖。社会服务暖民心。抗击疫情期间，组织80余名党员奋战一线、捐款捐物。组织各支部慰问困难群众20余户、资助关心贫困学生3人、捐款15万元援助三台县修建乡村道路等。

【致公党涪城基层委员会】2022年，致公党涪城区基层委员会坚定以习近平新时代中国特色社会主义思想为指导，深入学习贯彻中共二十大精神和致公党十六大精神，深刻理解和把握统一战线和多党合作事业的新形势新任务，履行参政议政职能，积极开展社会服务，推进各项工作，增进团结，凝聚侨海力量，展现涪城致公新风貌，彰显涪城致公新作为。以政治建党为统领。组织召开基层委员会学习会议5次，各支部开展支部学习活动共20余次，专题学习并贯彻落实中共二十大、习近平总书记系列重要讲话和致公党十六大精神等会议精神，开展“矢志不渝跟党走 携手奋进新时代”政治交接主题教育，加强党员的理论学习，以理论滋养初心、以理论引领使命，不断增强组织的凝聚力、向心力。组织建设凝人心。注重提升党员发展质量，2022年新吸收优秀人才2名。开展“书香致公”读书分享活动、举办“传达学习二十大会议精神暨参政议政工作座谈会”等多形式、多种类的主题活动，更有针对性地为党员做好参政议政工作，提升党员参政议政能力。组织党员参加各种活动来提升其自身能力，党员陈俊旭、梁耘博、王科参加工委举办的“致公心向党 喜迎二十大”红色经典诵读比赛暨“书香机关”读书活动中分别荣获一等奖和二等奖，致公党涪城区基层委员会获“优秀组织奖”。参政议政献良策。党员范宗荣被绵阳市政协评为“2022年度优秀政协委员”，党员马宗才被涪城区人大评为“2022年度履职优秀代表”，党员梁耘博撰写提案《关于加强食用农产品质量安全管理与追溯的建议》及其个人分别被涪城区政协评为“优秀提案”，党员冯一隽被涪城区政协评为“反映社情民意信息工作先进个人”及“‘书香政协’先进个人”，党员吴蕾被涪城区政协评为“‘双助’活动先进个人”，党员王科被涪城区政协评为“2022年度优秀政协委员”。服务社会展担当。疫情防控期间，各位党员积极投身志愿者行列，扎实助力核酸检测、转运隔离、志愿服务、物资保障等防控工作，用实际行动为涪城区疫情防控工作彰显致公担当。积极参加义务植树、“八五”普法、医保政策宣传、公益法律服务、疫情防控等各类社会服务活动累计30余次。

【九三学社涪城支社】 2022年，九三学社涪城支社组织班子成员集中学习2022年“两会”、中共十九届六中全会、二十大会议等重要会议精神1次，组织社员观看二十大开幕式，撰写心得体会4篇。开展“矢志不渝跟党走，携手奋进新时代”政治交接主题教育1次。组织创作“双碳经济”主题歌曲《少一点多一点》，先后登上央视频、“学习强国”平台、同心四川、文旅绵阳等10余个平台。“两会”期间，提交建议、提案共18件，被评为优秀政协提案1件（市）、优秀区人大建议1件。累计撰写社情民意21篇，市政协采用11篇，社省委采用10篇，省政协采用1篇，社中央采用1篇。共计撰写新闻宣传稿件22篇，被社中央采纳2篇、社省委采用2篇、绵阳九三微信公众号采用22篇。参与全市大规模核酸检测工作，共约100人次；全民营养周进市直机关开展“健康营养公益科普讲座”2次；向一线医疗、社区、综合执法人员、山区困难群众捐助大量生活物资、生猪仔等物资4次；参加绵阳统一战线结对帮扶涪城区滨江社区困难群众的活动，与低保户家庭结成对子，进行学业帮扶，到家看望3次，捐赠助学金8000元；针对泸定县地震灾情，支社社员捐款共2000元。

2022年绵阳市涪城区各民主党派基本情况一览表

表15

党派名称	主委	副主委	委员	支部（个）	成员（人）	成立时间
民革涪城总支	钱建苹	谢鑫、梁俊、郑茜、王魏龙、吴彬	任怡、王庆华、李雨嘉、肖左一、谢佩希	3	43	2011年8月
民盟涪城基层委员会	徐洪波	王晓川、李建蓉、黄昌楠	蒲佳、颜璐、黄琦峰、高宝宝、龚璇	4	87	2011年9月
民建涪城基层委员会	廖熠玲	高敏、唐智、黎挺、徐弘	邵校、田健华、樊颖雪、颜泽军、李艳	3	103	1986年7月
民进涪城基层委员会	甄丽蓉	黄富敏、陈凤琼、王斌、范金燕、李贵	李钊全、赵映、张安珂、蒋琰、屈天霞、谢丹、刘元	15	206	2006年6月
农工党涪城基层委员会	肖兴亮	范婷婷、马晓晖、张泉、桑浩然	文彰益、庞怀书、姜海卿、刘思杞、朱虹、康翠兰	4	157	2007年4月
致公党涪城基层委员会	于晓燕	宋汶祥、何朗、闵洪英	刘一平、康宏、罗可立	3	58	2007年7月
九三学社涪城支社	鲜跃辉	张启委、李江川	胥波、薛雷	1	39	2011年8月

（任　欢　陈溪溪）

群众团体

绵阳市涪城区总工会

【概况】 2022年，涪城区共有基层工会组织3224个（其中已单独建立新就业形态劳动者企业工会80家、行业工会联合会3家），覆盖企业3901个。其中，企业独立工会组织2537个、外资企业工会组织4个、事业单位工会组织109个、机关单位工会组织61个、园区工会组织1个、镇工会组织5个、街道工会组织4个、社区工会组织61个、村工会组织53个、行业工会组织311个、区域工会组织49个、其他类型工会组织29个。工会会员数达到156635人。围绕学习宣传贯彻中共二十大精神，持续开展“中国美·劳动美——喜迎二十大 建功新时代”“强国复兴有我”等主题宣传教育活动。依托“涪工荟”“涪城职工之家”“涪城手机台”和职工大讲堂等载体开展专题学习活动60次。组建工会理论宣讲队伍、劳模宣讲团在村（社区）、企业、车间、班组开展精神宣讲25次，线上宣讲2期，吸引全区10万余名职工参与。开展线上知识竞赛2场，开办劳模及工会干部专题党课2场，推选合唱作品《忆秦娥 娄山关》获“中国梦·劳动美——喜迎二十大·建功新时代”四川省职工合唱比赛决赛金奖。对上争取资金634.58万元，完成奋斗目标的101.8%。落实企业工会经费返还政策要求，共兑现资金1196.7万元（小微企业经费返还265万元）。投入资金280万元打造职工书屋、“妈咪宝贝屋”、“职工心灵驿站”、劳模和工匠人才创新工作室、户外劳动者驿站等服务站点40个。推动新就业形态劳动者建会入会工作，指导新建基层工会组织80个，发展会员15064人。

2022年，经涪城区总工会培育推荐，涪城区金家林总部经济试验区总工会和绵阳惠科光电科技有限公司工会被评为“四川省基层工会职工之家阵地建设省级建设项目”，涪城区家政服务业工会联合会和涪城区中小企业商会工会联合会被评为“绵阳市基层工会职工之家阵地建设市级建设项目”。全区74个集体(个人)和项目获得区级及以上奖励，富临精工

2022年，涪城区总工会“五一”国际劳动节庆祝会议召开　（涪城区总工会）

股份有限公司被评为全国和谐劳动关系创建示范企业、四川省职工“五小”活动先进集体，万江眼科医院被评为全国“安康杯”竞赛活动先进集体；富临精工总工程师向明朗被评为全国“五一劳动奖章”，藤明波被评为全省“安康杯”竞赛优秀个人，胡英被评为“四川省最美家政人”，惠科樊涛、富临精工向海波、永贵刘代荣、华拓光李平、三力冯志、龙华崔旭龙和炳林毛笔制作传承人罗松被评为绵阳市首届“绵州工匠”；区总工会、绵阳富临精工股份有限公司、绵阳市花园实验小学、四川绵阳科伦医药贸易有限公司等4个单位和3个单位班组获绵阳市五一劳动奖状、工人先锋号称号；区总工会文化体育活动中心主任李琴、城厢司法所所长邓启贵、忠盛仁联科技总经理陈仕玲获绵阳市五一劳动奖章。

【基层建设】2022年，涪城区拨付2022年度工会工作专项补助资金和社会化工会工作者补助资金199.53万元。开展社会组织及新就业形态劳动者集中建会行动，新建工会组织 69个，发展会员1.9万名，全区企业建会率保持在98%以上。坚持“四有四强”阵地规范化建设标准，建成省级模范职工之家2个、市级模范职工之家2个、区级模范职工之家4个。实施干部提能行动，培训基层工会干部21名。坚持“上审一年，下审一级”原则，完成石塘街道总工会、富诚投资集团有限公司工会等52个基层工会的抽查审计工作，对区总工会2021年基层工会组织阵地建设专项补助资金进行审查审计，经审监督体系进一步完善，经审监督成效明显。

【职工合法权益维护】2022年，涪城区创新打造“心悦成涪”线上职工服务平台，建设和谐劳动关系示范站点7个；开展普法活动68场次，接收办理职工信访件7个，解决风险点11个，帮助追回薪资59.38万元。开展职工维权月行动，维权培训、维权进企业等活动覆盖企业179个、职工70000余人；开展“尊法守法·携手筑梦”主题普法宣传活动，提供免费法律咨询 700人次；开展“集体要约季”行动，指导协调行业、企业签订综合集体合同、工资集体协商、劳动安全卫生专项集体合同、女职工权益保护专项集体合同共计659份，覆盖企业809家，覆盖职工16766人；开展职工队伍稳定风险隐患专项排查工作，115名工会干部职工走访企业393家。

【职工关爱服务】 2022年，涪城区开展“川渝送岗·双圈有我”“工创美好生活 职达共同富裕”等主题招聘12场，提供就业岗位2万个；开展特色就业培训和创业援助项目10个，带动就业1106人；常态化开展“四季送”“六送”等活动，慰问困难职工、防疫一线职工、新就业形态劳动者、农民工等职工代表7257人，发放慰问物资 273万元；开展“会聚良缘”交友联谊活动6场，为300名单身青年提供婚恋帮扶；引导广大职工投身疫情防控战役，设立100万元疫情防控资金库，关心慰问医护人员6轮1707人次；多方位培育职工兴趣爱好，举办“职工艺校”（4期）、新就业形态劳动者运动会和师生工间操比赛；投入100万元实施“家电满减”“暑期托管”“加油满减”“五折公交”“健康体检”等普惠活动，惠及职工超10万人次；开展心理服务活动，干部职工心理服务中心开展心理缓释解压等活动17场次，服务职工9986人次。为60名劳模提供了免费体检，组织75名先进劳模参与免费疗休养。举办劳动和技能竞赛5场，覆盖职工8000余人。

2022年，涪城区总工会组织开展“尊法守法·携手筑梦”主题普法宣传活动
（涪城区总工会）

【区总工会六届五次全委（扩大）会】 2022年3月23日，涪城区总工会召开六届五次全委会议。区委常委、组织部部长曾胜利以“坚持和加强党的全面领导 全面提升全区工会建设水平”为题，向全区工会干部和职工代表讲党课；会议总结2021年工会工作，安排部署2022年工会工作。区委常委、统战部部长、区总工会主席董静出席并讲话。

【区总工会六届六次全委会】 2022年10月20日，涪城区总工会召开六届六次全委会议。区委常委、统战部部长、总工会主席董静出席会议，区总工会党组书记杜军当选区总工会第六届委员会常务副主席。

【“五一劳动奖状（章）”“工人先锋号”评选】 2022年3月17日至4月26日，通过推荐、评审、公示等环节，评选出2022年度“涪城区五一劳动奖状”10个、“涪城区五一劳动奖章”10个、“涪城区工人先锋号”10个，并以绵涪工〔2022〕15号文件予以表扬。

【春季人才招聘会】 2022年2月19日，由涪城区总工会、涪城区人力资源和社会保障局、涪城区就业服务中心主办的“2022春季人才招聘会”在涪城区万达广场成功举办，共170家用工单位参与，提供1500多个岗位，10000余人到场应聘，现场达成意向性协议560人。

【创业援助资金发放】 2022年11月11日，涪城区总工会举行2022年创业援助资金发放仪式，现场向9个创业援助项目发放6.3万元创业援助资金。

【职工艺校培训】 2022年6月至12月，涪城区总工会 “关爱职工，从‘心’开始”职工艺校，在区文化馆群众文化培训中心进行。来自全区各基层工会的200余名职工学员踊跃参加。本届艺校共开设职工瑜伽、女性优雅课堂、手机摄影、朗诵、合唱、茶艺、非洲鼓7个培训班，分别授课32课时。

【暑期普惠托管班】 2022年7月4—15日，涪城区总工会指导区教育工会依托学校自身阵地及活动功能室，在石塘小学、成绵路小学跃北校区、青义小学组织举办2022年涪城区“科技创未来·涪娃娃暑期普惠托管班”，共有205名小学生入托，内容包含科创、国学、音乐以及观看红色电影、故事大王、人与自然、礼仪安全、研学旅行等。

【“送温暖”“送清凉”活动】 2022年1月，对困难职工，一线职工，节日坚守生产一线岗位干部职工，派驻挂职干部职工，先进模范人物，农民工和快递员等职工群众开展春节送温暖慰问活动，共慰问1686人，发放慰问金和礼包共计109.6万元。7月以来，四川各地气温不断上升，为切实做好高温天气作业劳动保护工作，让职工清凉度夏，7月8日，受区委邓辉书记委托，区委常委、统战部部长、区总工会主席董静看望慰问在烈日下坚守岗位的一线工作者，送去党委、政府的关怀。共慰问职工3191人，发放慰问物资35万元。

【劳模、技术工人疗休养】2022年10月24—28日、11月14—18日，区总工会组织省市级劳模先进代表、区五一劳动奖章获得者代表、疫情防控一线职工代表和各行业专业技术工人等75名职工，在峨眉山疗休养基地和西昌市开展免费疗休养活动。

【知识竞赛活动】 2022年4月25日至5月4日，涪城区总工会在涪

2022年7月4—15日，涪城区总工会在石塘小学、成绵路小学跃北校区、青义小学组织举办2022年涪城区“科技创未来·涪娃娃暑期普惠托管班”（涪城区总工会）

城手机台App和西蜀网App上同步开展了网络有奖知识竞赛活动。参加涪城区庆“五一”网络有奖知识竞赛活动共计30000余人次，区总工会发放现金红包26589元和价值4000元的奖品。

【新就业形态劳动者运动会】 2022年11月10日，“运动强健体魄·劳动创造幸福”涪城区新就业形态劳动者运动会在石塘街道东岳社区广场举行，全区各镇、街道总工会的10支代表队、100余名运动员参加角逐。经过激烈角逐，新皂镇总工会、青义镇总工会、石塘街道总工会获得团体总分前三名；其余团队分别获得单项一、二、三等奖。

【职工工间操比赛】 2022年12月10日，涪城区总工会主办，涪城区委教育工委承办以“我运动·我健康·我快乐”为主题的涪城区职工工间操竞赛活动在涪城区实验小学成功举办。来自全区的19个单位代表，400名基层工会会员参加活动。

（王琬之　杜　军）

2022年11月10日，涪城区总工会在石塘街道东岳社区广场举行“运动强健体魄·劳动创造幸福”涪城区新就业形态劳动者运动会　（涪城区总工会）

中国共产主义青年团绵阳市涪城区委员会

【概况】 2022年，全区有各级团组织1057个。全年新建城市小区团组织68个，非公企业团组织25个，国有企业团组织1个，新社会组织团组织4个，机关事业单位1个。共有团员13405人，当年新发展团员1000名。

举办“青语献给党”“百年团史”有奖问答、参观谭德政纪念园等活动，吸引上万名青少年参与其中。利用官方新媒体平台创新推出“涪城熊猫侠”“一百个团史故事”“涪城少先队风采”专刊，发布动态信息412期，综合阅读访问量38866人次。拍摄发布“涪城青年的样子”宣传视频和“强国一代有我在”MV，线上线下观看人数破万。常态化开展青年大学习、红领巾爱学习，全年累计学习超60万人次。举办第一期“青马工程”培训班，跟踪培养30余名青年政治理论骨干。围绕“学习宣传贯彻二十大 青春追梦向未来”主题，开展学习交流、革命教育基地游学、传统文化探寻、涪娃梦想旅行等活动，服务青少年200余名。举办“创在涪城”——涪城区首届青年创新创业大赛，来自全国的72个青年创业团队同台竞技，评选出6个综合奖以及5个单项奖，2个项目与创业黑马及中关村信息谷达成入驻协议。指导9名创业青年申报“青创计划”，获得77万元无息贷款及创业导师“一对一”指导。开展“涪雁归巢·逐梦青春”社会实践活动，募集暑期实习岗位500余个，到岗200余人。启动星级志愿者激励计划，鼓励广大青年以志愿服务形式广泛参与社会活动。开展疫情防控、燃气安全排查、文明城市建设、爱在旅途等志愿服务550余场，累计上岗“熊猫侠”5500余人次，服务群众50余万人次。新建“童伴之家”7个，开展禁毒防艾、心理健康、垃圾分类等主题活动80余场，累计服务困境儿童1400余人次，并对“童伴妈妈”进行岗位能力培训，提升服务儿童专业水平。举办“2022加油！涪娃夏令营”，全国11支大学生志愿者团队在涪城区9个镇（街道）及昭觉县民族小学开展营会活动11场，惠及近300名涪昭儿童，中国社会新闻网、《绵阳日报》专题报道。“六一”期间慰问全区困境儿童90人，帮助12名困难学生争取3.9万元助学金。举办“8090”“相约涪城·栖遇交友”等交友活动3场。全区10个“青年之家”，常态化组织开展书籍分享、研学实践、登山露营等活动近100场，多样化满足不同类别青年文化需求。链接大学生公益教育组织“格致计划”，打造“涪青学习汇”文化品牌，举办寒暑假期文化沙龙，惠及青年2000余人。评选涪城区“十大杰出青年”及10个“青年文明号”，全年推报19名个人、12个集体获得中央、省、市级奖项。全年新建团支部253个，规范发展新团员1000名，并对2021年发展的1300名团员资料进行“回头看”，确保团员发展质量。从严开展红领巾奖章争章活动，15名学生和少先队集体获得省级四星章。

2022年5月19日，涪城区学习贯彻习近平总书记在庆祝中国共产主义青年团成立100周年大会上的重要讲话精神座谈会召开　（涪城团区委）

【共青团成立100周年庆座谈学习会】 2022年5月19日，涪城区学习贯彻习近平总书记在庆祝中国共产主义青年团成立100周年大会上的重要讲话精神座谈会召开。区委书记邓辉，区人大常委会主任顾建，区政协主席杜正茂，区委副书记胡友谊出席会议，区委常委、统战部部长、区总工会主席董静主持会议。会议学习习近平总书记在庆祝大会上的重要讲话精神，通报涪城区青年（青年集体）获全国、全省、全市及区委、区政府表扬情况，团区委和部分青年代表交流发言。会议要求，全区各级团组织要认真履行引领凝聚、组织动员、联系服务青年的职责使命，要在政治上强引领，要在服务上多用心。要在改革中善创新，团结带领青年成长为有理想、敢担当、能吃苦、肯奋斗的新时代好青年。

【共青团绵阳市涪城区第九次代表大会】 2022年6月23日，中国共产主义青年团绵阳市涪城区第九次代表大会开幕。共青团绵阳市委书记李浩然出席开幕式并致辞。区委书记邓辉出席开幕式并讲话。区委常委、统战部部长、区总工会主席董静主持会议，共青团绵阳市涪城区第九次代表大会代表参加会议。大会听取共青团绵阳市涪城区第八届委员会工作报告。会议要求，全区各级党组织要切实关心和支持共青团和青年工作，全力为团组织提供良好工作环境和条件，广泛动员社会各方力量。全区各级团组织要在政治上强引领，用党的科学理论武装青年，用党的初心使命感召青年，用党的光辉旗帜指引青年，用党的优良作风塑造青年；在改革中善创新，以改革创新精神和从严从实之风加强自身建设；在服务上多用心，成为党联系青年最为牢固的桥梁纽带。全区共青团干部要带头刻苦学习、带头真抓实干、带头廉洁自律、带头联系青年，从青年中来、到青年中去，做青年朋友的知心人、青年工作的热心人、青年群众的引路人，带领广大青年成长成才、建功立业。

【首届青年创新创业大赛】2022年12月23日，涪城区首届青年创新创业大赛颁奖典礼举行，区委

2022年6月23日，中国共产主义青年团绵阳市涪城区第九次代表大会开幕　（涪城团区委）

2022 年 10 月 22 日，成绵路社区童伴之家组织辖区困境儿童开展“童心向党 剪纸绘初心”爱国主义教育活动 （涪城团区委）

书记邓辉出席典礼并讲话，共青团绵阳市委书记李浩然出席典礼并致辞，区领导董静、文峰，共青团绵阳市委副书记丁猛，区领导李里、于晓燕，主办及相关单位主要负责人，支持单位，创业集市参与企业代表及区青年创业联合会成员代表等参加典礼。会议观看了涪城区首届青年创新创业大赛视频，孵化器代表与落地选手签订入驻协议，绵阳中关村信息谷创新中心代表“涪城荟”科技创新招商联盟与涪城区青年创业联合会签订合作促进协议，与会领导为获奖选手颁发奖杯。本届大赛由团区委等14个部门牵头，区青年创业联合会具体承办，经过前期的初赛、网络投票、决赛等层层选拔，最终评选出金奖1个、银奖2个、铜奖3个、单项奖5个。获奖选手将分别获得20000元、15000元、10000元、5000元奖金及其他支持事项。在双方签订合作促进协议后，涪城区青年创业联合会积极发展青年创新创业项目和团队加盟成为会员单位，择优推荐入驻绵阳中关村信息谷创新中心。创新中心将为入驻企业提供律师咨询、企业发展诊断、优惠场地、政策咨询等高品质服务，打造协同矩阵，为青年企业强势赋能，保驾护航。

【社区青春行动】2022年，团区委推进成绵路社区团省委社区青春行动实施社区建设，始终秉承“堡垒要坚强、服务要精准、参与要广泛、群众有感受”的工作思路，坚持需求导向，引领服务创新，大胆探索聚集构建参与社区治理人员、项目、阵地、资源“四位一体”工作模式，吸纳“四川好人”“道德模范”“草根明星”以及返乡大学生等资源，组建各类志愿服务队伍11支，注册志愿者1695名，打造集青科联盟社工之家、青英会客厅、青春社区课堂等功能区域和共青团微影院、阅读空间、文创作品展示厅、公益多彩课堂等活动区域于一体的团属阵地，开展“科普进社区”“少年科普行”“青苗计划”等活动和社区疫情防控、燃气安全排查、文明城市建设、小区环境治理等各类志愿服务活动，吸引和号召新兴领域青年走进社区，参与社区治理，在服务群众过程中不断提升自我，为推动基层治理体系和治理能力现代化建设贡献青春力量。

【首期“青马工程”培训班开班】 2022年5月，团区委举办涪城区青年马克思主义者培养工程培训班（第一期）。培训班制定涪城区“青年马克思主义者培养工程”实施方案并通过扩大招募宣传、创新学员选拔方式、创新课程方案、构建考评机制、完善培训体系等方式认真组织实施。邀请市政协、市委党校、涪城区委、西南科技大学、绵阳师范学院等17名领导干部及专家学者，采取理论学习、实践教育和日常管理相结合的方式，通过理论学习武装头脑、红色教育锤炼党性、素质拓展凝聚力量、青咖沙龙解放思想等课程，加强对青年

2022年12月23日，涪城区首届青年创新创业大赛颁奖典礼举行（涪城团区委）

2022年5月9日，涪城区第一期“青马工程”培训班举行开班典礼（涪城团区委）

学员的政治思想引领，提升综合素质，开阔学员视野，展示青年干部朝气蓬勃、奋发有为的精神风采。机关企事业单位、镇（街道）、村（社区）、辖区重点企业、社会组织、青年创业者等41人参加培训。

【大学生社区实践计划启动仪式】 2022年12月13日，涪城区校地团组织结对共建暨“大学生社区实践计划”启动仪式举行。团绵阳市委副书记欧达宇，区委常委、统战部部长、区总工会主席董静，西南科技大学团委副书记许欢出席仪式。会议宣读《共青团绵阳市涪城区委关于选派在绵高校大学生到基层团（工）委任兼职副书记的通知》并向兼职学生颁发聘书。经团区委与在绵高校沟通对接，西南科技大学、西财天府学院、四川文化艺术学院、绵阳城市学院四所高校层层推荐，最终选派20名优秀大学生到涪城区试验区、各镇（街道）兼职团（工）委副书记，充实基层工作力量，擦亮涪城青春底色。活动现场，团区委与在绵高校代表西南科技大学团委签订“校地团组织结对共建”协议。

2022年12月13日，涪城区校地团组织结对共建暨“大学生社区实践计划”启动仪式举行（涪城团区委）

【“涪青学习汇”活动】 2022年，团区委开展“涪青学习汇”系列活动，通过“集中学习+现场教学+沟通交流”新模式，依托青年之家、青少年党性教育中心实训基地等阵地，链接有热情、素质高、专业能力强的青年社团，搭建青少年学习交流平台，组织开展“阅见自己”公益阅读打卡营、“学习宣传贯彻二十大 青春追梦向未来 涪青学习汇”主题活动、解忧学习会、青年公益活动、民谣音乐会等内容丰富的文化活动近100场，多样化满足不同类别青年文化需求，为涪城区2000余名青年提供心理疏导、学习交流、创业引导等多种服务，助力青年真正动脑、动情、动心，带领涪城青年们为全面建设西部现代化强区贡献青春力量。

【“涪城熊猫侠”青年疫情防控志愿服务队】 2022年，团区委组建一支由青年志愿者组成的“熊猫侠”青年疫情防控志愿服务队。疫情防控期间，根据防疫需要专项召集志愿者1300余名，建立20支共410人的应急救援、医疗卫生、信息宣传等防疫青年突击队，聚焦“两站一场”、医院、商超等重点场所，在汽车客运总站、人民医院等场所设置“熊猫侠”服务站点11个。开展志愿服务活动550余场，累计上岗“熊猫侠”5500余人次，志愿服务时长10余小时，服务群众50万余人次。争取区级财政资金2万元支持“物资库”建设，吸引社会企业、爱心人士为“熊猫侠”提供医用口罩、清凉用品等价值8.7万元爱心物资，保障志愿服务物资供应。完善“熊猫侠”组织调度机制，建立个人信息台账，规范青年志愿者培训管理流程，通过“涪城熊猫侠”微信群加强青年志愿者联系和交流，启动“星级”青年志愿者（服务时长100小时以上）认定激励制度。

【涪娃梦想周末营】 2022年，“涪娃梦想周末营”在周末带领涪城区农村留守儿童到科技馆、博物馆、大学校园，开展有趣的团体辅导活动，让留守儿童通过参观学习、亲子互动游戏、心理情景剧等形式，尝试感受与表达和亲人的情感，接受爱国主义教育和红色文化洗礼。同时志愿服务团队通过观察孩子在参加活动过程中的认知、情绪等方面的表现，发现真正需要关注的个体，予以更专业一对一跟踪辅导。2022年累计服务农村留守儿童、进城务工人员随迁子女100余人次，一对一个案跟踪5例。

【涪娃夏令营】 2022年，涪城区“加油！涪娃夏令营”志愿服务项目以促进涪城区困境儿童身心健康成长为目标，链接全国高校志愿都团队，通过“主题营会活动+入户走访调研”的活动方式，以“科技梦”“家乡文化”等为主题，于涪城区相关村（社区）、昭觉县实施为期7天的2022年“涪昭一家亲夏令营”营会，开展“我爱我的国”演讲比赛、禁毒防艾安全教育、国学课堂、乡村寻宝、入户家访等活动，在传播社会主义核心价值观，提升孩子们自尊力、团队力、沟通力、创造力和耐挫力等积极心理品质的同时，对存在心理问题的个案进行

2022年10月29日，涪城区委组织部、团区委携手举办“学习宣传贯彻二十大 青春追梦向未来 涪青学习汇”交流分享会第二期 （涪城团区委）

2022年4月3日—5日，团区委广泛招募志愿者于卫健局、金家林收费站、龙门收费站等地进行疫情防控志愿服务 （涪城团区委）

2022年7月23日，吴家镇兴涌泉村夏令营点位组织辖区困境儿童开展活动 （涪城团区委）

2022年10月22日，涪娃梦想旅行组织19名儿童和17名家长到绵阳科技馆开展活动 （涪城团区委）

汇总，并对接心理学专家团队常态化跟踪服务。2022年累计投入财政资金10余万元用于“加油！涪娃夏令营”项目实施，来自全国各地40名大学生志愿者参与其中，累计服务特殊青少年群体1000余人次。该项目获“四川省十佳志愿服务项目”等荣誉，被《四川日报》、今日头条、四川文明网等媒体多次宣传报道，执行团队“为乐公益”被评为全国志愿服务示范团队、全国最佳志愿服务组织，并在全国志愿服务培训大会上做过优秀项目展示。

【童伴计划】 2022年，童伴计划项目通过“一个人、一个家、一条纽带”的模式，以“童伴妈妈”为抓手，以“童伴之家”为平台，为村级留守儿童建立安全监护网，为农村留守儿童福利与保护探索有效途径。自项目实施以来，团区委按照主题活动丰富程度、困境儿童参与度等项目实施情况，每个点位给予1万～2万元项目资金。同时，引入专业团队，与西南科技大学心理学系、绵阳师范学院社工专业开展校地合作，打造青少年事务社工队伍、心理专业服务团队协助“童伴妈妈”走访调查、开展主题活动，提升活动专业性。将生命教育、“非遗”文化、禁毒防艾防拐骗、预防地震等安全知识等内容以手工制作、情景剧互动表演等青少年喜闻乐见的形式进行引导，吸引孩子们积极参与。2022年，涪城区14个童伴之家开展网络安全教育、反诈、防范邪教、关爱留守儿童法治宣传教育、学习宣传贯彻中共二十大精神等活动80余场，覆盖困境儿童1400余人。

2022年3月19日，涪城区丰谷镇清水村童伴之家组织绵兴路社区、清水村的25名留守、流动儿童家庭开展“城乡结对．走进清水”活动 （涪城团区委）

绵阳市涪城区妇女联合会

【概况】 2022年，涪城区有5个镇、4个街道办事处妇联，61个社区妇联，53个村级妇联，40个区级部门妇委会，39个“四新”组织妇联，1个团体会员组织。全区区属女性38.05万人，儿童8.91万人。

2022年，涪城区妇女联合会（以下简称区妇联）以“涪城女儿心向党、建新功、暖人心、爱万家、健根基”为抓手，纵深推进妇联改革，召开绵阳市涪城区妇女第七次代表大会，选举产生新一届领导班子。落实男女平等基本国策，完成新一轮“两纲”编制工作。先后成立全市首家科技行业妇联——金家林科技圈妇联、全市首家高端制造业妇联——惠科光电妇联。建成省级女科技工作者服务站1个，打造“涪城巾帼科技管家”线上阵地。把“三八”庆祝活动与丰谷桃花旅游节相结合，为涪城乡村旅游、文化振兴积攒人气、扩大知名度。建立全市首家乡村振兴巾帼人才培养基地，开展拼布、直播

2022年1月6日，涪城区妇联2021年度工作总结会上，区妇联挂职副主席范婷婷、兼职副主席席君为获得先进的6个社区妇联颁奖合影 （涪城区妇联）

带货等技能培训17期，培训妇女406人。承办“绵阳市深化妇联基层组织建设改革助力城乡环境综合提质三年行动现场会”。成立“涪小妹巾帼理论宣讲队”，理论宣讲视频被“学习强国”平台刊登2个，文章在“学习强国”平台刊登2则，4篇文章入选云涪城网络展馆。建成全市首家“涪城区家庭教育指导中心”。举办“好家风好家规好家训”征文活动，推评全国“最美家庭”1户、省级2户。省级乡村女能人5类7人，市级乡村女能人7类10人。新建“刘三姐谈心室”等维权工作品牌，牵头召开妇女儿童维权形势研判会，维权“五项机制”进一步落实落地。城厢派出所建成市级妇女儿童维权示范点。共争取全国、省、市级妇女儿童发展项目16个，争取资金37.26万元。创新推行“特色工作积分制”“项目申报制”，有效激发基层妇联活力。在省妇干校举办基层妇联组织能力提升培训班1期。在新领域建立妇女组织3个。临东社区成功获评国家级巾帼志愿服务“阳光站”，御营社区省级巾帼志愿服务“阳光站”发挥作用明显，“御小妹”志愿品牌影响力逐步扩大。全区各级巾帼志愿队开展各类巾帼志愿服务活动约5万人次，服务妇女家庭约10万人次。2022年1月，区妇联被评为“四川省妇联基层组织建设工作先进集体”；《涪城女儿心向党 争做巾帼好网民》的案例事迹入选“四川省争做巾帼好网民十大案例”。

【涪城区家庭教育指导中心成立】 2022年1月19日，四川省妇联党组成员、提名副主席杨卉一行到涪城区开展调研及慰问活动，绵阳市妇联党组成员、副主席蒋明霞，涪城区委常委、统战部部长、总工会主席董静陪同调研。杨卉一行为涪城区家庭教育指导中心揭牌，对涪城区在绵阳市成立首家公益性家庭教育机构给予肯定，并提出要求，要积极开展内涵丰富的活动，积极引导广大家长树立和掌握正确的家庭教育方法理念，为未成年人健康成长保驾护航。在家庭教育指导中心，杨卉一行集中看望并慰问26名困境儿童，对涪城区开展的“妇爱涪娃”系列关爱儿童行动给予高度评价，并对参与此次关爱儿童行动的7家爱心企业、爱心组织给予了高度赞扬。

【“妇爱涪娃”关爱活动】 2022年，涪城区妇联继续深化“妇爱涪娃”系列关爱活动，广泛动员社会力量参与关爱活动，组织动员7家爱心企业（组织）捐助帮扶

2022年1月19日，四川省妇联党组成员、提名副主席杨卉（左七）一行到涪城区临东社区慰问困境妇女，与临东社区困难妇女合影 （涪城区妇联）

资金3.28万元、捐助帮扶物资2.4万余元，用真情搭建起关怀困难妇女和儿童的“暖心桥”。联合区检察院“熊猫未士·心港湾”未检团队到青义镇前进村，宣讲预防性侵害和暴力等相关法律知识，为辖区26名困境儿童、50名困境妇女送去价值6万元的爱心物资和帮扶资金；走访慰问9名困境离职基层妇女干部及5名困境艾滋病患者。整个寒假期间，各级妇联组织共开展“妇爱涪娃”走访慰问、假期暖心托管班，冬令营、亲子观影等活动121期，慰问困境妇女儿童共计432人，服务儿童10970人次。

【纪念“三八”国际妇女节112周年活动】 2022年3月7日，涪城区纪念“三八”国际妇女节112周年表扬大会暨丰谷镇桃花旅游节开幕仪式在丰谷镇九顶山举行。区委书记邓辉出席并致辞，区委副书记、区长张虚怀出席活动。邓辉、张虚怀等共同为丰谷镇桃花节揭幕。区领导张伟、董静、罗泽斌、刘琳、于晓燕、刘正西等参加活动。本次表扬大会共表扬区级“三八红旗集体”19个、“三八红旗手”50名。仪式后，邓辉、张虚怀参观非遗展示区、网络直播带货区，步行游览桃花节主览区。表扬大会后，举办文艺演出和“春风送暖，健康同行”妇女两癌健康知识讲座。当天，区妇儿工委、区妇联在水塘村举行“三八”维权周暨巾帼志愿服务集中宣传活动，区检察院、区司法局、丰谷镇妇联、中国人寿绵阳分公司、涪城区家庭教育指导中心等单位参与宣传。活动现场，参与单位开展女性维权、儿童保护、幸福家教、家庭用水用电用气安全、防电信诈骗、禁毒防艾、反拐防邪、两癌保险等政策宣传，发放宣传资料、购物袋、小礼品3000余份。

【女科技工作者纾解减压活动】 2022年3月18日，由绵阳市妇联主办，涪城区妇联承办的“心悦科技 创新绽放”关爱女科技工作者主题活动在金家林总部经济试验区中科（绵阳）创新园举办。这是全市乃至全省范围内，首次以“关爱”为主旨的女科技工作者主题活动。来自中物院、绵阳农科院、电科九所、长虹集团、九州集团、西南科大、中科钛领、致远方略等多家重点科研机构（单位）及科技型企业的18名女科技工作者代表参与活动，绵阳市妇联党组成员、副主席蒋明霞，市科协党组成员、副主席杨丽琳出席并参加活动。活动在轻松愉悦的氛围里进行，来自不同领域的女科技工作者在心理导师的引导下制作出一个个精美的植物微景观。在制作过程中，大家不断创新创作，相互交流欣赏。制作完成后，与会的女科技工作者还热情地分享自己的创作理念与心得，交流各自在科技创新事业中的历程和故事。

2022年3月7日，涪城区纪念“三八”国际妇女节112周年表扬大会暨丰谷镇桃花旅游节开幕仪式在丰谷镇九顶山举行，区级领导张伟、罗泽斌、刘琳、于晓燕为区级“三八红旗集体”颁奖并合影

（涪城区妇联）

【助学金发放暨劝募活动】 2022年2月16日、7月8日，涪城区妇联分别在区总工会二楼会议室举行第一批、第二批99公益日“春蕾计划”助学金集中发放仪式，第一批集中为53名困境女学生发放助学金53200元，其中小学600元/人、初中800元/人、高中1200元/人、大学1800元/人；第二批集中为48名品学兼优的困境女学生发放助学金共计49600元。全年累计资助101名“春蕾”困境女学生。为更好地推动该项工作，让更多的春蕾女童受益，9月7—9日，涪城区妇联开展2022年度99公益日“春蕾计划”公益网络募捐活动，采取“线上线下齐抓并重”的方式，广泛发动各级妇联组织组队开展募捐活动。活动截至9月9日18时，共发起79个“组队捐”，动

2022年2月16日，涪城区妇联在区总工会二楼会议室举行99公益日“春蕾计划”助学金集中发放仪式，区妇联主席与受助学生合影　（涪城区妇联）

2022年7月28日，绵阳市妇联党组成员、副主席蒋明霞（右）为科技圈妇联授牌　（涪城区妇联）

员3813人次参与募捐活动，累计筹集善款98139.98元，其中自筹85271.4元，腾讯配捐12868.58元。

【妇联组织建设】　2022年，涪城区妇联先后成立全市首家科技行业妇联——金家林科技圈妇联、全市首家高端制造业妇联——惠科光电妇联。建成省级女科技工作者服务站1个，打造“涪城巾帼科技管家”线上阵地，服务女科技工作者233人。在四新领域建立妇联组织3个。组织部登记在册建立党组织的“两新”组织618个，其中建立了妇联和女工委的559家。在未建党组织的59家“两新”组织中，符合女职工3人以上的企业中共建各级妇联组织12个，妇女之家和妇女微家20个。7月28日中国（绵阳）科技城金家林科技圈妇女第一次代表大会在涪城区金家林总部经济试验区中科（绵阳）创新园内召开。绵阳市妇联党组成员、副主席蒋明霞和组宣部相关负责人出席大会，并为科技圈妇联和绵阳市女科技工作者（金家林）服务站授牌。会议选举产生了中国（绵阳）科技城金家林科技圈妇联第一届执委委员，选举古小平为妇联主席，张小青、杨希为副主席。11月8日，绵阳惠科光电科技有限公司妇女第一次代表大会在公司会议室召开，涪城区妇联主席唐娟到会指导并为绵阳惠科光电科技有限公司妇联授牌。会议选举产生了绵阳惠科光电科技有限公司妇女第一届执委委员，选举程志环为主席。

【绵阳市涪城区妇女第七次代表大会】　2022年6月16—17日，绵阳市涪城区妇女第七次代表大会召开。绵阳市妇联党组书记、主席冯科敏出席开幕式并致辞。涪城区委书记邓辉出席开幕式并讲话。区委常委、统战部部长、总工会主席董静主持会议。区科

2022年6月16—17日，绵阳市涪城区妇女第七次代表大会召开（涪城区妇联）

协主要负责人代表群团组织致贺词。区领导曾胜利、李里、王宇、于晓燕参加开幕式。大会听取绵阳市涪城区妇女联合会第六届执行委员会工作报告，选举区妇联第七届执行委员会委员31名，常委9名，唐娟当选为区妇联第七届执行委员会主席；王婧卓、李艳（挂职）、巫春红（兼职）、顾玥瑜（兼职）当选为区妇联第七届执行委员会副主席。

【妇女儿童发展纲要编制会议】2022年11月9日，涪城区召开妇女儿童发展纲要编制工作推进会议。副区长、妇儿工委主任谢欣出席会议并讲话。区政府妇儿工委副主任、区妇联主席唐娟解读新一轮《涪城妇女儿童纲要（2021—2030年）》（以下简称“两纲”）编制工作方案，就两纲送审稿做起草说明，对“两纲”的目标任务进行分解并征求各单位意见。与会的36个成员单位分别就各自单位负责的“两纲”目标任务及措施提出修改意见。会后，“两纲”提交区人民政府常务会审议通过并于2022年12月30日颁布实施。

【绵阳市深化妇联基层组织建设改革助力城乡环境综合提质三年行动现场会在涪召开】2022年9月27日，绵阳市深化妇联基层组织建设改革助力城乡环境综合提质三年行动现场会在新皂镇刘家坪村召开。绵阳市妇联党组书记、主席冯科敏，市妇联党组成员、副主席蒋明霞出席活动，各县市区妇联主席、各县市区镇（街道）、村（社区）妇联主席等50余人参加此次调研学习。参观完刘家坪环境综合提质三年行动介绍和入户后，在村会议室召开绵阳市深化妇联基层组织建设改革助力城乡环境综合提质三年行动座谈会。

【涪城区基层妇联执委维权及基层治理能力培训班】2022年11月14—18日，涪城区2022年基层妇联维权及基层治理能力培训班在四川省妇女干部学校举行，四川省妇干校党委书记、校长蒋琳出席开班仪式并致辞，区妇联主席唐娟作学习动员讲话。涪城区妇联第七届全体执委、各镇（街道）村社妇联主席、部分单位妇委会主任等49人参加培训。本次培训内容丰富，包括基层工作急需的乡村振兴、社区治理现代化、儿童关爱保护、家庭教育理论等课程，参观道明竹艺村、武侯区玉林北路社区、武侯区吉福社区等三个现场教学点位，特色鲜明，资源有效利用率高，具有很强的学习借鉴意义，为涪城区提供学习典范。在“学习党的二十大 巾帼奋进再出发”涪城区妇联系统主题党日活动上，学员们用走秀、诗朗诵、小品、三句半、合唱等形式，宣传贯彻中共二十大精神，表达坚定听党话、跟党走、牢记初心使命，把为人民谋幸福的目标记在心，树立昂扬向上、奋进新征程的豪情与信心。在区妇联中心组（扩大）学习会议上，全体参训学员逐一发言，借他山之石，悟攻玉之道，谈学习体会，碰撞思想火花，坚定了参学人员的理想信念，提升了以学促干的谋略和方法，增强了妇联组织的凝聚力和向心力。

2022年11月15日，涪城区妇联组织49名参训学员参观道明竹艺村竹编艺术成果（涪城区妇联）

【“六一”节慰问活动】2022年5月28日，涪城区妇联在涪城区家庭教育指导中心开展“妇爱涪娃”、“六一”儿童节关爱活动。绵阳市妇联家儿部部长曹明菊，涪城区委常委、统战部部长、总工会主席董静出席活动并讲话。共慰问26名儿童，为他们送去价值10400元的慰问品和慰问金。区妇联还组织了“涪娃心向党 喜迎二十大”公益观影活动，辖区特殊困境儿童、留守儿童、单亲家庭儿童及家长等40余人参加活动。

（敬利萍　王婧卓）

绵阳市涪城区科学技术协会

【概况】 2022年，涪城区科学技术协会履行“四服务一加强”工作职责，贯彻落实中共二十大、省第十二次党代会、市第八次党代会、区第七次党代会以及历次全会精神，践行“一线工作法”，发挥科协作为党和政府联系广大科技工作者的桥梁和纽带作用。在全省科协系统率先建立科普项目库，2022年入库科普项目20个，项目资金需求规模1200余万元。向在绵的30位院士点对点推介“院士（专家）小镇”，协助引入中物院、西科大等科技创新创业团队，已有6名院士意向入驻；组织推荐3名科技工作者参评省、市最美科技工作者；2022年6月10日，区科协第七次代表大会召开，完成换届工作。涪城区科学技术协会获评2022年度精准服务科技工作者（团队）成效突出单位、四川省精准服务创新驱动发展成效突出单位、精准服务全民科学素质提升成效突出单位，获全市科协系统绩效考核第一名，“天府科技云”注册科技工作者用户数、精准科普服务群众数、精准科普服务量等绩效指标位列全省第一。

【天府科技云服务】 2022年，涪城区常态化开展“天府科技云”全员全程“保姆式”服务，全区9名“保姆”先后走访对接140余家企事业单位和160余名科技工作者，完成“保姆式”服务563单，发布科技服务所能所需1.6万条，收集编印《涪城区科技供需项目汇编》2期。2022年6月，承办四川省天府科技云服务高质量发展推进现场会，受到四川省科协党组书记毛大付的充分肯定。

【“海智计划”涪城站】 2022年，涪城区科协在中国科协“海智计划”绵阳基地涪城区工作站联络点开展4场海智活动；对接海智人才供需项目11个，促成四川永贵科技与俄罗斯自然科学院李松军院士合作签约、促成绵阳金富邦数字科技有限公司与俄罗斯自然科学院谷宇院士合作签约。海外智力高端人才库入库专家达63人。

【院士（专家）工作站建设】 2022年，龙华薄膜成功申报四川省第十批院士（专家）工作站；惠科光电、永贵电子成功申报绵阳市第七批院士（专家）工作站。全区建成省级院士（专家）工作站2家，市级院士（专家）工作站9家。

【全民科普服务】 2022年，涪城区分类建设不同主题的特色科普基地，在溯源儿童科技馆建成“涪城区儿童科普活动基地”；在瑞丰中升建成“涪城区农耕科普实践基地”；在子云亭社区规划建设“涪城科普荟——子云亭篇”，已建成以弘扬子云亭文化为主题的“子云亭文创科普长廊”；在绵阳二中金家林校区建设以科普教育、科学体验为主题的“涪城区少年科学院”；在丰谷镇谭德政纪念园建设“涪城区红色科普教育基地”；在新皂镇刘家坪村建设“涪城区红色科普教育和乡村振兴科普实践基地”；在城厢街道安昌社区建设“社区科技工作者之家”；在绵阳市人民医院建设“涪城区健康科普教育基地”；在青义小学建设“涪城区青少年文创科普实践基地”；在湘琳阳家庭农场建设“涪城区农耕科普基地”。西山公园、子云亭社区成功申报省级科普惠民共享基地，全区省级科普惠民共享基地达到18家。围绕区委区政府重点工作开展“天府科技云”主题科普活动，开展疫情防控、燃气安全、防燃防爆等主题科普活动12场次，受益群众达10万余人次，新增“天府科技云”注册用户近1.6万人。全区精准科普服务群众数达8.5万人，精准科普服务量达1500万人次，绩效指标位列全省第一。

【服务社会发展】 2022年，涪城区北斗未来创新中心正式运营，全年开展招商引资活动4场次，招引企业43家，举办北斗产业主题论坛活动2场次。涪城区科协围绕“天仪星谷”项目先后对接省发改委国防处、省经信厅企业处、省科技厅高新技术处、省自然资源厅地质勘查管理处、平安银行、川发展、绵投、科发集团等单位20余家，就“绵阳星座”项目融资及数据市场应用事宜进行全方位推介。邀请中国工程院院士、市科协主席范国滨亲临绵阳天仪进行调研指导，借助院士资源开拓应用市场。向省商务厅、省科技厅等省市单位汇报争取，累计争取项目资金1000余万元。先后协助对接九院、西南科技大学、九洲集团等30余家科研院所、企事业单位，签订合作协议9家，完成数据销售业务约1500万元。推进对外合作，协调绵阳市外事办、市委军民融合办等单位，促进天仪阿根廷国际地面站建设、国防科工局高分中心南美分中心建设等海外项目。完成“绵阳星座”一期融资3000万元；首星“涪城一号”在绵阳天仪卫星工厂完成总装集成，预计2023年5月完成发射。商标注册有序推进，完成“绵科星谷”“绵科智谷”商标注册，绵阳天仪正在申请注册“天仪星谷”商标。

（梁晓芳　向　攀）

绵阳市涪城区工商业联合会

【概况】 2022年，涪城区工商联有会员817个，其中新发展会员167个。围绕“开放强区”和区政府新签约的“友好城区”开展对外交流合作，与厦门市湖里区对接缔结友好工商联（商会）事宜，异地友好工商联达25个。与中关村街道、重庆市北碚区、宜宾市翠屏区等友好工商联开展交流活动4次，与在绵异地商会、绵阳在外异地商会开展交流活动10次。持续发挥“涪城区民营企业护航中心”作用，开展“万所联万会”活动，秉浩律师事务所、联横律师事务所等多家律师事务所与区工商联下属8个商会签订战略合作协议，为商会提供企业维权服务，有针对性地走访民营企业20余家，参与案件矛盾纠纷化解10余次。组织《知识产权战略与品牌建设》《企业战略唤醒》等培训讲座6场次，全区民营企业家代表、基层商会会员等200余人次参训。

2022年，涪城区工商联服务民企、商会建设、扶贫济困等各项工作取得显著成效，被全国工商联授予全国“五好”标杆县级工商联称号，成为绵阳市唯一获此殊荣的县级工商联。

【涪城区工商联（总商会）第七次代表大会】 2022年12月17日，涪城区工商联（总商会）第七次代表大会在富临大都会酒店召开。会议听取审议区工商联（总商会）第六届执行委员会《汇聚涪商力量 促进两个健康 在全面建设西部现代化强区征程中奋力谱写民营经济发展新篇章》工作报告，审议通过区工商联（总商会）第七次代表大会决议，选举产生区工商联（总商会）第七届执行委员会（理事会）、监事会以及新一届领导班子。选举四川富临实业集团有限公司董事长安舟为区工商联主席、总商会会长，副主席19名、副会长17名、执委（理事）91名、监事9名。市领导徐长法，区领导董静、肖兴亮、于晓燕，区工商业联合会（总商会）第七次代表大会正式代表200人参加会议。

2022年12月17日，涪城区工商联(总商会)第七次代表大会在富临大都会酒店召开

（涪城区工商联）

【民营企业调查点】 2022年12月27日，中华全国工商业联合会印发《关于2022年度民营企业调查点工作先进示范单位的通报》，涪城区工商联上榜。按照《全国工商联民营企业调查点管理办法》，全国工商联对2022年表现突出的5家省级工商联、表现优异的11家省级工商联及496家先进基层单位和105名先进个人进行通报表扬。民营企业调查点是工商联联系服务民营企业的独有渠道，是工商联强化定量分析、提高建言献策质量的重要支撑，也是工商联系统协同联动、增强整体工作效能的重要平台。全年，涪城区工商联按照全国、省、市级工商联的部署安排，组织144家民营企业完成6次线上调查，为助力统筹推进经济社会发展、促进民营经济“两个健康”发展做出了积极贡献。

【全国“五好”标杆县级工商联】 2022年7月19日，中华全国工商业联合会印发《关于确认全国“五好”标杆县级工商联的通报》，涪城区工商联上榜。在自下而上逐级推荐、省级工商联审核把关基础上，通过全国工商联审核认定，全国确认208个县级工商联为全国“五好”标杆县级工商联。

【商会党组织覆盖】 2022年8

2022年8月30日，涪城区工商联组织会员企业四川省金诺瑞食品有限公司开展“润禾”助学行动 （涪城区工商联）

月，涪城区工商联坚持“围绕经济抓党建、抓好党建促发展”，以扩大党的组织覆盖为重点，实行区工商联领导班子成员联系所属商会制度，深入调研、精准指导，对有3名以上正式党员且条件成熟的商会，采取单独组建或联合组建等形式成立党组织，区工商联所属8家商会均成立党组织，其中联合党委1个，党支部7个，正式党员85名，预备党员4名，入党积极分子19名。

【爱心捐赠活动】 2022年3月22日，涪城区工商联组织中小企业商会、朝阳商会与工区街道飞来石社区签订《结对共建协议》。7月1日，区工商联组织南山商会石塘街道小浮桥社区签订《结对共建协议》，共落实困难群众帮扶40余户，开展走访慰问、就业帮扶、义诊、医疗保健知识普及等“送温暖”活动。8月30日，区工商联组织会员企业四川省金诺瑞食品有限公司开展“润禾”助学行动，为10名家庭困难学生每年捐赠2万元助学金，帮助减轻家庭经济负担，促进困难学子成长成才。

（张　妹　杨志贤）

绵阳市涪城区文学艺术界联合会

【概况】 涪城区文联是区委、区政府领导的人民团体，下属9个文艺家协会，分别是：区作家协会、区摄影家协会、区美术家协会、区书法家协会、区舞蹈家协会、区音乐家协会、区电影电视家协会、区民间文艺家协会、区戏剧曲艺家协会。共有国家级会员39人，省级会员95人，市级会员206人，区级会员880人。涪城区文联被绵阳市文联评为“2022年文艺惠民活动先进单位”。

【文艺作品创作】 2022年，涪城区文联以习近平新时代中国特色社会主义思想为指导，团结带领全区广大文艺工作者，以弘扬主旋律和正能量、弘扬社会主义核心价值观为己任，发挥文学艺术引领社会风尚和时代精神的作用。以人民为中心的创作导向，坚持“二为”方向和“双百”方针，努力促进出精品、出人才，为涪城人民提供更多更好的精神食粮。2022年，紧紧围绕党的二十大胜利召开和庆祝建区三十年这一主线，开展文学艺术作品创作，创作推出涪城城市歌曲《我爱我涪城》《马家巷》《强国复兴 你我同行》等文艺作品，其中，国家级原创文艺作品12件，省级原创文艺作品11件。创作的宣传党的二十大精神短视频20余部在“学习强国”学习平台发表。推送优秀作品参加各类展览赛事，胡国斌雕刻作品《秋荷》被评为国家级“山花奖”优秀作品并入围四川省第十届“巴蜀文艺奖”，木雕《一念花开》获评四川省第九届少数民族艺术节视角艺术精品展优秀作品。唐龙书法作品入选国家文化和旅游部主办的第十三届中国艺术节全国优秀书法篆刻作品展。武斌书法作品《节录习近平总书记讲话》入选全国公安系统书法作品主题展，并加入中国书法家协会。董福林美术作品《万家灯火》入选中国美协、中国人民解放军庆祝建军95周年全军美术展，《雅西高速幸福路》入选中国美协美好生活幸福道路全国美术展。马力平的《两弹元勋》和王在伟的《光荣之家》入选中国美术家协会中国人民解放军庆祝建军95周年全军美术展。罗飞美术作品《香韵绽盛时》入选四川省“人民就是江山——喜迎党的二十大书画精品展”。朱爽、王宬潢创作的音乐作品《少年红》《担负》等4首作品入选上海音乐出版社、上海音乐家协会主办的放歌新时代——喜迎二十大优秀歌曲100首征集活动。唐巧的舞蹈作品《飘扬的红领巾》获评全国“舞动未来”第二届少儿舞蹈网络评选金奖。

【文艺项目扶持】 2022年，涪城区文联紧紧围绕中央、省、市、区2022年工作主题，印发创作指导文件，经过全区广泛宣传、收集、登记，共收到申报项目26件。经过市级专家评审、对外公示，共确定16件文艺作品和项目纳入区级扶持，扶持金额合计36.5万元。绵阳市级文艺扶持项目11项，其中优秀文艺作品8项（国家级2项，省级5项），文艺项目1项，争取市级文艺扶持项目6项，扶持金额46万元。市、区文艺项目扶持金额均居全市第一。

【文艺作品评奖】 2022年，涪城区文联组织开展第五届“涪城欧阳修文艺奖”评审工作。共收到参评作品256件，经过专家组评审、区评奖领导小组审定和公示，共评选出8大类别31项优秀作品和20项文学新苗奖，并对获奖者进行了表彰。

【文化公益项目】 2022年，涪城区文联开展多项文化公益项目。3月9—10日，涪城区送文化、科技、卫生、法律“四下乡”系列活动在杨家镇、丰谷镇举行，通过开展“四下乡”活动，切实践行社会主义核心价值观，丰富农村群众精神文化生活，深化新时代文明实践工作，提升基层群众的获得感、幸福感。开展“千家万福”活动，连续七年组织摄影家协会免费为群众拍摄全家福照片，2022年惠及全区300余户家庭，受到社会各界的高度赞誉。在全区范围内开展的少儿川剧《梨园新韵》教学活动被纳入文艺扶持项目。4—6月，组织戏曲、金峰雄狮等涪城非遗项目走进城郊小学、金峰小学、新皂中学、丰谷晟弘科技职业技术学校等中小学校，培养传承人，弘扬优秀传统文化，2000余人次参与非遗文化体验。实施非物质文化遗产传承研修培训建设，拨付项目扶持资金支持涪城区民协创作体验基地建设以及非遗项目“炳林毛笔”民间工艺博览馆暨活态体验中心和金峰雄狮非物质文化遗产保护传习中心建设。

【文化活动】 2022年，涪城区文联紧紧围绕党的二十大胜利召开和庆祝建区三十年，组织开展系列文化活动。5月，承办四川省第二届乡村文化振兴魅力竞演大赛启动仪式，省、市、区相关部门参加活动，10余家省市媒体齐聚涪城，180多家县级融媒体进行现场直播，该项活动得到了省市领导的一致好评。举办涪城区首届民俗文化节。举办庆祝涪城建区三十周年《聚合》绘画邀请展，受到业内人士和广大市民群众的广泛关注。4—6月，围绕建区三十年周年，面向全区中小学生组织开展“爱家乡爱涪城”主题征文活动。6月，举办喜迎党的二十大、庆祝建区三十周年涪城区第二届舞蹈作品展演文艺活动。8月，举办《镜享涪城》摄影展，用镜头记录了涪城30年的巨变。9月，组织开展“涪城之歌”主题歌曲征集活动。11月，组织开展《涪鸥》芭蕾精品晚会，为绵阳市民送上一场高雅艺术大餐。12月30日，在涪城区体育馆举行“学习贯彻二十大 而立涪城再出发”涪城区迎新年群众文艺会演，受到全区广大党员干部和人民群众的一致好评。

（周 伟 邹阳东）

绵阳市涪城区残疾人联合会

【概况】 2022年，涪城区残联坚持以兜牢残疾人民生底线为着力点，深化“量体裁衣式”残疾人服务，全年共为10742名残疾人落实精准服务。为107名残疾儿童提供康复训练救助服务，救助资金214万元，为2名残疾儿童提供康复手术，救助资金 8.53万元。为残疾人适配基本型辅助器具583件，补贴资金30余万元；精神残疾人免费服药救助260人，精神残疾人住院补贴50人，救助资金30万元。免费白内障手术完成70例，贫困肢体残疾人假肢装配13例，盲人定向行走培训50人，家庭医生签约增值服务完成2435人，心理健康支持服务完成80人。实施随班就读、特殊教育、送教上门，残疾儿童和青少年义务教育入学率100%。“金秋助学”资助残疾人和残疾人子女大学生14人、4.7万元。为全区616名就业创业的残疾人发放市级直补25万元，发放居家灵活就业补贴、一次性创业补贴24.35万元。投入资金44.7万元，开展残疾人种植养殖技术培训446人。投入资金34.5万元，为455名残疾人提供居家托养服务，为48名残疾人提供日间照料服务。争取专项资金20万元，建设残疾人辅助性就业机构，帮助10名残疾人从事手工制作等灵活就业。建设扶残助残就业基地2个，帮助29名残疾人在基地灵活就业。发放残疾人机动轮椅车燃油补贴117人、42705元，发放残疾人C5驾照补

2022 年 6 月 21 日，涪城区残联第七次代表大会闭幕式　（涪城区残联）

贴2人，2000元，“温暖万家行”走访慰问困难残疾人1281人，文化进家庭“五个一”为残疾人征订“三月风”190人，贫困残疾人家庭无障碍改造完成166户。组团参加绵阳市第四届残运会暨第三届特奥运动会，获68金、44银、37铜的佳绩，金牌数和团体总分均排名全市第一。

【残联组织换届】 2022年6月20～21日，涪城区残联第七次代表大会召开，来自各战线的170名代表，选举产生第七届主席团35名主席团委员，第七届主席团第一次会议选举产生新一届主席团主席1名，副主席7名，推举产生执行理事会理事长1名，通过副理事长2名，兼职副理事长2名，各类别残疾人推选产生5个专门协会的主席、副主席。全区9个镇（街道）残联也在2022年完成换届，115个村（社区）残协在换届的基础上推进规范化建设。

【“希望之光”教育助残行动】 2022年，涪城区残联开展“希望之光”教育助残行动，组织大学生志愿者周末入户陪伴，举办寒假班、暑假班，为义务教育阶段残疾学生及残疾人家庭学生提供爱心陪伴、学业帮扶、素质拓展、心理疏导等服务。全年共服务8300人次，受益学生180余人，助力孩子全面发展、健康成长。

2022 年 7 月 26 日，涪城区残联“希望之光”教育助残行动在吴家镇开展活动（涪城区残联）

【残疾人创业明星培训】 2022年，涪城区残联依托“衣旧是宝·文创助残300计划”，动员社会爱心企业支持资金 12.6万元，6月，启动残疾人创业明星培训，培训残疾人学员布艺手工制作的基础知识、针线的各种技法，以及初步开展花系列成品培训，教授“记得兔”、郁金香腰带、郁金香钥匙扣、郁金香花朵，以及荷花系列等成品制作工艺。全年培训7名残疾人创业明星。

【“三点水”产业助残项目】 以四川省脱贫攻坚先进个人、自强励志典型残疾人冷建为产业带头人，实施“三点水”产业助残项目，2022年8月，注册成立“农百鲜”农民专业合作社，引进爱心企业为残疾人提供羊肚菌菌种和全程技术支持，开展羊肚菌种植技术专项培训，帮助10余名残疾人发展羊肚菌种植产业。

【“星光闪耀”直播助残项目】 2022年10月，涪城区残联实施“星光闪耀”直播助残项目，建设“衢州—绵阳”助残直播中心，扶持社会组织和爱心企业创办残疾人网络直播就业基地，为对直播感兴趣的残疾人提供场地、器材和专业培训指导，帮助残疾人掌握短视频拍摄、网络直播、直播带货等技能，通过短视频和网络直播灵活就业。全年拍摄高质量短视频100

2022年11月11日，涪城区残疾人王乐平、李东洋正在“衢州—绵阳”助残直播中心试播

（涪城区残联）

余条，发布50条，王乐平、杨晋、郭双红等残疾人开展试播。

【“互联网+”辅具自购平台建设】 2022年5月，涪城区残联搭建涪城区“互联网+”残疾人辅具自购平台，修订残疾人基本辅助器具适配补贴制度。残疾人在线申请，平台智能适配。审批程序更精简，辅具品种更丰富，辅具配送更便捷。残疾人家庭无须垫付资金，平台实时结算。全年为567名残疾人在线适配个性化辅具583件，补贴资金30余万元。

（廖克明　刘黎明）

绵阳市涪城区法学会

【概况】 2022年，涪城区法学会立足新冠疫情防控大局和法治涪城、平安涪城建设目标，提高“法治抗疫”服务基层党委政府和群众水平，提升“专家团队”服务基层热点难点能力，均衡“公调对接”向纵深发展，坚持“问题导向”开展学研结合，“两化”建设质量不断提升。

【法学会服务经济发展】 2022年，涪城区法学会组织法学专家编印“疫情防控法律知识问答”明白卡500余册、“法治抗疫海报”2000余张，内容涵盖了《传染病防治法》等23类抗疫相关法律法规知识，发放到基层抗疫一线和群众手中，张贴于辖区村（社区）、小区醒目位置。发挥“法小涪”公众号平台传播优势，通过“线上+线下”多渠道为全区基层抗疫行政管理、治安管理与刑事犯罪、民事、劳动用工、居家卫生健康等提供法治指引。坚持以“优化服务业法治营商环境”为主题，组织相关行业、团体会员单位和个人会员深入企业、服务业收集法律需求，开展法律体检10余次，化解劳动争议矛盾纠纷4件，推动企业复工达产新增长，为区域经济发展提速增效。

【法学专家团队建设】 2022年，涪城区法学会提升法学专家团队品牌质量，探索“法律服务站（室）”服务基层群众新模式，法律“问诊”“出诊”实现面上拓展老办法取得新成效、点上探索新方式取得新突破，提升“法学专家团队”品牌质量。依托“邓启贵法学专家团队”模式，6次到基层开展法律“问诊”咨询服务。针对群众的法律需求，组织专家团队在“进社区、进小区、进企业、进特殊人群”的基础上，8次到热点、敏感点交织地，开展法律“出诊”咨询服务。按照“边研讨、边推进、边总结、边提升”思路，参与化解各种疑难、复杂纠纷20余件，参与化解信访稳定积案10余件、为群众提供法律“问诊”服务1000余人次、举办法治讲座及法治宣传活动3次，培训调解员300余人次，形成延伸覆盖全区的专家服务网络。

【法治能力建设】 2022年，涪城区法学会增强基层社会治理法治能力，区法学会、区综治中心主动争取政法委支持，全面推行“1+3”公调对接工作机制，助推基层接处警源头矛盾纠纷调处化解效能，努力打造“公调对接涪城模式”。突出法学专家库后台智力支撑保障，成立以律师、法官以及在校心理、法律专业大学生为主体的公调对接专业团队，形成社会面突发性矛盾纠纷强大专业化解能力。强化“调解队伍专职化、纠纷化解多样化、远程调解智能化、服务发展常态化”目标导向，强化公调力量向村（社区）、院落（小区）一线延伸，增强广大人民群众的获得感、幸福感、安全感。落实“重心下移、警务前移”责任机制，明确提出“依靠不依赖，放手不撒手,减压不减责”的原则，严格考核。

（薛伟祥　陈鲸宇　孟　霞）

2022年1月20日，涪城区红十字会第一次会员代表大会召开（涪城区红十字会）

绵阳市涪城区红十字会

【概况】 2022年，绵阳市涪城区红十字会（以下简称涪城区红十字会）召开第一次会员代表大会，依法设立理事会、监事会，接收社会捐款11.87万元，开展志愿者活动45次，救助困难群众612名。申报中国红十字基金会小天使基金白血病患儿救助7例，共救助23万元；天使阳光基金先天性心脏病救助1例，共救助2万元。资助困难学生30名每人1000元，共计3万元。到社区、村开展“博爱送万家”慰问活动，发放物资总价值1.6万元。开展应急救护普及培训20期，培训5068人，急救员培训28期，1016人取得红十字急救员证。发放造血干细胞及人体器官捐献宣传资料1500份，采集造血干细胞血样200例，人体器官捐献登记志愿者733人，实现捐献遗体8例、眼角膜20例，向上争取遗体眼角膜捐献困难家庭人道救助28例，发放慰问金2.8万元。

【红十字会换届】 2022年1月20日，绵阳市涪城区红十字会第一次会员代表大会召开，依法设立理事会、监事会，完善法律监督、政府监督、审计监督、社会监督、内部监督相结合的综合监督体系，聘请中共绵阳市涪城区委书记邓辉，中共绵阳市涪城区委副书记、区长张虚怀为绵阳市涪城区红十字会名誉会长，选举王宇为绵阳市涪城区红十字会会长，选举唐余琴为绵阳市涪城区红十字会副会长兼秘书长，选举向新望、张明、巫杰、齐玲、吴文君、刘海东6人为绵阳市涪城区红十字会兼职副会长，民主推选刘小辉为绵阳市涪城区红十字会兼职监事长。

【造血干细胞及人体器官捐献】 2022年，涪城区红十字会共采集造血干细胞血样200例，发放宣传资料1500余份。遗体器官捐献登记志愿者733人，实现捐献遗体8例、眼角膜20例。整合全区“三献”（无偿献血、捐献造血干细胞、捐献人体器官）资源，在献血屋和医院建立“三献”宣传登记点，依托骨干志愿者开展“三献”工作的做法在全市推广。

【红十字人道救助】 2022年，涪城区红十字会申报中国红十字基金会小天使基金白血病患儿救助7例，共救助23万元，天使阳光基金先天性心脏病救助1例，共救助2万元。向省红十字会申报慰问眼角膜、遗体捐献家属28例，发放慰问金2.8万元，申报大病救助1万元。采取向上争取和自筹资金的方式，到社区、乡村开展“博爱送万家”慰问活动，向低保、残疾、特困等114户困难家庭送去大米、食

2022年1月29日，涪城区红十字会到社区开展博爱送万家慰问活动（涪城区红十字会）

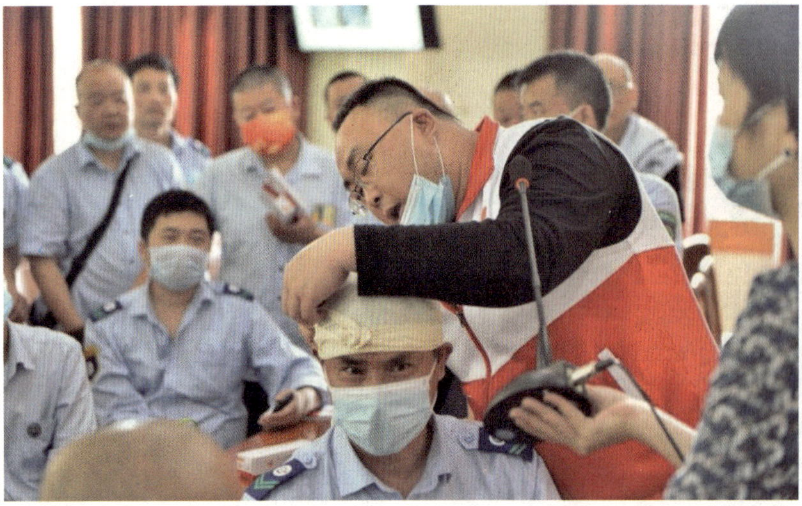
2022年5月12日，涪城区红十字会为企业开展应急救护培训（涪城区红十字会）

用油、面粉等物资，发放物资总价值1.6万元。资助困难学生30名每人1000元，共计3万元。

【红十字应急救护培训】 2022年，涪城区红十字会组织开展应急救护普及培训和急救员培训“五进”（进社区、进农村、进学校、进企业、进机关）活动。针对党员干部、社区居民、企业员工、学校师生开展应急救护普及培训20期，培训5068人，急救员培训28期，共计1016人取得红十字急救员证。

【红十字志愿服务】2022年，涪城区红十字会利用“3·5”志愿者服务日、“5·8”红十字日、“5·12”防震减灾日、“六一”儿童节、“6·14”世界献血日等重要节日，开展无偿献血及造血干细胞捐献知识讲解、应急救护技能演示、疫情防控知识普及等大型广场宣传活动。全年，共开展志愿服务活动45次，累计志愿服务超过680小时，发放各类宣传资料2000余份，与西南科技大学经济管理学院青年志愿者中心签订大学生志愿服务社区行动承诺书，常态化开展志愿服务活动。

（李　烨　唐余琴）

政法委及综治

【概况】　2022年，涪城区委政法委坚持以习近平新时代中国特色社会主义思想为指引，以党的二十大精神为指导，深入学习贯彻习近平法治思想，深刻领会习近平总书记四川视察重要讲话、重要指示批示精神，聚焦市域社会治理、社会风险防控、护航经济发展等重点工作，在市委政法委和区委的坚强领导下，全区上下攻坚克难、锐意进取，治安防范能力进一步提高，刑事、治安警情持续下降，群众获得感、安全感、幸福感进一步提升，年内没有发生在全国、全省有影响的重特大刑事案件、重特大公共安全事故等负面情形。通过不懈努力，涪城区获市级以上命名表扬的“六无”平安村（社区）8个。古井社区国家安全人民防线工作站成为全省国家安全教育示范典范。城厢司法所邓启贵入选2022年第二季度“中国好人榜”，被评为“2022年度四川十大法治人物”。

【政法制度建设】　2022年，涪城区委政法委率先在全市制定《涪城区贯彻落实〈中国共产党政法工作条例〉及我省实施细则的实施方案》，明确全区各级各部门，尤其是政法各部门的职责任务。4月底，组织5个调研督导组，专题对区政法各部门和各镇（街道）贯彻落实《中国共产党政法工作条例》及《四川省贯彻〈中国共产党政法工作条例〉实施细则》相关情况进行政治督察，点对点反馈意见，督促整改落实。开展“忠诚铸魂、铁纪担当”专项行动，贯彻落实中共中央办公厅《关于巩固政法队伍教育整顿成果推进全面从严管党治警的意见》，制定《区委政法委相关工作制度》11个，加强委机关的管理。细化《涪城区全面从严管党治警15条措施》，建立健全《区委政法委员会全体会议议事决策规则》《涪城区政法系统政治督察实施办法》《涪城区委

2022年11月8日，涪城区委政法委机关召开党员干部职工大会，专题传达贯彻涪城区委2022年度理论学习中心组（扩大）警示教育专题学习会议精神
（涪城区委政法委）

政法委纪律作风督查巡查工作实施办法》等制度机制，构建运行顺畅、富有实效的党领导政法工作运行机制和保障体系。

【平安建设网格化服务管理】 2022年，涪城区委政法委坚持综合施策，深入推进平安涪城建设，深化“全科网格化”服务管理模式。印发《涪城区党建引领“全科网格”提升精细化治理能效的实施方案》（绵涪委基治委发〔2022〕1号），匹配财政资金2288余万元，构建起“114+568+1836”专兼结合的三级全科网格服务管理队伍，推动网格化服务管理走向深入。

【扫黑除恶斗争】 2022年，涪城区委政法委常态化推进扫黑除恶斗争，健全长效机制，宣传贯彻《中华人民共和国反有组织犯罪法》，开展重点行业整治，开展案件侦办，保持对黑恶势力违法犯罪高压严打态势，提升扫黑除恶斗争整体质效，坚决防止黑恶势力“死灰复燃”。全年，全区累计破获涉恶集团1个，案件数4件、办结数4件，打掉涉恶团伙2个，案件数2件，破案数2件，结案率100%。接收并核查涉黑涉恶举报线索14条，九类涉恶案件立案70件。

【社会治安突出问题整治】 2022年，涪城区委政法委聚焦人民群众深恶痛绝的“黄赌毒”“盗抢骗”“食药环”等各类刑事犯罪活动，持续开展打击养老诈骗、电信网络诈骗、侵害妇女儿童权益犯罪等专项行动，用法治维护好人民群众生命安全和身体健康。开展夏季治安打击整治“百日行动”，整治社会治安突出问题，攻坚化解各类安全隐患。持续开展“六无”平安村（社区）创建，加大宣传和评选力度，被命名为省级、市级、区级“六无”平安村（社区）分别有2个、6个、18个，为全区高质量发展创造安全稳定的社会环境。

2022 年 9 月 9—11 日，涪城区公安分局开展夏夜治安巡查宣防集中统一行动
（涪城区委政法委）

【国家政治安全维护】 2022年，涪城区委政法委贯彻总体国家安全观，开展反分裂、反渗透、反颠覆斗争和防邪教反邪教工作，全面加强监管工作。古井社区率先在四川省建成国家安全人民防线工作站，《涪城区聚力“三个突出”，不断夯实国家安全人民防线》工作成效和经验在四川省委政法委专刊印发推广。

【矛盾纠纷化解】 2022年，涪城区委政法委健全。先后组织开展3次拉网式清理，梳理掌握重点信访稳定问题74件，纳入台账实行动态管理。全区28名区级领导牵头参与包案化解工作，责任单位“一把手”亲自研究处理，做到

2022 年 4 月 15 日，涪城区城厢街道组织开展国家安全教育群众性宣传活动
（涪城区委政法委）

组织有力、责任到位，有效解决一批信访问题。

【社会治安管理】2022年，涪城区委政法委全力构建点线面结合、人防物防结合、打防管控结合、网上网下结合的全方位、全天候、立体化社会面动态防控网络，抓好治安巡逻、扁平化指挥调度建设，联合特巡警部门集中警力对繁华密集场所和重点要害部位进行定点值守、武装巡逻，高密度的巡防有力震慑犯罪。创新推动“135”快反点建设，创新“全天候布警、全方位覆盖、分工协作、整体作战”联勤工作机制，及时快速高效处置暴恐、违法犯罪活动。全年，共出动民辅警1156人次，调解矛盾纠纷100余次，服务群众2000余人次，开展交通疏导60余次，确保党的二十大、全国和省市区重点时段、重要会议期间全区和谐稳定。

【区社会治理中心设立】2022年7月，涪城区委政法委推动综治中心实体化实战化运行，根据文件《关于同意设立绵阳市涪城区社会治理中心的批复》（绵涪编委发〔2022〕34号）设立区社会治理中心（挂涪城区综治中心、网格化服务中心、矛盾纠纷多元化解协调中心牌子），核定事业编制5名，设主任1名。在原市地震纪念馆（南河路44号）落实183平方米作为区社会治理中心办公用房，落实规范化建设经费948049元，推动区级综治中心、矛盾纠纷多元化解协调中心、网格化服务管理中心标准化、一体化、实体化运行。

【社会治理模式创新】2022年，涪城区委政法委围绕推进社会治理现代化目标，聚焦系统治理、依法治理、源头治理，提升社会治理水平。紧扣争创市域治理现代化试点样板区目标，实施城市小区“全周期治理提质”行动，制定治理措施140条，建成小区治理、商圈治理等示范试点10个。创新村改居小区“三联共治”治理模式，有效解决村改社区地域“插花式”治理难题。系统实施乡村善治行动，探索形成产业带动型、物业经营型、资产经营型、飞地房东型四种村级集体经济发展模式，培育致富能手1200余人。打造形成“小单元微治理”“月月解难题”“桃园说事”“老谢说法”等治理品牌。总结提炼“小单元认领”微治理品牌，《绵阳市涪城区委政法委创新基层治理举措以“小单元”提升治理“大效能”》《涪城区多元化解物业纠纷推动小区和睦共治》《涪城区推行全科网格服务管理提升基层治理质效》先后被省市重要媒体刊载。

【特殊人群服务管理】2022年，涪城区委政法委加强特殊人群服务管理，落实帮教衔接机制，“四川省严重精神障碍综合管理信息平台”涪城区在册患者2810人，报告患病率6.07‰，年度在管患者2781人，管理率98.97%，规范管理2702人，规范管理率96.16%，面访率96.69%，服药率88.75%，规律服药率75.2%。同时，对440名社区矫正人员和1560名刑满释放人员，强化“属地管理”。

（薛伟祥 陈鲸宇 孟 霞）

法治政府建设

【概况】 2022年，涪城区坚持以习近平新时代中国特色社会主义思想为指导，全面贯彻落实习近平法治思想，履行《党政主要负责人履行推进法治建设第一责任人职责规定》，召开法治政府建设工作会和争创“四川省法治政府建设示范项目”工作动员部署会，印发《2022年法治政府建设重点工作安排》《涪城区争创四川省法治政府建设示范项目的实施方案》，推进法治政府建设。

【合法性审查】 2022年，涪城区完成各类提交区政府常务会

2022年，涪城区新皂镇建立月月解难题工作机制 （涪城区委政法委）

议和区土地管理委员会研究的行政决策事项合法性审查，出具合法性审查意见书244份，参与决策研究500余次，提供有效建议意见700余条，法律分析报告10份，内容涵盖招商引资、经济民生、专项规划、遗留问题等领域，全程参与、高效完成47个项目协议审查。健全动态清理和备案审查机制，依法审查行政规范性文件2件。

【行政执法监督】 2022年，涪城区开展人民群众最不满意行政执法突出问题承诺整改活动，加强住建、综合执法、卫健等关系群众切身利益的重点领域行政执法监督，对行政执法案卷进行集中评查，提出意见建议20余条；完成办理（换发）行政执法证件700余件，组织35个区级行政执法单位开展2022年营商环境行政执法突出问题专项整治暨“两项改革”后半篇文章专题培训。

【行政复议与应诉】 2022年，涪城区新收行政复议案件68件，结案63件（含上年结转7件）；其中，行政复议案件以撤销、确认违法、责令履行等方式结案18件，纠错率达28.5%，发出行政复议建议书1份；通过调解、和解等方式终止结案10件，占受理审结案件总数的15.8%。指导区内各相关单位依法应诉，维护区政府合法权益；持续加强和改进行政机关负责人出庭应诉工作，建立行政机关负责人出庭应诉备案等制度，对全区行政机关负责人出庭应诉等情况进行通报。直接承办以区政府为当事人的行政诉讼案件24件，指导部门办理以区政府为当事人的行政诉讼案件53件。2022年以区政府为被告的行政应诉案件共77件，区政府负责人出庭应诉率100%，区级其他行政机关的出庭应诉率显著提升。

（张大伟　杨　曦）

公　安

【概况】 2022年，新冠疫情反复、维稳形势复杂，绵阳市公安局涪城区分局（以下简称涪城分局）聚焦党的二十大安保维稳主题主线和全面建设西部现代化强区目标，坚持围绕中心、服务大局，战疫情、防风险、保安全、护稳定、促发展，全年刑事案件立案1833件，破案689件。行政案件受理5875件，调解和查处3158件，其中完成行政查处案件2781件。获评“2022年度全市县级公安工作成效一等奖单位”。

【社会安全稳定维护】 2022年，涪城分局坚持“政治安全”首责必担，把“为党的二十大胜利召开保驾护航”当作分局2022年压倒一切的首要政治任务，维护社会环境安全稳定。成立积案侦破专项小组攻坚历年积案。对社会关注度高、群众反映强烈的案件挂牌督办。党的二十大稳定维护期间，破获传销案5起，打掉传销团伙4个。全年，预警化解聚集性事件和闹事苗头，连续实现冬奥会、残奥会、全国“两会”、省第十二次党代会等关键节点的稳定目标，完成系列重大安保维稳和警卫任务。公安部督办案件，落实落细高校意识形态工作，强化境外非政府组织监管，有效抵御渗透活动。化解涉房楼盘历史遗留问题6个。涪城分局健全网信网安联系协作机制，落地查处网络谣言28起。

【违法犯罪打击】 2022年，涪城分局始终对违法犯罪实施打防并举，以打促防，为涪城经济发展、百姓安居乐业打造平安根基。开展“磐石”专项行动和夏季治安打击整治“百日行动”，常态化推进扫黑除恶斗争，破九类涉恶案件39件，打掉涉恶犯罪集团、团伙3个；破多发性侵财案件218件，抓获387人；打处涉毒人员71人，查处吸毒人员502人，全区未发生一起毒品外流案件。侦破三个公安部督办，偷越国（边）境典型案件，打击偷越国境的专项行动战果突出被省厅通报表扬。实施屯警街面“亮灯见警”工程，加强社会面巡逻防控，提高见警率、管事率；组织开展“百警百治”活动，提升治安掌控力，全区刑事发案同比下降13.5%。深化矛盾“多元化解”调处，分级分类管控严重精神障碍患者56人，主动调处家庭邻里纠纷902起，有力防止民转刑、刑转命及个人极端案件发生。聚焦传销突出违法犯罪，打处25人，教育遣返170人，御营坝片区传销乱点得到有效整治。聚焦电信网络诈骗犯罪，推行“政府主管、公安主战、单位联动”机制，破电诈案件163件、抓获470人，同比上升79.1%和184.9%，经验做法在全市联席会议上推广。全年完成公诉绝对数741人，群众评价指数持续攀升达96.7%，创历史新高。

【执法规范】 2022年，涪城分

局坚持规范执法，完成行政查处案件2781件，其中重点案件2350件，重点行政案件查处率高达84.5%，非重点案件人案比达到19.91，各项考核指标均居全市前列。分局全年无被检察机关监督撤案、监督立案的情况，未出现两类不诉案件以及行政诉讼败诉和国家赔偿案件。5件案件被省厅公类考评为优质案件。涪城分局先后被评为2021年度全市公安机关执法质量优秀单位和全省公安机关执法质量考评优秀县级公安机关。

【公安队伍建设】 2022年，涪城区进一步优化派出所的设置和警力配置，9月，经四川省公安厅批准，城厢街道办辖区的城北派出所（治安所）暂停运行，保留机构，以警务室的形式运行。城北派出所管辖的成绵路社区、临园路东段社区和铁牛街社区被划入城厢派出所，安昌社区、会仙社区被划入城西派出所。城厢街道办辖区原有城厢派出所、城西派出所、城北派出所，变更为城厢派出所、城西派出所两个派出所运行。

【法制人才培养】 2022年，涪城区结合“1356绵警英才”计划，由涪城分局政治处、法制大队牵头，构建适应公安高质量发展的人才制度体系，在分局一楼建立分局法制员活动基地，强化法制人才建设；由分局法制专家谢平带领，成立“老谢说法”公安法制服务队，到基层帮助实战民警解决工作中遇到的各类问题；在公安网开通“老谢说法”法制平台，划分执法答疑等9个板块，面向全局开展公安网法制咨询。

【“净保1号”专项行动】2022年，涪城区21家保险公司报案反映，章凯通过碰瓷的形式实施多达100多次的保险诈骗。涪城分局经侦大队立即组织专题会议对机动车保险诈骗线索进行研判，成立工作专班落实主办人员及协办人员，并确定副大队长喻琼牵头。办案人员通过大数据对最近3个月的话单、章凯及其亲密关系人的银行交易流水分析，最终确定了一个以章凯为核心、以修车店为辅助的犯罪团伙。分局专班成员认真梳理研判线索，会同绵阳银保监分局，依托保险公司、警务数据等资源，通过情报导侦、数据研判、深挖扩线，刑拘3人，全链条铲除机动车保险诈骗犯罪团伙及背后黑灰产网络，防范了保险行业的风险，维护正常金融秩序。

【电诈犯罪治理新模式】 2022年，涪城区推行“政府主管、公安主战、单位联动”工作机制，将治理电诈工作成效纳入“平安涪城”目标考核。建立新开卡审核机制，严格审核流程，制定“存量卡”认定标准。创新“警格+网格”模式，实行“特殊群体分类宣传+预警对象精准宣传”，试点“无诈”小区建设，推广反诈小程序应用，高效提升预警拦截效能。全区涉案银行卡、手机卡数量同比下降36.3%和56.3%，电诈发案同比下降21.01%，电诈财损同比下降31.2%。工作成效显著，工作经验在全省推广。

2022年绵阳市涪城区公安分局派出机构一览表

表16

派出所	地址	电话
石塘所	四川省绵阳市涪城区瓦店路9号	0816-2403110
青义所	四川省绵阳市涪城区青义镇香社街1号	0816-2640110
吴家所	吴家镇顺南街东段16号	0816-2890110
城郊所	四川省绵阳市涪城区高水中街27号	0816-2687119
城厢所	四川省绵阳市涪城区一环路南段236号	0816-2228413
城西所	四川省绵阳市涪城区剑门路东段11号附4号	0816-2331842
花园所	四川省绵阳市涪城区花园西街9号	0816-2366987

续表16

派出所	地址	电话
工区所	四川省绵阳市涪城区长虹大道中段12号	0816-2331841
小浮桥所	四川省绵阳市涪城区绵绢路6号附1号	0816-2390219
杨家所	四川省绵阳市涪城区芳杨路2号	0816-2887110
新皂所	四川省绵阳市涪城区新皂镇钟阳路8号	0816-2565765
丰谷所	四川省绵阳市涪城区丰谷镇南街13号	0816-2810205
金家林所	四川省绵阳市涪城区绵安路35号 （绵阳市涪城区金家林总部经济试验区软件产业园A区）	0816-2197110

（王　一　徐立峰）

检　察

【概况】　2022年，涪城区检察院坚持以习近平新时代中国特色社会主义思想为指导，领悟践行习近平法治思想，贯彻党的二十大及中央、省、市和区委系列重要会议精神，落实《中共中央关于加强新时代检察机关法律监督工作的意见》，各项检察工作高效推进。办理的付某盗窃侦查活动监督案被评选为全国检察机关十大优秀侦查活动监督案例，创新开展行政违法行为检察监督试点工作经验被最高检、省检察院转发、推广，获评“全国检察宣传先进单位”等市级以上集体表彰（奖励）13项；1名检察官入选全国检察机关行政检察人才库，检察干警获评“全市检察机关三等功个人”等市级以上表彰（奖励）17人次。

【刑事检察】　2022年，涪城区检察院受理审查逮捕案件224件345人，批准、决定逮捕140件184人；受理审查起诉案件736件1218人，提起公诉569件906人。在全市率先挂牌并实质化运行侦查监督与协作配合办公室，派驻检察官参与案件合议20次，指导疑难、复杂案件36件，召开捕前会议5次，作出不批捕决定7人。深化刑事立案和侦查监督，监督立案42件，监督撤案68件，纠正侦查活动违法71件。组织开展刑事“挂案”专项监督，排查案件台账1000余条，清理“挂案”249件，提出处置意见220件。完善行政执法与刑事司法双向衔接，建议行政执法机关移送涉嫌犯罪案件6件，建议行政机关对被不起诉人给予行政处罚196人。深化审判和执行活动监督，对审判程序提出监督意见5件，对监外执行、社区矫正和财产刑执行活动提出监督意见42件，提出（请）刑事抗诉2件。

【民事检察】　2022年，涪城区检察院办理各类民事检察监督案件131件，对2件民事虚假诉讼案件提请市检察院提出再审检察建议均被采纳，向区法院发出民事审判程序、执行活动检察建议84件均被采纳。践行新时代“枫桥经验”，促成当事人和解结案6件，有效化解矛盾纠纷。维护司法权威，不支持监督申请3件，做好当事人释法说理，促使息诉服判。开展虚假仲裁、虚假公证监督专项活动，督促公证机构依法撤销虚假公证书2件，挽回当事人财产损失100余万元，促使公证程序更加规范。

【行政检察】　2022年，涪城区检察院推进行政违法行为检察监督试点，制定规范性文件，与区委政法委联合出台《关于推进行政违法行为检察监督工作的实施办法（试行）》，构建行政违法行为检察监督试点的“涪城模式”。依托刑、行同步审查机制，排查刑事案件300余件，发现行政行为违法情形10余件，发出检察建议9件。联合区公安分局制定社会治安领域行政检察与行政执法衔接实施办法，构建“检察+公安”一体化工作机制，推动社会治安领域行政检察与行政执法数据信息、案件办理和社会治理一体联动。通过公开宣告方式，督促市公安局交通警察支队对一起交通肇事案被告人依法吊销机动车驾驶证，出台《办理吊销机动车驾驶证行政案件工作规范》，推动交通安全领域违法犯罪联动治理。

【公益诉讼检察】 2022年，涪城区检察院摸排公益诉讼案件线索200余条，立案70件，发出检察建议和诉前公告70件，对一起未按期整改案件依法提起行政公益诉讼。打好蓝天碧水净土保卫战，办理生态环境领域公益诉讼案件12件，督促主管部门清理固体废弃垃圾20余吨。依托“四长联护+检察监督”河湖管理与保护治理长效机制，办理禁渔期非法垂钓、捕捞公益诉讼案件13件。保障人民群众居住环境安全，开展“飞线充电”公益诉讼专项监督，办理案件10件，督促主管单位依法履职，加强安全风险防范。落实《绵阳市公益诉讼资金管理办法（试行）》，通过提起刑事附带民事公益诉讼，获得人民法院判决支持惩罚性赔偿金60余万元。

【安全稳定维护】 2022年，涪城区检察院统筹发展和安全，依法严厉打击各类刑事犯罪，批准和决定逮捕各类犯罪嫌疑人184人，提起公诉906人。落实《中华人民共和国反有组织犯罪法》，常态化推进扫黑除恶斗争，批准逮捕涉黑涉恶犯罪4人，提起公诉23人，指控魏某某等人组织领导、参加黑社会性质组织犯罪案。突出惩治重点，起诉暴力犯罪120人、多发型侵财犯罪253人、涉众型经济犯罪46人、黄赌毒犯罪171人；起诉全市首例洗钱犯罪，实现绵阳市打击洗钱犯罪“零突破”。落实“八号检察建议”，开展城市公共安全治理专项监督，摸排高空抛物等危害公共安全案件线索300余件，监督公安机关立案侦办首例高空抛物犯罪案件并提起公诉。

【法治化营商环境营造】 2022年，涪城区检察院依法办理破坏市场经济秩序案件，批捕6人，起诉79人。开展民营企业“挂案”专项清理，监督公安机关分类处理“挂案”7件。联合市工商联举办《民营企业涉罪风险及防控》专题讲座，参加绵阳市“优化营商环境面对面”涉法涉诉专题座谈会。落实涪城区“三度服务”20条措施，组织检察人员对重点企业开展全覆盖“大走访”。保障民营企业合法、稳定经营，对涉案民营企业重点岗位人员不起诉9人。推进涉案企业合规改革，办理涉案企业合规案件1件，邀请人大代表、政协委员、人民监督员、行业专家组建评估小组，采用实地走访、咨询专家意见、听证论证等方式审查评估合规计划并验收。

【反腐败整治】 2022年，涪城区检察院深化监察调查与刑事司法衔接机制运用，提前介入职务犯罪案件7件，受理监察机关移送审查起诉职务犯罪8人。参与深化粮食购销等领域腐败专项整治，从严惩处涉粮腐败犯罪，提起公诉3件3人。开展司法人员职务犯罪案件线索摸排，向市检察院移送具有可查性案件线索1件。全面推进反腐败预防工作，组织机关干部、国有企业职工旁听职务犯罪案件庭审3次，到机关、企业、村社等单位举办职务犯罪预防专题讲座5场次。

【社会治理类检察】 2022年，涪城区检察院落实少捕慎诉慎押刑事司法政策，依法不批捕169人、不起诉247人。刑事案件诉前羁押率降至22.5%，同比下降18.8%。适用认罪认罚从宽制度办理案件673件1031人，适用率87.7%，同比上升3.6%，一审服判率96.6%。综合运用领导包案、带案下访、检察和解等方式，化解一起长达8年的信访积案。做实“办理一案治理一片”效果，制发社会治理类检察建议9份，运用“穿透式”监督方式向主管机关制发推进农民工欠薪问题源头治理的《检察建议书》，获评四川省检察机关2022年度民事检察优秀法律文书。

【民生热点检察】 2022年，涪城区检察院参与“断卡”行动，起诉涉“两卡”犯罪105人。开展打击整治养老诈骗专项行动，办理涉养老诈骗案件6件，提起公诉18人。落实食品安全“四个最严”要求，起诉危害食品药品安全犯罪13人，办理该领域公益诉讼案件14件。开展药店违规销售含抗生素、抗真菌药物的抗（抑）菌制剂专项监督，督促主管机关查处药店10家，对销售不合规“消”字号抗（抑）菌制剂全渠道下架。围绕社保、医疗、市场主体权益保护等民生热点领域全面开展行政检察专项监督，办理案件29件。

【未成年人综合保护】 2022年，涪城区检察院严厉惩治侵害未成年人权益犯罪，批准逮捕12人、

2022年6月12日，涪城区检察院到东辰二小开展法治进校园活动（涪城区检察院）

起诉23人。开展未成年人犯罪教育挽救工作，对涉罪未成年人不批准逮捕12人，不起诉30人。针对校园周边午托班无证提供餐饮、娱乐场所违规招聘未成年人、商家贩卖“三无”儿童玩具产品等问题，向相关部门发出诉前检察建议3份。开展防范校园欺凌专项整治活动，联合相关单位举办防范校园欺凌法治直播课。持久贯彻落实“一号检察建议”，落实强制报告和入职查询制度，“熊猫未士·心港湾”团队到辖区中小学校、社区开展法治宣传讲座10场次，受众8000余人。

【特殊群体权益保障】 2022年，涪城区检察院综合运用“支持起诉+全程调解+公开听证”工作方法，办理农民工欠薪支持起诉案件31件，帮助追讨劳动报酬16万余元，工作做法得到省、市检察院肯定，并被最高检网站、《检察日报》转发报道。针对辖区违法占用盲道问题，向主管部门发出检察建议2件，推动清理各类违法占用盲道情形180余起。全面落实司法救助制度，对符合条件的11名被害人发放救助金12.8万元。落实《涪城区干部结对帮扶城镇困难群众工作制度（试行）》，10名检察干警与21户城镇困难群众结成对子。

【检察便民服务】 2022年，涪城区检察院落实检察听证制度，召开案件听证会41次，听证办案实现“四大检察”全覆盖。做实“检察为民办实事”工作要求，推动行政检察与民同行，促成5件行政争议案件实质性化解。落实群众来信件件有回复制度，接待群众来信来访164件231人，七日内程序性回复、三个月内办理过程或结果答复率均为100%。强化律师和当事人权益保障，接待律师阅卷400余人次，均及时提供相关案卷材料。

（邵文洪　肖　伟　熊妮娜）

法　院

【概况】 2022年，涪城区法院受理刑事、民事、行政和执行各类案件24542件，审、执结案件23116件，同比分别上升13.81%、17.23%，收案数和结案数均居全省基层法院第13名、全市法院第1名。员额法官人均结案382.26件，同比增加69.66件，在全省183个基层法院中位居第19。涉诉信访、打击治理电信网络诈骗犯罪工作、行装管理工作等四川省高级人民法院被表彰为先进集体，2个宣传视频在“学习强国”平台展播，自编自导的《反诈孃孃养成记》获全省法院优秀宣传视频，原创MV《法治追梦人》获第六届平安中国看四川“三微”比赛优秀作品，2个案件在《今日说法》栏目播出。区法院系统全年有10批次集体、58批次个人获得各级党委政府和上级法院表彰。

【平安涪城建设保障】 2022年，涪城区法院全面贯彻总体国家安全观，审结刑事案件528件。常态化开展扫黑除恶斗争，对魏某等19人涉黑案判处5年以上有期徒刑14人，最高判处20年，对组织者并处没收个人全部财产，对其余人员并处罚金共计689.3万元。保持对严重暴力犯罪的高压态势，审结故意杀人、故意伤害、抢劫、敲诈勒索等犯罪43件。加大毒品犯罪打击力度，审结制毒、贩毒犯罪44件，一律不适用缓刑。开展打击整治养老诈骗、电信网络诈骗等专项行动，审结“以房养老”“保健品”“杀猪盘”等犯罪48件，判决退赔被害人损失4629.4万元，判处罚金386.2万元，刑事审判庭荣获全省法院打击治理电信网络诈骗犯罪先进集体称号。积极推进反腐败斗争，审结贪污贿赂、渎职等犯罪8件，在审理穆某某、张某某、王某、谭某某等职务犯罪案件中，相关单位干部到庭接受警示教育4次800余人。守护百姓“舌尖和出行”安全，审结食品药品、危险驾驶等危害公共安全犯罪84件，某高校教师酒后驾车致一死两伤获刑6年。

【重大战略实施服务】 2022年，涪城区法院用心用情开展“涪昭结对”，与昭觉法院持续致力文化共融、业务共推、人才共育，主要做法在《人民日报》刊载。围绕“园区提质”“企业满园”，成立科技城新区直管区法庭和绵阳工业园区法官工作站，在法律风控、纠纷化解等方面提供“嵌入式”司法服务。保障“决战四季度、大干一百天”，对张某集结人群阻拦砂石运输影响市政建设的行为依法予以处置。始终站在稳定发展的高度，妥善审理浩兴、中建投、博爱等涉众型案件，参与罗汉寺、万福园等风险隐患处置，推进“恒大翡翠龙庭”“蓝润春风里”等楼盘保交楼，府院联动推进“九腾1街区”项目重整续建和凯跃华庭历史遗留问题彻底解决。开展信访稳控引导，院领导坐班接待信访群众124人次，化解信访积案22件，为党的二十大胜利召开创造安全稳定的政治环境。

【营商法治环境优化】 2022年，涪城区法院为民营企业发展提供法治保障，高效审结涉企案件4911件，帮助企业快速回笼资金8.39亿元。注重企业信誉修复，对履行完毕的被执行企业解除账号冻结711次，解除法人高消费限制835次，向上申报并修复企业因诉讼在招投标方面受限等问题16件。贯彻涪城区支持企业发展惠企政策，持续走访重点企业28家，走访败诉当事企业4家，召开营商环境涉法涉诉座谈会面对面解决问题20个。发挥破产制度在淘汰落后产能方面的功能作用，推进乡户农业等6个企业进入执转破，实现营商环境“再优化”。

2022年8月3日，涪城区优化营商环境涉法涉诉专题座谈会召开（涪城区法院）

【司法民生保护】 2022年，涪城区法院全面贯彻实施民法典，审结民商事案件12743件。护航未成年人健康成长，选派6名法官担任中小学法治副校长，开展防范欺凌、性侵、诈骗、毒品等普法宣讲14场次，对3位父母怠于子女教育发出家庭教育指导令。严防家庭纠纷演变成恶性事件，依托妇女儿童维权岗和家事纠纷联调机制，审结婚姻家庭纠纷727件，开展妇女儿童心理疏导8人次。倡议员工与企业共渡难关，调解劳动工资、工伤赔偿等案件270件，最大限度减少疫情对企业的影响。解决好当事人办理个人事项需提供相关证明等问题，出具生效证明、离婚证明书等3000余份。保障百姓家住环境改善，审结违法搭建、电梯加装、物业合同等案件1860件。强化司法人文关怀，针对75岁以上老人和其他出行不便的当事人上门巡回开庭51件，依法为符合条件的困难当事人发放司法救助金21.5万元。

【胜诉权益兑现】 2022年，涪城区法院抓牢维护社会公平正义的最后一环，执结执行案件9804件，执行到位金额13亿元。加大财产线索查找力度，通过网络查控被执行人银行、证券、保险、车辆、不动产、公积金等信息6956次，社区网格员协助查询被执行人及财产信息727条。加强失信联合惩戒，向相关部门反馈党员干部、代表委员等任前信用查询763人次，向信用中国平台推送失信信息384条次，在抖音、公众号等新媒体平台曝光失信被执行人信息285人次，发布失信后96人主动履行。突出执行工作强制，限制高消费6952人次，作出拘留决定96人次，向公安机关移送拒执犯罪线索3件，判处拒执罪4人。加强房产、汽车、股权等可供执行资产变现，在淘宝、京东等平台拍卖成交额2.64亿元，保障了申请人和被执行人权益的双向最大化。

【法治宣传教育】 2022年，涪城区法院落实“谁执法、谁普法”工作要求，开展民法典宣讲进街道、进社区、进企业12场次。发挥案例警示教育功能，审结的“电子烟”“听话水”等2起新型毒品案件分别在《今日说法》栏目播出，对预防和惩治毒品犯罪起到良好社会效果。用好公众号、微博、头条、抖音等新媒体平台，发布以案释法图文信息74条次、普法短视频8条、典型案例12件，自编自导的《反诈孃孃养成记》获评全省法院优秀宣传视频，拍摄的视频《五四·点亮青春梦想》在“学习强国”平台展播，原创MV《法治追梦人》获评第六届平安中国看四川“三微”比赛优秀作品。

【司法责任体系完善】 2022年，涪城区法院持续落实“让审理者裁判，由裁判者负责”的改革要求，员额法官人均收案463件、人均结案436件，在全省183个基层法院中位居第19。抓住院庭长关键少数模范作用，院庭长带头办理涉众、涉资、涉稳等重大疑难复杂案件8806件，同比上升29.1%。坚持有序放权与有效监督相结合，开展案件质量、庭审和文书三评查132件，将涉群体性、疑难复杂、重大敏感等案件纳入“四类案件”监管743件。推行类案与关联案件强制检索和结果运用，进入审委会讨论案件检索率100%，重大敏感案件邀请检察长列席审委会，同案不同判现象得到有效杜绝。

【审判综合配套改革】 2022年，涪城区法院修订员额法官办案考核细则，实行月调度、季考核，形成浓厚的办案氛围。推进四级法院审级职能定位改革试点，落实审判员一人适用普通程序独任审理案件1097件。完善民事案件繁简分流机制，民事速裁团队人均结案694件，最高结案727件，简案平均审理天数38.25天，民事繁案团队人均结案241件，最高结案294件，判决案件发改率0.63%，简案快办、繁案精审进一步彰显。深化要素式审判改革，通过要素式审理、表格式判决信用卡纠纷463件。坚持公正与效率兼顾，大力推动小额诉讼程序适用，审结小额诉讼案件2008件，平均审理天数比简案再短9.36天，小额案件办理进一步提速增效。

2022年4月20日，涪城法院“24小时自助法院”启用仪式举行 （涪城区法院）

【智慧法院建设】 2022年，涪城区法院完善全流程在线诉讼，通过“四川微法院”立案4081件、“全域诉讼服务平台”跨域立案141件、“e调解平台”远程调处纠纷1680件，真正让人民群众足不出户就可享受到信息技术升级带来的便利。加强科技法庭建设，搭建“云上法庭”5个，实现网上开庭528件，与绵阳市看守

2022年1月26日，涪城区法院“党员志愿法律服务站”在解放街社区等四个社区挂牌设立 （涪城区法院）

所通过远程提讯审理刑事案件407件，为常态化疫情防控下有序推进审判工作提供强力技术支撑。建成投用“24小时自助法院”，当事人自助递交立案申请357份、查询案件171次、流转材料653份。建立电子送达集约平台，通过电子方式送达法律文书29598份，送达效率进一步提升。

【党员法官服务站】 2022年，涪城区法院围绕“抓党建带队建促审判”总体思路，推进党建与业务深度融合，在解放街、九洲等社区成立党员志愿者法律服务站，通过提供法律咨询、化解矛盾纠纷、培养法律明白人，让司法深度融入基层治理。通过“零距离”“面对面”倾听群众心声，不断改进司法作风，以党建促队建，推动党员“双报到”走深走实。

【队伍教育管理】 2022年，涪城区建设“学习型”法院，为干警购买民法典、反有组织犯罪法等书籍，组织干警参加“人民法院大讲堂”等各级各类培训，定期举办青年干警读书会，营造浓厚学习氛围。注重以比促学、以赛促训、以评促练，常态化开展岗位练兵、质效讲评、优秀裁判文书和优秀庭审评选等活动，审结的一合同纠纷案获评全市法院“十佳庭审”。加强办案力量配备，40名聘任制法官助理在11月底全部到岗履职，12月份单月结案突破4314件，环比提升36.76%，同比提升22.84%，“一审一助一书”的团队配比效能得到释放。

【司法作风整治】 2022年，涪城区法院常态化开展司法顽瘴痼疾排查整治，查纠司法作风问题124条，通过批评、提醒等方式，持续推进思想转变、作风改善、形象提升。聚焦拧紧干警思想“总开关”，开展廉洁警示和纪律法规教育7次，坚持以案为鉴、以案促改、以案促治。秉承严管厚爱，持续贯彻好中央八项规定及其实施细则精神，刚性落实防止干预司法“三个规定”和“三非”工作机制，记录报告“三个规定”情况60条，使逢打听必记录、逢干预必留痕真正成为工作习惯。

【司法监督】 2022年，涪城区法院始终将法院工作置于区委领导和人大、政协监督之下，加强与代表委员的联络沟通，主动向人大常委会专题报告贯彻实施宪法、人民陪审员法、道路交通安全法情况和优化法治化营商环境等工作，认真落实审议意见。虚心接受代表、委员监督，办理的“简化胜诉退费流程”和“打击虚假诉讼”代表建议均转化为公正司法的具体举措，胜诉退费实现当事人立案时“只跑一次”，针对审理中发现的涉嫌虚假诉讼线索向公安机关移送2条，启动再审1件。完善陪审员管理制度，加强司法民主建设，补选陪审员20人，邀请参加案件庭审、合议1638人次。

【养老诈骗专项整治】 2022年4月，全国开展打击整治养老诈骗专项行动，涪城区法院高度重视，结合工作实际成立打击整治养老诈骗专项行动办公室，制定《绵阳市涪城区人民法院关于打击整治养老诈骗专项行动实施方案》《绵阳市涪城法院打击整治养老诈骗专项行动“举一反三”实施方案》，明确工作目标、细化工作措施，延伸审判职能深入开展防范养老诈骗普法宣传，提升群众法律意识，紧抓问题线索排查，发挥审判职能，共受理博爱颐养中心、中和康养老服务管理公司和谢某某（四川善德文化公司）、陈某等2人（绵阳康颐鑫公司）非法吸收公众存款罪案涉养老诈骗案件4件，涉及2个被告单位、17名被告人，依法严厉打

2022年6月20日，涪城区法院开展防范打击养老诈骗普法宣传 （涪城区法院）

击整治养老诈骗违法犯罪，切实维护老年人合法权益和社会稳定。

（彭万中　杨海泉）

司法行政

【概况】 2022年，涪城区司法行政工作坚持以习近平新时代中国特色社会主义思想为指导，坚持党对司法行政工作的绝对领导，立足司法行政“一个统筹、四大职能”工作职责，为涪城区深入实施“三千工程”，加快建设“四个强区”，全面建设西部现代化强区提供坚强的法治保障。涪城区委被省委、省政府表扬为“2016—2020年四川省普法先进单位”。

【依法治区】 2022年，涪城区编制出台法治涪城、法治政府、法治社会、“八五”普法4个规划（方案）。承办委员会第四次会议，出台年度工作要点、督察计划和考核指导办法，开展专项督察和全面督察各1次；开展委员会会议述法5人，年终述职述法75人；特邀法学专家开展全区法治人才队伍暨习近平法治思想学习线上培训超500余人次；组织33个单位完成法治建设实地督察准备工作，形成系列佐证资料。承办区法治政府建设工作会，出台年度重点工作，指导推动年度报告制度落地落实；承办法治政府建设示范创建工作推进会，牵头推进省级法治政府建设示范项目创建。

【“八五”普法】 2022年，涪城区制定年度普法工作要点、“一月一主题”活动方案等。建立会前学法目录，代拟常务

2022年10月18日，涪城区司法局在青义镇青义小学开展未成年人保护法法治宣传

（涪城区司法局）

会学法方案等推进“关键少数”学法。落实法治副校长（副班主任）、学校法律顾问制度等推进青少年普法，指导59个区级单位制定、完善和公示普法责任清单。深化民法典宣传月活动实现村（社区）全覆盖，举办民法典各类法治讲座120余场次；围绕中心工作开展“三度服务”优化营商环境、防范和处置非法集资等法治宣传，编发宣传手册8000余份；推进“12·4”宪法宣传周系列活动，打造“宪法扮靓城市”主题景观、“宪法发展历程”主题实景，创作公益视频《与宪法同行》获绵阳市“12·4”宪法宣传日暨宪法宣传周优秀微视频评选二等奖，开展宪法主题网络知识竞答访问量超35万人次。深化“法律七进”，开展“一月一主题”法治宣传420余场次，覆盖人数15万余人，“法治涪城”微信公众号累计推送信息230期960条。实施“法律明白人”培养工程，依托区法院诉讼服务中心、城厢街道临东社区打造实训基地，全年培养369名“法律明白人”，临东社区被命名为省级“法律明白人”实践工作站。承办第五届中国科技城法治微电影大赛颁奖盛典现场直播，表彰优秀作品120部，在线观看超75万人次，中国网、CCTV-6等逾100家媒体关注报道；举办第五届欧阳修法治文化论坛，邀请嘉宾围绕“乡村振兴 法治护航”展开精彩讨论。深化法治示范创建，指导培育的新皂镇刘家坪村被命名为第九批“全国民主法治示范村”和第一批“省级民主法治示范村”。区司法局邓启贵被评为“2022年度四川十大法治人物”。

【社区矫正和安置帮教】 2022年，涪城区持续推进刑罚执行一体化建设，积极引进社会组织参与社区矫正，常态化抓好社区矫正安全形势分析、风险隐患排查和联合执法检查，落实信息化核查和定位监管，务实开展分类分级管理和涉黑涉恶线索排查，全面完成矫正对象“三新”专题教育，按期完成历年案件和重点案件“万案大评查”检查活动。全年接收矫正对象322人，解除矫正

201人，在册453人，无社区矫正对象漏管、脱管，未发生有较大影响的恶性刑事案件或参加严重影响社会和谐稳定的重特大事件。全年接收刑释解矫人员423人，解除帮教301人，在册1496人。

【法律服务】 2022年，涪城区司法局监督管理律师167人、公证员5人、基层法律服务工作者71人。全年全区公共法律服务累计提供“一站式”法律服务超过6000人次。建立临港经济发展区（东区）公共法律服务点，配备驻点值班律师，深入惠科等80余家企业开展“企业法治体检”和劳动用工合同审查等法律服务，提出针对性法律意见建议30余条。深入开展“三查三化三优”专项行动，推广“邓启贵人民调解十九法”，成功调解各类纠纷3238件，成功率99.6%。办好法援民生实事，涪城区法律援助中心累计办理各类法律援助案件490件，获绵阳市“大比武大练兵”活动一、二等奖，办理青义博区级领导批示的群体性信访维稳案件4件；完成全市法律援助经费专项检查。加强法律服务行业监管工作，完成基层法律服务队伍违规兼职专项清理活动。开展“双随机一公开”检查活动，做好法律服务行业行政投诉处理工作，加强诚信建设。完成对12家律师事务所、136名执业律师，1家公证机构、5名公证员和16家法律服务所、71名基层法律服务工作者2021年度检查考核。指导区级部门、各镇人民政府规范法律顾问的选聘和使用，按程序遴选区政府法律顾问3名。

涪城区司法局邓启贵获评2022年度“四川省十大法治人物”

（涪城区司法局）

【“八五”普法决议审议通过】 2022年3月31日，涪城区第七届人大常委会第五次会议召开，审议通过《关于开展第八个五年法治宣传教育的决议》。涪城区人大常委会在前期调研和征求意见的基础上，听取区人民政府“七五”普法情况和“八五”普法工作安排情况的报告，审议并通过《关于开展第八个五年法治宣传教育的决议（草案）》。该决议充分肯定涪城区“七五”普法取得的显著成效，决定从2021年到2025年开展第八个五年法治宣传教育。决议明确要做好以习近平法治思想引领新时代普法工作、突出法治宣传教育重点、持续提升公民法治素养、持续深化社会主义法治文化建设、推进普法与依法治理有机融合、着力提高普法针对性实效性、切实加强组织实施和监督检查等七个方面重点工作，为涪城经济社会高质量发展营造良好的法治环境，为践行全过程人民民主夯实法治根基。

【公共法律服务律师驻点工作启动】 2022年5月26日，临港经济发展区（东区）公共法律服务律师驻点工作正式启动。涪城区司法局招募12名律师参与临港经济发展区（东区）公共法律服务点值班法律服务工作，实行每周三轮流驻点值班，为临港经济发展区（东区）的征地拆迁、项目建设、招商引资、企业落户等提供法律咨询服务和法律意见，为园区企业的困难员工、农民工提供法律援助，参与园区各类矛盾纠纷的调解工作，做好园区法治宣传教育和“法治体检”工作。

2022年12月28日，涪城区委全面依法治区委员会第四次会议召开

（涪城区司法局）

【区委全面依法治区会议】 2022年12月28日，涪城区委全面依法治区委员会第四次会议召开，区委副书记、区委全面依法治区委员会副主任胡友谊主持会议并讲话。会议传达学习党的二十大报告关于法治建设的重要论述，以及省、市相关会议精神，听取部分单位述法报告。区委全面依法治区委员会委员，区直有关部门和部分镇（街道）负责人参加会议。会议强调，以党的二十大精神为指引，持续推进依法执政。以依法行政为重点，全面建设法治政府。以公平正义为追求，坚决维护司法权威。以基层治理为载体，加快建设法治社会。会议指出，全面依法治区是一项系统工程、全局工程、长期工程，必须全面加强党的领导，不断强化统筹协调、协作配合，各级党组织主要负责人要切实履行第一责任人职责，共同构建上下贯通、左右联动、同频共振的法治工作新格局，奋力以法治工作新成效护航西部现代化强区建设再上新台阶。

【第五届中国科技城（绵阳）法治微电影大赛】 2022年12月30日，“法治中国·美丽绵阳”第五届中国科技城（绵阳）法治微电影大赛颁奖盛典举行。四川省司法厅党委委员、副厅长孔祥贵出席并发表重要讲话，绵阳市政府副市长、市公安局局长周述参加活动并致辞，省司法厅普法与依法治理处处长边疆，市委依法治市办主任、市司法局局长吴红等出席活动。涪城区委常委、政法委书记李东，涪城区人大常委会党组副书记、副主任林勇，涪城区政府副区长、区公安分局局长喻焰斌，涪城区政协副主席刘正西参加活动。本次大赛自启动以来，共征集到全国29个省，55个城市报送的题材丰富、创作手法新颖、表现形式多样的优秀法治微电影作品1227部。此次大赛评选表彰优秀作品120部。《人民日报》、中国网、《中国日报》、CCTV-6等逾100家媒体进行了宣传报道。

2022年绵阳市涪城区法律服务机构及法律援助机构一览表

表17

名称	地址	联系电话	负责人
四川春雷律师事务所	四川省绵阳市涪城区科智大道北段382号51～52栋	0816-2229483	顾仕义
四川蜀仁律师事务所	红星街60号	0816-2223826	贾道强
四川风行律师事务所	科创园区玉泉南路15号田森·奥林春天（三期）1栋11层1～16号	0816-2242200	唐　敏
四川子云律师事务所	安昌路18号爱喜嘉年华A座16楼14～15	0816-2240868	王　凯
四川仁聚律师事务所	金家林下街36号	0816-7017350	敖　岗
四川鹏道律师事务所	御中路66号毅德商贸城1区45幢2号	0816-2782285	李雨嘉
四川齐飞律师事务所	绵阳市科创园区玉泉南路15号奥林春天三期1栋5楼	0816-2220148	蒲鹏生
四川法奥（绵阳）律师事务所	绵安路35号软件产业园D区5楼	0816-2779799	夏　雨
四川允迪律师事务所	绵州大道199号经开万达21幢7楼	0816-2994288	任仲军
四川盛豪（绵阳）律师事务所	经开区绵州大道中段205号中玮海润城13栋3层128号	0816-2228557	刘　燕
四川穗诚律师事务所	体运村路3号	0816-2296656	唐　兰
四川铎邦律师事务所	绵阳市高新区普明南路东段93号A幢3层	0816-5085615	凌晓勇
四川蜀信（绵阳）律师事务所	绵阳市涪城区临园路东路68号富临大都会一期7栋3单元21层4—5号	18202835616	刘　强
重庆承业（绵阳）律师事务所	绵阳市涪城区临园路东段68号富临大都会7栋3单元35楼1—10号	16602311081	王中伟

续表17

名称	地址	联系电话	负责人
涪城法律服务所	常家巷8号	13458002893	马　军
城郊法律服务所	高水中街19号	0816-2680954	胥洪标
城北法律服务所	临园路中段84号	13778165388	辛家才
石塘法律服务所	瓦店南路6号	0816-2391640	吴　莉
南山法律服务所	红星街96号	13881141005	李　青
城厢法律服务所	警钟街83号	18048172505	何顺熙
正义法律服务所	泗王庙巷28号	13890190599	罗宏亮
丰谷法律服务所	涪城区丰谷镇团结路19号	13981149809	王正胜
吴家法律服务所	吴家镇源龙街57号	13689672719	周邦才
青义法律服务所	青义镇宝灯街94号	13458307319	杨云洪
龙门法律服务所	青义镇龙香路4号	18981100785	刘先国
朝阳法律服务所	临园路西段1号	13908112728	张朝明
金锐法律服务所	体运村路78号	13198689999	叶金学
新皂法律服务所	新皂镇人民政府院内	13909010928	唐双泉
金峰法律服务所	金峰镇金石街一段53号	0816-2880369	黄长安
上智法律服务所	南河路8号附6号	13281590873	罗　健
涪城区法律援助中心	高平路2号（涪城区政务中心四楼）	0816-2211148	王东东

（张大伟　杨　曦）

劳动仲裁

【概况】 2022年，涪城区坚持“预防为主、调解为主、深入为主”的原则，加强法制宣传，以“乡镇街道专场招聘”等活动为契机，举行普法、学法、送法等宣传培训活动，进企业送法活动9次。加强案件疏导调解，加强理论学习交流培训，提升办案水平，有效化解矛盾纠纷，持续加强案件办理信息话建设，提高办案效率。全年共办结各类劳动争议案件673件，其中仲裁调解结案411件。

【案件调解仲裁】 2022年，涪城区对所有申请仲裁的案件均组织专人在第一时间了解掌握案情，立即组织双方开展调解工作，特别是涉及农民工群体因工资引发的争议，及时介入了解情况，对不愿调解或经调解不能达成协议的，即刻转入仲裁程序。全年共受理各类劳动争议案件676件，结案673件，结案率达99.5%，其中仲裁调解结案411件，调解率达61%。

【理论业务培训】 2022年，涪城区劳动人事争议仲裁委员会每周固定时间开展业务学习交流培训，对争议比较大的案件组织全院仲裁员进行理论分析及模拟判决。绵阳市锦膳餐饮有限公司因裁员16人集体劳动争议集体案件、绵阳市蓝天特种玻璃制造有限公司因拖欠工资13人集体劳动争议集体案件等，均以调解方式结案，妥善处理防止矛盾激化升级，保证仲裁公信力。

【仲裁调解信息化建设】 2022年，涪城区持续用好劳动人事争议仲裁办案系统和“互联网+调解”系统，全年共收到197件网络仲裁调解，处理197件，办结率达100%。

（杨　佳　吴　勇）

军事

人民武装

【概况】 2022年，中国人民解放军四川省绵阳市涪城区人民武装部（以下简称区人武部），在军分区党委和区委的坚强领导下，以习近平新时代中国特色社会主义思想为指导，坚定举旗铸魂、聚力备战打仗、发扬严实作风，全面建设呈现良好局面，被绵阳军分区表彰为“全面建设先进单位”。

【思想政治工作】 2022年，区人武部坚持把思想政治工作贯穿全面建设始终，统筹开展“忠诚维护核心、矢志奋斗强军”主题教育，通过观看红色电影、唱响强军战歌等形式引导全体人员深刻认清“两个确立”的重大意义，单位上下维护核心、向战为战的氛围更加浓厚；深入学习贯彻党的二十大精神，通过观盛会、学报告、悟原理，党员干部听党话、跟党走的决心更加坚定；强化党管武装制度，定期向党委第一书记汇报工作，研究重大事项，通过开展“武常委”到区委党校授课等多种形式的国防教育活动，地方党员干部关心支持国防和军队建设的氛围更加浓厚。

【战备训练】 2022年，区人武部以备战打仗为导向，及时修订战备预案，补充战备物资、器材和装备，落实战备值班制度，战备秩序更加规范；落实首长机关训练，常态组织军事体育训练考核，指挥技能和业务能力增强，年终参考率、良好率均为100%；开展民兵应急分队、支援分队军事训练，在军地联防联治、防汛抢险和地质灾害救援等重大活动中锻炼队伍，民兵成建制遂行任务能力得到提升。6月8日，组织民兵应急连点验并接受绵阳军分区检查。8月18日，组织基干民兵进行军事训练。

【国防动员】 2022年，涪城区人武部持续加大建设打仗型国防动员力度，开展兵员征集，全覆盖做好兵役登记，开展以大学毕业生为重点的征兵宣传，从严把控体检、政考、公开公示等关键环节，超额完成大学生、大学毕业生征集任务，征兵五率考评位居全市第一。开展民兵组织整顿，优化布局结构，突出新质新域，民兵在位率、人装结合率大幅度提升，打造了具有科技城特色的民兵品牌。开展国防动员潜力调查，摸清动员需求，核补潜力数据，形成军地同向发力的长效机制。

【军地双拥共建】 2022年，区人武部巩固双拥模范区建设成果，推动拥政爱民走深走实。民兵参建参治，发挥民兵队伍组织严密、敢打硬仗的优势，全年出动民兵参与疫情防控、维稳处突和抢险救灾等任务，成为构建平安涪城的重要力量；推进乡村振兴，向上争取帮扶资金支持迴龙沟村完成农田水利设施改造，常态化开展困难群众走访慰问活动，受到群众一致好评；营造军人尊崇氛围，开展军地联合为现役军人家庭悬挂“光荣军属”牌匾，为立功受奖人员家庭送喜报，走访慰问边海防官兵家属等活动，协调解决家属安置，子女入学等部队官兵急难愁盼问题，

2022年7月25日，涪城区退役军人、其他优抚对象优待证集中发放仪式举行

（涪城区退役军人事务局）

军政军民团结良好局面得到巩固提升。

（王言凤 杨 里）

退役军人事务

【概况】 2022年，涪城区退役军人工作坚持以习近平新时代中国特色社会主义思想为指导，全面贯彻落实党的二十大精神，深入学习贯彻习近平总书记关于退役军人工作重要论述，牢固树立以退役军人为中心的工作理念，组建党的二十大"戎耀涪城"退役军人宣讲小分队，通过以老兵身份、从老兵视角、用老兵语言深入企业、社区等地开展宣讲党的二十大精神12场次。组织全区88名自主择业军转干部分2期开展"学党史、感党恩、跟党走"主题教育活动，通过党建引领促进信访矛盾化解。挖掘优秀退役军人参加省、市红色宣讲员大赛，推选周永秀、杨松涛为省级"最美退役军人"候选人。坚持推动落实与创新发展齐抓、健全机构与发挥实效并重、破解难题与防控风险结合，全区退役军人抚恤优待、褒扬纪念、移交安置等工作有序推进，区退役军人事务局被绵阳市委、市政府表彰为党的二十大安保维稳先进集体，区双拥工作领导小组被四川省双拥领导小组办公室通报表扬为2022年度优待工作先进单位。

【退役军人抚恤优待】 2022年，涪城区通过一卡通发放重点优抚对象各类抚恤及生活补助金和医疗补助。协调180余名部队子女入学入托问题，为现役军人子女办理高考优待报名31人。落实常态化联系退役军人制度，全年走访特困退役军人、1～4级伤残军人、重点优抚对象等6500余人次，发放慰问金（品）120余万元。办理和有序推进优待证申领制发工作。

【退役军人褒扬纪念】 2022年，涪城区宣扬"一人参军，全家光荣"的传统美德，做好立功受奖军人家庭喜报及时送达工作，为现役军人家庭送达喜报和奖励金。清明、抗日战争胜利纪念日期间，引导烈属及广大群众在中华英烈网等网站文明祭扫，广泛开展烈士寻亲活动，完善全区177名烈士基本信息。做好"9·5"泸定地震抗震救灾一线军队人员家庭的走访慰问工作，发放联系卡和慰问信12张，发放慰问金7200元。

【退役军人移交安置】 2022年，涪城区累计完成接收军队离退休干部8人、复员干部1人、逐月领取退役金退役军人8人，妥善安置军队转业干部9人到党政机关和参公单位，全面协调"机关事业单位工勤岗位"，争取"中央、省、市、区国有企业岗位"，完成由政府安排工作退役士兵安置工作。

【退役军人权益维护】 2022年，涪城区健全退役军人公共法律体系，建成退役军人公共法律服务站9个、老兵调解室2个，提供普法宣传、法律咨询、法律援助30余次。使用退役军人困难帮扶基金34.4万元，帮扶48人，解决困难退役军人急难愁盼问题。持续做好符合退休条件的退役士兵基本医疗保险补缴常态化受理工作，为3人补缴医疗保险5万余元。

【退役军人就业创业】 2022年，涪城区探索适应性培训、职业技能培训、学历提升教育、高职扩招等多渠道教育培训模式，完成2022年自主就业退役军人适应性培训和职业技能教育培训意愿收集摸底。深化就创指导，举办线下招聘会4场、网络直播招聘1场，帮助达成就业意愿。组织退役军人企业参加全省第五届"中

2022年10月14日，2022年涪城区由政府安排工作退役士兵和退出消防员区内选岗会召开
（涪城区退役军人事务服务中心）

国创翼”创业创新大赛、涪城区第一届“创在涪城”青年创新创业大赛。推进国家级促进退役军人就业创业产业园、涪城区人力资源产业园退役军人人才驿站建设，促进退役军人高质量创业。

【退役军人服务保障体系建设】2022年，涪城区退役军人事务服务中心、9个镇（街道）和32个社区退役军人服务站先后创建为全国示范型退役军人服务中心（站）。39个村（社区）退役军人服务站启动全国示范型创建。工区街道退役军人服务站获评“全省”百家红色退役军人服务站。城厢街道警钟街社区、石塘街道南山社区、城郊街道平政社区、丰谷镇清水村等一批阵地建设好、服务质量优的村（社区）退役军人服务站精品化建设按期推进。

【退役军人志愿服务队】2022年，涪城组建退役军人戎耀等志愿服务队68支，发动和号召全区退役军人加入志愿服务队，鼓励退役军人积极投身辖区社会治理各项志愿服务活动，为推动全区经济社会高质量发展贡献“老兵力量”。

（罗圣钞　毛蓓蓓）

国民经济发展

【概况】 2022年，面对错综复杂的内外环境和艰巨繁重的发展任务，涪城区贯彻“疫情要防住、经济要稳住、发展要安全”工作总思路，对标市委“五市战略”，深入实施“三千工程”，加快建设“四个强区”，高效统筹疫情防控和经济社会发展，拼经济、搞建设、抓发展、上项目，经济运行稳中有进、社会大局和谐稳定，高质量发展取得明显成效，区属地区生产总值总量和增速、固定资产投资总量、规上工业增加值增速等核心经济指标常年位居全市县市区第一。

【计划管理与宏观调控】 2022年，涪城区21项主要经济指标中，16项指标居县（市、区）前三，其中地区生产总值（GDP）总量、增速等核心指标10项均位列第一。全区地区生产总值656.08亿元，同比增长5.7%，分别高于全国、全省、全市平均水平2.7个、2.8个、0.7个百分点；规上工业增加值增长15.8%，分别高于全省、全市平均水平12个、6.6个百分点；服务业增加值增长5.2%，分别高于全省、全市平均水平3.2个、0.7个百分点；第一产业增加值增长3.8%，全社会固定资产投资增长10.3%，地方一般公共预算收入24.06亿元、同口径增长8%，城乡居民人均可支配收入48075元、27748元，分别增长4.6%、6.5%。全国百强区跨越升级5位、居第63位，获省委、省政府表扬奖励；全国幸福百强区晋升3位、居第50位，发展指数和幸福指数同步提升；全国投资竞争力百强区晋升6位、居第39位，排名西部地区同类城市首位。

【政策措施】 2022年，涪城区稳经济政策全面落实。在全市率先组建区稳经济政策落实办公室，梳理覆盖税收、财政、服务业、工业、社会民生领域“真金白银”措施70余项，发放政策明白卡2万余份，覆盖3万余户市场主体。新增减税降费34.1亿元，增长35.05%。接续出台一、二、四季度稳经济激励政策，兑现各类奖补资金7.68亿元。净增市场主体1.2万户，达到11.03万户，“个转企”182家。新增“四上”企业75家，达957家。成立“建设项目政务快速服务专班”，落实项目落地建设全生命周期服务，推动形成“五个一批”项目持续滚动良好态势。创明新能源等178个项目开工建设，龙华薄膜二期等146个续建项目加快建设，联东U谷等162个项目竣工投产（投用），科技智谷等25个项目获评全市“骏马项目”。99个省市区重点项目完成投资达到年度计划130%。固定资产投资完成272.95亿元、总量连续七年排名全市第一。探索“直播带货”“无接触配送”等新型消费模式，组织大润发、永辉等商贸企业开展线上电商促销，累计配送15.7万单。举办“品质零售进工厂、进学校”“魅力涪城·生活狂欢节”等系列活动160场（次），累计发放3批次“乐享涪城”惠民消费券及稳岗、促销补贴3212万元，拉动消费超6亿元。王府井购物中心开业运营，“绵州记忆”特色街区项目加快建设，“南河商圈”

入选省级区域消费中心城市重点支持项目。社会消费品零售总额实现281.21亿元，居全市第一。

【产业结构】 2022年，涪城区持续优化产业结构。先进制造业持续壮大，坚持工业向园区集中，实施“园区提质”“企业满园”行动，新增标准厂房101.3万平方米、增长102%，园区聚集规上工业企业74家，新型显示、汽车电子、5G制造三大产业产值占比达70%，全年规模以上工业总产值实现363.4亿元。惠科产业园获评全市首批特色（专业）园区，惠科光电产值突破165亿元。康宁玻璃基板成功点亮，龙华片材/膜材等10个工业项目竣工投产，总投资120亿元的创明新能源项目从对接到开工仅用时83天，全年完成工业投资68亿元、技改投资24.8亿元。在全国工业百强区中列第73位。服务业增加值实现434.62亿元。“一楼一策”推动数字楼宇建设，培育专业楼宇7栋，加快临园路金融集聚区建设，金融机构达136家。引进投资103亿元的月星涪江环球港城市综合体项目，文创产业园、蓝城国际康养产业园加快建设。传化物流公路港开工建设，裕农新域商贸物流城、健康食品产业园等项目加快实施，国富云仓投入营运、智慧物流信息中心一期全面完工。人力资源服务产业园开园运营，集聚各类专业服务机构60家。入选四川省首批县域商业建设行动示范县（区）名单。实施农业“三品”工程，全区精品蚕桑达3.5万亩，种植优质蔬菜17.3万亩，新建高标准农田2.3万亩。“两品一标”农产品19个。粮食播种面积21.5万亩，产量8.8万吨，生猪出栏9.6万头。晋级市级园区1个，培育区级五星级园区1个。梯次建设三大农业主题公园，“千鹤桑田”蚕桑文化农业主题公园优质运营，“湖光山色”稻渔亲水湿地农业主题公园建成开园，“蔬香绿野”芦笋大健康主题公园加快建设。

【县域经济发展】 2022年，涪城区坚持稳中求进工作总基调，完整、准确、全面贯彻新发展理念，服务和融入新发展格局，深入实施“三千工程”，加快建设“四个强区”，推动县域经济高质量发展，区属地区生产总值总量和增速、固定资产投资总量、规上工业增加值增速等核心经济指标常年位居全市县市区第一，对全市经济发展的支撑引领和辐射带动作用明显。7月，赛迪顾问城市经济研究中心发布《2022年中国城区经济高质量发展研究报告暨2022赛迪百强区》，涪城区连续三年入围赛迪顾问百强区，2022年跨越升级5位、排名63位，省内排名第6位、较2021年上升1位，获得省委、省政府表扬奖励。

2022年绵阳市涪城区国民经济和社会发展主要指标完成情况一览表

表18

类别	序号	指标	完成情况
经济发展	1	区属地区生产总值（亿元）	656.08
	2	#服务业增加值（亿元）	434.62
	3	#规模以上工业总产值（亿元）	3.4
	4	产业园区实现产值（亿元）	852
	5	地方一般公共预算收入（亿元）	24.06
	6	社会消费品零售总额（亿元）	281.21
	7	全社会固定资产投资（亿元）	272.95
	8	四上企业数量（户）	952
	9	#规模以上服务业企业（户）	181
	10	#限额以上批零住餐单位（户）	352
	11	#规模以上工业企业（户）	109

续表18

类别		序号	指标	完成情况
经济发展		12	#资质等级建筑业企业和房地产开发企业（户）	310
		13	常住人口城镇化率（%）	86.9
创新发展		14	规上企业研发经费投入（亿元）	10.21
		15	国家高新技术企业有效数量（家）	90
		16	技术合同认定登记额（亿元）	3.3
		17	新增科技型中小企业（家）	92
		18	市级以上企业技术中心（家）	33
开放发展		19	外贸进出口总额（亿元）	20.84
		20	国内省外到位资金（亿元）	125
		21	到位外资（万美元）	7485
全域发展	民生改善	22	城镇居民人均可支配收入（元）	48075
		23	农村居民人均可支配收入（元）	27748
		24	城镇新增就业（人）	11183
		25	城镇登记失业率（%）	2.71
	生态环境	26	单位GDP能源消耗降低（%）	达到市要求
		27	单位GDP二氧化碳排放降低（%）	达到市要求
		28	空气质量优良天数比例（%）	达到市要求
		29	地表水质量达到或好于Ⅲ类水体比例（%）	达到市要求
		30	单位工业增加值用水量	达到市要求

（熊丝语　纪垠炜）

国有经济

【概况】 涪城区属一级国有企业现有绵阳富诚投资集团有限公司、四川涪创发展集团有限公司，已形成两家百亿、两家AA级国企新格局。截至2022年底，区属国有企业资产规模为228.47亿元，其中富诚集团127.27亿元，涪创集团101.2亿元。负债191.98亿元，净资产36.49亿元，营业收入11.96亿元。

【国有资源整合】 2022年，涪城区按照“应划尽划”的原则，整合国有资源，将国有经营性资产、资源、城市特许经营权、城市收费权等划入区属国有企业，壮大企业资产规模。全年向区属国有企业整合划转水库经营权、房产、基金等经营性资产，价值合计82.35亿元，调拨资金22.58亿元，保障重大项目实施。

【项目资金保障】 2022年，涪城区实施《涪城区“园区提质、企业满园”2022—2025年行动计划》，全年区属国有企业实施项目108个，立项总投资309.9亿元。成立对接银行融资项目工作专班，支持企业通过贷款、定向融资、设立基金多渠道融资。国有企业累计融资82.3亿元，到位资金59.87亿元，化解存量债务本息31.11亿元，保障重大项目实施。

（周渝净　尚　琳）

【绵阳富诚投资集团有限公司】 绵阳富诚投资集团有限公司（以下简称“富诚集团”）成立于2002年10月30日，是经绵阳市人民政府批准，由涪城区企业培育发展中心控股管理的国有企业，注册资本金2亿元，公司秉承“以诚经营 服务大局”的理念，坚持以市场为依托，政策性投资和市场化运作相结合，业务涵盖重大项目投融资、基础设施项目投资建设、国有资产经营管理、融资担保、房地产开发、现代农业、城市管网、乡镇供排水、新能源、贸易销售等诸多领域。2022年，拥有下属二级企业22家，其中全资子公司10家、控股公司2家、参股公司10家，另有合伙企业4家。较2021年全资子公司新增1家，参股公司新增1家、注销1家，合伙企业新增2家、注销1家。主体信用等级为AA，是绵阳市文明单位、市诚信经营示范单位、银企合作优秀单位、金融支持地方经济发展突出贡献单位。

2022 年 12 月，中国（绵阳）科技城临港经济发展区高端装备制造产业园标准厂房（一期）建成 （富诚集团）

2022 年，富诚集团创新融资方式、优化融资模式，保障区内重大招商引资项目落地及重点项目建设，全年融资到位资金 29.6 亿元。按照“借得来、用得好、管得严、还得上”的原则，完善负债管理及债务风险管理相关制度，防范和化解风险，确保各项财务指标运行平稳。下属子公司绵阳富诚融资担保有限公司为 45 户企业及个人提供融资借款担保 54 笔，担保发生额 14705.4 万元，担保收入 250.43 万元。对上争取担保补助资金 138.08 万元。贯彻落实降保费政策，及时调整担保收费标准，支持涪城区实体经济，全年降费约 140 万元；围绕区委、区政府产业布局，新增创明新能源、常州欣盛等投资项目 7 个，投资总额 14.9 亿元，全年完成出资 2.54 亿元。与四川发展控股有限责任公司、绵阳科发股权投资基金管理有限公司等省市投资平台建立合作关系，争取省、市级基金投资到位 3.7 亿元。加强投资监管，配合绵阳惠科光电科技有限公司、通富弘业有限责任公司等参股企业开展各项经营活动。优化公司投资结构，开展“处僵治困”专项行动，完成 2 个低效无效企业注销，启动 3 个到期项目清退工作；加大空置资产招租力度，实现国有经营性门面租赁收入 1854.03 万元。对所属资产专项巡查 6 次，维修维护 20 余处，保障国有资产安全。新冠疫情防控期间，发挥国企社会职能，率先启动国有经营性门面租金减免工作，全年为 430 余户承租人减免租金 630 万元。资产投资方面，加快“联东 U 谷 · 绵阳国际企业港”标准厂房销售，全年签订协议 16 家，签约面积 4.5 万余平方米，销售总额 14780 万元。拓展集团新业务领域，提升市场化转型能力，整合供水资源，与绵阳市水务（集团）有限公司合作成立合资公司，共同运营涪城区南片区供排水及污水处理业务；富诚集团及子公司实施工程建设项目 43 个，投资总额约 74.9 亿元，其中完工项目 9 个，在建项目 18 个，开展前期工作项目

2022年6月底，“湖光山色”稻渔亲水湿地农业园核心区建设项目完工 （富诚集团）

16个。全年聚焦“园区提质、企业满园”行动，推进园区“五化”提升，骨干路网、地下综合管廊等基础设施及工业载体建设，完成“联东U谷”标准厂房一期33栋厂房和室外附属以及临港经济发展区景观提升改造等工程建设，实现科技城集中发展区（涪城区属范围）产业配套用房项目主体封顶，物流产业园市政道路建成通车。实施乡村振兴项目，吴家镇“湖光山色”农业主题公园建成开园，“千亩桃林”产业道路、“蔬香绿野”农业主题公园基础配套项目及西环线公路项目有序施工。推进民生项目，城乡供水一体化项目完工，玉石桥改建项目实现通车，吴家镇安置房项目进场施工。完成示润智慧显示终端智能制造总部基地项目（一期）、区公安分局执法办案管理中心项目、杨家镇美丽乡村工程等重点项目年度目标任务。完成城区桥梁集中整治等应急任务。启动城市更新项目、上马村地块开发建设前期工作。根据新冠疫情防控工作要求，实施隔离场所改造项目，完成378间房屋装修并作为集中隔离场所投入使用；2022年依托集团实施的“联东U谷”标准厂房项目、示润厂房建设项目，开展供应链业务，全年实现商品贸易销售收入55146万元。

（丁雅灵　补成逊）

【四川涪创发展集团有限公司】 2021年12月24日，涪城区人民政府印发《关于同意变更区属国有企业出资人的批复》，2022年2月11日，涪城区委、区政府印发《关于印发〈进一步深化区属国有企业改革的方案〉的通知》，2022年3月，原汇鑫集团、欣诚集团融合新设为涪创集团，集团内设7个部门，下设二级全资子公司5家、三级全资子公司9家，控股及参股公司9家。集团以党建为引领，围绕“三大片区+六大板块+九大领域”功能定位，聚焦主责主业，取得长足发展。截至2022年12月31日，集团资产总额102.66亿元，实现营业收入6.80亿元，主体信用等级AA。

2022年，涪创集团通过债券、对上争取、银行融资取得授信58.93亿元，到位资金30.27亿元，共承担三大片区省、市、区、城建攻坚及民生类等65个项目的建设工作，全年完成投资约22亿元。科技智谷科技园区孵化示范中心项目、绵阳科技城集中发展区（涪城区属范围）基础设施项目、御营坝片区危旧房棚户区改造项目、青义老场镇危旧房棚户区改造项目、青义镇统规统建安置房（一期）项目被评为“骏马项目”。对外投资涵盖商业航天、新媒体、科技创新、现代服务、金融等板块，涉及企业十余家，全年完成投资约20.19亿元。其中，对外股权投资企业5家，投资金额4.7亿元；投资基金3只，投资金额8.3亿元；投资购买土地10宗，投资金额7.19亿元。开启由功能型向功能型和竞争型兼具转型，整合相对成熟的教育卫生板块与人力资源板块成立“独立运行”的市场化子公司涪创先锋，实现营业收入1.58亿元。开展园区黑化、美化、亮化、绿化、科技化“五化”建设，推进“园区提质 企业满园”专项行动。参与建设中国（绵阳）科技城科技物流园启动区食品产业园配套基础设施建设项目、科技智谷科技园区孵化示范中心项目等产业项目5个，参与建设绵阳市金家林总部经济试验区市政公共配套设施提升工程（二期）、科技城新区科技智谷人才公寓项目等基础设施建设项目17个，带动周边上千人就业。对在5G科技园入驻企业实行房租减免约160万元，为园区入驻企业员工开设上下班定制公交每天9班次，全年解决园区职工上下班出行约6万人次。

（谢世军　钱建革　蒲安炜
张艺凡　李　婷）

2022年10月16日，中国（绵阳）科技城科技物流启动区食品产业园配套基础设施建设项目启动　（涪创集团）

民营经济

【概况】 2022年，涪城区贯彻落实国省市稳经济各项决策部署，做好政策宣传与落实、开展纾困解难解决民营企业最急、最盼、最忧的问题，提振民营企业信心、激发民间投资活力，使全区民营经济稳中有进。全区净增市场主体1.2万户、达到11.03万户，“个转企”182家，新增“四上”企业75家。

【民营经济政策支持】 2022年，涪城区坚持把稳住市场主体作为稳经济的重中之重，落实惠企政策，让更多企业在涪城生得下、长得大、活得好。成立区稳经济政策落实办公室，落实“援企稳岗”等惠企政策措施70余项，覆盖市场主体3万余户。新增减税降费34.1亿元，其中增值税留抵退税26.5亿元；发放稳岗补贴0.19亿元，缓缴社保费0.83亿元；减免小微企业及个体房租773.42万元；出台一、二、四季度刺激经济政策，兑现各类奖补资金7.68亿元。出台关心关爱企业家10条、支持企业发展26条等政策措施，全面落实联系服务企业“四大常态机制”，开展企业家“早餐汇”39期、银企“鹊桥会”3季、重点企业全覆盖大走访2次、重点企业专项走访1次、企业家座谈会1次，企业困难问题化解率达90%以上。通过系列助企纾困政策措施，全区净增市场主体1.2万户、达到11.03万户，“个转企”182家，新增“四上”企业75家。

【民营企业创新发展】 2022年，涪城区提升企业核心竞争力，支持企业创新发展。支持奖励企业建设创新平台、开展技术攻坚、推动成果转化，制定创新创业支持政策，提升企业核心竞争力。全年，新增市级以上企业技术中心6个、工业设计中心2个、科技企业孵化平台3个，新认定科技型中小企业90家，国家科技型中小企业评价入库268家，有效高新技术企业总数达89家。规模以上企业研发经费投入突破10亿元，完成科技成果转移转化项目20个。永贵科技被认定为国家专精特新“小巨人”、富临精工可变气门正时系统被认定为国家制造业单项冠军产品，实现零突破。支持出台集聚创新人才引领发展十条措施，拿出1亿元招揽人才，引进重点领域高层次人才511名。推动龙华薄膜建成省级专家工作站，富临精工引进人才入选“天府峨眉计划”，惠科光电韩籍专家获“天府友谊奖”，9个人才团队入选科技城人才计划并获扶持资金690万元。人力资源服务产业园开园运营，引入专业服务机构60家。

【民营企业融资服务】 2022年，涪城区聚焦中小微企业融资难、融资贵、融资慢问题，通过政府主动作为、牵线搭桥，为企业引入金融活水。搭建银企融资平台，通过“政府搭台 银企唱戏”的方式，深化银政企交流合作，促进经济金融互惠互利、共同发展。2022年，举办银企“鹊桥会”3季，累计举办银企“鹊桥会”16季，创新推出“涪续贷”、“福村贷”、“涪易融”、乡村振兴产业发展贷款、融资信息对接平台等金融产品和服务平台，打出金融服务创新“组合拳”，累计现场为园区和企业授信732.74亿元。加强政府性融资担保，采取“政银保”“政银担”等合作模式，出资1100万元，设立信贷风险补偿资金池。支持国企助力民企融资担保，平均担保费率从2.7%降为1.2%，降低企业融资成本。2022年以来，新增担保户数45户、担保额14705.4万元，在保总户数91户，在保余额20093.03万元。发挥市级应急转贷作用，支持迈高、宏鑫表面申报应急转贷1180万元，缓解企业燃眉之急。

【民营企业特色保障】 2022年，涪城区落实《保障中小企业款项支付条例》。建立常态机制，压实财政、国资、人社等部门职责，及时发现、迅速解决拖欠企业账款行为。优化竣工结算审计核查流程，严格核查时限，确保工程资金按合同及时支付。至2020年10月，全区清欠台账内的拖欠民营和中小企业账款已全部清零，至年底无新增纳入清欠台账账款。开设涉企案件办理“绿色通道”，在立案庭设立涉企立案绿色通道，将涉企案件中的物业合同、劳动争议、小额买卖合同等案件纳入简案审理范畴，审结涉民营企业案件4009件，对胜诉企业实现债权3.6亿元，最大限度保障企业资金回流。筹建科技城新区人民法庭，在金家林总部经济试验区设立法官工作站，积极为园区及园区企业高质量发展提供“订单式”法律服务。优化审批服务，全面推进行政审批标准化建设，出台《涪城区高频事项受理和审查细则清单》，实现企业审批事项宽进、快办。在全市率先推出“企业办事不出园”行动计划，在科技城新区涪城片区和临港经济发展区东区、西区、南区分片成立4个园区企业服务中心，下放政务服务事项376项，全面实现“企业事园区办”。

（魏 洪 廖 伟）

个体私营经济

【概况】 2022年，涪城区全面深化“放管服”改革，培育壮大市场主体。个体市场主体量增至77741户，位居绵阳市第一。

【商事登记改革】 2022年，涪城区以全面推行线上办理改革为契机，推进个体工商户全程网办，全年新办个体注册登记12149户，同比增长66.65%。推行食品领域“证照联办”改革，打造市场主体准入准营“一站式”综合服务新模式，新办食品经营许可及三小备案3357户。依托“个转企”推进高质量发展，推动182户个体经营者转型升级为企业。

【个体企业双随机监管】 2022年，涪城区全面推进跨部门“双随机、一公开”监管，开展企业公示信息、商标代理机构、工业产品生产许可证获证企业等事项不定向和定向抽查23次，累计检查市场主体1759户，优化政府部门监管资源配置。创建问题解决式监管模式，完善事中事后监管，将18家信息隐瞒真实情况弄虚作假公司、13户经营地址未在原址经营的企业进行列异处理。

【个体企业信用监管】 2022年，涪城区建立信息共享交换工作机制，归集公示涪城区涉企信息部门的企业信用信息3619条。其中，行政许可信息3646条、行政处罚信息141条。推进年报公示工作，23784户市场主体完成年报，企业年报率93.72%。推进失信企业联合惩戒和信用修复，依法将1670户企业列入经营异常名录及严重失信企业名单，完成527户企业的信用修复。

（梁小庆 井 波）

项目投资管理

【概况】 2022年，涪城区推动项目建设，树立“项目为王”理念，发挥项目在经济社会发展中的支撑作用，全区重点项目呈现出投资高位运行、建设加快推进的良好态势，全社会固定资产投资累计完成272.56亿元、增速10.2%，总量排名全市第一，增速排名县市区第三。

【项目激励措施】 2022年，涪城区推出《涪城区2022年一季度“抓项目、促生产、稳增长”激励措施》《二季度“稳增长”十条激励措施》《涪城区“决战四季度”、大干一百天激励措施》政策，拿出“真金白银”激励企业加快项目投资、鼓励扩能生产、深挖消费潜力，兑现涪城区稳增长政策及重点项目前期工作经费330万元。

【项目审批流程优化】 2022年，涪城区优化项目审批流程。率先出台《涪城区政府投资项目管理办法》，对可以简化报批的项目进行明确规定。全年，区发改局共简化审批项目19个，总投资3458.46万元。推进企业开办“小时办、零成本”，工程项目“不见面”审批，实现“一号申请、一窗受理、一网通办”。

【重大项目推进协调机制】 2022年，涪城区建立重大项目推进协调机制，建立“区级总库、行业专库、镇街子库”三级项目储备管理体系，并联推进规划调整、征地拆迁、土地供应、施工许可等各项前期工作，保障项目“签约即拿地、拿地即开工”。总投资120亿元的创明新能源项目从对接到签约、开工仅用时83天，总投资105亿元的艾伯科技智能制造产业项目从签约到开工仅用时28天。

【项目建设攻坚行动】 2022年，涪城区印发《关于开展涪城区“决战四季度 大干一百天”项目建设攻坚行动的通知》，推动8个项目四季度提前开工，22个项目四季度提前竣工，9个项目加快建设，形成更多有效投资额和实物工作量，实现总量连续七年排名全市第一。

2022年绵阳市涪城区全社会固定资产投资情况一览表

表19

	实际完成		增长（%）	比重（%）	
	自年初累计	上年同期		自年初累计	上年同期
甲	1	2	3	4	5
一、全社会固定资产投资	2729536	2475227	10.3	100	100
其中：5000万元及以上（国网平台项目）	1405549	1280201	9.8	51.5	51.7
5000万元以下	193804	—		7.1	—
其中：房地产投资	1111183	1175026	-5.4	40.7	47.5
二、按构成分					
建安工程	2037961	1640245	24.2	74.7	66.3
设备工器具购置	310823	330034	-5.8	11.4	13.3
其他费用	380752	504948	-24.6	13.9	20.4
三、按产业分					
（1）第一产业	30342	19057	59.2	1.1	0.8
（2）第二产业	663154	508597	30.4	24.3	20.5
（3）第三产业	2036040	1947573	4.5	74.6	78.7
其中：交通运输	255119	136860	86.4	9.3	5.5
四、技改投资	264051	275802	-4.3	9.7	11.1
五、工业性投资	662014	507397	30.5	24.3	20.5
六、民间投资	1410603	1292896	9.1	51.7	52.2

（杨敏玉　余长伟　杨　蜀）

经济体制改革

【概况】 2022年，涪城区发改局履行经济体制改革专项小组办公室职责，统筹推进全区经济体制改革工作，共承担改革任务30项，改革进度符合预期。

【推进实施类改革】 2022年，涪城区推进实施类改革任务23项，均按进度落实，制定落实《涪城区“园区提质、企业满园”行动实施方案》《涪城区2022年优化营商环境工作方案》《涪城区数字经济发展2022年行动计划》等政策文件。

【上会审议类改革】 2022年，涪城区上会审议类改革任务4项有序跟进，“推进国有经济布局优化和结构调整”“完善重要民生商品价格调控机制”2个方案已对接落地，并抓好贯彻落实。

【重大改革试点】 2022年，涪城区重大改革试点任务3项均按时限推进，“镇村便民服务标准化规范化便利化建设试点”于2022年完成试点销账。《持续深化“三度服务”》入选2022赛迪百强区十大典型案例，《绵阳市涪城区建设“千亿级”现代化产业园区》入选《绵阳改革动态》，加速改革成果转化形成“涪城经验”。

（熊丝语　纪垠炜）

财 政

【概况】 2022年，涪城区统筹疫情防控和经济社会发展，做好“六稳”工作，落实“六保”任务，有效应对各种风险挑战，推动高质量发展，推进财政改革，深入实施“三千工程”，加快建设“四个强区”，完成全年财政工作任务，为推动社会经济高质量发展提供坚强的财政保障。2022年，全区一般公共预算收入实现240619万元，为预算的99.56%，自然下降14.41%，同口径（剔除增值税留抵退税因素，下同）增长8%，其中：税收收入195378万元，自然下降12.69%，同口径增长14.84%；非税收入45241万元，下降21.11%。全区一般公共预算支出实现476594万元，为预算的88.35%，增长10.72%。

【中小企业财政支持】 2022年，涪城区聚焦小微企业及重点行业，全年新增减税降费341043万元，增长35.05%，其中留抵退税264741万元，六税两费、中小微制造企业缓税等其他政策减免76302万元，助力企业纾困减负；对符合条件的中小微企业和个体工商户，采取先缴后补或抵减方式，对473户承租户减免国有产权租金838万元，减轻市场主体生产经营负担；为中小企业开设“绿色通道”，全面下调融资担保费率，受惠重点企业25家、降费145万元，平均担保费率下降56.5%；落实《政府采购促进中小企业发展管理办法》，推行“政采贷”信用融资，2022年政府采购授予中小企业合同金额80495万元，占实际采购合同比例96.85%。

【园区产业发展财政支出】2022年，涪城区出台《“涪城荟”招商联盟双招双引十条措施》《绵阳市涪城区支持卫星产业发展政策》等产业扶持政策，统筹做好项目招引各环节重点工作，坚持纾困和稳增长并行。安排园区专项资金10000万元，新增专项债券136300万元，重点用于临港经济发展区、科技城新区等园区提质项目，完善园区基础设施，大力实施“园区提质”“企业满园”行动。兑现产业发展及政策激励资金76782万元，精准支持培育产业集群，推动创明新能源、艾伯科技产业园、欣盛显示驱动等重大产业项目顺利落地。

【民生项目财政支出】 2022年，涪城区全年投入疫情防控资金9721万元，用于区级防疫物资储备、新冠疫苗接种、隔离点建设、交通卡点防控等工作。全年实现教育投入97343万元，占支出比重20.42%，重点用于滨江路小学改扩建工程、“民转公”教育改革、改善学校办学条件等方面，促进教育文化高质量发展。全年实现乡村振兴投入57648万元，占支出比重12.10%，实现总量及占比“两个高于”目标。创新开展城镇困难群众精准帮扶“五润行动”计划，累计发放低保对象等困难群众保障金、救助金3798万元。

【镇街发展财税改革】 2022年，涪城区出台《涪城区激励镇街抓经济促发展财税支持措施》，通过强化“三保”支出保障、巩固发展经济存量、培育经济增量、支持片区开发建设、提升补助资金绩效等措施，激励镇、街抓经济促发展、加大项目引进、增强经济实力，通过繁荣镇、街经济，推动县域经济高质量发展。

【财政绩效管理】2022年，涪城区牢固树立全面预算绩效管理理念，突出“源头定目标、事前要评估、事中有监控、事后重评价、结果必应用”，首次将预算绩效管理工作纳入全区目标绩效考核内容。对全区154个预算单位（含下属二级单位）实施全面预算绩效“双监控”，选取乡村振兴、生态保护、经济发展等领域11个重点项目开展财政重点绩效评价，借助第三方力量，推进绩效评价重点从管理过程向政策制定、整改落实转变。

2022年绵阳市涪城区财政收入统计表

表20　　单位：万元

项目收入	合计	中央	省	市	区
一、公共财政收入	396671	120348	35704	0	240619
增值税	(1597)	(2213)	(1948)	0	2564

续表20

项目收入	合计	中央	省	市	区
消费税	4307	4307		0	
营业税	0	0		0	
企业所得税	146819	88087	20556	0	38176
个人所得税	50279	30167	7039	0	13073
资源税	2311		1214	0	1097
城市维护建设税	13943	0	0	0	13943
房产税	18303		6406	0	11897
印花税	11356		2342	0	9014
城镇土地使用税	4350			0	4350
土地增值税	37795		0	0	37795
车船税	8525		0	0	8525
车辆购置税	0		0	0	
耕地占用税	14374		0	0	14374
契税	40394		0	0	40394
烟叶税	0		0	0	
环境保护税	234		82	0	152
其他税收收入	37		13	0	24
非税收入	45241		0	0	45241
二、基金收入	97460		0	0	97460
合 计	494131	120348	35704	0	338079
其中:地方公共财政预算收入	240619				
上划中央两税收入	2094				
上划中央企业和个人所得税收入	118254				
上划省七个共享税收入	35704				

2022年绵阳市涪城区公共财政收支统计表

表21　　单位：万元

收入		支出	
项目	金额	项目	金额
一般公共预算收入	240619	一般公共预算支出	476594
（一）税收收入	195378	（一）一般公共服务支出	88363
增值税	2564	（二）外交支出	
消费税		（三）国防支出	440
营业税		（四）公共安全支出	17644
企业所得税	38176	（五）教育支出	92927
个人所得税(款)	13073	（六）科学技术支出	4268

续表21

收入		支出	
项目	金额	项目	金额
资源税	1097	（七）文化体育与传媒支出	1858
城市维护建设税	13943	（八）社会保障和就业支出	58971
房产税	11897	（九）医疗卫生与计划生育支出	35620
印花税	9014	（十）节能环保支出	11727
城镇土地使用税	4350	（十一）城乡社区支出	60904
土地增值税	37795	（十二）农林水支出	19826
车船税(款)	8525	（十三）交通运输支出	6462
车辆购置税(款)		（十四）资源勘探信息等支出	13218
耕地占用税(款)	14374	（十五）商业服务业等支出	5566
契税(款)	40394	（十六）金融支出	328
烟叶税(款)		（十七）援助其他地区支出	
环境保护税（款）	152	（十八）自然资源海洋气象等支出	25476
其他税收	24	（十九）住房保障支出	19204
（二）非税收入	45241	（二十）粮油物资储备支出	358
专项收入	11666	（二十一）灾害防治及应急管理支出	4818
行政事业性收费收入	5845	（二十二）其他支出（类）	763
罚没收入	10666	（二十三）债务付息支出	7801
国有资源（资产）有偿使用收入	12126	（二十四）债务发行费用支出	52
政府住房基金收入	2443		
其他收入（款）	2495		
返还性收入	24775	债务还本支出	27476
一般性转移支付收入	202005	上解上级支出	125007
专项转移支付收入	51987	调出资金	
上年结余	50861		
其中：结转下年	50861	安排预算稳定调节基金	
净结余	0	援助其他地区支出	1500
债券转贷收入	63617	年终结余	85928
动用预算稳定调节资金	5810		
调入资金	76831	其中：结转下年	85928
总计	716505	总计	716505

（杨艺璇　刘　丽）

税　务

【概况】 2022年，国家税务总局绵阳市涪城区税务局共组织入库税费收入107.03亿元，首次突破百亿大关，同比增长1.5%，其中税收收入35.39亿元，同比下降28.7%（扣除留抵退税后为61.86亿元，同比增长9.7%）；非税收入28.43亿元，同比增长37.0%；社会保险费43.21亿元，同比增长23.4%。税收收入中，中央级税收收入12.25亿元，同比下降40.7%；省级税收收入-1.93亿元，同比下降135.0%；市县级税收收入25.07亿元，同比增长6.7%。

【税收征管】 2022年，涪城区税务局抓收入保增长，对辖区内年纳税额100万元以上税源逐户逐月建立税收台账，掌握税源变动情况，分析税收增减原因，做到以月保季、以季保年；加强欠税管理，累计清缴入库欠税及滞纳金2.028亿元；对接稽查部门，协助开展调查取证和补税征缴，累计入库查补税款1.8亿元；加强长亏企业治理，通过常态化治理调减亏损3029万元，补缴企业所得税517万元；深化行业税收管理，对建筑施工企业、建筑劳务公司开展针对性自查辅导，入库报验户预缴税款1.01亿元；推进土增税清算，全年完成清算项目46个，入库税款7660万元；持续开展印花税清理，入库印花税8869万元。

国家税务总局绵阳市涪城区税务局2022年各项收入完成情况一览表

表22　　单位：万元

项　　目	累计收入
一、收入总计（=税收+非税+社保）	1070322
二、税收收入合计	353897
其中：中央级收入	122546
地方级收入	231351
省级收入	-19300
区级收入	250651
1.增值税	-4499
2.消费税	4307
3.营业税	73
4.企业所得税	146812
5.个人所得税	50952
6.房产税	18303
7.车船税	8525
8.车辆购置税	4667
9.印花税	9014
10.资源税	2310
11.城镇土地使用税	6693
12.土地增值税	37795
13.城市维护建设税	13943
14.耕地占用税	14374

续表22

项　　目	累计收入
15.契税	40,94
16.环境保护税	234
三、出口退税	-41625
其中：免抵已调增值税	-6000
四、非税收入合计	284273
1.教育费附加	6266
2.地方教育附加	4177
3.税务罚没收入	68
4.残保金	4632
5.文化事业建设费	130
6.农网还贷资金收入	22716
7.大中型水库移民后期扶持基金	6941
8.国家重大水利工程建设基金收入	2284
9.可再生能源发展基金	15972
10.城镇垃圾处理费	639
11.水土保持补偿费	398
12.防空地下室易地建设费	1000
13.国有土地使用权出让收入	213073
14.工会经费	5829
15.其他	148
五、社会保险基金	432152

【税费优惠政策】2022年，涪城区税务局落实新的组合式税费支持政策重大政治责任，设立12个专项工作组，制发实施方案细分落实14大类任务；紧扣大额退税项目，从退税方式、时间节点、各级次周期收入等多个维度开展分析推演；对上争取、横向协调，促成惠科光电、成绵苍巴高速等大额退税兑现。全年落实各项税收优惠60.58亿元。其中，增值税留抵退税26.47亿元，小微企业“六税两费”减免8465.76万元，小规模免征增值税1734.76万元，小规模纳税人3%征收率销售额免征增值税8077.17万元，出口退税3.56亿元，免抵税额6839.49万元。

【办税缴费服务】2022年，涪城区税务局组织开展“一把手走流程”活动，全面查找日常办税缴费过程中的堵点、痛点问题；线上线下走访纳税人，及时了解纳税人缴费人办税缴费需求，累计走访纳税人9000户，收集并化解涉税诉求及难题200条；深化纳税信用等级评价，及时帮助企业进行纳税信用修复，共评定A、B、M级纳税人21892户，占参评总数的93.58%，助力1400户通过银税互动新增取得贷款授信7亿元；深化“税邮合作”，持续推进免费邮寄发票服务，累计邮寄发票5.9万户，为纳税人节约办税成本42.28万元；优化征纳互动平台应用，纳税人激活率达85%以上，在线问答率保持在99%以上。

2022年10月，涪城区税务局利用大型户外广告屏开展电子发票数字化宣传
（涪城区税务局 米川宁摄）

【电子发票数字化】 2022年，涪城区税务局按照“分级分类、先易后难”的工作思路，推进电子发票数字化。组建“全电发票”服务团队，集成纳税服务专家团队、网格服务团队和三方机构及人员团队，以线上服务为主、线下服务为辅，为纳税人开展“一对一”的精准辅导。在全市系统首创制作《“三步登录、三步开票”辅导提示卡》，让登陆、授权、开票等业务流程一目了然；率先设立“流动辅导站”，在办税服务厅增设现场辅导阵地2个，扩容固定辅导机位至86台，向32个行业协会商会发出数电票推广倡议信和宣传产品，并在34条精品公交线路、166辆城市公交车投放数电票宣传视频，营造出良好的舆论氛围。建立“每日复盘、每日通报”机制，据各分局管户类型体量、难易程度，差异化设定目标进度，实行工作日延时服务3小时、周末照常上班服务“不打烊”，累计推广电子发票数字化2.13万户，超额完成上级下达目标任务，相关工作得到涪城区委区政府和绵阳市税务局的高度肯定。

【征管转型升级】2022年，涪城区税务局持续推进征管方式转型升级，通过合署办公、股所合一的方式，优化组织架构、人岗配置和权责职能，推动税费征管从管户制向管事制转变。健全征管统筹机制，对新接受任务工单、因政策或系统变化工单、集中下发且难以准确清分的批量任务整体统筹，梳理合并工单任务89项并逐项拆解对应部门，做到职责边界清晰、工作流程清楚。健全纳服统筹机制，根据窗口业务属性和周期特点，对办税服务厅、税费服务支持中心、进驻政务中心窗口人员动态横向调配，在满足岗位人员身份和执法资格条件基础上，合理搭配在编职工和编外人员，充实窗口力量。健全风险统筹机制，对大批量、针对性较弱、指向性不明的疑点数据进行加工，按照分级分类理念，对低、中、高风险分级推送、分类应对，加强数据集中管理、质量控制、分析应用，为靶向施策提供数据支撑。健全同类型、关联性纳税人集成化管理机制，实现对462户房地产和建安企业、1484户跨区报验户、41户千户集团企业、政府平台企业、高度关联企业的集成化管理。

【“税易办”创新服务】2022年，涪城区税务局为提升线下办税缴费的便利性，创新推出“税易办”服务，通过精细业务属性分类、归并简化内部流程、前移服务阵地、深化部门信息交互，实现对21项线下税费业务的集成化、快捷化、专属化服务，

2022年2月，涪城区税务局在办税服务大厅设立线下快速响应中心
（涪城区税务局 王良摄）

打通税费服务“最后一米”。制定新办纳税人首次办税“辅导套餐”，组建税费业务辅导“专家团队”，编制《新办纳税人税费事项办理指南》，制作电子税务局常见、高频业务实操指引小视频15个，为新开办纳税人提供全链条、场景化、套餐式辅导。设立线下税费业务“快速响应中心”，梳理《线下业务办理清单》，将逾期抄报税远程解锁税控设备等6项高频线下业务和实名办税信息采集等13项中低频线下业务，剥离至“线下快速响应中心”集成、专属办理。实施股权转让业务“组团快办”服务，同市场监管部门实行信息共享、工作互助，依托税务部门进驻政务服务中心窗口，联合设立“股权转让集成服务窗口”，纳税人可一次性、“一站式”办结股权转让全部业务。

2月11日，涪城区税务局、社保局、医保局联合召开“涪税保”集成便民服务2022年社保费征缴培训会 **（涪城区税务局　陈伟摄）**

【社保征收服务】 2022年，涪城区税务局在税务、社保、医保“一厅联办、集成服务”工作模式基础上，探索推出“涪税保”集成服务机制，实现社保征收一窗受理、内部流转、部门会商、协同办理、反馈销号。坚持分级分类服务理念，进一步整合资源、简并业务流程、前置服务阵地，联合社保、医保部门对新办劳动密集型企业“上门服务”，就职工参保条件、资料准备、特殊情形处理、权益保障等重点事项进行现场辅导，让企业和参保职工“病有医、老有养、心有底”。全年共征收各项社会保险费43.21亿元，其中机关事业单位养老保险4.85亿元、企业职工养老保险21.48亿元、基本医疗保险14.47亿元、失业保险8428.18万元，工伤保险2737.68万元。完成2023年度城乡居民基本医疗保险征收25.25万人共8232.38万元，城乡居民基本养老保险征收3.67万人共3032.13万元。

【试点“说理式”执法】 2022年，涪城区税务局优化执法方式，试点推行“说理式”执法，制定“说理式”执法工作规范，从总则、执法方式、执法内容、执法程序、实施保障、附则6大板块，细化27条机制规程和实操要求。整合税务公职律师和骨干人才，组建专家团队，向纳税人摆事实、析利弊、讲道理，说明违反税收法律法规的客观事实，作出行政处罚的法律依据、适用罚则、自由裁量情况，将执法和普法深度融合。开展优秀“说理式”执法案卷评查，评选出典型案例、优秀文书并加以推广借鉴，倒逼税务机关内部加强在法规引用、政策理解、法条解释、自由裁量基准等方面的管理，推动税收执法质量的持续提高，提升税收遵从度和纳税人满意度。

【疫情防控】 2022年，涪城区税务局坚持人民至上、生命至上，统筹抓实“内外同防，物、环境同防”，采购发放口罩、消毒酒精灯防疫物资，合理化、人性化调整办公场所和办税服务厅防控措施，组织党员干部投身疫情阻击战。

（贾明刚　胡　俊）

金融业

【概况】 2022年，涪城区金融业增加值45.21亿元，占全区GDP比重达6.89%。其中，货币金融服务30.94亿元、资本市场服务4.04亿元、保险业8.37亿元和其他金融业1.86亿元，分别占GDP的4.72%、0.62%、1.28%和0.27%。

【金融招商】 2022年，涪城区引进中华联合人寿保险股份有限公司绵阳中心支公司、国华人寿保险股份有限公司绵阳中心支公司、复星保德信人寿保险有限公司绵阳中心支公司等金融机构。截至2022年底，涪城区各类金融机构共136家，逐步形成了以银行、保险、证券为主体，其他金融机构为补充的较为完善的金融服务体系。

【银企“鹊桥会”】 2022年，涪城区共举办现场银企“鹊桥会”4季，参会企业200余户次。分别以保险业高质量发展、金融进园区、金融服务科技创新等为主题，搭建起“政府搭台、金企唱戏”的信息发布、资源对接的良好平台，累计现场为园区和企业授信达708.62亿元，并在未来五年内为经济社会发展提供不低于5000亿元的风险保障。

【保险服务保障】 2022年，涪城区推行小额人身意外伤害保险、城乡居民住房地震巨灾保险，防止低收入群体因意外伤害和自然灾害返贫致贫，助力脱贫攻坚。组织召开小额保险工作会议，联合相关部门、镇（街道）群策群力，扩大小额意外伤害保险覆盖面，增强城乡居民家庭抵御自然灾害和意外伤害事故的能力。2022年度，涪城区小额人身意外伤害保险参保群众共计34012人，截至12月底，已理赔362件，赔付金额130.56万元，赔付率超过80%；城乡居民住房地震巨灾保险参保达12167户。

【资本市场发展】 2022年，涪城区通过资本市场讲座、现场经验交流等方式，促进企业管理者转变观念形成示范带动效果，增强资本市场认识和意识。截至2022年底，涪城区上市（挂牌）企业达到3家，上市后备企业资源库入库企业16家。

【金融发展规划】 2022年，涪城区编制《绵阳市涪城区金融业发展规划（2023—2025)》，推动金融发展布局、绿色金融、科创金融等政策措施。构建“一带两中心多点”金融产业空间布局，推进临园路金融聚集区加快建设，做大金融组织体系。发展资本市场，提升服务实体能力，推进普惠金融等重点内容，以规划为纲领推动涪城金融业高质量发展。

【绵阳农村商业银行股份有限公司涪城支行】 截至2022年12月底，绵阳农村商业银行股份有限公司涪城支行各项存款余额534.08亿元，较年初净增56.55亿元，增速11.84%；存款日均余额524.58亿元，较年初净增58.60亿元，增速12.58%。存款存量市场份额13.08%，居全市第四位；增量市场份额11.9%，居全市第四位。全行各项贷款余额320.64亿元，较年初净增29.82亿元，增速10.25%；各项贷款（不含贴现）余额299.2亿元，较年初净增37.42亿元，增速14.3%，较2022年同期高0.96个百分点，同比多增3.2亿元；贷款日均余额（不含贴现）292.17亿元，较年初净增34.74亿元，增速13.5%。贷款存量市场份额13.63%，居全市第三位；增量市场份额12.19%，同比增加0.54个百分点，居全市第四位。

【国信证券股份有限公司绵阳临园路证券营业部】 2022年，国信证券股份有限公司绵阳临园路证券营业部2022年证券交易量1515.27亿元，比2021年减少5%；营业收入7348.83万元，比2021年减少15%。国信证券协助绵阳市投资控股集团相继发行“22绵投01、02、03期”“22绵阳投资PPN02”总共4期融资项目。

【中国人民财产保险股份有限公司绵阳市涪城支公司】 2022年，中国人民财产保险股份有限公司绵阳市涪城支公司基本实现年初预定目标，重回亿元公司行列。全年全险保费收入10418.76万元，同比增长7.58%，市场增速2.53%，已决赔款5782.27万元、占比55.5%、缴纳税收6244.9万元。全险完成全年任务指标，高于市场增速，实现发展超越市场。

（蒋宜霖 杨 倩）

国土资源管理

【概况】 2022年，涪城区坚持保障发展第一要务，始终围绕发展大局谋划推进自然资源工作。坚持集约节约用地和高效要素保障相统筹，稳步推进“挂钩”项目；全年启动报征土地4614亩；供应土地42宗3249.51亩，实现土地出让价款120942.4985万元。加强耕地保护，坚决落实最严格的耕地保护制度，确保全区可以长期稳定利用的耕地总量不减少，涪城区耕地保有量18万多亩，恢复地类有10万多亩，合计分类面积28万多亩。

【土地要素保障】 2022年，涪城区共启动报征项目27个（含G5高速扩容、绵阳南500千伏等3个单选项目），启动报征面积约4614亩（含单选项目2588亩）。其中绵阳市公共卫生医疗中心项目、涪城区石塘街道范文支路南侧项目、南侧补征项目、绵阳市军供站皂角铺分站项目、杨家镇循环经济产业园污水处理厂项目、创业大道南延线项目等11个批次已完成组卷上报，组卷面积约940.17亩。

【服务民生】 2022年，涪城区加大涉地历史遗留问题处置力度，化解处置环阳科技、鸿盛新材料、新城二号等问题12件，历时近8年的圣水一、二社城中村改造项目土地问题实现化解，光明房产等土地历史遗留问题实现重大突破。2022年共受理不动产登记业务18674件，其中抵押登记6044件，收取登记费用115.3万元。完成农村不动产确权登记权籍入库工作，已颁发66本宅基地“房地一体”不动产权证书。完成存量林权数据整合工作，为下一步开展林权登记打下了基础。

【执法监管】 2022年，涪城区自然资源局严格执法，从严追责问责，保护辖区内的自然资源。开展卫片执法检查，涪城区2022年卫片图斑354个，总面积4182.34亩，其中耕地1750.34亩。违法地块98个，面积1079.43亩，其中耕地414.77亩。

（赵叶子　朱绪顺）

国有资产管理

【概况】 2022年，涪城区区属国有企业完善中国特色现代企业制度，全面实现企业党组织负责人、董事长“一肩挑”，“党建入章”实现全覆盖，指导2户区属国企及6户重要子企业全面完成党组织前置研究讨论事项清单的制定、修订工作，坚持和完善“双向进入、交叉任职”领导体制，切实发挥党组织“把方向、管大局、保落实”的核心作用，推动区属国有企业党的领导与完善公司治理有机统一。截至12月底，全区45项改革任务完成，国企改革三年行动改革任务完成。

【国有企业改革】 2022年，涪城区出台《关于进一步深化区属国有企业改革的实施方案》，推进企业整合重组，欣诚集团和汇鑫集团合并重组为涪创集团。富诚集团和涪创集团出资人由区政府变更为绵阳市涪城区企业培育发展中心，开展外部信用主体AA评级工作。12月5日，涪创集团取得主体信用评级AA等级认定，提前实现区委、区政府2023年新增一家AA级主体信用评级集团公司的目标。

【国企改革三年行动完成】 自《绵阳市涪城区国有企业深化改革三年行动实施方案（2020—2022年）》出台以来，切实做好任务分解，落实责任单位，倒排时间表，贯彻落实完善中国特色现代企业制度、优化国有资本布局、深化以管资本为主的职能转变，截至2022年12月底，全区45项改革任务完成，完成率100%，国企改革三年行动改革任务完成。

【经营业绩考核】 2022年，涪城区按照对标贡献、拉开差距、激励先进的原则，优化区属国企负责人考核机制，完成区属国有企业负责人2021年度经营业绩考核和2022年经营业绩目标下达工作，调动企业负责人干事创业激情。加强国有企业工资总额管理，开展区属国有企业2021年工资总额专项审计，完善区属国有企业2022年工资总额预算管理工作，建立工资总额增长与经济效益增长相适应的联动机制，促进区属企业职工收入有序平稳合理增长。

【房租减免】 2022年，涪城区落实对承租区属国有房屋的中小微企业和个体工商户的房租减免政策，全区国有企业对422户承租户进行了房租减免，共计减免793.80万元，其中个体工商户367户，减免金额486.41万元，中小微企业55户，减免金额307.39万元。

【国有资产监管】 2022年，涪城区组织开展全区执法执勤、特种专业技术用车编制清理工作，加强执法执勤和特种专业技术用车编制、配备、使用、处置等全方位管理。按照省、市、区公务用车管理相关规定审核车辆更新购置，审核更新购置特种专业技术用车3辆，执法执勤用车4辆。对行政事业单位资产处置按程序审批，共处置国有资产报废48件，涉及金额4632.31万元，报损处置5件，涉及金额19.3万元。

（周渝净　尚　琳）

审　计

【概况】 2022年，涪城区完成审计项目28个，审计查出主要问题金额34807万元，其中违规金额804万元、管理不规范金额33282万元。其中完成1～4季度重大政策措施落实情况跟踪审计；完成区本级2021年度财政预算执行审计、区级决算草案审签和1个部门、1个街道预算执行情况审计以及4个全省上下联动项目审计；完成2个重点项目竣工决算审计，审计发现多计工程价款978.64万元、审减率10.95%；完成3个重大项目跟踪审计，出具审计建议书5份，审计发现问题并提出建议意见15个，已整改10个；核查社会中介机构审核工程造价项目361个，送审金额58048.20万元；完成工区街道和区委党校共3位主要领导经济责任审计，发现问题20个、涉及金额58.69万元；完成江油市耕地保护政策落实情况交叉审计、三台县2022年基础设施项目专项审计调查、绵阳欣诚建设有限公司资产负债损益审计、涪城区优化营商环境政策落实情况跟踪审计等项目7个；抽调21人次参与绵阳市主城区大气污染防治专项审计调查、市属国有企业审计、市级困难群众救助资金审计以及区纪委办案、区委巡察等交办事项18个。《审计工作报告》涉及的146个问题，完成整改140个，整改率96%；结合审计整改，督促指导区财政局、区应急管理局、杨家镇等单位新建和完善内控管理制度24项；结合区农委领导干部经济责任审计移送的案件线索，区纪委对该移送事项中涉及的6名验收人员实施党内警告处分3人、组织处理3人。涪城区政府连续6年被绵阳市政府表彰为“审计工作先进单位”，涪城区审计局被绵阳市审计局、绵阳市人社局表彰为“全市审计系统先进集体”。

【审计项目计划管理制度制定】 2022年2月，涪城区审计局研究出台《涪城区审计项目计划管理制度（试行）》，对审计项目计划编制、审批、执行、调整以及监督检查、责任追究进行了明确规定；强调审计项目计划管理必须坚持党对审计工作的集中统一领导，编制审计项目计划必须紧紧围绕中央及省市区重大决策部署，按照“应审尽审、周期覆盖，把握频次、滚动推进”的总体思路，精准谋划、统筹协调，加强审计工作发展规划、中长期审计项目计划与年度计划的衔接，实现审计监督全覆盖；审计项目计划的编制、报批、调整等环节必须按程序报区委审计委员会审议和政府批准。

【审计专项整改】 2022年3—8月，涪城区审计局贯彻落实中央和四川省委审计委员会关于建立健全审计查出问题整改长效机制的相关要求，按照四川省审计厅《关于开展深化审计整改工作专项行动的通知》部署，对涪城区2019—2021年出具结论性审计报告的66个项目全面梳理，建立问题整改台账；对尚未整改的13个问题，分别向3个被审计单位印发了“整改提醒敦促函”，督促被审计单位制定措施落实整改；组成5个督查组，对10个区级部门及乡镇落实审计整改的真实性、合规性、建立长效机制等情况进行现场督查。5月30日，涪城区政府召开全区审计整改工作专题会，听取审计整改专项行动推进情况汇报，安排部署相关工作。截至12月31日，全区完成整改590个、正在整改8个，整改率98.66%。

【审计信息化建设】 2022年3—5月，涪城区审计局首次运用大数据开展全区部门预算执行审计、全区区级部门国有资产管理情况专项审计调查，采集整理各类数据20G，获取分析疑点360余条，查出各类管理问题61个。9月，安排干部到雅安市审计局学习投资审计大数据平台建设和运用，探索应用信息化手段对全区重大投资建设项目基础数据进行全面摸排和分析，确保源头数据全覆盖。

【审计季刊创办】 2022年7月，涪城区审计局创办《涪城审计》季刊，主要包括机关党建、审计大讲堂、审计案例（审计故事）、审计整改、审计风采等版块；同时编印了1000份《中华人民共和国审计法》新旧条款对比折页，连同《涪城审计》季刊，发放到各镇、街道、区级部门，并呈送市审计局、区级“四大班子”领导，争取党委、政府和相关部门工作支持。

【疫情防控】 2022年，涪城区审计局牢固树立“疫情就是命令、防控就是责任”理念，5名领导干部身先士卒，都成为防疫前沿“领头雁”；12名党员干部主动克服自身及家庭各种困难，踊跃报名参加突击队，成为战疫一线“突击员”；全体干部职工纷纷擦亮身份，下沉社区，当好政策“宣传员”、秩序“维护员”。

（胥　宏　王　敏）

工商行政管理

【概况】 2022年，涪城区以民生为导向开展“春雷行动2022”“铁拳行动”等专项行动，严厉打击各类违法行为，全年查处各类违法案件407件，处罚没款510.8万元，移送公安机关并立案侦查10件。

【知识产权保护】 2022年，涪城区新增专利授权量2398件，连续3年居绵阳市首位。健全保护体系，依托知识产权保护站点建成商标品牌指导站，集宣传、检查、调解、处理等功能为一体，为企业提供咨询服务116次。推动成果转化，指导四川龙华光电薄膜股份有限公司、四川振通检测股份有限公司运用重大专利质押融资2300万元，4家企业获得四川省专利奖，1家企业入选首批四川省知识产权强企培育企业名单。构建知识产权协同转化机制，加大政策支持和资金补助力度，助推富临精工等重点企业专利转化实施率达60%，涪城区专利实施新增产值突破20亿元。

【消费权益保护】 2022年，涪城区推广“互联网+”消费维权模式，利用“ODR”在线消费纠纷解决平台延伸消费维权“触角”，现有“ODR”企业19家。完善“双心”消费环境建设，完成对跃进路1958美食街、万达广场及苏宁易购百货的商户基础数据重建。高效处理消费投诉举报10382件，为消费者挽回经济损失逾200万元。高质量高标准协助绵阳市市场监督管理局承办2022年全国侵权假冒伪劣商品统一销毁活动。

【市场领域违法整治】 2022年，涪城区结合“春雷行动2022”“守底线、查隐患、保安全”等专项行动，围绕民众关心、媒体关注的重点领域，开展市场领域违法行为专项整治行动，检查各类市场主体19850家次，整治重点区域476处，查办案件407件。通过抖音、微博等平台曝光典型案例，形成较强社会震慑力，其中“出租屋产假星巴克”案列微博全网热搜第二，抖音、微博同城热榜双第一，话题阅读量超2.6亿人次。连续第8年被评为“四川省春雷行动先进集体”。

【“文明城市”创建】 2022年，涪城区成立文明城市创建工作专班，坚持问题导向推进12个农（集）贸市场环境整治，以精准治脏、有序治乱、系统治差为抓手，改善市场管理不规范、经营不守法、环境脏乱差等突出问题，查处未亮证经营、未明码标价等问题195个，增设规范摊位510个，加固展板、户外广告设施及招牌等270余处，累计发放文明餐桌提示牌及禁烟标志33000余份。

（梁小庆 井 波）

2022年11月10日，涪城区市场监督管理局承办2022年全国侵权假冒伪劣商品统一销毁行动现场 （涪城区市场监督管理局）

统 计

【概况】 2022年，涪城区统计局全面贯彻习近平总书记关于统计工作重要讲话指示批示精神、习近平总书记到四川视察重要指示精神和省第十二次党代会精神，统筹做好疫情防控和统计工作，聚力提高统计数据质量、优化统计咨询服务、强化统计基层基础，真抓实干、开拓进取，各项工作取得新成效。精心谋划、统筹部署，做好试点各项工作，完成第五次全国经济普查国家专项试点工作。2022年，完成统计月报9篇、统计信息12条、经济形势分析材料8篇，部门动态25篇、月度统计信息6篇、季度统计信息4篇、年度统计信息4篇、政府信息公开年报1篇。开展统计造假不收手不收敛专项纠治工作，印发《绵阳市涪城区统计造假不收手不收敛问题专项纠治实施方案》，围绕查权力干预、数据寻租、执法不严、退入库、责任落实5个方面，对2017年以来统计执法检查、线索和案件开展全面自查自纠，未发现相关问题。

2022年6月21日，涪城区统计实务与法律知识培训班培训现场（涪城区统计局）

【统计实务培训】 2022年6月21日，涪城区统计局围绕提升涪城区专题培训，区级领导、区级部门、各镇（街道）及涪城区统计月，涪城区统计局组织统计执法局专业骨干共计200余人参加会议。进一步提高统计人员政治素养、守法意识、业务能力和分析水平。

【第五次全国经济普查国家专项试点】 2022年6月21日，四川省统计局下发文件正式确定涪城区为五经普试点地区，涪城区立即成立常务副区长任组长、16个区级部门、3个试点镇（街道）主要负责人为成员的领导小组，明确各成员单位工作职责。

【统计执法检查】 2022年7～9专班、各行业部门业务骨干共计100余人次，组成两个专项检查组，对辖区29家企业进行统计执法检查。通过检查，被查企业统计数据质量总体良好，未发现故意统计造假、弄虚作假行为，未发现干预统计数据报送行为。

（刘训文　顾学林）

2022年7月27日，涪城区第五次全国经济普查专项试点启动仪式召开（涪城区统计局）

城乡居民调查

【概况】 2022年，涪城调查队共涉及11个调查专业，在全区范围有住户调查（居民收支、农民工监测、市民化进程）共310个样本，农业农村调查（粮食产量、畜禽监测、农价、中间消耗）共1190个样本，企业监测（采购经理、小微企业、工业生产者调查）共72个样本，月度劳动力调查共320个样本，分布在5个乡镇、4个街道，全年调查回访率达100%。

【住户调查】 2022年，涪城区抓好常规调查工作，通过集中、到点、入户等方式加强辅调员、记账户培训，集中培训辅调员4次，组织200户记账户集中进行业务培训1次，全覆盖分点培训4次；针对记账存在的个性问题，常态化到记账户家中，一对一讲解，记账水平和配合度显著提升；做好八大类台账，规范资料存档；规范化开展星级网点评定，做好星级网点动态管理，晋升五星级网点2个；电子记账率达到94.5%。抓好大样本轮换工作，严格按国家方案要求完成核实区级和村级单位名录、普查区和普查小区，完成普查区和普查小区合并与拆分，形成新的抽样框基础资料，完成新一轮住户调查样本量评估上报及绘图工作；疫情静态管理后利用多种渠道和方式在规定的时间内完成4340户入户和数据审核录入等工作。

【涉农监测】 2022年，涪城调查队完善涪城区涉农数据联席会议机制，发挥统筹协调作用，做到各类信息、数据互联互通，涉农监测环境进一步优化。完成涉及5个镇8个调查小区、14个大中型养殖户和479户散户的畜禽监测工作，提供生猪调查数据，为畜禽监测调查工作打好基础。完成好覆盖5个镇、19个调查点的县级粮食抽样调查，做到培训、指导、检查全覆盖。严守调查工作规范，坚持实地调查、实割实测不动摇，及时提供粮食生产数据资料。

【劳动力调查】 2022年，涪城区加强与调查镇（街道）和社区沟通对接；与区人社（就业）、统计、发改等部门建立会商机制，做好研判和经济形势分析。通过向调查对象发放《劳动力调查知多少》等方式加强宣传。完善落实涪城劳动力培训办法、调查员月度考评办法、业务人员平台操作管理办法、数据质量检查评估办法等制度。聚焦重点任务和关键环节，加强调查员业务培训、现场指导，督导陪访51次入户115户，回访44次入户92户。按月做好入户登记、编码、审核、评估验收等工作，资料归档、台账整理等工作规范有序。

【企业调查】 2022年，涪城区按照《中华人民共和国统计法》《四川采购经理调查实施方案》等方法制度，开展企业调查工作。全年开展集中培训4次，分片培训30余次，加强QQ、微信、电话适时指导。加强对企业台账资料、财务报表、年报表、网络直报表等基础资料的检查，确保调查数据真实准确，发现问题及时指导、纠正，着力提高基层基础资料的规范和数据质量，到企业检查指导30余次。完成2022年服务业零售结构调查和四川助企纾困政策“明白卡”落实情况调查两项重点工作。

【调查信息服务】 2022年，涪城调查队针对居民关注的热点、难点问题，撰写各类分析信息100余篇次，其中国家统计局采用各类信息6篇；省总队采用各类信息40余篇；绵阳调查队采用各类信息分析39篇；涪城区委、区政府领导批示报告5篇次，报送区委、区政府各类信息分析10余篇次。

（刘清平　雷　焱）

价格认证

【概况】 2022年，涪城区价格认证工作围绕“服务政府”“服务司法”“服务系统”“服务社会”四个服务，重点开展涉政府事务价格水平合法性、合理性认证，涉案物品价格认定，涉税收价格认定工作。在绵阳市率先开展人民法院诉前价格争议纠纷调解等工作。全年，办理各类价格鉴证案件384件，涉案金额1.625亿元。强化价格认证服务职能，为政府国有资产管理、增加财政税收、司法公正、化解价格矛盾提供价格服务。涪城区发展和改革局被四川省发展和改革委员会评为2021—2022年度全省价格认证工作表现突出先进集体；甘开红被四川省发展和改革委员会评为2021—2022年度全省价格认证工作表现突出先进个人。

【价格争议纠纷调解】 2021年1月，涪城区被国家发改委列为四川省3个价格争议纠纷调解试点地区，区发改局、区法院、区司法局建立价格争议纠纷调解联席会议制度，2022年在绵阳市率先实现价格争议纠纷调解全覆盖，调解工作常态化。2022年，调解各类价格争议纠纷164件，调解金额253.60万元，把价格矛盾化解在社区、基层和诉讼前。

【价格鉴证】 2022年，涪城区办理各类价格鉴证案件220件，鉴证金额1.6亿元。其中，办理各类刑事案件价格认定180件，认定金额650.00万元，结案率100%，无复议案件；办理涉政府价格认定40件，认定金额1.535亿元。为政府国有资产管理、征地拆迁补偿、税收争议纠纷调解，提供准确的价格；为司法公正、有效打击犯罪提供公正的价格依据。

（刘华福　杨　蜀）

食品药品监管

【概况】 2022年，涪城区以创建国家食品安全示范城市为抓手，建专班、抓难点、广宣传，推动食品安全监管效能显著提升。截至2022年底，全区有餐饮服务单位4162户、食品生产企业114户、食品经营单位3133户、食品“三小”（小餐饮店、食品小经营店、食品小作坊）2060户；药品生产企业2户、药品批发企业4户、药品经营单位587户；医疗器械生产企业1户、三类医疗器械经营单位255户。

【食品安全专项抽检】 2022年，涪城区聚焦群众关切问题，以校园周边、大型批发市场等区域

2022 年 4 月 27 日，涪城区市场监督管理局执法人员在辖区开展食品安全专项检查
（涪城区市场监督管理局）

为重点，围绕消费量大、关注度高、风险程度高的27大类食品品种，完成食品安全监督抽检及专项抽检1360批次，对抽检发现的52批次不合格食品处置率达100%。

【食品安全风险管控】 2022年，涪城区聚焦学校食品安全监管，检查学校及托幼机构食堂、校园及周边食品经营单位732家次，排除食品安全隐患96个。开展网络餐饮食品安全整治，实行线上线下联动机制，核查处置涉嫌违法违规线索1465条。持续推进餐饮服务风险分级评定和动态调整工作，新增餐饮单位完成风险等级评定率超90%。实施食品生产企业风险分级管理，全年组织食品生产经营单位、食品加工小作坊、农贸市场监督检查7423家次，整治突出食品安全生产隐患及问题160余个。

【冷链食品安全监管】2022年，涪城区指导西部冷都集中监管仓完成改造升级并通过省级验收，截至2022年12月底，累计处理入仓进口冷链食品19753.44吨，采集核酸检测样本12353个，其中进口货物9224个、环境1760个、人员1369个。实施分类监管，压实涪城区238个冷库监管责任，完善442家冷链食品生产经营单位监管台账，推进冷库规范化管理，统一印制、发放冷库出入库登记台账、消毒记录本1000册。

【国家食品安全示范城市创建】2022年，涪城区对6500余名食品从业者进行食品安全知识培训，集中指导400余家食品生产经营单位进行软硬件设施全面提档升级，打造了一批食品安全典范单位及示范街区。依托2952人的食品安全志愿者队伍与9个志愿者社群，打造从农田到餐桌的全链条宣传模式，累计印发海报图册、展板展架等宣传资料29300余份。以随机抽查和区域互查模式开展创城督查专项行动，累计检查食品生产经营类市场主体12000余家次，查处食品类案件223件，处罚没款233.54万元。

【药械化安全监管】 2022年，涪城区针对群众关心的“中药饮片”“儿童化妆品”“保健品”“医疗器械”“农村药品”等热点开展专项整治，立案调查119件，处罚没款91.77万元。指导582家药店完善“绵阳市零售药店实名登记系统”信息及使用推广，并向所属社区推送50000余人次的“五类药品”购药信息。组织全区580余家药店从业人员开展核酸采样规范化培训，牵头建成10个药店便民核酸采样点，累计为60余万人次提供核酸便民采集服务。

（梁小庆　井　波）

质量技术监督

【概况】 2022年，涪城区推进质量强区战略，推名牌，抓标准，坚持“提质增效”与“提速增量”相结合，服务企业高质量发展。严守特种设备安全底线，实现精准管控治理。涪城区注册特种设备6908台（套），另有气瓶1万余只，总量居绵阳市第一位。

【质量技术品牌建设】 2022年，涪城区稳步推进质量品牌建设，精准培育四川龙华光电薄膜股份有限公司、四川振通检测股份有限公司等企业争创各类政府质量奖，实现企业管理模式提升，降本增效，促进产业行业的转型升级。围绕与群众密切相关的燃气器具、低速电动车质量安全及医疗计量器具等开展专项整治，下架不符合新标准燃气具263台、完成70辆低速电动车库存清零、督促完成医疗计量器具校检413部。完成家用燃气具、儿童服装等32类产品共计145批次的区级监督抽检任务，不合格产品处理率

100%。开展重点工业产品质量安全排查治理专项行动，对危险化学品、危险化学品包装物、车载常压罐体等10类产品进行了排查整治。

【特种设备安全监管】 2022年，涪城区以特种设备安全专项整治三年行动为抓手，检查特种设备使用单位522家，抽查特种设备811台，督促完成问题整改18处。以燃气经营企业及充装单位为重点，开展城镇燃气安全专项整治，完成全区549.23千米的公用燃气管道法定检验。将全区5058急救援平台，对老旧电梯开展专台在册电梯纳入市级“96933”应项排查，积极协调相关部门处理电梯隐患故障。

7月8日，涪城区2022年度电梯应急救援演练暨特种设备安全知识进社区活动现场 （涪城区市场监督管理局）

【祭祀用品专项整治】 2022年，涪城区围绕燃香等祭祀用品生产、销售“双环节”，强化燃香等祭祀用品生产企业和销售者主体责任意识，督促其生产、销售符合国家标准的合格产品，每月深入香烛市场开展1次祭祀用品综合巡查，依法严肃查处无照生产销售、虚假宣传等违法违规行为。

（梁小庆　井　波）

中国（绵阳）科技城金家林总部经济试验区

【概况】 中国（绵阳）科技城金家林总部经济试验区（以下简称试验区）成立于2010年4月，规划面积24.5平方千米，位于绵阳市主城区中部偏西，与高新区、安州区交会，是绵阳承载成德绵一体化发展的重要区域。2020年12月23日四川省人民政府批复成立科技城新区，科技城新区规划面积396平方千米，包括涪城区、游仙区、安州区所辖9个乡镇（街道）所属行政区域。2022年9月，涪城区人民政府制发《关于金家林总部经济试验区和临港经济发展区两个市级工业园区管辖范围的批复》，原则同意中国（绵阳）科技城金家林总部经济试验区管辖面积43平方千米，四至范围：东至涪江，南至永兴镇，西至科技城大道，北至青义镇龙峰村；原则同意中国（绵阳）科技城临港经济发展区管辖面积30平方千米。其中，东区、西区、南区具体范围为：东区17.2平方千米（含临港经济片区、吴家片区、126片区）。临港经济片区四至范围：东至经开区，南至二环路，西至机场南路，北至毅德街；吴家片区四至范围：东至绵中路，南至木龙河，西至吴家镇兴涌泉村，北至H2市政道路；126片区四至范围：东至长虹大道，南至南湖公园，西至绵阳机场，北至一环路。西区（新皂）11.2平方千米，四至范围：东至石塘街道古井社区，南至新皂镇赵家花园村，西至新皂镇邱家庙村，北至草溪河。南区1.6平方千米，四至范围：东至杨家镇鲜家坝村，南至杨家镇草堂村，西至玉皇社区，北至绵中路。2022年12月，经市委研究同意，将四川绵阳工业园区交由涪城管理，负责金家林总部经济试验区和临港经济发展区建设发展。全年完成固定资产投资115亿元，全区占比达到41%。建筑业总产值2.01亿元，完成目标任务101.5%。2022年，在全市“园区提质”“企业满园”活动中，试验区获得评比优秀票数第一。

【园区建设提质】 2022年,试验区加快推进“园区提质”行动，推动外塑“颜值”、内提“气质”。以产业发展、项目招引、企业生产为导向，制订2022—2025年园区载体建设计划。智能传感科技园、国家大学科技园等近60万平方米建成投用，累计建成74万平方米，中关村科技园二期等43万平方米加快建设，长虹科技园（科研总部）基地项目等24万平方米实现新开工。坚持高标准、高品质、高档次，完善园区配套功能，构建四通八达的路网体系，配置优质专业的教育医疗资源。科技城大道二期等4条9千米道路完工，绵支三号等3条道路加快建设。实施公服配套项目7个，子云幼儿园完工投用，涪城区妇女儿童医院、涪城区中医医院主体完工，市中心血站加快实施，科技城医院即将开工。坚持黑化、绿化、亮化、美化、科技化“五化”一体推进，提升整体形象，改善生态环境。绵安路、科智大道等6个环境提升工程项目完工，金西湖二期等3个项目开工，完成提升休闲步道6千米、绿化30万平方米，安装路灯1000余盏，新增停车位400余个，植入智能交通、智慧休闲、智能宣传等科技设施120余处，智慧之门工程建成投用。

【园区企业发展】 2022年，试验区加快推进“企业满园”行动，推动产业生机蓬勃，产城融合发展。规划建设“涪城科创大走廊”，按照“一环、两区、多点”整合科创资源，推动大专院校、科研院所、平台企业、政府园区融合发展。与中物院成科中心加快建设智能传感科技园，与空气动力研究中心合作布局超算中心，与西科大推动建设碳中和等4个研究院。科技部中国遥感中心绵阳科技城分部在园区挂牌。新增省级实验室、技术中心7个，累计达到31个，新申请发明专利超过50项。聚焦5G、卫星应用、人工智能等产业，引增量、扩存量、提质量，“镇园之宝”牵引产业，推动科技型中小企业满园，打造科创产业集群。垚磊无人机、核保机器人等全面投产，硅基智能全球数字人直播基地开播，园区卫星产业冲出绵阳、接轨国际，绵阳天仪与阿根廷建立合作关系。科创企业累计达到460家，新认定高新技术企业8家，累计达到31家。实施“三化”招商，新引进数字经济创新中心等科创平台2个，新签约罗普特大数据科技园等项目105个。创业黑马、硅基智能等平台优质运营，中关村信息谷、中科创新园获评市级科技企业孵化器，中关村信息谷获评绵阳市小微型企业创新创业示范基地称号。全年举办商业航天产业高峰论坛等活动50余场。构建“五个一批”项目体系，专班服务项目、专员跟进项目，提速项目建设。共实施产业项目17个，长虹MCU智能芯片、传化智达等9个项目建成投用，李子柒品牌总部基地、振通智慧交通产业园等4个项目加快建设，永贵光电连接器、华拓特发信息港等4个项目开工建设。坚持产城融合开发园区，实施14个城市开发项目超500万平方米，建成九洲云栖湖等4个项目超100万平方米住房，80万平方米的九华府项目开工建设。远大蔚蓝海岸等4个总计10万平方米商业体基本建成，百亿级项目——涪江环球港签约，开展前期工作。

【园区企业服务】 2022年，试验区做好“企业服务”。率先实现“园区事园区办、企业办事不出园”。园区放权赋能加速，实现企业注册、规划建设等376项行政事权在园区办理，先进做法在全市推广。累计引入法律、财务、人力资源等市场服务机构39个，推动园区服务便捷化、专业化、精准化。建设院士（专家）小镇，范国滨等6名院士入驻。建立“一对一”专员服务企业机制，按照“三度服务”要求，开展全生命周期服务。践行“一线工作法”，开展企业大走访4轮，走访企业超过1000家次。协调保障电力，创新“疫情防控泡泡”，保障项目建设、企业生产。聚力解决企业家“早餐汇”、企业家座谈会等企业反馈的问题，解决停车难、招工难、出行难等问题100余项。根据区域发展、项目建设等需求，加快土地出让，加速拆迁安置，维护施工秩序。完成园区规划范围调整，明确43平方千米规划布局；有序推进拆迁群众安置工作，筹集社保安置资金近千万元。启动绵九高速项目、青义旧改安置房项目等15宗1098亩土地报征，完成九华府C、D地块、总部城北侧商业项目等9宗787亩土地出让。抢抓政策窗口期，做好对上争取，围绕银行融资、专项债券等重点，包装入库项目30个，到位资金27亿元。

【无人机总装测试平台项目】 无人机总装测试平台项目选址于5G科技园5号楼3楼，2022年4月由四川垚磊科技有限责任公司开工实施建设，2022年10月建成投用。总投资7500万元，建筑面积4631平方米，项目致力于固定翼无人机设计、制造和飞行试验，拥有关键技术的创新型航空高科技企业，主要开展军用、民用无人机系统产品研发，无人机总体创新设计和先进加工制造业务。2022年实现产值3200万元。

【核与辐射环境数智装备协同创新基地项目】核与辐射环境数智装备协同创新基地项目选址于5G和卫星应用科技园5号楼4楼，2022年4月由四川核保锐翔科技有限责任公司开工实施建设，2022年10月建成投用。建筑面积4631平方米，总投资5亿元。项目承接西南科技大学技术资源，致力于打造集特殊环境机器人研发、生产、销售、服务于一体的创新型高科技企业，主要开展核保智能装备研制与生产。2022年实现产值1003万元。

【智能传感科技园项目】2020年12月，智能传感科技园项目由荣

智能传感科技园（四川绵阳工业园区）

耀科技有限公司开工实施建设，2022年6月建成。项目占地27亩，总建筑面积5万平方米，总投资2亿元，其中办公及管理用房、实验用房约3.5万平方米，建有食堂、员工宿舍、地下停车场等附属配套设施。该项目以智能传感为主导产业，强化创新、链式招商，招引一批关联项目入园，延链、补链、强链，壮大智能传感产业，推动产业集群发展。服务于传感器研发、中试、轻量化试验及科研办公。2022年12月27日揭牌运营，飞秒微纳智能传感项目作为首个签约落地项目，逐步建设“一脑、三中心、一平台”，即AI全场景赋能大脑，应用、孵化、人才中心，成果转化平台。

【西科数字经济创新中心项目】 西科数字经济创新中心项目位于碧玉明珠宸，2022年3月由绵阳西南科技大学国家大学科技园有限公司、西科技术有限公司投资开工建设，2022年5月建成投用。项目总投资1亿元，建筑面积7205平方米。项目围绕大数据、云计算、物联网、人工智能、5G、卫星遥感等数字经济核心领域，构建以“一中心、三核心、六平台”为基础的数字经济创新中心，建设西南科技大学院士工作站、四川省大数据与智能系统工程技术研究中心、国家遥感中心绵阳科技城分部、四川省自主可控人工智能工程技术研究中心、高分中心绵阳分中心、西南科大——华为ICT学院、西南科技大学国家大学科技园数字经济加速器、西南科技大学校友企业家联合会为基础的数字经济创新中心。截至2022年底，已入驻四川星越科驰节能技术有限公司等企业6家，西南科技大学院士工作站等科研平台4家。

西科数字经济创新中心（四川绵阳工业园区）

【长虹MCU智能芯片项目】 长虹MCU智能芯片项目位于绵阳5G科技园6号楼第3层，2022年1月由四川长虹电子控股集团有限公司实施建设，4月建成投用，建筑面积约2400平方米，总投资约5亿元，其中，研发投入不低于2亿元，项目包含长虹MCU芯片总部基地、研发中心、技术服务中心、展示中心等。作为中国MCU芯片国产化进程的战略布局，高起点规划建设集MCU芯片研发设计、智能控制器研发制造以及技术服务于一体的智能控制集成产业生态，并将建成中国西南区域最大的芯片研发设计基地，MCU芯片行业国产替代领域的领军企业。

【金西湖环境提升项目一期】 金西湖环境提升项目一期位于金家林总部经济试验区，2021年4月开工建设，2022年1月完工。该项目包含九洲云栖湖、长虹金嶺一号等区域绿化景观环境提升项目。项目建设内容主要为湖心岛绿化45380平方米；金西湖周边绿化共56462平方米；新建步游道2.6千米；景观桥3座，总长107米；栏杆1000米；外滩2号路沉降段处理400平方米，以及卫生间外立面改造、电气、照明等工程。

【创业黑马商业航天产业高峰论坛】 5月13日，2022年创业黑马商业航天产业高峰论坛在创业黑马（西部）科创基地通过线上线

金西湖环境提升一期　　（四川绵阳工业园区）

下结合方式举行。涪城区委书记邓辉，创业黑马集团董事长牛文文出席论坛并致辞。天仪研究院绵阳总经理杜建、北航投资总经理王剑飞分别作《SAR卫星与科研卫星的应用》《助力卫星产业发展，搭建完善的产业链体系》主题演讲。活动还举办以“创新技术如何赋能卫星制造”“卫星应用落地产业的‘最后一千米’”为主题的圆桌论坛。创业黑马集团副总裁、黑马城市产业加速事业部总经理阮燕，涪城区领导黄维、李永钢、陈洪芳参加论坛。

5月13日，2022年创业黑马商业航天产业高峰论坛举行（四川绵阳工业园区）

【参加绵阳市园区高质量发展大会】 2022年6月21–22日，绵阳市园区高质量发展大会以“现场观摩+工作会议”的形式在绵阳举行。大会观摩全市12个产业园区的20多个点位，金家林总部经济试验区、临港经济发展区代表涪城园区参加活动，四川省委常委、绵阳市委书记曹立军出席活动并致辞。绵阳市人大常委会主任付康，绵阳市政协主席李亚莲出席大会。绵阳市委副书记王华蓉主持大会，大会全面展示园区建设的主要成效和特色亮点。全市12个园区“同台竞技”，金家林总部经济试验区获得票数第一。

【涪城“科创大走廊”集中签约仪式】 2022年12月27日，涪城“科创大走廊”项目集中签约仪式在金家林总部经济试验区智能传感科技园举行。绵阳市委副书记王华蓉，西南科技大学党委书记董发勤，西南科技大学党委副书记、校长黄琦，中物院成都科学技术发展中心党委书记、主任刘彤，四川中医药高等专科学校党委书记秦晓明，四川幼儿师范高等专科学校党委书记闵永祥，四川中医药高等专科学校党委副书记、校长王飞，涪城区委书记邓辉出席仪式。涪城区人大常委会主任顾建，涪城区政协主席杜正茂，绵阳市委基层治理办专职副主任、两新工委副书记寇天才，绵阳市商务局副局长戴伟，绵阳市发改委三级调研员赵炟，绵阳市科技局副局长陈光明，绵阳市经合局副局长陈果，涪城区委副书记胡友谊出席仪式。涪城“科创大走廊”代表四川橙科通信技术研究院有限责任公司总经理杨波参加仪式。王华蓉、董发勤、黄琦、刘彤、秦晓明、闵永祥、王飞、邓辉为涪城“科创大走廊”党建联盟、涪城“科创大走廊”智能传感科技园揭牌。集中签约分为涪城“科创大走廊”政府合作项目、企业合作项目、科创平台招引项目三轮签约，共计签约项目17个。政府合作项目签约仪式上，涪城区人民政府与中物院成都科学技术发展中心、四川橙科通信技术研究院有限责任公司共同签订《先进智能传感科技园飞秒微纳智能传感项目投资协议》，与西南科

2022年12月27日，涪城“科创大走廊”项目集中签约仪式举行
涪城区融媒体中心）

技大学签订《西南科技大学校地合作战略协议》，与罗普特科技集团股份有限公司签订《罗普特（绵阳）大数据科技园项目投资协议》，与四川中医药高等专科学校签订《支持学校专升本合作协议》。企业合作项目签约仪式上，四川核保锐翔科技有限公司与西南科技大学、中国兵器集团自动化研究所有限公司签订《核与辐射环境数智装备军民融合科技协同创新基地共建协议》；四川垚磊科技有限公司与西南财经大学天府学院签约《仿真实验室建设合作协议》；四川涪创发展集团有限公司与绵阳荣耀科技有限公司签订《智能传感科技园运营合作协议》；四川涪创发展集团有限公司与四川久远创新园区运营管理有限公司签订《近悦远来科学家创新中心项目战略合作协议》；绵阳金富邦数字技术有限公司与绵阳芯睿时戴科技有限公司签订《传感器元器件研发生产项目协议》。科创平台招引项目签约仪式上，中关村科技园与四川竞本科技有限公司签订《新型储能电池工艺电气控制项目合作协议》，与四川帆馨科技有限公司签订《互联网智慧小区搭建项目合作协议》；中科（绵阳）创新园与北京国泰怡安电子有限公司签订《科技孵化项目合作协议》，与四川一诺诚鑫科技有限公司签订《科技孵化项目合作协议》；创业黑马（西部）绵阳科创基地与四川西则领科技有限公司签订《城市智能充电桩研发项目合作协议》，与四川柯尹科技有限责任公司签订《临床信息化整体解决方案及应用软件项目合作协议》；四川省军民融合研究院与四川数智未来科技有限公司签订《共建军民融合联勤保障数字生活实验室协议》，与绵阳市稻田科技有限公司签订《共建智慧物联网系统合作协议》。

【四川绵阳工业园区委托涪城管理】 四川绵阳工业园区成立于2001年8月，是中共绵阳市委、市人民政府根据党中央、国务院关于建设绵阳科技城的决定而建立的创新创业基地，是绵阳科技城建设的重要载体。2002年9月，国防科工委、科技部批准园区为绵阳国家军转民科技园。2005年4月，根据市委、市政府调整园区管理体制的决定，园区完成与涪城区园艺工业园区的合并。2006年1月，园区通过国家发展和改革委员会的审核成为“四川绵阳工业园区”，依法审批用地面积为8.10平方千米。2018年，园区在《中国开发区审核公告目录》（2018版）中，核准面积为7.87平方千米，主导产业由“电子信息、环保、文化创意、现代服务业”调整为“电子信息、装备制造”。2022年11月8日，经四川省委编办批复，四川绵阳工业园区党工委、管委会委托绵阳市涪城区管理。2022年12月12日，经绵阳市委编办通知，四川绵阳工业园区正式委托绵阳市涪城区管理。截至2022年底，园区规划建设面积共80.87平方千米，其中，涪城区范围73千米，科新区范围7.87平方千米。园区（涪城范围）构建“一园四区”空间布局，“一园”即“四川绵阳工业园区”全面统筹，“四区”即北区涉及青义镇，约43平方千米，以“涪城科创大走廊”为引领，科技智谷组团突出科技创新，环西科大组团聚焦创新创业，重点发展5G、人工智能、北斗卫星等科创产业；东区涉及吴家镇、石塘街道，约17.3平方千米，加快建设惠科产业园，重点发展新型显示、汽车电子、5G制造、新能源等高端制造产业。西区涉及新皂镇，约11.2平方千米，依托中欧班列等铁路及高速枢纽，主要发展先进制造、科技物流等“两业”融合产业。南区涉及杨家镇，约1.6平方千米，作为园区产业承载拓展区、配套服务区，主

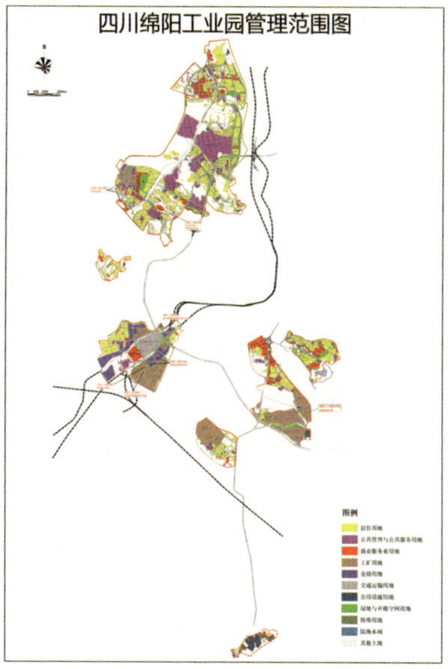

要发展循环经济、先进制造配套等产业。2022年11月8日，四川省委编办制发《关于绵阳科技城科教创业园区管理机构备案有关事项的批复》（川编办发〔2022〕146号），同意绵阳科技城科教创业园区党工委、管委会备案，机构规格为正处级，并更名为四川绵阳工业园区党工委、四川绵阳工业园区管委会，为绵阳市委、市政府派出机构，党工委、管委会合署办公，委托绵阳市涪城区管理。核定四川绵阳工业园区党工委、管委会领导职数5名，内设机构7个。2022年12月12日，绵阳市委编办制发《关于更名设置四川绵阳工业园区党工委、管委会的通知》（绵编发〔2022〕86号），同意将中共绵阳科技城科教创业园区工作委员会、绵阳科技城科教创业园区管理委员会更名为中共四川绵阳工业园区工作委员会、四川绵阳工业园区管理委员会（简称四川绵阳工业园区党工委、管委会），为绵阳市委、市政府派出机构，党工委、管委会合署办公，机构规格为正处级，委托涪城区管理。2022年12月12日，绵阳市委编办制发《关于明确四川绵阳工业园区党工委、管委会相关机构编制事项的通知》（绵编发〔2022〕87号），明确四川绵阳工业园区党工委、管委会核定处级领导职数5名，其中党工委书记1名，党工委副书记、管委会主任1名，党工委副书记（兼纪检监察工委书记）1名，管委会副主任2名；内设机构7个，核定正科级领导职数7名、副科级领导职数7名。

（唐　芸　邓含松）

绵阳国家高新技术产业开发区

【概况】 1992年，绵阳国家高新技术产业开发区（以下简称绵阳高新区）被国务院批准为首批国家高新技术产业开发区。2022年，绵阳高新区在157个国家高新区中综合排名第44位，在西部非省会城市排名第一，全国先进制造业百强园区晋升3位、居第91位，被省发改委评为“四川省优秀开发区”，被省科技厅评为“四川省科技创新工作先进园区”，被省发改委、省经信厅、省教育厅、省科技厅评为“四川省第二批大众创业万众创新示范基地”，被省经信厅评为“四川省首批‘5+1’重点特色园区”，入围“赛迪全国园区高质量发展百强榜”。举办第七届中国创新挑战赛（绵阳）技术融合专题赛，促成技术合作27个。建成投运中国（绵阳）科创基金小镇，举办首届中国（绵阳）科技城投资峰会。签约投资280亿元的巨星稀土永磁新材料产业园项目，投资100亿元的埃克森新能源电池产业园项目等重大产业项目36个、总投资超630亿元，其中5亿元以上项目18个、百亿级制造业项目2个。

【绵阳高新区产业发展】 2022年，绵阳高新区实现地区生产总值419.5亿元、同比增长5.2%，区属规模以上工业增加值同比增长7.3%，全社会固定资产投资222.83亿元，同比增长10.3%，社会消费品零售总额242.4亿元、居全市第2位。实施“产业大招商、项目大建设”攻坚年行动，巨星稀土永磁新材料产业园等177个总投资391.1亿元项目开工，埃克森新能源电池产业园项目中试线首台设备搬入，中电光谷绵阳科技园等102个总投资344.7亿元的续建项目加快建设，高发智能制造产业园二期等151个总投资221亿元的项目竣工投用。京东方新型显示产业园获批全市首批特色（专业）园区，集成电路特色产业园成为全市重点培育园区，“三主两特”产业（即新型显示及半导体、高端装备、新能源三大主导产业，智能终端、磁性材料及应用两大特色产业）产值占全区规模以上工业总产值93.7%。其中京东方产值突破185亿元，同比增长20.7%，入选四川省制造业“贡嘎培优”企业名单；长虹产值实现470亿元、同比增长10.7%。全区新增国家、省级专精特新企业14家，总数达46家；西磁科技钐钴永磁产品入选全国制造业单项冠军产品名单。出台稳定经济增长20条、拼经济搞建设促发展25条，为安和精密等21家企业兑现产业扶持资金8.86亿元，为京东方等517家企业落实留抵退税44.4亿元。投资26亿元建成标准厂房69.4万平方米，厂房签约入驻率达40%。净增市场主体3000家，其中“个转企”24家，市场主体总数突破3.2万家。实施高新技术企业倍增行动和科技型中小企业倍增计划，新增高新技术企业54家、同比增长35%，高新技术企业总数达174家；科技型中小企业评价入库504家、同比增长21%。新增瞪羚企业2家、占全市50%，通过率、通过企业数均居全市第1位。长虹入围中国企业科技创新竞争力百强榜第56名，全区研发经费投入强度达8%、连续3年保持全国前列。创新平台总数达78个。

【绵阳高新区人才招引】 2022年，绵阳高新区制定“人才十条”，设立5000万元人才发展专项资金，引进人才9940人、同比增长51%。开展“招商引资”“招才引智”行动，设立3家驻外“引才服务站”，聘请企业家担任“高新区招商招才大使”，引进46个项目及人才团队。开工建设总投资23亿元的“拎包入住”精品人才公寓。入选第二批四川省大众创业万众创新示范基地名单。

（向　帆）

绵阳经济技术开发区

【概况】 绵阳经济技术开发区（以下简称绵阳经开区）成立于2000年8月，2012年与绵阳科技城现代农业科技示范区整合，同年10月升级为国家级经济技术开发区。全区管辖面积65平方千米，纳入城市控规45平方千米、建成区面积26平方千米，人口近20万，辖塘汛街道和松垭镇。是四川省优秀工业园区、四川省新型工业示范基地、四川省生态工业园区建设试点园区，2022年4月被认定为省级化工园区。全年实现地区生产总值121.94亿元、同比增长5.3%；规模以上工业增加值增速18.8%；全社会固定资产投资总额150.07亿元、同比增长10.3%；社会消费品零售总额63.87亿元、同比增长-2.1%；一般公共预算收入11.39亿元、同比增长10.1%。

【绵阳经开区产业发展】 2022年，绵阳经开区以智能终端、精细化工、智能装备为主导产业，培育发展新型功能材料、电子元器件两大特色产业，精细化工产业园被认定为全市首批7个特色（专业）园区之一，电子元器件产业园被认定为全市首批8个特色（专业）培育园区之一。成立汇聚三江招商公司，全年开展线上线下推介活动40余次，累计签约项目79个、总投资347.44亿元。新增工业技改项目入库64个，51个工业技改项目投产，苏科高新、长茂科技等88个项目落地开工，虹科创新、宏发一海等52个项目竣工投产。新增市场主体12268家、企业3119家，市场主体和企业增速分别达31.47%、45.28%，实有市场主体45532家、企业9255家，其中规模以上工业企业总数122家，有效高新技术企业67家。举行金融护航“园区提质”“企业满园”2022年政金企对接会，区管委会与20家金融机构签订战略合作协议，促成利尔化学等10余家企业与银行机构达成18.6亿元融资贷款协议。出台《2022年稳定经济增长激励措施》等政策措施，新增及延续政策退税减税缓税6.8亿元，兑现区级产业发展专项资金2.3亿元。

【苏科高新·绵阳智能制造产业园项目开工】 2022年12月12日，绵阳经开区举行“决战四季度 大干一百天”攻坚行动2022年12月重点项目现场推进会暨苏科高新·绵阳智能制造产业园项目开工奠基仪式。苏科高新·绵阳智能制造产业园占地约9公顷，总建筑面积约14万平方米，计划总投资22亿元，项目建设集研发中试、生产制造、生产生活服务综合配套于一体的现代化产业园，主要建设智能小家电、5G、显示屏配套产线，预计年产电子元器件3万吨。

（胡劲松）

绵阳科技城新区

【概况】 绵阳科技城新区是2020年12月23日由省政府批复设立的全省第四个省级新区，发展定位为绵阳市的“创新新引擎、产业新高地、城市新空间”，总体规划面积396平方千米，空间范围包括绵阳市涪城区、游仙区、安州区、高新区、科创区下辖9个乡镇（街道）所属区域，常住人口约80万人，分为统筹区和直管区。绵阳科技城新区列2022年全国城市新区发展潜力百强榜单第11位，较2021年提升5位。新区直管区是科技城新区建设发展的核心区和示范区，管辖面积36.6平方千米，空间范围包括科创区创业园街道全域和涪城区青义镇、安州区界牌镇部分区域，常住人口约14万人。主导产业有软件与信息服务业、新一代通信产业，特色产业有电子装备产业、科技服务业。2022年，新区直管区实现地区生产总值110.37亿元。

【首届招商大使聘任大会】2022年3月25日，新区直管区举办“首届招商大使聘任大会”，来自全国行业领域内的20名精英被聘为“招商大使”。招商大使的主要职责是对绵阳科技城新区直管区高质量发展、园区建设和招商引资等工作提出建设性意见，宣传推介绵阳科技城新区直管区重点产业、投资环境及招商政策，邀请境内外投资机构、知名企业等到绵阳科技城新区直管区参观、考察、交流，组织企业参加各类招商活动，引荐、提供符合绵阳科技城新区直管区重点产业发展方向的投资项目、高端人才和先进技术，为引进产业链、创新链上下游企业、机构牵线搭桥，协助开展上门招商，推动项目考察洽谈、签约落户，协助绵阳科技城新区直管区经合局策划实施各类境内外专题招商活动。会上，陈长志、熊建新等5位招商大使为新区直管区与启迪科技、华腾新材料等15个项目牵线搭桥，其中长虹新网等3个项目签约落地。

【市政府与蜀道集团战略合作协议签约暨科技城新区重点项目签约开工仪式】 2022年6月28日，绵阳市政府与蜀道集团战略合作协议签约暨科技城新区重点项目签约开工仪式举行，新区签约重点招商引资集中签约项目36个，其中科研院所类项目5个、金融类项目6个、机器人项目12个、其他类项目13个，协议引资金额202亿元。开工项目4个，总投资165亿元。其中绵阳科技城新区科技创新产业集群及基础设施统筹建设项目投资134亿元，包含6.9千米创业大道西延线东段、26千米市政道路等市政基础设施，以及面积93万平方米的创新中心、科技服务中心等科技创新产业集群。

【中国（绵阳）科技城·国际企业产业合作对接会科技城新区分会场】 2022年8月18日，新区直管区设中国（绵阳）科技城·国际企业产业合作对接会在北京举办，科技城新区作为分会场同步开展此次活动，新区党工委委员、管委会副主任刘建华参加此次会议并在会上进行投资推介。会上，新区与德国roborev公司、嘉威德公司等企业进行线上对接交流，双方就中德人才引进机制、联合培养机制、roborev公司工业机器人控制模块研发和建设项目表示初步合作意向。

【科技城新区直管区项目建设】2022年，科技城新区直管区修订《科技城新区直管区项目管理办法》，明确各重点项目的责任主体和工作时限，各司其职、齐抓共管，紧盯审批、规划、能评、用工等关键节点，及时解决制约项目建设进度和投产达效的瓶颈问题，为加快项目建设进度创造良好环境。全年完成全社会固定资产投资70.5亿元，增长100.2%，完成年初下达总量目标任务的97%，超增速目标任务的30.2个百分点。实施各类项目135个，总投资105亿元。33个省市区重点项目完成投资88.22亿元、年度投资完成率120%，连续3个季度进入全市重点项目推进“红榜”，4个项目获评全市“骏马项目”。

【科技共享空间一期建设】 科技共享空间一期位于绵阳科技城集中发展区核心区科技之心片区内，南侧紧邻安昌河。项目用地面积2.20万平方米，总建筑面积11.82万平方米，项目建设内容包括项目主体及室外附属配套设施。项目于2022年10月开工建设，计划2025年10月完工，工程总投资约12.21亿元。建设单位为绵阳新路投资发展有限责任公司，施工单位为四川公路桥梁建设集团有限公司，监理单位为中科旭日建设集团有限责任公司，设计单位为中国电建集团华东勘测设计研究院有限公司，勘察单位为中国电建集团华东勘测设计研究院有限公司。

【科技展厅建设】 科技展厅位于绵阳科技城集中发展区核心区科技之心片区内，南侧紧邻安昌河。项目总用地面积3.79万平方米，项目总建筑面积为8.87万平方米、地上建筑面积为5.06万平方米，地下建筑面积为3.76万平方米，地下室层数为1层。项目建设内容包括项目主体及室外附属配套设施。项目于2022年11月开工建设，预计2026年5月完工，工程总投资约13.96亿元。建设单位为绵阳新路投资发展有限责任公司，施工单位为四川公路桥梁建设集团有限公司，监理单位为中科旭日建设集团有限责任公司，设计单位为中国电建集团华东勘测设计研究院有限公司，勘察单位为中国电建集团华东勘测设计研究院有限公司。

【产学研成果转化中心建设】产学研成果转化中心项目位于绵阳科技城集中发展区核心区科技之心片区内。项目总用地面积1.71

万平方米，总建筑面积为14.64万平方米、地上建筑面积为10.27万平方米，地下建筑面积为4.37万平方米，地下室层数为3层。项目建设内容包括项目主体及室外附属配套设施。项目于2022年10月开工建设，预计2026年4月完工，工程总投资约14.86亿元。建设单位为绵阳新路投资发展有限责任公司，施工单位为四川公路桥梁建设集团有限公司，监理单位为中泰天顺集团有限责任公司，设计单位为中国电建集团华东勘测设计研究院有限公司，勘察单位为中国电建集团华东勘测设计研究院有限公司。

（何　菲）

绵阳综合保税区

【概况】　绵阳综合保税区位于绵阳国家高新技术产业开发区石桥新城，由原四川绵阳出口加工区整合优化而来，规划面积0.14平方千米。2020年12月29日，绵阳综合保税区顺利通过成都海关牵头组织的验收，实现“当年获批、当年建成、当年验收”。2021年1月28日，绵阳综合保税区正式封关运行。2022年，绵阳综合保税区有企业46家，包括以普思电子、虹锐电工、零点自动化等为代表的加工制造企业7家，以斯菲提克、西磁科技为代表的研发设计企业5家，以悟空国际贸易、海优优为代表的销售服务企业11家，以中外运、新兴源等为代表的仓储物流企业23家。建立以电子信息为代表的加工制造、以“两新”产业为代表的研发设计、以跨境电商为代表的销售服务，协同发展保税物流的“3+1”产业体系。全年绵阳综合保税区实现进出口总值45.02亿元、同比增长91.2%。全年外贸进出口总值占全市外贸进出口总值16.7%。

【综保区基础设施建设】　2022年，综保区建成标准厂房12.2万平方米、保税仓库5242平方米、原材料临时暂存点2幢共1341平方米，建成大型餐饮中心2340平方米、便民服务中心4000平方米、综合办公大楼3546平方米等配套设施。建成隔离围墙1.84千米，沿隔离围墙旁设有宽5—20米、总长1.84千米的监管通道，建成宽10—20米的内部道路6条，建成查验专用场地5957平方米，建成符合海关监管要求的信息化管理系统、场站管理系统等管理软件及主卡口和内卡口等通关设施，并实现与金关二期系统等海关信息化系统的调试及数据对接。完成海关查验场所改造、海关监管信息系统升级改造、完善综合保税区信息化管理平台、增加园区供电能力等。

【综保区跨境电商发展】　2022年，综保区打通综合保税区和皂角铺铁路物流港“区港联动”通关模式，推动全市中欧班列货物在综合保税区集货出口，全年常态化开通班列20列，出口货值近3亿元。完善跨境电商运营基础设施建设，建立跨境电商场站运营体系，开通跨境电商网购保税进口业务（“1210”模式）。招引悟空国际、海优蜜等一批跨境电商企业入区开展业务，全年实现跨境零售商品进口额3000余万元。

（李路路）

河北—平武工业园区

【概况】　2008年，河北—平武工业园区（以下简称园区）成立，位于绵阳高新区西南，总占地面积3.47平方千米。初步形成以电子信息、新型显示、新材料、智能制造为主的产业体系。2022年，园区实现固定资产投资12.64亿元（含智能制造二期、人才公寓项目）；实现规模以上工业企业总产值25.62亿元（含京东方模组），同比增长80.4%；入库税费7567.8万元，同比增长23.52%。签约劲科环保、润马科技、合力源等13个项目，协议资金共计13.22亿元；重点跟踪在谈科技型企业15个。

【河北—平武工业园区产业项目培育】　2022年，河北—平武工业园区开展技术创新、产品创新、服务创新，提高产能、实现增收创效，进行“优质引进、存量提质”，加快壮大规模以上企业队伍。全年培育华阳实业、烟台宝华、茂源环保等12家企业升规入统。

【河北—平武工业园区基础设施建设】　2022年，河北—平武工业园区推进基础设施、房地产、工业产业等建设项目15个，人才公寓、劲科环保开工，智能制造产业园二期、西源机械等进入收尾阶段，赛特英、智能制造产业园一期、观音堂B段道路、恩源路B段道路竣工。

（向　帆）

概　述

【概况】 2022年辖区农林牧渔业总产值57.6542亿元，第一产业增加值31.21亿元，增速3.8%（区属第一产业增加值22.6亿元，增速3.8%）；农村居民人均可支配收入27748元，增速6.5%。全区粮食播种面积1.348万公顷，产量7.93万吨；蔬菜及食用菌种植面积1.1547万公顷、产量43万余吨，水果产量1.6万吨（以上均为区属数据）；生猪年出栏10.09万头，小家禽年出栏782.6万羽，水产品年产量1.44万吨（以上均为辖区数据）。对上争取到位资金1.2亿元，一产固投完成3.03亿元（同比增长59.2%），建成高标准农田1533.33公顷。完成小型水库除险加固5座，维修养护38座，涪江右岸绵阳丰谷段防洪治理工程（一期）建设完成总工程量的80%。编制《市级以上现代农业园区“一园一策”提升行动方案》，实施涪城区农旅融合产业园区基础设施建设项目，推动园区提档升级。开展市四星级现代农业园区晋级创建工作，全区累计培育星级现代农业园区7个（其中省四星级园区1个、市三星级园区2个、区级园区4个）。按照“三年三园三步走”建设规划，梯次推进三大农业主题公园建设。“千鹤桑田”农业主题公园成功举办第二届田园自行车公开赛，蚕桑八宝项目完成主体建设；“湖光山色”稻渔亲水湿地农业主题公园荷塘八景及基础配套工程全面建成，2022年6月开园并举办首届荷文化旅游节；“蔬香绿野”芦笋大健康农业主题公园产业化景观化工程打造有序推进，举办首届涪城区丰谷镇桃花旅游节。全年主题公园接待游客15万余人次，收入2000余万元。组织企业参加四川省农博会、“绵阳造”厦门行等农产品展示展销34家次，农特产品线上线下销售总额达5918万元，达成意向性销售协议4项，金额2047万元。全区农产品认证绿色食品11个、有机农产品6个、地理标志农产品2个。发布《绿芦笋避雨大棚栽培技术规范》《2022—2023年度农业主推技术》等技术规程，创新和推广羊肚菌栽培技术，全面推进避雨栽培、绿色防控、智能水肥一体化灌溉、产品质量追溯等9项现代技术。新培育市级及以上示范新型农业经营主体13家（其中，省级龙头企业1家、市级龙头企业2家、市级家庭农场示范场10个），新型职业农民40名。全区共有农业产业化龙头企业42家、农民专业合作社130家、家庭农场210家、新型职业农民130名。推进乡村振兴农业产业发展贷款，累计为辖区内27个农业新型经营主体融资3621万元。农业机械总动力23.13万千瓦，主要农作物耕种收综合机械化水平达75%。发挥农机社会化服务联盟作用，整合各类农业机械200余台，为9550户农户提供标准化农机服务，主要农作物耕种防收社会化服务面积累计2400公顷（蚕桑统防统治800公顷，土地托管服务面积266.67公顷，菜单式服务面积1333.33公顷）。新建农产品产地仓储保鲜库332吨，全区总库容达7.64万吨。稳妥推进农村闲置宅基地和闲置住宅盘活利用，出台《涪城区农村闲置宅基地和闲置住宅盘活利用实施方案》，选取吴家镇三清观村、杨家镇鲜家坝村、青义镇前进村、新皂镇八庙子村、丰谷镇水塘村等5个村开展盘活利用试点，印发《绵阳市涪城区农村闲置住宅流转交易规则（试行）》，盘活闲置农房和宅基地11宗，有效促进乡村旅游等新业态健康高质发展。

【三大农业主题公园建设】 2020年9月18日，涪城区委区政府印发《关于建设产业强区的实施意见》，明确提出以现代农业园区为基础，以生态化乡村景观、公园化郊野田园、沁润化农耕文化、产业化组织形式、现代化农业生产为内核，按照"三年三园三步走"建设规划，梯次建设"千鹤桑田"蚕桑文化、"湖光山色"稻渔亲水湿地、"蔬香绿野"芦笋大健康等三大农业主题公园，打造区域出游目的地，建成绵阳I型大城市高品质生活宜居地的重要配套区。同年12月，印发《涪城区三大农业主题公园建设工作方案》，成立以区委分管领导为组长的三大农业主题公园建设专项工作组，实行"清单制+督考制"，积极争取省市项目资金、专项债券资金等，有力推动三大农业主题公园建设。"千鹤桑田"蚕桑文化农业主题公园以涪城区蚕桑现代农业园区为基础，围绕杨家镇柏林湾村、回龙寺村、云林村等核心蚕桑产业基地，建设"千鹤桑田"蚕桑景观带，挖掘蚕桑农耕、丝绸文化，开展栽桑养蚕科普活动，打造以"蚕桑科技文化"为主题的农业主题公园，公园已于2021年4月30日开园。"湖光山色"稻渔亲水湿地农业主题公园以涪城区稻渔综合种养现代农业园区为基础，围绕吴家镇三清观村核心稻渔产业基地，建设景观湿地，融合川西北丘陵农耕自然风光，以"十里荷塘"为核心区，采取"集体联营+个体经营+自持运营"链接模式，推动集体经济组织联合销售本地优质农产品，园区分为稻渔、果蔬、莲藕三大产业区，大力发展虾、米、莲、果四大主导产业和湖北青红虾、白洋淀红莲、爱媛38柑橘等主导产品，其中稻渔区已建成稻虾综合种养产业示范基地133.33公顷，果蔬区建有优质水果基地133.33公顷，莲藕区建有荷塘46.67公顷。公园已于2022年6月28日开园。"蔬香绿野"芦笋大健康农业主题公园以丰谷镇优质蔬菜生态循环现代农业园区为基础，围绕丰谷镇齐心村、水塘村、清水村、字库村等核心芦笋产业基地，结合芦笋食药同源，打造以"农业科技与健康饮食"为主题的农业主题公园，预计2023年3月实现开园。

2022年6月28日，"湖光山色"稻渔亲水湿地农业主题公园开园

（涪城区融媒体中心）

【绵阳市高水农副产品批发有限公司】 绵阳市高水农副产品批发有限公司组建于1993年，是绵阳交通发展集团有限责任公司下属国有控股企业，先后被评定为农业农村部"定点市场"、国家市场监督管理总局"诚信示范市场"、商务部"双百市场工程"承建企业、"农产品现代流通综合试点"项目建设企业和"肉蔬质量可追溯"源头市场承担企业，是农业农村部鲜活农产品"定点市场"、四川省人民政府"先进批发市场前十强"、四川省级"农业产业化经营重点龙头企业"，"全国农产品批发市场行业评选蔬菜类十强""全国农产品综合批发50强市场""四川省应急保供重点联系企业""科技型中小企业""西部物流百强企业""粮食应急供应网点""绵阳电子商务优秀企业"。公司先后通过ISO9001质量管理体系认证、职业健康安全管理体系认证、食品安全管理认证、环境管理体系认证、是国家AAA级物流企业。公司拥有2000余户经营户，经营品种600余个、从业人员达10000人、带动就业

人员20000人，日客流量达11000人次以上，车流量达3500辆次以上，商品辐射全国20余个省（自治区、直辖市）和省内20余个市州。2022年，公司所属市场累计实现农产品交易量约680万吨，交易额约110亿元。

（李蔓君　文圣春）

种植业

【概况】 2022年，涪城区农作物播种面积3.25万公顷，同比增长3.64%，其中粮食作物面积1.347万公顷，同比增长6.23%，粮食作物总产8.63万吨，同比增长8.61%；油料作物面积0.73万公顷，同比增长1.0%；油料作物总产21562吨，同比增长1.85%；蔬菜面积1.15万公顷，同比增长2.50%，蔬菜总产432430吨，同比增长1.18%（以上均为区属数据）。全区87家生产主体进入国家农产品质量安全追溯平台，绿色食品、有机农产品、地理标志农产品达到19个，建成“涪城蚕茧”文化体验馆。组织企业参加四川省农博会、“绵阳造”厦门行、东莞行、苏州行、衢州行等农产品展示展销34家次，农特产品线上线下销售总额达5918万元。全区已培育农产品烘干冷链经营主体44家，冷库容量达7.64万吨，日烘干量45.2吨，聘请西南科技大学、成都中医药大学、绵阳市农业科学研究院等单位专家组建“涪城区科技特派员服务团”，开展生产技术培训、农业职业经理人培训、能力提升培训等各类培训活动。与西南大学、西科大、省农科院等科研院所签订合作

2022年6月13日，“绵阳造”厦门行精品展上的涪城蚕茧展示展销

（涪城区融媒体中心）

协议，共建蚕桑院士（专家）工作站、芦笋专家大院等农业科技创新平台和科技成果转化基地。新培育市级及以上示范新型农业经营主体13家（其中，省级龙头企业1家、市级龙头企业2家，市级家庭农场示范场10个）。区级农业龙头企业1家、区级示范场39家。依托乡村振兴社会化服务中心，在7个镇（涉农街道）建设服务站、52个村建设服务点，初步形成区、镇、村三级联动的线下服务网络。结合科技三下乡等活动，定期和不定期开展现场培训会、田间指导等多种形式的技术指导和服务，开展技术指导服务90次，指导服务2000余人次，发放宣传资料1.3万余份。

开展草地贪夜蛾等重大病虫害的监测预警和防控工作，病虫害防治面积占应防面积的95%以上，病虫害损失率控制在2%以下。统防统治面积达2.3253万公顷次，专业化统防统治率达46.41%以上;绿色防控面积1.5727万公顷次，绿色防控率达51.5%。开展植物检疫法律法规宣传、做好红火蚁、草地贪夜蛾等外来有害生物监测与防控工作，遏制红火蚁蔓延扩散。开展植物产地检疫和调运检疫工作，对绵阳市绵蔬种业科技有限公司等20家公司(经营部)的小麦、水稻、油菜、蔬菜、水果种子种苗繁育的92个品种计443个批次实施产地检疫，全年为182家次公司(经营部)签发种子种苗调运植物检疫证书930份，累计调出省内(外)种子275.8617万千克。全面实施“一控两减三基本”，持续开展化肥农药零增长行动，推进秸秆综合利用，科学回收利用农膜残膜及农药废弃包装物，化肥农药使用量保持负增长趋势，废弃农膜回收率为98.08%，农药包装废弃物回收处置率达90.74%，秸秆综合利用率98.33%。

【蔬菜产业】 涪城区依托主城区区位优势，在丰谷、新皂、杨家、吴家、青义等地发展芦笋、羊肚菌、花椒等优势特色蔬菜产业，已形成沿金环线—玉关大道—杨关大道及青义近郊的蔬菜基地。2022年，优质蔬菜面积达

1.15万公顷，产量达43万吨。涪城以发展芦笋等高端蔬菜品种为重点，出台《支持芦笋产业发展24条措施》等涵盖人才、科技、土地等优惠政策用于发展壮大芦笋产业，现有芦笋产业基地面积200余公顷。以“蔬香绿野”芦笋大健康农业主题公园为契机，加快推进芦笋产业基地基础设施建设，现已形成西南片区最大的高标准芦笋规模种植示范基地。“涪城芦笋”获农产品地理标志，注册有区域公用品牌“和丰”芦笋，企业品牌“本色芦笋”“俏春姑”等，产品出口销往韩国、日本和国内大中城市。

【省四星级现代农业园区】 涪城区现有高标准蚕桑基地766.67公顷，辖区面积23平方千米。引进优质蚕种、桑树品种10余个，蚕桑现代园区良种覆盖率100%。全面推行桑叶养蚕，蚕沙还田、桑枝种菌生产模式，实现种桑与养蚕资源循环利用，园区种养循环覆盖面达100%。购置冷风机119台、除湿机28台、水帘空调46台，建成冻库1座，使用率100%。建成安装可视化系统、温湿度传感器等智能设备的标准化养蚕大棚217座、小蚕共育室120座。建成蚕桑现代农业园区智慧农业物联网系统、蚕桑综合信息一体化管理系统、智能化蚕种催青系统等信息化系统，信息化覆盖率达到100%。安装6套节能环保的热风循环烘茧机，蚕茧初加工率100%。累计自主开发获得国家专利16项，开发实用新技术41项。推广果桑生产、仪评收茧、雄蚕饲育等先进实用技术7项，推广应用率100%。集合“涪城蚕茧”品牌系列产品，开发形成精品蚕丝、桑果产品、桑叶茶、桑枝食用菌等系列产品12个。2022年，涪城区蚕桑现代农业园区获评省四星级现代农业园区（川府函〔2022〕18号）。

（毕明国　赵海龙）

林　业

【概况】 2022年，涪城区森林面积12362公顷，新增森林面积26.6公顷，林地保有量7659公顷，森林蓄积52.26万立方米，新增森林蓄积0.02万立方米，森林覆盖率22.30%。全年完成森林抚育面积0.42万亩、天保工程管护面积0.9万亩，矿山生态修复面积0.035公顷。全区补助未到期的退耕还林生态林823.8亩，补助资金10.3万元，拨付率100%，补助退耕还林生态林抚育面积1.44万亩，补助资金28.88万元，拨付率99.99%。发放森林生态效益补偿金13.29万元，拨付率100%。

【绿化绵州行动】 2022年，涪城区按照保护优先、科学恢复、合理利用和持续发展的原则，开展森林精准质量提升、天保工程管护和矿山生态修复等工作，全面完成规划任务。全年完成森林抚育面积0.53万亩、天保工程管护面积0.9万亩，矿山生态修复面积0.035公顷。开展古树名木管护工作，古树名木挂牌保护率达100%。

【义务植树活动】 2022年，涪城区自然资源局承担区绿化委员会相关职能职责，督促和指导全区各单位开展全民义务植树活动，结合乡村振兴和农村人居环境整治行动，在河旁湖旁、渠边路边、贫困户房前屋后、零星地块进行植树活动，建设坚固的生态屏障。组织和指导辖区各单位开展全民义务植树活动，全区义务植树尽责率在85%以上。

（赵叶子　朱绪顺）

水产业

【概况】 2022年，涪城区水产品总产量1.4422万吨，渔业经济总产值7.927亿元。

涪城蚕茧　（区农业农村局）

【生态渔业】 截至2022年年底，涪城区健康养殖面积1048.73公顷（无公害认证水产品面积达915.39公顷），约占总面积的73%，有农业农村部健康养殖示范场4个、省级健康养殖示范场1个。

【长江禁捕退捕】 2022年，涪城区共出动农业农村、公安、市场监督等部门执法人员及渔政巡护人员14254人次，检查水产制品生产企业、加工小作坊1300余家次，检查农贸（批）市场店铺1800余个次，检查商超2563个次，检查餐饮单位15223个次，检查电商平台（网站）32个次，检查、检测广告100余条次，开展部门协作（联合执法、检查）12次，清理地笼网等违规网具数量8张，查处违法案件14起，其中违规垂钓案件11起，非法电鱼案件1起，网捕案件2起，涉案人员14人，罚款0.25万元。立案侦办3起，起诉4人。

（彭　鑫　刘　炜）

畜牧业

【概况】 2022年，涪城区生猪出栏10.09万头，家禽出栏782.6万羽。开展非洲猪瘟、禽流感等重大动物疫病防控春秋季行动，全区共计免疫猪口蹄疫、猪瘟疫苗各8.6688万头，牛口蹄疫0.5488万头，羊口蹄疫0.2518万只，禽流感H5+H7灭活苗鸡390.5768万羽、鸭9.1275万羽、鹅2.1335万羽、其他禽13.0726万羽。全年到位疫苗347.24万毫升（万头份），使用疫苗264.178万毫升（万头份）。群体免疫密度均达到了95%以上，应消毒面为100%。规范兽用投入品使用，开展兽用抗菌药专项整治1次、瘦肉精拉网式检测2次。

【“非洲猪瘟”等重大动物疫病防控】 2022年，涪城区实行生猪贩运车辆备案制度，未备案车辆一律不予出证。按照“分片监管、分级负责、无缝对接、全面覆盖、职责到人”的原则，建立“3+1”网格化生猪监管体系（即：养殖环节三级网格管理+屠宰环节网格管理体系），对养殖、屠宰环节生猪生产经营状况进行实时动态监管，防范非法调运生猪、“炒猪”“洗猪”等行为发生。按照疫情排查监测和报告制度要求，组织畜牧兽医站对辖区内生猪养殖户、屠宰场等进行“非洲猪瘟”排查，日均排查点位10余处、生猪4000余头；实验室共计检测血清学样品1543份，病原学样品400份，布病110份，结核病30份，血吸虫查治1100份；组织专业技术人员组成技术指导小组，在全区范围分镇开展疫病防控技术巡回讲座，并开展相关技术指导服务。

【生猪稳产保供】 2022年，涪城区贯彻落实中央、省、市的各项扶持政策，向各镇、涉农各街道分解下达2022年生猪生产目标，截至年底，辖区内生猪存栏6.13万余头，生猪出栏10.09万余头，下达任务完成率排名全市第一。推进生猪生产方面奖补政策的落地落实，完成对生猪调控基地1000头能繁母猪的奖补，共发放奖补资金10万余元，促进生猪生产发展，减轻养殖户亏损。全区规模养殖场粪污处理设施装备配套率达到100%，大型规模养殖场粪污处理设施装备配套率达到100%。

（彭　鑫　刘　炜　胡志斌）

农业机械

【概况】 2022年，涪城区贯彻落实中央农机购置补贴政策，推广适合本地农业生产的新型农机具，联合收割机、大型旋耕机、无人机、粮食烘干装备等保有量快速增长，变型拖拉机实现全面清零，农机发展继续保持良好上升态势，本地农机社会化服务组织不断壮大，推动农业机械化向全程全面高质高效发展，为实现农业现代化提供了有力支撑。全区现有农机总动力23.1371万千瓦，其中柴油动力16.5825万千瓦、汽油动力3.7859万千瓦、电动动力2.7687万千瓦。全区拖拉机拥有量1043台2.3082万千瓦，其中大型拖拉机3台、中型拖拉机436台、小型拖拉机604台，配套农具852台。全区谷物联合收割机223台0.7632万千瓦，玉米收获机4台0.0235万千瓦，油菜籽收获机140台0.5250万千瓦；耕整机10466台5.2175万千瓦，微耕机153台0.083万千瓦，旋耕机1589台；脱粒机2320台0.8314万千瓦，农产品初加工机械1482台1.498万千瓦；畜牧机械1262台0.9265万千瓦；水产机械2181台0.3848万千瓦；农用水泵1705台。

【农机作业】 全区实现农作物机械化作业面积78236.33公顷，其中主要农作物小麦5899.98公顷、水稻15033.32公顷、玉米8359.99公顷、大豆733.33公顷、油菜

18399.99公顷。各类农作物机耕面积22000公顷，机播面积18400公顷，机收面积18533.33公顷，机电灌溉面积5953公顷，机械植保面积13350公顷，机械化秸秆还田面积3050公顷。全区农作物耕种收综合机械化水平达57.88%。全年受理农机补贴申请166份，补贴机具166台（套），发放中央农机购置补贴资金180.6万元，补贴资金结算率100%，受益农户106户。全区拥有农机专业合作社5个，新增农机专业合作社1个，农机原值100万元以上的农机专业合作社4个。全区拥有农机户17251户，年末人数17430人；农机维修点15个、42人。全年农机服务收入8130万元，其中农机作业服务收入3030万元。

（李益民 刘武林）

水利水保

【概况】 2022年，涪城区实施病险水库除险加固5座、维修养护38座，新增、恢复蓄水能力18万立方米，恢复、改善灌溉面积2518公顷。完成水利救灾小型水利基础设施项目建设，共整治山坪塘19口、提灌站1处、灌排渠0.215千米，更新改造农村供水工程4处。治理水土流失面积1平方千米，开展生产建设项目水土保持监督书面检查42次，日常巡查322人次，遥感监管图斑化管理35处，完成水土保持“未批先建”整改项目26个。水土保持方案审批及备案65个，水土保持验收备案26个，征收水土保持补偿费300万元。推进城乡供水一体化，协调各供水企业新发展农村自来水用户6280户、1.57万人，全区农村自来水普及率达93.22%。完成水美新村建设2个。争取到位水利专项投入1335.89万元，其中：中央财政资金335.89万元、省财政资金71万元、地方政府一般债券资金929万元。

吴家镇长福村半边堰山坪塘整治项目 （覃文摄于2022年5月6日）

【饮用水水源地整治】 2022年，涪城区持续推进饮用水水源地整治工作，会同青义镇、新皂镇人民政府和有关单位，开展青义水厂、龙门水厂、小桥水厂资产评估处置工作，推进泉州水厂企业收购尽职调查工作；数次与市水务集团和4家水厂分别开展资产收购谈判等工作。同时，协调市水务集团向青义片区转供水60余万立方米，确保整个青义片区的供水不因饮用水水源地整治受到不良影响，供区居民和机关企事业单位生产、生活用水正常。

【水资源利用】 2022年，涪城区用水总量2.338亿立方米。其中：农业用水量0.815亿立方米，工业用水量0.283亿立方米，生活用水量1.062亿立方米，人工生态环境补水量0.179亿立方米，总用水量低于下达3.77亿立方米的控制指标。2022年度万元国内生产总值用水量降幅目标值较2020年实际下降28.3%；2022年度万元工业增加值用水量降幅目标值较2020年实际下降75.5%；农田灌溉有效利用系数为0.579。

【节水型社会建设】 2022年，在省、市水行政主管部门指导下，涪城区创建为国家级县域节水型社会达标建设县【《水利部关于公布第五批节水型社会建设达标县（区）名单的公告》（2022年第19号）】。

【监测体系建设】 2022年，涪城区按照规模以上（地表水年取水量20万立方米、地下水年取水量5万立方米以上）非农取水户取水计量设施在线接入要求，完成规模取用水户在线计量，设备运行管理已移交取用水户，并成功接入四川省水资源管理与调配系统，接入比例达100%，年度运行情况全面达到系统要求。

【高标准农田建设】 2022年，涪城区实施2021年度灾毁农田修复及2021年度高标准农田建设项目，共计新建高标准农田1533.33公顷（同步发展高效节水灌溉206.67公顷），落实中央、省级财政补助资金3379万元，市级资金100万元。项目于2021年10月开工，2022年6月基本完工。

【全区水利领域机构整合】 根据绵阳市委编办《关于涪城区部分事业单位更名的批复》（绵编办发〔2021〕68号）、涪城区编委《关于整合全区水利领域机构的通知》（绵涪编委发〔2021〕32号）、涪城区编委《中共绵阳市涪城区委机构编制委员会关于调整区燕儿河水库管理站机构编制事项的通知》（绵涪编委发〔2022〕2号）精神，将绵阳市涪城区燕儿河水库管理站更名为绵阳市涪城区水利发展中心，仍为涪城区农业农村局管理的正科级公益一类事业单位。涪城区人民渠管理站、区涪翁堰管理所、区普明堰管理所、区龙西堰管理所、区金石支渠管理所、区新吴石支渠管理所、区玉杨丰支渠管理所机构撤销，其职能职责整合并入涪城区水利发展中心。调整后，核定事业编制27名，设主任1名，副主任2名，正股级中层职数5名。

（覃文禹珍 刘武林 文圣春）

燕儿河水库

【概况】 燕儿河水库位于绵阳市涪城区吴家镇高桥村，距绵阳城中心15千米，库容2070万立方米，最大坝高50米，控灌面积3340公顷。燕儿河水库以灌溉为主，兼顾城镇供水、生态建设、旅游开发等综合利用功能，是涪城区建区以来投资最多、规模最大的水利工程。水库工程包括枢纽工程、8千米长的左干渠和6.6千米长的右干渠。2022年，推进燕儿河灌区纳入都江堰灌区相关工作，2月28日，四川省都江堰水利发展中心人民渠第二管理处以《关于将燕儿河灌区纳入都江堰灌区的复函》（都发中心人二处函〔2022〕7号），正式将燕儿河灌区3340公顷设计灌面纳入都江堰灌区，解决了燕儿河水库引调水合法性问题。完成绵阳市水务集团（燕儿河水厂）取水原水水费长效收取机制，涪城区水利发展中心（原涪城区燕儿河水库管理站，以下简称区水利发展中心）与绵阳市水务集团（燕儿河水厂）签订原水水费收费协议，按照0.12元／立方米收取原水水费，每季度按照水资源税收取水量计算原水水费并缴纳。2022年度共计完成水费征收约200万元。向灌区输水5次，共计2680万立方米（其中7月、8月份输抗旱用水1041万立方米），保障了全区农业灌溉用水及生产生活用水。

2022年4月10日，涪城区水利发展中心、吴家镇政府开展燕儿河水库防汛应急演练 （范剑 摄影）

【水库防汛抗旱】 2022年，按照“一河一策、一湖一策、一库一策”要求，完成燕儿河水库《2022年水库调度方案报告编制》、左右干渠清淤维护、大坝内外坡除草、白蚁防治、水情自动观测系统、闸门设备检修等工作。完成燕儿河水库水标尺更换及内坡塌陷整治工作。联合吴家镇政府、新皂镇政府、科技城新区办事处，组织有关村、社区开展2022年度燕儿河水库、金星水库、红旗水库防汛演练，提升抗御灾害的水平和能力。做好涪城水利发展中心三大办公区汛期带班值班值守工作，汛期每天安排2名工作人员24小时值班，确保安全度汛。2022年，涪城区遭遇严重旱情，燕儿河水库作为市水务集团燕儿河水厂取水水源地，水厂每日取水量5万余立方米，水库蓄水量无法满足水厂运行需要，经区水利发展中心与人民渠二处衔接，通过人民渠六期干渠调水550万立方米充蓄水库。

【工程项目建设管理】开展涪江右岸绵阳丰谷段防洪治理工程（一期）项目建设工作。2021年

建成后的丰谷堤防工程　　（谢建平摄于2022年10月）

12月，完成项目前期工作，施工单位进场施工。截至2022年底，河堤工程完成堤身填筑约4000米，交通桥工程全部完工。累计完成总工程量的80%，完成工程投资约5200万元。2022年9月，完成涪城区七一等4座病险水库除险加固工程建设工作，累计完成工程建设投资约460万元。2022年10月，完成涪城区裤裆埝小型病险水库除险加固工程建设任务，累计完成工程建设投资约165万元。2022年10月，开展涪城区兴隆沟小型病险水库除险加固工程建设，累计完成工程建设投资约100万元。同月，开展涪城区新建小型病险水库除险加固工程建设，累计完成工程建设投资约90万元。完成新吴石续建配套与节水改造剩余资金项目，完成投资95万余元，整治新吴石支渠末级渠道690米，新建分水闸1座、放水洞3个。推进金石支渠续建配套与现代化改造项目列入都江堰灌区续建配套与现代化改造规划，计划整治渠道总长8.512千米，其中整治明渠长6.037千米（含0.16千米扭面），保留管道0.958千米，整治隧洞2座0.396千米，整治暗渠11座0.611千米，拆除重建暗渠3座0.117千米，新建箱涵6座0.393千米，拆除重建节制闸2座，拆除重建节制分水闸2座，拆除重建机耕桥13座，拆除重建人行桥42座，拆除重建放水洞22座，拆除重建穿渠涵洞2座，拆除重建跨渠渡槽6座，新建梯步20座，可研批复投资1443.92万元。开展龙西堰干渠在地质大厦前临街建筑拆除工作。

【生态补水和水源环境保护】 按照补水方案，利用防空洞、左干渠、水厂弃水对木龙河进行生态补水，2022年1月1日至10月15日共计向木龙河生态补水200余万立方米。按照分工安排，由富城投资公司做好水库库面水环境保护工作（主要是水面及库岸垃圾清漂工作），区水利发展中心每月组织进行检查。在做好灌区农业用水服务基础工作之上，全面对城市生态供水渠道及设备进行了维修养护，干旱十分严重的情况下，按照区委、区政府确保生态环保供水的硬性要求，协调各方，克服资金、人力、物力等方面的困难，配合市政重点工程滨河南路改造工程顺利实施，利用南塔抽水站日夜不间断抽水保灌，保障灌区农业生产用水和西南科技大学生产供水，完成城市生态供水保障工作。为使灌区群众及城市居民增强节水意识，利用第30届“世界水日”、第35届“中国水周”，向灌区青义镇、杨家镇、新皂镇等场镇群众发放节水知识手册、水资源300问、河长制湖长制宣传手册等资料1000余份；制作悬挂宣传横幅标语、宣传海报，向灌区群众进行为期一周的水法、河长制湖长制等法律法规的宣传。通过活动的开展，进一步提高群众的水法制观念，增强群众对开发和保护水资源的法律意识，丰富群众的节水知识，营造节水、惜水、爱水的良好氛围，同时也让灌区群众提高了对河长制湖长制的认识。

（范　剑　凌章杰）

农村能源建设

【概况】 2022年，涪城区完成2022年农村“厕所革命”整村推进2个村，改造农村户用厕所300户，占计划的100%。完成农村公共卫生厕所建设1座，占计划的100%。全区农村户用卫生厕所普及率为98.77%；农村无害化卫生厕所占比达到97.02%；农村公共卫生厕所村占比为100%。

【农村“厕所革命”管护平台建立】 2022年，为加强农村卫生厕所后期管护，涪城区农村人居环境和能源发展中心（以下简称区农能中心），结合实际，探索建立“厕所革命”农村卫生厕所后期管护服务平台。平台围绕“厕所革命—沼气管护—人居环境”体系进行架构设计，搭载服务人员、用户需求等功能。服务对象以农户、养殖企业为主，扫描二维码即可通过平台对接专业服务人员，安全、及时、有效解决沼气池出料、维修、粪污清运等需求。

【农村能源安全生产】2022年，涪城区农能中心通过召集各镇人民政府、大中型沼气工程业主、新村集中供气项目业主召开安全工作会议和开展沼气安全培训等方式，落实农能项目安全责任。参与安全生产月活动，组织人员参加科技“三下乡”，全年发放沼气安全宣传资料4000余份，张贴沼气工程安全责任清单和安全责任告知书50张。开展全区大中型沼气工程、新村集中供气工程和户用沼气池安全大检查，对发现的安全隐患，及时督促整改消除，杜绝沼气安全事故的发生。

【“三沼”综合利用】2022年，涪城区持续把生态循环农业建设与农村人居环境整治、畜禽粪污资源化利用相结合，优化农村能源消费结构，促进畜禽养殖废物资源化利用，防止土地面源污染，改善农村生态面貌。坚持新村集中供气项目和大型沼气工程项目必须开展沼渣沼液的综合利用，使全区新村集中供气项目和大型沼气工程项目“三沼”综合利用率达到100%；引导农户开展户用沼气池的沼渣沼液利用，采取提污泵抽取或沼气专用抽渣车等途径，将沼渣沼液运到农田做肥料，户用沼气池的沼渣沼液利用率达95%左右；沼渣沼液综合利用推广面积达到666.67公顷以上。

（吴松涛　文圣春）

农村经济合作

【概况】 2022年，涪城区农村承包耕地确权登记面积12235.22公顷，土地流转面积5161公顷，土地流转率达到42.18%。全区正常运行的农民专业合作社总数130家，其中，国家级示范社3家、省级示范社10家、市级示范社11家；登记注册家庭农场总数210家，省级示范场12家，市级示范场28家。对上争取农民合作社、家庭农场项目补助资金150万元。扶持壮大新型农村集体经济，全区5个镇，2个涉农街道有农村集体资产的村（居）共71个（52个村、19个涉农社区），2022年底实现集体经济收入1.41亿元。

【新型农村集体经济】2022年，涪城区研究出台《绵阳市涪城区贯彻四川省农村集体经济组织条例实施方案》，巩固用好农村集体产权制度改革成果，规范农村集体经济组织运行，完善组织法人治理机制，发展壮大新型农村集体经济，实现农村经济社会发展、农民共同富裕、农村基层政权巩固，为涪城深度参与成渝地区双城经济圈建设和全面建设西部现代化强区提供坚实基础。全年，村级集体经济组织全面规范建立，组织管理和组织运行平稳有序，初步构建扶持壮大农村集体经济发展政策体系，全面消除村集体经济年经营性收入低于10万元的“薄弱村”。新皂镇探索成立涪城区首家镇级股份经济合作联合总社，该模式经验被市两改办采用，《绵阳涪城：以“总社+公司”模式蹚出提质壮大集体经济新路径》被《四川经济日报》刊发。

【现代农业生产社会化服务体系建设】2022年，涪城区建立健全“供销+农科+企业+村集体+专合社”合作模式，打造综合运营平台，开展农业生产社会化服务，有效带动广大小农户与现代农业有机衔接融合。总结吴家镇戴家林村、三清观村、丰谷镇和平村水稻种植全程托管模式经验，在新皂镇八庙子村、金峰社区、梅家沟村新发展小麦种植全程托管66.67公顷，在丰谷镇廻龙沟村新发展水稻、小麦种植全程托管26.67公顷，在杨家镇草堂村新发展水稻、小麦种植全程托管14.67公顷。以区供销联社牵头，相关农业公司及农民专业合作社入股组建“绵阳市科福吉丰现代农业科技服务有限公司”，公司以“全程机械化+综合农事”项目为载体，采取“政府引导、市场运作、社会协同”的市场化运营模式，在提供耕、种、防、收等农业机械化生产服务以及后期粮食烘干、秸秆处理等服务的基础上，具有农机维修保养、新装备新技术示范推广应用、信息咨询、培训指导等综合服务功能，并逐步向农业农村其他相关领域延伸。

【农业带头人职业化试点】2022年，涪城区被四川省改革办确定为深化家庭农场和农民专业合作社带头人职业化试点区，以家庭农场主和农民合作社带头人两类群体为重点，以促进农业现代化和农民职业化为核心，培养爱农业、懂技术、会经营、善管理的新型职业农民，让新型职业农民成为现代农业产业体系、生产体系、经营体系的生力军。2022年共遴选培育试点人员40名，提供农业生产扶持资金120万元，补助养老保险17.15万元，补助医疗保险1.97万元。

【乡村振兴社会化服务中心】2022年，涪城区乡村振兴社会化服务中心开展农业社会化服务生态链的体系建设，全面聚合生产、科技、营销、人力资源等多元化要素，将服务中心打造成为以农业社会化服务为主的乡村振兴综合服务平台。社会化服务方面。依托农机联盟提升农机服务水平，配合联盟成员在2022年大春时节完成作业面积达266.67公顷。全年举办绵阳市涪城区深化家庭农场和农民合作社职业化试点工作推进会、农产品短视频电商运营实务培训会、涪城区高素质农民培训政策答疑交流会等培训交流活动共计7场，累计200余人次参加。公益性服务方面。2022年，为农业主体代办、咨询政务服务事项30余项，包括咨询流转土地政策、申请家庭农场、咨询社保缴费等服务内容；开展科技服务项目申报咨询、解答服务10次，包括为山外山家庭农场等主体申报省级科普基地提供全程代办服务、为洪俊农机专业合作社等农机合作社提供社会化项目代办服务；通过智农云涪平台收集金融需求12项，为农业主体对接金融机构20余次；为农民工提供就业政策、子女入学政策等咨询服务30余次。经营性服务方面。打造乡约涪城体验店，做强区域公用品牌。与区供销社共同打造“乡约涪城”线下体验店，从2022年1月开业至年底销售额达近50万元，其中瑞丰香米、奥巴黑猪腊肉、绵阳米粉、雷竹笋、阿贵番茄、葡萄等涪城本地农产品销售占比达70%。打造的“以礼乡待”涪城伴手礼盒，自投入市场以来销售额达近30万元，初现区域公用品牌效应。保障日常运营接待，展现涪城乡村振兴风采。服务中心配置1名专职解说，针对不同规格接待提供农产品品尝、茶水等接待服务，2022年全年接待各类参观考察62次（受疫情影响次数较往年下降），累计参观人数1000余人，其中接待市级及以上20次、其他区县、乡镇交流学习超过30余次，集中全面地展示宣传了涪城在实施乡村振兴战略工作中的经验及成绩。

（李亚南　曾　国）

乡村振兴

【概况】　2022年，涪城区乡村振兴服务中心坚持以习近平新时代中国特色社会主义思想为指导，聚焦“守底线、抓衔接、促振兴”，把坚决守住不发生规模性返贫底线作为重要政治任务、摆在突出位置，把巩固拓展脱贫攻坚成果同乡村振兴有效衔接作为重点工作推进，落实好“四个不摘”的要求，立足“体量小”实际，坚持“精品”导向，践行“一线工作法”，抓责任、政策、工作落实，坚决守住不发生规模性返贫底线，深度巩固拓展脱贫攻坚成果。

【防止返贫致贫动态监测与帮扶】　2022年，涪城区乡村振兴服务中心开展2次防止返贫致贫集中排查，共组织镇（街道）干部、帮扶干部、相关行业部门工作人员813人次对脱贫户、（边缘易致贫户、突发严重困难户和脱贫不稳定户）监测户的风险点、帮扶措施落实、生活保障等情况进行“回头看”，共排查5.4万户15.7万人，收集返贫致贫风险农户信息5165条。根据风险信息情况，共有监测户61户152人被纳入帮扶范围，针对性地采取帮扶措施。

【乡村振兴衔接项目】　2022年，涪城区安排各级财政衔接补助资金2007万元，实施项目35个。其中，中央和省级1114万元资金实施产业项目7个，涉及资金780.13万元，占比70%，同比增长2.6%。构建以现代都市农业为发展方向，以精品蚕桑、优质果蔬为主导产业，以“千鹤桑田”蚕桑文化、“湖光山色”稻虾亲水湿地、“蔬香绿野”芦笋大健康三大农业主题公园为平台的“1+2+3”现代农业产业体系。共实施杨家镇蚕桑八宝加工基地建设项目、丰谷镇2022年芦笋产业园区基础设施建设项目、吴家镇戴家林村“家乡林果蔬”农民专业合作社基础设施建设等35个项目，其中：产业项目11个、基础设施项目18个、民生保障类项目6个。

【扶贫资产管理】　2022年，涪城区制定《涪城区扶贫资产管理操作指南（试行）》，形成了“资产家底清楚、类型定性科学、产权归属明晰、权利义务匹配、运营管护规范”的资产管理工作体系和长效稳定的联农带农机制。脱贫攻坚期（2013—2020年）完成47个到户项目、117个到村项目、4个国有资产项目确权登记，强化项目资产后续管理，坚决防止项目资产闲置、流失等现象发

2022年8月16日，涪城区巩固脱贫攻坚成果各类问题整改"回头看"动员部署暨半年工作会　（涪城区乡村振兴服务中心）

生，保障项目资产所有者和经营者权益，提高效益。衔接过渡期（2021—2022年），确权到村组集体资产项目2个，确权到国有资产项目40个。

【问题整改】 2022年，涪城区开展2021年度国家和省巩固拓展脱贫攻坚成果同乡村振兴有效衔接考核评估发现问题整改工作，并在全区范围内开展各类问题整改"回头看"，完成3个省级反馈问题整改。

【省级考核评估】 2022年11月20—27日，长宁县交叉考核组一行15人到涪城区开展2022年省级巩固脱贫攻坚成果同乡村振兴有效衔接考核评估，涪城区杨家镇草堂村、朵朵树村、罗汉寺村、新堰村，丰谷镇齐心村、清水村、致富村，吴家五龙村、燕儿河村、长福村，新皂镇八庙子村、五福寺村、梅家沟村、赵家花园村、刘家坪村，青义镇大龙村、大新村、龙峰村、前进村19个村作为样本村进行2022年省级巩固脱贫攻坚成果同乡村振兴有效衔接考核评估。抽样321户样本，其中脱贫户235户、监测户12户、一般农户74户。反馈疑似问题三类3个，均已佐证、整改，及时销号，评估工作得到长宁县交叉考核组高度评价。

（徐　旭　刘子嘉）

2022年11月21日，涪城区迎接2022年省级巩固拓展脱贫攻坚成果同乡村振兴有效衔接实地考核评估工作交流会召开　（涪城区乡村振兴服务中心）

移民行政管理

【概况】 截至2022年底，涪城区有大中型水库移民1099人，分布在吴家镇、新皂镇、丰谷镇、杨家镇、青义镇5个镇和石塘街道、城郊街道、工区街道3个街道。有大中型水库农转非移民492人，分布在全区5个镇、4个街道。2022年，涪城区落实水库移民后期扶持政策，做好移民后扶人口的动态管理和核实上报等工作，按季兑现农村移民每人每月50元的后期扶持直发直补资金，全年共发放资金66.03万元；按季兑现非农安置和农转非移民每人每月50元的困难补助金，全年共发放资金29.5万元。按照省、市、区要求，开展移民信访矛盾排查、调处、化解工作，帮助移民群众解决信访问题，实现进京、到省、到市"零上访"的目标。

【项目实施】 2022年，涪城区共争取大中型水库移民后期扶持项目（以下简称"后扶项目"）资金256万元，计划安排21个后扶项目，包括塘堰整治项目14个、沟渠整治项目5个、道路硬化项目1个、移民培训项目1个。通过项目的实施，改善移民群众的生产生活条件，受益群众达6000人，其中移民300余人。

（罗盼盼　刘武林）

工 业

概 述

【概况】 2022年，涪城区面对新冠疫情冲击，顶住经济下行压力，深入实施“三千工程”、加快建设“四个强区”，大力实施制造业倍增行动，推动涪城工业经济高质量发展。全年规上工业总产值达到363.4亿元以上，增加值增速15.8%，居各县市区第一位，获评全国工业百强区。新型显示、汽车电子、5G制造三大主导产业持续壮大，产值占比达70%，惠科产业园产值突破200亿元。惠科光电入选全国电子信息百强企业名单，富临精工可变气门正时系统被认定为国家制造业单项冠军产品，永贵科技被认定为国家专精特新“小巨人”。惠科、富临精工入选四川省“贡嘎培优”计划。省级专精特新中小企业、新经济示范企业、企业技术中心分别新增9户、2户、2户。

【新型显示产业集群】 2022年，涪城区围绕液晶显示面板，沿链引进玻璃基板、背光模组等上游材料产业和下游显示终端产业。新型显示龙头企业惠科光电入选全国电子信息百强企业名单；世界500强康宁玻璃基板项目建成投产；总投资50亿元的惠科模组和总投资10亿元的示润显示项目即将投产；总投资105亿元的艾伯科技智能制造产业园项目和总投资100.5亿元的欣盛COF-IC项目、集流体材料项目实现签约落地。2022年，新型显示产业规模达到184.1亿元，同比增长32.5%。

【汽车电子产业集群】 2022年，涪城区围绕车用电子控制系统，重点招引精密机械加工、电子元器件等上游产业和智能驾驶系统集成商、动力总成集成商等下游产业。富临精工三期项目建成减速器、变速箱等4条生产线并投产；总投资10亿元的芯智热控智能热管理系统项目实现当年签约、当年入驻、当年建成。2022年，汽车电子产业规模达到65.1亿元，同比增长24.6%。

【5G制造产业集群】 2022年，涪城区围绕光模块等核心器件制造，积极引进TOSA、ROSA 器件等上游产业和传输类设备厂商、数据中心等下游产业项目。华拓光通信光器件光模块扩能项目已做好开工准备，永贵科技光电连接器项目正加快厂房基础建设，九华光子高速光模块项目产能持续提升。2022年，5G制造产业规模达到100.9亿元、同比增长27.1%。

【企业培育】 2022年，涪城区做强龙头企业引领，重点抓好惠科、富临精工等5户10亿元以上大企业平稳运行，稳定全区工业发展大势，惠科、富临精工被纳入省“贡嘎培优”计划名单。做优中小企业培育，重点培育高成长企业，推动康宁显示、芯智热控等13户企业升规入统。做精优质企业提升。坚持创新引领，增强企业核心竞争力，惠科光电等2户企业申报为省级企业技术中心，奥力达科技公司等5户成功申报市级企业技术中心，全区市级以上企业技术中心累计达34户；龙华薄膜被认定为第三批国家级“专精特新”中小企业高质量发展重点企业，永贵科技被认定为第四批国家专精特新“小巨人”，富临精工可变气门正时系统被认定为国家制造业单项冠军产品，九强通信、恒盛通信等9户企业被认定为省级专精特新中小企业。惠科光电、龙华薄膜被认定为省级新经济示范企业；富临精工成功申报省级新赛道领先型“赛手企业”；推荐龙华公司申报国家创新示范企业、产品单项冠军企业，组织荣耀科技等2户企业申报省级服务型制造示范企业，黑马创启等4户企业申报省级服务型制造示范平台。组织并推荐绵阳惠科光电、龙华光电薄膜等5户企业申报建设国家级、省级绿色制造示范单位。

【项目建设】 2022年，涪城区落实“五个一”项目推进机制，开展项目建设服务工作。全年计划实施的35个工业项目，计划总投资335.8亿元，双汇智能冻库等7个项目竣工，示润显示终端等24个项目正加快建设，永贵二期等4个项目正积极做好开工准备。开展对上争取工作，组织企业入库国家项目7个、省市级项目50个，组织企业申报了省市级工业发展资金项目、制造业强省计划等，2022年争取到位资金8805.7万元，助推工业项目加快建设。

【制造业服务业融合发展】2022年，涪城区实施《涪城区促进先进制造业和现代服务业融合发展实施方案》。组织辖区16户工业企业开展国家工业信息安全发展研究中心“两化融合公共服务平台”评估诊断。推荐科大讯飞、南京硅基等4户企业申报省“十四五”数字经济重点项目。推荐绵阳万生壹贰陆文化传播有限公司以“绵阳126文化创意园”名称申报四川省工业旅游示范基地，天仪科技产品成功入选四川省森林草原防灭火信息化支撑应用目录。惠科光电的惠科第8.6代高端显示面板绿色集约生产与能耗排放管控方案项目入选四川省工业互联网试点示范项目。富临精工基于工业互联网的汽车动力系统精密零部件数字化工厂建设项目成功申报市级企业数字化改造典型案例。推荐捷智科技、九华光子、华拓光通信等 9 户企业申报四川省电子信息产业强链补链清单。

工业产业

【概况】 2022年，涪城区有食品加工、汽车零部件、电子信息、高端装备制造、新材料、节能环保等产业。全区共有规模工业企业104户，其中食品加工产业企业7户，汽车零部件产业企业13户，电子信息产业企业13户，高端装备制造产业企业11户，新材料产业企业6户，节能环保产业企业6户，其他产业企业（含建材）48户。

2022年绵阳市涪城区工业经济主要产业结构一览表

表23

产业类别	1—12月产值累计（亿元）	同比增长（%）	占规模工业产值比重（%）
食品加工	38.47	-6.98	10.59
汽车零部件	43.85	29.45	12.07
新材料	19.11	21.82	5.26
电子信息	183.67	31.12	50.54
节能环保	7.99	-6.17	2.20
高端装备制造	19.11	4.76	5.26
其他（含建材）	51.19	3.19	14.08

【产业可持续发展】 2022年，涪城区推进传统产业改造。重点推动食品、建材等传统产业进行技术改造，重点推动传统企业技改扩能。食品产业以双汇为引领，鼓励加快工艺技术和设备更新，构建品牌亮、质量优的涪城地标食品产业。建材产业以富临建材为引领，围绕装配式建筑、绿色建筑、节能环保等方向，鼓励企业延伸产业链条，开创服务型制造业新模式，打造从设计、生产、安装、服务全流程总包型企业。推进工业技术改造。落实国家、四川省关于绿色制造体系建设要求，开展绿色产品设计试点示范，引导企业在产品设计开发阶段系统考虑各环节对资源造成的影响。支持企业运用新技术、新工艺、新设备开展技术改造，支持企业数字化、智能化、绿色化改造，提升智能制造服务水平。提升清洁生产水平。推进重点领域清洁生产，瞄准能源、建材、食品、材料等行业推动绿色转型升级，加快存量企业及园区实施节能、节水、节材、减污、降碳等系统性清洁生产改造。实施清洁能源替代工程，推广使用工业电锅炉、电窑炉及生产用电加热工艺提升，推进以煤为燃料的工业炉窑淘汰及清洁能源改造。

【食品加工产业】 2022年，涪城区有规模以上食品加工企业7户，实现规模工业产值38.47亿元，增长-6.98%，食品工业总产值占全区规模工业产值的10.59%，产值亿元以上的企业1户。代表企业有双汇食品、米小福。

绵阳双汇食品有限责任公司 （涪城区工信局）

【绵阳双汇食品有限责任公司】 绵阳双汇食品有限责任公司是双汇集团的全资子公司，是西部地区规模最大的生猪屠宰、肉制品联合加工基地。公司生产基地位于绵阳市涪城区新皂镇皂角铺村新皂东西干道及飞八路之间，该工业园项目于2009年11月1日开始动工建设，是绵阳市灾后重建重点项目之一。工业园占地492亩，建筑面积11.3万平方米，总投资7.5亿元，总资产11亿元，员工3000人左右，年肉类总产量27万吨，是西南地区规模最大的生猪屠宰及肉制品联合加工基地。2022年获得四川省农业产业化龙头企业称号。

【汽车零部件产业】 2022年，涪城区有规模以上汽车零部件工业企业13户，实现规模工业产值43.85亿元，增长29.45%，汽车零部件总产值占全区规模工业产值的12.07%，产值亿元以上的企业4户。代表企业有富临精工、三力股份。

【绵阳富临精工股份有限公司】 绵阳富临精工股份有限公司是一家主要从事新能源汽车锂电正极材料、电驱动系统关键零部件、智能热管理系统及关键零部件的研发、制造与销售的上市企业（股票代码：300432），是大众、通用、上汽、吉利等整车企业的优秀供应商。拥有“国家企业技术中心”在内的3个省级以上创新平台，获得“国家知识产权示范企业”“国家绿色工厂”“四川省贡嘎培优企业”等荣誉资质，2022年，其核心产品VVT被评定为国家制造业单项冠军产品。

【电子信息产业】 2022年，涪城区有规模以上电子信息企业13户，实现规模工业产值183.67亿元，增长31.12%。电子信息工业总产值占全区规模工业产值的50.54%，产值亿元以上的企业6户，其中惠科光电产值达到165.14亿元。代表企业有惠科光电、华拓光通信。

【绵阳惠科光电科技有限公司】 绵阳惠科光电科技有限公司以打造千亿级显示平板产业链为目标，致力于显示产业链上下游的

绵阳富临精工股份有限公司　　（涪城区工信局）

绵阳惠科光电科技有限公司　　（涪城区工信局）

四川永贵科技有限公司　　（涪城区工信局）

垂直整合，产品涵盖液晶面板、平板、显示器、电视机等，电视机出口、显示器销量连续多年稳居国内前三位，27 寸、32 寸高端显示器高居市场第一位。绵阳惠科液晶显示面板生产线项目总投资 240 亿元，采用A-Si、IPS 技术、Cu 制程等技术，是惠科公司最先进的一条生产线，年产液晶显示模组达1000万片。公司入选全国电子信息百强企业、中国制造业民营企业500强、四川省“贡嘎培优”计划。是全市第四家百亿级工业企业。

【高端装备制造产业】 2022年，涪城区有规模以上高端装备工业企业11户，实现规模工业产值19.11亿元，增长4.76%。高端装备工业总产值占全区规模工业产值的5.26%，产值亿元以上企业2户。代表企业有永贵科技、九强通信。

【四川永贵科技有限公司】 四川永贵科技有限公司拥有各类研发、生产设备1000余台（套），是为轨道交通、新能源电动汽车、通信、军工、航天航空、风电、重大装备等国家重点装备业提供可靠连接器系列产品及技术服务，为互联系统提供整体解决方案的国家高新技术企业、国家知识产权示范企业、国家级绿色工厂、国家专精特新小巨人。公司拥有有效专利300余项，其中发明专利42项，其技术中心为四川省省级技术中心，公司电连接器产品获得四川省名牌产品称号。近年来公司抓住国家发展轨道交通和新能源汽车的大好机会，稳步拓展轨道交通、新能源汽车领域市场，并在此基础上逐步向特种、通信、风电、航空等新兴领域延伸。公司是国内轨道交通用连接器行业龙头，其新能源汽车连接器市场份额已进入国内前三位。

【新材料产业】 2022年，涪城区有规模以上新材料工业企业6户，实现规模工业产值19.11亿元，增长21.82%，新材料工业总产值占全区规模工业产值的5.26%，产值亿元以上企业有2户。代表企业有龙华薄膜、远达新材料。

四川龙华光电薄膜股份有限公司 （涪城区工信局）

【四川龙华光电薄膜股份有限公司】 四川龙华光电薄膜股份有限公司是一家专注于PC材料、PMMA材料及其复合材料等高分子功能薄膜材料的研发、生产和销售的高新技术企业，致力于“进口替代，填补国内空白”，已发展成为国内技术领先的高分子功能薄膜材料制造商。公司拥有绵阳老厂区树脂挤出基地、绵阳凤凰膜都光学膜基地两大生产基地，并积极向上游树脂材料进行布局。一号厂区绵阳老厂树脂挤出基地拥有7条先进高分子功能薄膜挤出生产线，已形成年产万吨的膜材押出产能。二号厂区绵阳凤凰膜都光学膜基地主要从事光学膜拉伸，一期已建成国内第一条2.0米宽幅光学补偿膜（基膜）拉伸产线和两条功能性精密涂布生产线；二期正在建设的全球第一条2.5米超大宽幅PMMA偏光片基膜产线，达产后将打破国外厂商对PMMA材质PVA保护膜的垄断，实现进口替代；三期，公司拟向偏光片精密涂布功能膜进行扩展，打通显示用核心膜材上下游产业链。

【节能环保产业】 2022年，涪城区有规模以上节能环保工业企业6户，实现规模工业产值7.99亿元，增长-6.17%。节能环保工业总产值占全区规模工业产值的2.20%，产值亿元以上企业有4户。代表企业有昊宇龙星、沃姆斯科技。

【四川昊宇龙星科技有限公司】 四川昊宇龙星科技有限公司是国内壁挂炉热交换器行业中首屈一指的生产厂家。公司集壁挂炉热交换器和冷凝器的研发、生产、销售于一体，产品功率16～50千瓦，环保，热效率高，属节能产品。公司拥有先进的从半成品冲压加工、组装、钎焊、表面处理的全套现代生产设备、先进的生产技术工艺、严格的生产过程管理及各种精密的检测设备和雄厚的技术力量，拥有年产量200万台的生产能力。

【其他产业（含建材）】 2022年，涪城区以富临建材为引领，围绕装配式建筑、绿色建筑、节能环保等方向，鼓励企业延伸产业链条，开创服务型制造业新模式，打造从设计、生产、安装、服务全流程总包型企业。截至年底，全区有其他产业规模企业48户，实现规模工业产值51.19亿元，增长3.19%，工业总产值占全区规模工业产值的14.08%，产值亿元企业有13户。代表企业有富临建材、利尔作物。

【绵阳富临建筑材料有限公司】 四川绵阳富临建筑材料有限公司成立于1999年11月，位于绵阳市涪城区青义镇碧云路2号，注册资金2000万元，固定资产原值5000

四川昊宇龙星科技有限公司 （涪城区工信局）

四川绵阳富临建筑材料有限公司　　（涪城区工信局）

万元，净值3000万元，员工140余人，管理人员20余人，具有专业技术职称26人，初级职称15人，中级职称11人，高级职业资格人员16人。一直专业从事自主研发、生产、销售各种强度等级的商砼、砂浆产品，至今已有二十多年的历史。先后被授予“四川省小巨人企业”“四川省散装水泥行业绿色健康发展优秀企业”“纳税先进单位”“企业信用等级AA+企业”等荣誉称号。现为通过ISO 9001质量体系认证，具备建筑总承包三级资质、商品混凝土二级资质，集自主研发、生产、销售于一体的综合服务新型绿色环保建材生产企业，公司经营状况优良，经济社会效益显著，各项经济指标及企业综合竞争力在全市同行业位于前列。

2022年绵阳市涪城区主营业务收入亿元以上工业企业一览表

表24

序号	企业名称
1	绵阳惠科光电科技有限公司
2	绵阳双汇食品有限责任公司
3	绵阳富临精工股份有限公司
4	四川龙华光电薄膜股份有限公司
5	四川永贵科技有限公司
6	四川利尔作物科学有限公司
7	绵阳富临精工新能源有限公司
8	四川九强通信科技有限公司
9	绵阳建诚恒瑞集团有限公司
10	绵阳燃气集团有限公司
11	四川绵阳三力股份有限公司
12	四川绵阳富临建筑材料有限公司
13	绵阳市驰龙混凝土有限公司
14	绵阳市水务（集团）有限公司
15	绵阳钲强实业有限公司
16	绵阳中科绵投环境服务有限公司
17	四川锦顺兴新材料科技有限公司
18	四川华拓光通信股份有限公司
19	四川国沃生物科技有限公司

续表24

序号	企业名称
20	四川省川西电缆有限责任公司
21	四川沃姆斯科技有限公司
22	四川格来消防电器设备有限公司
23	绵阳新祥亨建材有限公司
24	四川九华光子通信技术有限公司
25	四川海瑞尔重型包装有限公司
26	四川德信创新实业有限公司
27	四川宝龙建材有限责任公司
28	绵阳市远达新材料有限公司
29	四川宽窄实业有限责任公司
30	四川信立包装有限公司
31	绵阳市川江内燃机配件厂

2022年绵阳市涪城区重点工业项目一览表

表25

序号	企业名称	项目名称	主要建设内容	总投资（万元）	年度计划投资（万元）	项目开工时间	项目竣工时间	是否技改项目
合　计（37个）				5008850		—		
一	新　开（22个）					—		
1	深圳市创明新能源股份有限公司	创明新能源项目 深圳市创明新能源股份有限公司	占地约900亩，总投资120亿元。项目分三期建设，其中一期计划 投资25亿元，将建设4条全自动电芯生产线；二期计划投资20亿元，将建设全自动21700及32140电芯生产线4～6条，预计新增产能4～5吉瓦时；三期计划投资75亿元，将建设储能板块生产制造基地	1200000	10000	2022年9月	2025年12月	否
2	英国励格纳米科技有限公司	励格纳米功能化石墨烯产业基地项目	项目一期拟选址联东U谷产业园区，厂房面积约6100平方米，将建 设全球首例石墨烯实用产品生产线——石墨烯超滤水器生产线4条；项目二期拟选址临港经济发展区，拟投资14亿元，计划用地约160亩，拟建设石墨烯超滤水器生产线、功能性石墨烯材料生产线、微球纳米显微镜生产线、石墨烯锂硫电池生产线及以石墨烯作为导体材料的石墨烯柔性显示屏、可穿戴设备生产线	150000	5000	2022年11月	2025年12月	否

续表25

序号	企业名称	项目名称	主要建设内容	总投资（万元）	年度计划投资（万元）	项目开工时间	项目竣工时间	是否技改项目
3	浙江鑫众电器有限公司	鑫众芯基板项目	租用恒盛铁塔厂房20000 平方米， 项目一、二期将分别建设 1 条 PCB 板加工生产线	100000	20000	2022年8月	2025年12月	
4	四川龙华光电薄膜股份有限公司	2.5米超大宽幅PMMA偏光片基膜生产线项目	对预留的厂房进行净化车间改造，从日本购进2.5米偏光片基膜拉伸设备建设第二条偏光片基膜生产线	30000	15000	2021年12月	2023年12月	是
5	绵阳惠科光电科技有限公司	210K技改产能升级项目	对160K生产线进行技改扩能升级	100000	50000	2022年5月	2023年12月	是
6	四川永贵科技有限公司	高速高密连接器	利用自有产品研发技术，建设高速高密连接器生产线	5150	5000	2022年3月	2023年12月	是
7		光电连接器	利用厂区空置场地16亩，建设光电连接器生产线	17000		2022年10月	2023年12月	否
8	四川芯智热控技术有限公司	新能源汽车热管理系统生产线	购进标准厂房1.6万平方米，建设新能源汽车热管理系统生产线	100000	7500	2022年5月	2023年12月	
9	绵阳天和机械制造有限公司	异形零件精密加工项目	购置厂房5000平方米，建设异形零件精密加工项目，低频连接器外壳、微波腔体及异形零件精密加工为主导，产品广泛用于军事、航空航天、微波通信、高铁等领域	8000	6000	2022年5月	2023年12月	是
10	绵阳天仪空间科技有限公司	卫星零部件生产线研发及产业化	租用厂房2500平方米，并进行适应性改造，建设卫星零部件生产线研发及产业化项目	2000	1500	2021年2月	2022年12月	否
11	绵阳富临精工机械股份有限公司	新能源汽车高速高效减速器产业化项目	本项目购置进口设备齿轮测量机、磨齿机等共计8台（套），配套国产加工机床、测试设备共计2台（套），对现有高速减速器产业化项目进行技术升级改造，对现有厂房及公辅设施进行改造以满足本项目建设的需要。项目建成后，可达年产高速减速器37万套的生产能力	7300	4000	2022年1月	2023年6月	是
12	四川宏波光电科技有限公司	示润智慧显示终端智能制造总部项目	征地76亩，本项目一期新建触摸屏制造中心、玻璃盖板制造中心，乙丙双方将广东总部和现有产线搬迁至涪城；二期项目对一期项目进行扩能，并新建整机制造项目	100000		2022年6月	2022年12月（一期）	否
13	绵阳市雅森五金工具有限公司	硬质合金刀具生产线	购进标准厂房3600平方米，将原生产线搬迁至新购厂房内，并新增设备对现有生产线进行改造提升	5000		2022年5月	2023年5月	是

续表25

序号	企业名称	项目名称	主要建设内容	总投资（万元）	年度计划投资（万元）	项目开工时间	项目竣工时间	是否技改项目
14	绵阳博锐森科技有限公司	精密机械加工生产线	购进标准厂房1800平方米，将原生产线搬迁至新购厂房内，并新增对设备对现有生产线进行改造提升	5000		2022年7月	2023年6月	
15	成都翰瑞威自动化测控设备有限责任公司	高速铁路接触网检测系列产品生产线	购进标准厂房1100平方米，将原生产线搬迁至新购厂房内，并新增对设备对现有生产线进行改造提升，并建设检验检测室	2500		2022年7月	2023年6月	
16	深圳市明祺光电有限公司	车载新型显示项目	购进标准厂房5800余平方米，建设2条半自动贴合线、2条热弯玻璃生产线、4条导电玻璃线、10条CNC玻璃线	8000		2022年12月	2023年12月	否
17	四川贵合泰科技有限公司	电控设备生产线	购进厂房1370平方米，主要从事电子控温铂金通道、坩埚、漏板等产品的研发制造	3000		2022年7月	2023年8月	否
18	四川临界自动化设备有限公司	机电一体化设备生产线	购进厂房833平方米，建设自动化控制设备、机械产品、电气产品、光学产品、真空产品、非标机电设备产品及零部件生产线	1000		2022年8月	2023年8月	
19	绵阳佳创自动化科技有限公司	自动化非标设备生产线	购进厂房1100余平方米，主要建设非标自动化设备研发、生产及调试	1000		2022年8月	2023年8月	
20	绵阳诺达佳工业控制技术有限公司	机电一体化非标零部件生产线	购进厂房2000余平方米，主要建设光机电一体化非标配套设备及零部件的研发和精密制造	1600		2022年8月	2023年8月	
21	深圳市艾伯科技控股有限公司	艾伯科技智能制造产业园项目	项目一期建设约20万平方米标准厂房，建设5条以上全自动生产线，满产后年产信创终端产品250万台	1050000		2023年3月	2026年12月	
22	常州欣盛半导体技术股份有限公司	欣盛COF-IC项目	项目一期计划建设溅射生产线4条、普光生产线6条、长铜生产线8条、封测生产线30条，建成月产能3000万颗的COF-IC驱动显示芯片项目	600000		2023年3月	2026年12月	
二	续 建（15个）			1504308	641208		—	
23	绵阳惠科显示科技有限公司	显示模组生产线项目	建设50 条以上全自动化液晶面板后段生产线	500000	430000	2021年1月	2022年5月	否

续表25

序号	企业名称	项目名称	主要建设内容	总投资（万元）	年度计划投资（万元）	项目开工时间	项目竣工时间	是否技改项目
24	绵阳恒盛通信网络工程有限公司	智慧铁塔生产基地及通信产业研发基地	征地130亩，建设年产通信杆塔8万吨	30000	8000	2019年1月	2022年6月	是
25	绵阳富诚投资集团有限公司	联东U谷·绵阳国际企业港	项目一期依托中国（绵阳）科技城高端装备制造 产业园标准厂房项目（约21万平方米）	60000	45000	2021年7月	2022年12月	否
26	绵阳惠科光电科技有限公司	超高频新型液晶显示面板技术研发及产业化项目	项目基于绵阳惠科第8.6代薄膜晶体管液晶显示器件项目，采用新一代液晶配向技术及金属氧化物多分配器技术，采购干法蚀刻机、阵列涂布机、彩膜曝光机等设备20余台（套），建成1条新型高端IT产品显示器件生产线，达成年产15万片显示面板的生产能力	125000	20000	2020年7月	2022年7月	是
27		160K技改产能升级项目	对120K生产线进行技改扩能升级	150000	80000	2021年6月	2023年6月	是
28	绵阳富临精工股份有限公司	新能源汽车产业研发及转化生产基地项目（三期）	新建新能源汽车零部件生产线1条，电子水泵VEP4项目装配测试线建设、减速器壳体检测平台、气密性测试平台建设	50000	10000	2021年1月	2025年12月	是
29	绵阳富临精工股份有限公司	军民两用自动变速箱关键零部件电磁阀产业化项目	该项目为富临精工汽车零部件基地（二期）项目子项目，建立5000平方米的标准10万级洁净厂房，高精度全自动清洗线2条，高精密的加工车床20台，高精密的珩磨设备1台，半自动装配线4条，自动检测线4条，液压模块测试设备1台，变速箱系统测试台架1间，耐久实验设备2台，功能性测试设备1台，清洁度检测设备1台	7000	5000	2019年12月	2022年1月	是
30	上海中南金石企业管理有限公司	智能电子产业园一期项目	一期占地面积152.13亩，新建工业厂房33栋，配套用房3栋，总建筑面积11.5万平方米；33栋厂房均对外出售。项目分期开发，分两个批次交付使用，完工后将引进70家企业入驻	500000	12000	2021年7月	2025年12月	否
31	四川龙华光电薄膜股份有限公司	片材/膜材生产线项目	建设厂房1万平方米，购进进口专用设备建设片材/膜材生产线	30000	10000	2021年3月	2022年12月	是

续表25

序号	企业名称	项目名称	主要建设内容	总投资(万元)	年度计划投资(万元)	项目开工时间	项目竣工时间	是否技改项目
32	四川华拓光通信股份有限公司	光模块光器件扩能项目	新建厂房22040平方米，新建研发实验室2200平方米，开发自主知识产权的数据中心光收发模块，购置重点关键仪器、设备（软件）120台套，新建光收发模块生产线10条、适应性改造7条，形成年产光收发模块100万套的生产能力	37000	13000	2021年12月	2023年12月	是
33		面向5G光模块研发制造全流程的数字化环境建设项目	通过应用传感器、物联网、互联网、大数据等数字技术，部署各类数字化管理模块，搭建贯穿5G光模块研发、制造、检测、管理等的数字化环境，大幅提升产品质量和生产效率	1200	600	2020年1月	2022年6月	是
34	四川永贵科技有限公司	军用高压装置电连接器研发及产业化	采用自主研发的密绕线簧技术和弹性补偿复合端面接触技术，突破高端连接器在强冲击、强震动等恶劣环境下如何保持良好的接触，并解决高可靠连接和稳定传输信号的关键技术难题，研制军用高压连接器产品	1000	300	2020年6月	2022年6月	是
35	绵阳中科绵投环境服务有限公司	绵阳市餐厨废弃物资源化利用和无害化处理扩建项目	1.预处理系统：15吨/小时，1条生产线；2.厌氧系统：3.脱水、电气、仪表控制等其他配套系统；4.工程建设规模：本工程建设规模100吨/日	3908	3908	2021年8月	2022年2月	是
36	绵阳荣耀科技有限公司	西部（绵阳）土壤和水污染监测与修复信息中心一期	西部（绵阳）土壤和水污染监测与修复信息中心一期	8000	3000	2020年3月	2022年6月	否
37	四川信立包装有限公司	绿色智能包装生产线项目	购置智能设备50余台（套），建设绿色智能包装生产线1条	1200	400	2019年12月	2022年6月	是

（魏　洪　廖　伟）

商贸流通

【概况】 2022年，涪城区社会消费品零售总额实现281.2亿元，增速与2022年持平，总量排名全市第一，增速排名全市第三。

【主题营销】 2022年，涪城区利用元旦、春节、“五一”、国庆等传统节假日，陆续开展2022年四川（绵阳）迎春购物月、2022年第二届夏季欢乐购、乐享涪城·生活狂欢节、“绵品出川”等系列主题促销活动，组织百盛、凯德、茂业等企业开展瑞虎迎春·年货节、惠科&百盛内购会、京东内购会等丰富多彩的促销活动。开展抖音直播带货。组织服务业、工业、农业等“涪城造”企业参加“绵品出川”促销活动。组织龙华光电等涪城代表企业参加第五届进博会。组织大润发、永辉、沃尔玛等商贸企业开启线上电商促销，涪城区“9·29”疫情期间，累计配送15.97万单。

【消费促进】 2022年，涪城区发放“乐享涪城”惠民消费券及稳岗、促销补贴3212万元，拉动消费超6亿元。按季度出台服务业“稳增长”激励措施，累计兑现各类奖补资金2092万元，助推全区服务业企业提档升级。利用主城区城市资源，组织实体商家异业整合，开展线上线下商家促销，参与商户出现销售和客流激增的场面，不断提振消费信心。

【疫情防控保障服务】 2022年，涪城区商务局践行“一线工作法”，到大型商超、酒店20余家、社会宾馆100余家开展疫情防控督导检查，督促企业强化防控责任、落实疫情防控各项举措。“9·29”抗疫，涪城区商务局作为市场供应保障组组长单位，迅速对全区29户重点生活必需品应急保供企业米、面、油等生活物资库存情况、每日销售情况、补货量等进行摸底，增加库存至平常的4～5倍，动态监测，确保全区生活必需品供应充足。落实商贸流通领域生产安全、燃气安全、道路货运安全检查督促工作。

2022年绵阳市涪城区大中型商业零售企业情况一览表

表26

序号	企业名称	网点名称	网点地址
1	梅西商业有限公司绵阳分公司	梅西百货	兴达街12号
2	绵阳新世界百货有限公司	新世界百货	临园路东段72号
3	绵阳凯德商用置业有限公司	凯德广场	临园路东段74号

续表26

序号	企业名称	网点名称	网点地址
4	绵阳富临百盛广场有限公司	富临百盛	安昌路17号
		大都会百盛	临园路东段68号
5	成商集团绵阳茂业百货有限公司	茂业百货兴达店	公园路1号
6	绵阳万达广场商业管理有限公司	万达广场	花园路9号
7	绵阳兴达好又多商贸有限公司	沃尔玛公园店	公园路1号
8	深圳沃尔玛百货零售有限公司绵阳临园路分店	沃尔玛临园店	临园路东段74号
9	沃尔玛（四川）百货有限公司绵阳跃进路分店	沃尔玛1958店	跃进路48—52号
10	绵阳富安百货有限公司	富安百货	涪城路48号
11	绵阳苏宁易购销售有限公司	苏宁安昌店	长虹大道中段128号
		苏宁金桂园店	剑南路西段65号
		苏宁长虹国际广场店	花园路9号
12	绵阳大润发商贸有限公司	大润发超市	跃进路4号长虹国际广场
13	绵阳美宏实业有限公司	美宏超市	西山东路43号东方华尔街
14	四川乔玛特商业投资有限公司	绵阳乔玛特购物广场	长虹大道北段67号
15	四川永辉超市有限公司	花园路万达店	花园路9号
16	绵阳市旺客隆超市	旺客隆超市	长虹大道南段御林街50号
17	京东五星电器（绵阳）集团有限公司	京东电器旗舰店	临园路东段58号
18	绵阳王府井商业管理有限公司	王府井购物中心	南河路16号
19	绵阳涪城区德麦盛超市管理有限公司	德麦盛超市	南河路16号
20	绵阳领跑体育用品有限公司	领跑体育	涪城路48号

（袁尚林　赖美君）

供销合作商业

【概况】2022年，绵阳市涪城区供销合作社联合社（涪城区供销联社）继续巩固供销基层组织，拓展农业生产服务，推进农村产权流转交易，提升为农服务能力。区供销联社有直属社有企业2家、参股企业4家、参股农民合作社1家。全区基层供销社、农村综合服务社、农村产权流转交易站点等供销经营服务网点共计92个。

【基层供销社建设】2022年，涪城区供销联社对2021年新建的5家村级供销社进一步巩固夯实基础，明晰业务模式，拓展服务范围。按照“供销社+村集体经济合作社”等模式新建（改建）基层供销社3家。与新皂镇集体经济发展总社共同出资200万元，注册成立新皂镇供销社有限公司，通过“集体总社+供销公司”“供销公司+项目”方式，开展实施弃土场建设、综合停车场修建、莲花池村200亩“三代羊肚菌”种植项目、刘家坪镇党委党校建设、八庙子村粮油加工厂建设等项目10余个。

【农业生产社会化服务】2022年，涪城区供销联社整合社会资源，引进市农科院进行农业科技合作，以“供销+农科+企业+村集体+专合社”合作模式开展农业生产社会化服务。在吴家镇戴家林村、三清观村、丰谷镇和平村开展水稻种植全程托管600余亩；在吴家镇试点机械化收割服务，完成小麦、油菜收割1.2万余亩和大春水稻收割2万余亩；邀请农技专家为新皂镇梅家沟村、邱家庙村，丰谷镇和平村和吴家镇戴家林村的粮油、水果种植提供从选种到收割全过程技术咨询与指导。市、区供销社入股资金35万元，联合相关农业公司及农民专业合作社组建绵阳市科福吉丰现代农业科技服务有限公司，开展“全程机械化+综合农事”项目建设。

【农村产权流转交易】 2022年，涪城区农村产权流转交易中心制定发布《绵阳市涪城区农村闲置住宅流转交易规则（试行）》，在新皂镇八庙子村探索开展全市首宗闲置农房使用权流转交易，相关经验被《市两项改革“后半篇”文章工作简报》（2022年第10期）刊用。全年累计办理农村产权流转交易鉴证55宗，金额771.57万元。其中，土地经营权14宗，流转面积1042.41亩、金额368.9万元；小型水利交易33宗，金额65.54万元；集体经营性资产7宗，金额334.13万元；闲置农房租赁1宗，金额3万元。

【农资供应服务】 2022年，涪城区供销联社与四川川北邦力达农资连锁公司、四川国沃生物科技公司两家知名农资企业签订合作协议，以村集体为依托，开展农资服务宣传推广。在新皂镇、丰谷镇、吴家镇等地订购销售肥料近100吨。

【社有企业发展】 2022年，涪城区供销联社社有企业绵阳市益汇资产运营管理有限公司参资入股新皂镇供销公司、绵阳市科福吉丰公司，通过发展产业项目提供农业现代化生产服务。公司通过涪城区级农业产业重点龙头企业认证。

（陈泓宇 张 浩）

物流业

【概况】 截至2022年年底，涪城区登记注册的物流企业达380余家，约占全市50%；纳入规上统计的物流企业28家，占全市的比重为40%。A级物流企业6家（其中AAAAA级1家、AAA级3家、AA级2家），占全市的比重为43%；纳入四川省2020年重点物流联系企业3家，占全市总数的12%。

【物流业态规划】 2022年，涪城区以“十四五”物流规划编制为契机，优化物流产业空间布局，充分考虑全区物流产业空间布局现状和特点，科学、合理规划；加快建设中国科技城物流产业园，完善龙门农产品物流园、石塘商贸物流园相关功能，形成区域、园区联动，服务本地区一、二、三产业发展，促进产业适度聚集。

【重点物流项目建设】 2022年，涪城区推进数字供应链平台建设，在商务部要求“扩内需、促消费、补短板”及加强县域商业体系建设的大背景下，抓住“互联网+”发展机遇，对上争取，引进国家电子商务中心试点国富云仓（涪城）项目。打造国家级新物流云仓示范基地。截至年底，完成仓库整体建设并正常运营发货，实现日单量1000单。中国科技城物流产业园完成825亩的一级土地整理及智慧物流数据中心、绵阳传化公路港、食品产业园、川发展两业融合产业园等项目入驻；项目占地总面积达到790余亩，签约金额达139亿元。2022年6月20日，中欧班列成渝号（绵阳）从涪城区皂角铺铁路物流基地正式发车。基地近期年货运量规模达到500万吨，远期年货运量规模达到1000万吨，将成为绵阳市建设区域性铁路枢纽，开行中欧班列、发展国际物流的重要支撑平台。

2022年6月20日，中欧班列成渝号（绵阳）从涪城区皂角铺铁路物流基地正式发车
（涪城区融媒体中心）

2022年绵阳市涪城区重点物流企业情况一览表

表27

序号	企业详细名称	地址
1	四川长虹民生物流股份有限公司	绵阳市涪城区绵绢路9号
2	中国邮政集团有限公司绵阳市分公司	绵阳市临园路西段49号
3	绵阳市黑犬货运代理有限公司	绵阳市涪城毅德商贸城电商产业园1区
4	绵阳市公共交通集团有限责任公司	绵阳市剑南路西段32号
5	绵阳市通力汽车运输有限公司	绵阳市涪城区一环路北段平政汽车客运站
6	四川双汇物流有限公司	绵阳市涪城区飞云南路中段9号
7	绵阳三雄速达物流服务有限责任公司	绵阳市涪城区东岳社区四小组
8	四川保通物流有限公司	绵阳市涪城区园通东街320号
9	绵阳川运物流有限公司	绵阳市涪城区青义镇宝川路31号
10	绵阳盛捷速递有限公司	绵阳市涪城区长虹大道南段75—8号
11	绵阳市好连运快运有限公司	绵阳市高新区菩提寺社区2期
12	绵阳景逸物流服务有限公司	绵阳市涪城区石塘街道范家村十三组
13	绵阳朝阳物流服务有限公司	绵阳市涪城区绵绢路9号
14	绵阳顺发物流有限公司	四川省绵阳市涪城区长虹大道北段11号都市港湾
15	绵阳坤茂物流有限公司	绵阳市涪城区荷花中街2—14号

（杨　月　黄静莹）

粮油商业

【概况】 2022年，涪城区贯彻执行《国家粮食流通管理条例》《四川省粮食安全保障条例》《绵阳市涪城区粮食安全党政同责》，推进粮食安全党政同责工作，做好区级储备粮油和粮油应急安全体系建设，向辖区各类涉粮企业提供指导、监督和协调服务，维护辖区粮食秩序，确保辖区粮食安全。

【粮油购进】 2022年，涪城辖区（含民营企业、转化企业）累计购进粮油440704吨，其中小麦42995吨、稻谷11952吨、玉米235802吨、油菜籽312吨、其他粮食149643吨。粮油购进总量增加102970吨。

【粮油销售】 2022年，涪城辖区（含民营企业、转化企业）累计销售粮油350392吨，其中小麦43661吨、稻谷12524吨、玉米237507吨、油菜籽312吨、其他粮食56388吨。粮油销售总量减少92636吨。

【区级储备粮油监管】 2022年，涪城区加强区级储备粮油监督管理，要求承储企业在粮油的收储、保管及轮换等环节，执行《涪城区区级储备粮管理办法》《涪城区区级储备粮轮换管理办法》相关规定。截至12月，全区有区级储备粮9778吨，其中小麦6000吨、稻谷2478吨、菜籽油400吨、成品粮900吨。

【粮食库存检查】 2022年，涪城区按照《国家粮食流通管理条例》《粮食库存检查办法》《四川省粮食安全保障条例》等相关规定，遵循属地管理，坚持“有仓必到、有粮必查、有账必核、查必彻底”的原则，对辖区4个国有粮食储备企业（绵阳市粮油集团西山植物油脂库、绵阳市储备粮管理有限公司、绵阳市高新粮油购销有限公司、中央储备粮绵阳直属库）和1家民营粮食储备企业（绵阳友乐食品有限公司）逐点逐库开展粮食库存检查。经检查，辖区粮食储备企业库存粮食与保管账、统计账、会计账、银行资金账实相符，账务处理合规，并按规定进行分账管理、分仓储存，库存粮食与银行贷款相对应，其资金占用合理，各级储备粮达到“一符、三专、四落实”（“一符”即账与实物相符合，“三专”即专人管理、专账做账、专仓储存，“四落实”即数量落实、品种落实、地点落实、质量落实）基本要求。

【粮食宣传活动】 2022年5月，涪城区开展以“科技兴粮兴储 创新有你有我”为主题的粮食科技周宣传活动1次。向参加活动的群众、农户及企业发放主题宣传册，现场宣讲爱粮节粮、科技兴粮政策，开展粮油营养健康知识进家庭、进学校、进企业、进社区和进军营“五进”活动，发放宣传资料500余份、宣传手提袋100余只、宣传围裙100余条，活动共支出资金约0.8万元；10月21日，承办绵阳市2022年世界粮食日和全国粮食安全宣传周活动1次。世界粮食日的主题是“齐行动造就未来。更好生产、更好营养、更好环境、更好生活”，全国粮食安全宣传周活动主题是“不让任何人掉队。更好生产、更好营养、更好环境、更好生活”，开展“粮食安全宣讲”、“精品粮油展销”、粮食爱粮节

10月21日，绵阳市2022年世界粮食日和全国粮食安全宣传周活动启动仪式在铁牛广场举行 （涪城区发改局）

粮五进等活动，发放宣传资料4000余份，宣讲爱粮、营养健康等科普知识，倡导引领爱粮节粮社会新风尚，牢固树立粮食安全人人有责的意识。

（田建民　孙旭东）

服务业

【概况】 2022年，涪城区坚持以消费为重点做大服务业，统筹推动五大商圈提档升级，推动生活性服务业向高品质和多样化挺进，促进生产性服务业向专业化和价值链中高端延伸。全区服务业增加值总量实现434.6亿元，占全区GDP比重66.2%，增速实现5.2%，总量居全市第一，增速全市第三。

【服务业规模效益】 2022年，涪城区服务业总量规模持续增大，占全市比重1/4，是全市服务业“核心”引擎。服务业增加值达434.6亿元，继续保持全市第一。服务业增加值占GDP比重66.2%，拉动GDP增长贡献率62.2%，服务业固定资产投资增长4.5%，限额以上商贸单位321户，规模以上服务业164户。发展速度保持领先。服务业增加值同比增长5.2%，增速排连续多年位列全市前三。

【城市经济发展】 2022年，涪城区城市综合品质提升，王府井购物中心开业运营，月星涪江环球港签约落地，入驻COACH、APV、MK等30余个高端零售品牌，城市综合体商业面积超过50万平方米，业态持续迭代，品质不断提升，网红品牌首店成为“吸客”新亮点。专业楼宇产业集聚，“一楼一策”培育专业楼宇7栋，商务办公写字楼数量居全市首位，楼宇办公面积超过100万平方米。临园路中段189号金融楼宇项目启动，临园路金融集聚区税收占全区金融业税收比重32%。营造特色街区场景，省级步行街改造试点项目“绵州记忆”盛大开街、天青苑、“花开会仙”、126、三江半岛等网红打卡地“火热”，街区商业面积超过10万平方米，街区消费场景、品质外摆持续引领城市商业味、消费潮流。专业市场转型升级，裕农新域商贸物流城项目（一期）、天泰兴农门·绵阳农副产品智慧交易中心项目主体完工，全区建成天泰、毅德、高农司、农资市场、西部冷都五大专业市场，经营面积150余万平方米；花园批发市场、东辰居然之家改造提升面积超过10万平方米；各类专业市场年销售额突破250亿元。

【服务业产业体系优化】 2022年，涪城区科技服务业初具规模，建成西科数字经济创新中心、核与辐射数智创新基地、新增载体14万平方米、新增市级孵化平台3家，累计建成科技创新平台15个，集聚科技创新企业490家，入围全国创新百强区、居第34位，排名全国同类城市首位。现代金融成效显现。全年举办4季银企“鹊桥会”，累计举办16季，集聚金融机构136家，数量居全市首位，培育本土上市企业和新三板挂牌企业5家。现代物流能级提升，国家级新物流云仓试点国富云仓项目投入运营，智慧物流信息中心（一期）全面完工，西部陆海新通道东盟铁海联运班列、中欧班列成渝号（绵阳）首发，集聚物流企业380家，培育A级物流企业6家。文旅康养特色凸显。承办省级魅力竞演大赛启动仪式，绵州吟诵、金峰雄狮成功申报省级非遗项目，全国首批国家级夜间文化和旅游消费集聚区“绵州记忆”焕新升级，马家巷等节点工程加快推进，累计培育星级酒店6个、A级旅游景区1个，开发系列非遗文创产品400余件。

2022年5月28日，绵阳王府井购物中心开业 （涪城区融媒体中心）

【绵阳王府井购物中心开业】 2022年5月28日，绵阳王府井购物中心开业。绵阳副市长李南希，绵阳市商务局党组书记、局长韩忠明，涪城区委副书记、区长张虚怀，北京王府井购物中心副总经理兼西南区总经理张树民，涪城区委常委、统战部部长、区总工会主席董静出席开业仪式。绵阳王府井购物中心位于主城区核心位置，商业综合体占地33亩，开发定位为集商业、办公、娱乐、酒店、住宅为一体的综合性开发项目。项目总投资约10亿元，总建筑面积17.56万平方米，其中商业面积11万平方米。经营项目涵盖快时尚、生活超市、潮流精品、时尚服饰、高级院线、餐饮美食、亲子儿童、潮流游玩等多种业态。截至2022年底，入驻商户近200家，新增就业岗位了1500余个。该项目为绵阳市民营造舒适的购物空间，填补了南河片区商业综合体空白。

2022年绵阳市涪城区服务业增加值结构统计表

表28

增加值 类别	2022年总额（万元）	2022年增速（%）	占服务业增加值比重（%）
服务业	4346157	5.2	100
（一）批发零售业	611996	2.2	14
（二）住宿餐饮业	176159	–1.9	4.1
（三）交通运输、仓储和邮政业	100680	0.9	2.3
（四）金融业	452090	6.2	10.4
（五）房地产业	469096	–4.2	10.7
（六）其他营利性服务业	1152323	10.2	26.6
（七）其他非营利性服务业	1360067	6.5	31.3
（八）其他	23746	159	0.5

（杨　洁　刘玲文）

旅　游

概　述

【概况】 2022年，涪城区坚持以文塑旅、以旅彰文，推行两项改革，发展近郊游，“湖光山色”稻渔亲水湿地农业主题公园开园。开展旅游企业调研，帮助企业纾困解难。谋划研学旅行，开展研学活动。做优做强旅游产品，发展文旅经济。有国家AA级旅游景区1家，为涪城区晨曦森林度假村旅游景区。二星级以上酒店6家，旅行社33家，旅行社分社18家，营业网点108家。

2022年绵阳市涪城区国家A级旅游景区一览表

表29

序号	景区	级别	评定时间	负责人	地址
1	绵阳市涪城区晨曦森林度假村旅游景区	AA	2012年12月13日	邓钦予	绵阳市涪城区丰谷镇民杨村一组

2022年绵阳市涪城区星级酒店一览表

表30

序号	酒店名称	酒店房间（间）	星级	地　址	审批日期
1	绵州酒店	297	四星	临园路东段62号	2000年1月
2	王子大酒店	233	四星	临园路西段25号	2002年5月24日
3	顺辉·世纪巴登酒店	314	四星	临园路西段28号	2011年12月30日
4	子云大酒店	73	三星	临园路西段26号	2012年12月5日
5	长虹·君怡酒店	56	二星	跃进路36号	2000年2月23日
6	新华饭店	134	二星	警钟街7号	2000年12月3日

2022年绵阳市涪城区旅行社一览表

表31

序号	名称	地址
1	绵阳市交发旅游集散中心管理有限责任公司	临园路西段29号
2	绵阳青年旅行社有限责任公司	绵阳市安昌路18号爱喜·嘉年华B座5楼
3	绵阳市东方旅行社有限公司	涪城区临园路西段5号花园小区D14栋102室
4	绵阳市康辉国际旅行社有限责任公司	绵阳市临园路中段84号三力大厦五楼
5	绵阳中旅西部旅行社有限公司	绵阳市安昌路17号（富临花园301）
6	绵阳市天马旅行社有限责任公司	御苑街御苑巷8-2
7	四川天颂国际旅行社有限公司	御苑路9号5栋1楼
8	绵阳市仙海旅行社有限公司	四川省绵阳市涪城区泗水巷28号
9	绵阳市中旅假日旅行社有限公司	临园路东段72号新益大厦公寓12层4号
10	绵阳愉逸游国际旅行社	泗水巷58号海赋外滩
11	绵阳市友谊旅行社有限公司	绵阳市临园路中段84号佳辉花园B幢
12	绵阳温馨国际旅行社有限公司	绵阳市涪城路盛鑫苑2栋8楼C号
13	四川同业国际旅行社有限公司	涪城区一环路北段无号平政汽车客运站
14	绵阳高新国际旅行社有限公司	绵阳市涪城区一环路西段21号2-1
15	绵阳绿地假日旅行社有限公司	花园路9号万达广场写字楼一单元1304室
16	绵阳市启明星国际旅行社有限责任公司	绵阳市剑南路西段73号
17	四川亚晖国际旅行社有限责任公司	绵阳市涪城区剑南路西段26号
18	绵阳市联合国际旅行社有限责任公司	绵阳市安昌路56号3楼
19	绵阳骏辉旅行社有限公司	涪城区涪城万达SOHO一单元19楼16号
20	四川绵阳国际旅行社有限公司	绵阳市警钟街28号
21	绵阳众信国际旅行社有限公司	绵阳市安昌路18号
22	绵阳神州国际旅行社有限公司	涪城区御安街10号凯越诗蓝·御营广场1幢1单元603
23	四川省天启旅游有限公司	涪城区西山东路95号（五一广场五一大厦）2楼
24	绵阳环球国际旅行社有限公司	绵阳市涪城区平政一巷7号
25	四川金赐国际旅游有限责任公司	绵阳涪城区成绵路一巷5号
26	绵阳市百事通国际旅行社有限公司	绵阳市临园路中段68号富临大都会7号
27	四川绵阳假日国际旅行社有限公司	临园路东段58号
28	四川中盛国际旅行社有限公司	绵阳市涪城区安昌路17号富临花园
29	绵阳市绵州国际旅行社有限公司	绵阳市富乐路24号
30	绵阳沪春秋旅行社有限公司	涪城区公园路2号瀚威城市中心3310
31	四川美亚假日旅行社有限公司	临园路东段54号
32	四川捷伴国际旅行社有限责任公司	绵阳市涪城区剑南路西段8号
33	四川乐行天下国际旅行社有限公司	涪城区临园路西段25号王子大酒店

【两项改革重点工作】 2022年4月，涪城区千鹤田园农旅融合区旅游专项规划暨临港经济区旅游专章规划被纳入2023年市区两项改革重点工作，两个规划均通过市级专家组评审。2022年完成“湖光山色”稻渔亲水湿地农业主题公园旅游休闲设施和旅游景观建设，6月28日，举办“湖光山色”稻渔亲水湿地农业主题公园开园暨首届荷花音乐节。

旅游行业管理

【概况】 2022年，涪城区加强旅游市场监管和安全工作。春节、国庆等节假日联合相关部门开展检查，包括旅行社、分社、营业网点的注册、注销和暂退质保金等工作。景区、星级酒店通过省、市级复核。

【品牌创建】 2022年，涪城区杨家镇柏林湾村利用蚕桑集聚发展的资源优势，探索开发“旅游+”等模式，促进传统农业与旅游、文化、康养等产业深度融合，先后打造“千鹤桑田”观光带、“七彩之虹”精品生丝制品及服饰品等旅游商品，带动当地乡村旅游发展，7月11日，涪城区杨家镇柏林湾村被省文旅厅、省发改委联合发文命名为四川省乡村旅游重点村。8月，绵州酒店通过省文旅厅金叶级酒店复核。

【人才培训】 2022年，涪城区开展乡村旅游人才培训工作。10月，组织吴家镇、杨家镇乡村旅游发展带头人参加省第三批乡村旅游带头人培训班。12月，组织5个乡镇60余人开展第三期乡村研学导师线上培训会。11月，建立涪城区文化和旅游能人库，向省市推荐文化和旅游能人3人。

【研学旅行】 2022年3月，涪城区文广旅局与区教体局联合出台了《涪城区研学旅行实践活动实施意见（试行）》。开展第三期乡村研学导师线上培训会。聘请专业研学旅行机构，精心设计归居田园花间研学旅行线路和蚕宝的一身与一生两条精品研学旅行线路。围绕原香国际香草园的各种花卉植物和天虹丝绸园蚕宝的成长过程开展研学活动。

旅游资源管理

【概况】 2022年，涪城区旅游资源共有1601个，其中自然类旅游资源181个，占11.3%；人文类旅游资源1420个，占88.7%。优良级旅游资源196个，占12.2%；新发现旅游资源点143个，占8.9%。五级旅游资源3个，约占0.2%；四级旅游资源18个，约占1.1%。

【资源分布】 2022年，涪城区旅游资源分布于8个大类、24个亚类、89个基本类型，分别占标准分类中大类的100%、亚类的92.30%、基本类型的67.94%。旅游资源在全区各镇（街道）均有分布，结合优良级旅游资源分布情况，城厢街道、工区街道、城郊街道、杨家镇旅游资源分布较为集中，其优良级旅游资源共136个，占全区优良级资源的69.4%；高新技术开发区、经济技术开发区次之，共40个，占全区优良级资源的20.4%。此外，吴家镇、杨家镇、城厢街道、工区街道、城郊街道、经开区、高新区7个乡镇优良级旅游资源以人文类为主，共161个，全区优良级自然资源较少，只有18个。

【资源等级】 2022年，涪城区有三江湖生态湿地、圣水寺2个五级旅游资源，有原香国际香草园、人民公园休闲旅游区、泗王庙、罗汉寺、国际蚕桑小镇、川西坝子彭家大院、山西面馆、窝窝店包子等8个四级旅游资源。

【资源评价】 2022年，涪城区旅游资源特色主要体现在花卉地，建设工程与生产地，文化教育科技体育活动场所，医疗康养游乐休闲场所，纪念、宗教、祭祀活动场所，雕塑，农家乐，乡村酒店等7个方面。

旅游文化活动与推广

【概况】 2022年，涪城区推出春节晚会、话剧展演、文创集市、文创展演、民俗节庆、研学科普、红色旅游等多种主题多种形式的旅游产品，开展川剧下乡等活动10余场次。突出桃花、梨花、郁金香等花卉资源，举办乡村花卉节庆活动6场。突出春节传统民俗，举办香草园国潮大妙会等活动。举办“湖光山色”稻渔亲水湿地农业主题公园开园暨首届荷花音乐节。“乐游涪城”微信公众号和短视频上线，发布涪城旅游图文信息及短视频63期。

【首届荷花音乐节】 2022年6月28日，中共涪城区委、区人民政府在“湖光山色”稻渔亲水湿地公园举办开园暨首届荷花音乐节

2022年2月1—16日，新春国潮大妙会在原香国际香草园举办（涪城区文广旅局）

2022年3月6日，涪城区首届桃花节在丰谷镇水塘村九顶山举办（涪城区文广旅局）

活动。现场主要有开园仪式、音乐会、钓虾大赛、非遗展示等活动。

【香草园国潮大妙会】 2022年2月1—16日，新春国潮大妙会在原香国际香草园举办，活动现场主要展演了踩高跷、秧歌等新春民俗活动。

【首届桃花节】 2022年3月6日，涪城区首届桃花节在丰谷镇水塘村九顶山举办，现场有桃花仙子秀、相亲活动等节目演出。

（朱剑民　王　醒）

城乡规划

【概况】 2022年，涪城区自然资源局以全面落实区委的各项战略部署为指引，立足促进涪城经济发展，推动片区规划优化调整。2022年先后完成杨家镇控规、文创产业园一期、中心医院片区等规划调整，有效保障文创产业园等项目落地。同时，基本完成临港经济发展片区、千鹤桑田农旅融合发展片区等2个镇级片区国土空间总体规划编制。通过规划指标落实方案，向上争取247.73公顷新增建设用地指标，全力保障2022年产业发展和基础设施建设用地。

【规划引领要素保障】 2022年，《〈绵阳旧城控制性详细规划〉涪城中心片区局部（N(01.G)-b-04单元调整方案》《〈绵阳旧城控制性详细规划〉御营坝片区局部〈S（02.C）-a-02、S（02.C）-a-03单元〉调整方案》获得市政府批复实施，为文创产业园等涪城区重点项目建设提供强有力的规划保障。《绵阳市涪城区杨家镇控制性详细规划》片区规划调整获区政府批复实施，为重点片区开发及基础设施建设提供规划保障。通过编制规划指标落实方案，新增建设用地指标共计247.73公顷，包括文创产业园市政道路建设项目、青义龙门片区支路网及青石路基础设施建设工程项目、青义镇龙峰村安置房建设项目等17个重点市政设施、公益设施及重点民生工程建设项目，为项目用地报征提供依据。

【“三区三线”工作】 2022年11月1日，涪城区“三区三线”划定成果获自然资源部批复启用。自2021年6月开展永久基本农田整改核实补足和城镇开发边界划定（“三区三线”）工作以来，涪城区高度重视全区产业发展空间优化，组织区级相关部门、各镇（街道）多次研判，经过多轮划定，共划定城镇开发边界83.97平方千米，新增开发边界指标位列全市第一；划定永久基本农田10.01万亩，相较上轮永久基本农田保护目标调出4.8万亩，二环路以内已无基本农田。

（赵叶子　朱绪顺）

城乡建设

【概况】 2022年，涪城区住建局深入学习贯彻党的二十大精神，紧紧围绕“五市战略”，以“城市管理极端精细化”为目标，严抓项目建设，推进城乡建设高质量发展。

【城建攻坚】 2022年，涪城区城建攻坚项目48个（新建项目24个、续建项目15个、储备项目9个），计划完成投资43.95亿元，确保完成投资37.14亿元。全年完成投资45.26亿元，占计划完成投资102.95%，占确保完成投资121.86%，整体超额完成投资目标任务。

【建筑业产值】 2022年，涪城区开展企业全覆盖大走访，为企业纾困解难，推动建筑业健康发展。完成建筑业产值310.08亿元，总量居全市第一，增幅县市区排名第二。

【房地产监管和交易】 2022年，涪城区贯彻落实各项购房补贴政策，全方位开展政策宣传，以“组合拳”的方式促进市场回暖升温。涪城区2022年累计完成商品房销售面积87.97万平方米，销售总量居全市第二。签订预售资金监管协议54份，监管预售资金78.08亿元，审核发放建设资金12.82亿元，审核供应商账户申请285个，处理冲正资金0.368亿元。

【生活垃圾收运处置】 2022年，涪城区坚持垃圾日产日清，保障生活垃圾收运处置正常运行，累计清运生活垃圾24万余吨，同时按照“一站一策”思路，对百盛、南河等4座垃圾转运站进行提升改造，垃圾日处理能力得到进一步提升。

【工程质量安全监管】 2022年，涪城区严把工程质量关，要求项目公司按照先行先试，样板引路，把执行《工程质量安全手册》与开展工程质量安全管理标准化有机结合。全年开展建设工程项目质量监督78个（其中房建项目49个，建筑面积736060平方米；工业项目9个，建筑面积515713平方米；市政项目22个）。全年开展监督检查430余次，发放责令整改通知书36份，停工通知单1份。全区在建项目未发生较大质量事故，整体建筑施工质量形势平稳可控，其中，东江环保填埋场项目获得四川省建筑行业建设工程质量的最高荣誉奖“天府杯”；涪城区妇女儿童医院、京科显示模组生产线项目生活区被评为四川省优质工程。组织开展建筑施工安全、消防安全、扬尘整治、农民工工资、汛期安全、建筑工地食品安全生产隐患集中大排查大整改及专项整治三年行动检查等日常监督检查200余次、集中专项整治检查2次、综合整治检查3次，发现并消除施工安全、疫情防控、工地扬尘、农民工工资等隐患790处[其中：施工安全（危大）406处、防汛减灾隐患45处、工地消防及临时用电隐患154处、建筑起重机械隐患66处]，下发责令整改通知书112份、行政处罚决定书8份、强制培训通知书3份（16人），停止违法建设16份。青义统规统建安置房（一期）、中南高科·涪城智能电子产业园1#地块项目等4个项目在2022年度全市质量安全大检查中被评为A类工地。绵阳工业固废处置中心（填埋区）建设工程项目获得“天府杯”奖。

【重点项目拆迁】 2022年，涪城区实施5个重点项目拆迁工作，其中绵阳南500千伏变电站220千伏配套工程项目、63833部队220千伏变电站扩容工程输电线路2个项目已完成全部拆迁任务；G5京昆高速公路绵阳至成都段扩容项目拆迁正在进行收尾工作；创业大道南延线工程项目、东西第二干道工程2个项目正在有序推进。截至年底，共计完成195户农户、27户企业和集体资产的拆迁工作，向上争取拆迁补偿资金共计14079.95万元。牵头组织科技城集中发展区（涪城区属范围）拆迁监审组、涪城区拆迁监审组严格按照文件标准、政策对涪城区范围内已启动的项目进行农户随机抽查、企业和集体资产监审，共计完成312户农户抽查、49户企业和集体资产监审工作，确保各项目建设工作有序推进。

【“省级百强中心镇”创建】 2022年，涪城区贯彻落实中央、省关于分类引导小城镇发展、做大做强中心镇的决策部署，推进以人为核心的新型城镇化战略，培育创建“省级百强中心镇”，夯实县域经济发展的底部基础，提高新型城镇化建设质量和城镇承载能力。由涪城区住建局牵头，多部门共同参与，各镇全力创建，通过实施“6大提升工程”和“5项改革措施”，“省级百强中心镇”创建结硕果。6月24日，四川省首批“省级百强中心镇”名单公布，涪城区吴家镇上榜。并于10月11日获得首批省级城乡建设发展专项资金702万元。

【背街小巷综合提升改造】 2022年，涪城区由区市政工程建设维护中心作为业主负责实施的富乐北路于2022年1月20日竣工通车；背街小巷整治项目（荷花东街、荷花北街、荷花西街）于3月4日竣工验收；圣水南街西段于3月9日竣工通车；跃进东街一段于3月26日竣工通车。平政河（玉女路北桥—联谊桥）污水管道改造项目、御营坝排水管道（含沟渠堰）排查服务项目、2022年背街小巷综合提升改造项目和道路交通安全改造完善项目已完工；烟厂老厂区及家属区危旧房棚户区改造配套基础设施建设项目已基本完成御林街、御营东街南段人行道石材面砖铺设、3处景观改造和御林街车行道施工。

【建筑企业引进与培育】 2022年，涪城区按照“依法依规、综合施策、稳中求进”的工作思路，坚持“外引内培”双向发力，与中铁十八局、中电科、中华西等外的央企、省企对接座谈10余次，引进四川华西绵阳建设有限公司等施工总承包一级资质企业3家，为涪城区建筑业发展注入源源不断的新动力。培育本地企业做大做优做强，2月，组织全区39家二级总包企业开展资质升级培训，帮助建筑企业准确理解住建部有关资质管理的政策导向和相关要求，掌握企业资质升级、增项、重组、平移以及企业申报施工总承包工程一级资质的操作实务。截至12月，培育绵阳市恒泰建设工程有限公司、四川军锐建筑工程有限公司2家二级总承包企业晋升为一级总承包企业。全年新增入库入统建筑企业12 家，全区在库建筑企业达224家，其中特级企业1家、一级企业18家、二级企业39家。

【区建筑行业协会成立】 2022年1月12日，涪城区住建局牵头，引导推动成立涪城区建筑行业协会，现有会员单位258家，包括建筑工程施工总承包、建筑工程施工专业承包、施工劳务分包等9大板块，以“资源整合、抱团发展”实现和谐共生。协会成立以来，开通权有维、企宣台、优企多、供需台等特色企业服务功能，组建专家人才库。区住建局带领协会与区经合局、区征地拆迁与旧城改造服务中心、知名央企、国企等部门、企业座谈交流10余次，并会同区经合局、涪城建协共同成立工作专班，全程参与招商引资活动，为每个招商引资新建项目匹配一套定制化项目推进方案，搭建了协会与国有公司、区级相关部门交流对接的平台。及时收集、发布建设项目清单，引导企业参与项目建设，全年为协会提供项目建设机会10余次、发布有效信息120余条。全年在库建筑企业中有建协会员74家，报送产值183.68亿元。协会成立后本地企业中标项目较2022年同比不论是中标金额，还是中标个数，占比均提高了约15%。

2022年1月12日，涪城区建筑行业协会成立大会召开　（涪城区住建局）

【“保交楼”工作】2022年，涪城区围绕中央、省、市、区关于“保交楼、稳民生”工作要求，迅速成立工作专班，落实专人负责，及时将涉险楼盘剩余资产做了保全，确保剩余资产变现资金能全额用于后续建设。结合项目实际，加强分析研判，逐一制定“一楼一策”工作方案，并督促开发企业制定复工方案及施工过程中的资金需求方案；同时加强与项目的总包、装修、园林、园建等施工单位沟通协调，督促协调各参建主体单位搁置前期工程欠款，保障后续建设；并指派专人驻守现场负责督促各单位开展工作。截至2022年底，恒大翡翠龙庭项目所有楼栋按照预定时间达到交付条件，实现“保交楼”目标；蓝润春风里项目于2022年9月25日实现复工，开发企业计划2023年5月底竣工交付。争取“保交楼”专项借款支持，分别为蓝润春风里项目和恒大翡翠龙庭项目争取到1.55亿元和0.15亿元后续建设资金。同时设立共管账户，建立使用审批机制，保障资金使用规范和效率，推动项目实现复工。

【涉房历史遗留问题化解】2022年，涪城区住建局坚持按照“一楼一策”项目处置方案，紧盯时间节点和堵点难点，压实责任，及时对接司法、自规部门，加快司法处置进度和土地解押、变性、合宗，推动项目交付、办证。截至2022年底，得月星城、滨江世纪花园等5个项目已销号，其余9个项目全部退出历史遗留问题台账，转内账管理。本着“销号不销事”的原则，推动九

2022年11月30日，恒大“翡翠龙庭”项目全部交付，保交楼工作取得重大成效　（涪城区住建局）

街区等6个项目进入司法途径解决；聚鑫公寓等6个项目完成竣工备案。针对化解过程中的难点堵点问题，创新提出“加权平均方式确定土地年限、土地等面积置换和根据现状验收”方式化解措施，助力涉房历史遗留问题化解取得突破性进展。临园大道191等3个项目通过加权平均方式确定土地年限方式得到有效推进。九鼎蓝波湾等2个项目已通过土地等面积置换方式加快了推进步伐。城南御郡等5个项目已通过根据现状验收方式解决了项目竣工验收问题。

（吕玉兰　蒲波舟）

城市管理行政执法

【概况】 2022年，涪城区综合行政执法工作以“四化”建设、城乡环境综合提质、“街长制”、“门前五包”工作为突破，持续推进市容管控、违建整治、环境治理三大主业工作。全年共计处理各类城市管理问题8万余件，立案查处城市管理问题2316件，处罚款148万元，拆除违法建设122宗，面积15123平方米，制止新增违法建设75宗，面积11915平方米。

【“春风”行动市容秩序整治】 2022年3月15日至6月30日，涪城区中心城区开展“春风”行动市容秩序整治。针对绵阳市委主要领导提出的城市“乱糟糟”问题，制发《市容秩序整治“春风”行动工作方案》，重点实施“净窗”“归店”“揭疤”“清路”4个专项内容。制定临街门店治理标准模板，连续召开共享单车企业、药品零售企业等行业座谈会，建立共建长效机制。共发放《致临街商家的一封信》3500余份，《责令改正通知书》500余份，“净窗”行动整治商户1700余家，“归店”行动规范跨门占道经营商家5500余家，“揭疤”行动拆除违规灯箱、广告牌600余个，拆除撑杆搭棚30余起，“清路”行动主动规范共享单车7700余辆。

【中高考静音护考】 2022年5—6月，涪城区针对中高考考点学校周边市容秩序问题开展静音护考行动。区综合执法局利用媒体、护考执勤点，宣传中考期间相关要求，发放《“静音”护考倡议书》，集中约谈辖区夜间餐饮商家要求规范经营并引导食客文明就餐，严禁高声喧哗，走进辖区在建工地，宣传施工噪声防治法律法规，要求科学安排施工作业时间，做好降噪措施。发放倡议书2000余份，规范跨门经营300余起，清理游商150余起，清理违规占道宣传、散发小广告等80余起，规范无序停放非机动车200余辆次，并在城区6个高考考点周边设置护考执勤点，较好地保障了高、中考的顺利进行。

【重大节假日市容专项整治】 2022年，涪城区在春节、国庆节等重大节假日，专题安排部署、制定工作方案，统筹调配人员力

2022年3月25日，在涪城区“春风行动”第二阶段行动中执行人员，向当事人发送《查封（扣押）决定书》　（涪城区综合行政执法局）

量，开展全局性市容专项整治行动10余次，累计出动执法人员2000余人次，处置市容环境乱象问题800余起，较好保障了重大活动、重点节假日期间的市容秩序。国庆节期间开展疫情防控应急支援和志愿者服务工作，累计出动执法人员1000余人次，参与核酸检测秩序维护，医疗物资、检测样本、生活物资转运，设卡设点，隔离酒店和封控小区志愿服务等工作，打赢了疫情防控阻击战。

2022年12月29日，涪城区综合行政执法局集中力量对昊鑫富锦苑违建进行拆除 （涪城区综合行政执法局）

【市容规范街打造】 2022年10月，涪城区综合执法局设置金菊街、御林街、跃华路3条市容秩序规范街，完善523家商户台账，完成3块街牌设置，聘请6名市容环境监督员。累计出动执法人员800余人次，清理各类市容乱象问题200余起，规范街市容秩序总体良好。

【广告店招整治】 2022年5月，涪城区启动城市主要道路大型户外广告、店面招牌专项治理行动。发现和处理问题共1000起，责令整改531起，立案查处37起，罚款32600元，违规拆除413起，拆除面积2285.5平方米，督促商家进行安全隐患排查与维护279起。文明城市检查期间，对排查存在广告店招破损、无画面等问题，分类开展集中清理整治，督促商家自行整改破损广告店招175处、拆除违规LED小灯箱64个；对“无主广告店招”或确实自行整改困难的商家，联系拆除公司协助拆违规广告42处，更换公益广告画面的广告牌、店招70余处。

【数字城管工作】 2022年，涪城区共受理12319案件25837件，处置率99.86%，满意率97.43%。督促规范办理市长热线、网络理政，共受理网络理政201件、市长热线1664件，处置率为100%。通过天网系统，实时监控重点点位市容市貌，发现并督促辖区中队限时处理问题1320件。共受理网络舆情121件，均已高标准办结。推进12319系统历史遗留案件的处置工作，完成127件案件销号。

（范祖宇 赵丁颖）

2022年5月15日，涪城区综合行政执法局在长虹大道北段开展户外广告店招集中整治，拆除违规设置户外广告 （涪城区综合行政执法局）

违法建设整治

【概况】 2022年1月29日，涪城区召开违法建设整治工作动员部署会，根据会议要求，涪城区综合执法局制定全区整治工作方案，牵头全区违法建设整治专项工作，督促各镇（街道）迅速构建违建防控整治工作机制及制定辖区《整治工作方案》，明确整治重点和目标任务，夯实镇（街道）、村（社区）、社（组）三级防控体系，落实“区域化、网格化”管理体制。同时，每季度组织各镇（街道）、区级相关部门召开涪城区2022年违法建设专项工作推进会，总结上一阶段工作，谋划下一步工作。全年，制止新增违法建设82宗，面积12069平方米，拆除违法建设121宗，面积18633平方米。

【重点区域管控】 2022年，涪城区综合执法局按照区服务保障高铁南站指挥部及古井片区项目征地拆迁工作指挥部要求，会同镇（街道）、自然资源、农业农村、公安等部门（单位）加强重点项目地区现状管控。坚持常态化管控和专项巡查相结合，及时有效防控违法建设行为发生。针对绵遂内铁路涪城段、绵阳高铁南站、高铁商务区等重点区域，配合吴家镇、丰谷镇完成7200余户农房现状采集。针对古井片区征地拆迁项目重点区域，会同新皂镇和石塘街道迅速建立管控台账，精准锁定该区域涉及农房188户及厂房8户现状。全年，共拆除存量违建30余处，面积5000余平方米。

【文明城市创建】 2022年，涪城区综合执法局紧扣文明城市创建工作要求，集中优势力量解决了一批小区内违法建设、撑杆搭棚乱象。针对市文明办反馈问题点位，多次组织街道、社区现场查看，研究工作方案，科学处置，通过区纪委、区委宣传部复核。文明城市创建期间，共拆除违法建设14处（“蓝顶子”7处），拆除撑杆搭棚10余处，消除安全隐患1处，高质量完成全区创建考核。

【巡视案件整改】 2020年11月，

2022年12月1日，涪城区综合行政执法局联合多部门对富临外滩违法建设进行拆除

（涪城区综合行政执法局）

四川省委第七巡视组巡视绵阳市反馈涪城区“行政执法不严格，现有违法建设69宗，约12.1万平方米。”接到反馈意见后，涪城区综合执法局作为牵头部门，经逐一梳理，上述69宗案件的来源是卫片执法案件、省委第七巡视组巡视交办案件、原市城管执法支队移交案件、重点信访案件和重点历史遗留案件。依照案件具体特点制定整改计划，针对案件不同类型明确责任单位、整改措施、整改期限，倒排工期，挂图作战。近2年，涪城区综合执法局贯彻“721工作法”综合施策。截至2022年11月底，69宗违法建设已整改完成56宗。其中，2021年整改完成40宗，超额完成37宗年度目标，2022年已整改完成16宗，距离全年目标还剩余8宗。2022年以来，拆除全区最大单体违法建设花园小区休闲中心1500平方米、涉及63起行政诉讼的人民公园旁大隐美宿公司两处违法建设240平方米等一批历史遗留、群众反映强烈、社会影响恶劣的违法建设，多次对接市自然资源和规划局，化解了兴盛街五星阳光项目等涉房历史遗留问题。

（吴静涛　赵丁颖）

城乡环境综合治理

【概况】 2022年，涪城区住建局结合绵阳“生态美市”战略定位，围绕城乡环境治理提升和常态化管理的总体思路，坚持“全民参与，城乡同步，整体推进”的指导思想，全面推进城乡环境综合治理。按照科技人文的思路，新建公厕2座、改扩建公厕6座，完善人脸识别取纸、残疾人呼叫、厕位情况显示等智能化暖心设施设备。

【城市绿化】 2022年，涪城区采用责任到网格、管护到人的工作模式，开展绿地日常保洁、杂草落叶清理、修枝剪枝、补植补栽等工作。累计修剪下垂枝、偏冠枝、干枯枝、靠窗枝的行道树9000余株，清理菟丝子200余株，补栽兰花、三七、木春菊、吉祥草等共计26061平方米，补植行道树400余株，清理垃圾、落叶、杂物、杂草等1881立方米，铺设树池草皮4919个。

【城市街角打造】 2022年，涪城区聚焦“城市窗口”、主要道路和广场，利用城市边角地、闲置地块等区域，通过实施提升改造，让城市整体有形、节点有韵、沿途有景，完成对机场路口、步行街、滨江广场、科委立交桥等重点区域的提升工作，累计布展孔雀草、一串红等花卉120余万盆。打造出类型多样、布局均衡、内涵丰富的“口袋公园”“美丽街角”。累计完成七彩游园、顺城街小游园等14处“口袋公园”“美丽街角”的规划、设计、选址以及建设，为打造宜居、宜业、宜乐、宜游的品质之城提供助力。

【城镇污水处理】 2022年，涪城区持续对木龙河、翥鹤堰、长滩河、南湖等流域进行巡查检查，发现问题及时通知相关部门进行整治。推进城镇污水处理设施建设三推项目，提升乡镇污水处理率；加快推进毅德商贸城片区污水治理，确保该片区污水不再直排进入安昌河。

【城乡环境治理“百日攻坚”专项行动】 2022年3月21日起，涪城区环境卫生和绿化中心聚焦城市出入主通道、人群密集节点、景点、主次干道周边、“城中村”、“三无”小区、闲置地块等“城市窗口”和重点区域，以治脏、治乱、治差为主要内容，进行为期100天的城乡环境综合整治攻坚行动。通过自查，全区各镇（街道）自查上报132个环境问题、30个闲置地块问题、54个有争议的“三不管”地段问题、268个“三无”小区问题。区环境卫生和绿化中心出动检查队伍120余人次，对上报问题进行全面督查，并制发问题清单，督促各镇（街道）整合人力、物力、财力，全面开展整治工作，逐条推进落实，逐项整改销号。本次活动全区共出动人员16600余人、出动机械1290余台次，共清理杂草绿化垃圾等62车次，清理建筑垃圾、大件垃圾、白色垃圾等2409余吨，清理违规广告、乱拉乱扯横幅、小广告等9650余处，绿植浇灌粪水217余吨，洒水、浇灌、除尘等用水22800余吨，摆花卉66000余盆，修补道路94处，处理断枝562处，清理乱停乱放车辆3060余辆，修剪草坪、绿篱239700平方米，累计整治占道经营1100余起。

【城乡环境综合提质三年行动】 2022年，涪城区以“清、扫、修、建、管”为重点，成立由区委书记、区政府区长任指挥长的“双挂帅”指挥体系。印发《涪城区深入开展城乡环境综合提质三年行动13条措施》，明确各牵头部门主攻方向，压紧压实联系部门和属地镇（街道）的工作责任。采用政府购买服务的方式，以公开招标和竞争性磋商的方式，招出城区环卫清扫、生活垃圾收集及运输、市政维护服务商。印发《绵阳市涪城区环境卫生和绿化中心环卫清扫作业质量检查考核办法》《绵阳市涪城区环境卫生和绿化中心生活垃圾收集及运输作业质量检查考核办法》《涪城区市政维护工作检查考核办法》等管理办法，对作业公司实行考核制，考核结果与服务质效挂钩。各镇及涉农街道生活垃圾清运也采取外包作业模式通过购买服务对场镇及村社环卫清扫和生活垃圾收集及运输进行处置，并分别制定相应的考核办法，确保各村环境卫生和生活垃圾日产日清。针对城市精细化管理、农贸市场环境、“三不管”区域等薄弱环节，积极整合住建、综合执法、市场监管、公安、交警、街道（社区）等多方力量，制定了“市政基础设施提质、绿化提升”等十大专项行动方案。建立街巷长制、“门前五包”工作制等5个工作机制，提质工作取得初步成效。充分运用广播、黑板报、宣传橱窗等各种宣传形式，将“五清”“四定”“四化”和“门前五包”工作内容纳入村规民约、社区公约，切实提高群众的知晓率、支持率和参与度。召开动员会、坝坝会等1056场，悬挂张贴海报、标语、广告4125幅，组织参与志愿服务12600余人次，印制并发放宣传册、扇面48700余份，向群众宣传城乡环境综合提质三年行动意义和内容，发动群众参与城乡环境治理。

【生活垃圾分类】 2022年，涪城区印发《涪城区生活垃圾分类和处置方案》，对生活垃圾分类工作主要目标、工作任务、责任单位进行明确，并成立涪城区生活垃圾分类工作领导小组。开展对上争取，成功申请省政府专项债券资金1.1亿元用于生活垃圾分类专项工作，截至2022年底，完成御营片区、高圣平片区、中心片区371个小区的483台生活垃圾分类收集设备安装和启用工作，生活垃圾分类率达到100%，完成公共机构垃圾分类工作年度目标任务。

（吕玉兰　蒲波舟）

出入境管理

【概况】 2022年，涪城区出入境大队严格出入境证件签发管理。落实受理审批责任制，执行面见申请人、信息系统核查、人像比对和重点人群“双核查”等工作要求，贯彻落实中国公民出入境证件办理“三必核三必查”的工作制度。全年共受理各类出入境证件676件次，前台窗口服务评价总数676条，满意率100%；窗口短信测评回复676条，非常满意676条，满意率100%。办理外国人签证133件次，其中普通签证65件次，居留许可50件次，停留证件18件次。办理住宿临住登记1448人次。共查处各类涉外案（事）件23件，其中外国人“三非”案件6件，包括非法居留3件，非法就业3件，处理违法人员6人，其中，行政警告2人、行政罚款4人、遣送出境1人。

【跨境赌博专项治理】 2022年，涪城区侦办跨境赌博案件1起，采取强制措施6人，完成外协工作、线索核查14件，打掉涉赌平台1个。

【打击妨害国（边）境管理犯罪专项行动】 2022年，涪城区打击妨害国（边）境管理犯罪专项行动共立案26起，其中组织偷越案4起，偷越案21起，运送案1件。破获部督组织他人偷越国（边）案，共抓获犯罪嫌疑人146人，取保候审118人、刑事拘留2人、逮捕4人、监视居住22人，检察院提起公诉 52人（含微罪不诉4人、附条件不起诉2人）。

（王　一　徐立峰）

通　信

【移动涪城分公司】 绵阳移动涪城分公司隶属四川移动绵阳分公司，服务涪城、经开两个行政区域。公司成立于2017年，其前身为绵阳移动直属分公司，公司设一部三中心，9个驻外服务中心，率先实现城区、重点乡镇及农村5G、千兆宽带双千兆覆盖。2022年，打造新基建网络基础，从无线通信网、传输承载网、全业务三个方面紧跟通信发展趋势，着力5G新技术加速新基建典型应用落地。运用5G+AICDE技术，参与涪城区做大先进制造业规划蓝图中，利用5G+大数据、AI平台、元宇宙等前沿技术助力城市功能品质提升，实践涪城区“三度服务”体系。支持政府发展，创新融合产品，利用5G+物联网终端助力青义、吴家政府及涪城卫健疫情防控，累计提供设备1850余套。打造涪城智慧渔政、5G智慧园区、金家林水气土协同预警等智慧化项目，助力数智涪城发展。推动智慧小区建设，配合政府部门、住建、公安打造智慧社区，聚焦建设一套数字化小区综合服务体系，有效提升社区治理能力和水平，减少社区网格人员、物业单位工作负担。做好政府招商引资重点企业的通信保障，专项支撑工业园区的建设需求。做好“双心工程”，助力涪城区“绵州记忆”特色街区打造，运用信息化手段提升企业管理水平及商区智慧化水平。

【电信涪城分公司】 2022年，绵阳电信涪城分公司在科技助力疫情防控、网络通信保障、基建设施扩展等方面都作出了贡献。新建5G基站634个，提升涪城区无线网络信号深度覆盖水平。针对辖区内政府单位、医疗机构、大企业等重要客户均建立多路由保护，全面提升应急网络保障能力，提升涪城区网络应急水平。基于电信云堤安全防护能力，为辖区内300余家企事业单位提供网站安全监测、抗DDOS攻击等安全防护服务，安全等级最高评级。通过电信魔镜慧眼平台，结合已建成的50余万视联点位对接“政法雪亮”“行业魔镜”“明厨亮店”“平安校园”等平台，以自主可控的大数据AI能力，服务政法公安、金融、文旅、应急、教育等行业。

【联通涪城分公司】 中国联通绵阳涪城分公司成立于2012年8月29日，属联通绵阳分公司业务支撑机构。主要负责涪城区、经开区及周边乡镇公众客户、政企客户业务拓展、网络建设、网络运维设等工作。2022年，完成应急预案修订，制定突发自然灾害和应急救援应急预案，组织市县两级完成多次应急演练。完成冬奥、冬残奥会、二十大、两会、科博会、中高考、疫情期间通信保障等应急通信重保。2022年9月5日泸定6.8级地震发生后，绵阳涪城联通积极支援，组建应急抢险队驰援，完成抢险任务。落实网络强国战略，推进精品网络建设，涪城区全部乡镇实现5G覆盖。城区、乡镇5G人口覆盖率达到95%，高铁、三甲医院、交通枢纽覆盖率均达100%。推进5G专网在行业中应用，通过新技术助力生产效能提升，绵阳国网电力5G项目获评2022年四川省“5G+工业互联网”标杆项目，5G赋能长虹“新”智造项目获工信部“绽放杯”5G应用征集大赛标杆赛铜奖。完成96个4G网络基站建设，完成川文艺、西科大、九州技校、四川幼师等高校室分建设及扩容，4G网络覆盖能力增强。新增宽带端口总数10多万线，引入FTTR、FTTO接入技术，开展千兆网升级改造。加大共建共享并站退网、老旧设备清退、参加直购电交易、技改节能等，落实双碳战略，实现节能降耗、降本增效，全年清退老旧设备退网129套，新增直购电交易57个站点，累计直购电交易电量约162万千瓦时。开展高品质服务提升，针对用户反馈的意见，进行网络深度覆盖增强45处。开展城乡环境风貌整治，完成光缆线路整治46处。持续助力乡村振兴，开展“数字乡村”建设，完成366个数字乡村平台建设，建设双优乡村12个，宽带接入端口25000线。

（邱红宇　廖　伟）

电　力

【概况】　国网绵阳市区供电中心于2020年6月由原国网绵阳高新供电中心更名而来，高新供电中心成立于2017年11月8日，属绵阳供电公司业务支撑机构。主要负责涪城区、高新区、科创园区及周边乡镇10千伏及以下配电网的规划、建设、运维检修、故障抢修、保供电，负责辖区内的业扩报装、电费回收、用电检查、优质服务等工作。市区供电中心拥有客户54万户，管辖运行线路188条，具备配网自动化功能线路157条，自动化覆盖率为83.51%，自动化现场终端1774台，居民小区989个，拥有环网柜、分支箱837台，公用配电变压器2690台。2022年完成售电量59.79亿千瓦时，同比增长12.54%。

【电力生产供应】　2022年，中心顶住夏季“四最”、冬季寒潮的保供压力，建立保供应急机制，与市公司沟通汇报，全力争取政策支持；利用各种渠道向党委政府汇报电力供需形势，主动上门走访重点工业企业，传递电网企业坚决保障供电安全的信念和担当，凝聚保供电强大合力；主动对接涪城区委区政府、客户实施错避峰、有序用电和工、商业让电于民政策，守住了民生用电底线。保障安全局面平稳有序，强化本质安全建设，修订安全责任清单2次；持续推进安全生产专项整治三年行动、“向违章开战”等专项行动，统筹开展森林草原线路火灾、电缆通道、重过载线路等隐患排查整治1810处。增强应急保障工作效能，组织修订21项应急预案；迅速组建“6・1”芦山、“9・5”泸定地震应急抢险队驰援。高标准完成涪城区高中考、党的二十大等133项重要保电任务，获得社会各界高度评价。高效应对绵阳“9・29”突发疫情，确保防疫期间可靠供电。

【电网建设】　2022年，中心抢抓渝经济副中心建设机遇，全面推动电网高质量发展。科学实施电网规划，开展电网诊断分析和迎峰度夏电网分析，梳理配网薄弱环节，精准制定解决方案并纳入项目储备；结合辖区内负荷分布特点将75条线路改造升级工程纳入《国网绵阳供电公司“十四五”电网滚动规划及中期规划展望》。重点工程加速落地，对迎峰度夏期间配网短板靶向发力，就涪城区内75个老旧、重过载等线路台区分轻重缓急开展综合整治；高效完成滨河北路西段等升级改造工程，保证重点项目用电并强化主配网。优质高效完成27项迁改项目，有力保障地方基础设施建设。

【电力营商环境】　2022年，中心牢记“以人民为中心”，以实际行动践行“人民电业为人民”的企业宗旨。优化营商环境，深化“阳光业扩”和“三省”“三零”服务，业扩报装净增容量37.35万千伏安。狠抓营商环境合规管理，促进全员合规意识稳步提升。抓好服务质效，推进智能营销建设，换装智能电表4.6万只、HPLC模块8.8万只，全口径自动采集成功率99.99%；促进服务线上化，线上办电率、缴费率分别达到100%、96.3%；实施投诉专项治理，压降投诉72.69%。助力乡村振兴，开展“村网共建”，供电服务全面入驻乡镇便民服务中心。与12个村签订“村网共建”协议，配合“湖光山色”农业主题公园建设，助力三清观村建设乡村电气化示范村。

（赵学森　罗　震）

燃　气

【概况】 2022年，涪城区有燃气经营企业5家（其中管道燃气企业4家，液化石油气企业1家）、燃气主管总长523.6千米，燃气居民用户334897户，非居民用户8847户。为全面落实燃气企业安全生产责任，堵住安全监管漏洞，2022年，区住建局先后召开14次燃气安全工作会议，研究部署燃气安全工作。邀请燃气专家组成专项检查组，先后9次对辖区燃气企业进行安全责任落实情况检查，发现问题16处并全部督促完成整改。

【建筑压管专项排查】 2022年，涪城区住建局会同辖区各燃气企业，对全区建筑压管情况进行全面排查，共发现建筑压管13处。组织各镇、街道和燃气企业等部门研究部署问题整改措施，督促企业建立安全隐患整治清单，实行安全隐患清单“点位”周报制，整改一处，销号一处。截至12月底，完成建筑压管整改点位12处，剩余1处已移交区综合执法局依法处置。联合各燃气企业发放燃气安全宣传手册30万余份，开展燃气安全宣传活动14次。协调各镇、街道粘贴燃气安全监督卡、明白卡40万余份，悬挂燃气安全宣传横幅10余幅。

【城镇燃气安全专项整治】 2022年，根据国务院安委会《关于印发〈全国城镇燃气安全专项整治工作方案〉的通知》和涪城区安委会《涪城区城镇燃气安全排查整治工作实施方案》的文件要求，成立涪城区城镇燃气安全排查整治工作组，在全区范围内开展城镇燃气安全排查专项行动。累计排查燃气用户343744户，发现各类隐患47911处，其中居民用户隐患42002处，非居民用户5909处。截至12月底，排查覆盖面、隐患整改率均达到100%，全区无一例燃气致死事故发生。督促燃气企业完成圣水寺至沿江东街、御林街、石塘路等市政燃气管道改造约16千米。启动南华宫等131个管道运行时间超20年的老旧小区燃气管网改造工作，争取中央预算内资金1.834亿元，惠及群众约2.3万户。

（吕玉兰　蒲波舟）

招商引资

【概况】 2022年，涪城区签约项目118个、签约金额797.8亿元，其中百亿级产业项目5个、5亿元以上项目21个，项目总数、重大项目个数、签约金额均创下历史新高，招大引强实现历史性突破。

【项目招引】 2022年，涪城区紧扣主导产业，实施招大引强、招新引优。全年，绵阳市共引进百亿级项目9个，其中涪城区引进5个；全市引进百亿级制造业项目共7个，其中涪城区引进3个，包括投资120亿元的创明新能源项目、105亿元的艾伯科技智能制造产业园项目、100.5亿元欣盛半导体项目，3个项目均已开工建设。推进“平台招商”，建立健全政府与平台协同招商制度，先后协同中南高科、联东U谷、中关村、创业黑马等接待洽谈项目130余个，外出拜访考察项目520余次，完成贵合精密仪器设备制造项目、荣诚装备配套设备及零部件精密制造项目、智能制造产业研究中心、北斗星利方智能云平台等产业项目签约102个。

【招商活动】2022年，涪城区举办“园区提质、企业满园”行动重点项目集中签约暨“涪城荟”招商联盟誓师大会、厦门投资恳谈会、“涪城荟”粤港澳大湾区招商联盟大会、“涪城荟”长三角招商联盟大会等大型投资推广活动9次，线下参与活动人数达700人次，让“涪聚三江、城纳四海”的城市品牌和“涪城荟”招商联盟金字招牌走出绵阳、走向全国，全面提升了企业对涪城优良投资环境、营商环境的认知感知，切实增强了企业家投资涪城的信心。

【招引项目服务】 2022年，涪城区落实“三度服务”要求，按照“五个一”工作机制，及时了解掌握项目建设进度，梳理项目内容、政策条款、推进情况等信息，保证“一个项目一个专员”，为创明新能源、惠科模组、中南高科、传化物流港、示润项目等20个项目的开工、建设、办证等环节提供“保姆式”服务。创明新能源、欣盛显示驱动和艾伯智能制造产业园等三个百亿级先进制造业项目在全市率先实现“签约即拿地、拿地即开工”。全年，各项目服务专员累计与企业对接300余次，协调解决各类问题102个，累计兑现项目扶持资金1.665亿元。

【“涪城荟”招商联盟组建】 2022年4月8日，涪城区贯彻落实市委“园区提质、企业满园”行动决策部署，举行“园区提质、企业满园”行动重点项目集中签约暨“涪城荟”招商联盟誓师大会，共签约园区建设、先进制造、科技创新等领域项目51个、总投资203.75亿元。创新整合经合部门、龙头企业、平台运营商、科研院所、商协会、驻外招商中心等近40家单位和组织，组建“涪城荟”招商联盟，将单一的政府主导招商模式向“政府+企业+平台+商协会+…”的“1+N”联盟招商模式转变，并组建150人以上的专业化招商引资队伍。招商“盟主”由涪城区经合局局长担任，设立8个招商分盟。其中，产业招商联盟4个，分别为新型显示、汽车电子、5G制造、科技创新招商联盟；区域招商联盟4个，分别为京津冀、粤港澳大湾区、长三角、成渝地区招商联盟。各招商联盟利用成员单位资源优势，聚焦主导产业、锁定重点区域、瞄准重点企业，制定产业链招商图谱和重点项目信息库，开展定向性、跟进式招商，激发以商招商的磁场效应。

【招商十条措施出台】 2022年4月7日，涪城区委办、区政府办印发执行《“涪城荟”招商联盟双招双引十条措施》。针对涪城区外新引进，工商注册、统计关系、税收解缴关系均在涪城区，并符合国家产业政策及省、市、县（区）、园区产业发展规划，入驻产业园区标准厂房、科研载体的企业，从租赁或购买标准厂房、科研载体、设备购置、搬迁补贴、人才支持及联盟贡献奖励等6个方面给予政策支持，支持“涪城荟”招商联盟单位招引先进制造业和科技创新产业项目入驻涪城区标准厂房、科研载体，加快推进主导产业集聚集群发展，进一步汇聚招商力量、汇集招商资源。

【专业招商队伍建设】 2022年，涪城区建立招商人才培训、锻炼、交流机制，在绵阳市经合局的关心支持下，借助市政府驻外投促中心力量，从全区选派5名干部到北京、上海、深圳、武汉开展驻点招商，从全区选派10名年轻优秀干部到区经合局历练，推荐2人到市经合局挂职锻炼。组织双招双引实务培训6次，举办菁英微课堂19期，强化干部对区情、行业领域专业知识、商务交流技巧、项目招引知识的学习掌握，让干部在外出招商、推介洽谈、服务项目中开阔眼界、解放思想、增长才干。

【两业融合创新产业园项目签约】 2022年4月8日，涪城区人民政府与四川发展新兴产业园区投资建设管理有限责任公司、新疆北新路桥集团股份有限公司签署《中国科技城四川发展两业融合创新产业园项目》投资协议。中国科技城四川发展两业融合创新产业园项目位于临港经济发展西区（新皂镇），总投资100亿元，占地面积12平方千米，该项目落地将扩大发展空间、做美园区形象、提升产业能级，加快把临港经济发展区建成开放创新智慧低碳的千亿级现代产业园区。四川发展党委副书记、副董事长、总经理张宜刚出席活动并讲话。绵阳市委副书记王华蓉，副市长刘海昌，涪城区委书记邓辉，区委副书记、区长张虚怀等出席签约仪式。

【创明新能源项目签约】 2022年9月21日，创明新能源项目签约暨开工仪式在临港经济发展区东区举行，绵阳市涪城区人民政府与深圳市创明新能源股份公司签署《创明新能源项目投资协议》，投资总金额120亿元。四川省委常委、绵阳市委书记曹立军出席仪式并宣布开工。绵阳市委副书记王华蓉出席仪式并讲话。绵阳市委常委、科技城党工委副书记、管委会常务副主任、市国资委党委书记黄朝阳主持仪式。绵阳市委常委、秘书长、统战部部长姚永红，副市长、科技城新区党工委书记刘海昌出席仪式并见证签约。深圳市创明新能源股份有限公司董事长孟致成，涪城区委书记邓辉出席仪式并致辞。涪城区委副书记、区长张虚怀参加仪式并代表涪城区签约。活动当天，涪城区还邀请深圳市创明新能源股份公司与上下游企业实地考察对接，助力招引一批新能源产业链企业，实现“引进一个龙头、集聚一条链条、形成一片产业”。深圳市创明新能源股份有限公司是中国第一家圆柱形锂离子电池民营企业，国内高容量圆柱电池的领导者。绵阳创明新能源项目选址中国（绵阳）科技城临港经济发展区，总投资120亿元、占地900亩，是涪城区继惠科之后又一个百亿级先进制造业项目，是临港经济发展区“园区提质、企业满园”的重要支撑性项目。2022年6月30日双方首次对接以来，14天初定核心条款，43天商定投资协议，78天完成项目公司注册，83天实现“签约即拿地、拿地即开工”，创下涪城项目招引和落地建设的新速度。

【月星“涪江环球港”项目签约】 2022年11月3日，在中国（绵阳）科技城苏州推介会，涪城区与上海月星集团签订总投资103亿元的月星“涪江环球港”项目。该项目将建设集时尚购物中心、大型超市、特色风情街区、精品生态社区等于一体的超大型城市综合体，打造川西北首席“一站式”超大型购物旅游体验新地标。是上海月星集团直营的环球港项目，是全国第三、中西部地区投资额度最大的环球港项目，将打造成继上海环球港、江南环球港之后，最为耀眼的城市地标。

【艾伯科技智能制造产业项目签约】 2022年11月15日，在第十届中国（绵阳）科技城国际科技博览会投资推介会暨集中签约仪式上，涪城区与艾伯科技股份有限公司签订总投资105亿元的艾伯科技智能制造产业项目。项目预计总投资105亿元，拟分三期投资，项目一期预计投资总额15亿元，项目二期预计投资总额20亿元，项目三期预计投资总额70亿元。项目一期建设约20万平方米厂房及配套，一期满产后年产国产化笔记本电脑、一体化电脑、高集成度台式电脑、云终端等信息技术应用创新终端产品250万台；二期建设高端信创产业园；三期建设5G设备、储能设备产业园项目等。艾伯科技智能制造产业项目丰富了绵阳市新型显示终端产品，将与涪城及周边的惠科、京东方等新型显示产业形成良好互动格局。

【欣盛显示驱动项目签约】 2022年11月15日，在第十届中国（绵阳）科技城国际科技博览会投资推介会暨集中签约仪式上，涪城区与常州欣盛半导体技术股份有限公司签订总投资100.5亿元的欣盛显示驱动项目。该项目主要研发设计并建设年产COF-IC超微柔性显示驱动载带7.2亿颗及集流体材料生产线72条。项目全部建成满产后，将实现年产值105亿元。

2022年4月8日，涪城区“园区提质、企业满园”行动重点项目集中签约仪式暨“涪城荟”招商联盟誓师大会举行 （涪城区融媒体中心）

【“园区提质、企业满园”项目签约】 2022年4月8日，涪城区“园区提质、企业满园”行动重点项目集中签约仪式暨“涪城荟”招商联盟誓师大会举行。绵阳市委副书记王华蓉出席活动。四川发展（控股）有限责任公司副董事长、总经理张宜刚，绵阳市副市长刘海昌，深圳市绵阳商会会长、“涪城荟”招商联盟粤港澳大湾区盟主郭晓林，西南科技大学副校长苏伟洲，绵阳市经合局局长董正红，涪城区委书记邓辉，涪城区委副书记、区长张虚怀，涪城区人大常委会主任顾建，涪城区政协主席杜正茂，涪城区委副书记胡友谊参加活动。涪城区人民政府与四川发展新兴产业园区投资建设管理有限责任公司、新疆北新路桥集团股份有限公司签署《中国科技城四川发展两业融合创新产业园项目》投资协议，与传化物流集团有限公司签署《绵阳传化物流公路港项目》投资协议，与广东示润科技有限公司签署《示润智慧显示终端智能制造总部基地项目》投资协议，与富临精工股份有限公司签署《富临精工新能源汽车智能热管理系统及零部件产业项目》投资协议，与深圳市润悦酒店管理有限公司、绵阳市畅泰实业有限责任公司签署《绵阳九洲木棉花酒店项目》投资协议，与三力股份有限公司签署《三力汽车智能转向系统项目》投资协议，与西南科技大学国家大学科技园有限公司、西科技术有限公司签署《西科数字经济创新中心项目》合作协议；中南高科、联东U谷、中关村信息谷、创业黑马、硅基智能AI生态链基地、中科（绵阳）创新园分别与相关企业签署项目合作协议。共集中签约项目51个，总投资203.75亿元。现场发布《“园区提质、企业满园”行动计划》《“涪城荟”招商联盟“双招双引”行动计划》。

【“涪城荟”第二批项目签约】 2022年7月22日，涪城区举行“涪

2022 年 6 月 15 日，涪城区与湖里区人民政府在厦门国际会议中心酒店联合举行投资恳谈会

（涪城区融媒体中心）

城荟”招商联盟2022年第二批项目集中签约仪式，总投资130.2亿元的46个产业项目签约落地。绵阳市委副书记王华蓉出席。本次签约项目科技含量高、产业前景好，将为涪城新一轮大开发、大建设、大开放、大发展注入新的强劲动能。以英国励格纳米石墨烯产业基地项目为例，该项目总投资15亿元，分两期建设，一期将建设全球首例石墨烯使用产品生产线，二期将建设功能化石墨烯材料、石墨烯锂硫电池等，并建设集石墨烯材料产学研为一体的石墨烯产业园，项目达产后，将预计实现年产值15亿元。

【厦门投资恳谈会】 2022年6月15日，涪城区人民政府、湖里区人民政府在厦门国际会议中心联合举办投资恳谈会，贯彻绵阳、厦门两市全面战略合作部署，全面落实《湖里区与涪城区建立友好城区关系协议书》，推动两地双向合作走深走实。福建三安集团有限公司、厦门光莆电子股份有限公司、南威软件股份有限公司、中绿食品集团有限公司等20余家当地企业负责人应邀参加会议。会上，涪城区人民政府与福建省物联网行业协会、厦门市新材料产业协会签署战略合作协议。根据协议，福建省物联网行业协会、厦门市新材料产业协会将发挥资源丰富、信息灵通等优势，在项目推介、产业合作、资源共享等方面与涪城区开展深入合作。

【“涪城荟”粤港澳大湾区招商联盟会】 2022年8月29日，“涪城荟”粤港澳大湾区招商联盟大会在“先进制造之都”东莞举行。四川省政府驻广州办事处二级巡视员王强出席活动并讲话。涪城区委书记邓辉以视频连线方式参会作投资推介，并向参会企业家发出AI名片。“涪城荟”粤港澳大湾区招商联盟盟主郭晓林，深圳市创明新能源股份有限公司总经理熊立出席活动并致辞。四川省政府驻广州办事处二级调研员郑鹤，绵阳市政府驻深圳投资促进中心主任龚力出席活动。“涪城荟”新型显示招商联盟代表罗雪丽、汽车电子招商联盟代表敬思、5G制造招商联盟代表宋沛远、科技创新招商联盟代表任心浩分别作产业推介。涪城区政府与“涪城荟”粤港澳大湾区招商联盟盟主签署合作协议；“涪城荟”新型显示、汽车电子、5G制造、科技创新招商联盟盟主分别与深圳市明祺光电有限公司、深圳市万禄城科技有限公司、深圳市众利电源科技有限公司、广州佐翼科技有限公司签署合作协议。

【“涪城荟”长三角招商联盟会】 2022年11月1日，“涪城

2022 年 8 月 29 日，“涪城荟”粤港澳大湾区招商联盟大会在“先进制造之都”东莞举行

（涪城区融媒体中心）

荟”长三角招商联盟大会在“最强地级市”苏州举行。四川省人民政府驻上海办事处副主任卢戈出席活动并讲话。区委书记邓辉作投资推介，并向参会企业家发出AI名片。上海月星投资集团有限公司执行总裁丁峰，苏州市川渝商会会长刘珍培出席活动并致辞。绵阳市经合局副局长刘福龙，涪城区人大常委会主任顾建出席活动。涪城区委副书记胡友谊主持活动。涪城区委常委、副区长，试验区党工委副书记、管委会主任黄维出席活动。涪城区委常委、组织部部长曾胜利作“招才引智”推介。“涪城荟”招商联盟龙头企业代表李吉亮、潘柳、熊立、郝梓伶分别作涪城新型显示、汽车电子、新能源、卫星产业推介。活动中，涪城区与“涪城荟”长三角招商联盟盟主签署合作协议，“涪城荟”长三角招商联盟与产业链企业签署合作协议，涪城区委书记邓辉为“涪城荟”长三角招商联盟颁发证书。

2022 年 11 月 1 日，“涪城荟”长三角招商联盟大会在苏州举行

（涪城区融媒体中心）

【“涪城荟”长三角招商联盟涪城行投资恳谈会】 2022年12月15日，涪城区举行“涪城荟”长三角招商联盟涪城行投资恳谈会。恳谈会前，涪城区委书记邓辉通过电话与“涪城荟”长三角招商联盟涪城行活动领队，浙江省四川商会党支部书记、常务副会长，杭州西南检测技术股份有限公司董事长、“涪城荟”长三角招商联盟浙江省四川商会分盟盟主姚文宏深入交流，对姚文宏一行表示热烈欢迎，希望各位商会领导、企业家在涪城多走一走、看一看，加深双方了解、达成合作共识，推动更多企业家投资绵阳、更多项目落地涪城，实现共赢发展。

【“开放强区”品牌发布会】 2022年12月27日，涪城区“开放强区”品牌发布会举行。涪城区委书记邓辉，区人大常委会主任顾建，区政协主席杜正茂，绵阳市经合局副局长陈果，市商务局副局长戴伟，市发改委三级调研员赵烜，市科技局副局长陈光明，区委副书记、试验区党工委书记胡友谊，区委常委、统战部部长、区总工会主席董静出席发布会。发布会上，董静代表区委、区政府致辞。与会人员观看定制创意节目《未来已来》、歌曲表演《我爱我涪城》和“开放强区”成果展示汇报片。区政府驻北京、上海、深圳、武汉投资促进中心携重点企业、商协会代表以视频形式送上祝福。与会领导共同发布涪城区“开放强区”品牌。

2022年12月27日，涪城区“开放强区”品牌发布会举行（涪城区融媒体中心）

2022年绵阳市涪城区大型招商引资活动一览表

表32

序号	活动名称	时间
1	海康威视战略合作协议签约仪式	2022年3月16日
2	“园区提质、企业满园”行动项目集中签约暨百人招商攻坚誓师大会	2022年4月8日
3	涪城区农业主题公园投资推介会	2022年5月19日
4	涪城区“厦门行”活动	2022年6月15日
5	涪城区“涪城荟”招商联盟2022年第二批项目集中签约仪式	2022年7月22日
6	涪城区“东莞行”系列活动	2022年8月29日
7	创明新能源项目签约暨开工仪式	2022年9月21日
8	涪城区“苏州行”系列活动	2022年11月1日
9	“涪城荟”长三角招商联盟涪城行投资恳谈会	2022年12月15日
10	涪城区“开放强区”品牌发布会暨“涪城科创大走廊”项目集中签约仪式	2022年12月27日

2022年绵阳市涪城区签约项目一览表

表 33

序号	项目名称	签约金额（亿元）	产业类别	产业方向	投资方	备注
重点签约项目						
1	中国科技城四川发展两业融合创新产业园项目	100	二产	制造业	四川发展新兴产业园区投资建设管理有限责任公司、新疆北新路桥集团股份有限公司	
2	艾伯科技智能制造产业园项目	105	二产	智能制造	艾伯资讯（深圳）有限公司	
3	欣盛COF-IC项目	60	二产	半导体	常州欣盛半导体技术股份有限公司	
	欣盛新型电池集流体材料项目	40.5	二产	新材料	常州欣盛半导体技术股份有限公司	
4	深圳市创明新能源股份有限公司	120	二产	新能源	深圳市创明新能源股份有限公司	
5	月星环球港项目	103	三产	城市综合体	月星集团	
6	绵阳传化物流公路港项目	30	三产	服务业	传化物流集团有限公司	
7	示润智慧显示终端智能制造总部基地项目	10	二产	新型显示	广东示润科技有限公司/东莞市宏波光电科技有限公司	
8	富临精工新能源汽车智能热管理系统及零部件产业项目	10	二产	汽车电子	绵阳富临精工股份有限公司	
9	三力汽车智能转向系统项目	10	二产	汽车电子	绵阳三力股份有限公司	
10	英国励格纳米石墨烯产业基地项目	15	二产	新材料	英国励格纳米科技有限公司	
11	芯基板项目	10	二产	新型显示	浙江鑫众电器有限公司	
12	木棉花酒店项目	5	三产	服务业	绵阳市畅泰实业有限公司、深圳市润悦酒店管理有限公司	

续表33

序号	项目名称	签约金额（亿元）	产业类别	产业方向	投资方	备注
13	罗普特（绵阳）大数据科技园项目	5	二产	人工智能	罗普特（厦门）投资管理有限公司	
14	四川橙科通信（涪城）先进智能传感科技园飞秒微纳智能传感项目	5	二产	装备制造	四川橙科通信技术研究院有限责任公司	
15	核与辐射环境数智装备军民融合高技术产业协同创新基地项目	5	二产	核技术应用	四川核保锐翔科技有限责任公司	
16	西科数字经济创新中心项目	1	三产	科技信息	西南科技大学国家大学科技园有限公司、西科技术有限公司	
17	四川科金一体化金融资产司法科技服务项目	1	三产	金融服务	绵阳首战孵化器管理有限公司、四川科金园区运营管理有限公司	
18	垚磊科技无人机总装测试平台项目	1	二产	智能制造	四川垚磊科技有限公司	
19	网红总部基地及食品集合加工产业园项目	0.5	二产	食品饮料	成都市阿部农业科技有限责任公司	
20	深化院地合作项目	–	三产	科技服务	中物院成都科学技术发展中心	
21	铭盛国富产业发展股权投资基金项目	30	三产	金融	铭盛国富（深圳）科技有限公司	
22	振通智慧交通产业园项目	5.5	三产	数字经济、大数据	四川振通检测股份有限公司	
23	四川汽车职业技术学院西部现代化职业教育示范区首期建设工程	5.3	三产	教育业	四川汽车职业技术学院	
24	惠科（绵阳）第8.6代薄膜晶体管液晶显示器件170k技改扩能项目	10	二产	新型显示	深圳惠科股份有限公司	
25	废弃物资源化利用和无害化处理项目	5	二产	节能环保	绵阳中科绵投环境服务有限公司	
26	循环经济产业园燃气设备制造项目	5	二产	能源化工	绵阳市中燃金泰燃气有限公司	
27	惠科（绵阳）第8.6代薄膜晶体管液晶显示器件210k技改扩能项目	10	二产	新型显示	深圳惠科股份有限公司	
28	广东客商（涪城）龙华相位新型膜材料制造项目	5.28	二产	先进材料	龙华相位新材料（绵阳）股份有限公司	
29	绵阳农产品智慧交易中心项目	6	二产	食品饮料	绵阳市天泰实业有限公司	
30	北京中关村（涪城）科技智谷科技园区孵化示范中心项目	30	三产	科技服务	绵阳中关村信息谷科技服务有限责任公司	
31	浙江永贵（涪城）光电器材制造项目	5	二产	装备制造	四川永贵科技有限公司	
合计		754.08				

续表33

序号	项目名称	签约金额（亿元）	产业类别	产业方向	投资方	备注

工业平台签约项目

序号	项目名称	签约金额（亿元）	产业类别	产业方向	投资方	备注
1	雅森精密刀具的设计研发生产项目	1.5	二产	智能制造	绵阳市雅森五金工具有限公司	联东U谷
2	博锐森高精度机械加工及检测项目	1	二产	军民融合	绵阳博锐森科技有限公司	
3	贵合精密仪器设备制造项目	2.5	二产	机械加工	四川贵合精密仪器设备有限公司	
4	车载新型显示制造基地项目	1	二产	新型显示	深圳市明祺光电	
5	临界自动化控制设备制造项目	1	二产	机械加工	四川临界自动化设备有限公司	
6	艾克沙太自动化设备制造项目	3	二产	新型显示	四川艾克沙太自动化设备有限公司	
7	冠昊电子连接器制造项目	1	二产	智能制造	四川绵阳冠昊机械有限公司	
8	格斯拉高压快脉冲电源制造项目	1	二产	先进制造	四川格斯拉科技有限公司	
9	瑞联空管系统组件生产项目	2.5	二产	先进制造	绵阳瑞联电子机械技术有限公司	
10	汽车零部件生产项目	1.7	二产	汽车电子	温州凯梦汽车部件有限公司	
11	天和机械制造项目	1.3	二产	军工电子	绵阳天和机械制造有限公司	中南高科
12	翰瑞威高速铁路接触网检测产品组装及检测实验室	1.17	二产	智能制造	成都翰瑞威自动化测控设备有限责任公司	
13	荣诚装备配套设备及零部件精密制造项目	1.5	二产	装备制造	丹阳市荣诚电子有限公司	
14	佳创非标自动化设备生产项目	1	二产	汽车电子	绵阳佳创自动化科技有限公司	
15	诺达佳光机电一体化设备及零部件制造项目	1.5	二产	汽车电子	绵阳诺达佳工业控制技术有限公司	
16	梦达数字通信设备研发生产项目	2.3	二产	装备制造	四川梦达科技有限公司	
合计		24.97				

科技创新平台签约项目

序号	项目名称	签约金额（亿元）	产业类别	产业方向	投资方	备注
1	北斗新能源项目	0.02	三产	科技服务	四川瑞霖鑫科技有限公司	北斗未来创新中心
2	智慧工业平台项目	0.15	三产	科技服务	绵阳震坤科技有限公司	
3	智慧农场项目	0.3	三产	科技服务	四川川莆农业科技集团有限公司	
4	智慧灯杆项目	0.6	三产	科技服务	四川聚智达科技有限公司	
5	四川海岸线科技有限公司项目	0.3	三产	科技服务	四川海岸线科技有限公司	创业黑马西部创新中心
6	周卷卷食品销售项目	0.2	三产	科技服务	四川周卷卷食品科技有限公司	
7	灵悦创易VR技术研发项目	0.2	三产	科技服务	四川灵悦创易数字信息科技有限公司	
8	天顺微检设备研发项目	0.55	三产	科技服务	四川天顺微检科技有限公司	
9	远德信息智慧出行项目	0.3	三产	科技服务	四川远德信息科技有限公司	
10	四川竞速达科技项目	0.03	三产	科技服务	四川竞速达科技有限公司	
11	四川维泰文化科技项目	0.35	三产	科技服务	四川维泰文化科技有限公司	
12	四川金圆福生态食品项目	1	三产	科技服务	四川金圆福生态农业科技有限公司	
13	四川考了么互联网培训项目	0.3	三产	科技服务	四川考了么科技有限公司	
14	大漠文化视频拍摄+制作项目	0.2	三产	科技服务	绵阳市大漠文化传播有限公司	

续表33

序号	项目名称	签约金额（亿元）	产业类别	产业方向	投资方	备注
15	测控技术项目	0.1	三产	测控技术	绵阳相依测控技术有限公司	创业黑马西部创新中心
16	VR项目	0.15	三产	VR技术研发	四川灵悦创意数字信息科技有限公司	
17	新一代信息技术项目	0.5	三产	软件开发	四川英吉利安科技有限公司	
18	文化传播项目	0.2	三产	抖音短视频	四川房帮帮地产营销策划有限公司	
19	新一代信息技术项目	0.11	三产	软件开发	威海市兴安达信息技术有限责任公司绵阳分公司	
20	专利申报服务项目	0.29	三产	专利、项目申报	绵阳浩利企业管理服务有限责任公司	
21	环保材料销售项目	0.3	三产	环保材料	四川佰信环保科技有限公司	
22	智慧农业项目	0.5	三产	生态农业	四川睿森农业科技有限公司	
23	文化传播项目	0.21	三产	抖音短视频	四川金浩发信息技术有限公司	
24	文化传播项目	0.03	三产	抖音短视频	绵阳途游网络科技有限公司	
25	企业管理项目	0.1	三产	管理咨询	四川厨娘企业管理有限公司	
26	新一代信息技术项目	0.15	三产	软件开发	四川游巨鑫网络信息科技有限责任公司	
27	软件开发项目	0.1	三产	软件开发	四川嘉翊博科技有限公司	
28	研学教育项目	0.12	三产	研学教育	绵阳乐途文化传播有限公司	
29	智慧农业项目	0.3	三产	生态农业	四川厨娘农业科技有限公司	
30	文化传播项目	0.22	三产	抖音短视频	四川博创莱文化发展有限公司	
31	人工智能产业项目	0.2	三产	电子信息（其他）	四川诚韬科技有限公司	硅基智谷(全球)数字科技总部
32	电子商务项目	0.1	三产	电子商务	四川赛贝锘奥科技有限公司	中关村信息谷创新中心
33	信息技术研发项目	0.1	三产	信息技术	四川猛玛大陆信息技术有限公司	
34	企业信息化管理研究项目	0.2	三产	企业信息化管理	绵阳谷夫科技有限公司	
35	资产评估服务项目	0.2	三产	科技项目评估	四川恒驰豪杰科技评估有限公司	
36	建筑工程项目	0.2	三产	建筑工程	四川增贤建筑工程有限公司	
37	地址测绘及工程造价咨询项目	0.1	三产	地址测绘	四川测立达工程咨询有限公司	
38	建筑工程项目	0.3	三产	建筑工程	绵阳华栗建筑工程有限公司	
39	一种用于全路径规划和捕捉的无人机研发制造项目	0.2	三产	软件开发	绵阳耀洲科技有限公司	
40	物流信息化项目	0.4	三产	物流信息化	绵阳源诚鑫物流科技有限公司	
41	智能仓储柜设计研发项目	0.2	三产	产品研发	四川鑫品汇智能装备科技有限公司	
42	岩土工程勘察项目	0.18	三产	工程勘察	四川中际城勘岩土工程有限公司	
43	环保材料研发项目	0.1	三产	环保科技	四川京炜利科技有限公司	
44	石油勘探设备研发项目	0.22	三产	技术勘探	四川上城工程技术有限公司	
45	互联网电商销售项目	0.2	三产	互联网电商	绵阳圣蕾科技有限公司	
46	绵阳汲佳信息软件开发项目	0.1	三产	信息技术	绵阳汲佳信息科技有限公司	
47	四川华浦环境工程涉及项目	0.12	三产	环境治理	四川华浦环境工程有限公司	

续表33

序号	项目名称	签约金额（亿元）	产业类别	产业方向	投资方	备注
48	四川鑫赛环保科技项目	0.2	三产	环保科技	四川鑫赛科技有限公司	
49	四川高鑫迅通交通规划涉及服务项目	1	三产	专业技术服务	四川高鑫迅通交通科技有限公司	中关村信息谷创新中心
50	四川锵拓建筑工程项目	0.2	三产	房屋建筑	四川锵拓建筑工程有限公司	
51	四川创鼎博耀建筑工程有限公司	0.3	三产	房屋建筑	四川创鼎博耀建筑工程有限公司	
52	四川企海飞腾人力资源有限公司	0.2	三产	商务服务	四川企海飞腾人力资源有限公司	
53	绵阳幸福家装电梯有限公司	0.2	三产	电梯安装	绵阳幸福家装电梯有限公司	
54	四川和奥智创科技有限公司	0.3	三产	智能制造	四川和奥智创科技有限公司	
55	四川卓创人力资源有限公司	0.1	三产	人力资源	四川卓创人力资源有限公司	
56	四川唯萱伊妍商贸有限公司	0.18	三产	商务贸易	四川唯萱伊妍商贸有限公司	
57	四川竞本科技有限公司	0.3	三产	非标自动化定制	四川竞本科技有限公司	
58	交发运业绵阳汽车站热成像	0.12	三产	信息技术	绵阳移动	中国移动（成都）产业研究院绵阳分院
59	涪城区人民检察院热成像	0.1	三产	信息技术	绵阳移动	
60	涪城区发改局热成像	0.15	三产	信息技术	绵阳移动	
61	绵阳停车管理公司云mas	0.2	三产	信息技术	绵阳移动	
62	城郊街道智信精准大数据	0.3	三产	信息技术	绵阳移动	
63	涪城区卫生健康委员会防疫隔离项目	0.1	三产	信息技术	绵阳移动	
64	四川中烟工业有限责任公司绵阳卷烟厂2021年5G+智能制造数字化赋能项目	0.3	三产	服务业（科技服务）	四川中烟工业有限责任公司绵阳卷烟厂	
65	四川超企宝科技有限公司项目	0.1	三产	科技服务	四川超企宝科技有限公司	中科(绵阳)创新园
66	绵阳盛旻-核工业环保装置的设计研发项目	1	三产	装备制造（其他）	绵阳盛旻机械制造有限公司	
67	工业自动化	0.3	三产	物联网	四川程控科技有限公司	
68	四川巨上科技有限公司项目	0.3	三产	工业互联	四川巨上科技有限公司	中科(绵阳)创新园
69	四川新升远丰环保材料项目	1	三产	先进材料（其他）	四川新升远丰科技	
70	星环·研发设计总部和全球营销中心项目	0.5	三产	智能家居	四川星环声学科技有限公司	
71	智慧农业物联网系统项目	0.3	三产	农业	绵阳市稻田科技有限公司	四川省军民融合研究院
合计		18.75				

（向跃辉　左茂杰　向云川）

对外贸易

【概况】 2022年，涪城区实现外贸进出口总额20.84亿元，同比增长-54%。其中出口9.15亿元，同比增长-17%；进口11.69亿元，同比增长-66%。其中惠科进出口额14.8亿元，同比增长-59%。全区外贸结构不优问题突出，主要呈现惠科一家独大趋势。

【出口退税政策宣传】 根据外贸出口形势和宏观调控需要，国务院决定自2020年3月20日起，提高1464项产品的出口退税率，2022年，涪城区商务局会同区税务部门迅速组织宣传落实，加大政策宣传辅导力度，精准推送提示提醒，确保企业“应知尽知、应享尽享”。

【外贸信用保险】 2022年，涪城区推动出口信用保险机构优化出口信用保险承保和理赔条件，在2021年9家小微外贸企业参保、区级补助资金6万余元的基础上，2022年进一步加大宣传力度，全年区级补助资金9万余元，扩大了对外贸企业特别是中小微企业覆盖面，帮助企业更好防范收汇风险。

【外贸资金利用】 2022年，涪城区发挥好中央、省级外经贸发展专项资金作用，完善公共服务体系，通过支持中小微企业参加线上线下展会，加快贸易数字化发展，联通国内外供销渠道等，帮助企业多元化开拓市场。2022年企业申报成功已到位中央、省级外经贸发展专项资金6000余万元，全部拨付到了16家外贸企业。

【外贸企业融资】 2022年，涪城区加强与金融机构合作，通过搭建对接平台、数据增信支持、建立绿色通道等多种方式，推动金融机构按照市场化原则，5月，会同区金融办组织5家国有大型银行与外贸企业融资对接会，加大外贸信贷投放力度，鼓励银行与出口信用保险机构加强对接，扩大保单融资规模。多渠道、多方式强化对中小微外贸企业信贷支持，引导金融活水精准滴灌。

【外汇服务】 2022年，涪城区商务局会同绵阳市贸促会等相关部门加大对企业的培训宣传力度，从提高业务、规避风险等方面出发，推动完善避险产品服务，助力银企对接，帮助中小微外贸企业更好管理汇率风险，提升企业综合竞争能力。4月，组织外贸企业参加四川省商务厅举办的线上培训，帮助企业提升汇率风险管理能力。

2022年绵阳市涪城区进出口贸易一览表

表34

名称	累计出口金额(元)	对比累计出口金额(元)	累计出口金额增减(%)	累计进口金额(元)	对比累计进口金额(元)	累计进口金额增减(%)	累计进出口金额(元)	对比累计进出口金额(元)	累计进出口金额增减(%)
涪城区	915757261	1103714069	-17.03	1168652876	3470280427	-66.32	2084410137	4573994496	-54.43
绵阳惠科光电科技有限公司	518824728	625201344	-17.01	962418088	2978789161	-67.69	1481242816	3603990505	-58.9
四川华拓光通信股份有限公司	155647121	189261515	-17.76	2970614	1905278	55.91	158617735	191166793	-17.03
四川龙华光电薄膜股份有限公司	48642324	62547350	-22.23	99308090	252091045	-60.61	147950414	314638395	-52.98
四川长虹电源有限责任公司	73485588	85022972	-13.57	17123656	427142	3908.89	90609244	85450114	6.04
康宁显示科技（绵阳）有限公司	360608	292598	23.24	62098842	222060093	-72.04	62459450	222352691	-71.91
绵阳百事德化工有限责任公司	40665536	0		0	0		40665536	0	
绵阳市广鑫进出口贸易有限公司	27194334	15326767	77.43	0	0		27194334	15326767	77.43
绵阳惠科显示科技有限公司	0	0		16985227	0		16985227	0	
绵阳市建诚电子有限公司	8318862	11545711	-27.95	0	0		8318862	11545711	-27.95
四川伊莱特贸易有限公司	4705131	4051181	16.14	0	0		4705131	4051181	16.14
四川传丝科技有限公司	4532545	6300568	-28.06	188	0		4532733	6300568	-28.06

续表34

名称	累计出口金额(元)	对比累计出口金额(元)	累计出口金额增减(%)	累计进口金额(元)	对比累计进口金额(元)	累计进口金额增减(%)	累计进出口金额(元)	对比累计进出口金额(元)	累计进出口金额增减(%)
绵阳市丰谷制丝有限公司	4383386	16795003	-73.9	0	0		4383386	16795003	-73.9
四川亿蔚得贸易有限公司	3702040	54517	6690.62	0	0		3702040	54517	6690.62
四川永贵科技有限公司	3560717	3670950	-3	750	0		3561467	3670950	-2.98
绵阳济海进出口贸易有限公司	3280593	13586194	-75.85	0	0		3280593	13586194	-75.85
四川沃姆斯科技有限公司	3245595	3263865	-0.56	0	0		3245595	3263865	-0.56
梯爱司新材料科技（绵阳）有限公司	707	22	3113.64	2631430	3438590	-23.47	2632137	3438612	-23.45
绵阳市雅森五金工具有限公司	2417456	2301082	5.06	0	0		2417456	2301082	5.06
绵阳利中吉商贸有限公司	0	0		2397369	10357025	-76.85	2397369	10357025	-76.85
绵阳创砂新材料有限公司	2327614	20845	11066.29	0	0		2327614	20845	11066.29
四川拓峰智能装备有限公司	1811202	0		0	0		1811202	0	
绵阳添懋五金制品有限公司	1459955	1348883	8.23	186776	0		1646731	1348883	22.08
绵阳华仁科技有限公司	1316467	0		20097	0		1336564	0	
龙华相位新材料（绵阳）股份有限公司	168766	0		923583	0		1092349	0	
四川绵阳三力股份有限公司	4646	0		1006960	292787	243.92	1011606	292787	245.51
四川垚恩科技有限公司	924029	0		0	0		924029	0	
绵阳晨丰纺织有限公司	904612	0		0	0		904612	0	
四川凯华新材料有限公司	722330	333805	116.39	0	0		722330	333805	116.39
四川欧斯姆电子科技有限公司	670124	1014720	-33.96	319	0		670443	1014720	-33.93
绵阳精恒光通讯有限公司	602378	730159	-17.5	0	0		602378	730159	-17.5
四川弯流机电科技有限公司	0	0		498436	556256	-10.39	498436	556256	-10.39
四川金三国际贸易有限公司	471113	185324	154.21	0	0		471113	185324	154.21
绵阳福远商贸有限公司	408197	619377	-34.1	0	0		408197	619377	-34.1
绵阳奈斯光电科技有限公司	241965	0		0	0		241965	0	
四川长虹佳华数字技术有限公司	238879	0		0	0		238879	0	
四川固得石油机械有限公司	181457	398224	-54.43	0	0		181457	398224	-54.43
绵阳大华微电子有限公司	95249	216232	-55.95	0	0		95249	216232	-55.95
四川英得纬特商贸有限公司	92681	0		0	0		92681	0	
绵阳福瑞进出口贸易有限公司	92370	510068	-81.89	0	0		92370	510068	-81.89
四川梓冠光电科技有限公司	0	0		34532	149165	-76.85	34532	149165	-76.85
四川奈微特科技有限公司	32161	2047803	-98.43	1000	0		33161	2047803	-98.38
绵阳睿控电子有限公司	0	0		27772	39150	-29.06	27772	39150	-29.06
绵阳霞军科技有限公司	23795	0		0	0		23795	0	
四川四虫虫奏科技有限公司	0	0		12169	0		12169	0	

续表34

名称	累计出口金额(元)	对比累计出口金额(元)	累计出口金额增减(%)	累计进口金额(元)	对比累计进口金额(元)	累计进口金额增减(%)	累计进出口金额(元)	对比累计进出口金额(元)	累计进出口金额增减(%)
四川华高科技有限公司	0	0		3570	0		3570	0	
绵阳旭立辰科技有限公司	0	0		3408	0		3408	0	
绵阳杰福来商贸有限公司	0	2801732	-100	0	0		0	2801732	-100
四川华英宇科技有限公司	0	754755	-100	0	0		0	754755	-100
绵阳艾尔部落精酿啤酒有限公司	0	0		0	19668	-100	0	19668	-100
四川食商优购科技有限公司	0	0		0	155067	-100	0	155067	-100
绵阳金川福康科技有限公司	0	124758	-100	0	0		0	124758	-100
四川聚鑫丰机械有限公司	0	9812	-100	0	0		0	9812	-100
四川省仁德科技有限公司	0	53375933	-100	0	0		0	53375933	-100

（刘庆平　黄静莹）

对口帮扶凉山州昭觉县

【概况】 2022年，涪城区以党的二十大精神为指引，贯彻落实习近平总书记四川视察重要指示精神，以及省委书记王晓晖调研昭觉县讲话精神，扛起对口帮扶政治责任，抓好“三个支持、九个协同”，助力昭觉县接续乡村振兴全面发展，“涪昭命运共同体”更加紧密。一年来，涪城区始终对标对表省委组织部《2022年省内对口帮扶工作重点任务》，推进对口帮扶各项目标任务。区委常委会、区政府常务会专题研究部署对口帮扶工作4次，审议确定《2022年涪城区对口帮扶昭觉县工作实施方案》等重要文件；区委副书记、区长张虚怀到昭觉县开展实地会商互访1次，并看望慰问帮扶干部。全年落实财政帮扶资金1500万元，超过省级要求的77.85%，实施财政资金帮扶项目17个，其中，产业发展类项目5个（资金占比达51.5%）、民生事业类项目8个、基层治理类项目4个。

【产业发展帮扶】 2022年，涪城区支持昭觉县产业发展，抓好产业、创业和就业协同。加大对涪昭现代农业产业园、昭觉县食用菌产业园的培育支持力度，协助招引“乡勤牧业”肉牛养殖、“山鹰牧场”肉鸡+芦笋种植养殖等大型循环种植养殖现代产业园项目2个，协议到位资金1.2亿元，两个园区边建设边生产，完成部分种植养殖大棚修建，采购饲料加工和自动化投喂等设备，投入肉牛260头、鸡苗20000余只，产值近千万元。探索“地莫镇瓦古村+汇珍食用菌公司+当地农户”等联农带农新模式，示范种植野生香菇15万棒，年销售收入达280余万元，毛利润约120万元，帮助本村100余名村民实现就近就业，全年务工增收共计80余万元；在涪昭、九如等现代农业园

2022年11月3日，涪城区委副书记、区长张虚怀（左一）在昭觉县四开镇涪昭现代农业产业园区考察调研产业发展帮扶情况（涪城区对口帮扶昭觉县工作队）

区创新实施“农民稳岗就业3344工程”项目，设置政府奖补资金，系统化改善务工人员工作和生活环境，打造“稳岗爱心宿舍”100余间，服务返乡人员400余人；邀请技术专家开展定向培育，稳定输出易地搬迁社区闲置劳动力680余人；组织昭觉县返乡、闲置劳动力开展电焊、烹饪、家政、泥工、彝绣等实用技能培训4场，建立涪昭劳务信息对接平台，推送用工信息2次，提供用工信息2000余条，推动1000余户3000余人实现就业。

【社会民生帮扶】 2022年，涪城区支持昭觉县民生事业，抓好教育、医疗和社会帮扶协同。派出教师2批40余人次，集中在昭觉民族中学南校区、东方红小学等学校任教，创新开办“涪城班”，让100余名昭觉学生在家门口享受到优质的涪城教育；助推东辰集团与昭觉实现深度合作，打造覆盖小、初、高全年级段的三所基地学校，18名东辰教师先后入驻昭觉开展教学、管理和培训，同2022年相比共留住小升初、初升高各级优秀学生200余名。鼓励双方重点医院构建联益联结机制，开展薄弱或空白学科合作共建、协同发展，累计派出优秀医务人员12人，完成巡回医疗28次，学术讲座及业务培训193次，教学查房106次，手术或操作示教144次，疑难病例讨论101次；投资建成昭觉县绿色家园卫生服务中心、配置疫情防控应急专用车辆3台、购置疾控中心防艾检验设备1套。联系对接涪城籍爱心企业5家、爱心人士20余名，协助销售昭觉农特产品300余万元；接收（发放）各类物资1.2万余件，价值约150万元，帮助特殊和困难群众3000余名。

【基层治理帮扶】 2022年，涪城区支持昭觉县基层治理水平提升，抓好党建、搬迁安置、移风易俗协同。推动两地组织部、政法委等重点部门建立社会治理常态沟通机制，共同提升基层治理工作水平；唱好“双社计”，推动迎宾、灵通等“明星”社区与昭觉大型安置社区建立支部共建、社区共治、文化共融的帮扶格局，将“涪城社区基层治理34法”昭觉化运用，协助沐恩邸社区和南坪社区提升打造党群服务中心、关爱留守儿童四点半课堂、妇女家庭家风阵地、便民生活小屋等功能场所；落实50万元、在50个重点帮扶村开展“移风易俗 文明餐桌”示范项目，协助健全文明就餐村规民约、打造集体就餐场地、购置公用炊具餐具，全年利用文明就餐场地和公用炊具餐具举行“新式文明”婚丧嫁娶宴席聚会564场。依托涪城援昭志愿服务队，利用8小时之外和节假日时间，常态化开展“法治进校园”“移风易俗”等专题志愿服务和法律宣讲活动15场，编印发放民族团结应知应会口袋书1000余本，涉及10个社区（学校），惠及群众（学生）3000余人。

【全域结对帮扶】 2022年，涪城区内118个部门单位分别与昭觉县的62个部门、20个乡镇、50所中小学、49所医疗卫生机构建立结对关系，共签订帮扶协议130余份，落实结对帮扶项目200余个。创成“云结对”“组团结对”等新模式，涪城区农业农村局主动邀请昭觉县农业农村局到绵阳考察招商引资项目并顺利签约；涪城区住建局和涪城区自然资源局联合组织专家团队，为昭觉县城市规划设计和村庄国土空间规划提供审查意见；涪城区综合行政执法局与昭觉县住建局针对城区建筑垃圾管理进行探讨交流，协助拟制《昭觉县城区建筑垃圾管理办法》。

【智力人才帮扶】 2022年，涪城区昭觉县双方组织部门组织10名昭觉县党政干部和10名社区干部到涪城区农业农村局、乡村振兴服务中心等重点部门和青义镇、吴家镇等重点镇开展顶岗锻炼和短期培训。涪城区对口帮扶昭觉县工作队全体帮扶干部分别与挂职单位的29名骨干人才建立“一对一”帮带关系，帮助结对对象提拔重用2人、职级晋升1人、年度考核优秀1人；组建“农技巡回小组”技术服务队伍，开展“田间讲堂”“乡村振兴大讲堂”等专业技术培训指导20余场次，培训一线乡村振兴人才800余人次。医疗卫生系统培养“徒弟”206人，20余人得到职级晋升；教育系统结对帮带昭觉年轻教师40余名，5名教师获评更高级的职称。

（曾　志　邓长青）

交通

概　述

【概况】 2022年，涪城区完成交通固定资产投资21.06亿元，丰谷渡口改公路桥项目基本完成，完成建安工程投资约3300万元；完成农村公路建设48.3千米，其中撤并建制村畅通工程完成28.3千米、自然村通硬化路完成20千米。全区农村公路总里程达1188.276千米，公路路网密度达245.56千米/百平方千米，通组入户率100%，道路养护率100%。落实疫情防控，牵头建立“三个一”的工作机制，常态化开展高速卡点和客运场站“入川即检”和“入绵查验”的疫情防控工作，守住“外防输入”交通防线。

【交通综合整治】 2022年，涪城区共出动执法人员2.1万人次，先后开展夜间检查18次，扩区域联合执法13次，线路专项整治18次，检查车辆8045台次，查处从事非法营运的“黑车”475台次，收集推送涉网络空间非法营运行为线索109条，关闭或推送非法组客揽客电话平台11个；查处喊客揽客治安案件40余起，罚款处罚40余人。

公路建设

【概况】 2022年，涪城区开展创建国家“四好农村路”示范县工作。启动幸福美丽乡村路项目。完成丰新路（绵中路至清水村段）美丽乡村路5.1千米道路建设。启动实施丰谷镇李家桥村至新皂镇赵家花园村段3.814千米美丽乡村路（关帝场镇至一号路延长线）建设。完成第二批农村公路安全隐患整治项目一标段施工，完成二标段四座危桥建设任务。

【国家“四好农村路”示范县启动创建】 2022年，涪城区全面总结成功创建省级“四好农村路”的经验，坚持目标导向、结果导向的原则，按照考评细则要求，加强项目建设和建管养运协调发展，对标补短，开展国家“四好农村路”示范县创建工作。加强对上争取协调，争取省市部门支持。

【美丽乡村路建设】 2022年，涪城区已开工建设丰新路（绵中路至清水村段）美丽乡村路5.1千米和吴家镇“湖光山色”农业主题公园千亩桃林产业路2.5千米，12月完成吴家镇“湖光山色”农业主题公园千亩桃林产业路建设；石关路（杨家镇王家桥村至关帝镇字库村段）美丽乡村路项目等3条美丽乡村路36.8千米已完成勘察设计工作，正在进行施工图审查。

【第二批农村公路安全隐患整治】 第二批农村公路安全隐患整治分为两个标段建设，其中一标段为实施县道安全生命防护工程2.66千米、村道安全生命防护工程47.5千米、补充“十三五”三同时村道项目安保设施12. 116千米、增设交安设施，实施S211 (绵江段) k14+640右侧坡顶滑坡整治项目长约159米，吴新路北线(楼房村至蟠龙村段)路面修补工程长约1千米；二标段为丰谷镇石嘴桥、建设村三社板桥、廖家桥、吴家镇观音碑桥等四座危桥整治项目。一标段于2022年10月开工建设，于2022年底完成。二标段计划2023年实施。

2022年绵阳市涪城区农村公路基本情况统计表

表35

		里程（千米）				
		合计	县道	乡道	专用公路	村道
甲		1	2	3	4	5
总计		1188.276	255.483	257.291	—	675.502
按技术等级分	等级公路	1180.471	255.483	257.092	—	667.896
	其中：高速公路					
	一级公路	17.470	3.018	—	—	14.452
	二级公路	23.869	15.166	0.352	—	8.351
	三级公路	27.211	11.526	6.163	—	9.522
	四级公路	1111.921	225.773	250.577	—	635.571
	等外公路	7.805	—	0.199	—	7.606
按路面等类型分	沥青混凝土路面	74.452	45.386	0.702	—	28.364
	水泥混凝土路面	1028.762	206.786	221.943	—	600.033
	简易铺装路面	44.726	3.311	34.646	—	6.769
	砂石路面	15.98	—	—	—	15.98
	石质路面					
	渣石路面					
	砖铺路面					
	砼预制块					
	无路面	24.356	—	—	—	24.356

公路桥梁养护

【概况】 2022年，辖区农村公路管养总里程1190.74千米，其中：新提升省道10.50千米，县道255.15千米、乡道257.46千米，村道667.63千米；管养桥梁84座，其中：省道桥梁10座、县道桥梁24座、乡村道桥梁50座。按照“县道县管、乡道乡管、村道村管”的原则，全区5个镇2个涉农街道均成立农村公路养护服务站，各行政村建有养护队，乡村公路养护服务队覆盖率100%。全区农村公路3.5米宽道路列养全覆盖，农村公路列养率100%，本年度农村公路路况水平89.18，优良中等路率86%，优良路率76%。

【公路日常养护】 2022年，涪城区坚持以日常巡查定期化、路面保洁常态化、小修维护长效化为原则，县道每月定期巡查不低于20次，重要乡村道每月巡查不低于15次，全年共完成小修维护里程245千米，小修维护面积3010平方米。

【桥梁安全管理】 2022年，涪城区按照《公路桥涵养护规范》要求，完成辖区74座桥梁定期检查，并分类建立健全“一桥一档”技术档案。实施危病桥梁整治项目，加大辖区危病桥整治力度，投入110万元，完成7座农村公路危桥梁栏杆、桥面维修；投资约220万元，实施新皂老拱桥拆除重建项目。

【公路路况评定】 2022年，涪城区按照县、乡、村道检测里程要求和检测比例，完成辖区130千米道路路面技术状况检测，经检测，路面技术指标PQI值为

89.18，农村公路优良中等路率86%优良路率76%。

【次、差等路整治】 2022年，涪城区全面完成省厅公路局考核评定下达涪城区的6条次差等路整治任务。

【农村示范路标美化】 2022年，涪城区围绕“湖光山色”农业主题公园，会同沿线镇政府对河玉路、石关路和罗吴路实施标美化打造，投入资金3000余万元，处置公路病害10余处，黑化公路8.63千米，补植绿化36657平方米。

城乡交通一体化

【概况】 以公交运营向农村纵深推进为抓手，持续优化建设农村公交线路港湾站96个、招呼站822个，其中涪城区农村客运线路26条，车辆168辆,日运行班次769趟，日均客流5万人次左右。全覆盖、无缝衔接涪城区13个镇、街和65个行政村，全区建制村通公交率达到100%，实现全覆盖。涪城区每年拨付城乡公交补助1000余万元。在此基础上，公交线路主动向农业产业园区、乡村旅游景点延伸，依托石塘商贸物流城、龙门农副产品物流园，因地制宜规划建设城乡物流运输集散点，稳步推进“布局合理、层次匹配、功能完善、运转高效”一体化物流基地体系建设。

【客运交通】 2022年，涪城区更新新能源公交车70辆，在全省率先实现公交乘坐全支付，客运枢纽、机场、火车站与城市公交300米内便捷换乘，65个建制村步行距离2千米范围内均有公交站点，所有镇通班车率及公交化改造率均达100%。

【货运物流】 2022年，涪城区推动区—镇—村三级物流节点协同打造，率先构建“以城市为中心、以镇村为节点、以场站为载体、以公路为纽带”的高效现代物流服务体系。有物流寄递企业分支机构81家、末端镇村邮政服务站66个，快递服务网点410处，电子商务服务网点410个，城乡货运节点体系建设全部完成。率先打通“邮政到镇、电商到村、快递到户”农村物流“最后一公里”，65个建制村全面开通货运物流、邮政、快递等服务，实现建制村农村物流服务全覆盖。

2022年绵阳市涪城区客运站基本情况一览表

表36　　单位：条、万人

站名	地址	站级	负责人	线路数量	年发送旅客量	客服电话
绵阳交发汽车客运（集团）有限责任公司	临园路西段29号	一级站	简 忠	46条	642000	2362762
绵阳市通力汽车运输有限公司平政汽车客运站	一环路北段46号	一级站	刘 军	61条	633006	2695343

打击非法营运工作

【概况】 2022年度绵阳市涪城区打击非法营运专项整治行动联合执法大队（以下简称联合执法大队），共出动执法人员10633人次，检查社会车辆7191台次，共查扣各类非法营运案件452起。

【网约车管理】 2022年，涪城区规范网约车管理，对滴滴、花小

2022年7月16日，涪城区联合执法大队在高速路口执勤（涪城区交通运输局）

猪等网约车企业进行上门约谈，督促其落实管理责任，加大准入车辆审核力度，及时清退不符合运营条件的网约车。已累计处罚问题企业4次，督促企业清理不合规车辆400台，查扣未取得经营许可违法从事网约车156台。

【道路违法整治】 2022年，涪城区开展运输线路整治93次，检查车辆1458台次，查扣涉嫌非法营运车辆72台次。密切高地联动，联合高速公路交通执法第二支队打击G5高速成绵段非法营运车辆4次；会同市文广新旅局执法支队对属地旅游包车开展联动检查，检查旅游包车13台次，发现违规行为1起。2022年，出动执法人员10633人次，检查车辆7191台次，查扣黑车452台次。

航务海事管理

【概况】 2022年，涪城区坚持以中共二十大精神统领全局，以水上交通安全管理工作为中心，以创新服务、规范管理为着力点，以“两线”作为重点，围绕中心，狠抓重点，正确处理好监督与服务的关系。密切联系辖区实际，及时调整工作思路和措施，创造性开展工作。根据四川省交通厅航务管理局2020年《四川省内河航道表》，涪城区境内有航道12千米（东方红大桥至三江枢纽）。在涪城境内经营的水路运输公司有四川越王楼文化传播有限公司（公司注册地绵阳市游仙区）1家。原有半公益性渡口1处（丰谷渡口），已于2021年9月撤渡。

2022 年，停放在涪城境内经市地方海事局登记的营运船舶 15 艘，主要分布在三江库区、丰谷镇、南湖公园境内(其中 7 艘船舶船籍港为游仙区)。渔船 14 艘，分布在丰谷镇、城郊镇、吴家镇、杨家镇、青义镇。镇(街道)自用船舶 20 艘，分布在城厢街道办事处、吴家镇、杨家镇。

【水上交通安全监管】 2022年初，涪城区交通运输局组织乡镇和水运企业签订《安全管理目标责任书》，要求镇（街道）加大打击非法船舶水上运输力度，严格执行水上法律法规，落实安全管理责任，企业履行主体责任，严禁渔船、农用船、“三无”船舶非法从事客渡运，严禁渡船、采砂船舶随意停靠，船员无证驾船，渡船、采砂船超载运输、超范围经营、超航区航行和违法夜航，严禁采砂船在禁采期采砂等违法行为，严格执行船舶最低安全配员和渡船禁航、限航和恶劣天气条件下违规航行等规定。在春运、黄金周等重点时段，对区域内船舶进行专项检查，出动检查组23组，参加人员97人次，现场整改安全隐患2处，未发现有违法作业船舶。

【水上交通防汛检查】 2022年，涪城区交通运输局落实省海事（航务）局、市海事局（航务处）、市交通运输局、区人民政府有关汛期安全的相关文件。督促落实丰谷渡口渡改桥、越王楼公司、餐饮趸船等船舶完成汛期值班应急方案并检查落实情况。协调建立各种汛情、水情传递机制，完成区交通运输局2022年度主汛期水情通报工作，发布信息100余条。配合海事局及组织完成对三江码头、镇（街道）各船舶的汛期安全检查。督促完成豪威尔及一艘自建船舶的现场拆解工作，从源头上消除全区船舶防汛安全隐患。协调处理值守中出现的各种问题70余次。

（卜 婷 邓思琪 徐 刚）

安全应急管理

【概况】 2022年，涪城区应急管理局坚持以习近平新时代中国特色社会主义思想为指导，贯彻落实习近平总书记关于安全生产的重要指示批示精神，树牢红线意识，增强底线思维，全面抓好安全生产各项工作，全区2022年未发生较大及以上安全生产事故，安全生产形势持续稳定。

【安全生产责任落实】 2022年，涪城区落实安全生产工作“十五条硬措施”，按照“党政同责、一岗双责、齐抓共管、失职追责”和地方党政领导干部安全生产责任制规定等要求，提请区委常委会、区政府常务会、区安委会全体会、专题会传达学习上级关于安全生产指示要求并安排部署安全生产工作65次；制定《涪城区区级部门安全生产工作任务分工》，明确全区42个责任部门共计220项任务，全面理清监管责任边界；制定《涪城区安全生产专项整治三年行动“巩固提升年”工作方案》、年度安全生产工作要点和防范化解安全生产重大风险工作计划，组织开展安全风险会商研判35次、制发风险预警提示和《提醒敦促函》45份；针对近五年全区生产安全事故进行系统分析，举一反三，进一步压紧压实安全生产四个责任，坚决把安全生产责任落实到最小单元，形成监管合力。

【安全风险防范化解】 2022年，涪城区部署开展安全生产大检查，推进安全风险分级管控和隐患排查治理双重预防机制建设工作。强化道路交通安全集中整治，加强货运源头安全监管，23家重点货运源头企业升级改造安装接入监管平台，完成17家；推进危险化学品专项整治，更新升级清单制2.0版本，34家危化企业开展常态化安全风险承诺；开展工贸行业“百日清零”行动，对全区103家规上企业进行拉网式全面“体检”，发现并整改问题隐患415处；推动城镇燃气集中整治，制发“百日行动”实施方案，排查燃气用户共337360户，发现隐患42002处，完成整改42002处，实现“动态清零”；深化自建房专项整治，本着“消除存量、严控增量”原则，排查房屋64898栋，初判有安全隐患的自建房3409栋全部落实管控措施，其中经营性自建房131栋已全部完成鉴定；推动高层建筑重大火灾风险专项整治，共检查高层住宅小区260余栋，发现并整改问题隐患60处，立案查处14处。

【安全监管执法检查】 2022年，涪城区各行业主管部门按照“管行业必须管安全”要求，组织各类执法检查组深入开展执法检查，通过强抓严管、严防严治，全面消除各类事故隐患。按照条块结合的方式，部署开展全国“两会”、省第十二次党代会、汛期、党的二十大和第十届科博会等重点时段综合督导46次，组织镇（街道）交叉检查、重点行业专项督查8批次，发现并整改问题隐患390余个；推进“护安

2022”监管执法专项行动，全区共组建各类检查组228个，出动检查人员651人次，开展执法检查247家次；按照“五落实”的要求，推动国、省、市督导检查发现的76个问题隐患动态清零、闭环销号，接受省级交叉督导检查5次。

【安全管家服务】 2022年，涪城区建立覆盖30个行业、400个专业的隐患排查治理信息系统，投入70万元组建安全管家专班，建设互联网安全监管系统，将录入的每个企业基本信息、风险防控、隐患排查、治理情况，以表格的形式呈现在系统中；通过安全生产“三度”服务（覆盖有广度、服务有温度、落实有力度），组织安全管家到企业现场指导检查，依托专业化数据生成多维度隐患分析报表，实现安全隐患排查常态化、监督检查规范化、过程管控科学化、隐患治理归零化，达到及时发现和消除生产隐患的目标；通过业务数据集成及多维度数据统计将各行业领域安全生产工作形势直观清晰地反映在一张图中，便于行业部门分门别类开展有针对性的监管措施，实现线上线下配套监管。2022年共开通17个区级行业主管部门和9个镇（街道）账户199个，录入企业4407家，检查企业132家，发现并整改问题隐患410个。

【老旧小区消防隐患整治】 2022年，涪城区对辖区“三无”老旧小区内乱搭乱建、“飞线”充电、疏散通道可燃物堆积现象进行整治，在331个“三无”老旧小区增设灭火器10439具、配置室内消火栓枪头、水带631套，在有安装条件的“三无”老旧小区配置应急照明灯3244盏，在402个“三无”老旧小区完善、新建电动车集中停放点145个、设置充电点1160个；开展老旧小区消防宣传1400余次，发放消防宣传资料6000余份，有针对性开展消防演练40余次，有效提升小区住户消防意识和自救互救能力；联合辖区社区干部、网格员等力量，建立“联动+常态化”长效监管机制，督促社区网格员落实消防安全巡查责任，实现“一次增设、长效管理”。

【安全生产宣传】 2022年，涪城区围绕新修改《中华人民共和国安全生产法》开展第21个全国“安全生产月”活动，开展安全宣传“五进”活动“进门入户送安全”72050次，开展特色宣讲活动160余场，参与群众达70000余人次，营造全民关注安全的浓厚氛围。

2022年度绵阳市涪城区安全生产事故一览表

表37

序号	时间	事故名称	伤亡人数
1	1月22日	绵阳市瑞峰建设有限公司“1·22”一般事故	死亡1人
2	3月29日	涪城区木龙河黑臭水体整治工程项目“3·29”一般机械伤害事故	死亡1人
3	4月2日	四川印象景观工程有限公司“4·2”一般坍塌事故（市管工地）	死亡1人
4	8月28日	绵阳市涪城区“8·28”一般事故（调查中）	死亡1人
5	10月26日	涪城区滨河南路道路综合改造工程“10·26”一般物体打击事故（市管工地）	死亡1人

【自然灾害预防】 2022年，涪城区选派农业农村、自然资源、住建等部门人员组建专班（专班划分为综合协调、城市内涝及房屋安全等6个工作小组）在区应急管理局集中办公，制定预警响应内部运行流程，编制全区风险点位图，推动落实防汛、地灾、应急“三合一”工作专班实体化运行；落实防汛责任制，明确重点江河和山洪灾害易发区的防汛行政、技术、巡查、预警转移责任人，强化雨前排查、雨中巡查、雨后核查和应急值守，9个镇（街道）区级包片领导汛期督导80余次，主汛期转移防汛隐患点位2641人次；完成地质灾害隐患排查项目及吴家镇兴涌泉村12组地灾临时治理工程，完成涪江右岸丰谷镇赵家脊段3.5千米堤防建设，完成3个地灾点位整治；协同市应急局集中举办了“5·12”全国防灾减灾日活动，有效提升了公众防灾救灾避灾意识和知识。

【灾后救助统计】 2022年，涪城区紧急采购帐篷、应急挂灯、强光手电等3619件救灾物资；发放2021年度因灾生活困难群众生活救助资金21.3万元和物资1000件（套）；完成2022年洪涝和干旱灾害灾情报送，统计受灾人口24432人、直接经济损失1010.38万元。

【森林防灭火】 2022年，涪城区落实群防群治末端发力终端见效工作机制，7名区级领导、66名镇（街道）领导干部和480名村（社）干部层层落实责任到最小单元；建立森林防灭火“十户联保”制度，全区区划2911个“十户联保”小组纳入联保38223户；将森林防灭火工作纳入村规民约，录制宣传视频，组织开展春季学期开学第一课主题教育，广泛开展森林防灭火知识宣传；清明节、“五一”期间，组织车辆、人员在吴家镇凤凰山、青义镇樱花基地等重点部位开展带装拉练、巡护。

【应急管理机制完善】 2022年，涪城区组织编制《绵阳市涪城区多灾种综合应急预案》《绵阳市涪城区暴雨洪涝巨灾应急预案》，修订《绵阳市涪城区防汛抗旱总体应急预案》《绵阳市涪城区危险化学品事故应急预案》等专项应急预案22个，构建了“横向到边、纵向到底”的应急预案体系；改造升级区应急调度中心设施设备，实现全区主要河道、水库适时监控和各镇（街道）道视频会商，即时了解涪江、安昌河的水位流量和绵阳天气变化情况；与市气象局对接合作，确保灾害性天气预警信息提前15—30分钟发出，实现预警信息发布、传播、接收快捷高效；按照突发事件预警信息发布权限厘清预警发布和响应机制，通过自建渠道及时向系统（行业）内相关负责人、应急责任人和管理对象发送预警信息。

【应急救援准备】 2022年，涪城区依托区消防救援大队专业力量，整合民兵、医务人员、公安民警和机关干部等力量1300余人，全覆盖组建镇（街道）应急队、村（社）应急分队等基层应急救援队伍 122 支，形成“一主两辅”的基层应急力量体系；按照辖区实际购置配备个人防护、抢险辅助救援装备，绘制区、镇“一主两辅”救援力量分布图；常态化开展森林防灭火、防汛度汛、地质灾害疏散、地震逃生等应急演练480余场，逐步实现应急救援队伍联防、联训、联动；采购、配发、调试35部集群式对讲设备，确保在电力、常规通信中断的非常情况下准确传达传递应急信息；通过一般债券、区级财政投入资金7120.7万元，实施青义消防站、城镇危房排查整治、地质灾害隐患整治等项目50余个；投资3700余万元在青义镇建设占地面积6713.76平方米、建筑面积4361.19平方米的青义一级普通消防站，2022年完成97%施工任务。

（梁　栋　张　明）

防汛抗旱

【概况】 2022年，涪城区对丰谷镇、青义镇境内5个涉河工程的度汛方案和抢险应急预案、20个山洪灾害危险区防御方案、全区山洪灾害防御预案和水旱灾害防御预案，9个镇、街道防汛抗旱预案等全部重新修订1次。落实区乡村组四级联防工作责任体系，实行24小时值守制度和灾情速报制度。全区所有水库、山洪危险区、辖区河道防洪等防汛重点均落实行政责任人、巡查监测责任人、安全转移责任人。24小时开展山沟河堤库、山洪危险区、沿河低洼地带、重点防汛部位、溪沟河流淤堵、雨前、雨中、雨后巡查检查，全区投入108支队伍，巡查点位600余个。整改溪沟河流淤堵问题9个，完成清淤疏浚7315米。派出防汛抗旱工作组550支，派出防汛抗旱技术支撑专家组360支。利用省水文局水情信息服务平台、市气象局公共气象服务平台和涪城区山洪灾害预警系统平台，全天候监测雨情、水情情况并传递信息12万条，覆盖群众40万余人次，未出现因灾人员伤亡。

【雨水情】 2022年5月1日，涪城区按照省、市、区防汛抗旱指挥部的统一部署启动防汛抗旱值班值守工作，至2022年10月25日结束，汛期历时153天，延长值班25天，共值班178天。2022年平均降雨量614.6毫米，汛期总体降雨前期较少，进入主汛期后明显增多。入汛以来，涪城区共经历5轮强降雨过程，全区汛期累计雨量为433.1毫米（占全年总降雨量的90%），全区汛期月平均雨量86.6毫米（其中汛期降雨较大的月份为5月120.3毫米，7月109.1毫米。全年表现为夏旱，从8月起连续少雨，汛期中反而枯水，只有2021年汛期降雨量的44.3%，为枯水年份）。涪江没有大的洪峰，涪江桥水文站汛期最高水位在7月13日8时实测洪峰水位461.33米，相应最大流量2470立方米/秒（警戒流量7840立方米/秒）。2022年8月起，涪城区经历少有伏旱天气，9月发布干旱黄色预警，到10月底干旱情况得到缓解。

【防汛抗旱会商调度】 2022年，涪城区对全区34个自动监测站点15个河道视频站实行日检，维护设备140次，投入资金9万余元进行设备维护，汛期中设备全部正常运行，报汛率达到100%，会商系统承接镇（街道）道调度、防汛抗旱、河道管理、水利工程建设等方面会议42次，信息畅通保证率为100%。通过涪城区水旱灾害防御、应急指挥部等会商系统调度28次，雨水情会商研判33次。各镇（街道）防汛调度与工作部署117次。启动、终止防汛应急响应各5次，启动、终止抗旱应急响应各1次。

【防汛减灾隐患排查】 2022年，涪城区在全区范围持续开展防汛及地质灾害隐患排查，建立安全隐患巡查台账，对排查出的155处隐患设立警戒线、警示标志，制定整改措施，立行立改，消除安全隐患。开展防汛减灾督查工作，指导、督促各镇、街道对44座水库、25处山洪危险区、辖区河道防洪等防汛重点进行专项排查，逐一建立台账，督促问题整改落实。修订完善防洪抢险应急预案，开展山洪灾害防御、水库应急转移、村民避险转移等应急演练89次，制作发放应急避险明白卡、汛期安全知识卡等资料6000余份。各镇、街道对各自山洪灾害危险区制作山洪灾害危险区“两张图”（转移预警流程图、组织责任体系图）、危险区警示牌、转移路线指示牌等警示标示牌，对危险区每户住户发放山洪灾害防御明白卡，提高危险区内群众防灾避险意识和自救互救能力。

【防汛抗旱联防联控】 2022年7月，涪城区成立防汛、地灾、应急“三合一”专班工作组，发布防汛抗旱工作日报80期。完善防汛抗旱联防联控联动机制，推进防汛抗旱工作联系与合作，加强两地交界区域、流域上下游、左右岸之间的协调联动，与江油市、安州区、游仙区、三台县、罗江区签订协议。区防指办及有关沿河乡镇加入涪江、安昌江等4个流域性雨水情会商群。

【抗旱应急响应】 在实地调查旱情、灾情的基础上，根据《绵阳市涪城区防汛抗旱总体应急预案（2022年修订版）》相关规定，经涪城区防汛抗旱指挥部研究，涪城区于2022年8月13日12时启动了抗旱Ⅳ级应急响应，于8月28日14时结束响应。投入抗旱人数11120人次，投入机动抗旱设备3830台（套），投入机动运水车10辆，解决因旱人饮困难人数586人，外调水源1200万立方米，机械提水185万立方米，实现受灾面积1440公顷全部浇灌，挽回粮食损失960吨，挽回经济损失495万元。

【抗旱工程整治】 2022年，涪城区争取到抗旱专项资金549万元，用于整治涪翁翥鹤堰引水渠1.5千米，龙西堰青义段渠道清淤6.0千米，新吴石支渠邱家庙村段渠道整治180米，玉杨丰新民支渠高碑垭段渠道整治550米，东芦支渠整治400米，韩包支渠整治350米，整治塘堰20座，整治提灌站1处，整治3处人饮水加压站等大型灌区末级渠道和抗旱水源工程建设，拟建工程完成后将提升2500公顷耕地抗旱能力，提高0.9万人供水保障率。

【防洪防汛应急演练】 2022年，涪城区住建局为全面增强防汛抢险能力，保障人民群众生命财产安全，防御突发险情造成的洪涝灾害，先后于4月26日，组织7支防汛抢险队伍在新龙舟码头，7月19日、26日组织防汛抢险队伍11人在滨江西路圣水铁路桥下、长虹培训中心铁路桥下，8月4日、5日组织防汛抢险队伍38人在长虹培训中心铁路桥下开展防汛应急演练，增强了涪城区应急抢险队伍的应急处理能力和协调作战能力，检验了防汛预案的可行性和可操作性，全面提高了防汛应急水平。8月23日，涪城区委副书记、区长、区防指总指挥张虚怀督导涪城区主汛期防汛减灾应急演练。演练采用无脚本方式进行，模拟涪江洪水过境，三江半岛商户受威胁，城厢街道与越王楼公司组织紧急避险转移、强行劝离河道逗留人员，区消防救援大队营救孤岛被困人员等内容。张虚怀指出，此次演练较地反映了临灾场景，具有一定的实战意义。同时也暴露出涉河

2022 年 4 月 26 日，涪城区市政工程建设维护中心开展城区防汛应急演练（涪城区住建局）

抢险救援船只分布、救援科技产品投入、河道巡查人员管控等方面存在的问题，指示有关部门要专题研究，予以解决。通过防汛应急演练，增强了各单位对突发性灾害的应变能力、协调能力，锻炼防汛抢险队伍，提升民众避险逃生自救技能，最大限度地降低洪水灾害造成的损失，维护人民群众的生命财产安全。

【堤防工程建设】 截至2022年12月，涪江右岸丰谷段防洪治理工程（一期）项目建设主体工程基本完成，工程新建与整治堤防（护岸）总长度5.083千米。其中新建堤防2.004千米（涪江丰谷侧1.23千米，麻柳河0.774千米）；赵家脊岛新建护岸2.763千米（岛左1.334千米，岛右1.429千米）；整治堤防0.316千米；赵家脊内濠疏浚1.423千米；赵家脊内濠新建防洪抢险交通桥1座；连接道路0.838千米。

【城市内涝治理】 2022年，涪城区优化完善《2022年市政防汛抢险应急预案》3次，研究印发《城市内涝治理三年攻坚行动方案（2022—2024年）》，成立防汛抢险工作领导小组，下设8个工作组，建立128人应急抢险队伍，入汛前对城区易积水点、泄洪通道、边坡挡墙等重要点位开展“拉网式”排查，查出隐患问题136个，建立台账，依托汛前清淘和日常维护实现逐一销号。共计清淘雨污水井、雨水箅子26385座，清掏淤泥8863立方米，疏通管道19164米。

（宋　鑫　吕玉兰　文圣春　蒲波舟）

消防救援

【概况】 2022年，涪城区消防救援大队以习近平总书记安全生产及防范化解重大风险重要指示批示精神为抓手，严查各类隐患，加大执法力度，确保全区消防安全形势基本稳定。全年共接处警1356起，出动车辆1621台（次），出动警力9839人次，抢救被困人员149人，疏散被困人员10人，抢救财产价值55万余元；其中，抢险救援354起，火灾扑救519起，社会救助483起。完成“3·9”花园小区民房火灾、“4·14”青义镇龙溪村2组家具厂房火灾、“7·6”兴隆时尚休闲城火灾、“3·1”绵江公路抢险、“8·4”小岛救援等影响较大的灭火、抢险、救援任务。先后被四川省消防救援总队评为“先进基层党组织”“先进基层队站”，被绵阳市消防救援支队评为“防火监督工作先进单位”“党风廉政建设先进单位”“宣传工作先进单位”等。

2022 年 6 月，涪城区御营坝片区排水管渠排查竣工验收（涪城区住建局）

【消防安全整治】 2022年，涪城区推进消防安全专项整治三年行动、消防产品专项整治、消防技术服务机构专项检查、校外托管机构消防安全专项整治、消防安全重点领域排查整治攻坚行动、电动车消防安全治理等专项工作，集中整治各种消防违法行为和火灾隐患，对辖区三合一场所、老旧小区、商场市场、文物古建筑、仓储物流、高层建筑、学校、校外培训机构、九小场所、危险化学品企业等场所开展消防安全大检查，全年共检查单位2623家（次），督促整改火灾隐患3202处，办理临时查封47件，行政处罚案件110件，处理群众举报投诉219起，罚款60余万元。首次对辖区四家拒不执行消防行政处罚决定的单位开具《行政处罚执行催告书》，挂牌整治四川海特尔复合材料有限公司、大成时代商城2处存在严重消防安全隐患的场所。通过集中曝光、现场办公等形式对崇尚国际广场占用消防车道停车、怡海明珠部分消防设施损坏以及部分老旧小区电动车违规停放和消防设施不足等20余个重、难点问题进行了整治。联合区委宣传部、区应急局、区住建局、区市场监管局、区教体局、区民政局等部门深入各镇、街道对电影院、住宅小区、商场、学校、养老机构等重点领域场所开展联合检查，及时消除火灾隐患，筑牢了消防安全“防火墙”。

【消防安全宣传】 2022年，涪城区开展“防灾减灾月”宣传活动、“消防安全开学第一课”及“119”消防宣传月等系列消防宣传活动。开展各类宣传90余次，发放宣传资料2万余份，消防站定期对外开放，组织社会单位开展消防安全培训及应急逃生演练120余次，累计播放各类宣传提示和公益广告10万余次。

【消防站建设】 2022年，位于涪城区青义镇黄木村9组、小桥村5组的青义一级城市消防站经过一年的建设，将于2023年3月底投入使用，为构建乡镇30分钟、城市5分钟“灭火与应急救援圈”起到重要支撑作用。截至12月底，位于石塘街道的临港消防站建设项目正在土地报征中。

【消防演练】 2022年，涪城区执行消防“六熟悉”和实战攻坚演练240余次，修订完善预案84份。区消防救援大队及所属救援站参加全市消防救援“铁军使命—C”暨2022年度执勤岗位全员大比武，区消防救援大队获团体第三名，御安街消防救援站、长虹大道消防救援站分别获消防救援站团体第二、三名。

【“3·1”绵江公路交通事故救援】 2022年3月1日12时9分，绵阳市119指挥中心接到报警人称：绵阳市涪城区绵江公路往江油方向发生交通事故，一名人员被困。119指挥中心接警后，调派长虹大道消防救援站2车12人前往处置。12时20分，救援力量到达现场，现场为一辆三轮车追尾大型货车，一名中老年男性被困货车车尾，现场指挥员立即下令灭火班做好现场警戒，攻坚班携带液压破拆工具寻找左右狭小点位扩张口，在找到扩张口后立即进行扩张。12时29分，在消防救援人员和医务人员的施救下，被困人员被救出，转交现场医护人员送医院救治。

【“4·14”青义镇龙溪村2队家具厂房火灾】 2022年4月14日5时52分，绵阳市消防救援支队119指挥中心接到报警称：绵阳市涪城区青义镇龙溪村2队家具厂房起火，119指挥中心接警后，调派长虹大道消防救援站4辆消防车24名救援人员火速前往处置。6时5分，救援力量到达现场，经询问

2022年3月1日，涪城区消防救援大队在绵江公路开展交通事故救援

（涪城区消防救援大队）

报警人及相关知情人员得知无人员被困，在现场断电断气后，现场指挥员立即下令开展扑救。由于现场火势较大，且无就近消火栓，119指挥中心立即调集科新政府专职队2辆消防车12名救援人员、御安街1辆消防车7名消防救援人员火速增援。6时26分所有增援力量相继到达现场，增援力量到达现场后负责对长虹大道救援站主战车进行后方供水。6时26分起，经过消防救援人员的全力扑救，厂房一楼明火基本被扑灭，6时34分，厂房内明火基本被扑灭，6时40分，现场火势被扑灭，7时36分，现场处置完毕。

【“8·4”上江城后河堤被困人员救援】 2022年8月4日14时37分，绵阳市119指挥中心接到报警人称：涪城区上江城后河堤有人被困河中。119指挥中心接警后，调派长虹大道消防救援站2车1艇9人前往处置。14时44分到达现场，经询问得知现场因上游电站泄洪导致水位上涨，5个成年人4个小孩被困在距岸边约50米处小岛上，14时50分，现场通信员联系上游红岩电站对下游水流情况进行控制，随即指挥员下令开展营救，15时13分成功转移第一批3名被困人员，15时21分第二批3名被困人员被成功转移，15时27分，第三批3名被困人员被成功转移，15时30分，现场处置完毕。

（杜　旭　王浩宇）

2022年4月14日，涪城区消防救援大队在青义镇龙溪村2队家具厂房开展火灾救援　（涪城区消防救援大队）

2022年8月4日14时，涪城区消防救援大队在上江城后河堤开展被困人员救援　（涪城区消防救援大队）

生态环境保护

概　述

【概况】 2022年，涪城区加强生态文明建设和生态环境保护，以第二轮中央生态环保督察反馈问题整改为契机，以实现减污降碳协同增效为目标，以大气污染防治为抓手，持续做好污染防治攻坚，精准治污、科学治污、依法治污，全区生态环境质量稳步改善。全年3个国控站点空气质量优良天数率为89.6%，$PM_{2.5}$平均浓度为34.7微克/立方米；2个国控、省控考核断面水质优良率100%，集中式饮用水水源地水质达标率100%，农村生活污水有效治理行政村占比100%；工业固体废物、危险废物、医疗废物管理规范，土壤环境质量总体稳定。

【生态示范创建】 2022年，涪城区被水利部评定为第五批节水型社会建设达标县（区），涪城区20所学校获得2021年“四川省绿色学校”称号，涪城区桑蚕现代农业园区被四川省人民政府命名为四川省四星级现代农业园区。

2022年涪城城区生态环境一瞥　（涪城生态环境局）

【生态环境执法体制机制】 2022年，涪城区健全行政执法体制机制，区人民检察院、涪城生态环境局联合印发《关于加强行政检察与生态环境行政执法衔接工作的实施意见》，促进两法衔接，破解生态环境执法监管存在的取证难、移送难、执行难等问题；完善环保基础设施管理体制机制，区住房和城乡建设局印发《关于乡镇污水处理厂污泥实行跟踪登记联单制度的通知》，规范乡镇污水处理厂污泥转移、处置；创新生态环境保护工作方式方法，区综合行政执法局联合区市场监督管理局印发《绵阳市涪城区餐饮油烟污染防治协调联动工作机制》，有效提升辖区餐饮油烟治理成效。

【环保志愿服务】 2022年11月17日，涪城生态环境局和杨家镇共同组织杨家镇玉皇小学30余名学生参观绵阳市生活垃圾焚烧发电厂，开启环保设施向公众开放志愿服务活动。工作人员详细介绍企业发展文化、生活垃圾焚烧发

2022年11月17日，涪城生态环境局和杨家镇共同组织杨家镇玉皇小学30余名学生参观绵阳市生活垃圾焚烧发电厂　（涪城生态环境局）

电全流程，并带领学生们实地参观沙盘模型、中央控制室、视频监控室、垃圾吊斗控制室、焚烧炉等设备设施，对提出的问题进行耐心解答。参观学习改变了学生们对垃圾发电厂垃圾成堆、臭气烘烘的传统认知，体验到了环境优美、厂区干净、没有臭味的垃圾发电厂。

【环保宣传】 2022年，涪城区全面加强生态环境保护宣传，在《中国环境报》《四川日报》单条刊发生态环境保护工作《“邻居”从养殖场变工业园 这条河为何变得更清澈》《消灭黑臭水体 换来产业繁荣（绵阳还清木龙河，吸引越来越多项目集聚）》《水清岸绿产业兴——从木龙河之变看涪城产业转型之路》《涪城：生态农业结出丰硕产业“果实”》《践行绿色低碳理念 推动涪城产业高质量发展》《绵阳市涪城区：探索三“度”工作法 彰显“以人为本”执法理念》《绵阳市涪城区：数字赋能破解治水护水难题》《绵阳市涪城区：强化“五抓”举措 聚力环境保护提质增效》等8条稿件；在《绵阳日报》上发表了《生态文明进校园 涪城师生在行动——涪城区开展“共建和谐环境”环保主题教育活动》《安昌路小学开展爱绿护绿系列活动》《石塘小学开展植树节实践活动》等3篇稿件；在涪城手机台、涪城政务网、绵阳生态环境微信公众号、绵阳市生态环境局官网等各类平台刊发87条生态环境保护宣传信息。

（梁小梅　何莹莹）

2022年，木龙河（涪城段）“一河两岸”水环境整治工程完成后的园区环境一隅　（涪城生态环境局）

环境状况

【概况】 2022年，涪城区空气质量优良天数327天，占全年89.6%。2个国、省控考核断面水质优良率100%，饮用水水源地水质达标率100%。

【大气环境质量】 2022年，涪城区空气质量主要监测指标中，细颗粒物（$PM_{2.5}$）、可吸入颗粒物（PM_{10}）、二氧化氮（NO_2）、二氧化硫（SO_2）4项指标的年平均浓度分别为34.7微克/立方米、55.7微克/立方米、28.9微克/立方米、5.5微克/立方米；臭氧（O_3）、一氧化碳（CO）的特定百分位数浓度分别为149.5微克/立方米、1.1毫克/立方米。

【水环境质量】 2022年，涪城区涪江丰谷国控考核断面、安昌河饮马桥省控考核断面水质稳定达到Ⅱ类，水质优良率100%。未出现劣Ⅴ类水体，未发生水质较上年降类、断面水质单月超标等情况。涪江铁桥城市饮用水水源地水质达标率100%；吴家燕儿河水库、杨家小岛水库、青义水厂、青义香社水厂、新皂泉洲水厂等5处乡镇集中式饮用水水源地水质达标率为100%。

【土壤环境质量】 2022年，涪城区有序推进土壤污染防治和风险管控，未发生因耕地污染导致农产品质量超标且造成不良社会影响的事件，未发生因疑似污染地块或污染地块再开发利用不当造成不良社会影响的事件，全区土壤环境质量总体稳定。

【声环境质量】 2022年，涪城区1类、2类、3类功能区昼间、夜间达标率均为100%；4a类功能区昼间点次达标率100%，夜间达标率12.5%。区域环境昼间噪声平均值为54.7dB(A)，总体水平等级为二级，较上一年度，区域环境昼间噪声平均值下降了0.4dB(A)，水平等级上升一级。城区道路交通噪声按路段长度加权昼间平均值为69.0dB(A)，噪声强度等级为二级，与上年昼间相比上升0.3dB(A)，水平等级不变。

2022年绵阳市涪城区环境质量状况一览表

表38

主要指标	年均值	较2021年增长
二氧化硫（微克/立方米）	5.5	–23.6%
二氧化氮（微克/立方米）	28.9	–0.3%
可吸入颗粒（微克/立方米）	55.7	–3.5%
细颗粒物（微克/立方米）	34.7	–2.3%
臭氧（微克/立方米）	149.5	10%
一氧化碳（毫克/立方米）	1.1	10%
空气质量优良率（%）	89.6	2.5%
城市噪声		
昼间区域环境噪声[dB(A)]	54.7	–0.4dB(A)
昼间道路交通噪声[dB(A)]	69.0	0.3dB(A)
地表水		
涪江丰谷国控考核断面水质达标率（%）	100	持平
安昌河饮马桥省控考核断面水质达标率（%）	100	持平
涪江铁桥城市饮用水水源地水质达标率（%）	100	持平
乡镇集中式饮用水水源地水质达标率（%）	100	持平

（梁小梅　何莹莹）

污染防治

【概况】 2022年，涪城区完善大气污染防治机制，构建“部门—镇（街道）—网格”三级联动机制，实现10分钟快反处置。分重点领域、重点片区实施专项防治，建立工业企业、汽修行业等重污染天气应急减排清单4张，派专班工作组驻点整治南河、圣水、环西科大3个重点片区，全年实现$PM_{2.5}$平均浓度34.7微克/立方米，同比改善2.3%；优良天数率89.6%，同比改善2.5个百分点。印发《涪城区重点流域水生态环境保护“十四五”规划》，制定涪江、安昌河、木龙河流域保护要点。开展入河排污口排查整治专项行动，形成“一口一策”整治方案。专项排查双汇等涉水工业企业、吴家等污水处理厂、中科绵投等危险废物处置单位水质隐患问题10项，确保水环境安全。开展土壤污染详查、分类管控和风险防范，推动土壤污染重点监管单位常态化自查自纠，完成65个地块土壤污染状况调查、4家重点监管单位隐患排查和自行监测、1家在产企业详查，保障“中亚化工”项目地块顺利入库，全区土壤环境质量稳定可控。

【大气污染防治机制完善】 2022年，涪城区污染防治攻坚领导小组办公室先后制发《绵阳市涪城区2022年臭氧污染防治攻坚方案》《绵阳市涪城区2022年大气污染防治工作要点》《关于2022年中元节期间禁止在公共场所进行焚烧祭祀的通知》《绵阳市涪城区2022年秋冬季大气污染防治攻坚方案》等文件，制定大气污染防治工作各项目标，细分区级相关部门大气污染防治工作任务，确保大气污染防治工作有序开展。实行重点区域“大气污染防治工作周例会”制度，通报防治工作中存在的问题，研究制定整改措施，压实大气污染防治工作责任，确保问题整改到底到边不反弹。建立快反调度体系，运用大气污染防治智慧识别分析系统，对大气环境污染预测预报、分析研判、监测监控。

【专项防治机制】 2022年，涪城区修订《涪城区2022年重污染天气夏季应急减排措施清单》《涪城区2022年重污染天气秋冬季应急减排措施清单》，制定《涪城区2022年夏季臭氧精准管控攻坚作战方案清单》，共梳理汇总重点工业企业84家、建筑工地31个、加油站（储油库）31个、汽修厂76个。印发《〈南河片区2022年秋冬季大气污染防治专项整治方案〉等3个专项整治方案》，成立专班工作组，对圣水片区、南河片区、环科大片区进行不间断巡查，以工业企业、建筑工地、餐饮企业、加油站等行业为重点，先后开展专项巡查检查800余家次。

【移动源和加油站管理】 2022年，涪城区开展移动源和加油站油气回收监督性抽测，共检测柴油货车1041辆、非道路移动机械134台，抽测加油站18家。在绵江路、绵中路、二环路等大型货运车辆进出城的重要路口进行设卡检查，累计检查大型货车1600余台次，立案查处建筑垃圾运输车辆未密闭覆盖行为43起，行政处罚7.38万元。

【面源污染整治】 2022年，涪城区开展餐饮油烟专项执法检查1800余家次，新安装油烟净化设施120余台，立案查处未安装油烟净化设施以及未正常使用净化设施行为8起，行政处罚3.4万元；出动1200余人次，开展露天焚烧巡查580起，劝导制止违规焚烧行为116起，立案查处露天烧烤、露天焚烧等行为29起，行政处罚1.05万元；检查建筑工地2304家次，督促问题整改77起，立案查处建筑工地裸土未覆盖、施工未打围等行为22起，行政处罚21.35万元。

【“打好蓝天保卫战”培训】 2022年9月28日，涪城区举办“打好蓝天保卫战”强化培训班，各镇（街道）一线环保人，工业企业、建筑工地、汽修、加油站等4个重点行业代表共计150余人次参加培训。培训班为一线环保人解析大气污染防治工作中的重点、难点和堵点，为开展大气污染防治工作开阔了思路、拓宽了视野；为重点行业代表阐述大气污染防治的重要意义，解释重污染预警管控的必要性，解答日常防治工作检查要点，强化了企业主体责任，提升了重点行业大气污

9月28日，2022年涪城区“打好蓝天保卫战”强化培训班开班（涪城生态环境局）

染防治能力。

【入河排污口整治】2022年，涪城区投入资金166万元，启动入河排污口"查测溯管治"系列规范化管理整治，摸清涪江、安昌河、方水河等河道共计1382个入河排污口，排查青义镇龙峰村农村生活污水、工区街道跃北社区生活污水等68个问题排口，"一口一策"制定整治方案，推动涪江流域共保共治。

【饮用水水源地保护】2022年，涪城区开展集中式饮用水水源地问题专项排查及生态环境部卫星遥感饮用水水源保护区疑似斑块现场核查，"动态清零"饮用水水源保护区的环境问题；推进集中式饮用水水源地规范化建设，对各饮用水水源地保护区标志进行查漏补缺，规范、整齐、统一设置界碑、交通警示牌和宣传牌等标识，合理设置隔离防护，强化水源地风险防控与应急能力建设。

【农村生活污水治理】2022年，涪城区投入资金780万元，实施涪城区农村生活污水治理提升改造项目，完成杨家镇鲜家坝村、草堂村、万和村污水处理站、新皂镇石梯子村、倒座庙污水处理站等5处因设备损坏无法正常运行的污水处理设施的修复，完善配套污水收集管网。

【危险废物管理】2022年，涪城区开展2021年度危险废物申报登记工作，全区共有228家单位申报，2021年危险废物产生量3.70万吨，利用处置量3.65万吨（含上年贮存量）。完成危险废物规范化环境管理年度评估工作，自评得分为A级。推动绵阳市无废城市建设，正在编制涪城区工作方案。做好涉疫情医疗废物的处置工作，全年涉疫医疗废物均得到安全处置。

【问题整改】2022年，涪城区聚焦"点球"问题，主动认领第二轮央督反馈问题5项，截至年底，完成整改1项，其余4项正按时序推进；完成央督信访主办件48件，其中"安昌河水质污染"一案被省环保厅作为示范案例推广；完成市级长江经济带生态环境突出问题4项，剩余2项正按时序推进。聚焦隐患问题，常态化开展突出问题大排查大整治，对梳理出的29个问题严格按照"清单制+责任制+销号制"立行立改，完成整改21个。

2022年绵阳工业固废处置中心绵阳东江环保科技有限公司（涪城生态环境局）

2022年第二轮中央生态环境保护督察反馈问题整改情况一览表

表39

问题类型	问题总个数（个）	整改完成个数（个）	整改完成率（%）
第二轮中央生态环境保护督察反馈问题	5	1	20
第二轮中央生态环境保护督察信访主办件	48	48	100

【安州区到涪城区考察学习工业园区污水治理工作】2022年9月23日，安州区人民政府副区长蒋波一行到涪城区绵阳惠科光电科技有限公司、吴家污水处理厂考察学习工业园区污水治理工作。在绵阳惠科光电科技有限公司，考察组一行实地察看该公司生产工艺、产污环节、废水处理工艺；在吴家污水处理厂，考察组一行详细了解污水处理厂投建时间、投资规模、运营模式、日处理污水能力、治理工艺等情况。并在吴家污水处理厂会议室开展座谈会，与会人员就园区污水处

理设施建设及运营进行交流，表示希望两地以生态环境保护工作为纽带，进一步加强交流学习，取长补短，高质量推进园区污水治理工作，真正发挥污水治理效益，为更多的企业入驻提供良好的服务。

(梁小梅 何莹莹)

森林资源保护

【概况】 2022年，涪城区印发《绵阳市涪城区全面推行林长制实施方案》，推进林长制规范化运行。落实森林资源保护发展目标责任制，执行林地用途管制和分类管理制度，规范征占用林地审批，2022年，使用林地面积37.27公顷，共计36宗。科学实施国土绿化，拓展绿色城乡空间，完成森林抚育面积4200亩。细化实化各项防控措施，推动森林防火责任落实，全年森林草原火灾受害率控制在0.1‰以下。

【森林资源管理】 2022年，涪城区加大林地征占用管理力度，执行林地用途管制制度，规范征占用林地审批，执行国家、省相关法律法规，坚持“不占或者少占林地”原则。2022年，使用林地面积37.27公顷，共计36宗。其中，长期占用31宗，占用面积36.18公顷；临时占用5宗，占用面积1.09公顷。2022年全区严格落实森林采伐限额制度，批准采伐林木7757立方米。

【森林安全建设工程】 2022年，涪城区建立林长制组织体系。印发《绵阳市涪城区全面推行林长制实施方案》，明确区委书记、区长任林长，并落实区委7名常委、区政府2名分管副区长为各自联系镇（街道）的区级副林长。镇、街道、村将林长分管区域明确到人头，建立组织体系和考核体系，明确联席会议制度等。保护管理森林草原资源。坚持“不占或者少占林地”原则开展林地征收占用工作，落实森林采伐限额制度，执行凭证采伐，凭证采伐率95%以上。保护公益林，管护合同签订率100%，按要求发放省级公益林森林生态效益补偿。维护森林草原资源安全。落实森林防火责任，未发生较大及以上森林草原火灾，未发生人员伤亡事故，全年森林草原火灾受害率控制在 0.1‰以下。开展林业有害生物监测、防治和检疫工作，全年主要林业有害生物成灾率控制在2.9‰以下。

【生态补偿】 2022年，涪城区通过惠民惠农财政补贴资金社会保障卡“一卡通”平台足额兑付2022年补助面积8306.8亩（含经开区），标准为每亩16元，共计兑付森林生态效益补偿资金13.29万元。发放到期退耕还生态林森林抚育面积14.44万亩（含高新区、经开区），发放标准20元每亩，共计发放补助资金28.88万元。

【林地一张图】 2022年，涪城区下发森林督查判读图斑共计1202个，总面积509.4817公顷。经现地核实涪城区2022年森林督查成果涉嫌违规违法共计325个细斑，其中违法违规使用林地127个细班，涉及项目39个，面积12.0697公顷，违法违规采伐林木198个细班，涉及95个伐区，面积17.5684公顷。

【野生动物保护】 2022年，涪城区自然资源局采取措施强化野生动物保护，开展陆生野生动物疫情防控工作。开展病危和受伤野生动物的救护工作。加大巡查力度，强化对候鸟迁徙通道的巡护值守，严防乱捕滥猎违法活动。

（赵叶子　朱绪顺）

环境监管

【概况】 2022年，涪城区强化生态环境保护审批、执法、监测等全过程监管，规范项目管理，完成20余个省、市、区重点项目规划环评服务工作，完成建设环境影响评价报告表审批13个；针对环境违法行为下达处罚决定书11件，罚款50.5万元；对乡镇集中式饮用水水质、黑臭水体及轻度污染水体水质等进行监测，出具监测报告47份。

【环评服务】 2022年，涪城区完善环评服务帮扶机制，对重点项目落实专人负责项目报批的指导工作。坚持主动服务、跟踪服务意识，做到多个建设项目“签约即拿地，拿地即开工”。发扬惠科环评服务精神，与市生态环境局、建设单位形成无缝对接，联合专家对建设项目环评文件开展预审服务，全程指导建设单位和环评单位开展环评文件编制工作。全年共服务省、市、区重点项目20余个。

【环境执法】 2022年，涪城区持续加大环境执法力度，严格执行双随机监察制度，完成移动执法任务451件。其中，自发任务301件，派发任务141件，省级指派2件，市级指派7件。接收快反平台告警信息81条，办结81条。针对环境违法行为立案9件，下达处罚决定书11件，涉及处罚金额50.5万元。

【环境监测】 2022年，涪城区完成乡镇集中式饮用水水质监测、黑臭水体及轻度污染水体水质监测、省级地下水环境质量监测、加油站油气回收监测；对绵阳惠科光电科技有限公司、中国电子科技集团公司第九研究所电镀车间等13家企业进行测管协同监督性监测，出具监测报告19个；完成已核发排污许可证的排污单位自行监测及信息公开的抽查任务，共抽查企业10家，抽查率10.87%；通过网络抽查与现场抽查相结合的模式，抽查第三方社会监测机构20家；排查备用隔离酒店约80家次，每周对已启用的隔离点的在线余氯设备情况进行现场检查，确保隔离点的余氯消杀使用正常。全年出具监测报告47份。

【环境信访处置】 2022年，涪城区持续加大环境信访投诉处置力度，开展生态环境重复信访专项治理，全年共受理处置环境信访投诉140件，同比减少26.3%（2021年同期190件）。其中，群众来电89件，网上信访48件，群众来信2件，群众来访1件。按污染类型分，大气污染64件，占信访总数的45.7%；噪声污染32件，占信访总数的22.9%；水污染27件，占信访总数的19.3%；固废、危废污染6件，占信访总数的4.3%；辐射污染4件，占信访总数的2.9%；其他7件，占信访总数的5%。

【空气网格化监测项目】 2022年2—12月，涪城区投入633万元实施空气网格化监测项目，共建设标准站1处、微站20处，区域生态环境监测网络管理平台1个，聘请专业机构提供大气环境数据审核和分析服务，加强大气污染防治，改善环境空气质量，解决了涪城区大气监测监控基础薄弱无法满足当前大气环境精细化管理工作需求的难题。

【生态环境保护执法制式着装】 2022年5月31日，绵阳市涪城生态环境保护综合行政执法大队举行执法制式服装着装仪式，仪式上，15名执法人员身着新式执法制服，以崭新的面貌展示着涪城生态环境执法人员的风采。生态环境执法队伍统一着装，是坚持依法行政、树立生态环境保护综合行政执法队伍良好形象的内在需要，标志着生态环境执法队伍规范化、专业化建设迈出了新的一步。全体执法人员将以此次统一着装为契机，进一步强化责任担当，坚持执法为民、依法行政，努力打造一支作风优良、纪律严明、依法履职、群众满意的生态环境执法队伍，为推动全区生态文明建设提供强有力的执法保障。

【“打非治违”专项执法检查】 2022年6—12月，涪城区落实市生态环境局制定的《绵阳市环境安全生产大检查暨“打非治违”执法检查专项工作方案》，成立3个排查整治小组，围绕涉危险废物、危险化学品、重金属等重点行业，开展生态环境领域安全生产专项整治行动，遏制预防重大环境事故发生。累计出动执法人员130人次，检查企业98家次，发现安全问题3条，已督促相关企业及时完成整改。

【汛期环境应急演练】 2022年6月10日，涪城生态环境局联合绵阳东江环保科技有限公司开展汛期突发环境事件应急演练。演练模拟汛期强降雨期间，物化车

2022年5月31日，绵阳市涪城生态环境保护综合行政执法大队举行执法制式服装着装仪式

（涪城生态环境局）

2022年6月10日，绵阳市涪城生态环境局联合绵阳东江环保科技有限公司开展汛期突发环境事件应急演练　　（涪城生态环境局）

间后方山体塌方，部分泥石流堵塞雨水沟，导致甲类库房遭遇洪水，部分有毒有害物料泄露，疑似随雨水排入外环境。模拟事故发生后，企业应急总指挥部判断事故可能会对周围水环境造成不利影响，立即启动应急预案，企业各应急救援组迅速开展现场救援。涪城生态环境局接到报告后，立即组织执法人员和技术监测人员赶往现场，第一时间对物料泄露点及周边雨水管网进行勘查，了解污染扩散情况；同时，技术监测人员对外排水质进行应急检测，并根据现场情况提出处置建议。此次演练有效检验了企业汛期突发环境事件应急预案的科学性、实用性，加强了生态环境部门和企业对突发环境事件防汛抢险的应急处置能力，同时磨合了生态环境部门与企业的协同作战、组织协调能力，为严守生态环境安全打下了良好的基础。

【生活污水处理厂专项执法检查】 2022年11月，涪城生态环境局联合区住建局对涪城区城乡污水处理厂进行专项执法检查。通过“双随机、一公开”监管平台随机抽取石洞、金峰、玉皇3家城乡污水处理厂确定为联合执法对象，生态环境、住建两部门共出动四名执法人员，组成联合执法检查组，到现场开展联合执法检查。联合执法检查组通过现场勘察询问、查阅台账资料等方式，重点检查建设项目环境影响评价文件审批、环境保护竣工验收、污水处理设施及在线监控设施运行、污染物达标排放、排污许可制度执行、污泥去向等情况。执法人员秉持执法与帮扶相结合的原则，帮助企业查找问题，提出对应整改要求，督促企业严格落实生态环境保护和安全生产主体责任，提升环境管理水平，确保污染物稳定达标排放。

（梁小梅　何莹莹）

概　述

【概况】　2022年，涪城区科技局深入贯彻“科教强区”战略部署，真抓实干、狠抓落实，不断优化创新规划布局，加快提升创新平台能级，持续引进培育创新主体，大力营造良好创新生态，全区创新能力显著增强。全年新认定科技型中小企业92家，国家科技型中小企业评价入库268家，有效高新技术企业达90家，高企营业收入达200亿元，创历年新高。规模以上企业研发经费投入超10亿元。技术合同登记额达33109.32万元。新增科技服务规上企业4家、达22家，科技服务业营业+收入增长52.1%，科技成果转化项目数20个。

【涪城区举行“科教强区”品牌发布会】　2022年11月9日，涪城区举行“科教强区”品牌发布会，集中展示涪城加快建设“科教强区”丰硕成果。区委书记邓辉，区委副书记、区长张虚怀，区人大常委会主任顾建，区政协主席杜正茂，绵阳市教体局党组成员、副局长古奇，绵阳市科技局党组成员、副局长陈光明，区委常委、副区长、试验区党工委副书记、管委会主任黄维，区委常委、副区长文峰，区委常委、宣传部部长商仕健出席。发布会上，与会人员观看了涪城科教成果专题汇报片、“奔涪而来”主题情景朗诵，发布了涪城区科教创新成果。区委常委、宣传部部长商仕健代表区委、区政府致辞。与会领导共同发布涪城区“科教强区”品牌。

2022年11月9日，涪城区“科教强区”品牌发布会　（涪城区科技局）

2022年绵阳市涪城区新增科技型中小企业一览表

表40

序号	单位名称	辖区
1	四川大地美实业有限公司	城厢
2	绵阳同益养老服务有限公司	
3	绵阳中环文化传播有限公司	
4	四川虹孩儿教育科技有限公司	
5	四川富强装饰工程有限公司	
6	四川福可视医疗器械有限公司	
7	四川光克尔科技有限公司	
8	绵阳逆行者应急技术服务有限公司	
9	绵阳市战国实业有限责任公司	
10	绵阳珉莱科技有限责任公司	
11	四川腾越顺和项目管理有限公司	
12	绵阳小太阳环保科技有限公司	工区
13	四川五维时空科技有限公司	
14	绵阳拜斯基生物科技有限公司	
15	四川本地人老秦新材料科技有限公司	
16	绵阳市时誉信息科技有限公司	
17	四川新骄阳科技有限公司	
18	四川海辰工程设计研究有限公司	
19	四川宝视通科技有限公司	
20	四川青辉同创科技有限公司	
21	绵阳星马电梯有限公司	
22	绵阳市茂源机械制造有限公司	城郊
23	四川轩味生物科技有限公司	
24	绵阳一站通企业服务有限公司	
25	绵阳欣吉商务服务有限公司	
26	绵阳合鼎元食品有限公司	
27	四川振飞科技有限公司	
28	四川睿坤精密机械有限公司	
29	四川奥库科技有限公司	
30	四川鑫华骏金属制品有限公司	
31	绵阳市鑫科成建材有限公司	石塘
32	绵阳腾派环保科技有限公司	
33	绵阳绵顺信息技术有限公司	
34	绵阳博嘉电子科技有限公司	

续表40

序号	单位名称	辖区
35	四川铸力众创空间有限公司	石塘
36	四川绵阳科伦医药贸易有限公司	
37	四川三千水科技有限公司	
38	四川省安信诚后勤服务有限公司	
39	四川锦顺建科技有限公司	
40	四川奥德瑞斯智能科技发展有限公司	试验区
41	绵阳金富邦数字技术有限公司	
42	四川九华光子通信技术有限公司	
43	绵阳科技城科新医疗发展有限公司	
44	四川和署缘科技有限公司	
45	四川恒驰豪杰科技评估有限公司	
46	绵阳圣蕾科技有限公司	
47	四川鑫辉智汇科技有限公司	
48	四川途芯智控新能源科技有限公司	
49	四川财科信息技术咨询服务有限公司	
50	四川特致激科技有限公司	
51	四川辰汉软件科技有限公司	
52	四川赛贝锗奥科技有限公司	
53	绵阳经曼智研科技有限公司	
54	四川蝴蝶智能装备有限公司	
55	绵阳黑马创启科技有限公司	青义
56	绵阳喜得来科技有限公司	
57	四川喜可嘻呵电子商务有限公司	
58	四川天顺微检科技有限公司	
59	四川竞速达科技有限公司	
60	绵阳童超信息技术有限公司	
61	四川周卷卷食品科技有限公司	
62	四川柯尹科技有限责任公司	
63	四川绵阳鑫智文科技有限公司	

续表40

序号	单位名称	辖区
64	四川达胜环保科技有限公司	青义
65	四川德川集团有限公司	
66	绵阳同凯新材料科技有限公司	新皂
67	绵阳现宝玻璃科技有限公司	
68	绵阳林圣机动车检测服务有限公司	
69	四川省嘉吉盛门窗有限公司	
70	四川东翰四洲科技有限公司	
71	绵阳浩扬建材有限责任公司	丰谷
72	四川标兵农业科技有限公司	
73	四川醉国色食品有限公司	
74	四川勇创包装材料有限公司	
75	四川智链云谷科技有限公司	科技局
76	绵阳博锐森科技有限公司	
77	四川旺农园农业科技有限公司	
78	四川幸福到家科技有限公司	
79	四川戈润恩生态科技有限公司	
80	四川中聚德知识产权代理有限公司	
81	四川税有教育科技有限公司	
82	绵阳暖阳科技有限公司	
83	绵阳三桃网络科技有限责任公司	
84	四川众驿新能源材料有限公司	
85	四川中科众诚工程质量检测有限公司	
86	四川鑫品汇智能装备科技有限公司	
87	四川金利通信网络服务有限公司	
88	绵阳必优建材科技有限公司	
89	绵阳专精特新科技有限公司	
90	绵阳冠昊机械设备制造有限公司	
91	四川九冀医疗科技有限责任公司	
92	四川富尔盛机电工程有限公司	

科技创新

【概况】 2022年，涪城区持续在“创新产业布局、创新平台构建、创新主体培育、创新人才引培、创新生态营造”等方面攻坚发力，汇聚科技伟力，释放创新活力，列2022年赛迪创新百强区榜单第34位、四川省第2位。

【高新科技企业培育】 2022年，涪城区按照“科技型中小企业—高新技术企业—‘瞪羚’企业”梯次培育机制。建立科技型中小企业、高新技术企业、“瞪羚”企业培育库，开展科技型企业大走访、高新技术企业认定培训会、科技型企业加速服务等活动。开展雁阵行动，摸底企业1000余家，择优筛选110家种子企业进入高企培育库，通过高企认定企业达50家、新认定企业38家，通过开展专题培训、重点帮扶等措施，引导企业做好瞪羚企业申报准备，推荐2家企业参与评审。

【重大科技创新项目建设】 依托中国空气动力研究与发展中心、西南科技大学、绵阳富临精工股份有限公司等院所、高校、企业开展重大科技创新项目建设，2022年，涪城区共有118个科技创新项目。

2022年绵阳市涪城区科技创新项目一览表

表41

序号	项目	项目单位
1	面向航空复材部件成型的超声波温度场测量与重构技术研究	中国空气动力研究与发展中心
2	新能源汽车高性能电子油泵电机研制及产业化	绵阳富临精工股份有限公司
3	受限空间仿树栖蛇管线攀爬软体机器人关键技术研究	西南科技大学
4	地下矿山巷道子母式巡检机器人关键技术研究	西南科技大学
5	11kW电动汽车无线充电装置研制	西南科技大学
6	稀土金属离子注入合成白光GaN基LED机理研究	西南科技大学
7	TiB2基复相陶瓷的制备及超高速侵彻防护性能研究	西南科技大学
8	针对攻击深度学习图像分类算法的对抗样本取证技术研究	西南科技大学
9	低功耗人工智能核心技术：高性能模型压缩技术研究	西南科技大学
10	耐辐照钨基氧化物的缺陷调控及其对铀的配位限域和光催化分离技术研究	西南科技大学
11	拜耳法含钪赤泥矿物定向重构提钪新技术研究	西南科技大学
12	基于物联网技术的智慧餐厨垃圾处理监管系统研究及应用	四川金石科技有限公司
13	四川典型选冶渣垂直全域重金属微生物分区高效矿化滞固修复关键技术	西南科技大学
14	高产高效型杂交水稻在孟加拉的选育与推广	西南科技大学
15	小麦抗条锈病基因的发掘及利用研究	西南科技大学
16	基于MTC/AhR/Nrf2途径研究色氨酸缓解氧化应激仔猪肠道屏障功能损伤的分子机制	西南科技大学
17	膳食纤维调控母猪初乳成分的微生物机制	西南科技大学
18	新形势下四川与拉美科技产业合作模式及路径研究	西南科技大学
19	创新活动尽责免责实施细则研究	西南科技大学
20	智能农业技术运用情形下四川绿色农产品供需协调研究	西南科技大学
21	四川省低碳闭环供应链回收模式决策研究	西南科技大学
22	双碳目标下攀西经济区战略性矿产资源开发生态补偿机制研究	西南科技大学

续表41

序号	项目	项目单位
23	成渝双城经济圈绿色建筑发展主体协同推进的路径与政策研究	西南科技大学
24	成渝地区双城经济圈科技政策协同研究	西南科技大学
25	四川省农业绿色全要素生产率测度和时空演化特征研究	西南科技大学
26	光电催化原位自芬顿高盐有机废水预处理新技术开发	西南科技大学
27	高原极端环境下无人机等离子体流动控制增升机理研究	中国空气动力研究与发展中心
28	核素的迁移行为及高效封存技术四川省青年科技创新研究团队	西南科技大学
29	跨尺度仿生锥形结构的3D精密制备及其有机多相液体高效精准分离效应研究	西南科技大学
30	动态共价键和动态非共价键协同构筑可回收高强韧聚合物	四川冠慕思杨新材料科技有限公司
31	基于宏观尺度石墨烯/MoS2仿生结构异质结的构筑及其对铀的吸附-催化还原机制研究	西南科技大学
32	新能源电动汽车大功率液冷充电枪的研究及产业化	绵阳旭立辰科技有限公司
33	九寨沟—黄龙钙华中的地震事件厘定及其对景区旅游发展的意义	西南科技大学
34	超高频广视角新型液晶显示面板及关键技术研发项目	绵阳惠科光电科技有限公司
35	偏光片光学补偿膜产业化开发	四川龙华光电薄膜股份有限公司
36	新能源汽车比例电磁阀成果转化及产业化	绵阳富临精工股份有限公司
37	绵阳惠科43英寸液晶显示屏重点创新产品	绵阳惠科光电科技有限公司
38	基于聚甲基丙烯酸甲酯(PMMA)和聚碳酸酯(PC)复合材料的轻触屏光学薄膜PLB	四川龙华光电薄膜股份有限公司
39	绵阳市生猪优质及智慧化生产关键技术集成示范(园区项目)	四川上略互动网络技术有限公司
40	绵阳市涪城区产业扶贫效益提升与示范（科技特派员）	涪城区生产力促进中心
41	引智基地	四川龙华光电薄膜股份有限公司
42	科技服务业发展专项产业示范	四川智远乐享软件有限公司
43	科技服务平台建设	四川想到科技有限公司
44	科技服务平台建设	金家林总部经济试验区投资服务中心
45	新型防隔热一体化复合材料的设计、制备与性能考核	西南科技大学
46	低介电低损耗光敏树脂及其纳米压印及光刻图案化研究	西南科技大学
47	水域放射性高分辨率阵列协同探测系统研究	西南科技大学
48	不同品质类型浆用梁山慈竹木质纤维解聚的分子机制研究	西南科技大学
49	胶合木框架锚固式节点受力性能研究	西南科技大学
50	一个水稻新粒型调控基因SG4的克隆与功能分析	西南科技大学
51	基于聚合物基半导体激发态探究光催化CO_2还原产物选择性的构效关系	西南科技大学
52	新型功能化短孔道介孔SBA-15材料捕集CO_2研究	西南科技大学
53	放射性碘高效吸附活性炭纤维材料研究	西南科技大学
54	局域非对称活性结构二维钴基电催化剂的设计与结构解析	西南科技大学

续表41

序号	项目	项目单位
55	二嗪类羧酸配体与镧锕离子的溶液配位化学研究	西南科技大学
56	共轭联呋咱类熔铸炸药载体的设计合成研究	西南科技大学
57	新型荧光传感多功能生物基材料研制及其铀吸附和原位监测性能探究	西南科技大学
58	基于动态阳离子–π作用构筑可回收高强韧石墨烯/碳纤维/环氧树脂复合材料	西南科技大学
59	高填充聚乙烯醇/硼酸铅复合纤维制备及其中子防护性能研究	西南科技大学
60	基于SMA纤维复合材料的热–力耦合除冰方法研究	西南科技大学
61	CFRP—钢套管自密实混凝土复合加固RC柱受力机理与设计方法研究	西南科技大学
62	超高应变速率下高强度TRIP钢的组织演变与力学行为研究	西南科技大学
63	面向极端过充电条件下高能锂离子电池安全失效构建超长时效保护策略：正极基自限压机理及性能调控	西南科技大学
64	基于聚脲涂覆增强梯度泡沫铝复合结构动力学行为的轻量化防弹方舱技术研究	西南科技大学
65	纳米BaTiO3和纳米BN共掺杂制备高储能密度聚芳醚腈基复合材料	西南科技大学
66	制革皮胶原废弃物铋基功能材料高效捕获气载流出物中碘应用基础研究	西南科技大学
67	基于金刚石—石墨烯复合薄膜的柔性热界面材料研究及在OLED器件的散热应用	西南科技大学
68	面向多智能体网络的分布式稳健自适应滤波新方法及频谱感知应用研究	西南科技大学
69	基于深度学习的肝脏CT图像智能识别与分析技术研究	西南科技大学
70	面向宽域飞行轨迹的快速计算方法研究	西南科技大学
71	动态问题高效求解与规划的关键技术研究与应用	西南科技大学
72	基于多结节多语义分层注意力机制的早期肺癌辅助诊断研究	西南科技大学
73	毫米波液态各项异性材料可重构滤波器研究	西南科技大学
74	大规模时变网络拓扑构建与演化分析研究	西南科技大学
75	锌焙砂选择性浸锌机理研究	西南科技大学
76	高效吸附低浓度U(VI)的三维功能化氧化石墨烯凝胶材料的可控制备及选择性吸附机制	西南科技大学
77	夜间通风作用下绿化屋顶热湿耦合传递机理研究	西南科技大学
78	四川盆地大气污染物传输扩散特征及矿质颗粒对大气氧化性贡献研究	西南科技大学
79	高地应力下裂隙岩体爆破损伤及定向致裂机理	西南科技大学
80	四川会东大梁子铅锌矿的稀有气体同位素示踪研究	西南科技大学
81	主动震源作用下深埋隧洞微地震事件定位方法研究	西南科技大学
82	纳米限域孔结构原位设计构筑及其强化水泥基多孔材料固碳机制研究	西南科技大学
83	超高性能混凝土孔隙水冰相变对其冻融损伤的动态演变机制研究	西南科技大学
84	基于能量耗散的川西高寒冻融区岩石动态断裂机理	西南科技大学
85	降雨入渗下膨胀土路堑边坡土工袋加固机理及稳定性分析	西南科技大学

续表41

序号	项目	项目单位
86	基于3D打印砂性介质的岩石变形—破裂—渗流细观机理研究	西南科技大学
87	岷江上游林树下线生态交错带土壤毛细孔隙结构与毛管水容量的耦合机制	西南科技大学
88	长周期类谐和地震下考虑SSI的层间隔震体系失效机理与控制	西南科技大学
89	低温玻璃处理AgIS的服役性能及固核机理研究	西南科技大学
90	唑类富氧高氮气体发生剂分子设计、合成与应用研究	西南科技大学
91	铀迁移活跃带特征微生物在活性转变中生物矿化铀的关键机制研究	西南科技大学
92	嵌段共聚物多组分胶束的胶束化途径研究	西南科技大学
93	利用热—快中子转换材料提高次锕系核素在压水堆中嬗变率的方法研究	西南科技大学
94	羟基水分子团簇OH-(H2O)n (n=1-10)的结构演化与电子结构研究	西南科技大学
95	共轭聚合物在外电场下的取向过程及其响应机制的研究	西南科技大学
96	Stanford B型主动脉夹层存在真假腔供血时的腔内修复术研究	西南科技大学
97	生姜茎尖分生组织细胞对超低温胁迫的响应及提升活力研究	西南科技大学
98	枇杷EjNAC85和EjNAC132在果实发育、成熟与品质形成中的功能及调控网络解析	西南科技大学
99	北柴胡BcBAS1基因对柴胡皂苷合成的影响及其功能验证	西南科技大学
100	基于PGC1α-FNDC5/Irisin通路探讨橘皮素干预肥胖小鼠的作用机制	西南科技大学
101	去顶诱导柴胡BcMYC2调控根系生长发育分子机制研究	西南科技大学
102	基于等位基因视角筛选鸡骨骼肌生长发育调控因子及其分子机理探究	西南科技大学
103	基于田间“斑块化”的乌头白绢病高效生防菌的筛选及其抗病机制研究	西南科技大学
104	DfMYB61调控梁山慈竹木质素合成分子机制的研究	西南科技大学
105	猪源芽孢杆菌筛选及益生效能评价	西南科技大学
106	产胞外多糖乳酸菌的分离及其胞外多糖的结构与功能研究	西南科技大学
107	连续谱中束缚态在非厄米扰动下的稳定性及其在高灵敏传感中的应用	西南科技大学
108	超高压诱导铪基轻元素化合物的结构和性能转变研究	西南科技大学
109	石墨烯—金刚石异质结可控构筑、性能及机理研究	西南科技大学
110	高速冲击下CL-20分解机理及其反应产物光学特征研究	西南科技大学
111	智能润滑材料的设计构筑及摩擦自适应调控机制研究	西南科技大学
112	含两相取向结构的高阻水PBAT复合膜的可控制备及阻水机理研究	西南科技大学
113	柔性MgXSb(X=Ag,Bi)室温热电薄膜输运特性及器件研究	西南科技大学
114	二氧化钒/二硫化钼异质结构的制备和应用	西南科技大学
115	高氮含能离子盐结构稳定机理的理论研究	西南科技大学
116	科技扶贫服务补助	西南科技大学
117	省部共建环境友好能源材料国家重点实验室	西南科技大学
118	特殊环境机器人技术四川省重点实验室	西南科技大学

【特色科技项目建设】 依托新区涪城片区科技智谷、环西科大两大组团，创新建设全长30千米、辐射面积70平方千米的“涪城科创大走廊”，“一环、两区、多点”布局全面构建，北斗卫星、人工智能、传感器、连接器等主导产业加速壮大，科创大走廊已集聚科技型中小企业490家、高新技术企业43家。

【赛迪创新百强区上榜】 赛迪创新百强区（2022）构建了“创新生态、创新动力、创新主体、创新成果”4个一级指标、“地区生产总值、R&D投入强度、国家高新技术企业数”等16个二级指标的城区创新评价指标体系，对城区科技创新、产业技术创新、改革创新等重点领域创新水平进行了全面分析。涪城区持续在“创新产业布局、创新平台构建、创新主体培育、创新人才引培、创新生态营造”等方面攻坚发力，汇聚科技伟力，释放创新活力，列2022年赛迪创新百强区榜单第34位、四川省第2位。

【“创新金三角 智汇科技城”“融合创新·科技赋能”（川北专场）活动举行】 2022年10月31日，由西南科技大学、绵阳市科学技术局、广元市科学技术局、遂宁市科学技术局、涪城区人民政府主办，涪城区科技局承办的“创新金三角 智汇科技城”“融合创新·科技赋能”（川北专场）活动举行。广元瑞峰新材料、四川永贵科技等企业现场发布“TPU交联剂NP-001”“高体积膨胀倍率的阻燃片材”等9项技术和需求，通过科技成果、技术需求汇编手册发布科技成果54项，技术需求87项。四川省军民融合研究院与遂宁军民科技协同创新研究院签订战略合作协议、西南科技大学辐射防护材料团队与四川东材科技股份有限公司签订技术研发合作意向书。

2022年10月31日，“创新金三角·智汇科技城”系列活动第五场“融合创新·科技赋能”川北专场（涪城区科技局）

科技平台

【概况】 2022年，涪城区完善“众创空间+创业苗圃+孵化器+加速器+产业园”五位一体创新体系，新增市级孵化平台3个，市级以上孵化平台累计达15个、孵化总面积达到40.18万平方米。组织9家企业申报市级以上重点实验室、工程技术研究中心，全区市级以上融合创新平台达96个。

【技术研发平台】 2022年，涪城区新增2个省级企业技术中心、4个市级企业技术中心。全年，全区共有国家级企业技术中心1个、省级企业技术中心10个、市级企业技术中心20个。

【企业孵化平台】 2022年，涪城区新增市级孵化平台3个，市级以上孵化平台累计达15个、孵化总面积达到40.18万平方米。

2022年绵阳市涪城区新增科技创新平台一览表

表42

序号	名称	依托单位
	市级孵化平台	
1	中科（绵阳）创新园	孵化器
2	中关村信息谷	孵化器
3	成企众创空间	众创空间
	省级企业技术中心	
1	绵阳惠科光电科技有限公司技术中心	绵阳惠科光电科技有限公司
2	四川振通公路工程检测咨询有限公司技术中心	四川振通公路工程检测咨询有限公司
	市级企业技术中心	
1	绵阳奥力达科技有限公司技术中心	绵阳奥力达科技有限公司
2	绵阳市绵工工具有限公司技术中心	绵阳市绵工工具有限公司
3	绵阳市迈高电气有限公司技术中心	绵阳市迈高电气有限公司
4	四川虹美智能科技有限公司技术中心	四川虹美智能科技有限公司

2022年绵阳市涪城区企业孵化器一览表

表43

序号	名称	类别	面积（平方米）
1	中国（绵阳）科技城软件产业园	国家级孵化器	62500
2	绵阳西南科技大学国家大学科技园	国家级孵化器	23000
3	燕景堂孵化器	省级孵化器	11000
4	昶信孵化器	省级孵化器	5500
5	51C+创客中心	省级孵化器	6100
6	绵阳科技城中科创新育成中心	市级孵化器	800
7	绵阳农村电商孵化园	区级孵化平台	10000
8	四川成企众创空间	区级孵化平台	500
9	5G科技园	区级孵化平台	100000
10	卫星应用科技园	区级孵化平台	
11	中科绵阳创新园	区级孵化平台	10000
12	四川省军民融合研究院	区级孵化平台	10000
13	创业黑马	区级孵化平台	10000
14	中关村信息谷创新中心	区级孵化平台	45000
15	国家大学科技园创新创业实训基地	区级孵化平台	20000
16	科大讯飞人工智能研发运营中心	区级孵化平台	2167

续表43

序号	名称	类别	面积（平方米）
17	硅基智能（全球）数字科技总部	区级孵化平台	2400
18	中国移动（成都）产业研究院绵阳分院	区级孵化平台	1472
19	北斗未来创新中心	区级孵化平台	2400
20	绵阳摩米创新工场	区级孵化平台	353
21	绵阳科技城生态产业研究院	区级孵化平台	1024
22	西部土壤修复及检测中心	区级孵化平台	35000
合计			359216

2022年绵阳市涪城区众创空间一览表

表44

序号	名称	类别	面积（平方米）
1	绵阳市创兴孵化器	国际级众创空间	4000
2	妙季优鲜	国家级星创天地	500
3	原香香草园	国家级星创天地	500
4	126文化创意园	省级众创空间	60000
5	四川想到科技众创空间	省级众创空间	2200
6	毅德·绵阳电商产业园	市级众创空间	49000
7	猪八戒网绵阳园区	市级众创空间	2000
合计			118200

【创新平台】 2022年，涪城区围绕国家大学科技园新区建设及交叉学科研究院落地涪城区，形成战略合作协议，探索与中物院成科中心的合作新模式，双方围绕“一中心、一园、一基金”签订战略合作协议，招院引所取得新突破，大幅度提升创新平台能级。

科技服务

【概况】 2022年，涪城区科技服务业有规上企业33家，其中科学研究和技术服务业21家，信息传输、软件和信息技术服务业11家。累计走访调研在库企业20余家，协助分析制约因素，突破发展思维瓶颈，在创新中寻找出路。重点针对企业的融资问题进行了对接。重点对全区20个平台和983个科技型企业进行全面摸排，实时掌握行业动态，实行梯次培育，从中优选优配，寻找新的经济增长点。

【科技特派员】 2022年，涪城区围绕蔬菜种植技术、粮油技术、水果技术、美丽乡村规划、农产品电商运营5个板块，就产业发展现状、技术瓶颈、政策支持、产业规划与提质增效等，持续开展专家与农民有效互动的实时农村信息化服务，全年累计开展16次线下、20余次线上科技特派员服务，覆盖约500人次，把新技术、新成果送到农民的田间地头。

【科技特色服务】 2022年，涪城区开展以“科技促发展，振兴新农村”为主题的科普活动月活动。打造并推荐“涪城乡村振兴社会化服务中心”“涪城区临园路东段社区科普基地”两家科普基地申报省级科普基地，推进科普工作达到社会效益最大化，提升广大公众科学素质。举办2022第十一届中国创新创业大赛（四川赛区）新一代信息技术和高端装备制造产业决赛。

8月24日，2022第十一届中国创新创业大赛（四川赛区）新一代信息技术和高端装备制造产业决赛启动仪式在涪城区举行　（涪城区融媒体中心）

【第十一届中国创新创业大赛（四川赛区）新一代信息技术和高端装备制造产业决赛启动仪式】 2022年8月24日，2022第十一届中国创新创业大赛（四川赛区）新一代信息技术和高端装备制造产业决赛启动仪式在涪城区举行。中国创新创业大赛由科技部、财政部、教育部、中央网信办和全国工商联共同指导举办。第十一届中国创新创业大赛以“创新引领，创业筑梦”为主题，以“择优遴选、创新服务、加速培养”科技企业为主线，聚焦新一代信息技术、生物医药、高端装备制造、新材料、新能源、新能源汽车、节能环保等七大产业领域。此次大赛采用“7+5”模式现场答辩公开路演评选，参赛选手陈述7分钟，评委提问5分钟。项目负责人以PPT演示、产品实物展示等形式，现场介绍项目属性、企业产品、发展规划等，将项目详细展示给评委和现场观众。同时，评委按照项目的创新性、社会价值、项目特色、发展现状和前景，对参赛项目进行现场打分。四川赛区共有1581家企业报名参赛，参赛企业数量创历史新高。涪城区共有12家企业晋级决赛，经过激烈的角逐，绵阳耳赞声科技有限公司荣获新一代信息技术产业三组初创组第一名。

（付　明　杨洁溪）

概　述

【概况】 2022年，涪城区教育工作立足区域发展，以“统筹发展促均衡，深化改革创品牌”为总体目标，以“整合推动、名校带动、队伍驱动、质量拉动”为基本策略，全力推进教育事业从“外延式”向“内涵式”、从“规模化”向“品牌化”发展。举办各类社会体育、学校体育、竞技体育活动，提高学生体质健康水平。2022年，本级直管共有各类学校183所。其中，幼儿园125所（独立建制公办4所、民办118所、其他部门3所），另有附设幼儿班但不及幼儿园所数的学校11个；小学29所（城市19所、农村1所、县镇9所）；初中19所（城市13所、县镇6所，其中九年一贯制学校6所）；特教校1所；普通高中3所（公办2所、民办1所，其中高级中学1所、完全中学1所、十二年一贯制1所）；中职学校6所（公办1所、民办5所）。全区共有在校学生104218人。其中，普通小学在校生45313人，普通初中在校生23209人，特教校在校生200人，幼儿园在园学生20828人，普通高中在校生3752人，中等职业学校在校生10916人。共有专任教师6616人。其中，公办学校专任教师4278人、民办学校专任教师2338人。截至2022年底，全区共有体育服装、器材生产、销售，功能饮料、营养食品销售，健身房、体育培训、体育健康管理服务、体育场馆服务、体育赛事策划等注册企业742家，全区年均体育产业总产值达10亿元。

【教育经费收支】 2022年，涪城区教育投入10.58亿元（其中：财政拨款10.38亿元，事业收入0.13亿元，其他收入0.07亿元），比2021年投入增加0.03亿元，2022年比上年增加0.3%，达到逐年增长。

2021—2022年绵阳市涪城区教育经费总投入一览表

表45　　单位：万元

投入教育经费	2021年（按决算口径）	2022年（按决算口径）	比上年增长（%）
合计	105519.98	105812.78	0.28
义务教育小计	71454.45	75027.17	5.00
非义务教育小计	34065.53	30785.61	-9.6

2022年绵阳市涪城区教育附加投入一览表

表46　　　　单位：万元

年度	城市教育费附加投入					2021—2022年“两项附加”征收、安排、使用情况合计			备注
	区级征收及财政安排数			上级安排数	小计	区级税务征收附加	区级财政安排附加	教育使用附加	
	征收数	财政安排资金	征收、安排品迭结余						
2021	7050	7050	0	0	7050	7050	7050	7050	决算4807万元，金财网下达7050万元
2022	11562	11562	0	0	11562	11562	11562	11562	

【义务教育经费保障机制改革】2022年，涪城区贯彻落实国家教育经费政策。全年全区义务教育财政拨款总收入7.50亿元，较上年增加0.35亿元，较上年增长4.90%，达到逐年增长；财政预算内教育事业费拨款5.91亿元，比上年增长4.89%，达到逐年增长。

【德育】 2022年，涪城教体系统深入学习贯彻党的二十大会议精神，以立德树人为根本任务，聚焦未成年人思想道德建设，依托三级德育研修共同体，统筹推进德育工作。高度重视思政课工作，确保各校配齐配足专兼职思政教师，开足并上好思政课，深化思政课堂变革，开展德慧课堂优质课展评，提高课程育人质量，打造一批思政精品课。构建常规与特色相结合的德育活动课程体系，持续开展“四史”学习教育活动，落实红色基因传承工程，常态化开展社会主义核心价值观宣传教育、“扣好人生第一粒扣子”主题教育、中华优秀传统文化教育、养成教育、生态文明教育等主题教育活动。打造“科技赋能 乐学涪城”涪城研学实践活动品牌，继续研发适合不同年段学生的区域研学旅行精品课程、精品线路和精品基地。

【教育质量】 2022年，涪城区中学阶段教育教学质量稳步提升，区教体局做好引领与服务工作，业务机构（教研室、进修校、教仪站）做好指导、视导工作。各校针对存在问题，根据目标找差距，寻发展空间，抓落实。发挥名师、优师引领示范作用，干部榜样“跟我上”作用，凝聚学校正能量，确保目标达成。教师抓好课堂教学过程各个环节，精心备课、上课、辅导，主动开展探究合作的课堂模式，兼顾全面性、差异性和个性化的统一，发挥主体主导作用，提升课堂效率与质量。强化教育教学管理能力，推进教育治理能力和治理体系现代化，提高涪城义务教育学校办学水平。

【高中教育】 2022年，涪城区8159名初中毕业生升入高中阶段学校6545人。其中，普通高中5288人，职业高中1710人；初中毕业学生接受高中阶段教育毛入学率达97.6%。提高职教课堂教学质量，建设各专业实训中心，加强学生的技能训练与实践。不断探索新的校企合作办学模式，学校和企业相互派教师员工等进行交流学习，增强校企合作的生命活力。引导学生做好职业规划，升学和就业双向发展，通过高考进入本专科和高职院校继续深造的学生大幅提升。多名教师参加教学竞赛和职业技能竞赛获省、市级一、二等奖。

【健康教育】 2022年，涪城区教体局组织全区春秋两季卫生、食品安全工作培训会和新上岗保健教师培训会，邀请区疾控中心和区市场监管局专家就如何贯彻落实《学校卫生工作条例》《中华人民共和国传染病防治法》《中华人民共和国食品安全法》和目前学校存在的个别问题作专项培训。利用3月份、9月份的“卫生宣传月”活动，做好传染病防控宣传工作，各学校开展以新冠肺炎防控为主的防病、防疫知识宣

2022年9月，在涪城区疾控中心召开涪城区学校新上岗校医培训工作会
（涪城区教体局）

传教育活动。全区各中小学校做好新生入学结核病的问卷和PPD的筛查工作，做好新生、转校生入学、入托儿童预防接种证查验工作和查漏补种、预防接种知识宣传等工作。联合区卫健局对全区学生开展视力及健康体检工作，10所学校继续做好四川省教育厅和卫健委关于幼儿园、小学、中学部分年级学生视力的统计监测工作；组织全区所有民办幼儿园创建“涪城区无烟学校”。成绵路小学和实验幼儿园创建为“健康学校”。

【心理健康教育】 2022年，涪城区落实心理健康教育。各校均建有专用或兼用的心理辅导室，有兼职心理健康辅导教师。在4月和10月开展心理筛查，建立特殊学生档案并开展相应的团辅、个辅等活动。在“5·25”和世界精神卫生日两个时段开展心理健康教育专项宣传活动。10—11月，开展全区学校心理健康教育“三预”工作专项检查，进一步完善各校心理健康教育体系，提升工作水平。

【艺术教育】 2022年，涪城区美育教育工作坚持按照习近平总书记“立德树人”要求，全面贯彻中共中央、国务院《关于全面加强和改进新时代学校美育工作的意见》《新时期学校评价改革意见》，坚持优质均衡发展，推进美育教育整体改革，全面实施素质教育，提高学生的审美素质和艺术修养。2022年，涪城区举办第19届校园艺术节展演活动和第八届班级器乐合奏比赛，涪城区在四川省第十届校园艺术节中获优秀组织奖，艺术作品一等奖10件，二等奖7件，艺术工作坊一等奖1个，美育改革案例获奖5篇，其中一等奖2篇。在全国第七届中小学艺术展演活动中获优秀组织奖，4个一等奖，2个二等奖，2个三等奖，获奖数量居全市第一全省前列。全面推行中小学生艺术素质测评工作，组织艺术中考工作，实施全区学校艺术教育自评和年度报告制度；按上级要求完成学校美育创建任务。

【现代教育技术】2022年，涪城区投入1.22亿元建设“涪城区智慧教育示范区（一期）”项目，完成区教育城域网网络中心机房建设、升级教室班班通832套，更新计算机2735台，新配智能阅卷高速扫描仪10台、移动录播设备15套，按照“万兆到楼层、千兆到桌面”的标准升级16所中小学校校园网络，配置智慧体育系统1套，更新巡检系统120套，建设软件系统（含在线备课、课

2022年，涪城区第八届班级器乐比赛暨音乐教学（演奏）质量检测在少年宫演播室举行
（涪城区教体局）

堂教学、学情分析、互动教研、家校互动、课后辅导、幼儿能力发展等模块）1套，初步建成涪城智慧教育平台。该项目已服务全区3831名教师和66422名学生（含中职、幼儿园、特教校、中小学、高中）。实现教学应用覆盖全体教师、学习应用覆盖全体学生，打造“教、学、管、研、评”全方位信息化应用场景。投入950万元在金家林学校建设以科技体验、探究、创新为主题内容的少年科学院。投入128.8万元为成绵路小学、安昌路小学采购配置智慧书法教室两间；投入323万元为学校更新升降式学生课桌椅13000余套；投入376万元为公园路幼儿园东顺分园、实验小学等采购教学设备、办公桌椅等，保障学校教育教学活动的开展。

【基础设施建设】 2022年，涪城区进行各类学校基础设施建设，进一步改善办学条件。金家林学校（二中金家林校区）改扩建工程（24860平方米）、成绵路小学改扩建工程（14643平方米）投入使用，青义幼儿园建设工程（8126平方米）、公园路幼儿园东顺分园二期改造项目（1900平方米）、绵阳职业技术学校和涪城特殊教育学校改扩建项目（18000平方米）建成投用，浸水幼儿园建设工程（涪城区御营坝危旧房棚户区改造项目配套幼儿园，4171平方米）、滨江小学改扩建工程（11601平方米）开工建设。绵阳市实验小学、绵阳市西山路小学、绵阳市第九中学、涪城区吴家镇小学等20余所学校维修项目完成建设。

【基础教育资源建设】 2022年，涪城区通过全区智慧教育平台在师生中普及网络学习空间应用，实现“一人一空间、人人用空间”，通过学习空间整合国家教育云平台、各级资源库、名师课堂等优秀资源，提供覆盖小学、初中学段所有学科的教育教学资源库和部分高中资源；依托师生信息化素养提升实践活动、课堂教学精品课遴选、区校教研活动丰富本地教育教学资源库；实现教师在线备课、集体备课、在线教研、线上辅导；通过区域联考、智能反馈终端、学情采集终端（智能组卷、高速扫描仪）收集学生学情数据，进行有针对性的个性化学习和练习；通过区智慧教育平台进行音乐、美术、心理健康安全、爱国主义等专题教育；发挥家长协同教育与管理的作用，形成教育合力，提高家校共育能力；通过区智慧教育平台提供教务管理、行政管理、公文系统、数据智能填报等信息化应用与管理。深化信息技术与课堂融合，在花园实验小学、杨家小学、实验中学等学校开展多学段、多学科区级智慧课堂示范展示活动，通过“优秀教师示范+名师点评研讨+区域教师线上观摩”，打造“线上教研”模式，全区依托智慧教研平台、移动录播系统已累计开展智慧课堂示范观摩直播活动6场，展示优质课堂40节，线上累计观看直播人数1800余人次，有效实现名优教师资源的辐射共享。

【体育设施建设】 2022年，涪城区完成各村、社区共80余处健身器材安装点位现场勘察、健身路径安装投放，实现15分钟健身圈建设。完成430余件器材和4块运动场地地面翻新招投标。投资建成占地9000余平方米的新皂镇多功能运动场，包含篮球、羽毛球、乒乓球、气排球、健身步道、健身路径、口袋公园等多种体育运动项目与休闲方式。人均体育面积达到2平方米以上，极大满足周边生活群众对体育运动和人文环境的要求。

【教育惠民】 2022年，涪城区紧密结合全区脱贫攻坚战，着眼于促进教育公平。做好“润禾计划”工作，学前教育“三儿”资助工作，义务教育“三免一补”工作，中职免学费、国家助学金工作，普通高中国家助学金、免学费工作。全年，为141名城市困难群众学生资助共计66.725万元，为140名农村困难群众学生共计资助62.255万元；为1473名孤儿、残疾、家庭经济困难儿童减免保教费共计147.3万元；为1533名义务教育阶段家庭经济困难寄宿学生发放生活补助共计219.5025万元；为614名义务教育阶段家庭经济困难非寄宿学生发放生活补助共计31.375万元；为303名家庭经济困难普高学生免除学费共计14.084万元；为318名家庭经济困难普高学生发放助学金共计58.55万元；为9974名中职学生免除学费共计1769万元；为2051名家庭经济困难学生发放国家助学金共计409.8万元。

【社会捐资助学】 2022年，涪城区继续利用绵阳市涪城区益生教育基金会开展各项公益助学活动。为100名困难学生发放资助金共计10万元；大学新生入学资助14人共计1万元；办理生源地助学贷款567人，贷款金额共计577.2659万元。

【教育扶贫】　2022年，涪城区为90名在区内就读的建档立卡幼儿据实免除保教费共计37.73万元；为16名区内建档立卡中职学生据实免除学费并为一、二年级共9名学生发放国家助学金共计2.2万元；为16名区内建档立卡中职学生发放生活补助共计1.15万元；为11名区内建档立卡本专科生落实特别资助共计4.4万元。

2022年绵阳市涪城区教育基本情况统计表

表47　　单位：所、人

类别	学校数量（个）				学生数量（人）					专任教师数量（人）		
	合计	公办	民办	班数	合计	公办	民办	毕业	招生	合计	公办	民办
幼儿园	125	7	118	825	20828	10359	10469	7206	5271	1742	812	930
小学	29	29	0	951	45313	39351	5962	6701	6909	2351	2036	315
初中	19	17	2	460	23209	14685	8524	7909	6202	1623	1042	581
普通高中	3	2	1	85	3752	673	3079	2153	1277	276	82	194
职业学校	6	1	5	—	10916	4001	6915	2451	4116	569	251	318
特教校	1	1	0	32	200	200	—	35	37	55	55	—
合计	183	57	126	2353	104218	69269	34949	26455	23812	6616	4278	2338

说明：公办学校包含其他部门办学的学校，公办幼儿园包含八一幼儿园和西科大幼儿园，高等师范专科附属幼儿园，公办小学包含八一小学和西科大附小

教育管理

【概况】　2022年，涪城区教育以办好新时代人民满意的教育为目标，坚持综合施策，开展2022年度教育管理重点工作。持续以项目推进的方式扎实开展教育援彝帮扶工作；《大学区实施意见》《“区管校聘”管理改革的实施意见》先后出台，进一步完善教育体制机制；通过加强教师队伍建设、开展教师培训、推行校长职级制度、教师招聘等举措夯实涪城教师队伍；始终坚持以文化建设、特色建设打造学校，推动涪城学校“一校一品”活动；开学检查、普法工作、学校安全、教育督导、教研工作等日常工作有序开展，推进涪城教育高质量发展。

【教育支援】　2022年，涪城区继续深入开展教育帮扶活动，派遣20名骨干教师到昭觉县支教，支援“三区”教育；区内6所初中、18所小学、4所幼儿园共28所优质学校，与昭觉县6所初中、48所小学、9所幼儿园共63所学校结对，以“一帮多”等形式，开展“校对校”结对帮扶。

【教师队伍建设】　2022年9月，涪城区在全国创先建成首个县区行政区域“涪城名师堂”，建立起四级教师荣誉体系，厚植尊师重教氛围。加大高层次优秀教师招聘、引进力度，2022年上半年公开招聘教师82名，直接考核招聘2023年毕业公费师范生和硕士研究生共计65名；区外公开选调在编在岗优秀教师7名。强化师德师风建设，先后成立涪城区师德师风评议委员会和学校师德师风评议小组，建立健全师德师风监督、督查、奖惩等长效机制。全区教师签订师德师风承诺书覆盖面达100%；开展师德师风专项治理活动，强化教育，提高认识，辖区公办学校内无严重违反师德师风事件。

【教师培训】　2022年，涪城区以“四级联动研修”为平台，以“构建教师阶梯式专业成长机制”为载体，优化培训体系和路径，围绕“课程、教材、课堂变革、信息化水平和师德教育”开展中小学教师系列培训，开展校园长、后备干部、班主任、新教

师等为期一年的专项系统培训，构建相应培训课程。出台《涪城区首批区级名师工作室管理办法》，28个区级“名师工作室”累计开展研修活动200余场次，覆盖区域所有学校和学科。

【校长队伍建设】 2022年，涪城区继续推进中小学校长职级制度改革，修订校长职级考核评价标准，对全区各职级校长进行考核，评选出9名优秀校长，并予以表扬。通过集中培训、跟岗实践、导师引领相结合的方式，培训后备干部120人次、校长80余人次。

【义务教育阶段教师绩效实施】 2022年，涪城区全面落实中央、省、市统一部署，继续确保中小学教师平均工资收入水平不低于当地公务员平均工资收入水平；兑现全区义务教育、非义务学校教师绩效工资，激励导向明确，农村学校教师绩效工资每月高出城市学校200元。乡镇学校执行每月200元至400元（乡镇工作10年以上的人员400元）乡镇工作补贴。

【教育人事制度改革】 2022年，涪城区完成 194名教师中级职称和 133名教师高级职称的评审工作。落实乡村教师支持计划，拓宽乡村教师补充渠道，全年招聘农村学校特岗教师29名，落实乡村教师评职优惠政策，增强乡村教师荣誉感。创新实施名优教师交流轮岗“星火”计划，优秀案例被《人民日报》要闻版报道；通过实施“区管校聘”教师管理方式改革，建立义务教育学校教师交流轮岗制度，以大学区治理、教育集团化办学、研修协作体、学校联盟为依托，2022年共交流校长、教师355名（其中交流到农村、薄弱学校65名），优化了教师资源配置，促进了城乡学校、薄弱学校均衡发展。

【义务教育集团办学】 涪城区从2010年开始采取“名校+新校”“名校+乡校”“名校+弱校”的“1+N”模式实施集团化办学，并投资近千万元保障集团化办学的正常运行。到2022年春季，全区有绵阳二中、绵阳四中、实验中学、实验小学、成绵路小学、花园实验小学、安昌路小学7个教育集团领办21所中小学，在校学生2.96万人，占全区公办义务教育学生总数的55%，通过集团化办学，增加优质学位1.85万个。2022年，按照“集团引领、资源共享、校区互动、城乡一体”思路，深化教育改革，自2021年9月起推行大学区制管理改革，2022年6月20日，《涪城区义务教育大学区管理实施意见（试行）》由涪城区委、区政府正式印发。改革方案包括一个“实施意见”和招生、教师轮岗交流两个“办法”，对“学区划分、学区管理、招生、教师轮岗交流”等关键核心问题进行逐一明确。根据资源情况，立足城乡统筹，将义务教育学校划分为城南（10所小学、5所初中）、城北（6所小学、5所初中）、城西（11所小学、5所初中）三个“大学区”，每个“大学区”由“城市领航学校、城区成员校、农村成员校”共同组成，按学段整体规划初中、小学教学工作，形成义务教育“集团化办学全覆盖，九年一贯直通培养”新格局。2022年7月1日，区教体局举行大学区成立大会，为三大学区授牌并任命大学区联合党委书记、大学区长。7月13—16日，涪城区各公立义务教育学校，按照《实施意见》关于“共享学位”招生办法相关规定，启动首次共享学位申请报名工作，7月22日在人大代表、政协委员、家长代表、镇街社区代表、学校代表等共同参与监督下，实施了共享学位摇号录取工作。《实施意见》公布之后，为做好大学区“校长教师轮岗交流”，区教体局推动实施“区管校聘”工作，印发《涪城区推进中小学教师“区管校

2022 年 7 月 1 日，涪城区大学区举行授牌启动仪式　　（涪城区教体局）

聘"管理改革的实施意见（试行）》，7月22日成立涪城区教师服务中心。2022年9月，在城南大学区实施绵阳市实验小学教育集团领航南山小学发展，有效拓展领航学校优质教育资源覆盖面，助力成员校发展。

2022年绵阳市涪城区义务教育大学区划分一览表

表48

大学区	领航学校		城区成员校		农村成员校	
	中学	小学	中学	小学	中学	小学
城南学区	实验中学	实验小学	绵阳六中 绵阳九中	警钟街小学 南街小学 石塘小学 御营小学 南山小学	杨家中学 绵阳十五中	杨家小学 丰谷小学 玉皇小学 关帝小学
城西学区	绵阳二中	花园实验小学	绵阳三中 二中金家林校区	安昌路小学 先锋路小学 西山路小学 子云小学 二中金家林校区园艺小学	吴家中学 绵阳十六中	吴家小学 金峰小学 石洞小学 新皂小学
城北学区	实验中学城北校区	成绵路小学	绵阳四中 绵阳五中	实验中学城北校区世纪城小学 城郊小学	绵阳十二中龙门学校	青义小学 龙门小学

【未成年人思想道德建设】 2022年，涪城区坚持把社会主义核心价值观融入教育全过程，广泛开展"开学第一课""党史学习"系列活动、"争做新时代好少年"等主题教育活动。结合"喜迎二十大"主题，组织开展多种形式的主题教育。2名学生分别获市级"新时代好少年　强国复兴有我"演讲和朗诵比赛特等奖、一等奖。广泛开展"新时代好少年"学习宣传活动，2名学生获评市级"新时代好少年"称号，评选表彰了10名区级好少年。大力开展志愿服务活动，并纳入学生综合素质评价考核体系。开展习近平生态文明思想进校园宣传教育活动，在前期有20所中小学创建为四川省绿色学校的基础上，实现省级绿色学校创建全覆盖。强化劳动教育与研学实践活动指导，丰富未成年人的校外实践路径，落实"科技赋能 乐学涪城"研学综合实践活动课程的研发工作。高标准落实乡村"复兴少年宫"省级试点工作，承办市级未成年人思想道德建设暨复兴少年宫工作会、市级校外教育工作会，展示涪城区学校乡村"复兴少年宫"成果。

【校园文化建设】 2022年，涪城区先后投资400余万元，实施涪城名师堂（涪城区课后服务指导中心）等校园文化建设项目，有效地改善、优化区域教育办学环境，提升区域教育的办学内涵和文化品质，增强区域教育的综合实力与社会影响力。

【特色建设】 2022年6月，投资950万元，在绵阳二中金家林校区建成"涪城区少年科学院"，科技赋能全区中小学生的核心素养发展。2022年8月，绵阳二中金家林校区被共青团中央青年发展部、中国青少年发展基金会认定为"小平科技创新实验室"并授牌；进修校特建室通过跟踪调研和现场查看等方式对全区所有学校的入库项目进行指导。各学校积极利用新媒体拓展特色项目展示形式，如南街小学合唱特色推出的歌曲《为祖国》在国、省平台展播（央视频、四川电视台）。各学校探索特色项目的课题研究并取得良好成果；教工幼儿园五星级特色项目的全国课题《STEAM教育理念下幼儿育融创游戏实践研究》结题；实验幼儿园、公园路幼儿园、实验小学的特色项目课题均被四川省人民政府授予2021年四川省教学成果奖二等奖。

【开学工作】 2022年，涪城区教体局按股室分组并由局领导带队到学校开展春秋两季开学工作综合督导检查。主要检查党建工作、开学工作、常态化疫情防控工作、安全工作、“双减”工作、“六项管理”工作等方面内容。通过督导检查，进一步规范学校的管理和推动各项工作的落实。

【学校普法教育】 2022年，涪城区开展“八五”普法教育，充分发挥课堂主渠道作用，将青少年法治教育与德育课程相结合，通过《道德与法治》《生命·生态·安全》等学科教学，将《未成年人保护法》《预防未成年人犯罪法》等与青少年密切相关的法律法规融入课堂教学。做好校园法治文化建设，开展“一月一主题”法治教育活动，邀请法治副校长到校开展“开学第一堂法治课”活动。组织全区中小学生参与教育部全国青少年普法网第七届全国学生“学宪法 讲宪法”活动，选派学生代表绵阳市参加四川省“学宪法 讲宪法”演讲比赛，获一等奖。

【教学教研】 2022年，涪城区坚持实效第一、科研工作一体化的思想，申报省级课题立项2个，市级课题立项 7个，居全市各县区第一。4项研究成果在绵阳市教育科研成果阶段评审中获奖，3项成果在四川省科研成果阶段成果评审中获奖。全年共有328名教师在市级及以上竞技竞教比赛中获奖，其中国家级4人、省级48人、市级276人；全区教师在省级以上报刊发表研究论文168篇。

2022年12月，涪城区教体局食品安全督查组到实验中学南河校区督查学校食品安全工作 （涪城区教体局）

【教育风险保障管理体系】 2022年，涪城区加强教育风险研判和风险管控，强化组织领导和协同配合，坚持全面统筹综合施策，将教育安全作为社会治安综合治理的重要内容。突出制度建设和政策保障，依据法治原则明确主体权利、义务与职责，形成管控安全风险的长效机制。构建完善以校方责任险为主，中等职业学生实习责任险、城乡居民医疗保险为辅，学生平安保险及其他商业险种为补充的教育风险管理保障体系。

【教育督导】 2022年，涪城区完成绵阳市督导委对涪城区人民政府履行教育职责实地督查工作。结合教育督导工作的实际和大学区建设，对全区督学责任区的划分和人员安排进行重新调整，并根据责任督学的年龄、工作情况，调整责任督学7人，建立“任务适量、分布均衡、全面覆盖”的挂牌督导体系。组织开展“双减”和“六项管理”的专项督导检查。分期分批完成对全区46所民办幼儿园的督导评估；根据《绵阳市涪城区第二轮中小学校素质教育督导评估实施办法》，完成对先锋路小学等10所中小学的素质教育综合督导。

【学校安全】 2022年，涪城区深入学习习近平总书记关于安全生产重要论述，认真贯彻国务院安全生产“十五条”措施，切实加强对学校安全工作的有力指导。树立安全第一、生命至上理念，树牢校园安全底线思维和红线意识，针对校园安全事故特点，排查隐患细化措施，强化安全主体责任，落实“一岗双责”要求。协调多部门常态化巡查督导，开展学校安全稳定大检查大整治大曝光行动。完善学校安全管理工作机制、落实监管职责、强化督查考核，保证各项安全工作落到实处，有效预防各类安全事故的发生，确保涪城教体系统的平安稳定。

【食品安全】2022年，涪城区坚持每期开学前联合区市场监管局和卫健局举行食品安全专题培训，专项检查学校食品安全；"互联网+明厨亮灶"全覆盖；切实做好学校食堂管理，严把食品原料采购关，严管索证索票，严格按照食品操作流程进行管理，期末实施食堂零存储；坚持开学前彻底清理桶装水和直饮水的消毒清洗；落实教体局、家长、学校负责人陪餐制。

基础教育

【概况】 2022年，涪城区坚持以习近平新时代中国特色社会主义思想为指导，全面贯彻党的教育方针，认真贯彻执行中央、省、市关于基础教育的相关文件精神，落实立德树人根本任务，以改革创新为动力，以提高质量为核心，深入推进素质教育。紧紧围绕区委、区政府深入实施"三千工程"、加快建设"四个强区"战略谋划，改革创新，多措并举，构建全员育人、全过程育人、全方位育人的立德树人长效机制，深度推进课堂变革，建设优质教育集群，推动大学区制改革，落实"双减政策"、加强中小学生"五项管理"、开展好课后服务工作，构建教师成长机制，做深做实两项改革的"后半篇"文章，深度参与成渝地区双城经济圈建设。进一步夯实全区小学教育质量基础，提升初中教育质量，促进普通高中育人方式转变，切实加强特殊教育，促进涪城基础教育再上台阶。

【义务教育】 2022年，涪城区以活动为载体丰富德育工作内涵，以课堂变革为抓手强化教育教学管理，持续推进"双减"工作和课后服务工作向纵深发展，强力推进特色建设、校园文化建设和教育研修；大学区制改革全面推开，分三大学区统筹全区城乡学校发展，实现义务教育阶段集团化办学全覆盖，区域优质教育资源进一步整合。继续深入推进义务教育优质均衡发展。全区小学、初中年级接收外来务工人员随迁子女24000余人，保障入学公平。

【学校"四率"情况】 2022年，涪城区小学净入学率100%，初中净入学率100%；小学毕业率100%，普通初中毕业率100%；小学巩固率100%，初中巩固率99.2%。

【学前教育】 2022年，涪城区继续推行由区政府牵头、有关部门参加的学前教育联席会议制度。基本建成城乡覆盖、布局合理、公益普惠、安全优质的学前教育公共服务体系。进一步优化幼儿园布局，增加普惠性资源供给，深入推进办园体制改革。按照"十四五"学前教育提升计划实施方案扎实推进工作，截至年底，毛入园率达到99%以上，普惠性幼儿园覆盖率达到85.19%，公办幼儿占比达到52.26%。涪城学前教育正以"政府主导、社会参与、公民办并举"的办学格局稳步协调地向前发展。

【留守儿童教育】 2022年，涪城区继续加强农村留守儿童、事实无人抚养儿童等特殊学生群体的教育管理与帮扶工作。联合区级各部门、企事业单位、社区街道，常态化开展"幻彩生命课外课堂""童伴阅读""加油！夏令营"等关爱帮扶活动。各学校强化对留守儿童生活、学习的过程管理，强化对留守儿童的心理辅导、亲情教育和法制教育，做到台账清楚、关爱措施到位。

【示范学校建设】 2022年，涪城区共有市级示范性中学8所、小学12所。加强示范学校管理，增强其示范作用。发挥示范学校的辐射作用，以集团化办学、大学区和研修协作体为载体，促进义务教育质量整体提升。

2022年绵阳市涪城区市级示范学校一览表

表49

学 校	校 长	地 址	教学班（个）	教职工（人）	占地面积（平方米）	学生（人）
市级示范小学						
实验小学	唐 辉	南河路15号	50	135	7727	2800
涪城路小学（实小集团）	谢 强	涪城路187号	19	55	4354	1033

续表49

学 校	校 长	地 址	教学班（个）	教职工（人）	占地面积（平方米）	学生（人）
南街小学	漆 涛	一环路南段228号	31	82	7965	1615
成绵路小学	李 蓉	成绵路23号	36	106	6594	1921
警钟街小学	曾安宁	警钟街43号	30	86	3161	1688
先锋路小学	田 勇	先锋路19号	29	73	5481	1552
安昌路小学	涂久尚	安昌路57号	26	66	4464	1455
花园实验小学	李 华	滨河北路东段16号	36	91	6445	1979
御营小学	王 凯	御安街48号	30	78	14934	1745
东辰小学	徐来先	花园南街	106	175	79130	5545
丰谷小学	杨 佳	丰谷镇南街44号	19	27	6800	896
青义小学	李孝东	青义镇场镇	40	87	11610	2124
市级示范初中						
绵阳二中	张茂辉	剑门路东段15号	37	141	13280	2318
绵阳四中	李 强	翠花街47号	15	58	5666	805
绵阳五中	邓 勇	剑南路西段15号	17	56	4294	902
实验中学	肖义辉	文昌街88号	58	221	72667	3831
绵阳八中	李 强	跃进一巷13号	11	48	26158	654
绵阳九中	张晓红	绵绢路8号	14	54	11019	735
东辰中学	徐来先	科创园剑南路西侧	138	405	158259	7358
绵阳十二中	聂孟君	青义镇场镇	13	52	19086	638

【课后延时服务】 2022年，涪城区优化延时服务、推动家校协同育人、促进学生全面发展。丰富服务内容，推行课后延时服务“5+2”模式。第一时段为学生自主作业和答疑辅导，第二时段为问题、科普、创新教育、社团等素质提升活动。通过统筹安排规定动作和自选动作，最大限度地提高课后服务的利用率和有效性，充分发挥学校减负的主阵地作用，促进学生全面发展。2022年，全区公办义务教育学校100%提供延时服务，学生参与率97.28%，教师参与率97.36%，小学、初中学生书面作业基本在校内完成。课后延时服务由律师团队提供全程专业法律服务，保证课后服务依法合规。学校“一校一专账”细化课后服务经费收支管理，保证课后服务经费规范使用。

【双减工作】 2022年，涪城区紧扣“压总量、控时长、调结构、提质量”要求，出台五项管理、作业管理等实施方案，成立减负领导小组，建立区、校、班三级作业管理体系，统一制定作业备案、公示模板，征集作业管理案例、开展督导监测，推动学校实现作业“量减”而“质精”。全年，15名中小学责任督学已开展专项督导185次，未发现违规行为。围绕“减负提质”目标任务，从严格作业管理，保障课堂质量、实施课后服务、建立督查机制等5个方面不断强化措施。实施“学校—协作体—区域”三级课堂教学诊断，出台《涪城区课堂教学基本标准》，建设区级学科工作坊，举行“金秋课堂”“四课活动”，开展求解式小课题研究和实效科研课题研究，全面提高课堂教学质量。推进“涪城区智慧教育示范区”创建工作，优化区域学业质量监测形式和评估技术，加强对教学质量监测数据的深度研究和分析。建立阶梯式教师培训网络，搭建A61教育资源网络平台，2.5万篇学习心得、交流资料供全区教师参考、借鉴，加快了教师成长速度。

民办教育

【概况】　2022年，涪城区共有各类民办学校140所。其中，中小学3所，中等职业学校5所，幼儿园112所，非学历教育机构20所。民办教育学生共45010人。其中，中小学生16535人，中职学校学生6821人，在园幼儿14233人，民办教职工共4818人。其中，中小学1429人，中职学校716人，幼儿园2673人。资产情况：中小学校110901万元，中职学校16130万元，幼儿园12211 万元。图书数量：中小学33.75万册，中职学校11.95万册，幼儿园10.78 万册。学校占地面积：中小学13.2764万平方米，中职学校18.8915万平方米，幼儿园 17.92万平方米。校舍建筑面积：中小学35.1312万平方米，中职学校14.2563万平方米，幼儿园14.0260万平方米。与2021年相比，全区民办学校减少24所，其中非学历教育机构15所。

【民办学校管理与发展】　2022年，涪城区民办教育与公办教育协调发展，共同促进，基本形成多元化办学格局和从学前教育到中等职业教育的教育体系。对全区民办学校继续年检初审检查。对全区各民办学校进行规范办学行为的指导与检查，并对校舍进行安全隐患排查，要求各民办学校年审提供房屋安全鉴定报告。存在安全隐患的限期整改。

2022 年，绵阳职业技术学校产教融合实训中心　（涪城区教体局）

职业教育

【概况】　2022年，涪城区共有教育部门管理中职学校6所，其中，公办学校1所，民办学校5所。在校学生10832人，其中新生3095人。

【职业教育基础能力建设】　2022年，绵阳职业技术学校产教融合实训中心投入使用，新增建筑面积12082平方米，项目获得专项债券资金5000万元，上级财政补助资金550万元。学校校园环境、设施设备、实训条件等得到明显提升。

【职业教育专业建设】　2022年，涪城区各中职学校共开设电子商务、计算机应用、建筑工程施工、航空服务、舞蹈表演等45个专业。

【藏区“9+3”免费职业教育】　2022年，涪城区加强日常管理、规范学生行为和强化学生技能培训、提升学生素质、促进就业。全年，绵阳职业技术学校新招“9+3”（在9年义务教育的基础上，对藏区孩子提供3年的免费中

博远艺术职业学校芭蕾舞剧《堂吉诃德》剧照　（涪城区教体局）

职教育）学生50人，毕业60人，升学31人，就业29人。

成人教育与特殊教育

【概况】 绵阳市涪城区特殊教育学校（简称区特教校）始创于1987年10月，现位于涪城区御旗路5号，占地3000平方米，建筑面积近万平方米。2020年新建校舍5227平方米，新增150个学位。现有在编教师49人，聘用教师5人。现有在校就读学生209人。其中，涪城籍109人，非涪城籍100人。在籍学生中，有重度残疾接受送教上门服务28人。每名重度农村残疾儿童每月接受送教上门服务不少于4次（国家规定2次）。学校实践探索的“融合教育涪城模式”被中国残疾人数据科学研究院收入残疾人蓝皮书《中国残疾人事业发展报告》。2021年，《四省融合教育发展的涪城模式》被四川省教育厅推荐并在全国推广；同年10月，涪城区代表四川省，在全国特殊教育大会2021年学术年会上交流涪城融合教育模式，涪城模式得到专家和同行的一致赞誉。2022年3月，特殊教育资源中心出版专著《融合教育支持性课程理论与实践》，学生舞蹈《羌鼓声声》获评四川省第十届中小学生艺术节展演一等奖。学校课题《特殊教育学校二阶段融合式劳动教育构建与实践研究》获2021年四川省基础教育教学成果奖二等奖，课题《基于特职融合的初中听障生面点课程的实践探索》获四川省教育科研课题2022年度阶段研究成果二等奖。2022年12月，学校获“2021—2022年度青年文明号”称号。

【成人教育】 2022年，涪城区10余家成人教育机构面向社会开展面点、下岗职工再就业等技能培训，全年累计培训2万余人次。

【特殊教育】 2022年，涪城区共有涪城籍适龄特殊儿童242人，其中区特教校就读109人。继续做好“三残”儿童入学工作和“三残”儿童随班就读工作。坚持为28名重度“三残”儿童学生上门送教，累计送教3600余课时，巡回指导600余课时。2022年3月，中央电视台《朝闻天下》栏目报道区特殊教育学校职业教育开展情况。6月，区特教校参加市残疾人运动会暨特奥运动会，共获52金、25银、29铜。2022年区特教校科研课题《基于特职融合的初中听障生面点课程的实践探索》获四川省科研课题阶段成果评比二等奖。3月，特殊教育资源中心出版《融合教育支持性课程理论与实践》。全年，涪城区投入2000多万元新建特教校教学楼和采购设施设备，提升办学条件。

大学中专招生与自学考试

【概况】 绵阳市涪城区教育考试中心（简称区教考中心）。主要工作职能是贯彻落实国家、省、市招生考试政策；负责组织实施空军和民航飞行学院、艺术体育类招生报名服务工作；负责组织实施普通高考、成人高考、高中阶段考试、初二生物地理学业考试、自学考试等国家教育考试及市书法水平测试工作。2022年，涪城区教育考试中心贯彻落实上级各项招生考试政策和要求，营造公平、公正、公开的招生考试氛围，从严管理，依法治考，优化服务，完成各项招生考试任务。2022年区教考中心获评四川省招生宣传工作先进单位一等奖、四川省海军招飞先进单位、四川省招生宣传工作先进单位一等奖、绵阳市义务教育质量评价招考机构特等奖、绵阳市普通高中教育质量评价招生考试机构特等奖、绵阳市招考机构特等奖、绵阳市国家教育考试安全保密考风考纪目标考核一等奖、绵阳市考试招生工作业务工作评价特等奖、绵阳市考试招生工作“创一流”奖。

【普通高等学校招生】 2022年，涪城区普通高考报名的考生25056人，其中单招已录1327名，参加普通高考的考生23729人（文科6292人、理科17244人、对口职教高职193人），共设置12个考点，849个考场（含47个备用考场、5个小语种考场、3个藏文加试考场）。

【成人高等学校招生】 2022年，涪城区参加成人高校招生考试的考生为2103人（文科295人、理科570人、专升本1264人），设置绵阳市实验中学、绵阳市高水九年一贯制学校共2个考点，72个考场（含备用考场3个）。安州区平移考点普明中学，参考考生899人。

【高中阶段学校招生】 绵阳市2022年高中阶段学校招生考试，涪城区参加中考的初三考生16278人，共设置7个考点，545个考场。

【高等教育自学考试】 2022年，组织2次自学考试，共有7146名考生报名参考，考试总科数16234科。

【学业考试】 2022年初二生物地理学业水平考试的初二考生16692人，共设置7个考点，568个考场（含9个备用考场）。

【书法水平考试】 2022年，书法水平测试涪城考区报考人数11431人，较2021年有大幅度增加。由于疫情原因延期至2023年2月进行。

【英语听说测试】 2022年，涪城区参加中考英语听说测试人数13824人，共设置20个考点、48间英语听说室考场，最多15个批次完成全部测试。经过一次模拟演练，一次正式测试，顺利完成2022年英语听说测试工作。

【艺术学科考查】 中考艺术学科考查设置22个考点，51间考场。考试人数16278人。

体 育

【概况】 2022年，涪城区贯彻落实习近平总书记重要指示精神和上级决策部署，全面做好疫情防控和体育卫生艺术国防教育工作。全面落实《关于全面加强和改进新时代学校体育工作的意见》、《关于全面加强和改进新时代学校美育工作的意见》、《关于全面加强和改进新时代学校卫生与健康教育工作的意见》（中办发〔2020〕36号）和中共四川省委办公厅、四川省人民政府办公厅《关于全面加强和改进新时代学校体育工作的实施方案》、《关于全面加强和改进新时代学校美育工作的实施方案》川委办〔2022〕6号等相关要求，围绕建设绵阳市科教强区的奋斗目标，坚定把当好“五个排头兵”作为工作总定位，落实立德树人根本任务，发展素质教育，提高学生体质健康水平、师生疫情防控能力、艺术人文素养、抵御毒品能力和综合国防素质，推进体育卫生艺术毒品预防和国防教育健康持续发展。

【社会体育】 2022年，在常态化疫情防控形势下，涪城区体育馆免费向社会开放，接待市、区、镇（街道）等单位和其他企事业单位、社会团体开展体育比赛和活动达200余场次，承接各类体育比赛、培训、集训和宣传活动30次以上，全区各体育类社会团体全年自行开展、组织参与各类体育比赛，健身展示、辅导活动以及健身知识宣传讲座达30次以上，参与群众达2万人次以上。全年指导成立体育类社会团体2家；开展科学健身培训980余人次，新增二级社会体育指导员6人，新增三级社会体育指导员50人；举办涪城区群众篮球比赛、“社区杯”足球比赛、气排球邀请赛、绵阳涪城·田园自行车公开赛，承办2022年四川省“体总杯”三大球城市篮球、排球联赛、第二十四届中国大学生一级篮球联赛北区赛等各类体育赛事20余次；实施并完成2022年国民体育锻炼标准测试工作；通过各类媒体发布体育健身活动报道20余篇。

2022年绵阳市涪城区举办、承办体育赛事及培训活动一览表

表50

时间	活动名称	级别	地点	主办单位以及承办单位
3月	2022年涪城区信鸽通信赛	县级	根据比赛距离而定	涪城体育馆、涪城区篮球协会、四川金五环体育文化传播有限公司
5月	2022中国绵阳第二届舞蹈文化艺术节暨中国体育舞蹈俱乐部联赛（绵阳站）暨燃舞者精英系列赛（绵阳站）	市级	涪城区体育馆	绵阳市体育总会、绵阳市体育和舞蹈协会、涪城区教体局
6月	四川省“体总杯”三大球城市联赛篮球比赛	省级	涪城区体育馆	四川省体育局、四川省篮球协会、绵阳市教育和体育局、涪城区教体局
6月	四川省“体总杯”三大球城市联赛排球比赛	县级	涪城区体育馆	四川省体育局、四川省排球协会、绵阳市教育和体育局、涪城区教体局

续表50

时间	活动名称	级别	地点	主办单位以及承办单位
7月	中国大学生篮球一级联赛北区赛	国家级	涪城区体育馆	中国大学生体育协会
8月	绵阳市涪城区全民健身月启动仪式	区级	涪城体育馆	涪城区教育和体育局、涪城区体育馆、涪城区体育总会
9月	《国家体育锻炼标准》达标赛（绵阳分站赛）	省级	丰谷镇、新皂镇、城郊街道、石塘街道	四川省体育局
12月	绵阳涪城田园自行车公开赛	其他	杨家镇	宏郡体育文化传播有限公司、绵阳市自行车协会、涪城区自行车协会

【学校体育】 2022年，涪城区全面贯彻落实健康第一思想，以培养学生兴趣、养成锻炼习惯、掌握运动技能、增强学生体质为基本原则，开齐开足体育课，开展阳光体育活动。强化学校体育教学训练，逐步完善“健康知识+基本运动技能+专项运动技能”的学校体育教学模式。教会学生科学锻炼和健康知识，指导学生掌握跑、跳、投等基本运动技能和足球、篮球、排球、田径、游泳、体操、武术等专项运动技能。组织实施全区小学毕业学生体质健康抽测、初中毕业生升学体育考试和高中毕业生体育与健康学业水平考查，将测试成绩作为考核学校体育工作和学生学业水平的重要依据。按照《国家学生体质健康标准》的要求，完成测试和上报工作。

2022年，涪城区参加四川省第十四届运动会男女排球比赛，男子沙滩排球获得第一名
（涪城区教体局）

【竞技体育】 2022年，在四川省第十四届运动会中，由涪城区牵头组队的丙组男子排球队获第三名，丙组女子排球队获第一名，绵阳市实验中学乙组男子排球队获第四名，甲组男子排球队获第三名；男子甲组沙滩排球获第一名，女子甲组沙滩排球获第二名，男子乙组沙滩排球获第四名，女子沙滩排球获第五名、第七名；男子丙组篮球获第一名，女子丙组篮球获第八名。共获得金牌10枚，为绵阳代表团在本届运动会中名列全省金牌榜第三做出了积极的贡献。承办第24届中国大学生篮球一级联赛男子全国大赛北区赛和2022年全国青少年校园足球夏令营（小学男子乙组）。承办“体总杯”三大球中国城市联赛选拔赛暨三大球四川城市联赛（篮球、排球）分区赛。东辰国际学校代表绵阳市参赛获排球项目第二名。参加2022年“贡嘎杯”四川省校园篮球总决赛获初中女子组第三名、初中男子组第四名。参加2022年“贡嘎杯”四川省校园排球总决赛获高中男子第二名、高中女子第三名。

（叶子瑞　任　爽　宗　丽）

文化

概　述

【概况】　2022年，涪城区有文化馆（区美术馆、群众艺术培训中心）1个、图书馆1个、文物保护管理所（博物馆）1个、乡镇综合文化站（分站）11个、街道文化中心（分中心）7个。文化馆分馆8个，文化普及基地9个，图书馆分馆14个，服务点208个。现有国家级文物保护单位1个，省级文物保护单位6个，市级文物保护单位6个，县级文物保护单位6个，省级非遗项目4项，省级非遗代表性传承人1人。探索建立四级公共文化服务网络，在人口密集区域、大型商超、群众服务大厅、工业园区、农业主题公园等地方，根据市民、游客、职工不同的阅读需求，量身定制少儿、艺术、社科、时政等富含科技休闲元素的主题图书馆。建成政务服务中心分馆、临东社区分馆、绵阳惠科光电有限公司分馆、天虹丝绸文献馆、天青苑川剧分馆、华丰社区邻里分馆、长虹社区青年分馆、丰谷镇分馆、区体育馆分馆、晨曦森林分馆10个微型图书馆，累计投入资金83万元，惠及群众近2万人。纳入市文旅重点项目4个，分别是绵阳蓝城桃李春风、绵阳文创产业园、香草园“研学基地”一期、“绵州记忆”旅游基础设施提升项目，2022年计划投资8.6亿元，完成投资9.78亿元，投资完成率113.7%。现有规上文旅企业54家，其中，文化企业32家、旅游企业22家，纳入文体娱营业收入核算企业19家，全年文体娱营业收入达到4.8亿元，较2022年同期增长75.65%，排名全市第一。

【微型图书馆】2022年，涪城区延伸公共文化服务触角，探索建立更加精准、高效的新型公共文化阵地，在大型商超、群众服务大厅、工业园区、农业主题公园等人口密集区域，根据市民、游客、职工不同的阅读需求，量身定制少儿、戏曲、创业等富含科技休闲元素的主题图书馆。建成政务服务中心分馆、临东社区分馆、绵阳惠科光电有限公司分馆、天虹丝绸文献馆、天青苑川剧分馆、华丰社区邻里分馆、长虹社区青年分馆、丰谷镇分馆、区体育馆分馆、晨曦森林分馆10个微型图书馆，累计投入资金83万元，惠及群众近2万人。

（刘小蓉　谢　莉）

2022年11月10日，“古驿金狮耀绵州”在全省第二届乡村振兴魅力竞演绵阳赛区决赛中获一等奖　（涪城区文广旅局）

文化遗产

【概况】2022年，涪城区非物质文化遗产名录17项，代表性传承人18人。5月起，涪城区文化馆经过5个月努力，“金峰雄狮”“绵州吟诵”成功申报省级非遗项目，打破十年零的突破。11月10日，“古驿金狮耀绵州”在全省第二届乡村振兴魅力竞演绵阳赛区决赛中获一等奖。

【省级申遗】 2022年11月3日，涪城区传统音乐四川吟诵“绵州吟诵”、传统舞蹈舞狮“金峰雄狮”分别被四川省文旅厅推荐为第六批省级非物质文化遗产代表性项目名录新列入项目和扩展项目。

2022年，涪城传统音乐四川吟诵“绵州吟诵”传诵经典演出节目(涪城区文广旅局)

【第十批非物质文化遗产名录和代表性传承人】 2022年，涪城区第十批非物质文化遗产名录和代表性传承人申报经市、区专家评审，评选出涪城区非物质文化遗产名录（共17项）及代表性传承人（18人），12月30日，经涪城区政府办公室发文公布。

涪城区第十批非物质文化遗产名录和代表性传承人名单一览表

表51

序号	项目类别	项目名称	代表性传承人	保护单位
1	传统美术	西蜀传统插花	王　倩	涪城区文化馆
2	传统美术	胡氏木雕	胡国兵	涪城区文化馆
3	传统技艺	绵州传统木工榫卯制作技艺	黄登友	涪城区文化馆
4	传统技艺	涪城榫卯制作技艺	彭朝云	涪城区文化馆
5	传统技艺	蜀派古琴斫琴技艺	宋文挺	四川省太祖文化传播有限公司
6	传统技艺	尹记偏瓷技艺	尹启荣	涪城区文化馆
7	传统技艺	川剧盔头传统制作技艺	汪　伟	绵阳市梨园川剧团
8	传统技艺	川叶香肠制作技艺	叶　侨	涪城区文化馆
9	传统技艺	丰谷酒酿制技艺	唐锡太	四川省绵阳市丰谷酒业有限责任公司
10	传统技艺	绵阳米粉制作技艺（老开元米粉）	范　勇	绵阳康富源食品科技有限公司
11	传统技艺	绵阳米粉制作技艺（窝窝店米粉）	李晓平 谭　勇	四川窝窝店餐饮管理有限公司
12	传统技艺	绵阳米粉制作技艺（光友米粉）	邹光友	四川光友薯业有限公司
13	传统技艺	绵阳米粉制作技艺（开元米粉）	王仁辉	四川祺农科技有限公司

续表51

序号	项目类别	项目名称	代表性传承人	保护单位
14	传统技艺	绵阳米粉制作技艺（米好米粉）	米东升	四川米好商贸有限公司
15	传统技艺	川北辣椒油制作技艺	刘旭鹏	绵阳裕达食品有限公司
16	传统体育、游艺与竞技	涪城响黄	兰云寿	涪城区文化馆
17	传统体育、游艺与竞技	少林护家拳	杨中伟	涪城区文化馆

2022年3月，涪城区“非遗进校园”剪纸项目进入学校课堂（涪城区文广旅局）

【“非遗”进校园】 2022年，涪城区文广旅局联合区教体局和辖区内中、小学校持续开展“‘非遗’进校园”活动，组织鑫田粮艺、川剧绝技·脱手变脸、古琴演奏技艺、绵州拼布等项目进校园6所，200余课时，授课学生达3600人。3月，绵阳市“非遗”中心非物质文化遗产传习基地调研组周有燚一行到涪城区丰谷小学、城郊小学、安昌路小学、九中和石塘小学进行调研，区文广旅局、区教体局、区文化馆领导随同参加调研考察；4月，涪城区文化馆向金峰小学授予“非遗进校园传习基地”奖牌。

（谢 莉 王在伟）

文物保护

【概况】 经过三次全国文物普查，2022年涪城区有全国重点文保单位1处，省级文保单位6处，市级文保单位6处，县级文保单位6处，一般文物保护点470处。

【文物安全保护】 2022年，涪城区落实文物属地管理责任，完成19处国家、省、市、县级文物安全直接责任人公示，对有安全隐患（消防、防盗等）的文保单位安全巡查13次，市区两级出动50余人次，发现消防隐患和问题4项；通过整改建设微型消防站1个、开展消防演练2次、拆除文物周围老旧易燃违章建筑4栋。

【文物维护巡查】 2022年，涪城区对九龙山崖墓群、西山观、玉

2022 年 7 月 19 日，涪城区开展邱家庙双牌坊汛期文物安全巡查工作
（涪城区文广旅局）

女泉摩崖造像和南山烈士陵园等有安全隐患的文保单位进行重点排查（巡查）整治，对全国重点文物九龙山崖墓群进行巡查；对市级文保单位西山观古建进行消防安全巡查。在公园和西山观古建周围按要求增设消火栓、建设微型消防站各1个，开展消防演练2次；对省级文保单位李琦百岁坊周围4栋老旧易燃违章建筑进行督查整改。全年辖区内未发生文物违法行为，无文物行政违法案件发生。

（谢　莉　王在伟）

文艺创作

【概况】 2022年，涪城区文化馆每天实行延时开放，时间为9:00—20:30，每周开放80小时。服务团队40余个，免费参观人数达3万余人次。截至12月底，建立11个全民艺术普及基地，辐射人群80多万人。为文化艺术创作、交流创造条件。

【文艺歌曲创作】 2022年，为庆祝涪城建区三十周年，涪城区文化馆参与创作文艺歌曲《我爱我涪城》，唱响赞歌，为涪城区献礼。《我爱我涪城》由涪城区文学界联合会陈正、周伟两位同志作词；由涪城区文化馆王淳冉同志作曲；由绵阳市电视台韩蜀、绵阳市艺术剧院张宏演唱完成。

【庆祝党的二十大和建区三十周年专题展览】 2022年，围绕庆祝党的二十大和建区三十周年主题，结合涪城区本土文化艺术资源特色，涪城区文化馆开展多种形式的文艺展演活动，举办“涪聚三江·城纳四海”庆祝涪城建区三十周年“聚合”绘画邀请展、“涪城记忆”张国忠油画作品展、“镜享涪城”群众摄影网上云展览，展览模式为线上线下同时展览，其中有线上讲座，线下舞蹈、京剧和主题党日等系列展演活动。

2022年5月聚合绘画邀请展、2022年8月镜享涪城群众摄影展、2022年12月涪城记忆张国忠油画展先后在涪城区举办　（涪城区文广旅局）

2022年12月30日，涪城区迎新年群众文艺会演在涪城区体育馆举行　（涪城区文广旅局）

【群众文艺创作】2022年12月30日，涪城区迎新年群众文艺会演在涪城区体育馆举行。晚会由《涪城·记忆》《庆丰收》《雨涧春行图》《咱们园区好风光》等8个各具特色的节目组成。融合了情景歌舞、乐器演奏、诗朗诵等不同的艺术形式，既突出涪城特色，又体现涪城发展变化，互相交融，浑然一体。涪城区文化馆艺术干部参与演出，并承担此次活动的艺术总监、总导演、节目编导等工作，以专业能力为涪城三十周年庆典贡献力量。尤其是涪城区文化馆原创节目《马家巷》以情景歌舞的形式展示了涪城人民幸福美好的生活，赢得了在场观众的热烈掌声。

【国家级省级艺术作品奖】2022年，涪城区文化馆文艺专干潜心创作，全年共计获得国家级荣誉奖项8项，省级荣誉奖项10项。其中书法专干唐龙书法作品《咏平遥诗词数首》获得全国第七届中青年百强榜三等奖，《竹云题跋选录》获得“群星向党·翰墨铸魂——全国群众美术、书法、摄影主题联展”第一名。

2022年绵阳市涪城区文化馆群文获奖作品一览表

表52

姓名	作品	荣 誉	获奖级别	作品类别
唐 龙	《论语颜渊篇选录》	入选文化和旅游部主办的第十三届中国艺术节全国优秀书法篆刻作品展	国家级	书法
董福林	《万家灯火》	入选中国美协中国人民解放军建军95周年全军美展	国家级	版画
唐 龙	《咏平遥诗词数首》	全国第七届中青年百强榜三等奖	国家级	书法
董福林	《雅西高速幸福路》	入选中国美协美好生活幸福道路全国美展	国家级	版画
唐 龙	《竹云题跋选录》	“群星向党·翰墨铸魂——全国群众美术、书法、摄影主题联展”第一名	国家级	书法
王在伟	《微风拂过之三》	“群星向党·翰墨铸魂——全国群众美术、书法、摄影主题联展”第三名	国家级	油画
唐 龙	《续书谱数则》	全国第五届草书作品展	国家级	书法
唐 龙	《陆放翁诗词数首》	第六届中国书坛兰亭雅集42人展	国家级	书法
唐 龙	《颜渊篇选钞》	四川省第七届书法篆刻作品展优秀奖	省级	书法
唐 龙	《庄子北冥雨》	四川省第九届少数民族艺术节优秀奖	省级	书法
王在伟	《草原之声》	入选四川省第九届少数民族艺术节	省级	油画
唐 龙	《陆游诗两首》	群星璀璨2022年四川省群文书法美术摄影精品展 ·书法类第一名	省级	书法
王在伟	《故园今夕是元宵》	群星璀璨2022年四川省群文书法美术摄影精品展 ·美术类第二名	省级	油画
董福林	《鹤舞东园》	入选群星璀璨2022年四川省群文书法美术摄影精品展	省级	中国画
唐 龙	《论语选录》	入选四川省文联主办的礼赞新时代，奋进新征程“喜庆党的二十大四川省美术书法摄影作品展”	省级	书法
董福林	《丹青写盛世》	省机关、省文联“喜迎二十大，奋进新征程”书法绘画摄影展获优秀奖	省级	版画
唐 龙	《兰亭集序》	“中国梦 ·劳动美——喜迎二十大建功新时代”四川省职工书画展 ·金奖	省级	书法
夏 熹	《羌鼓声声》	入选2022年四川省少数民族艺术节	省级	舞蹈

【第四届书法公益班】 2022年，涪城区继续开办公益研修班，内容涵盖书法和国画，为全区书法、美术爱好者提供书法艺术提升的平台。书法公益研修班共有58人入选四川省书法协会举办的展览，9人加入四川省书法家协会，3人考取书法专业研究生深造，4名学员作品获得省级以上荣誉；国画班学员加入省美协会员7人、加入市美协会员25人，作品入选四川省美协、省文联、省美术馆展览40余次，入选市级各展览200余次。

2022年绵阳市涪城区工艺书法研修班省级以上获奖情况一览表

表53

作品名称	作品类别	创作学员	展览名称	主办方
临《里耶秦简》	书法	张蕊（书法公益班）	2021“书圣故里——中国临沂”中国书法临书大会	中国书协
《古文选钞》	书法	蒋俊文（书法公益班）	2021“中国书法·年展”全国行书、草书作品展	中国书协
《纳兰词数首》	书法	贾练（书法公益班）	“青川木牍杯”首届全国隶书书法大赛	四川省书协
《苏轼题跋数则》	书法	杨富隆（书法公益班）	广西壮族自治区第十届书法篆刻作品展	广西壮族自治区书协

（谢 莉 王淳冉）

文化活动

【概况】 2022年，结合涪城区本土文化艺术资源特色，以“镜享涪城”“乐享涪城”“阅享涪城”为主题，开展“喜迎党的二十大建区三十周年”摄影展、画展、舞蹈、戏曲、少儿文艺、合唱、器乐、广场舞大赛等“星耀涪城”优秀群众文艺展演、亲子悦读等文化文艺展演活动20余场。春节期间开展“虎虎生威，‘福’城有礼”系列活动，妇女节期间推出女画家代表作品展览，国庆节期间举办6期喜迎党的二十大“艺”起来抗疫系列线上活动。组织开展第四届职工艺校、非遗进校园、戏曲进村社、传统文化培训季、第五届书法公益研修班，举办书法公益研修班书法展等系列主题活动，有效丰富群众精神文化生活。

【四川省第二届乡村文化振兴魅力竞演大赛启动仪式在涪城区举行】 2022年5月17日，四川省第二届乡村文化振兴魅力竞演大赛启动仪式在涪城区杨家镇原香·国际香草园举行。省委宣传部副部长王红芯，市委常委、宣传部部长、市总工会主席郑志恒出席仪式并致辞。省文化和旅游厅副厅长赵红川，省体育局党组成员、副局长朱明，省广播电视局党组成员、副局长杨静，省委网信办二级巡视员谢锦蓉，省农业农村厅二级巡视员王犁田，区委书记邓辉，市文广旅局局长代宏，市委宣传部副部长、市新闻出版局（版权局）局长温芬，区委副书记、区长张虚怀出席。活动现场有绵阳市非物质文化遗产保护项目“金峰雄狮”及涪城区多支乡村文化团队带来的舞龙、马马灯、抬轿子等传统民俗表演。舞台两侧设置非遗乡村文化集市，展示炳林毛笔制作技艺、平武剪纸、曹盖面具等乡村文化产品。仪式上，新发布的大赛主题曲MV《四川乡当潮》由大美四川乡村、多彩乡土文化、网红文化能人全新演绎，勾勒出治蜀兴川中四川乡村发展新图景。新出炉的大赛标识以三星堆青铜面具为原型，融合汉字“四川”造型，抽象演绎形成大赛新版Logo，具有浓郁的地方元素。

【涪城区首届民俗文化展演正式启动】 2022年5月17日，涪城区首届民俗文化展演启动仪式在杨家镇原香·国际香草园举行。区委书记邓辉出席仪式并宣布开幕。市文广旅局局长代宏出席仪式并致辞。市委宣传部副部长、市新闻出版局（版权局）局长温芬，区人大常委会主任顾建，区政协主席杜正茂出席仪式。区委副书记胡友谊出席仪式并致辞。

活动现场，新皂镇“古驿金狮”舞狮队进行绵阳市非物质文化遗产“金峰雄狮”表演，杨家镇“朵朵树”民间传统队将舞龙、马马灯、抬轿子等传统民俗表演融入传统婚俗表演，吴家镇“小蛮腰”、丰谷镇“井上添花”腰鼓队和青义镇“田野天籁”薅秧歌队纷纷亮相。活动共分为开幕式展演和分场展演，非遗集市、摄影和农产品展销展览，传统民俗文化巡游活动三个部分，旨在深入挖掘涪城乡村传统民俗文化，传承发展涪城非遗文化项目，打造涪城民俗文化品牌，促进文旅融合和文明实践，助推乡村文化全面振兴。

（谢　莉　王淳冉）

社会科学

【概况】 2022年，绵阳市涪城区社会科学界联合会（以下简称区社科联）规划社科研究项目立项117项，其中重点项目10项、一般项目60项、自筹项目47项；评审结项101项（含2021年延期项目），延期结项17项、撤销立项2项。涪城区第五届社科优秀成果评奖评出优秀成果34项，其中一等奖2项、二等奖5项、三等奖12项、优秀奖15项。开展“三线建设”文化、疫情防控知识、绵州讲坛之铁牛分坛等一批特色主题社科普及活动。新命名区级社科普及基地2个；成功创建市级社科普及基地1个。区社科联荣获全国社科组织先进单位和绵阳市社科工作先进集体称号。

【理论学习研究阐释】 2022年，涪城区开展学习座谈会、理论研讨会、宣讲会、成果讲坛等20余场次，组织全区社科理论界学习习近平新时代中国特色社会主义思想，党的十九届五中、六中全会和党的二十大精神，习近平总书记“七一”重要讲话、习近平总书记对四川工作系列重要指示精神及省委十二届二次全会等精神。11月4日召开涪城社科理论界学习贯彻党的二十大精神座谈会，迅速在全区社科理论界掀起学习宣传贯彻党的二十大精神热潮。

2022年11月4日，涪城区社科界学习贯彻党的二十大精神座谈会召开

（涪城区社科联）

【社会科学规划研究】 2022年，涪城区社科联按照《涪城区哲学社会科学课题研究扶持项目管理办法》，广泛征求意见，对政治、经济、社会、文化和生态建设等各领域的理论需求进行调查，线上线下收到申报145项，评审立项117项，按期结项101项，重点项目和一般项目扶持资金24万元。区社科研究项目申报数量和成果质量不断提升，推荐申报市级社科研究课题项目14项。《绵阳西山：涪江文化源头的高峰代表》在《四川经济日报》刊发；《违反“两居”疫情防控措施法律适用研究》在《公安教育》和《现代警务研究》上刊发；《涪城“三线建设”历史、文化及遗产保护利用研究》《发展壮大城乡结合新型社区集体经济的思考》《党史教育融入地方宣传思想工作的涪城实践及其改进对策研究》等一批研究成果转化运用。

【社科学术研讨交流】 2022年，涪城区召开涪城社科论坛，邀请西南科技大学、绵阳师范学院、西南财经大学天府学院等在绵高校、区委党校等研究团队负责人作学术交流。5月，承办绵阳市科普工作推进会，各县市区、基地交流工作并参观涪城区历史文化普及基地和5G产业园。推进区历史文化普及基地、植染文化普及基地、钢琴文化普及基地与西南科技大学、四川文化艺术学院等学校合作，开展教学实践活动。区桥牌文化普及基地以8场赛事为载体，与游仙协队、绵阳安远、川西北地质队、安州桥协、太白桥友西南科技大学等团队交流学习。

2022年6月23日，涪城区第五届优秀社科成果评奖颁奖会召开 **(涪城区社科联)**

【社科普及主题活动】 2022年，涪城区通过涪城手机台、涪城播报微信平台，全年开展4期“书香涪城·社科悦读”社科知识普及读书活动，推荐《中国人的饭碗》《万里走单骑》《未来算法》《觉醒年代》等书籍，营造全民阅读社会氛围。线上线下结合开展“喜迎二十大·强国复兴有我”小小讲解员活动，在全区中小学校、基地讲解40余场。立项区级群众性主题社科普及项目7项（其中“三线建设”、植染文化普及项目被市社科联立项），“三线建设”文化、疫情防控知识、二十四节气非物质文化遗产知识、公共卫生健康知识、植染非遗技艺、绵州讲坛之铁牛分坛等科普活动及编撰的社科普及读物、植染文化普及漫画、科普文创作品等广受群众喜爱。

【社科优秀成果评奖】 2022年，涪城区社科联组织实施涪城区第五届社科优秀成果评奖工作，完善社科优秀成果奖评奖机制，优化调整奖项等级结构，评出优秀成果34项。编印《社科风采——涪城区第五届社会科学优秀科研成果集》，6月23日，召开涪城区第五届社科优秀成果颁奖会，表彰获奖作品作者。推荐区内优秀社科研究成果和科普作品11项参与绵阳市第十八次社会科学优秀科研成果评奖，《中国共产党涪城历史（1921—2021·新时代卷）》被评为三等奖，《涪城家庭家教家风研究集刊》《绵阳市涪城区乡镇、街巷、河流地名录》《构建“1+3”公调对接新机制 提升市域社会治理矛盾纠纷调处能力——绵阳市涪城区“1+3”公调对接治理模式的实践与思考》被评为优秀奖。

【区社科联第三次代表大会】 2022年6月23日，涪城区社科联第三次代表大会在绵州酒店召开，修改完善《绵阳市涪城区社会科学界联合会章程》，选举产生绵阳市涪城区社会科学界联合会第三届理事会47名理事、27名常务理事，选举主席、副主席和秘书长。

（董晓辉　晏　华）

新闻出版与版权

【概况】 2022年，涪城区有出版物发行单位（网点）142家，其中实体书店76家、网上书店15家，外资企业6家。全区出版物发行单位（网店）从业人员925人，年出版物销售总额6274.06万元，实现出版物利润总额703.09万元。版权工作加强行业监管，推动全国版权示范单位的申报，扩大版权作品登记服务覆盖面，作品著作权免费登记925件，超额完成年度目标任务。

【新闻出版行业监管】 2022年，涪城区新闻出版行业监管以落实日常管理与专项治理相结合的监督检查机制，开展专项检查6次，出动执法人员1800余人次，检查校园周边书店、印刷复印等场所180家次，办理案件2件，新闻出版行业经营秩序进一步规范。进一步严格出版物审批机制，审批新办出版物经营许可19家，出版《三十而越——绵阳市涪城区30年发展图志》，核发内部资料3次。强化中小学教辅检查，联合教体局、文化执法支队等部门对辖区中小学采取抽查的方式进行教材和教辅印制发行、环保质量专项检查，查处案件1起，没收非法教科书1738册。

【全民阅读活动】 2022年，涪城区组织开展“品读红色经典·砥砺奋进征程”迎新春阅读系列活动、“4·23”书香涪城·全民阅读、“农民读书月”等活动，积极参与天府书展、“绵州读书会”等活动。

【版权行业监管】 2022年，涪城区版权局、区委网信办、区公安分局在全区范围内联合开展第18

次打击网络侵权盗版“剑网”专项行动，深入开展重点领域网络版权专项整治，不断强化网络新业态版权监管。

【网络扫黄打非】 2022年，涪城区组织开展“正道”“清风”两大集中行动、“清源、固边、护苗、净网、秋风”五大专项行动，重点开展8个专项整治，做到网上有害信息实时清理、网下非法活动有效管控。组织召开“扫黄打非”工作联席会3次，协助上级扫黄办核查处置涉非出版物案件2起，累计开展网络信息传播秩序、网络文化环境、网络媒体巡查240余次，对辖区内出版物市场、音像市场、农贸市场、集市及校园周边书刊检查60余次。立案传播淫秽物品刑事案件1件，删除淫秽网络视频链接13条，收缴淫秽光盘、书刊60余份。

（孟 刚 马 琴）

广播电视

【概况】 2022年，涪城区在巩固全区建档立卡贫困户和农村困难群体有线数字电视免费收视服务基础上,创新“惠、暖、情”工作法，开展“润视”惠民行动，保障城镇困难群众免费收看电视。

【“润视”行动】 2022年，涪城区开展以聚焦民生兜底暖人心的润视行动，通过政府购买服务方式为城市困难家庭1116户、农村建档立卡户1087户、农村低保户1799户减免有线电视收视费用，共计62.2万元。

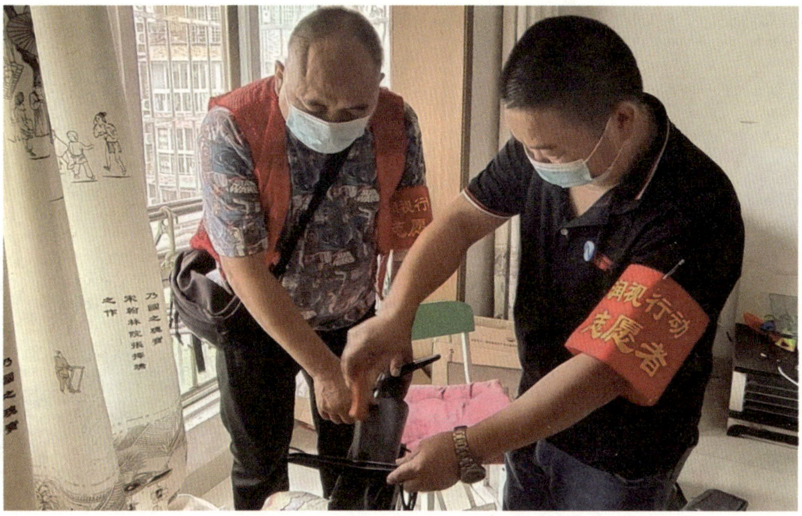

2022 年 9 月 20 日，石塘街道御营山景小区古志容收到广电网络公司组织全体党员干部为困难群众捐赠的电视机和免费配送机顶盒，享受“润视”文化服务

（涪城区文广旅局）

【广播村村通】 2022年11月，涪城区组织实施涪城区村建置调整后村级广播室升级项目，43个村广播室升级改造，解决建制调整改革后村村通广播室未整合问题，实现一个广播室播放，全村（合并前2～3个村）都“响起来”，传递乡村振兴“好声音”，做实乡村建制调整改革“后半篇文章”。

（肖庆国 邹岱杉）

电影市场

【概况】 2022年，涪城区共有15家影院，全年票房5139.60万元，占绵阳市42%，观影人次149万人次。全年，区内各影院获得中央、省、市各级专项资助（奖励）331.58万元。

【电影市场管理】 2022年，在春节、“五一”、国庆等重大节假日前夕，涪城区委宣传部联合区消防大队、区疾控中心对影院开展疫情防控、安全生产检查10余次；完成全区农村电影公益放映任务，共公益放映《流浪地球》《战狼2》《红色娘子军》等电影632场，受惠群众达20余万人次。

（马 琴 孟 刚）

概 述

【概况】 2022年，涪城区有医疗卫生机构453家，其中区级公立医院4家（市人民医院、骨科医院、肿瘤医院、肛肠病医院），专业公共卫生机构3个（区疾控中心、妇幼保健院、卫生执法监督大队），基层医疗机构446家（镇卫生院5家，社区卫生服务中心4家，村卫生室71家，社区卫生服务站22家，门诊部40家，诊所279家，医务室11家，医疗按摩所5家，卫生所2家，民营医院4家，企事业职工医院3家）。全区医疗卫生事业单位共有卫生人员3046人，其中卫生技术人员2694人，含执业（助理）医生901人、护士1287人，全科医师227人。绵阳市骨科医院创建为“三级甲等中医骨伤医院”，绵阳市人民医院通过三级乙等综合医院复评审。全区医疗卫生机构总诊疗421.6万人次，同比下降5.91%，住院7.24万人次，同比下降1.89%。住院患者满意度93.4%，高于全省全市平均水平。

2022年绵阳市涪城区医疗卫生机构一览表

表54

机构名称	地 址	建设规模(平方米)	病床位（张）	医护人员（人）		主要特色
				总数	中高级人员	
市人民医院	绵阳市剑南路西段10～12号	37789	620	679	413	综合医疗
市肿瘤医院	长虹大道中段107号	12688	312	266	141	肿瘤疾病
市骨科医院	长虹大道南段158号	44027	460	371	177	骨科疾病
市肛肠病医院	临园路中段193号	8000	200	193	54	肛肠疾病
区妇幼保健院	安昌西路10号	4120	20	123	51	妇幼保健
区疾病预防控制中心	长虹大道北段116号	5000	0	38	30	疾病预防控制
区卫生执法监督大队	警钟街77号	1268	0	0	0	卫生监督执法
城厢社区卫生服务中心	会仙路5号、7号	3329.1	33	93	37	社区卫生
工区社区卫生服务中心	长虹大道中段10号	1182	5	74	37	社区卫生
城郊社区卫生服务中心	西山南路5号	8050	65	106	32	社区卫生
石塘社区卫生服务中心	长虹大道南段90号	2025	30	90	39	社区卫生

2022年绵阳市涪城区镇医疗卫生机构一览表

表55

机构名称	地 址	建设规模(平方米)	病床位(张)	医护人员(人)		主要特色
				总数	中高级人员	
青义中心卫生院	青义镇宝灯街93号	9700	100	108	25	预防保健、基本医疗
吴家中心卫生院	吴家镇源龙街116号	8852	101	85	24	预防保健、基本医疗
丰谷中心卫生院	丰谷镇南街66号	11200	68	70	19	预防保健、基本医疗
杨家镇卫生院	杨家镇润杨路1号	4400	80	73	15	预防保健、基本医疗
新皂镇卫生院	新皂镇希望街121号 涪城区新皂镇金峰新街63号	5000	60	96	20	预防保健、基本医疗

【绵阳市人民医院】 绵阳市人民医院是绵阳市涪城区政府举办的公益性国家三级乙等综合性医院，编制床位1000张，实际开放床位620张。医院设有36个临床科室，9个医技科室。2022年总诊疗480482人次，出院病人23469人次，病床使用率81.4%；住院手术7565台次，同比增加2.81%。

【绵阳市骨科医院】 绵阳市骨科医院是政府举办的三级甲等骨伤医院，编制床位460张，实际开放490张。设有足踝科、上肢科、脊柱科、膝关节科、髋关节科、小儿骨科、微创脊柱科、骨肿瘤科、血管外科、骨质疏松科、风湿科、骨伤康复部、治未病科等临床科室。2022年，门诊总诊疗19.65万人次；住院11689人次；出院病人11693人次；出院者平均住院12.6天；病床使用率82.5%；完成手术9016台次。

【绵阳市肿瘤医院】 绵阳市肿瘤医院，是政府举办的国家二级甲等专科医院，开设有肿瘤内科、放射治疗科、妇瘤科、产科、普通内科、普胸外科、骨科、乳腺科、头颈外科、麻醉科、急诊医学科等20多个临床和医技科室。2022年，医院床位使用率为94.53%，出院病人8721人次，门急诊病人67299人次，出院病人手术占比24.1%，微创手术占比18.9%，三、四级手术占比74.4%，药占比和耗占比为40.05%。

【绵阳市肛肠病医院】 绵阳市肛肠病医院是政府举办的全民所有制国家二级甲等中医专科医院，编制床位300张，开放床位210张，开设有肛肠科、大肠外科、胃肠内科、内科、外科、妇科、五官科、口腔科、针灸理疗科、治未病科等临床科室。年门诊服务近10万人次，年住院服务6000余人次。2022年，医院门急诊患者35259人次，出院患者6372人次。

【绵阳市涪城区妇幼保健计划生育服务中心】 绵阳市涪城区妇幼保健计划生育服务中心是一所由政府举办的公益一类事业单位二级乙等妇幼保健机构，编制床位70张，开放床位35张。设有孕产保健部、儿童保健部、妇女保健部、计划生育技术服务部、妇幼健康管理部、放射科、健康管理科等业务科室。2022年，门诊就诊38140人次，住院诊疗683人次，完成手术347例。完成新冠疫苗接种32366剂次，一类疫苗9573针次，二类疫苗50300针次。预防性体检27350人次，儿童保健6126人次。管理辖区托幼机构125家，托幼机构工作人员体检3276人次；儿童体检21952人次，其中发现儿童异常5830人，患病儿童945人转入医疗机构就诊。

【绵阳市涪城区疾病预防控制中心】 绵阳市涪城区疾病预防控制中心是涪城区人民政府举办的公益一类事业单位，是四川省三级乙等疾控中心。2022年，处置涪城区“9·29”大规模疫情，阻击游仙区“8·27”、科新区“9·14”关联疫情和“10·27”安州区大规模疫情，为全区人民的健康保驾护航；完成检验检测机构计量认证和资质认定扩项工作，通过实验室资质认定的检测项目增至384项，检验检测能力持续提升。

（左 娟 朱仕苹）

2022 年 2 月,涪城区疾控中心接受检验检测机构资质(扩项)认定评审

（涪城区卫健局）

疾病预防控制

【概况】 2022年，涪城区加强重大疾病、慢性病的跟踪监测，提升传染病的监测预警能力，提升卫生应急处置能力。全年无甲类传染病报告，共报告乙、丙类法定传染病17种9132例，年发病率为1972.81/10万，比2021年同期下降18.21%；发病数前三位的分别是流行性感冒、其他感染性腹泻和肝炎。开展卫生应急理论培训5次，应急能力拓展训练1次，组织参与应急演练3次。

【重大传染病防控】 2022年，涪城区推进结核病防治工作，开展艾滋病综合防治工作，做好消除丙肝危害工作。1—12月，涪城区大疫情网共报告疑似肺结核患者677例，重报患者219例，住院患者2例，总体到位率为98.46%（449/3456）。2022年涪城区新报告艾滋病病毒感染者和病人91例。重点工作指标常住人口HIV抗体检测覆盖率30.19%（1—12月）；抗病毒治疗比例为95.47%；抗病毒治疗成功率为94.60%（以病毒载量小于50Copy/ml为成功）。

【卫生应急】 2022年，涪城区按照“外防输入、内防反弹”的防控策略，统一协调部署、精准施策、科学防控，开展新冠疫情防控工作，成功应对“8·27”游仙疫情、“9·13”科新区疫情、“9·29”涪城区疫情以及“11·16”绵阳大规模新冠疫情。通过巩固和规范全区传染病疫情网络直报工作，加强监测预警，提高快速反应能力；通过及时分析监测数据，评估疫情风险，为早期采取防控措施提供科学依据；通过卫生应急理论培训及实践技能操作、专业技术指导，加强人员规范处置能力。2022年，现场调查处置除新冠外的传染病疫情、食源性聚集性疫情及其他事件共99起，其中疑似食源性聚集性疫情20起，学校流行性感冒8起，学校结核病疫情54起、托幼机构手足口病8起、诺如病毒感染疫情5起、小学水痘4起。

【免疫规划】 2022年，涪城区免疫接种率继续保持高水平，国家免疫规划疫苗常规接种报告率达到98.02%。完成疫苗相关疾病的监测与处置，AFP、麻疹医院旬报告率、主动监测率均为100%。全年全区无接种安全事故和重大异常反应纠纷事件发生。

【慢性病防控】 2022年，涪城区坚持“政府主导、多部门协作、全社会参与”的慢性病防控工作机制，规范开展全人群死因监测、肿瘤随访登记、急性心脑血管事件登记报告、慢性病及危险因素监测、全民健康生活方式行动等工作，组织实施重点疾病筛查与干预项目及重点慢性病患者管理。慢性病监测体系逐步完善，工作质量不断提高。2022年，涪城区累计建设健康支持性环境173个，其中健康单位22个、健康学校15个、健康食堂13个、健康餐厅12个、健康小屋41个、健康步道3条、健康主题公园1个、健康社区66个。结合国家基本公共卫生服务项目工作，不断加强门诊高血压筛查，优化评价方式，将日常抽查与现场评价相结合，门诊35岁及以上人群首诊测血压率稳步提高至2022年的100%。高血压、糖尿病健康管理任务完成率逐年提高，分别达到74.42%、98.78%。同时持续加强高血压糖尿病规范治疗与分类干预，高血压患者血压控制达标率82.05%、糖尿病患者血糖控制达标率68.12%。

【地方病防治】 2022年，涪城区重点开展碘缺乏病、血吸虫病等地方病防治工作，检测碘盐304份，合格碘盐覆盖率为96.67%。完成3个钉螺流行乡镇的血吸虫病监测及6个钉螺流行乡镇的血吸虫防治工作，全年共查螺900.4万平方米、灭螺225.15万平方米，开展血吸虫血检粪检1.0157万人，随访救助管理2名在档晚血病人。

【健康危害因素监测】 2022年，涪城区完成辖区健康危害因素监测工作及从业人员健康体检工作。全年共开展水质样品检测233个；消毒质量监测56家；食品安全风险监测30份；学生常见病及影响因素监测3328个，校内儿童青少年伤害监测覆盖213所；工作场所职业危害因素监测15家、随访尘肺病患者12名、审核重点职业病个案卡7457条、开展重点人群职业健康素养监测41个；完成放射诊疗机构摸底及个人剂量监测20家。完成涪城区54971名从业人员的预防性健康体检服务。

（左 娟 朱仕苹）

妇幼卫生保健

【概况】 2022年，涪城区坚持妇幼健康工作方针，全面提高妇幼健康服务能力，保障母婴安全。婚前孕前检查、新生儿筛查、HPV疫苗接种补助、“两癌”筛查等各项妇幼健康项目均高质量完成。

【母婴安全】 2022年，涪城区分级管理高危孕产妇，统一产科门诊病历，规范建卡，专案管理，对依从性不强的高危孕产妇通过三级网络，由镇、村干部和医务人员共同上门督访，确保高危孕产妇发现一例、登记一例、报告一例、管理一例、救治一例。全区无户籍孕产妇死亡。共有婴儿死亡3例，死亡率0.77‰，5岁以下儿童死亡8例，死亡率2.07‰。

【出生缺陷综合防治】 2022年，涪城区开展婚前检查、孕前优生健康检查“一站式”服务、育龄妇女增补叶酸、产前筛查/诊断、新生儿疾病筛查等一、二、三级预防，有效降低出生缺陷率。辖区医疗机构分娩活产数9857人，接受新生儿疾病筛查9868人，新筛率100.11%。

【适龄女孩HPV疫苗接种补助】 2022年，涪城区明确在校13～14岁女孩HPV疫苗接种补助标准及目标任务。共开展2次项目培训、2次督导。完成在校适龄女孩接种6256人，实现目标人群“愿接尽接”。

【适龄妇女“两癌”检查】 2022年，涪城区卫健局与区财政局、区妇联联合印发《2022年涪城区农村适龄妇女免费“两癌”筛查项目实施方案》，完善项目质控方案，加强业务培训，突出重点督导质控。通过新媒体广泛宣传，不断提高群众对惠民政策和保健防治知识知晓率。完成宫颈癌检查5698人、完成乳腺癌检查5933人，发现宫颈癌1例，癌前病变16例。

【艾滋病母婴传播预防】 2022年，涪城区实行“一把手”负责制，分片包干负责，定期召开“三线”工作例会，开展专项督导3次，“三线”联合督导2次。全区育龄妇女119785人，接受孕情监测80923人，孕情监测覆盖率67.56%。在管HIV感染孕妇2人，已分娩HIV感染产妇2人，无艾滋病母婴传播病例发生。

（左 娟 朱仕苹）

中医管理

【概况】 2022年，涪城区加强公立中医医院建设，全区现有三级甲等中医专科医院1家，二级甲等中医专科医院1家。辖区内5个乡镇卫生院、4个社区卫生服务中心均设置中医科，配备中医药人员和药品设备，规范设置“中医馆”或中医药集中服务区，平均可以开展15项以上中医药适宜技术；中医类别医师人数169人，占全区基层医疗机构医师人数的34%。

【中医研发推广】 2022年，涪城区2家中医医疗机构正在进行的临床研究项目有3项，其中干预性临床科研项目2项，实验性临床研究项目1项；全区科研课题市级立项4项，省级中医科研课题6项。同时，绵阳市骨科医院加大院内制剂的研发力度和推广使用力度，6个剂型、15个品种的中药院内制剂在临床广泛推广使用。

【中医人才培养】 2022年，涪城区鼓励和支持中医专业人员参评“名中医”，截至年底，全区共有省级名中医1名、省青年名中医1名、市级名中医5名、区级名中医3名。

【中医公卫服务】 2022年，涪城区按照国家、省、市关于中医药抗疫的相关精神、要求，强化中医药在新冠疫情防治中的运用，提高中医药在基本公共卫生服务中的参与度。辖区各医疗机构免费熬制中药“大锅汤”无偿提供给社区防控一线工作人员等就诊患者饮用，发挥中医药抗疫优势，为抗击新冠疫情贡献中医药力量。2022年，全区提供中药“大锅汤”预防服务30万余人次。

（左　娟　朱仕苹）

医政管理

【概况】 2022年，涪城区坚持以人民健康为中心，深入推进公立医院综合改革，进一步加强医疗质量管理，不断提升医疗服务能力和水平，大力加强行业作风和职业道德建设，各项重点任务均高质量完成。绵阳市骨科医院成功创建“三级甲等中医骨伤医院”，绵阳市人民医院顺利通过三级乙等综合医院复评审。住院患者满意度93.4%，高于全省全市平均水平。

【医疗机构服务能力建设】 2022年，涪城区持续推进医共体建设，按照城乡医疗服务质量同质化发展的创新理念，以“5+9”区域医共体为基础，充分发挥“N”个村卫生室终端作用，形成“5+9+N”区、镇（街）、村（社区）三级联动的医疗救治体系，确保全区人民及时获得优质健康服务。累计派出210人次医疗技术人员支援区内基层医疗机构，带教220余名医务人员，共建科室10个，推广新技术和适宜新技术30余项，群众基层首诊率达到93.4%，基本实现“小病不出镇、大病不出区”。全区加强公立医院临床重点学科（专科）动态管理和绩效评估，截至2022年底，全区共建成省级医学重点专科4个，在建省级重点专科3个；建成市级医学重点专科（重点实验室）21个，在建市级重点专科5个。建成县级临床重点专科1个。

【医疗机构疫情防控】 2022年，涪城区强化医疗机构疫情防控能力，加强预检分诊，严把就诊入口关、预检关、诊室关、检查关；加强发热门诊管理，落实发热门诊首诊负责制，全区现有发热门诊5个（绵阳市人民医院、绵阳市骨科医院、绵阳市肿瘤医院、绵阳市肛肠病医院、涪城区妇幼保健院）、发热诊室9个（吴家中心卫生院、丰谷中心卫生院、青义中心卫生院、杨家镇卫生院、新皂镇卫生院、城郊社区卫生服务中心、城厢社区卫生服务中心、石塘社区卫生服务中心、工区社区卫生服务中心），推进核酸检测，加强对4个核酸检测实验室日常监督管理，全区4家核酸检测机构具备资质的检测人员49人，参加室间质评合格率100%。

【临床路径管理】 2022年，涪城区落实《医疗机构临床路径管理指导原则》和《关于进一步规范按病种收费101个病种临床路径及退出管理流程的通知》要求，以区直医疗机构为重点，逐步扩大临床路径覆盖面，提高实施临床路径管理的病例数占出院病例数的比例。1—12月，全区三级以上医疗机构临床路径管理率52.7%，二级以上医疗机构临床路径管理率47.9%。

【质控中心建设】 2022年，涪城区建成43个质控分中心。依托现有的质控分中心，开展医疗质量安全、院感防控、血液透析等专项监督检查工作，重点对医疗质量安全核心制度落实、单病种质量管理及临床路径管理等方面进行督查指导和评价反馈。

【医疗质量安全】 2022年，涪城区依托“三医监管”平台，组织执法人员对异常数据进行现场

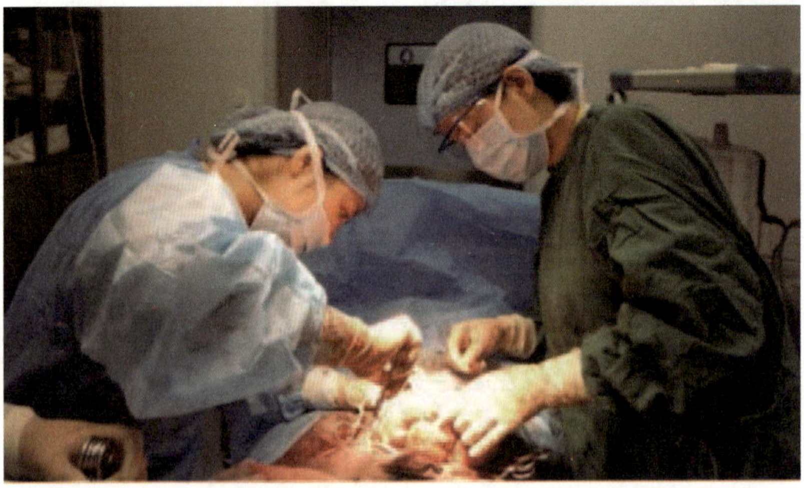

绵阳市人民医院尹维院长在昭觉县人民医院手术室抢救危重产妇（涪城区卫健局）

核实，对发现的违法违规医疗行为，依法追究相关医务人员责任。执行医疗机构不良行为计分，督促医疗卫生机构落实依法执业自查和承诺制度。截至12月底，对46家医疗机构记分，共记110分。共受理投诉举报79起，办结和处理79起；办理各类卫生行政处罚案卷共84件，其中一般程序17件，简易程序67件，罚没金额总计38.18万余元，没收非法药品器械10件（箱）。全年无经行政复议撤销案件和无经听证或复议后，司法确认违法的案件。

【医疗卫生对口帮扶】 2022年，涪城区二级以上医疗机构派出55名医务人员对口帮扶区内基层医疗卫生机构；派往贫困地区参加“传帮带”12人，援彝援藏干部人才挂职服务3人。根据涪城区对口帮扶昭觉县前线指挥部的安排，结合昭觉卫健系统的现状和需求，安排区内15家医疗卫生机构对口帮扶昭觉县所有县级和基层医疗机构，实现了医疗机构帮扶全覆盖。

（左　娟　朱仕苹）

基层卫生

【概况】 2022年，涪城区以推动基层医疗卫生事业高质量发展为工作重心，加快促进基层医疗资源优化布局，提升基本公共卫生服务能力，做实家庭医生签约服务，强化困难群众基本健康兜底保障作用，全方位、全周期保障人民群众健康。2022年，涪城区位列绵阳市国家基本公共卫生年终考核第三名；吴家中心卫生院成功创建为区内首家县域医疗卫生次中心；“优质服务基层行”创建活动中7家基层医疗机构达到基本标准，其中2家达到推荐标准；城镇困难群众精准帮扶、乡村振兴三类户医疗保障等民生项目均高质量完成。

【基本公共卫生服务能力建设】 2022年，涪城区为基本实现和满足群众就近享受基本公共卫生服务的需求，区卫健局印发《关于调整基层医疗机构公共卫生服务辖区的通知》，重新规划涪城区9家基层医疗机构基本公共卫生服务范围。出台《关于印发2022年国家基本公共卫生服务项目绩效评估方案的通知》，明确12项基本公共卫生服务目标任务和绩效考核方案，全年共开展4次督导、4次项目培训以及2次绩效评估。2022年共建立627027份电子健康档案，建档率84.05%；发放健康宣传资料32483份，播放健康教育音像资料65种，设置健康教育宣传栏147个，举办健康教育讲座201次，开展健康咨询130次；0—6岁儿童建立预防接种证率100%；儿童健康管理率97.91%；孕产妇早孕建册率96.83%；65岁及以上老年人规范化健康管理服务率63.99%；高血压规范化管理率64.35%；Ⅱ型糖尿病规范化管理率68.37%；严重精神障碍患者健康管理率98.02%；结核病患者管理率100%；传染病及突发公共卫生事件报告率100%；65岁及以上老年人中医药健康管理率59.30%，0~3岁儿童中医药健康管理率85.95%；协助开展卫生计生巡查10663次，信息报告率100%。

【首家县域医疗卫生次中心创建】 根据涪城区委、区政府《关于推动医疗卫生事业高质量发展实施意见》出台《涪城区县域医疗卫生次中心建设规划（2021—2025年）》，对承担创建任务的基层医疗卫生机构提出扩大服务辐射范围、提高医疗诊治能力、规范医疗服务质量等发展要求。12月底，吴家中心卫生院创建为涪城区首家县域医疗卫生次中心，全年共诊治门诊病人75639人次，收治住院病人2276人次，开展手术132台次，无医疗事故发生，总业务收入1280万余元，服务量较2022年同期增长

2022年12月，吴家中心卫生院成功创建为区内首家县域医疗卫生次中心

（涪城区卫健局）

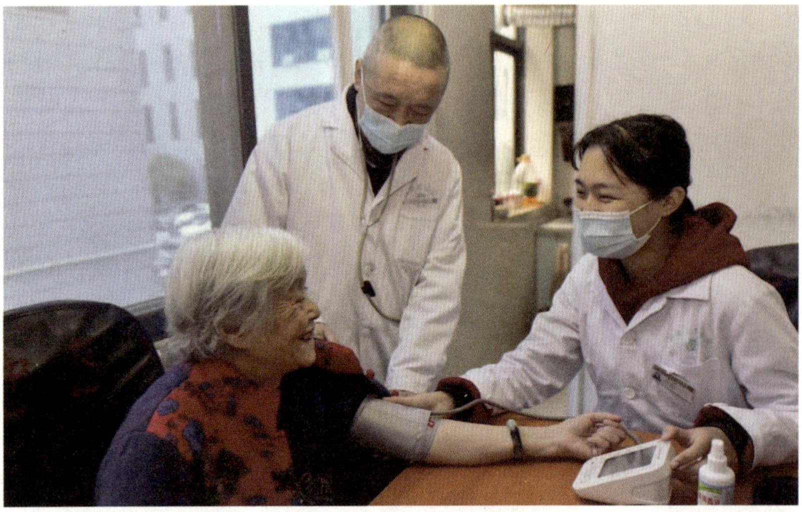
区家庭医生团队上门为居民开展老年人健康管理 （涪城区卫健局）

13.28%。

【基层医疗机构优质创建】2022年，涪城区动员引导基层医疗机构参与“优质服务基层行”创建活动，对照《社区卫生服务中心服务能力标准（2022版）》《乡镇卫生院服务能力标准（2022版）》评价细则，加强基层医疗机构综合能力建设。11月，青义中心卫生院通过省级验收达到推荐标准，新皂镇卫生院通过市级验收达到基本标准，杨家镇卫生院通过“回头看”评审考核维持基本标准不变。

【家庭医生签约服务】 2022年，涪城区落实《关于推进家庭医生签约服务高质量发展的指导意见》要求，组建378个“区级专科医生+基层全科团队”增强型家庭医生团队。2022年全人群家庭医生签约41.93万人，签约率56.22%，其中：重点人群家庭医生签约16.64万人、签约率87.926%，脱贫人口签约2253人、签约率100%，计生特殊家庭签约1238人、签约率98.49%；印发《关于落实医疗机构“三包”“五进”行动的通知》，以基层医疗机构班子成员包村、家庭医生团队包组（社区）、家庭医生包户式“三包”制度，开展由健康教育巡讲专家参与的每月进乡村、进小区，每季度进企业、进机关，每学期进学校“五进”行动。2022年全年共进机关152个，服务19786人次；进企业764个，服务36.64万人次；进学校534个，服务74.18万人次；进小区2349个，服务48.16万人次；进乡村455个，服务133.76万人次。

【乡村医疗队伍建设】 根据涪城区委、区政府《涪城区基层医疗卫生服务体系综合改革方案》要求，按照“1个行政村设置1个村卫生站”原则，2021年12月底，涪城区卫健局印发《关于印发涪城区村卫生站整合方案的通知》，整合全区88个村卫生室后设置71个规范化村卫生室，村卫生室覆盖率达100%，2022年1月底前完成村卫生站整合、挂牌、换证工作；延续2021年印发的《关于调整退出乡村医生发放生活补助实施方案的通知》完成区内289名退出乡村医生生活补助发放，共计补助33.59万元；2022年，涪城区卫健局印发《关于印发涪城区在岗乡村医生养老保险补助的实施办法》的通知，对20名在岗乡村医生按照当年度最低缴费档次标准的50%提供养老保险补助，共计补助97704元；选定绵阳市人民医院为乡村医生线下培训基地，遴选区内基层医疗机构7名骨干人员以及6名乡村医生参加乡村医生培训，12月底完成培训。

【健康扶贫】 2022年，涪城区卫健局落实涪城区委、区政府《关于印发〈涪城区城镇困难群众精准帮扶“五润行动”计划〉的通知》之“润安行动”，为涪城区城镇困难群众提供医疗卫生保障。截至12月，免费健康体检1084人，建立健康档案1937份，家庭医生签约1937人，为9名贫困艾滋病患者提供生活补助，相继开展贫困白内障患者复明手术、免费婚前孕前医学检查、新生儿疾病筛查等医疗救助项目；根据《绵阳市巩固拓展健康扶贫成果同乡村振兴有效衔接实施方案》，以“预防、治疗、保障”三重措施巩固“基本医疗有保障”成果。2022年共报送83条涪城区农户因病返贫致贫风险线索，乡村振兴三类户家庭医生签约率100%，农村低收入人口家庭医生签约率100%，其中高血压管理率100%，规范化管理率98.38%；糖尿病管理率100%，规范化管理率98.27%；肺结核患者管理率100%，规范化管理率100%；重型精神障碍患者管理率

100%，规范化管理率100%。

（左　娟　朱仕苹）

人口发展

【概况】 2022年，涪城区贯彻落实国家人口发展战略及家庭发展各项政策，明确辖区各镇（街道）计划生育工作目标，开展计划生育民生工作。全年，人口出生2022人，政策生育率99.99%。

【人口信息统计】 2022年，涪城区完善育龄妇女信息登记制度，提高计生统计数据质量，及时对云平台异常数据进行处理和更新。做到登记及时、信息准确、录入及时，确保账表卡册一致，统计准确率达到99%。2022年人口统计年度内，出生2022人，政策生育率99.99%，出生婴儿性别比100：106。及时完成国家人口统筹平台和健康云平台季度和年报。

【计划生育奖励扶助】 2022年，涪城区计生奖励、奖扶、特扶工作流程规范，无错报、错批、漏报，无重大责任事故发生。2022年，享受国家农村计划生育家庭奖励扶助对象13021人，享受省农村计划生育家庭奖励扶助对象2297人，享受计划生育家庭特别扶助对象1476人；2022年实发奖励扶助金15305人共1469.28万元，0~18岁独生子女父母奖励7534人共69.918万元，计划生育家庭特别扶助对象1475人共1425.792万元，2022年7—12月特扶提标发放1475人共115.956万元；资金全部通过“一卡通”发放监管系统拨付到位。

【计划生育特殊家庭关怀】 2022年，涪城区建立一对一、一对多等多种结对帮扶计生特殊家庭形式。各镇、街道、村、社区落实属地责任，结合实际情况主动为特殊家庭解决具体问题，为其提供家政服务、法律咨询、调解等服务。区内公立医疗机构建立“绿色通道”，为特殊家庭开展免费体检活动。乡镇卫生院、社区卫生服务中心为辖区特殊家庭开展签约服务。区卫健局公开招标购买社会服务帮扶，由社会公益组织“常青藤安老服务中心”开展“苔花关爱计划”，从24小时紧急救助、节日关怀、唱歌舞蹈、互动帮扶、临终关怀、住院送餐、适老化改造、法律援助等方面提供服务。

【婴幼儿照护服务】 2022年，涪城区规范托育机构管理，对托育机构开展疫情防控指导督查和安全督查，对检查中存在的问题给予现场指导，并对疫情防控作专业指导。开展托育托幼机构卫生保健培训，由涪城区妇幼保健院对培训合格人员颁发卫生保健合格证。截至年底，全区有7家托育机构完成备案。

（左　娟　朱仕苹）

健康教育与健康促进

【概况】 2022年，涪城区开展健康教育与健康促进工作，实施健康教育干预活动。制订2022年健康教育与健康促进工作计划，通过制作宣传展板或宣传栏、发放宣传海报及开发健康教育产品、展播健教视频、健康知识知晓率有奖竞答等，利用微信公众号、朋友圈、QQ空间动态等新媒体优势，转发疾病防治知识网页、链接、宣传短视频、动画片等宣传载体，多渠道多形式向公众普及推送疾病防治知识和核心信息、慢性病、传染病防控措施。健康教育活动覆盖了辖区企业、学校、社区、医院等多个部门近100万人口。

【卫生健康宣传】 2022年，涪城区结合卫生宣传纪念日或重大、重点疾病防控日，协调各医疗机构及社区共同开展“世界结核日”“世界艾滋病日”“职业病防治法宣传周”“学生营养周”“全国肿瘤防治周”“全国无烟日”“爱眼日”“碘缺乏病防治”“世界帕金森病日”“全国爱牙日”等系列宣传活动，联合多部门共同开展健康知识“五进”（进社区、进企业、进医院、进校园、进家庭）活动，通过现场讲解答疑、有奖竞答、发放健康教育礼品及系列宣传资料，提升居民健康知识、疾病防控知识的知晓率及利用率。

（左　娟　朱仕苹）

卫生监督

【概况】 2022年，涪城区加大对辖区内医疗机构、学校、供水单位、医疗美容场所、公共场所等专业领域执法办案力度，采取日常监管和专项整治相结合、监督与监测相结合、处罚与教育相结合的方式，不断提升全区医疗质量和安全水平。

【“执法+”工作机制】 2022年，涪城区建立“执法+专家”

工作机制，在开展日常监督执法和专项整治、案件查处和投诉办理等工作时，邀请行业专家和律师共同参与，切实为监管提供有力技术支撑和智力支持，提高监督执法的科学性、权威性。建立“执法+质控”工作机制，依托43个质控分中心，参与全区各级医疗机构医疗质量管理培训和监督检查，执行相关标准和规范，调整质控工作机制，提升医疗质量和安全水平。建立“执法+媒体”工作机制，利用涪城手机台、微信公众号、网站等新媒体推送《涪城卫生监督》信息60余期，开展普法宣传10余次，多形式多渠道宣传卫生监督相关法规政策，引导社会公众参与监督举报和投诉不法行为。建立“执法+信息化”工作机制，建立健全线上线下一体化的监管方式，推进诊所监管平台接入工作，共计201家平台的民营医疗机构，持续开展医废、水质等在线监管工作，实现实时监测预警。100%使用现场手持执法终端应用系统和执法记录仪进行监督工作，2022年通过终端录入监督数232条，当场处罚录入16条，移动当场处罚录入率39.02%。建立“执法+信用”工作机制，2022年推送行政许可、行政处罚、双随机监督抽检等信息至信用中国（四川）平台处罚信息共计38条，指导被处罚单位完成信用修复6家，完成“双随机”抽检结果公示213条。探索建立医务人员信用记分管理制度，开展医疗机构依法执业综合评价，强化医疗机构信用管理机制。

【日常监督检查】 2022年，涪城区持续开展全区医疗机构卫生、传染病防治、公共场所卫生、职业卫生、放射卫生、学校卫生、生活饮用水卫生等日常监督执法工作，共出动卫生监督员及协管人员14000余人次，共检查各级各类被监督户7000户次，共发出《卫生监督意见书》7000余份，监督覆盖面100%。共受理投诉举报79起，办结和处理79起；办理各类卫生行政处罚案卷共84件，其中一般程序17件、简易程序67件，罚没金额总计38.18万元，没收非法药品器械10件（箱），对46家医疗机构进行了不良执业行为记分。

（左　娟 朱仕苹）

民政事务

【概况】 2022年，涪城区累计投入资金784万元，完成全国居家和社区基本养老服务提升试点项目，设置家庭养老床位242张，为11370名老年人购买居家养老服务；补贴基本殡葬服务费用共计215.11万元。全区登记的社会组织共计506个，其中社会团体92个，民办非企业单位414个，分布在教育、卫生、科技、文化、体育等多个行业领域，在全区经济建设和社会治理中发挥了积极作用；推广使用全国志愿服务信息系统，做好志愿者实名注册工作，建设志愿者服务信息库。

【养老诈骗整治】 2022年，涪城区排查养老服务机构156家，调查核实涉诈线索3条，关停1家养老黑机构，约谈1家养老机构负责人。依法对吴家镇广福村1组65号院老年人聚集地予以关闭取缔，困扰基层10余年的历史遗留问题得到根本解决。

【居家和社区基本养老服务】全国居家和社区基本养老服务提升行动项目是2022年绵阳市人大代表票决民生实事项目。涪城区民政局多次召开专题会议研究部署居家和社区基本养老服务提升行动项目，并组建工作专班推动落实。坚持公开招标，在派驻纪检组全程监督下公开抽取招标机构，由招标机构公开招标确定服务商；坚持清单化，指导督促服务商按清单要求按期实施、有序推进。坚持定期调度，建立每月定期研判调度通报机制，及时协调解决遇到的困难和问题。截至年底，投入资金398.9万元，完成家庭床位改造任务242户，累计完成居家上门服务5829人次，服务时长达44877个小时。引进社会资本1300万元，打造社区养老服务综合体，截至年底，完成投资900万元，拨付省级专项资金200万元。

【城乡社区治理】 2022年，涪城区民政局加强城乡社区治理，整合资金79万元，建设运营4个社工站,累计服务群众1.4万人次。开展社区专职工作者和社工岗公开招聘工作，充实基层工作特别是疫情防控工作力量。夯实基层民主法治，会同区司法局，指导新皂镇刘家坪村创建为第九批“全国民主法治示范村”和第一批省级“民主法治示范村”。

【社会事务】 2022年，涪城区依法办理收养登记5件、解除收养登记5件；规范地名管理，完成65条道路（桥梁）命名申报，落实全国地名信息数据库质量提升行动，完成“两项改革”后全区门楼牌制作更换，配合完成第四轮县级行政区域界线（涪游线）联检工作；调整落实绿色惠民殡葬政策，为符合条件的丧葬群众发放殡葬服务补贴，开展“活人墓”等突出问题整治和祭祀防火等工作。

【社会组织管理】 2022年，涪城区开展社会组织年检工作，全区应接受2021年度年检的社会组织共计438家，实际参加年检的社会组织共计380家。按照不低于

3%的比例对辖区16家社会组织的法律法规遵守、业务活动开展、财务管理等情况依法开展实地抽查。开展“僵尸”社会组织清理专项行动和社会服务机构非营利监管专项行动，清理“僵尸”社会组织35个；指导各镇（街道）培育、备案社区社会组织共143个。

【志愿服务管理】 2022年，涪城区依托城乡社区志愿服务站（点）搭建志愿者、服务对象和服务对接平台，引导群众就近就便参与志愿服务，促进公共服务、便民利民服务、志愿服务有机衔接。截至2022年底，系统注册志愿服务团体646 支，注册志愿者203904人，动员辖区各类志愿团体依托全国志愿服务信息系统发布志愿服务项目5293 个，项目总时长为1769894小时。

【民政领域疫情防控】 2022年，涪城区做好民政领域新冠疫情防控工作，按照市局和区指挥部的防控要求，动态调整全区养老机构的防控策略，建立责任清单，常态化开展监督检查，按要求做好“乙类乙管”相关工作，确保养老机构安全，同时统筹做好局机关、婚姻登记场所等方面的防控工作。牵头做好社区管理（志愿服务）专班工作，健全“一对一”帮扶机制，协调解决群众困难问题270余个，免费为低保、特困人员提供蔬菜包150份。备送“爱心包”，根据疫情形势，投入资金23万元，为城乡困难群众全覆盖配送“爱心药品包”3097份，相关经验做法在全市推广运用。

（张爱萍　杨思江　刘海东　张　进）

社会保险

【概况】 2022年，涪城区基本养老保险参保31.08万人。其中，企业职工养老保险参保21.72万人，机关事业单位养老保险参保1.3万人，城乡居民养老保险参保8.06万人。工伤保险参保10.01万人。失业保险参保9.22万人。参保单位达到8436家。完成城乡居民养老保险低保、特困、重残等特殊群体政府代缴2331人，到位资金24.91万元。

【社保基金】 2022年，涪城区养老、工伤和职业年金等收入33.4亿元，其中上级补助15.35亿元、征缴收入17.43亿元。养老、工伤和职业年金支出33.87亿元，其中上缴基金18亿元、待遇支付15.71亿元。

【社保惠企政策】 2022年，涪城区推进23项高频事项“企业不出园”。落实“免申即享”降费减负，惠及企业8169家，减少保费支出5721万元。落实“即申即享”社保费缓缴，惠及企业168家，为企业留存现金1949万元。

【社保待遇】 2022年，涪城区发放企业职工养老保险待遇5.05万人，同比增长7.5%，发放待遇10.4亿元，同比增长15%。发放城乡居民养老保险待遇2.34万人，发放3951万元，同比增长6.7%。发放机关事业单位养老保险待遇0.49万人、发放待遇3.29亿元，因2022年退休人员仍预发同比减少待遇0.31亿元。支付工伤保险各项待遇758人次，基金支出1663万元，同比增长50%。

【社保公共服务】 2022年，涪城区推进单位业务“一码申报”，发布“涪城企业专属二维码”，推动全流程全天候24小时在线，网上经办企业达到6700家，占全区参保企业的82%。推动社保档案数字化管理。每年区财政落实预算30万元用于社保档案数字化整理，连续5年累计投入资金150万元，整理纸质档案13734卷250万份，实现档案安全管理和信息便捷查询。

【社保风险防控】 2022年，涪城区社保服务中心推进社会保险基金管理提升年、警示教育月专项活动，建立信息共享机制，与区司法、公安、监狱、民政等部门开展信息比对68次，及时准确获取参保人员生存信息、服刑情况等人员信息1200条。与市内外社保经办机构开展待遇追缴合作49次，核查重复领取、生存状态异常、服刑领待等疑点数据206条，追回43人违规领待41.35万元。开展内部审计，随机抽查数据2476条，对工伤待遇申领数据异常单位开展专项审计。加强双重身份核查，对核查的6名重复领待人员暂停待遇发放并开展追缴，追回养老金22.05万元。

（谢洪英　张尚君）

医疗保障

【概况】 截至2022年12月31日，涪城区管理定点医药机构577家，其中医院22家、诊所120家、药店435家。管理定点医药机构数量占全市定点医药机构总数的25%，体量位居全市第一。全区参加基本医疗保险人数总计386643人。其中，参加职工基本医疗保险122019人，占比32%；参加城乡居民基本医疗保险264624人，占比68%。2022年城乡居民医疗保险个人缴费标准为320元，中央、省、市、区财政补助城乡居民医疗保险标准为每人610元，城乡居民基本医疗保险收入24610.03万元。资助城乡居民参保代缴1.15万人，全区低保、特困、已稳定脱贫对象、防止返贫监测对象等低收入人群100%参保。

1月12日，涪城区2022年度城乡居民基本医疗保险参保征收工作推进会举行（涪城区医保局）

【医疗药械集中采购】 2022年，涪城区医保局组织全区15家公立医疗机构参加国家、省际联盟药品集中带量采购，采购药械1060.67万元，人工髋关节由35000元降到7000元左右，人工膝关节由32000元降到5000元左右，平均降幅达82%。

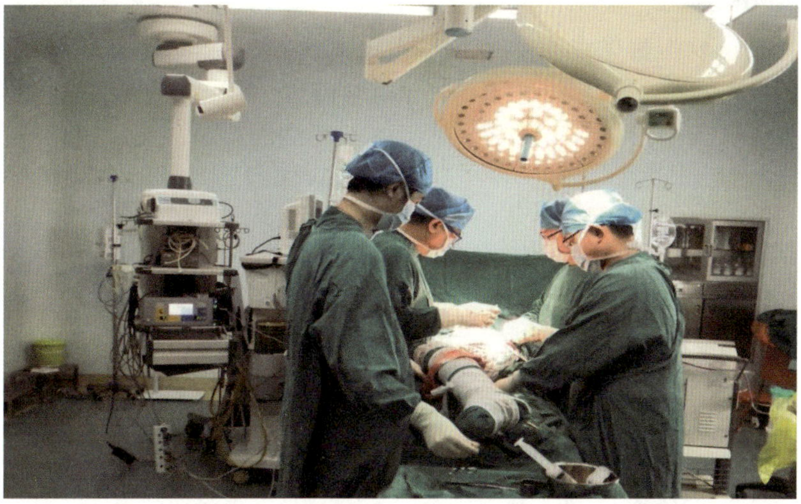
2022年4月15日，绵阳市骨科医院为病人安装集采的“千元支架”（涪城区医保局）

【医保便民服务】 2022年，涪城区医保局建立“24小时自助服务”大厅，设置“不打烊”服务专区，将医疗机构申请结算单、单位参保登记等18项高频事项纳入不打烊智能服务区，服务对象在8小时以外和节假日也能正常交件。下放就医备案、异地就医现金垫支等24项服务事项到镇（街道）便民服务中心，其中18项下放到村（社区）、4项下放到党群暖心驿站；下沉单位缴费基数申报、生育保险报销等22项涉企服务事项到园区企业服务中心。9个镇（街道）、114个村（社区）设立123个医保服务窗口，全域开通高血压、糖尿病等5个门诊慢特病跨省直接结算。2022年4月起，推行“综合柜员制”窗口，将原有9个独立办理业务的窗口，整合为5个综合业务受理窗口，将38项事项纳入“综合柜员制”服务事项清单，实行前台综合受理、后台分类办理、统一窗口出件。同一医保经办服务事项线上线下“无差别受理、同标准办理”，服务对象可通过医保政务服务机构、自助服务终端、四川省医保公共服务网络平台、绵阳市医疗保障政务服务热线（12393）等服务渠道开展实时评价。“综合柜员制”窗口每月受理医保服务事项近9000件，受理咨询事项近1600件，群众满意度100%。在总结经验成效的基础上打造的“24小时不打烊”医保经办服务品牌，被《绵阳日报》、绵阳电视台等主流媒体采访报道，被四川省医保局官网宣传推广，被绵阳市医保局评为“2022年度全市优秀医保特色品牌”。

【医保基金监管】 2022年，涪城区医保局、卫健局、公安分局、市场监管局等部门加强联合监管，数据共享，联查联审，加

2022年12月1日，涪城区青义镇人民政府便民服务中心为群众办理医保手工报销业务
（涪城区医保局）

大打击欺诈骗保震慑力度；从区人大代表、政协委员中遴选10名优秀代表，组建社会监督员队伍，加强对医疗机构医疗服务行为的监管；成立由医保中心、人保财险公司、社会监督员共同参与的若干个专项检查小组，分组包片，对“两定”医药机构开展不定期的专项治理活动。全年完成534家定点医药机构的全覆盖现场检查，处理违规违约机构291家次，约谈534家次，追回违规违约金290万余元。

【医疗救助】 2022年，涪城区累计投入资金478.46万元，救助困难群众5846人次，其中396.84万元用于住院救助，享受待遇2443人次；81.62万元用于门诊救助，享受待遇3403人次。4月7日区医保局联合区卫健局、区民政局出台《关于印发涪城区城镇困难群众精准帮扶“润康”医疗行动实施方案的通知》，对城镇困难群众代缴基本医疗保险和开展医疗费用帮扶，解决城镇困难群众因病致贫、因病返贫问题。共计对城镇困难群众代缴基本医疗保险1737人次，资助156.33万元。城镇困难群众就医737人次，涉及总费用349.62万元，共计报销310.80万元，患者自付费用大幅降低。

【医保精准服务】 2022年，涪城区医保局对全区“四上”企业开展全覆盖走访，打造企业“点单”、医保“送单”的“保姆式”精准服务模式；疫情期间落实阶段性医保缓缴政策，全面推行“免申即享”经办模式，对595家单位缓缴职工医保费用共计284.6万元。

【市人大调研医保工作】 2022年11月3日，绵阳市人大常委会调研组到涪城区调研医疗保障工作，实地考察科伦便民药店、区医保中心经办服务大厅，现场听取涪城区医保定点药店基金监管、异地刷卡结算、“24小时不打烊”医保经办服务品牌工作汇报，肯定涪城医保工作为民减负、稳企纾困的突出成效。

（王　霞　陈建伟）

住房保障

【概况】 2022年，涪城区住建局强化住房保障，加大住房保障力度，解决群众居住问题，改善人居环境，提升城市形象和面貌。稳步推进青义老场镇危旧棚户区改造、御营坝危旧房棚户区改造、花园南街52号、烟厂老厂区及家属区改造、富临大都会二期、沿江二组等6个旧改棚改续

2022年11月3日，涪城区医保工作人员向绵阳市人大调研组介绍“24小时不打烊”医保服务
（涪城区医保局）

建项目，其中，青义、御营坝和富临大都会二期项目主体已完工，正在进行装饰工程；花园南街52号项目主体施工阶段，沿江二组城中村改造项目已完成土地出让。积极推进广电中心及周边地块、临园路中段189号2个旧改新建项目。按要求保障符合条件的城镇中等偏下收入住房困难家庭，2022年涪城区接受公租房申请近千户，市住建委审核共计509户；按要求向符合保障条件的中低收入住房困难群体且人均住房面积不满18平方米，按每月每平方米10元标准进行补贴，2022年审核并发放公共租赁住房补贴320户，发放金额80.49万元；按要求向符合条件的无房新市民、青年人等群体，人均补贴面积18平方米，按每月每平方米10元标准进行补贴；2022年保障性租赁住房租赁补贴发放264人，共支付租赁补贴资金14.83万元，2022年共支付租赁补贴资金95.32万元，从而支持其通过市场租赁住房解决居住困难群体住房问题。开展既有住宅增设电梯90部，到位省级奖补资金400万元，已全部拨付到小区，超额完成电梯增设目标任务。根据全覆盖农村房屋隐患排查数据、疑似危房鉴定结果和农户身份性质，通过精准审批、合理分配补助资金、全过程质量监管、及时组织竣工验收，涪城区2022年农村危房改造3户，改造任务超额完成，共计发放补助资金5万元。

【旧改棚改续建项目】 2022年，涪城区青义老场镇危旧棚户区改造项目，一期项目安置点主体基本完工，年底完成项目收尾工作；御营坝危旧房棚户区改造项目，启动第二批次房屋签约工作，安置点主体基本完工；富临大都会二期房屋已完成初验；花园南街52号地块改造项目完成主体修建至20层；烟厂老厂区及家属区改造项目正在进行主体施工；沿江二组城中村改造项目已完成土地出让，正在完善前期建设相关手续。同时多方协调，积极推动新建项目建设。其中，绵阳市中心医院科教转化大楼项目（卫生巷5号）已对外发布房屋征收决定书相关资料，将启动房屋征收补偿协议的签订工作；临园路中段189号项目已征求群众补偿安置方案意见；原广电中心及周边地块改造项目完成初步测算，并积极对接科发集团，加快推进前期工作；警钟街97号及周边地块改造项目已形成初步工作方案，正在有序推进。启动实施2022年135个老旧小区改造项目建设，总建筑面积约172.77万平方米，涉及18295户，惠及群众5万余人。改造项目包括小区内屋面防水、增设消防灭火器、小区内雨污水管网更换、楼梯间翻新、照明更换、围墙翻新、地面硬化黑化等。通过老旧小区改造将改善小区居民生活质量，涪城区老旧小区整体生活环境将得到质的提升，进而改善城区整体环境。

【自建房等重点房屋排查整治】 2022年湖南长沙"4·29"自建房垮塌事故发生以来，2022年5月1日，涪城区立即组织相关部门、镇（街道）迅速开展自建房安全隐患排查整治工作。成立了以区长为组长、相关副区长为副组长、相关部门主要负责人为成员的工作专班，全面指导督查全区自建房等重点房屋安全隐患排查整治工作。印发《全区自建房等重点房屋安全专项整治实施方案》等指导性文件，制定了摸排整治工作的"四表两书"，全面指导涪城区自建房安全隐患排查整治工作。全面落实住建、农业农村、自然资源、市场监管、综合执法、财政、公安、民宗等20余个部门的责任，各行业部门认真履行行业安全责任，通力协作，形成了分工明确、配合紧密、齐抓共管、全域覆盖的自建房安全隐患排查监管体系。采取以会代训、现场培训、问题解答等方式对镇（街道）、村（社区）自建房排查人员、技术人员进行系统培训，确保了排查录入人员知识储备到位、业务技能精准。财政落实排查专项经费，组织各镇（街道）聘请第三方机构和建筑工匠成立排查组，确保全面配备技术力量开展排查整治。对镇（街道）道和部门工作开展情况"每日晒进度，每月发通报"，不定期暗访检查，及时发现问题，坚持"边查边改"，及时跟踪整治，确保全区排查整治工作稳步推进和落实。全面排查不漏一栋一户，共排查89501栋自建房（含附属房屋）。排查出的1074栋隐患自建房全部落实管控措施，管控率100%。C级经营性自建房全部停止经营，D级自建房住户全部搬离并封闭围挡，采取管理措施691栋，采取工程措施383栋，隐患整治销号率100%，确保涪城区隐患自建房管控和整治到位，维护人民群众生命财产安全以及社会大局稳定。

【物业小区疫情防控】 2022年，涪城区500个物业管理区域全年疫情防范、防控工作扎实高效，有效防止新型冠状病毒感染疫情传播，切实保障了广大业主的身体健康和生命安全。下发《关于进一步加强物业小区新冠肺炎疫情防控工作的紧急通知》等文件方案，明确防疫重点和防疫措施。坚持问题导向、强化监督落实，在疫情防控工作中，行业主管部门和物业企业紧紧联系在一起，不畏辛苦、勤恳务实。曾明义、唐毅等行业主管部门分管领导、工作人员被表彰为涪城区住建系统疫情防控工作先进个人；嘉来缤购天地、长虹国际城等6个物业项目，肖万里、唐娟等17名人员被绵阳市住建委表彰为2022年度疫情防控工作先进物业服务项目和物业服务个人。

（吕玉兰　蒲波舟）

就业创业

【概况】 2022年，涪城区城镇新增就业11183人、失业人员再就业2658人、就业困难人员再就业760人，分别完成目标任务的118.97%、147.67%和120.63%；城镇登记失业率2.71%，低于年度控制目标1.29个百分点；开展各类补贴性职业技能培训4250人，完成目标任务的101.2%；开展创业培训1033人，完成目标任务的344.3%；离校未就业毕业生实现就业或处于就业准备活动中的比例达90.42%；新增离校未就业高校生和失业青年见习人员213人，完成目标任务的177.5%；发放创业担保贷款2882万元，完成目标任务的105.96%；扶持创业475人，完成目标任务的110.47%；失业保险参保人数9.23万人，完成年度目标任务的112%。

【就业招聘】 2022年，涪城区举办“智汇绵州·才聚涪城”系列直播带岗、就业援助月、服务农民工、春风行动、民营企业招聘月、校园双选招聘以及区域劳务协作等招聘活动45场，发布涪城企业用工信息42期，参与企业1200家次，提供岗位4万余个，线上线下入场求职20万余人，协助企业招工1735人。

【就业创业补贴】 2022年，涪城区开发基层劳动保障协理、综合治理、开发乡村道路维护、环境巡查、河道巡查、乡村保洁等公益性岗位555个，安置“大龄”人员、复退军人、残疾人、长期失业人员、脱贫户、边缘户等人员541人次，落实岗位补贴和社保补贴880.50万元；发放涪城区2023届中高职院校和普通高校困难毕业生求职创业补贴2970人，落实补贴445.5万元；引导离校未就业高校生和失业青年参加见习213人，落实见习补贴158.3万元；鼓励城镇就业困难人员、高校毕业生和脱贫人员实现灵活就业2057人，10月17日至11月30日，按照绵阳市统一部署，审核发放2022年度灵活就业人员社会保险补贴2057人，兑现补贴资金615.68万元；成功争创市级创业孵化基地（园区）2个，落实奖补资金16万元；争创省级创业孵化基地（园区）1个，落实奖补资金90万元；发放大学生和返乡农民工创业补贴26人、26万元，创业担保贷款2882万元、落实贴息72.76万元，带动就业3000余人；发放企业吸纳高校毕业生社保补贴65人、23.52万元。

【失业补贴】 2022年，涪城区发放失业保险待遇7307人次、1103.22万元，代缴医保7347人次、410.51万元，发放价格临时补贴2468人次、7.52万元。发放失业补助金767人次、3.6万元，发放价格临时补贴464人次、0.25万元，落实技能提升补贴108人次、18.25万元；落实稳岗补贴3796户、2658.88万元，惠及企业员工79550人；发放一次性扩岗补助209户、91.9万元。

【就业创业“一站式”服务中心建设】 2022年，涪城区建立“一园三区五站”。“一园”即涪城区人力资源服务产业园，分别在城厢街道福星·都市时尚大楼、石塘街道东岳社区综合办公大楼、泗水巷区人社局人力资源和社会保障综合服务中心建设A、B、C三个功能区，同时分别在金家林试验区、临港经济区、青义镇、工区街道、石塘街道建设五个区域化的就业创业“一站式”服务中心作为配套服务区。

【脱贫劳动力就业】 2022年，涪城区开展“送岗位下乡”活动5次，引导脱贫人员向区内外转移就业1223人，落实脱贫人员跨区转移就业求职创业补贴1600元。线下举办涪城—昭觉劳务协作专场招聘会1场，提供就业岗位800余个，达成就业意向72人。过渡安置符合条件的脱贫人员就业170人，落实公益性岗位补贴资金77.8万元。

【创业孵化基地建设】 2022年，涪城区新争创西南科技大学国家大学科技园等市级创业孵化基地（园区）2个，争创涪城区大学生创业孵化基地为省级创业孵化基地。

【劳动力资源监测】 2022年，涪城区共建立52个行政村监测点和61个城镇社区监测点，对辖区劳动力进行全面监测并录入系统，依托四川公共就业创业服务管理信息系统建立起区、镇（街道办事处）、社区城镇劳动力资源库及电子信息档案；收集农村劳动力83521人，城镇劳动力254001人。

【公共就业服务专项活动】2022年1月21日，涪城区“智汇绵州 才聚涪城”直播带岗启动仪式暨就业援助月直播招聘会在五一广场举办，2022年共举办直播带岗招聘会36场；2月14日，市区联动在市就业创业促进中心举办春风行动招聘会；2月19日，新春线下招聘会在涪城万达广场举办；4月18日，校园双选招聘会在西南科技大学举办；6月18日，“有涪同享 职等你来”2022年涪城区重点企业招聘月暨高校毕业生就业见习岗位发布活动在铁牛广场举办，60家企业参加，提供就业岗位2500余个，发布高校毕业生就业见习岗位600余个；7月2日，高校毕业生现场招聘活动在凯德广场举办；8月26日，高校毕业生现场招聘活动在王府井购物中心举办；9月28日，金秋招聘月暨就业援助暖心活动招聘会在涪城万达广场举办；10月30日，校园双选招聘会在绵阳职业技术学校举办；10月31日，组织企业到四川大学参加“科技绵阳 城纳贤才”招才引智活动；11月8日，涪城区人力资源产业园开园，同步举办涪城区金秋招聘月现场招聘会；11月8日，“有涪同享 城邀你来”校园双选招聘会在西南科技大学举办；11月11日，校园双选招聘暨校企合作签约活动在四川汽车职业技术学院举办；12月26日，“绵阳—厦门”劳务协作现场招聘会由市区联动在王府井购物中心举办。

2022年8月25日，首场“创想涪城”系列活动——“创想涪城之营销密码创业沙龙活动”就业创业政策分享会在绵阳中关村信息谷创新中心举办

（涪城区就业服务中心）

【就业创业政策分享活动】2022年4月2日，举办“政策助力创业 无忧大学生创业就业政策解读”线上直播，参加人数214人；8月25日，首场“创享涪城”系列活动——“创想涪城之营销密码创业沙龙活动”就业创业政策分享会在绵阳中关村信息谷创新中心举办，参加企业50户；11月8日，“涪城区创想涪城之创业沙龙活动”在涪城人力资源产业园举办，参加企业50户。

【涪城·昭觉劳务协作专场招聘会】 2022年11月3日，涪城区

12月14日，西南科技大学国家大学科技园被新认定为2022年度市级创业园区（孵化基地）

（涪城区就业服务中心）

就业服务中心联合涪城区对口帮扶昭觉县前线指挥部、昭觉县人社局，在昭觉县易地扶贫搬迁县城集中安置点举办“2022年涪城·昭觉劳务协作”专场招聘会，参与企业15家，达成就业意向70余人。

（刘 渊 方利平）

劳动监察

【概况】 2022年，涪城区开展法制宣传，加大劳动保险监察执法力度，受理查处劳动投诉案件31件，处理“12345”交办件1514条，为劳动者追讨工资1100余万元。探索劳动监察网格化管理和欠薪财政专户代发制度，代发农民工工资1379.4万元。

【劳动保障监察执法】 2022年，涪城区开展“送法进企业”活动，为180余家企业提供劳动用工指导，督促全区54个工程建设项目落实《保障农民工工资支付条例》支付工资核心制度。受理查处劳动投诉案件31件，处理“12345”交办件1514条，全国欠薪线索平台线索888条，为劳动者追讨工资1100余万元。妥善处置恒大御龙天峰项目、领地·东原阅城项目、城市会客厅项目、涪龙苑御园项目等拖欠农民工工资问题，保障了地方社会和谐稳定。

【劳动纠纷化解机制创新】 2022年，涪城区劳动保障监察大队创新工作方法，建立5个区域劳动关系“一站式”调处中心，落实劳动监察专职网格员5人，兼职114人，发挥基层劳动关系调处作用，劳动纠纷化解在一线。建立农民工工资财政专户代发制度，为解决源头性欠薪问题提供了新方法，有效降低了欠薪群体性事件隐患，2022年，财政专户代发农民工1019人工资共计1379.4万元。

（赖 雄 吴 勇）

社区建设

【概况】 2022年，涪城区共辖61个城乡社区，设置社区服务站61个，全区城乡社区综合服务站覆盖率达100%。

【省级第二批城乡社区治理试点项目】 涪城区被列为全省第二批城乡社区治理试点单位之一。省级投入资金370万元，在城厢街道和临园路东段社区、解放街社区、西河路社区、灵通社区、铁牛街社区5个社区开展试点工作。2022年6月，项目通过四川省民政厅委托的第三方绩效评价。在全市3个试点县市区中，涪城区获得唯一优秀等次；在全省43个试点街道中，城厢街道排名第1；在全省150个试点社区中，灵通社区排名第1、临园路东段社区排名第7、铁牛社区排名第13。2022年11月，四川省民政厅、省委组织部发文明确城厢街道、临园路东段社区、西河路社区、灵通社区、铁牛街社区为2021年全省基层治理示范街道、示范社区。

【社区工作服务体系建设】 2022年，涪城区民政局整合资金79万元（省级补助60万元、自筹19万元），在新皂镇、吴家镇、工区街道、城郊街道分别建设运营1个社工站。有效提供社会救助、为老养老、儿童关爱保护、社区治理等服务工作，累计服务群众1.4万人次。

【社区工作队伍建设】 2022年，涪城区民政局面向社会公开招聘52名社区专职工作者，公开招募21名社区排查防控社工岗人员，充实基层工作特别是疫情防控工作力量。

【社区服务能力提升】 2022年，涪城区民政局争取到2022年省级财政民政事业补助资金40万元，在城厢街道钟鼓楼社区实施公共服务设施补短板项目，进一步提升社区服务居民的能力。

【社区办公用房移交】 2022年，涪城区民政局落实社区办公用房无偿移交政策，与9家房地产开发商签订《社区办公用房协议》，预计无偿移交社区办公用房1666平方米。

（张爱萍 刘海东）

民族宗教

【概况】 涪城区作为绵阳市主城区、科技城核心区，历来是阿坝、北川、平武等周边地区少数民族对外交流的重要窗口和人口流动中转站。2022年，涪城区共有回族、羌族、藏族、土家族、满族等少数民族40个，少数民族常住人口超过1.8万人，少数民族流动人口1万人。

2022年，涪城区有佛教、道教、伊斯兰教、天主教、基督教五大宗教，开放宗教场所14处。有区级宗教团体2个，宗教代表人士担任市人大代表1人，市政协委员2

人，区人大代表1人，区政协委员4人，在省市宗教团体任职4人。

【民族工作格局构建】 2022年，随着涪城区深入实施“三千工程”，加快建设“四个强区”，全面建设西部现代化强区的步伐加快，不断提升的宜居宜业宜商环境，吸引了越来越多的少数民族群众前来居住、学习、经商、务工和旅游，给城市经济社会注入新的细胞，带来新的活力。涪城区委、区政府高度重视城市民族工作，坚持区委常委会、政府常务会每年2次听取民族工作汇报，研究解决城市民族工作中的重难点问题；建立少数民族部门联席会议制度，每季度召开1次联席会议，研究城市民族工作；各镇（街道）将民族工作同其他中心工作同安排、同部署、同落实，形成全区上下齐参与、共支持的城市民族工作格局。

【民族共同体意识创建】 2022年，涪城区开展民族团结进步创建和铸牢中华民族共同体意识示范创建。围绕民生事业高质量发展，加强与教体局衔接，共同创建校园省级民族团结进步示范点。围绕基层治理“强基工程”，提升清真寺宗教中国化示范场所，争创省级民族团结进步宗教场所示范点。围绕产业强区战略，结合“绵州记忆”项目，建设“红石榴”品牌，争创省级民族团结进步示范点建设，开展城市民族工作。落实区委对口帮扶昭觉工作安排，确保对口帮扶工作取得实效。落实市委对口民族协同工作要求，协调区教体局、卫健局等部门加强与对口合作区域教师、卫生等人员的培训交流。完成虎牙项目和黄羊关项目。

【民族服务体系建设】 2022年，涪城区建立民族服务工作站，特设民族服务专岗，同步搭建同心议事厅、丹姐谈心室、社区维权站、民族演艺中心等平台，常态化为各民族群众提供法律咨询、医疗卫生、居家养老、文化娱乐等各方面服务，形成团结互助和谐共治的社区氛围。利用春节、中秋、羌历年、开斋节等民族传统节日，常态化开展“民族团结一家亲”“民族文化连连看”等各民族共同参与的文化体验活动，以及“少数民族故事会”“民族服饰展示”“民族美食才艺展示”“民族团结示范家庭”等各民族喜闻乐见的主题活动，竭力促进民族文化互动式嵌入。

【宗教工作主体责任】 2022年，涪城区成立以区委书记为组长的区委统战工作领导小组，区委副书记为组长的区委宗教工作领导小组，明确各成员单位的各项宗教工作共同职责及主要职责。区委常委会先后6次召开专题会议研究安排全区宗教工作，及时传达学习中央、省、市宗教工作会议和文件精神，贯彻落实宗教领域各项工作部署。将党的宗教理论和方针政策纳入区委中心组学习计划和党校教学重要内容。区委、区政府把宗教界代表人士纳入年终慰问范畴，重视宗教代表人士推荐使用工作。

【宗教活动管理】 2022年，涪城区引导宗教与社会主义社会相适应，协助各爱国宗教团体和寺庙教堂完善现有的各项管理办法和规章制度，制定并完善《涪城区宗教活动场所财务管理制度》《涪城区宗教活动场所安全管理制度》《涪城区宗教活动场所民主管理制度》等管理制度8个。加强宗教政策法规宣传学习，全年开展专题学习会共5次，约180人次参会，印发学习资料3000余册。

【清真寺维修改造】 2022年，涪城区高度重视清真寺中国化改造工作，成立以区委、区政府主要领导为指挥长的专项工作指挥部，专题研究制定《涪城区清真寺维修改造工作实施方案》和《涪城区清真寺维修改造工作任务分解方案》，从维修改造、手续报批、安全稳定、环境整治、专项督查5个方面逐项压实相关部门工作职责，推进清真寺维修改造，3月，完成清真寺维修改造工作，并同步实施伊斯兰教中国化展陈建设，大幅提升抗震等级、适老功能、场所自养、宣传教育等功能，取得教职人员赞赏、信众满意、社会认可的良好效果。

【示范场所建设】 2022年，涪城区持续深入开展“三大提升”活动，推进宗教中国化示范场所建设。依法管理宗教事务，加强宗教活动场所财务管理，全面落实财务收支公开和报告制度，规范互联网宗教信息服务管理，提升宗教活动场所管理水平。持续开展教风整治，全面加强宗教界自身建设。加强“三级网络两级责任制”建设，提升基层宗教治理水平，巩固宗教领域突出问题治理成果。依法处置非法宗教活动，联合有关部门加大执法力度，进一步完善长效机制。持续抓好宗教活动场所智慧消防、食品安全、建筑安全、防灾减灾、森林草原防灭火等工作，牢牢守住安全底线。统筹宗教场所民主管理组织换届工作。全面开展专题走访调研，制定换届工作方案，由难至易系统开展换届工作。巩固宗教领域突出问题专项治理成果。

（任　欢　黄　帅）

婚姻与家庭

【概况】 2022年，涪城区婚姻登记处宣传贯彻《民法典——婚姻家庭编》《婚姻登记条例》《婚姻登记工作规范》，坚持"民政为民、民政爱民"的服务理念，开展婚姻登记工作，加大《中华人民共和国民法典》婚姻政策法制宣传力度，发放宣传资料1000余份，接待群众咨询1000余人次，引导广大群众树立正确的婚恋观，营造新时代新风尚。区妇联举办关爱女性健康和"两癌"培训会，开展"传承好家风""寻找最美家庭"活动，家庭教育工作与儿童之家建设稳步推进。

【婚姻登记】 2022年，涪城区婚姻登记处落实"全市通办""跨市通办""跨省通办"等试点工作，严格依法登记，维护婚姻当事人的合法权益。办理婚姻登记11296件，其中结婚登记4528对、离婚登记1981对、补领结婚登记1448对、补领离婚登记312对、离婚登记申请3027对，婚姻登记合格率和群众满意率均保持100%。

【特殊时期延时服务】 2022年"2·14""5·20"期间，涪城区开展"特殊时期延时服务"活动，采取提前办公、延时下班、取消午休、提前预约等举措，满足群众婚姻登记的需求，为新人提供热情、周到、优质的服务。

【抵制高价彩礼宣传】 2022年，涪城区利用七夕、"5·20"等重要节点，组织开展"抵制高价彩礼，倡导文明新风"宣传，发出遏制高价彩礼倡议书、规范婚事简办宣传单，揭露高价彩礼、炫富比阔、铺张浪费的危害性，引导树立正确婚恋观，提倡自立自强、自己家业自己创。

【关爱女性（家庭）保障计划】 2022年1月6日，涪城区"关爱女性保障计划"工作推进会在涪城区总工会2楼会议室召开。各镇（街道）妇联分管领导、妇联主席，部分村（社区）妇联主席，中国人寿绵阳分公司团险部相关人员共计60余人参加会议。3月7日，涪城区纪念"三八"国际妇女节112周年表扬大会暨丰谷镇桃花旅游节开幕仪式在丰谷镇九顶山举行，涪城区妇幼保健院副院长副主任医师李建国为参会人员讲了题为"春风送暖，健康同行"的健康知识讲座，现场以有奖问答形式送出免费宫颈TCT检查200个名额、女性盆底疾病检查20个名额。区妇联、区妇幼保健计划生育服务中心联合印发《关于开展涪城区"春风送暖·健康同行"女性健康体检活动的通知》，推动涪城区农村妇女两癌免费筛查工作，全年累计筛查宫颈癌6766人、筛查乳腺癌7283人。实施"关爱女性（家庭）保障计划"，实现17580人购买"两癌"保险（其中，政府兜底为城镇困难妇女548人、家庭保障714人购买"两癌"保险），帮助29名患病妇女，理赔290万元。争取全国"两癌"救助金5万元，救助农村"两癌"妇女5人。

【家庭文明】 2022年，涪城区实施"家家幸福安康工程"，开展寻找最美家庭活动。抓住母亲节、端午节、"六一"国际儿童节等节点，开展"红歌传唱，经典诗词诵读，红色家风故事"等群众喜闻乐见的活动宣传中华传统文化和家庭美德，涵养好家教、培育好家风。城厢街道刘程家庭被评为全国"五好家庭"；推评省级五好家庭1户、最美家庭1户，省级家庭工作先进集体1个、先进工作者1名；推评市级最美家庭9户，推报市级文明家庭8户；评选区级最美家庭8类25户。

2022年绵阳市涪城区获省级以上五好家庭、最美家庭一览表

表56

家庭名称	获奖称号	授奖单位	授奖时间
刘程家庭	全国五好家庭	全国妇联	2022年5月
余江家庭	2022年度四川省最美家庭	四川省妇女联合会、四川省精神文明建设办公室	2022年5月
谢莉家庭	第三届四川省五好家庭	四川省妇女联合会、四川省精神文明建设办公室	2022年5月

【家庭教育】 2022年，涪城区注重家庭阵地建设，建成涪城区家庭教育指导中心，创立“涪万家父母学院”家长学校品牌，惠及家庭3000余户，指导中心工作推进情况被绵阳电视台等新闻媒体关注报道。12月，涪城区家庭教育指导中心被四川省妇女联合会、四川省教育厅评为“四川省家风家教创新实践基地”。举办家教讲座10期，培训家长超2000人；善用114个儿童之家和家长学校开展五点半课堂、儿童自我保护、观红色影片、手工绘画、感恩教育、留守儿童关爱保护、家庭教育、亲子阅读、亲子拼布、未成年人防溺水、未成年人防性侵、未成年人防校园欺凌、交通安全、防网络诈骗、勤俭节约、儿童职业体验等活动342期，受益群众超过7.13万人次。开展寒暑假“妇爱涪娃”——儿童关爱志愿服务、向家长讲述动人家风故事、假期暖心托管班、儿童职业体验和红色观影等特色活动207期，服务儿童15670人次。

【困难家庭帮扶】 2022年，涪城区实施“贫困母亲救助”行动，关爱女性农民工、困境妇女儿童、空巢老人、单亲孤残儿童等。春节前慰问返乡女农民工9人，每人发放慰问金500元。在城厢派出所新建市级妇女儿童维权示范点1个，“刘三姐谈心室”“丹姐谈心室”“未成年人保护站”等维权工作品牌持续发力，为妇女和家庭提供纠纷调解和个案辅导等精细化服务115人次。关心关爱困境妇女儿童，打响“妇爱涪娃”关爱品牌，组织动员7家爱心企业（组织）捐资3.88万元，物资价值2.4万元，走访慰问困境妇女儿童116人。9月号召全区爱心企业、爱心人士参与99公益日“春蕾计划”募捐活动，为涪城春蕾女童募集资金12万元。

（张爱萍 敬利萍 张 进 王婧卓）

老龄工作

【概况】2022年,涪城区加大老年法制宣传，发放并张贴养老类非法集资类宣传资料9000余份。开展“敬老月”活动，发放百岁老人慰问金1.6万元。

【敬老月活动】 2022年10月，涪城区民政局参与绵阳市民政局组织的2022年“敬老月”主题活动暨“三项评选”颁奖活动，涪城区东吴社区朱尚富获评绵阳市“最美老人”、涪城区仁爱老年中心税远松、绵阳市社会福利院陈春艳获评绵阳市“孝亲敬老楷模”称号。

【养老领域非法集资宣传】2022年,涪城区民政局开展打击整治养老诈骗专项行动，开展“三进四见”活动，印制防诈骗风险提示海报3000份、防诈宣传折页3000份，防诈宣传用品3000份，制作公益视频1部，保障人民群众的合法权益，守护好老年人的“钱袋子”。

【百岁老人慰问】 2022年10月，涪城区民政局对全区百岁以上老人，按照每人500元标准进行全覆盖慰问，慰问辖区内百岁以上老人32名，发放慰问资金1.6万元。

2022年绵阳市涪城区百岁老人情况一览表

表57

序号	姓名	性别	出生年月	乡镇（街道）	村	住址
1	张蓉珍	女	1921年12月	石塘街道办事处	瓦店村村民委员会	瓦店九组
2	曹务琼	女	1921年4月	石塘街道办事处	小浮桥社区居民委员会	顺河后街嘉楠华庭29楼-C2
3	马吉华	女	1920年10月	石塘街道办事处	小浮桥社区居民委员会	板桥街111号
4	樊天保	男	1922年2月	城郊街道办事处	平政社区居民委员会	平政社区五组
5	徐祝兴	男	1922年9月	新皂镇	赵家花园村村民委员会	高新区永兴镇黎家院
6	雷旭成	男	1921年2月	城郊街道办事处	高水社区居民委员会	梅家沟村九组
7	梅枝金	男	1918年7月	新皂镇	梅家沟村村民委员会	梅家沟村九组

续表57

序号	姓名	性别	出生年月	乡镇（街道）	村	住址
8	尹敬芳	女	1921年7月	新皂镇	八庙子村村民委员会	八庙子村六组
9	兰清珍	女	1922年6月	新皂镇	石梯子村村民委员会	石梯子村十三组
10	黄维明	男	1920年6月	城郊街道办事处	三里社区居民委员会	涪城区玉泉西街44号（三里社区三组）
11	黄成珍	女	1922年9月	城郊街道办事处	新庙社区居民委员会	新庙社区三组
12	何玉珍	女	1921年6月	新皂镇	石梯子村村民委员会	皂角铺社区新希望街
13	王兴志	女	1920年2月	工区街道办事处	铁路家委会	悦欣园丝厂16栋7单元102
14	黄惠先	女	1920年1月	工区街道办事处	迎宾社区居民委员会	无线电厂2栋1楼1号
15	黄顺喜	男	1919年4月	吴家镇	凤凰山村村民委员会	凤凰村三组
16	张　志	男	1922年7月	城厢街道办事处	成绵路社区居民委员会	绵州里5栋703
17	胡玉华	女	1921年11月	城厢街道办事处	钟鼓楼社区居民委员会	顺河街11栋201
18	刘秋贵	女	1921年6月	城厢街道办事处	会仙社区居民委员会	剑南路西段55号2幢2单元5号
19	田玉华	女	1921年6月	城厢街道办事处	铁牛街社区居民委员会	涪城路1号（博爱养老院）
20	黄志成	男	1922年5月	城厢街道办事处	钟鼓楼社区居民委员会	科学城1区养老关爱中心
21	马玉珍	女	1920年12月	城厢街道办事处	成绵路社区居民委员会	东方广场3栋2304
22	雍天成	男	1922年9月	丰谷镇	迴龙沟村村民委员会	迴龙沟村九组

（张爱萍　杨思江）

困难群众帮扶

【概况】 2022年，涪城区民政局累计发放高龄津贴、残疾人补贴23.7万人次1100余万元；发放孤儿基本生活补贴、事实无人抚养儿童基本生活补贴32.515万元，孤儿助学金3.75万元；全年累计救助流浪乞讨人员800余人次，护送返乡19人，落户安置3人；全年为城乡低保对象2247户3316人累计支出1810.18万元，为特困供养人员899人累计支付各类救助金791.98万元。贯彻落实《慈善法》，区慈善总会共计接收捐赠资金106万余元，支出捐赠资金52万余元。开展社会救助、学生帮扶、援助昭觉、慈善日、“9·5”泸定地震以及北川洪灾捐赠等慈善活动，支援地震灾区捐款近72万元、北川洪灾2万余元，慰问困难家庭60户6.5万余元。

【城镇困难群众精准帮扶】2022年，涪城区持续推动城镇困难群众精准帮扶工作，聚焦问题关键，因困分类定策，创新推动“润心关爱、润康医疗、润安体检、润禾助学、润视文化”五项行动计划，建立并推行干部结对帮扶制度、社会力量参与精准帮扶工作机制，全区1960余名城镇困难群众得到有效帮扶，发放各类救助补助、减免、资助资金累计2124万元。春节前夕，在辖区内开展困难群众节日慰问相关活动，走访慰问共计29人，发放慰问金共计29500元。

【社会救助兜底】 2022年，涪城区民政局全面落实社会救助兜底政策，开展脱贫攻坚成果同乡村振兴有效衔接，将66名监测人员、497名其他已脱贫人员纳入农村最低生活保障或特困人员供养，确保不发生规模性返贫。加强低收入人口动态监测和保障对象动态管理，做到应保尽保。截至2022年末，全区共有城乡低保人员2247户3316人，城乡特困供养人员899人，累计发放各类救助资金2935万元。强化流浪乞讨人员街面救助工作，通过购买社会组织服务，增强街面巡查救助力度，常态化开展街面巡查，全年累计救助800余人次，护送返乡19人，落户安置3人。

【低保供养】 2022年，涪城区城

乡居民最低生活保障标准分别按照城市每人每月700元、农村每人每月500元标准执行，城乡特困人员供养标准分别按照城市每人每月910元、农村每人每月650元标准执行。全年城乡低保对象共计2247户3316人，累计支出1810.18万元；特困供养人员899人，全年累计支出791.98万元。

【未成年人关爱保护】 2022年，涪城区实施未成年人救助保护机构设施设备购置和购买服务项目，建成9个镇（街道）未成年人保护工作站、114个未成年人保护工作点；开展“明眸”健康工程试点工作；落实儿童福利保障，发放孤儿、事实无人抚养儿童基本生活补贴32.515万元，孤儿助学金3.75万元；实施“百镇千村，助爱牵手”儿童关爱、农村留守儿童关爱和困境儿童关爱帮扶项目。

【“皂角树”助学基金】 2022年，涪城区慈善总会为弘扬中华民族帮贫助困、乐善好施的传统美德，致富思源，富而思进，助推精准扶贫工作的开展，帮助新皂镇困难家庭学生成长，新皂镇人民政府和新皂商会共同建立绵阳市涪城区“皂角树”教育助学金，助学金由新皂商会会员及新皂镇爱心人士定向捐赠，共计97400元，为新皂镇范围内5—22周岁困难家庭学生提供助学资金支持。

【福彩助学金】 2022年省本级慈善·福彩帮困助学活动中，涪城区慈善总会共计完成帮扶困难学生7名，资助金额共计31000元。

【北川洪灾捐赠】 2022年7月16日北川羌族自治县发生洪涝灾害，涪城区慈善总会组织辖区社会组织捐款8000元，慰问白什乡星河村严重受灾村民与抢险受重伤人员共计18人。

【泸定地震捐赠】 2022年9月5日四川甘孜泸定县地震发生后，涪城区慈善总会倡议辖区内各行业各领域积极发起爱心捐赠活动，此次活动共筹集爱心捐款71万余元，价值4.3万余元的救助物资655件，分别于9月22日、10月20日拨付甘孜藏族自治州慈善总会。

（张爱萍 杨思江 刘海东 张进）

城乡居民生活

【概况】 调查资料显示，2022年，涪城区城镇居民人均可支配收入48075元，同比增加2097元，增幅4.6%；城镇居民人均生活消费支出28993元，同比增加541元，增幅1.9%。涪城区农村居民人均可支配收入27748元，同比增加1682元，增幅6.5%；农村居民人均生活消费支出20567元，同比增加423元，增幅2.1%。

【城镇居民人均可支配收入】 2022年，涪城区城镇居民人均可支配收入48075元，比2021年增加2097元，增幅4.6%。收入四大项中，工资性收入28561元，同比增长5.4%；经营净收入3764元，同比增长6.4%；财产净收入5534元，同比增长2.7%；转移净收入10213元，同比增长2.7%。

2022年绵阳市涪城区城镇居民人均可支配收入一览表

表58　　单位：元

指标名称	城镇居民			
	2022年	2021年	比上年增加额	增幅（%）
人均可支配收入	48075	45979	2097	4.6
工资性收入	28561	27105	1456	5.4
经营净收入	3767	3541	225	6.4
财产净收入	5534	5387	148	2.7
转移净收入	10213	9945	268	2.7

【城镇居民生活消费支出】 2022年，涪城区城镇居民人均生活消费支出28993元，比2021年增加541元，增幅1.9%。恩格尔系数为34.4%。

【农村居民人均可支配收入】 调查资料显示，2022年，涪城区农村居民人均可支配收入27748元，比2021年增加1682元，增幅6.5%。收入四大项中，工资性收入11758元，同比增长6.3%；经营净收入10497元，同比增长7.0%；财产净收入1024元，同比增长8.0%；转移净收入4468元，同比增长5.2%。

2022年绵阳市涪城区农村居民人均可支配收入一览表

表59　　单位：元

指标名称	农村居民			
	2022年	2021年	比上年增加额	增幅（%）
人均可支配收入	27748	26065	1682	6.5
工资性收入	11758	11063	695	6.3
经营净收入	10497	9806	691	7.0
财产净收入	1024	949	75	8.0
转移净收入	4468	4248	220	5.2

【农村居民生活消费支出】 2022年，涪城区农村居民人均生活消费支出20567元，比2021年增加423元，增幅2.1%。恩格尔系数为34.7%。

（刘清平　雷　焱）

青义镇

【概况】 青义镇地处科技城新区涪城片区，辖区面积79平方千米，2021年5月，辖区鼓楼村全域，大新村、戈家庙村部分区域划入科技城新区直管区代管。下辖金家林、灯塔、龙门3个社区和大新、戈家庙、西园、玉龙、大龙、绵兴、青羊、小桥、龙峰、前进、香脊11个行政村，户籍人口5.3万人，常住人口约11.9万人。有基层党组织89个，党员2025名。2022年，全镇四上企业总户数123户，地区生产总值72.97亿元，全年完成社会固定资产投资117.27亿元，一般公共预算支出6460.75万元，一般公共服务支出2638.64万元，农林水支出945.41万元，城乡社区支出2788.97万元。全国千强镇居179位。

【农业发展】 2022年，青义镇重点抓大、小春粮食生产及大春粮食播种工作，提升播种质量，稳定播种面积，鼓励发展优质蔬菜和特色水果，规范发展养殖业。完成大、小春粮食作物播种面积约370公顷，经济作物面积约2163公顷，出栏生猪15313头，出栏小家禽949145只。

【工业发展】 2022年，青义镇规模以上工业企业达到39户，其中亿元以上企业达到12户，规模以上工业总产值达到52.33亿元。高新技术企业40户，科技型企业506户。国家大学科技园入驻企业60家，创业黑马西部（绵阳）科创基地入驻企业66家，黑马加速器一期5家学院企业成为省级“专精特新”企业，2家成为瞪羚企业，长虹智能控制MCU芯片、西部土壤、金富邦等项目投产，硅基智能、科大讯飞、天仪商用卫星等项目头部效益显现，永贵科技、华拓光通讯、中久防务、三力等领军工业企业持续做强。5G制造、卫星应用、人工智能产业初步集聚成势。

【第三产业发展】 2022年，青义镇规上服务业企业达到25户，限上商贸企业达到31户，服务业营业收入达到5.72亿元。振通智慧交通产业园被纳入省级服务业集聚区支持范围。积极策划建设环西科大城北商业中心，以领地东原·阅城、科大广场为核心的滨江城市商圈初具雏形。

【城乡环境综合提质】 2022年，青义镇重点实施城乡环境综合提质行动，完成前进村三牛石、青霞提灌站建设，完成前进村农旅融合道路提升2千米，小桥村创建为省级乡村振兴示范村，绵兴村创建为区级乡村振兴示范村，前进村完成市级乡村振兴示范村申报工作。实施城乡环境“7+3”工程，建成“口袋公园”4处，黑化道路8.3千米，安装路灯230盏，完成“飞线”治理3000米，划拨停车泊位1084个。实施“千米长廊等你涂鸦”项目，亮化大学专属通道（宝龙路）。完成绵江路13千米道路标美化综合治理提升打造工程。获评绵阳市城乡环境综合提质三年行动2022年度第二季度“十佳乡镇（街道）”。

【社会事业】 2022年，青义镇辖区有各类学校33所，其中大中专院校8所、中小学4所、幼儿园21所，在校师生6.1万人。有社区卫生服务中心3个，医护人员106人，住院床位150张，医疗设施、设备、仪器等配备齐全。有养老机构3所，拥有床位1140张，入住老人500人，管理人员30余人。有镇文化中心3个，面积850平方米，藏书10万余册。有农家书屋14个，藏书10万余册。有广播电视网络中心1个，广播电视覆盖率100%，有线电视通村（居）14个，实现通村通户全覆盖。

2022年7月15日，“兴农门市场 · 绵阳农产品智慧交易中心”举行开工奠基仪式 （青义镇）

【院士（专家）小镇】 院士（专家）小镇位于涪城区青义镇前进村，到西南科技大学、中国工程物理研究院和九华府仅需10～15分钟车程。规划面积3.9平方千米，以服务“大院大所”、服务“高端人才”为核心，按照“一套规划设计、三方协同联动、五大具体行动”工作思路，根据业态、文态、形态、生态“四态”融合要求，规划院士（专家）宜居区、科技创新服务区、科技教育研学区、智慧新农村示范区四大主题功能区，建成集研发、小试、中试、体验、转化、康养于一体的科技综合体，形成集聚人才效益和产业效应的具有全国影响力的人才生态。2022年11月7日，首个小院开工建设，截至2022年底，已有6名院士选定小院、2个科研团队完成选址，2个院士小院正在建设、1个科研团队项目建成投用。

2022年11月4日，绵阳市首个院士小院开工仪式现场 （青义镇）

【绵阳农产品智慧交易中心】 绵阳农产品智慧交易中心位于涪城区青义镇小桥村，是集大宗农产品交易展示、农残检测、冷链配送、净菜加工及商务配套等功能于一体的第五代农产品智慧交易中心。于2022年7月启动，年底完成主体60%建设。规划面积43666.8平方米，计划总投资2亿元，以农产品及农产品批发零售为主，涵盖农产品及农副产品交易展示、冷链物流配送、特色农产品及农副产品增值、农产品及农副产品初加工产品销售、农产品及农副产品数字交易平台。秉承保供给、固安全、畅循环、助振兴的经营理念，以消费者、商家为本，打造符合商家经营，消费者便利的智慧农产品市场。

【九华府】 九华府位于涪城区青义镇青羊村，计划总投资100亿元，总建筑面积175万平方米，绿地面积15万平方米，包括住宅楼、独立商业体、幼儿园、管理用房等，是高端人才住房保障项目。2022年5月底启动，2022年底AB地块完成主体的10%。采用“定制开发、定向销售”的开发模式，实行精装房交付，通过打

2022年9月13日，建设中的九华府项目　（青义镇）

造各地块既协调统一又独具特色的景观体系，展现独特的人文韵味和高端品质，营造互融共享的邻里生活氛围，保障人才安心工作、舒心生活，实现人才“住有安居”。

【西南科技大学国家大学科技园】　西南科技大学国家大学科技园位于涪城区青义镇绵兴村，是2001年8月经科技部、教育部批准在绵阳筹建的全国首批国家大学科技园，现由绵阳西南科技大学国家大学科技园有限公司运营管理。场地面积2.32万平方米，孵化场地面积1.97万平方米，是国家级“高校学生科技创业实习基地”“国家级科技企业孵化器”“国家技术转移示范机构”。连续4年被科技部火炬中心考核评价为“优秀”（A类）国家级科技企业孵化器，是绵阳科技创新体系的重要组成部分。

【西科数字经济创新中心】　西科数字经济创新中心建筑面积7205平方米，主要围绕大数据、云计算、物联网、人工智能、5G、卫星遥感等数字经济核心领域构建“协同发展平台引领+创客中心培育孵化+园区产业项目落地”的产业培育全周期链，推动产业集群化发展，形成环西科大科技创新带数字经济产业发展“内循环”。截至2022年底，入驻数字经济领域科技型企业6家、科研平台4个。

【科技智谷科技园区孵化示范中心】　科技智谷科技园区孵化示范中心位于青义镇金家林社区，是集聚创新型孵化器、产业加速器。项目总投资10.5亿元，总建筑面积14.2万平方米，共建设7个楼栋单元，采用施工图设计+施工总承包模式进行建设，预计2023年9月建成投用。项目建成后将重点打造中关村科研办公载体，汇聚国内外高端创新资源，将构筑涪城科技创新的交流平台与展示窗口，进一步形成集群效应、发挥示范作用，助推区域产业科技创新中心建设，全面提升科技城创新能级。

【智能传感科技园】　智能传感科技园位于青义镇金家林社区，占地1.8万平方米，总投资2亿元，总建筑面积5万平方米，其中办公及管理用房、实验用房约3.5万平方米，建有食堂、员工宿舍、地下停车场等附属配套设施，2022年12月正式开园，引进绵阳荣耀科技公司、四川文景环保等专精特新企业落户。以智能传感产业为主导产业，强化创新、链式招商，招引一批关联项目入园，延链、补链、强链，壮大智能传感产业，推动产业集群发展，服务于传感器研发、中试、轻量化试验及科研办公。

【长虹科技园（研发总部）基地】　长虹科技园（研发总部）

2022年6月，智能传感科技园建成投用　（青义镇）

基地位于涪城区青义镇金家林社区，是集科技研发、行政办公、形象展示等为一体的长虹研发总部基地。2022年10月动工，基地总投资11亿元，总规划面积640亩，建筑面积11万平方米。四川长虹电子控股集团有限公司产业基础坚实、科研能力强，为基地配备西部地区最先进的实验室和科研设备，聚集5000名左右管理、技术、研发等高端人才常驻办公，将基地打造成西部一流、全国领先、世界标准的长虹科技园。

【长虹智能控制MCU芯片项目】 长虹智能控制MCU芯片项目位于青义镇金家林社区，是集MCU芯片研发设计、智能控制器研发制造以及技术服务于一体的智能控制集成产业生态。建筑面积约2400平方米，总投入5亿元，其中研发投入不低于2亿元，已建成长虹MCU芯片总部基地、研发中心、技术服务中心、展示中心等。未来将建成中国西南区域最大的芯片研发设计基地，成为MCU芯片行业国产替代领域的领军企业，力争2025年之前在科创板成功上市。

【垚磊科技无人机总装测试平台项目】 垚磊科技无人机总装测试平台项目位于青义镇金家林社区，总投资7500万元，建筑面积4631平方米，2022年10月建成投用。项目主要包含军/民用无人机系统产品研发、无人机总体创新设计和先进加工制造等业务。预计到2025年，成为“专精特新小巨人”企业，完成公司上市准备工作。2025年末，预期转化科技成果不少于10项，累计研发新型无人机系统装备不少于3型，累计实现产品销售和技术服务收入不少于3亿元。

2022年绵阳市涪城区青义镇基本情况一览表

表60

指标	单位	2022年数值	比2021年增幅
地区生产总值	万元	729700	2.94%
税收收入	万元	38300	14.06%
一般公共预算拨款收入	万元	6460.75	52.52%
农业总产值	万元	—	—
粮食总产量	吨	11475	-1.03%
工业增加值	万元	—	—
限上工业企业数	家	39	11.43%
工业总产值	万元	555600	7.57%
第三产业增加值	万元	—	—
限上商贸企业数	家	31	34.78%
固定资产投资	万元	1172700	-10.60%
招商引资	万元	—	—
招商引资到位资金	万元	—	—
小微企业数	家	1061	-21.23%
科技型中小企业数	家	362	3.13%
农民人均可支配收入	元	27837	6.80%

2022年绵阳市涪城区青义镇各行政村（社区）基本情况统计表

表61

村（社区）名	面积（平方千米）	村（居）民小组（个）	户数（户）	户籍人口（人）	常住人口（人）	中共支部（总支、党委）书记	村委（社区）主任	经济总收入（万元）	人均可支配收入（元）
灯塔社区	4.2	17	4905	10536	17927	邓家福	邓家福	693.53	—
金家林社区	4.7	5	525	1707	7665	梅　军	梅　军	366.75	—
龙门社区	3	6	806	1902	7948	王　凯	王　凯	178.63	—
绵兴村	6.6	16	856	2837	8781	蒋春梅	蒋春梅	220.69	—
大龙村	8.2	25	1196	3946	6760	赵绍强	赵绍强	213.84	—
青羊村	2	11	965	3798	12162	刘荣志	刘荣志	20.54	—
龙峰村	6.4	11	949	3279	4348	王安林	王安林	67.12	—
香脊村	3.6	13	1089	3606	6446	曾明伟	曾明伟	220	—
前进村	3.9	5	446	1418	3854	邹仕俊	邹仕俊	61.46	—
大新村	10.1	10	1631	4392	7374	吴发辉	吴发辉	579	—
戈家庙村	3.9	8	1010	3285	5298	李泰宏	李泰宏	64.91	—
小桥村	4.9	15	1202	3923	8651	魏道双	魏道双	287.76	—
西园村	5	6	638	1998	10858	胡正刚	胡正刚	261.88	—
玉龙村	5.4	12	1013	3326	7558	武阳辉	武阳辉	333.73	—
鼓楼村	7.1	12	931	3334	3730	李　利	李　利	—	—
合计	79	172	18162	53287	119360	—	—	3569.84	27837

（陈九菱　徐　畅）

丰谷镇

【概况】 丰谷镇，古称丰谷井，地处绵阳之南、涪江之畔，距绵阳城区17千米，距南郊机场8千米，东临涪江，与松垭镇隔江相望，北邻绵阳市经济开发区，南临三台县芦溪工业园，西临杨家镇，素有“绵阳南大门”之称，是一个具有悠久历史、丰富文化底蕴的老城镇。全镇总面积51.38平方千米，其中，场镇规划面积4.99平方千米，辖13个村（社区），105个村（居）民小组，户籍总人口24681人，常住人口38462人。2022年，丰谷镇坚定以习近平新时代中国特色社会主义思想为指导，在全面贯彻“疫情要防住、经济要稳住、发展要安全”重要要求和“讲政治、抓发展、惠民生、保安全”工作总思路下，加快建设川西北知名历史文化特色小城镇。全镇地区生产总值达12.87亿元，增长5.6%，农村居民人均可支配收入达2.77万元，增长6.45%。全镇固定资产投资完成10.96亿元，增长21.4%；规模以上工业产值完成14.5亿元，增长29.5%。

【农业发展】 2022年，丰谷镇实施“三品”工程，建成高标准农田1535公顷，粮食播种面积2431.7公顷、总产量1.48万吨，启动“蔬香绿野”芦笋大健康农业主题公园建设，建成310亩丰谷酒酿酒专用粮基地，完成涉农项目30个，在建涉农项目2个，总投资2442.4万元。

【民生保障】 2022年，丰谷镇高质量完成区镇民生实事项目7个。动态监测脱贫不稳定户、边缘易致贫户和突发严重困难户，设置33个公益性岗位为符合条件的脱贫户、监测户解决就业，脱贫户人均纯收入较2021年增加12%。

【“蔬香绿野”芦笋大健康主题公园建设】 按照涪城区“三园三

2022 年，丰谷镇字库村“口袋公园” （丰谷镇）

年三步走”部署，丰谷镇完成景观平台搭建，创建形成“合作社+农户＋社会资本”的方式运营管理，出台《推动芦笋产业发展24条激励保障措施》，创新构建党员先锋示范一片、致富带头人引领一片、龙头企业发展一片、集体合作社经营一片的经营模式。

【谭德政纪念园外围建设】 2022年，丰谷镇配合区委党研室完成谭德政纪念园外围建设，建好周边配套设施和氛围营造，形成丰谷特有党史教育阵地。在全镇范围内组建“德政”精神宣讲员队伍，开展德政精神专题宣讲，举办镇“党史学习教育‘德政精神’专题演讲比赛”。按照“建设好、运营好、可持续”目标，完善“八个一”教学内容，按照“合作社+农户+资本”的方式运营管理，重点针对企事业单位、学校等开展红色文化研学活动。

【美丽乡镇】 2022年，丰谷镇坚持以“五清、四定、四化”为行动纲领，围绕“三点一环”发展规划，以“点、线、面”梯次推动全域风貌整体提升，全力打造“1+1+N”个示范点（一批示范村社、一批示范道路、N个示范院落），为深入建设西部历史文化名镇打下坚实基础，城乡面貌焕然一新。截至年底，组织人员1.6万人次，动用机械车辆700余台次，梳理“三线”1.1万余米，清理建筑垃圾、白色垃圾、杂物等350余吨，修剪草坪、绿篱、树木5万余平方米，洒水、浇灌、除尘等用水1.1万余吨，修复破损人行道3000余平方米，重新铺设破损路面约3千米，清理违规广告、乱拉乱扯横幅、小广告、破损广告等820余处，累计整治占道经营300余处。完成微治理300余处，新增花卉绿化面积3.8万平方米，建成“口袋公园”3处，微景观20余处。以上工作省市区主流媒体进行了报道，其中省级媒体宣传报道12篇，市级媒体宣传报道7篇，区级媒体宣传报道28篇。2022年第三季度丰谷镇获评绵阳市城乡环境“十佳乡镇”称号，累计评定全区“九佳村社”4个。

【文化广场改造】 2022年，丰谷镇始终坚持以人民的利益为重，将落实好民生实事项目作为镇政府的一项重要工作，抓好责任分解和统筹推进，开展惠民生、暖民心、强信心工作，加快推进三社区文化广场改造项目。全年，丰谷镇对三社区原有的文化广场进行重新改造设计，对文化站墙体维修翻新，进行污水管网铺设、彩色混凝土铺设、路面透水砖铺设，增植补绿。重新修整后的文化广场更好地为群众开展文化活动、休闲娱乐等提供活动场所，提高了群众的生活幸福感和满足感，为丰谷场镇新增一道亮丽的风景。

2022 年，位于丰谷镇清水村的谭德政纪念园外围景观 （丰谷镇）

【麻柳河西段河堤建设】2022年，丰谷镇九届三次人代会后，政府第一时间分解任务，细化项目，明确牵头领导及责任部门，推进麻柳河场镇西段河堤及配套景观工程项目建设。该工程分为河堤及配套景观建设、二道桥重建工程。河堤及配套景观建设工程主要建设内容为新建堤防1146米（左岸长570米、右岸长576米），生态步道铺装、休憩座椅等工程。二道桥重建工程建设内容为拆除原二道桥桥座，新建二道桥，桥长52.04米、宽6米，连接线长187.96米。截至12月，该项目已全面建设完成，修建了河堤堤身及滚水坝，完成河堤生态步道铺装、青石栏杆安装、桥梁安装以及道路路基修建，为村民提供休闲娱乐场所，优化了人居生活环境。

2022年绵阳市涪城区丰谷镇基本情况一览表

表62

指标	单位	2022年数值	比2021年增幅
地区生产总值	万元	128700	6.45%
税收收入	万元	—	—
公共财政预算收入	万元	4800	10.09%
农业总产值	万元	—	—
粮食总产量	吨	—	—
工业增加值	万元	—	—
限上工业企业数	家	8	14.3%
工业销售收入	万元	—	—
第三产业增加值	万元	—	—
限上商贸企业数	家	1	—
固定资产投资	万元	109600	16.25%
招商引资	万元	—	—
招商引资到位资金	万元	—	—
小微企业数	家	10	—
科技型中小企业数	家	5	40%
农民人均可支配收入	元	27700	6.45%

2022年绵阳市涪城区丰谷镇各行政村（社区）基本情况统计表

表63

村（社区）名	面积（平方千米）	村（居）民小组（个）	户数（户）	户籍人口（人）	常住人口（人）	中共支部（总支、党委）书记	村委（社区）主任	经济总收入（万元）
合计	51.38	117	11081	24681	38462			1708.74
团结村	3.94	9	559	1587	1490	陈　军	陈　军	186.26
致富村	5.073	13	708	2012	1895	梁　刚	梁　刚	153.41
字库村	3.28	6	547	1589	1370	茂　甫	茂　甫	209.01

续表63

村（社区）名	面积（平方千米）	村（居）民小组（个）	户数（户）	户籍人口（人）	常住人口（人）	中共支部（总支、党委）书记	村委（社区）主任	经济总收入（万元）
齐心村	5.48	12	939	2535	2366	鲜　国	鲜　国	66.98
和平村	5.76	6	783	2095	2140	罗　军	罗　军	122.70
水塘村	5.4	12	795	2108	1749	何金俊	何金俊	100.8
清水村	5.69	11	647	1845	1487	马开富	马开富	281.56
迴龙沟村	5.35	16	901	2485	2085	唐丕花	唐丕花	161.85
兴隆沟村	6.1	9	848	2468	1655	李年洪	刘华常	90.33
工农村	2.78	8	579	1641	1659	张明林	张明林	164.61
关帝社区	0.38	4	441	463	1396	赵建勋	赵建勋	25.12
二社区	0.65	7	2975	2989	9672	彭　聪	彭　聪	80.18
三社区	1.5	4	359	864	9498	罗世勇	罗世勇	65.93

（覃馨阳　廖汭江）

新皂镇

【概况】 2022年，新皂镇总面积70.13平方千米，辖8个村100个村民小组、2个社区23个居民小组。全镇户籍人口11051户31098人，常住人口10882户30288人。耕地面积2067.7公顷，高标准农田面积1807.1公顷。

【主要经济指标】 2022年，新皂镇实现地区生产总值28.43亿元、增速5.6%。全社会固定资产投资完成13.09亿元，增长23%。工业投资完成3.01亿元。全年净增规上服务业企业2家，总数达5家，净增限上商贸企业5家，总数18家，净增规上工业企业3家，总数21，新增科技型中小企业5家，国家科技型中小企业15家，新增高新技术企业7家，有效高新技术企业9家。实现规模工业产值66.43亿元，批发业销售额增速17.33%、营利性服务业营业收入增速65.27%、非营利性服务业工资总额增速28.47%。实现税收收入15542万元、一般公共预算收入6150万元，财政总支出2888万元。实现农村集体经济收入259.39万元，农村居民人均可支配收入27748元，比上年增长6.5%。城镇居民人均可支配收入48075元，比上年增长4.6%。

【农业发展】 2022年，新皂镇农作物播种面积6110.8公顷，其中粮食播种面积2100公顷、粮食产量14543.99吨。水产养殖产量达到3142吨、小家禽养殖存栏量达221.8万羽、出栏生猪2.42万头。建设以“优质粮油、蔬菜和青花椒、菌类、水产”为主导的“2+3”特色农业产业体系；学习借鉴“三大农业主题公园”先

新皂镇　　（新皂镇）

梅家沟水产基地 （新皂镇）

进经验，形成优质粮油330公顷、优质蔬菜1005公顷、青花椒300公顷、羊肚菌35公顷、水产130公顷等优势产业布局；实现农业村全覆盖注册“驿路甄选”为全镇农产品统一品牌，持续培育鲤鱼石三色米等特色农产品；新培育区级家庭农场9户、省级家庭农场1户，新注册5户、成立农村集体经济组织8个。建立全镇乡村振兴项目库，入库农业产业化、农业基础设施等项目32个，中环线新皂段、“十里蔬菜长廊”环线道路黑化工程已被纳入全区路网建设规划。

【园区开发建设】 2022年，新皂镇持续推进中国（绵阳）科技城科技物流园开发建设，在指挥部统筹推动下，片区规划布局、运营模式、项目建设等方面取得阶段性成果，科技物流园片区11.88平方千米空间规划范围已落实，新出让办证土地37公顷，新组卷报征土地近0.22公顷，横九路、纵七路贯通，科技物流园“三区三线”范围通过自然资源部批复，划定镇区用地规模11平方千米，新增5平方千米，占全区国土空间规划新增面积的约三分之一。重点项目建设如火如荼。总投资30亿元的传化物流公路港一期实现“签约即拿地”，总投资105亿元的艾伯科技智能制造产业项目，总投资100.5亿元的欣盛半导体项目开工建设。健康食品产业园全面开工并加快建设；川汽院三期实现“拿地即开工”，完成学院大门建设、综合馆主体建设、住宿楼框架搭建；中石化新油库加快主体工程建设，中航油新油库项目完成项目摘地；川发展片区开发首个项目确定地块并摘地。基础设施建设大干快上，横九路、纵七路建成通车，东西干道完成提档升级，横九路南延线启动拆迁并进场施工；房家湾路项目完成地勘、施工图设计、清单编制工作；新油库配套基础设施项目完成挂网招标，施工单位进场打围；铁路专用线项目获国铁集团接轨批复，卸油栈道段已进场施工。

【城乡环境提质】 2022年，新皂镇开工新建弘光南路跨草溪河大桥、过境路、皂新路场镇连接段道路；改造提升新皂老桥；储备七号路、八号路、生态河堤改造提升、房家湾路、74路公交车始发站等项目。抓好城乡环境治理，深入开展城乡环境综合提质工作，结合新皂实际，制定“洗脸”“祛斑”“整容”“靓妆”“定型”五大行动，拉网摸排城乡环境突出问题304个、区级发现问题63个、市级发现问题9个，全部整改完成；镇本级投入资金380余万元，全镇利用闲置土地绿化15000余平方米，全部拆除6处占道经营报亭，60余处脏乱差顽疾问题得到根治；新建临时生活服务区，疏堵结合治理占道经营。实施部门包街考核，落实城镇（街道）长制和农村院落制，增设交警警务室、优化场镇停车位、新建综合停车场，乱停乱放问题有效解决；制定并坚持单双月考评机制，全镇环境卫生综合提质成效显著。

【党建工作】 2022年，新皂镇优化干部队伍。优化一线部门人员配置，开展机关中层干部竞聘，调整干部岗位21个，其中中层正职12名、副职4名；加派一名党委班子成员联系园区开发重点村石梯子村，选派一名机关干部到金峰社区任第一书记，选拔2名年轻干部进入皂角铺社区党委班子。关心关爱干部，全镇职级晋升干部12名，交流重用干部2名。拓宽一线职工发展通道，健全聘用人员绩效考评和晋升体系，改造机关食堂，营造舒适就餐环境，成立新皂球类运动队，定期开展竞技运动，创新开展干部职工运动会、集体生日会等特色活动。建强组织堡垒。投入200万元，支持新皂商会提升，组建新皂镇商会联合党委，成立制造建造联合党支部、商贸物流联合党支部和农旅融合联合党支部，完成皂角铺社区党群服务中心改造提升，建成科技物流园货车司机之家。擦亮廉政底色。以廉把关，聘请清廉征地监审员5人，推进阳光征地；建立营商环境监测点2个，选聘党风政风监督员44人；开展“听音问廉进园区”15次，收集意见建议32条。刘家坪村被四川省委组织部评为“四川省（AAAAA）先进村党组织”。

2022 年 3 月 12 日，新皂镇党委党校建设工程竣工投用　（新皂镇）

2022 年 6 月 20 日，中欧班列成渝号（绵阳）首发班列从皂角铺铁路物流中心正式发车　（新皂镇）

【基层治理】2022年，新皂镇层层压实责任、分级分口把守、分级分片落实，把安全稳定各项工作抓紧、抓实、抓细、抓好。开展“月月解难题”活动。积极化解历史遗留问题，累计开展5批次“月月解难题”活动，排查问题134个，纳入化解范围61个；所解决问题涉及23个社、2300余户、7400余人；除向上争取项目、资金外，镇本级匹配145万元资金用于集中化解群众关注的、矛盾突出的、处理有难度的历史遗留问题。环阳科技15+5亩、鸿盛新材料10亩涉地历史遗留问题已完成供地，新城二号加快办理出让手续，皂角铺社区6组社保历史遗留问题现已解决53人社保，涉及莲花池村7、8、9、10社和梅家沟村1、2、3社多年的公交线路完成弯道改造，顺利开通直达城区公交车。夯实疫情防控，持续做好常态化疫情防控工作，确保防控精准到位。推进镇、村“三中心”规范化、标准化建设，投入资金30万元在全区率先建成镇级“三中心一体化运行示范点”，投入资金60万元实施派出所改造提升项目，构筑基层治理、平安建设、文明实践、法治教育“多元共治”新格局，落实全科网络，优化群防群治机制，创新建立与罗江区金山镇跨界治理工作模式。

【社会民生】全镇有幼儿园5所、小学2所、中学1所。有卫生院2个、村卫生室11个，编制核定床位70张，实际开放71张。有医疗从业人员74人，其中行政人员3人、医生24人、护士23人、医技6人、其他医疗工作人员8人及后勤保障人员10人。有文化中心2个、农村书屋19个，藏书7100册。有群众文化团体30个。以幼有所育为基本，健全保障体系。建立关爱农村留守儿童机制，成立社会工作服务站、未成年人保护工作站，各村配备专（兼）职留守儿童专干，织密编牢农村留守儿童、困境儿童关爱保护工作网。截至2022年底，全镇13名留守儿童监护率和就学率均达到100%。与区慈善总会、新皂商会联合建立新皂镇“皂角树”助学金，帮扶全镇优秀学生91人次，募集并发放助学金13.34万元。

【刘家坪乡村学堂建成】新皂镇党委党校（刘家坪乡村学堂）

位于绵阳市涪城区新皂镇刘家坪村，占地2.5亩，建筑面积500余平方米。2020年7月1日，经涪城区委组织部批复同意，中共绵阳市涪城区新皂镇委员会党校正式挂牌，2022年1月22日开工建设，3月12日“植树节”竣工投用。

【中欧班列绵阳首发】 2022年6月20日，一列满载着286吨“绵阳造”的货物列车从皂角铺铁路物流基地正式启程驶向莫斯科，这是中欧班列成渝号（绵阳）在皂角铺铁路物流基地首发，开启了绵阳与欧洲经贸往来的陆路新通道。千年古驿站新皂再担“通江达海·链接世界”的大国运输使命。

2022年绵阳市涪城区新皂镇基本情况一览表

表64

指标	单位	2022年数值	比2021年增加额
地区生产总值	万元	284299	24399
税收收入	万元	15542	1707
公共财政预算收入	万元	6150	657
农业总产值	万元	—	—
粮食总产量	吨	14543.99	36.66
工业增加值	万元	—	—
限上工业企业数	家	21	3
工业销售收入	万元	664300	—
第三产业增加值	万元	—	—
限上商贸企业数	家	13	5
固定资产投资	万元	130941	24226
招商引资	万元	1955000	—
招商引资到位资金	万元	—	—
小微企业数	家	200	122
科技型中小企业数	家	15	-56
农民人均可支配收入	元	27748	1683

2022年绵阳市涪城区新皂镇各行政村（社区）基本情况统计表

表65

村（社区）名	面积（平方千米）	村（居）民小组（个）	户数（户）	户籍人口（人）	常住人口（人）	中共支部（总支、党委）书记	村委（社区）主任	经济总收入（万元）	人均可支配收入（元）
皂角铺社区	5.59	13	1908	5091	12040	杨开武	杨开武	32.89	48075
金峰社区	3.72	10	938	2554	1854	向地斌	向地斌	10.8	48075
石梯子村	5.82	14	1063	3038	5604	刘　洋	刘　洋	369	27748
邱家庙村	6.69	12	891	2433	1590	唐云全	唐云全	10.26	27748

续表65

村（社区）名	面积（平方千米）	村（居）民小组（个）	户数（户）	户籍人口（人）	常住人口（人）	中共支部（总支、党委）书记	村委（社区）主任	经济总收入（万元）	人均可支配收入（元）
梅家沟村	9.54	12	1333	3861	1954	王昌岗	王昌岗	20.78	27748
刘家坪村	8.84	16	1091	3108	1552	温兴宇	温兴宇	13.55	27748
赵家花园村	6.72	15	864	2261	1312	黄厚忠	黄厚忠	32.92	27748
八庙子村	7.14	6	797	2342	1156	周　玉	周　玉	38.64	27748
五福寺村	9.7	15	1271	3674	1591	李　宏	李　宏	29	27748
莲花池村	6.37	10	852	2659	1109	李小平	李小平	38.29	27748
合计	70.13	123	11008	31021	29762	—	—	596.13	—

（赵晓艳　高文娟）

吴家镇

【概况】 吴家镇总面积76.2平方千米，位于绵阳科技城西南面，距市区7.5千米，是绵阳市西南面的主要交通枢纽，二环路、绕城高速穿境而过，距绵阳机场6千米。行政区划调整及村级建制调整改革后，全镇下辖9个行政村，107个村民小组，2个场镇社区居委会，6个居民小组。2022年，全镇总户数13132户，总人口32124人，其中，常住人口30584人，场镇人口3396人、农业人口27180人。地区生产总值实现15.98亿元，增速6.2%。吴家镇获评四川省首批“省级百强中心镇”“省级乡村治理先进镇”，三清观村获评“乡村文化振兴省级样板村”、五龙村获评“省级乡村振兴示范村”、广福村获评“省级六无平安村”、东吴社区获评“省级卫生村（社区）”。

【农业发展】 2022年，吴家镇农业总产值达3.8亿元。全年完成粮食播种面积39767亩，粮食总产量16702吨，蔬菜总产量61507吨，油料总产量4222吨，生猪出栏1.4万头，新建优质无公害稻米生产基地3000余亩，稻渔综合种养基地500余亩。2022年度农民人均可支配收入达到27748元，较2021年末增加2045元，增长率为7.95%。

【工业发展】 2022年，吴家镇全年实现规模工业产值172.6亿元，占全区47.5%；完成全社会固定资产投资21.86亿元，完成全年任务的101.7%；完成工业固定资产投资20.48亿元，技改投资16.06亿元；实现批发业销售额增速34.1%；实现服务业营业收入1.4亿元；一般公共预算收入1.86亿元；新增规模以上工业企业3户，新增限额以上商贸2户，规模以上服务业企业1户；完成国家级中小科技型企业年度评价入库5户，新增高新培育企业1户。

【社会事业】 2022年，吴家镇辖区有中学1所、小学2所、公立幼儿园2所、私立幼儿园3所。小学有在职教职员工65人、学生965人，中学有在职教职员工48人、学生515人。辖区有卫生院2所、卫生室12个。镇卫生院有执业医师23名、护士23名、床位130张，日接诊量220余人。辖区村居设卫生室，为村民提供疾病预防、妇幼保健、健康教育等公共卫生服务和多发病、一般常见病初级诊治。设有文化广播电视站1个，有线电视覆盖13000余户，户通率100%。设有综合文化站2个，面积600平方米，藏书1.5万余册，村（居）文化活动室19个。

【社会生活】 2022年，吴家镇农村劳动力转移就业10888人。农村劳动力就业创业培训100人，实现就业用工信息推送20余次，失业登记15人，解决乡村公益性岗位50人，接待农民工来访登记60余人次。全年，共计发放各项民政救助帮扶资金318.24万元，城乡居民医疗保险参保率达99%以上；为优抚对象、孤寡老人、老干部、贫困党员、困难群众发放慰问物品共计8.58万元；对68名

2022年6月24日，吴家镇被正式命名为四川省首批“省级百强中心镇”，图为绵阳惠科光电科技有限公司　（吴家镇　周玉飞）

农村残疾人进行实用技术培训。

【首批“省级百强中心镇”命名】 2022年2月25日，四川省住建厅公布首批入选“省级百强中心镇”拟命名名单，绵阳市涪城区吴家镇上榜，成为首批省级百强中心镇。吴家镇巩固深化行政区划调整改革成果，健全农村基层治理体系，实施乡村振兴战略和新型城镇化战略，健全城乡融合发展机制，实施“6大提升工程”和“5项改革措施”，立足“建设西部先进制造业强镇”目标定位，坚持以产业建设为纽带，以功能板块为抓手，构建“一带、三区、多板块”总体发展布局，为涪城全面建设西部现代化强区和吴家镇全面建设西部先进制造业强镇奠定坚实基础。6月24日，吴家镇被正式命名为四川省首批“省级百强中心镇”。

【“湖光山色”稻渔亲水湿地农业主题公园开园】 2022年6月28日，“湖光山色”稻渔亲水湿地农业主题公园开园仪式在吴家镇三清观村举行，涪城区委书记邓辉出席仪式并致辞。绵阳市委宣传部副部长、市新闻出版局（版权局）局长温芬出席仪式。绵阳市委农办主任、局长张廷伟出席仪式并宣布开园。绵阳市乡村振兴局局长刘玉华，绵阳市文广旅局副局长凌开业，绵阳市商务局副局长陈卉，绵阳电视台副台长范涛，涪城区人大常委会主任顾建，涪城区政协主席杜正茂，涪城区委副书记、试验区党工委书记胡友谊出席仪式。“湖光山色”稻渔亲水湿地农业主题公园坚持“农业本底、农村本貌，推动三次产业融合发展”原则，规划面积约10.6平方千米，共分为千亩虾田、十里荷塘、千亩桃林、亲水民宿、现代农业孵化园和银杏湾田园综合体6个板块，采取“集体联营+个体经营+自持运营”链接模式，推动集体经济组织联合销售本地优质农产品。建有稻虾综合种养产业示范基地2000余亩、优质水果基地近2000亩，建成吴家镇现代农业产业孵化园、主题公园农产品展示（销）馆和稻渔文化科普馆，全力打造绵阳城市后花园和乡村旅游目的地，走出城乡融合的新路子。7月22日，“湖光山色”稻渔亲水湿地农业主题公园首届荷文化旅游节成功举办。

【中央文明办三局调研未成年人思想道德建设工作】 2022年7月13日，中央文明办三局副局长吴涛在吴家镇调研未成年人思想道德建设工作。四川省委宣传部一级巡视员张峰，绵阳市委常委、宣传部部长、市总工会主席郑志恒，涪城区委书记邓辉陪同调研。调研组实地察看吴家镇“复兴少年宫”，详细了解推进“复兴少年宫”建设情况，肯定乡村“复兴少年宫”建设取得的成绩。吴家镇“复兴少年宫”依托

2022年6月28日，“湖光山色”稻渔亲水湿地农业主题公园开园仪式在吴家镇三清观村举行　（涪城区融媒体中心）

2022 年 7 月 13 日，中央文明办三局副局长吴涛在吴家镇调研未成年人思想道德建设工作 （吴家镇 周玉飞）

吴家镇新时代文明实践所、兴涌泉村新时代文明实践站实行一体化建设，集传习文化大讲堂、心灵驿站、儿童之家、文艺活动中心、志愿者之家、文化传承室等功能区域于一体，紧扣“立德树人、以文化人”的使命任务，凸显“活动育人、实践养成”两大特色，通过开展各种少儿特色文化活动，助力未成年人思想道德建设，促进农村少年儿童心理健康和全面素质发展。

2022 年，涪城区“三星级现代农业园区”被正式命名 （吴家镇 周玉飞）

【三星级现代农业园区命名】 2022年3月，吴家镇承建的涪城区稻渔现代农业园区获得“三星级现代农业园区”称号，成为全区唯一获此称号的乡镇。12月，吴家镇申报“四星级现代农业园区”。涪城区稻渔现代农业园区产业基地辐射面积约32平方千米，以水稻、鱼虾综合种养为主导产业，发展“稻+渔”产业5568亩，其中标准化稻渔综合种养3000亩。园区实施稻田种养立体生态模式，田面种稻、水体养鱼、鱼粪肥田、鱼稻共生、鱼米共存，通过禁用化学农药、化肥，施用农家肥与生物质肥料，采用生物、物理防病治虫技术，实现稻渔的绿色生态种养。园区建立“规划引领养、配套扶持养、统一规范养、整合组团养、支撑科学养、品牌生态养”的六养机制，探索“村集体经济＋家庭农场+农户”的利益连接机制，稻虾年收益可达11000元/亩。2022年，从事稻渔种养的新型农业经营主体达30户。

2022年绵阳市涪城区吴家镇基本情况一览表

表66

指标	单位	2022年数值	比2021年增加额
地区生产总值	万元	159800	12000
税收收入	万元	18600	7100
公共财政预算收入	万元	3845	–238
农业总产值	万元	38000	400

续表66

指标	单位	2022年数值	比2021年增加额
粮食总产量	吨	16702	402
限上工业企业数	家	4	1
工业销售收入	万元	1726000	459700
限上商贸企业数	家	3	0
固定资产投资	万元	218660	4146
招商引资	万元	300000	-200000
招商引资到位资金	万元	300000	-200000
小微企业数	家	481	59
科技型中小企业数	家	39	2
农民人均可支配收入	元	27748	2045

2022年绵阳市涪城区吴家镇各行政村（社区）基本情况一览表

表67

村（社区）名	面积（平方千米）	村（居）民小组（个）	户数（户）	户籍人口（人）	常住人口（人）	中共支部（总支、党委）书记	村委（社区）主任	经济总收入（万元）
合计	76.2	113	13132	32124	30584			254.3
兴涌泉村	7.7	18	1708	4130	4260	谢崇清	谢崇清	19.1
凤凰山村	9.35	18	2045	4833	5288	钟开文	钟开文	18.9
五龙村	9.6	10	1241	3089	2580	杨国荣	杨国荣	24.8
长福村	4.45	9	1311	3094	2035	唐兴益	唐兴益	17.6
广福村	4.4	7	804	2035	3098	田　超	方　亮	15.3
燕儿河村	8.6	10	1150	2683	2600	常雪莲	常雪莲	19.3
戴家林村	6.2	6	710	2050	1640	谢　莉	谢　莉	19.2
石洞河村	11.2	17	1453	4287	3000	刘明武	刘明武	32.1
三清观村	10.6	12	1103	3184	2228	余华荣	余华荣	59.1
文景社区	1.3	2	376	481	1202	罗　俊	罗　俊	8
东吴社区	2.8	4	1231	2258	2653	谢世勇	谢世勇	20.9

（周玉飞　吴利萍）

杨家镇

【概况】 2022年，杨家镇总面积65.96平方千米，辖8个行政村、2个社区居委会。全镇户籍总人口2.9万余人、常住人口2.8万余人。总耕地面积2933.33公顷，其中园地875.27公顷、林地1075.47公顷、设施农业用地142.87公顷，全域共有农业用地2579.89公顷、高标准农田1349.21公顷。全年实现社会固定资产投资24.3亿元、招商引资民间投资18亿元，农民人均可支配收入27748元。2022年，杨家镇被农业农村部评为第十二批全国“一村一品”示范镇；被四川省政府政务服务和公共资源交易服务中心评为第二批省级“示范便民服务中心”，被绵阳市人民政府评为全市血吸虫病防治工作先进单位，被涪城区委评为全面依法治区工作先进单位，被涪城区政府评为2021年度绵阳市涪城区乡村振兴实绩考核优秀镇；柏林湾村被四川省文化和旅游厅评为第三批省级乡村旅游重点村，被绵阳市委市政府评为2021年度绵阳市乡村振兴示范村；万和村被绵阳市委市政府评为2021年度绵阳市乡村振兴示范村；杨家社区被平安绵阳建设领导小组评为市级“六无”平安村（社区）；回龙寺村被区委组织部评为2021年度AAA级先进党组织。

【农业发展】 2022年，杨家镇实现农业总产值15.85亿元，比上年增长51.9%。其中畜牧业总产值2.53亿元、林业总产值15150万元、渔业总产值4945万元。农作物播种面积 7000 公顷，其中粮食播种面积3244 公顷，粮食总产量19598吨。出栏生猪1.5万头、牛341头、羊1239只、兔240058只、家禽134万羽。建设标准化种植桑园1.2万亩，培育家庭农场主10余户，带动养蚕农户1200余户，年蚕桑产业总产值达5亿元。培育新型农业经营主体，杨家镇现有新型经营主体148家，其中农民专业合作社28家，国家级示范合作社1家（绵阳市涪城区蜀源蔬菜种植专业合作社），省级示范社2家（绵阳市涪城区杨家绿岛葡萄种植专业合作社、绵阳市涪城区万家兔业专业合作社）；龙头企业4家，其中省级龙头企业1家（绵阳天虹丝绸有限责任公司），市级以上龙头企业3家（绵阳瑞丰中升农业科技有限公司、绵阳市云阳食品有限公司、绵阳天开图画绿化有限责任公司）。现代农户家庭农场116个，其中市级以上示范农场8个。以杨家镇的特色产业为支撑，推动农耕文明与现代文明融合发展。开展产业基地景区化建设，建成观光道路产业1号线，配套建设绿道近10千米，建设乡村舞台、田园集市、主题广场、停车场等设施近30余处，与亲子采摘、户外拓展等活动有机衔接，形成“五彩田园”主题乡村旅游环线。开展丰收节、油菜花节等主题活动吸引人气，万亩五彩油菜花田成为绵阳市民观光、休闲、科普、文化体验的优美场所。完善农业基础设施建设，整合小型水库整治、中央水利救灾等各类资金500余万元，整治水库9座、塘堰10余口，疏通灌溉沟渠20余千米。

【工业发展】 2022年，杨家镇有工业企业20家，年产值24100万元，年工业销售产值22946万元，比上年增长 7.4%。

【第三产业发展】 2022年，杨家镇实现服务业总收入7.2亿元，比上年增长12.5%。全镇有现代服务企业28家，从业人员2200余人。增加限额以上商贸单位2家。年接待游客200万人次，旅游收入2.2亿元。

【社会发展】 2022年，杨家镇辖区有小学2所和中学1所。杨家小学设幼儿园和1—6年级共17个班，有在职教职员工32人、学生705人。玉皇小学设幼儿园、1—6年级共17个班，有在职教职员工31人、学生722人。杨家中学设初一至初三3个年级共11个班，有在职教职员工36人、学生526人。有卫生院2所、卫生室20个。镇卫生院有执业医生18名、护士15名、床位44张，可容纳70余人同时就医。辖区村居设卫生室，为村民提供疾病预防、妇幼保健、健康教育等公共卫生服务和多发病、一般常见病初级诊治。

【民生保障】 2022年，杨家镇新增就业184人，实现成功创业2人，完成劳动力实名制动态更新1887人。城乡养老参保人数15559人，城乡医保参保人数24305人。发放扶贫公益性岗位补贴22.2万元、困难退役军人帮扶22人次，发放资金6.3185万元、高龄补贴32.1375万元、“三属”和伤残金以及补贴705945.13元、优抚对象生活抚恤和生活补助3588425.13元、60周岁以上退役士兵补助828870元、困难残疾人补贴2036人次203600元、重度残疾人护理补贴5345人次335300元。做好脱贫户和边缘户家庭社会救助兜底保障，开展全镇范围内城乡低保动态管理，通过“一卡通”发放系统发放低保生活保障金190万余元，城镇低保生活保障金5.5万余元，特困人员救助生活保障金105万余元，特困人员监护人护理费15万余元，临时救助17.5万余元，高龄补贴16万余元，集中供养生活补贴41万余元，切实保障群众利益，为民解困、为民服务。

【项目建设】 2022年，杨家镇坚持“五个一”“五个一批”工作机制抓项目，全镇18个超500万元以上重点项目按照预定计划和时间节点推进。总投资115亿元的中国（绵阳）国际康养产业园项目基础设施及公共服务设施建设项

2022 年经济发展南区标准厂房项目完成拆迁　（杨家镇）

目取得用地预审与选址意见书和拟征地范围示意图，完成绵自然资规设〔2022〕287号、317号、18号地块资料组卷上报，截至年底，内土地挂牌出让。总投资12亿元的绵阳公共卫生医疗中心项目完成绵自然资规设〔2022〕221号、238号土地划拨，截至年底，完成全地块土地划拨。总投资12亿元的天成熙院项目实现176亩土地摘牌，截至年底，完成主体工程建设。总投资4.5亿元的G5京昆高速扩容项目完成红线内农房拆迁工作，项目路基工程完工。争取到红线外拆迁资金300余万元，并于5月底完成红线外24户农房拆迁，为失地农民落实社保指标432个，缴纳社保预存款6000余万元，获得老百姓及施工方的一致好评。总投资9亿元的临港经济发展区南区标准厂房项目于2月取得四川省人民政府征地批文，6月完成企业拆迁谈判和集体资产赔付及范围内青苗和迁坟工作，8月完成社保人员精算，完成基础设施及拆迁安置情况上报，截至年底，完成挂牌出让并进场施工。总投资2亿元的循环经济产业园污水处理厂项目完成地块勘测定界，取得用地预审与选址意见书，完成征地预公告、安置补偿方案公告，完成预征地拆迁协议签订上报，完成报征组卷。

【特色农业产业发展】 2022年，杨家镇推动以“小白（蚕桑）”“大黑（奥巴黑猪）”“有绿（有机绿色粮油）”为主色调的三大农业产业发展，完成朵朵树村700亩桑树嫁接，升级改造老旧蚕棚10个，蚕农创收8100余万元，全年蚕桑产业总产值达1.8亿元，实现“小白”提质增效。依托瑞丰中升龙头带动，探索推进新堰村集体经济组织和龙头企业先行先试建设生猪代养场，带动农户改建代养场发展生猪生产，全年完成生猪出栏16000余头，实现“大黑”扩大规模。利用杨家品牌效益，发展优质粮油。以提高粮食生产综合效益为目标，做大瑞丰“瑞祥鲜米”、鲜家坝“原谷香米”品牌，新增高品质有机绿色水稻3000亩，全面超额完成全年粮食产量任务，实现“有绿”辐射推广。

【镇域发展两项改革】 2022年，杨家镇探索中心镇片区规划路径，锚定区委赋予杨家临港南区定位，推动国土空间规划编制，在片区发展中以区统筹为主导，按照区的总体发展方向不走样，建立农村闲置宅基地（农房）台账，为盘活农村闲置宅基地和农房打牢基础。杨家社区“四链四民”强治理、回龙寺村“龙头引领”促产业，鲜家坝村“三色鲜家”活业态等成为杨家镇村（社区）两项改革先进示范经验。“四种模型”盘活闲置资产被四川省乡镇行政区划和村级建制调整改革“后半篇”文章专项工作领导小组在全省推广。镇领导班

2022 年国际康养主体工程建设现场　（杨家镇）

2022年杨家镇朵朵树村桑田 （杨家镇）

子12次跑省厅、40余次到市局，村社干部对接15个市、区重点项目20余次，5名业务骨干到区核心部门学习锻炼，争取政策支持和项目资金3000余万元。建立领导联系走访重点企业等3个机制，遍访企业、个体工商户2轮，走访群众1.2万余人，收集并解决企业群众问题70余个，“三度”服务成效初显。

【党建品牌】 2022年，杨家镇开展机关部门、村（社区）“大拉练”活动锻造“领雁矩阵”，通过“走出去、请进来”实现“优干提能”，持续开展学习教育提促进村干部队伍“业务提升”。创新开展“提神”“提能”“提升”“提纯”队伍锻造行动，以先进典型“头上闪灯”、以制度建设“后背顶针”、以反面教材“脚下亮坑”，营造“不想躺、不能躺、不敢躺”的工作氛围。贯彻区委“五力领航”党建品牌发布会和全区党建述职工作会精神，突出以“10+N”特色党建品牌为引领，提炼、提升、提亮“三色鲜家坝”、朵朵树村等党建品牌，发挥临港南区（循环经济产业园）联合党委“一核五共三循环”阵地作用，推进联合党建“双轮驱动”，“红蚕丝路”联合党建品牌在全区“五力领航”党建品牌发布会上正式发布。

【区级民生实事项目监督】 2022年3月28日，杨家镇人大主席团组织辖区内区人大代表对2022年民生实事项目——城镇困难群众精准帮扶“提标扩面”工程项目进行监督。座谈会上，区民政局介绍项目的开展情况，在问卷调查、实地走访的基础上，梳理2022年的帮扶项目，提出“润心”关爱行动、“润康”医疗行动、“润安”体检行动、“润禾”助教行动、“润视”文化行动5个实施方案的帮扶措施，2022年全面聚焦“提标扩面”目标，找准帮扶措施，精准帮扶。代表们表示，困难群众的帮扶，体现了党委政府的关心关爱，下一步杨家镇人大主席团将持续关注项目进展，开展实地看效果、座谈问民意活动，不断加大项目监督力度，确保民主事实项目落到实处。

【首期涪城夜话乡镇活动】 2022年5月13日，以“聚焦产业发展 助力乡村振兴”为主题的“涪城夜话”第七期活动在杨家镇组织召开，是涪城夜话首次在乡镇组织的活动，涪城辖区20余名省市区镇人大代表参加。代表们先后到杨家镇“千鹤桑田”农业主题公园、牧歌田园民俗群落项目区、阿贵农场和瑞丰中升农业科技有限公司，实地考察了解杨家镇蚕桑、民宿旅游等农业特色产业发展情况。考察结束后，召开座谈会，杨家镇政府相关负责人从农业、工业及服务业三个方面介绍产业振兴推进情况，代表们围绕活动主题开展交流和讨论。

【在泸务工困难家庭帮扶】 截至2022年4月29日，杨家镇共有在泸务工人员237人，涉及在杨家庭168户；在泸务工人员缺资金22人，缺物资32人，既缺资金又缺物资13人，涉及在杨家庭生活困难15户，抢种抢收困难5户，近期有意愿返乡的人员42人。5月9日，杨家镇召集联系村干部、村支两委成员、各队队长和网格员全面开展入户走访，电话（微信）访问，通过排查，精准锁定帮扶对象，逐一制定帮扶措施，形成帮扶台账。第一时间将生活物资特别紧缺的67名在泸务工人员需求向区防疫指挥部汇报，全部纳入涪城区第一批物资保供对象。向9名在泸务工人员微信转发资金共2100元，向19户在杨家属提供资金和物资帮扶（折合人民币）共计2720元，向2户困难的家庭进行了抢种抢收，组织人力6人，机械2辆，抢种抢收的面积达3.5亩。

【“以购代捐”援彝活动】 2022年9月7日，杨家镇组织开展“涪昭一家亲”爱心捐款活动，镇机关全体人员参加。活动中，大家纷纷伸出援助之手，献出自己的一份爱心，将心意汇聚成杨家镇党员干部对昭觉县人民的关爱，持续加深、巩固双方情谊。近年来，杨家镇贯彻全区全域结对帮扶安排和工作要求，多次到昭觉县，交流基层党建、产业发展、乡村治理、人居环境等方面的经验做法，并围绕乡村振兴同频发力，全面拓展全域结对帮扶模式、拓宽合作领域、创新合作方式，使双方情谊更加深厚、稳固。

【九届人大代表补选】 2022年，根据《中华人民共和国选举法》相关规定，经杨家镇九届人大三次会议决定，5月6日为涪城区杨家镇第6选区补选镇九届人大代表选举日。在区人大常委会的指导和镇党委的领导下，按照发布公告、选民登记、提名确定代表候选人、投票选举等法定程序，5月6日上午8时，杨家镇第6选区组织召开补选镇九届人大代表选举大会，依法补选产生镇九届人大代表1名。

【区产业高质量发展会议精神贯彻会】 2022年3月16日，杨家镇组织传达学习“涪城区产业高质量发展”会议精神，宣读杨家镇在2021年建设“四个强区”中所获得的“突出贡献先进集体”称号，促进产业高质量发展。会议要求夯实产业发展根基，推进“蓝城桃李春风”、九州汉地“山隐小镇”、绵阳公共卫生医疗中心、循环经济产业园、香草园研学等重大项目，做好精一产、强二产、优三产的产业可持续发展链条，做实“两项改革”后半篇文章，扩大招商引资，做好对上争取，不断优化营商环境和服务意识，同时形成产业文化，鼓励先进、崇尚优秀，提升干部能力。

【防汛减灾部署会】 2022年7月18日，杨家镇组织召开防汛减灾工作党委专题部署会，党委班子成员、部门负责人、各村社书记参会。会议传达学习曹立军书记在全市防汛抗旱地灾防范应对工作电视电话会议上的讲话精神及指示要求。会议要求：要高度重视，层层压实责任，做好值班值守，准确掌握雨情水情变化情况；要未雨绸缪，做好物资储备，确保随时“拿得出、用得上”；要完善应急处突预案，加强避险处置能力，确保群众生命财产安全。随后，各村社迅速传达会议精神，完善防汛抗旱应急预案，建立信息台账，加强防汛转移处突演练，对可能出现地质灾害的区域人员进行劝导，并成立志愿者小分队，建立起“一对一”服务关系，讲解防汛避险知识，确保一旦发生险情，具有一定自救能力，积极配合抢险救灾工作。并层层压实责任，成立由镇纪委和目督办牵头的督查小组，对各级防汛物资储备、防汛值守、水域专人巡查情况每天不定时进行督导检查，保障群众生命财产安全，确保安全度汛。

2022年绵阳市涪城区杨家镇基本情况一览表

表68

指标	单位	2022年数值	比2021年增幅
地区生产总值	万元	123200	5.6%
税收收入	万元	—	—
公共财政预算收入	万元	—	—
农业总产值	万元	158500	69.3%
粮食总产值	吨	23517	34.1%
工业增加值	万元	3928	16.76%
限上工业企业数	家	1	0
工业销售收入	万元	23742	3.52%

续表68

指标	单位	2022年数值	比2021年增幅
第三产业增加值	万元	15541	7.43%
限上商贸企业数	家	5	25%
固定资产投资	万元	243000	45%
招商引资	万元	210000	43%
招商引资到位资金	万元	210000	43%
小微企业数	家	8	25%
科技型中小企业数	家	32	10%
农民人均可支配收入	元	27748	6.5%

2022年绵阳市涪城区杨家镇各行政村（社区）基本情况一览表

表69

村（社区）名	面积（平方千米）	村（居）民小组（个）	户数（户）	户籍人口（人）	常住人口（人）	中共支部（总支、党委）书记	村委（社区）主任	经济总收入（万元）	人均可支配收入（元）
罗汉寺村	6	12	1137	3163	2816	肖小丽	肖小丽	6984	24587
柏林湾村	7.6	19	1358	3668	2280	王大辉	王大辉	3791	24397
回龙寺村	5.87	11	871	2251	1667	王昌义	王昌义	4802	23273
万和村	8.1	10	1006	2654	1783	谢　斌	谢　斌	6121	25369
朵朵树村	5.13	9	674	1799	1079	王汝阔	王汝阔	4642	26931
新堰村	6.41	14	871	2426	1554	罗　通	罗　通	5786	23918
草堂村	7.6	10	941	2725	1659	王太强	王太强	6499	23918
鲜家坝村	6.7	10	1002	2740	1912	谢从元	谢从元	6037	27669
杨家社区	4.48	14	1423	3252	4578	黄　耀	黄　耀	8902	29136
玉皇社区	8.5231	20	1604	4449	3538	刘永贵	刘永贵	8947	28724
合计	66.4131	129	10887	29127	22866	—	—		27748

城厢街道

【概况】 2022年，城厢街道辖区面积11.4平方千米，下辖13个社区居委会。现有居民小区558个、户籍人口11.42万人，常住人口15.76万人。完成15项经济指标任务，其中8项指标超额完成，6项指标位列全区第一，5项指标总量全区占比第一。截至12月31日地区生产总值总量达243.64亿元，占比全区37.1%；建筑业产值144亿元，占比全区46%；限额以上社会消费品零售总额49.88亿元，占比全区51%；四上企业249家，占比全区27%。城厢街道2022年不断巩固产业优势。全年实现财政总收入3213.19万元，其中一般公共预算财政拨款收入3173.19万元、政府性基金收入40万元。实现支出3213.19万元，其中一般公共预算财政拨款支出3173.19万元、政府性基金预算财政拨款支出40万元。一般公共服务支出1364.89万元；社会保障和就业支出572.19万元；卫生健康支出97.01万元；城乡社区支出1045.12万元；住房保障支出89.52万元；其他支出40万元。

【招商引资】 2022年，城厢街道以打造临园金融街区为目标，招引金融行业企业入驻。截至2022年底，入驻各类金融机构73家。

【公共服务体系建设】 2022年，城厢街道坚持以群众需求为导向，构建全覆盖公共服务体系，为方便群众办事建设党群暖心驿站7个，探索片区公共服务机构建设提升社区专业化服务水平，采取公益创投方式实施公益项目18个，新增社区社会组织54家，社会企业2家，完成省级城乡社区治理试点验收，并获评全省基层治理示范街道。

【民生保障】 2022年，城厢街道共为符合条件的下岗失业人员办理并发放社会基本养老、医疗保险补贴549人共计174.6147万元；城镇新增就业目标任务2000 人，完成2465人，完成率123 %；城镇失业人员再就业目标任务500人，已完成635人，完成率127 %；就业困难对象就业目标任务180人，完成208人，完成率116 %；向辖区下岗失业人员和高校毕业生办理就业失业登记证3280个，辖区单位就业登记入库率98%，为符合就业困难援助群体的下岗失业人员办理困难认定265人。

【商圈建设发展】 2022年，城厢街道构建“一核引领、两带协同、四圈推进”格局，“临园金融中心”重点突破，中大财富广场亿元楼宇业态集聚，金融街B、C区建设稳步推进；“花开会仙”全面成势，百盛广场提升提质，太极健康城开工在即，百盛、凯德、京东实现逆势增长；“绵州记忆”呼之欲出，天青苑项目建设收尾，27条街道打围施工，年内逐步投入使用；“三江半岛”魅力凸显。规划打造“南河市锦”“宋城故肆”“魅力半岛”三个文化历史生活主题街区，形成绵阳城市夜生活封面地标。

【重大项目建设】 2022年，城厢街道坚持“项目为王”理念，促进经济提质增速，重大项目顶天立地，推进广电中心、卫生巷5号等重点项目11个，总投资62.39亿元，改造面积5.2万平方米。储备项目遍地开花，谋划包装太极健康城、临园干道189等项目15个，计划总投资228.8亿元，改造面积37万平方米。竣工项目生机蓬勃，嘉来广场、绵州里、滨江天越项目全面完工，王府井5月开业，首日客流量达16.8万人次，实现销售5250万元。

【营商环境优化】 2022年，城厢街道创新建立“企业+街道+行业主管部门”的“1+1+X”工作体系，为企业提供跨区域、全天候、零距离定制服务。发挥营商服务中心枢纽作用，通过“涪商厢汇”专业化平台、企业全覆盖大走访等“线下+线上”的方式服务企业280余个，收集并帮助企业解决6大类387个问题；先后为企业开展环境卫生秩序整治32次、绿化养护27次、外立面广告等审批37次、协调办公用房12次，开展厢企沙龙、咖啡芯语、送“政”上门等特色服务74次，做实做细“早餐汇”后半篇文章，擦亮“三度服务”品牌，全面构建更优更好营商环境，助推辖区经济高质量发展。

【老旧小区治理】 2022年，城厢街道坚持“以人为本，问需于

2022年，城厢街道创新建设区域化营商服务中心(城厢片区) （城厢街道）

民”的改造理念，按轻重缓急程度制定“十四五”城厢街道老旧小区改造规划，为辖区369个小区制定年度改造计划，涉及住户30739户，1433个单元，建筑面积413.65万平方米；整合资金3500万元，投入78个老旧小区治理（第一批次）；完成辖区内100个单元居民加装电梯意愿征集，全面推进38部电梯增设工作，其中15部完成竣工验收，5部正在施工，18部通过核录；探索应急物业服务经验，指定应急物业服务人员入驻时代大厦小区进行服务，形成涪城区首例可参考、可复制、可推广的指导案例。

【城乡环境综合提质】 2022年，城厢街道坚持综合施策改善城市面貌，拆除违章违法搭建6处（约1130平方米），整治广场治理乱象50余起，新增非机动车位2976处，新增垃圾分类点位124处；坚持精准清理提升城市品质，清理橱窗广告187处，清理屋面401处，清理大件垃圾480余吨，修补路面3000余平方米，修剪提升绿化带7500平方米，修补外立面8000余平方米；强化宣传引导形成良好氛围，将宣传引导工作贯穿城乡环境综合提质全过程，变“他管”为“自管”，举办专项宣传活动28次，发放宣传资料10000余份，累计发动志愿者1400余人，号召沿街商户2000余家共同助力城乡环境综合提质。

【基层治理】 2022年，城厢街道办理信访件33件，清理信访积案2件。为搭救落水群众的2名热心居民何秋衡、李毅申报为“2022年绵阳市有突出表现的见义勇为个人”荣誉，传播真善美，弘扬正能量。截至年底，辖区91名专职网格员共处理网格事件2150条，公共服务1725件，矛盾劝解95条，不稳定因素45件，突发事件3件，治安隐患43件，特殊人群信息上报239件。1—11月，辖区网格员手持终端机平均每月活跃度在94.65%，“随手调”录入矛盾调解信息1490条，协助处理法院协执274件，促进了辖区和谐稳定。开展安全生产、应急管理、防灾减灾、食品药品、产品质量和特种设备监管等工作，截至年底，辖区未发生重大安全事故。

2022年绵阳市涪城区城厢街道基本情况一览表

表70

指标	单位	2022年数值	比2021年增加额
地区生产总值	万元	243.64	18.74
税收收入	万元	50242.77	3608.43
公共财政预算收入	万元	3173.19	689.69
限上社会消费品零售总额	万元	498000	105712.8
限上商贸企业	家	91	5
固定资产投资	万元	98500	-100625
招商引资	万元		
招商引资到位资金	万元		
小微企业数	家	7268	308
科技型中小企业数	家	158	12
居民人均可支配收入	元	48075	2096

2022年绵阳市涪城区城厢街道各社区基本情况一览表

表71

社区名	面积（平方千米）	居民小组（个）	户数（户）	户籍人口（人）	常住人口（人）	中共党委书记	社区居委会主任
铁牛街社区	0.6	14	2152	2557	5284	刘　程	刘　程
建国门社区	0.73	24	2323	3909	6016	蒲陶军	蒲陶军
临园路东段社区	1.05	16	3689	7832	15255	王　红	王　红
会仙社区	0.68	21	5215	6868	9112	周　金	周　金
成绵路社区	1.25	10	5850	9325	14571	谢文俊	谢文俊
钟鼓楼社区	0.8	26	5589	10178	13894	张　艳	张　艳
警钟街社区	0.95	36	6546	12130	15180	胡　斌	胡　斌
安昌社区	0.83	12	4661	8900	15525	崔定洪	崔定洪
绵兴路社区	0.95	12	3774	9983	12335	刘奕岑	刘奕岑
滨江社区	1.1	33	4715	15248	14088	陈柏华	陈柏华
解放街社区	0.84	26	5273	10132	15507	梁媛春	梁媛春
文昌社区	0.84	9	5173	12660	14050	冯　庆	冯　庆
得月楼社区	0.78	38	3805	4504	6821	屈　丹	屈　丹
合计	11.4	277	58765	114226	157638	—	—

（姚怡茹　申　静）

工区街道

【概况】　工区街道位于绵阳城市核心区，辖区区域版图呈“双翼齐飞”，北至青义镇，南至安昌江沿一环路到剑南路，东临涪江，西沿铁路线经牌坊沟、西山公园到双碑立交桥。20世纪50年代，中央“三线建设”运动，绵阳成为“三线建设”专区，长虹机器厂（305厂）、涪江机器厂（203厂即九洲集团），华丰器材厂（204厂）、涪江有线电厂（407厂）的迁入，107设计院、四〇四医院的落地，使跃进路一线成为绵阳涪城的工业集中发展区，工区街道也因“四厂两院”坐落于此而得名。现在工区街道是绵阳三线建设的重要承载地，是宜居宜商宜业的城市中心。2019年12月，绵阳市涪城区行政区划调整改革，撤销朝阳街道，将其所属行政区域划归工区街道管辖，驻长虹大道北段35号。区划调整后设置党政综合办事机构9个，直属公益一类事业机构3个。2020年4月全省村级建制调整改革，工区街道下辖迎宾、绵州、临西、金菊等16个社区，代管九洲1958等商住小区和107设计院、铁路等家属区。2022年，有居民小组294个，户籍人口15.9万人，常住人口28.7万人。工区街道党工委下设167个基层党组织，在册党员6368名。街道社区获省级表彰5项，其中灵通社区获“2021年全省基层治理示范社区”，社区服务项目化得分排名全省第一。以街道为例的《街镇治理新探索：资源调度作用》课题入选四川社会发展报告蓝皮书。

【经济建设】　2022年，工区街道地区生产总值达到116.8亿元，全年完成社会固定资产投资14.94亿元，完成率115%；社会消费品零售总额增速任务11.3%，实际完成11.32%；新增科技型中小企业10家，完成率133%；新增科技型中小企业评价43家，完成率129%；净增限上商贸业入库19家，完成全年净增任务的190%；净增服务业入库8家，完成率200%。

【商圈项目建设】 2022年，工区街道跃进路三线历史文化主题商圈内，桐里华庭、木棉花酒店、科技城疑难病症诊治大楼开工建设，跃进路三线记忆馆建成投入使用。花园片区TOD快时尚主题商圈内，鹏达书香园项目开工，宜家美三汇精品装饰城、居然之家涪城东辰店完成改造提升，入驻企业（商家）198户，有一线品牌151个。梳理汇总磨刀沟片区、西山片区、何家山片区、迎宾片区可开发利用土地1805.44亩。

【城市建设】2022年，工区街道45个老旧小区改造项目完成挂网招标。全面启动宇虹北路和翠满亭“口袋公园”建设，已实施改造20个，正在实施老旧小区改造79个，总投资8100万元，余下全部进行了申报。改造内容包括燃气管网改造、屋顶防水治理、道路硬化黑化、非机动车停车棚充电桩安装等。完成社区电梯增设申报64部，已办理施工许可证37部，完工21部。

【困难群众精准帮扶】 2022年，工区街道精准解决419户、512名困难群众在物质需求、技能培训、就业帮扶、岗位补贴等方面的困难需求。“润安”健康体检行动，绵阳市第八医院完成比例达61%。“润心”之助残日，落实残疾关爱帮扶218人，共计6.54万元。完成低保特困一次性生活补贴299户，共计发放4.64万元。

2022年，涪城区万达金街 （工区街道）

2022年，涪城区1958廉洁文化长廊 （工区街道）

【计划生育家庭补贴】 2022年，工区街道为辖区346位特扶对象购买计生特殊家庭住院护理补贴保险，对246户计生特殊家庭进行节日慰问，发放慰问金9.8万元，对17户困难特殊家庭人员进行紧急救助，发放救助金1.1万元，对346人享受特扶费群体进行生日慰问，发放慰问金6.92万元。完成辖区计划生育家庭特别扶助金人员申报审批346人，5月兑付特扶金336.3万余元，11月兑付调标特扶金27.3万余元，全年兑付363.6万余元。完成计划生育家庭独生子女父母奖励金审批申报及导入阳光审批系统共计635户，资金5.3万余元。

【环境综合治理】 2022年，工区街道建立“三无”小区环境治理联动机制，设置32位专职公益性岗位，组织党员及志愿者300余人对辖区94个“三无”小区进行分片包区。投入120余人次，全域清理清运大件垃圾、生活垃圾、建筑和杂草树枝垃圾等约200车，拆除违规广告17块，规范整治广告牌65块，整治乱停放车辆1200台次。开展志愿服务活动19次，制作张贴公益广告牌130块，发放宣传资料4000余份，开展占道经营、乱摆乱放问题整治50余次，签订“门前五包”承诺书1300份。对西山南路（铁路家属区）、玉女街、“三无”小区背街小巷、平政河堤沿线等环境卫生问题进行重点整治，督促整治通报问题点位87处，近期督查整改点位12处，做好重要调研线路保障环境整治5处。

【安全隐患治理】 2022年，工区街道结合安全生产专项整治行动，治理安全隐患83处。房屋安全，排查建筑1761栋，发现风险点299处，组织鉴定8栋风险点，督促5栋经营性自建房进行鉴定，对隐患房屋开展安全巡查85次，协调处置房屋安全隐患40次，入户动员住户搬离15次，安排D级危房住户搬离7户。统筹资金380余万元加固C级危房一栋，拆除D级危房3栋，建设D级危房安全通道30余米。

【党建品牌建设】 2022年，工区街道打造“千百十提升工程”党建品牌。推进“千名党员进党校”，建设天籁一品、军转小区党群服务中心新阵地9个，推进“百支队伍强治理”，培育孵化小区自治组织40个，推广天籁一品式小区党建，化解桂圆雅居、蓝澳岛等难治理小区11个，培养带动1958小区、军转小区等优秀党支部书记20余人，创建基层治理省级示范小区3个。开展“十项服务进小区”活动，实现153个小区党支部建设全覆盖。通过“红色物业”改善商住小区治理差的问题，在丽景花城等小区创建红色物业7个；通过拆墙并院，拆除“三无小区”围墙，完成糖酒公司家属区等7个“三无小区”治理。

【社区建设】 2022年，工区街道共招聘社区干部33人、网格员160人，16个社区配备社区纪委书记。社区干部平均年龄39岁，本科学历58人，占比48%，研究生1人。

2022 年绵阳市涪城区工区街道基本情况一览表

表72

指标	单位	数值	比 2021 年增加额
地区生产总值	万元	1168721	75321
税收收入	万元	54849	11028
公共财政预算收入	万元	3199.49	931.92
限上社会消费品零售总额	万元	210600	58870
限上商贸企业	家	102	7
固定资产投资	万元	149400	-1904
招商引资	万元	6000	-14000
招商引资到位资金	万元	6000	-14000
小微企业数	家	3456	568
科技型中小企业数	家	122	10
居民人均可支配收入	元	49657	3678

2022 年绵阳市涪城区工区街道各社区基本情况一览表

表73

社区	面积（平方千米）	居民小组（个）	户数（户）	户籍人口（人）	常住人口（人）	中共支部（总支、党委）书记	社区居委会主任
临园路西段社区	1.4	22	3482	6035	10514	何　静	何　静
绵州社区	2.3	15	8984	11999	21820	周于靖	周于靖

续表73

社区	面积（平方千米）	居民小组（个）	户数（户）	户籍人口（人）	常住人口（人）	中共支部（总支、党委）书记	社区居委会主任
跃北社区	2.4	30	6702	9676	15228	安小刚	安小刚
长虹社区	1.7	1	5434	8775	18000	潘　慧	潘　慧
华丰社区	0.58	9	2610	8252	7546	徐　婧	李洪霞
金菊社区	1.1	6	4988	7188	12236	王　勇	王　勇
花园南街社区	1	25	6463	11777	18466	段　娇	段　娇
子云亭社区	3	11	4032	5692	16430	李丽萍	李丽萍
滨涪社区	5.8	13	9445	9819	23768	曾子凤	曾子凤
西山社区	3.5	20	8564	9650	20052	刘海玲	刘海玲
迎宾社区	1.52	46	4950	9611	18552	金　鹭	金　鹭
九洲社区	0.67	10	5691	12120	16219	王铁蓉	王铁蓉
灵通社区	0.7	23	13083	17095	30255	陈　霞	陈　霞
绵江社区	1.2	23	10424	16357	28240	麦森鹏	麦森鹏
朝阳社区	1.9	20	7640	11493	21493	罗　强	罗　强
飞来石社区	0.7	20	3105	3530	8867	张丁月	张丁月
合计	29.47	294	105597	159069	287686	—	—

（王槐华　李懿瑾）

城郊街道

【概况】 城郊街道位于城市核心地带，地理坐标位于北纬31°26'48.92"～31°31'49.15"、东经104°36'2.21"～104°46'31.98"。辖区面积14.3平方千米，主要集中在涪江以西、安昌江以北的绵阳主城区，与城厢街道、工区街道点、面交错分布。辖区常住人口8.9万余人、流动人口4万余人。辖13个村（社区），其中行政村2个，社区11个，均为村改居社区。2个农业村辖8个村民小组，11个社区辖67个居民小组。全街道共有党员2140名，街道各级党组织87个。其中：党委11个，党总支7个，党支部69个。

【经济建设】 2022年，城郊街道围绕冲刺“全年红”，深入分析经济运行情况，统一思想，凝心聚力，以项目引领发展，严把质量提升，积极培育新的规上、限上企业，涵养新的税源，全力抓好经济指标和财税工作。1—12月，一般公共预算收入完成4.274亿元，全社会固定资产投资完成7.8亿元，规模工业产值完成32.96亿元，建筑业总产值完成3.38亿元，规上企业新增11户（建筑业5户、商贸业4户、服务业2户），工业投资完成1.3亿元，劳动工资总额完成增速29.56%。

【项目工程建设】 2022年，城郊街道牢固树立“项目为王”工作导向，围绕“拼经济、搞建设、抓发展、上项目”推进项目建设，确保全年“竣工一批”项目全部竣工投产，“开工一批”项目全部按照序时节点完成建设任务，“储备一批”项目2023年全面开工建设。市重点项目：总投资4.5亿元的富临大都会二期和总投资5.1亿元的兴发御景湾等两个项目竣工交房，总投资6.1亿元的东西第二干道工程涪城段项目工程建设有序推进。区重点项目：总投资1.4亿元的神州·云庐项目

2022年3月25日，涪城区人大常委会主任顾建（左二）到城郊街道沿江二组现场督查"城中村"改造情况（城郊街道）

工程建设有序推进，总投资0.86亿元的高水隐市文创园区项目工程建设完成投入使用，园区引进项目即将投入运营；街道重点项目：总投资4.8亿元的富临绵州水郡三期和总投资4.5亿元的富临绵州水郡二期项目竣工交房。储备项目：总投资8.2亿元的沿江二组"城中村"改造，总投资5.4亿元的凯跃华庭，两个项目已开工建设；总投资0.26亿元的三里村生活垃圾分类中转站项目建成投入使用；总投资12亿元的圣水一、二组城中村改造，总投资9亿元的新庙三组A、B地块，总投资3亿元的白土统建房，总投资4亿元的滨江西路道路综合改造工程，总投资13.6亿元的创业大道南延线，总投资3亿元的联汇·珺睿云邸等6个项目开工前期工作有序推进；总投资达24亿元的云之澜·榕树湾、圣水福庭等5个项目在加紧跟进。

【困难群众帮扶】 2022年，城郊街道开展城镇困难群众精准帮扶，坚持分类帮扶，精准施策，对丧失劳动能力、无生活来源的，通过民主评议提标提补，实行政府兜底；对有劳动能力但就业困难的，通过开展就业援助、扶持自主创业等多种形式，提供就业机会，增强创业能力；对由于突发原因造成生活一时困难的，以救济救助为主，帮助他们渡过难关。坚持需求导向，落细落实帮扶措施，开展常态化帮扶，组织召开科级领导帮扶工作推进会1次，集中组织开展帮扶政策宣讲5次，对59户落实低保等政策兜底，定期对困难群众开展慰问，对特殊人群"一人一策"进行临时救助。创新救助模式，率先在全区开展"救急难"工作，9月出资7.5万元为辖区134名困难群众购买意外事故商业保险，实现与现有政策性社会保障和社会救助形成相互衔接、互为补充。切实减轻城镇困难群众负担，减少困难群众因各种意外造成返贫、返困，全面提升辖区困难群众安全感、获得感和幸福感。

【城乡环境综合提质】 2022年，城郊街道推动街道增颜提质，围绕"五清、四定、四化"广泛开展"改头换面""整洁洗脸""铁路沿线环境整治""临街门店秩序规范""飞线清理""河道整治"等城乡环境综合提质活动，共投入人员3000余人次，出动车辆70余辆，清理清洗和更换居民区和生活服务区各类门头、标识20余处，清理清运大件杂物、垃圾1000余吨，整治占道经营1000余起、规劝游商入市经营500余起，拆除违规、破损店招150余处，清理小广告1000余处。清除清运河道内淤泥、杂草、杂树200余车，规范各类"飞线"13000米，及时整改销号市区督查通报问题226处，累计投入整治经费500余万元。录制"五清、四定、四化"宣传音频下发到各村（社区），利用广播、临街门店LED屏、坝坝会、村居宣传栏等多种形式，宣传城乡环境综合提质工作，做到家喻户晓、人人皆知，营造全民参与的浓厚氛围，让城乡环境综合提质行动深入人心。

【全国文明城市创建】 2022年，城郊街道对标涪城区全国文明城市实地测评点位责任分工及测评标准，建立点位多方责任清单，对照区文明办下发的督查整改通报，建立整改台账，实行网格化管理，重点整治临江生活服务区、虹高市场等环境秩序，对点对标落实整改销号20余处；同时加大易反弹点位的巡查督导力度，将村（社区）文明创建工作纳入年度考核。经过辖区干部群众不懈努力，街道圆满通过中央文明委文明城市建设检查。

【大气污染防治】 2022年，城

2022年7月1日，城郊街道文明城市创建工作调度会召开　（城郊街道）

郊街道落实“党政同责、一岗双责”要求，始终坚持问题导向和精准管控。对辖区内大气污染重点区域三水厂国控点周边的建筑工地、道路扬尘、餐饮油烟、挥发性有机化合物排放、露天焚烧组建管控专班，按照“六必须、六不准、六个百分百”和“五禁”要求及重污染天气预警响应措施，全年开展不间断动态巡查400余次，发放重污染预警告知书1000余份，做到问题发现及时、处置得当，投入50万元资金，加大雾炮洒水作业频次，确保辖区空气质量持续向好。

【自建房安全排查】 2022年，城郊街道推进自建房安全隐患排查，持续开展“地毯式”自建房大排查、大整治行动，组织人员对辖区所有自建房开展拉网式、地毯式、起底式全面排查，做到不留死角、不留盲区、清仓见底。截至年底，共计排查自建房9477处，其中C级28处、D级11处。D级房屋15户52人全部搬离，建立人员常态化巡逻巡查管控机制。

【燃气安全排查】 2022年，城郊街道发挥街道干部、派出所民警、社区两委、网格员、志愿者及其他基层自治组织力量，对13个村（社区）开展连夜敲门入户进行“拉网式”“地毯式”排查。辖区59722户燃气用户均已发放燃气安全使用明白卡和安全监督卡，1575个安全隐患点全部完成整改。

【防汛安全治理】 2022年，城郊街道开展防汛安全工作，通过召开会议、LED电子显示屏、发放明白卡、宣传小手册等形式对广大群众进行山洪灾害的安全防范知识宣传培训教育，提高群众的山洪灾害安全防范意识。完善街道、村（社区）防汛抗旱应急预案，山洪灾害应急预案，签订防汛抗旱目标管理责任书。对山洪灾害点位，均落实应急处置措施。完善更新“三单一书”的工作机制，群防群策体系建设。在白土村、下龙溪村、牌坊社区山洪灾害危险区悬挂“两张图”，落实“十个一”【设置警示标牌、转移路线标牌、避险安置牌、在相关村（社区）安装简易雨量报警器和无线预警广播】，加强汛期查值守。组织力量对龙溪沟、牌坊沟、白土村钟家桥、平政河等9处3千米淤堵开展疏浚工作，投入资金近18万元，消除泄洪安全隐患。在辖区河道沿岸增设安全警示标识牌50块，在涪江城郊段安装摄像语音报警器6处和1.8米高钢丝网围栏长1300米，协调警方多方联动密织防溺水“安全网”，投入资金近26万元，消除汛期安全隐患。

【党建工作】 2022年，城郊街道聚焦“全科网格”抓党建，坚持问题导向，创新“1142”工作模式，以党建为红线，通过出台一个方案、织密一个组织体系，搭建四大功能平台，探索两大管理机制，在构建“全科网格”的同时，系统推进全域党建，实现党建带治理、治理促发展。3月，率先在平政社区试点建立“全科网格”工作站，精细划分网格、落实专精网格员、搭建智慧平台。织密服务网格，将党组织引领城市基层治理的触角延伸到网格、小区等，打通服务群众的“最后一公里”。开展“听音问廉”三进三强活动，组织党员干部140余人次，全覆盖走访在职和离退休干部职工、“两代表一委员”、各类市场主体和党员干部群众家庭2.86余万人，占全街道总人口28.8%，收集意见、建议51条，并及时做了回复，群众较为满意。全年立案15件，待立案1件。结案15件。其中留党察看1人，严重警告6人，警告8人。

【村（社区）选介】 2022年，城郊街道指导村（社区）、两新党组织创新示范，形成特色亮点，打造各村（社区）、两新党组织特色品牌，截至年底，13个村（社区）均形成各自的品牌，平政社区、高水社区、三里社区、城郊社区经验做法得到推广。

城郊街道白土村位于绵阳城以西，地处涪江河流域，与教育园区和科创园区紧密相连。面积3.15平方千米，村辖3个村民小组，共683户2001人。全村共有中共党员90名，下设3个党支部、3个党小组。该村以劳务输出为主，外出务工人数1003人，其中省外务工43人。2018年集体经济股份制改革后，现有专业合作社4个，分别是绵阳市涪城区城郊街道白土村股份经济合作联合社和绵阳市涪城区城郊街道白土村一、二、三组股份经济合作社。白村突出党建引领社会治理，团结带领全村干部群众心往一处想、劲往一处使，通过长期坚持，在固本强基、群众增收、村容村貌和乡风民风等方面面取得明显成效，实现村民富、村风纯、村业兴、村庄美、村规管。同时在实践中逐步探索形成“三组织一创评”工作法、综合治理“1+5”工作模式等先进经验，多次被创建街道评选为先进党组织，2019年获得四川省卫生村称号，2022年获得省级“六无”平安村称号。

平政社区位于绵阳市城北片区，地处城市中心腹地。东临涪城区跃进路北段，南临西山东路，西临一环路西段，北临高水南街，平政河流经过全境，辖区面积2.0平方千米。有10个居民小组和缤购天地商业小区，户籍人口4200余人（其中经济组织成员1700人、非集体经济组织成员2500人），暂住人口10000人。全社区10个小组年收入2200万元左右。辖区平政一组与绵阳第一人民医院（原404医院）相邻，辖区有幼儿园（神童）一所、小学（城郊小学）1所、初中（八中）1所，大型旧货交易市场（万宝市场）1个。毗邻的五一广场为社区居民休闲娱乐和锻炼身体的重要场所。1995年10月曾被民政部授予“全国模范村民委员会”称号。2003年，因城市建设规划的需要，经省、市批准，由平政村民委员会更名为平政社区居民委员会。2020年，辖区十个居民小组完成集体股份经济合作社股份改革，建立股份合作社一体运行机制。2020—2025年设定奋斗目标“平安·平顺、和谐平政”建设。获评“全国模范村民委员会”、四川省“九无”平安铁路示范村（社区）四川省卫生（村）社区、四川省“省级示范便民服务室”、四川省基层治理“百佳示范小区”（缤购天地）、绵阳市“建设全国文明城市先进集体”、绵阳市“六无”平安村（社区）。

2022年绵阳市涪城区城郊街道基本情况一览表

表74

指标	单位	2022年数值	比2021年增加额
税收收入	万元	71924	7273
公共财政预算收入	万元	4274.99	379.68
限上社会消费品零售总额	万元	10800	-56513
固定资产投资	万元	823000	673484
招商引资到位资金	万元	16000	-65457
小微企业数	家	1281	790
科技型中小企业数	家	85	-19
居民人均可支配收入	元	48075	2096

2022年绵阳市涪城区城郊街道各行政村社区基本情况一览表

表75

村（社区）名	面积（平方千米）	村（居）民小组（个）	户籍人口（人）	常住人口（人）	中共支部（总支、党委）书记	村委（社区）主任
城郊社区	0.13	3	1652	8117	张　伟	张　伟
花园第一社区	0.04	3	1564	3261	刘　艳	刘　艳

续表75

村（社区）名	面积（平方千米）	村（居）民小组（个）	户籍人口（人）	常住人口（人）	中共支部（总支、党委）书记	村委（社区）主任
花园第二社区	1.5	6	3600	7383	莫宗明	莫宗明
三里社区	3	5	2217	2217	王太贵	王太贵
沿江社区	1.1	6	3666	3666	夏成禄	夏成禄
平政社区	2	10	4664	4664	谢长华	谢长华
高水社区	1.3	8	3356	3356	陈昌陆	赖成功
圣水社区	1.5	8	3269	3269	张　强	张　强
南河社区	0.25	7	3609	3609	兰国盛	兰国盛
牌坊社区	1.7	3	1645	5405	邓小虎	郭继富
新庙社区	0.8	5	3103	4156	蒋发军	赵　飞
白土村	3.5	3	2112	2112	蒋德银	蒋德银
下龙溪村	2.5	5	1124	1124	张明林	张明林

（陈来通　陈　飞）

石塘街道

【概况】　石塘街道总面积42.37平方千米，辖10个社区居委会、4个行政村，全街道户籍人口7.35万人，常住人口12.33万人。2022年石塘街道地区生产总值94亿元，增速为5.6%，总量位居全区第三。贡献千亿园区总产值278.10亿元，总量位居全区第一，产值占比达33%，其中工业总产值全年完成12.64亿元，服务业营业收入195.97亿元；建筑业总产值69.49亿元。千户企业完成162户，总量位居全区第三，其中工业以上规模企业在库15家，资质等级建筑业企业和房地产开发企业在库55家，限额以上商贸单位在库69家，规模以上服务业企业在库23家。2022年度全社会固定资产投资完成率117.04%，位居全区第一；新入库固定资产投资项目19个，总投资79.02亿元，总量位居全区第二，占全区27%；限上社消零总额达21.39亿元，完成率112.14%。

【社会保障】　2022年，石塘街道办理就业失业证566个，按政策为327户困难群众一次性减补水电气费用，解决临时救济44人次，救助金额11.4万余元。定期对辖区73户137名移民进行核查，135名发放补贴。开展“润康”医疗行动，完成城镇困难群众城乡居民基本医疗保险100%代缴。2022年度城乡居民养老保险参保率达到95%，特殊人群100%参保。做好“全国基层政权建设和社区治理作息系统”信息录入，组织12名社区工作人员参加2022年社会工作者资格证考试。对活人墓、公益性公墓、硬化大墓开展摸排和专项整治，为327户城镇困难群众、49户农村困难群众开展“夏季送清凉”慰问活动。办理退役军人优待证2689张，春节期间对辖区重点优抚对象进行全覆盖走访慰问，组织开展就业创业活动，核实上报困难退役军人关爱帮扶专项基金。

【重点项目建设】　2022年，石塘街道按照专班运行和双组长工作机制，推进中南高科、惠科模组项目专班工作，完成示润、创明两个项目签约落地，为重大项目顺利推进提供全方位保障。示润智慧显示终端智能制造总部项目选址在石塘街道范家村，占地约77亩，总投资10亿元，项目一期新建触摸屏制造中心、玻璃盖板制造中心。项目于3月完成工商注册和地勘进场，5月通过项目施工图方案设计审查正式进场施工，8月用地摘牌，9月厂房主体完成封顶。2022年底，项目厂房装修正在推进，同步进行生产设备安装及调试工作。创明新能源项目占地约900亩（项目一期和二期占地约390亩），总投资120亿元，于9月21日实现签约即拿地、拿地及开工。该项目从对接到开工仅用83天，8月26日项目用地挂牌，8月28日完成项目用地推清，9月16日完成项目公司注册，9月19日项目完成投资备案，9月28日项目用地成功摘牌，签约后开展项目场平。

【石塘·东岳服务综合体建设】 2022年3月，石塘街道率先在东岳社区打造绵阳市首家社区服务综合体。该综合体占地1000余平方米，通过建成党群便民、营商服务和就业技能培训服务中心以及零工劳务市场等“三中心一市场”，创新建立“老易红色工作室东岳工作站”“五民工作法”“联户长制”等举措，持续凝聚党心民心，发挥先锋模范作用，构建东岳片区共建共治共享的新格局，促进了当地经济社会全面发展。

【木龙河黑臭水体整治】 木龙河道流经石塘街道古井社区及范家村，古井社区河段约6千米，范家村河段约3千米。为防止木龙河石塘段河道垃圾等物品漂移到河道污染环境，2022年，启动木龙河黑臭水体专项整治行动，重点治理河道附近垃圾堆放点。石塘街道共投入转运经费65.2万元，在古井社区、范家村河道附近修建垃圾房6个，其中蓝线范围4个、范家村和古井社区各2个，除古井社区在蓝线内是垃圾池改建垃圾房，其他皆为新建。同时为防止楼房五队居民点排污流进木龙河范家段，石塘街道通过招标污水转运公司，在楼房五队修建一个100立方米的污水转运池。整治过程中石塘街道投入资金19万余元，组织人力1972人次、租用机械等次对木龙河流域石塘段进行清漂，共计打捞白色垃圾和漂浮物200余吨，清除垃圾污染水体。

位于石塘街道范家村的示润智慧显示终端智能制造总部项目效果图（石塘街道）

2022年，石塘街道东岳社区党群服务中心（石塘街道）

2022年，石塘街道东岳社区党群服务中心内景（石塘街道）

2022年绵阳市涪城区石塘街道基本情况一览表

表76

指标	单位	2022年数值	比2021年增加额
地区生产总值	万元	942300	59000
税收收入	万元	61404	6962
公共财政预算收入	万元	20937	-7421
限上社会消费品零售总额	万元	213900	52880
限上商贸企业	家	69	8
固定资产投资	万元	790165	329590
招商引资	万元		
招商引资到位资金	万元		
小微企业数	家	2217	197
科技型中小企业数	家	58	9
居民人均可支配收入	元		

2022年绵阳市涪城区石塘街道各村（社区）基本情况一览表

表77

社区	面积（平方千米）	村（居）民小组（个）	户数（户）	户籍人口（人）	常住人口（人）	中共支部（总支、党委）书记、居委会主任
御安社区	1.43	0	5744	7346	11930	尹　佳
御新社区	0.8	1	3257	5975	6797	赵文斌
西河路社区	0.6	0	4785	8883	11662	马　香
石塘路社区	0.72	1	2982	6642	8799	李　蓉
小浮桥社区	0.7	0	3944	7107	9593	郭　华
南山社区	2	0	7641	10507	21885	胡丹丹
御营社区	1.5	6	6038	2194	11749	苟菊英
红星社区	2.5	9	4755	5373	9770	蒲春山
东岳社区	1.5	4	3202	2114	6773	詹金兵
古井社区	4.14	12	1389	2913	3779	肖隆君
瓦店村	4	10	3473	3631	8099	马清祥
浸水村	4	9	2695	2906	6002	罗太贵
范家村	10.5	16	1509	5362	4230	马清龙
蟠龙村	8	13	768	2585	2210	阳建东
合计	42.37	81	52182	73538	123278	—

（冯　竹　任宇慧）

2022年全国五一劳动奖章获得者

【向明朗】 男，中共党员，1979年11月出生，四川广元人，现任绵阳富临精工股份有限公司总工程师，2013年建立劳模工作室，2019年被省总工会命名为“向明朗劳模和工匠人才创新工作室”，获得授权专利130余项，带领团队在新能源汽车热管理系统集成模块、电子水泵、高速减速器，智能悬架系统CDC电磁阀项目及自动变速箱电液控制系统电磁阀等项目上研发成功领先国内同行。2009年获得四川省“五一劳动奖章”，2022年获全国“五一劳动奖章”。

2022年第二季度“中国好人”

【邓启贵】 男，四川北川人，羌族，生于1963年4月，中共党员，大学学历，现任绵阳市邓启贵人民调解专家团队负责人、涪城区法学会邓启贵法学专家团队负责人。邓启贵在长期的基层实践中，总结了很多切实有效的工作经验，创建“纠纷和解第三方机制”、调处矛盾纠纷“四位一体”工作机制，总结形成“望、闻、问、切”和“邓启贵人民调解十九法”调解方法，创办“社区法治论坛”，打造绵阳首个“法治小区”、首个“人民调解文化园”。从事人民调解工作20余年，化解各类矛盾纠纷1600余件，被群众称赞为“身边的法律专家”“金牌调解员”。被聘为四川省人民调解专家、川渝地区调解专家、绵阳师范学院思想政治理论课特聘专家，绵阳市法学会第五届常务理事、首席法律咨询专家。

邓启贵建立绵阳市首个研究型专家团队——“邓启贵人民调解专家团队”，带领团队累计化解各类疑难、复杂、重大矛盾纠纷和信访稳定案件500余件，培训调解员4000余人次；组织开展土地流转、物业、继承、租赁等专题研讨会10余次，编写《人民调解指导手册》《人民调解知识问答》《拆迁纠纷的化解与处置》等手册6册，其经验在全省推广；创办“小区治理大家谈”，以小区治理为切入点参与基层社会治理，为勇拓洋楼、富临外滩花园等20余个问题小区提供解决方案，收到良好效果，其中勇拓洋楼小区成为“全省基层治理示范小区”。被评为“平安中国先进个人”“全国模范人民调解员”“全国最受欢迎人民调解员”“2022年第一季度四川好人”，被四川省委省政府记一等功，被授予“绵阳市优秀共产党员”称号。

2022年8月5日，第二季度“中国好人榜”正式揭晓，涪城区司法局邓启贵名列榜单。2022年12月7日，四川省“纪念现行宪法公布施行40周年”主题知识竞赛暨2022年“宪法宣传周”主题活动在成都召开。绵阳市涪城区“邓启贵人民调解专家团队”负责人邓启贵受邀参加活动，并获评2022年度“四川省十大法治人物”，四川省委常委、政法委书记靳磊为邓启贵等法治人物颁奖。

2021年度全国优秀共青团员

【叶子瑞】 女，大学本科学

历，共青团员，西南大学音乐学院在职研究生在读，2016年9月参加工作，现为绵阳市先锋路小学大队辅导员。2017年6月，参加共青团绵阳市涪城区第八次代表大会。2018年6月，代表涪城区参加中国少年先锋队绵阳市第六次代表大会。2018年10月，参加中国少年先锋队绵阳市涪城区第二次代表大会。2018年10月至今，随学校领导一行到杨家镇开展扶贫工作。在少先队工作方面，始终坚持“先学做人，再学做事和做学问”的育人原则，把科学理论指导作为提高团员思想素质的关键。积极构建学生自主管理体系，制定梯队建设机制，从一、二年级的小岗位，三、四年级的小干部，五、六年级的项目负责人，逐层构建学生干部管理梯队，并与老师共同参与规则与标准的制定。制定干部选拔机制，通过“自我推荐、竞争上岗”小干部聘任方式，鼓励孩子积极参与班级与校级管理，共同进步。通过多媒体教学，使课堂更生动、更形象，结合实操训练，让学生更快速、更高效地将知识运用到实际中。紧紧依靠少先队组织、学生社团等载体开展丰富多彩的活动。每年围绕重大时间节点和节庆日，创新开展特色主题教育活动，举行“六一”建队日、“中华经典诵读”、入学典礼、“毕业课”、“我是小小升旗手”、“牵手、共融、发展——中泰文化交流活动”等大型活动，对学生进行理想信念教育。坚持开展社会实践活动，每周三和每周六上午定期开展社团活动，按照学生的兴趣爱好和身心发展规律，开展绘画、书法、剪纸、舞蹈、古筝、葫芦丝、口琴等艺术才能培训展示活动，培养他们的兴趣爱好和动手能力。每周六上午定期开展文明交通劝导志愿服务活动，增强少先队员的道德意识、责任意识和法纪意识。先后在涪城区第十五届校园歌手大赛、涪城区第八届中华经典诵读比赛、涪城区第五届班级器乐合奏比赛、涪城区纪念“五四运动”100周年活动、涪城区教体系统庆祝中华人民共和国成立70周年暨第十七届校园艺术节、绵阳市少先队建队70周年暨少先队鼓号队比赛、绵阳市师德演讲比赛等大型活动中担任主持人，先后在四川省第八届少数民族艺术节、四川省艺术节群星奖、绵阳市春节联欢晚会、绵阳市新年音乐会等大型活动中参加演出和比赛。先后获四川省艺术推进“优秀指导教师”、绵阳市优秀少先队辅导员、绵阳市纪念少先队建队68周年暨鼓号队比赛“优秀指导教师”、绵阳市第二届教师声乐比赛组合组一等奖、涪城区文轩教育杯“我为祖国点赞”读书演讲比赛“优秀指导教师”等荣誉。2022年4月，被共青团中央表彰为全国优秀共青团员。

2022年全国五好家庭

【刘程家庭】 刘程家庭，位于绵阳市涪城区，一家三代同堂，一家人用平平凡凡的事、点点滴滴的情诠释家作为爱的港湾的真谛。结婚20年来，刘程夫妻在工作中相互理解、相互支持，在生活中互相体谅、宽容谦让。刘程的父母都已80多岁，身患多种慢性病，夫妻俩无论多么繁忙，在精神生活上始终给予老人家最大体贴和安慰。妻子陈安芳和婆婆相处融洽，家务活总是抢着去干，闲下来总有说不完的话，婆媳关系像亲母女一样。2020年新冠疫情暴发，刘程第一时间组织成立“红色防疫志愿服务队”，开展防疫工作；依托“学习强国”平台召开视频防控会议，提高疫情防控工作质效。在他的带领和号召下，铁牛街社区率先在全市完成对1326户3725人的摸排任务，维护辖区安全稳定。始终献爱于社区，服务于居民，为群众办好一件又一件实事，以自己的实际行动诠释一名基层社区工作者的责任和担当。一家人热心公益、乐于奉献社会。铁牛社区84岁杜淑蓉老人，身患食道癌，没有任何生活来源的她不仅要与病魔作斗争，还独自抚养孙女，刘程夫妇组织辖区企业捐款捐物，争取企业“一对一”帮扶。会仙路社区陈开定家中两人残疾，一人无正式工作，时任社区书记的陈安芳帮助其家人找到工作并联系企业家协会长期资助，介绍专家制定治疗方案，为多灾多难的家庭送去亮光。在疫情到来之时，儿子刘俊逸用勤工俭学赚来的钱购买500个N95口罩从异国他乡寄来，请父母转交社区困难群众。刘程一家5口都是中共党员，父亲是一位有着50年党龄的老党员，母亲也是在教育战线辛勤耕耘一辈子的党员。刘程、陈安芳在工作之初就加入中国共产党，25岁的刘俊逸党龄已满三年。家人聚在一起就是一次“党员大会”。增强“四个意识”、坚定“四个自信”、做到“两个维护”是他们全家坚守的信念。这个家就是一个“党员之家”。2022年5月，刘程家庭被全国妇联表彰为全国五好家庭。

2022年绵阳市涪城区党政军群团机关及其工作部门领导名录

一、领导机关

中国共产党绵阳市涪城区委员会
书　记　邓　辉
副书记　胡友谊
常　委　张　伟
　　　　关　键（8月止）
　　　　商仕健（10月起）
　　　　李　东
　　　　董　静（女）
　　　　秦亚辉
　　　　黄　维
　　　　曾胜利
　　　　李大年

绵阳市涪城区人民代表大会常务委员会
主　任　顾　建
副主任　林　勇
　　　　李　里（女）
　　　　罗泽斌
　　　　李永钢

绵阳市涪城区人民政府
区　长　张虚怀
常务副区长　秦亚辉
副区长　黄　维
　　　　陈洪芳（女）
　　　　喻焰斌
　　　　胡峪涛
　　　　刘　琳
　　　　谢　欣（10月起）
　　　　王　宇（11月止）
　　　　黄梦瑶（女，10月止）

中国人民政治协商会议绵阳市涪城区委员会
主　席　杜正茂
副主席　秦　纯
　　　　肖兴亮
　　　　于晓燕（女）
　　　　刘正西

二、纪检机关

中国共产党绵阳市涪城区纪律检查委员会
书　记　张　伟
副书记　路春玲（女）
　　　　梁志勋

区委巡察办
主　任　路春玲（女）
常务副主任　刘　果

第一巡察组
组　长　潘玥池（女）

第二巡察组
组　长　林国平

第三巡察组
组　长　罗　鹏

第四巡察组
组　长　李小林

绵阳市涪城区监察委员会
主　任　张　伟
副主任　路春玲（女）
　　　　梁志勋

三、法院、检察院

绵阳市涪城区人民法院
院　长　杨小平

绵阳市涪城区人民检察院
检察长　肖　伟
副检察长 衡　波

四、党群工作部门

中共绵阳市涪城区委办公室
主　任　谢　欣

中共绵阳市涪城区委组织部
部　长　曾胜利
常务副部长　潘　智
副部长　梁　竞（女）
　　　　杨世伟
　　　　王　东（8月止）

中共绵阳市涪城区委宣传部
部　长　关　键（10月止）
　　　　商仕健（10月起）
常务副部长　向旭平

中共绵阳市涪城区委统一战线工作部
部　长　董　静（女）
常务副部长　熊　敏（女）

中共绵阳市涪城区委政法委员会
书　记　李　东
常务副书记　管点点（女，12月止）

中共绵阳市涪城区委机构编制委员会办公室
主　任　梁　竞（女）

中共绵阳市涪城区委党校
常务副校长　黄桂林

中共绵阳市涪城区委区政府目标绩效管理办公室
主　任　任　堃

共青团绵阳市涪城区委员会
书　记　付　霞（女）

绵阳市涪城区妇女联合会
主　席　唐　娟（女）

绵阳市涪城区总工会
常务副主席　宋政杰（8月止）
　　　　　　杜　军（8月起）

绵阳市涪城区工商业联合会
党组书记　邓　勇

绵阳市涪城区科学技术协会
主　席　郭美蓉（女）

五、绵阳市涪城区人民代表大会常务委员会专委会及办事工作机构

绵阳市涪城区人大常委会工作部门办公室
主　任　丁　凯

研究室
主　任　向　婧（女）

财政经济委员会
主任委员　李　荐（11月止）

监察和法制委员会
主任委员　冯清春（11月止）

社会建设委员会
主任委员　甄丽蓉

执法监督室
主　任　林　辉

人事代表工作委员会
主　任　冯丽玲

预算工作委员会
主　任　苟兴权

农业工作委员会
主　任　孟合江

城乡建设环境资源保护工作委员会
主　任　肖兴斌

教科文卫工作委员会
主　任　王震波（女）

六、绵阳市涪城区人民政府工作部门

绵阳市涪城区人民政府办公室
主　任　彭三高

绵阳市涪城区发展和改革局
局　长　甘开红

绵阳市涪城区工业和信息化局
局　长　张琦伟

绵阳市涪城区教育和体育局
局　长　王定强

绵阳市涪城区科学技术局
局　长　谢潜龙

绵阳市公安局涪城分局
局　长　喻焰斌

绵阳市涪城区民政局
局　长　谢煜淮

绵阳市涪城区司法局
局　长　冯凯波

绵阳市涪城区财政局
局　长　郑　茜（女）

绵阳市涪城区人力资源和社会保障局
局　长　杨世伟

涪城生态环境局
局　长　李　雄

绵阳市涪城区住房和城乡建设局
局　长　余　华

绵阳市涪城区交通运输局
局　长　沈　亮

绵阳市涪城区农业农村局
局　长　顾雪邦

绵阳市涪城区商务局
局　长　崔　平

绵阳市涪城区文化广播电视和旅游局
局　长　邓　吉（女，9月止）
　　　　范　俊（9月起）

绵阳市涪城区卫生健康局
局　长　李　帆

绵阳市涪城区退役军人事务局
局　长　何海成（9月止）
　　　　王洪球（9月起）

绵阳市涪城区应急管理局
局　长　张　明

绵阳市涪城区审计局
局　长　邓小孟（女，1月止）
　　　　李济东（2月起）

绵阳市涪城区市场监督管理局
局　长　童小刚

绵阳市涪城区统计局
局　长　王　芳（女）

绵阳市涪城区信访局
局　长　刘晓强（3月止）
　　　　张南冰（4月起）

绵阳市涪城区经济合作局
局　长　文　雪（女）

绵阳市涪城区医疗保障局
局　长　陈　竹

绵阳市涪城区行政审批局
局　长　吴松云

绵阳市涪城区综合行政执法局
局　长　王洪球（9月止）
　　　　何海成（9月起）

绵阳市涪城区融媒体中心
主　任　曹　坤

绵阳市涪城区档案馆
馆　长　沈　飞

绵阳市涪城区创新改革研究中心
主　任　尹　莉（女）

中共绵阳市涪城区委党史研究室（区地方志办公室）
主　任　王　东

绵阳市涪城区文明实践服务中心
主　任　党燕萍（女，4月起）

绵阳市涪城区残疾人联合会
理事长　蒋　爽

绵阳市涪城区社会科学界联合会
主　席　晏　华（女）

绵阳市涪城区文学艺术界联合会
主　席　邹阳东

绵阳市涪城区机关事务服务中心
主　任　张蕾蕾（女）

绵阳市涪城区乡村振兴服务中心
主　任　王国勇

绵阳市涪城区征地拆迁与旧城改造服务中心
主　任　吴中伦

绵阳市涪城区环卫绿化中心
主　任　冉　伟

绵阳市涪城区市政建设维护中心
主　任　杨　斌

绵阳市涪城区大数据中心
主　任　刘必胜（3月起）

绵阳市涪城区农民工服务中心
主　任　谢　波

绵阳市涪城区供销合作社联合社
主　任　高广泰（5月止）
　　　　王　胜（5月起）

绵阳市涪城区社保服务中心
主　任　雍芙蓉（女）

绵阳市涪城区就业服务中心
主　任　方利平（8月起）

绵阳市涪城区企业培育发展中心
主　任　肖　勃

绵阳市涪城区农村人居环境和能源发展中心
主　任　文圣春

绵阳市涪城区水利发展中心
主　任　凌章杰

绵阳市涪城区民族宗教事务局
局　长　熊　敏（女）

七、中国人民政治协商会议绵阳市涪城区委员会工作部门

秘书长　蒋纯泉

办公室
主　任　牛　欢

提案委员会
主　任　王泷天

经济委员会
主　任　杨　婷（女）

教科卫体委员会
主　任　高广泰

文化文史和学习委员会
主　任　高　敏（女）

法制联谊委员会
主　任　张　茜（女）

委员工作委员会
主　任　冯　涛

农业和农村委员会
主　任　向冬梅（女）

八、绵阳市金家林总部经济试验区

党工委
副书记　黄　维
　　　　李永钢

管委会
主　任　黄　维
副主任　胡高勇
　　　　詹源泓

纪工委
书　记　郑　毅
副书记　田　明

综合办公室
主　任　冯　尹

财政局
副局长　符斌秋（8月起）

投资促进服务中心
主　任　金　胜（9月起）

经济发展局
局　长　周　舟（1月止）

九、镇（街道）

青义镇
党委书记　彭　辉
人大主席　张　林
镇　长　李　坤（12月止）
　　　　管点点（女，12月起）

丰谷镇
党委书记　傅　鹏（12月止）
　　　　李　坤（12月起）
人大主席　陶　伟
镇　　长　范　俊（8月止）
　　　　羊俊锋（8月起）

新皂镇
党委书记　谢东恒
人大主席　王文杰（11月止）
　　　　姜　玥（女，12月起）
镇　　长　董显荣

吴家镇
党委书记　熊　燚
人大主席　屈　辉
镇　　长　王保明

杨家镇
党委书记　李　华
人大主席　马行远（5月止）
　　　　汪丽娟（女，5月起）
镇　　长　文　雪（女，4月止）
　　　　马行远（5月起）

城厢街道
党工委书记　张晓军
办事处主任　唐　智
人大工委主任　于　静（女）

工区街道
党工委书记　杜　军（8月止）
　　　　陈　湘（8月起）
办事处主任　陈　湘（8月止）
　　　　王文杰（12月起）
人大工委主任　赵永生

城郊街道
党工委书记　李济东（2月止）
　　　　曹　阳（2月起）
办事处主任　曹　阳（2月止）
　　　　刘晓强（2月起）
人大工委主任　张　杨

石塘街道
党工委书记　陶　波
办事处主任　景兆钧
人大工委主任　万　波

2022年绵阳市涪城区先进集体、先进个人

2022年绵阳市涪城区先进集体一览表

表78

获奖单位	获奖称号	授奖单位全称	授奖年、月
绵阳市涪城区	第五批节水型社会达标县（区）	水利部	2022年12月
绵阳万江眼科医院	2020—2021年度全国“安康杯”竞赛优胜单位	中华全国总工会、中华人民共和国应急管理部、国家卫生健康委员会	2022年6月
绵阳富临精工股份有限公司	全国和谐劳动关系创建示范企业	中华人民共和国人力资源和社会保障部、中华全国总工会、中国企业联合会、中国企业家协会、中华全国工商业联合会	2022年9月
绵阳市涪城区工商业联合会	全国“五好”标杆县级工商联	中华全国工商业联合会	2022年7月
绵阳市涪城区工商业联合会	2022年度民营企业调查点工作先进基层单位	中华全国工商业联合会	2022年12月
绵阳市涪城区人民检察院	办理的付某盗窃侦查活动监督案获全国十大优秀侦查活动监督案	最高人民检察院	2022年1月
绵阳市涪城区人民检察院	2022年度全国检察宣传先进单位	最高人民检察院	2022年9月
绵阳市涪城区杨家镇	第十二批全国“一村一品”示范镇	农业农村部	2022年11月
绵阳市涪城区社会科学界联合会	2022年度全国社科组织先进单位	全国大中城市社科联工作会议主席团	2022年12月
国家税务总局绵阳市涪城区税务局第四税务分局	一星级全国青年文明号	全国创建青年文明号活动组委会	2022年8月
绵阳市涪城区丰谷镇	2021年度国家卫生城镇	全国爱卫会	2022年1月
绵阳市涪城区城厢街道临东社区	全国文明实践巾帼志愿阳光站	中华全国妇联宣传部	2022年2月
绵阳市涪城区	2021年度全国县域经济发展百强区	中共四川省委、四川省人民政府	2022年11月
绵阳市涪城区	2021年度巩固脱贫攻坚后评估考核获得“好”等次	中共四川省委、四川省人民政府	2022年7月
中共绵阳市涪城区委	2016—2020年四川省普法先进单位	中共四川省委、四川省人民政府	2022年5月
绵阳市涪城区吴家镇戴家林村	2021年四川省乡村振兴示范村	中共四川省委、四川省人民政府	2022年1月
绵阳市涪城区丰谷镇字库村	2021年度四川省乡村振兴示范村	中共四川省委、四川省人民政府	2022年1月
绵阳市涪城区	2021年度四川省全国百强区	中共四川省委、四川省人民政府	2022年11月
绵阳市涪城区	2021年度全国县域经济发展百强区	中共四川省委、四川省人民政府	2022年11月

续表78

获奖单位	获奖称号	授奖单位全称	授奖年、月
绵阳市涪城区蚕桑现代农业园区	四川省四星级现代农业园区	四川省人民政府	2022年1月
绵阳市涪城区	2022年度川烟培育成效突出县（市、区）	四川省烟草发展领导小组	2022年11月
绵阳市涪城区新皂镇梅家沟村	2021年度省级“六无”平安村（社区）	平安四川建设领导小组	2022年1月
绵阳市涪城区政协	全省“有事来协商”工作先进单位	四川省政协办公厅	2022年11月
绵阳市涪城区政协	2022年度全省政协宣传思想工作先进单位	四川省政协办公厅	2022年11月
绵阳市涪城区新皂镇刘家坪村	四川省（AAAAA）先进村党组织	四川省委组织部	2022年3月
绵阳市涪城区工区街道飞来石社区	全省第六批民族团结进步示范单位	四川省委宣传部、四川省委统战部、四川省民族宗教委	2022年1月
绵阳市涪城区吴家镇三清观村	2022年“乡村文化振兴省级样板村”	四川省委宣传部	2022年12月
涪城区财政局	全省财政“七五”普法先进单位（集体）	四川省财政厅	2022年4月
绵阳市涪城区公安分局	全省公安机关执法质量考评优秀县级公安机关	四川省公安厅	2022年3月
绵阳市涪城区青义派出所	全省公安机关成绩突出集体	四川省公安厅	2022年4月
绵阳市涪城区人民检察院	2018—2020年度全省检察机关“文明接待室”	四川省人民检察院	2022年1月
绵阳市涪城区人民检察院	办理的绵阳市某行政机关怠于履行职责检察监督案检察建议书获四川省检察机关2022年度民事检察优秀法律文书	四川省人民检察院	2022年7月
绵阳市涪城区人民法院	2021年涉诉信访工作先进集体	四川省高级人民法院	2022年1月
绵阳市涪城区人民法院	2021年度全省司法技术先进集体	四川省高级人民法院	2022年1月
绵阳市涪城区人民法院	2021年度全省行政审判工作先进集体	四川省高级人民法院	2022年1月
绵阳市涪城区人民法院	2021年涉诉信访工作先进集体	四川省高级人民法院	2022年1月
绵阳市涪城区人民法院	打击整治养老诈骗专项行动优秀宣传视频《反诈孃孃养成记》	四川省高级人民法院	2022年10月
绵阳市涪城区人民法院刑事审判庭	全省法院打击治理电信网络诈骗犯罪工作先进集体	四川省高级人民法院	2022年12月
绵阳市少年宫校外教育中心少儿思维部科技智控部	2020—2021年度四川省“安康杯”竞赛活动优胜班组	四川省总工会、四川省应急管理厅、四川省卫生健康委员会	2022年3月
绵阳市涪城区总工会	2022年四川省职工心灵驿站	四川省总工会	2022年10月

续表78

获奖单位	获奖称号	授奖单位全称	授奖年、月
绵阳富临精工股份有限公司	四川省职工“五小”活动先进单位	四川省总工会	2022年12月
团涪城区委	2021年青年大学习网上主题团课学习排名前列受到表扬	共青团四川省委	2022年1月
绵阳市花园实验小学六（6）中队	2022年度四川省“优秀少先队集体”	共青团四川省委	2022年9月
绵阳市城郊小学五（4）中队	2022年度四川省“优秀少先队集体”	共青团四川省委	2022年9月
绵阳市涪城区妇女联合会	四川省妇联基层组织建设工作先进集体	四川省妇女联合会	2022年1月
绵阳市涪城区城厢街道临园路东段社区居委会	第三届四川省家庭工作先进集体	四川省妇女联合会、四川省精神文明建设办公室	2022年5月
绵阳市涪城区统计局	四川省实施妇女儿童发展纲要优秀集体	四川省人民政府妇女儿童工作委员会	2022年12月
绵阳市涪城区家庭教育指导中心	四川省家风家教创新实践基地	四川省妇女联合会、四川省教育厅	2022年12月
绵阳市涪城区统计局	四川省实施妇女儿童发展纲要优秀集体	四川省人民政府妇女儿童工作委员会	2022年12月
绵阳市涪城区家庭教育指导中心	四川省家风家教创新实践基地	四川省妇女联合会、四川省教育厅	2022年12月
绵阳市涪城区财政局	全省财政“七五”普法先进单位（集体）	四川省财政厅	2022年4月
绵阳市涪城区	2021年度农产品质量安全监管与品牌培育工作成效突出单位（监测能力稳定提升）	四川省农业农村厅	2022年2月
绵阳市涪城区	2021年度“三品一标”农产品工作成效突出单位	四川省农业农村厅	2022年2月
绵阳市涪城区	四川技能大赛——2022年农业行业职业技能竞赛突出贡献奖	四川省农业农村厅	2022年11月
绵阳市涪城区	2022年度四川省植物保护工作绩效考核优秀单位（农药科学安全使用工作）	四川省农业农村厅	2022年12月
绵阳市涪城区农业农村局	天府农耕文明博物馆展品征集工作先进集体	四川省农业农村厅	2022年9月
绵阳市涪城区农业农村局	四川技能大赛——2022年农业行业职业技能竞赛突出贡献奖	四川省农业农村厅	2022年11月
绵阳市涪城区吴家镇	2022年四川省“首批百强中心镇”	四川省住房和城乡建设厅	2022年6月
绵阳市涪城区工区街道灵通社区	四川省第二批基层治理示范社区	四川省民政厅	2022年11月

续表78

获奖单位	获奖称号	授奖单位全称	授奖年、月
绵阳市涪城区城厢街道铁牛街社区	自治互助型社区	四川省民政厅、四川省委组织部	2022年11月
绵阳市涪城区城厢街道临东社区	2021年省级基层治理示范社区（智慧科技型）	四川省民政厅、四川省委组织部	2022年11月
绵阳市涪城区石塘街道西河路社区	2021年全省基层治理社会企业带动型示范社区	四川省民政厅、四川省委组织部	2022年11月
绵阳市涪城区杨家镇柏林湾村	第三批省级乡村旅游重点村	四川省文化和旅游厅	2022年7月
绵阳市涪城区统计局	四川省第七次全国人口普查先进集体	四川省统计局、四川省人力资源和社会保障厅	2022年6月
绵阳市涪城区统计局	第五次全国经济普查专项试点予以表扬通报	四川省统计局	2022年12月
绵阳市涪城区市场监督管理局	“春雷行动2022”执法行动先进集体	四川省市场监督管理局、四川省药品监督管理局	2022年6月
绵阳市涪城区	2022年度农机安全监理工作突出单位（农机安全宣传工作）	四川省农机监理总站	2022年12月
绵阳市涪城区农业农村局	2022年全省农业交流合作工作突出单位	四川省农业对外合作交流中心	2022年12月
绵阳市涪城区市场监督管理局	2021年四川省知识产权保护工作成绩突出集体	四川省知识产权工作领导小组办公室	2022年3月
绵阳市涪城区	2021年度乡村振兴优秀县市区	中共绵阳市委、绵阳市人民政府	2022年3月
绵阳市涪城区	2021年度绵阳市乡村振兴优秀县	中共绵阳市委、绵阳市人民政府	2022年3月
绵阳市涪城区	2021年度绵阳市“三农”重点工作先进县（农业农村改革工作先进县）	中共绵阳市委、绵阳市人民政府	2022年3月
绵阳市涪城区	2021年度绵阳市乡村振兴优秀县、农业农村改革工作先进县	中共绵阳市委、绵阳市人民政府	2022年3月
绵阳市涪城区人民政府	第九届中国（绵阳）科技城国际科技博览会先进集体	中共绵阳市委、绵阳市人民政府	2022年3月
绵阳市涪城区杨家镇柏林湾村	2021年度绵阳市乡村振兴示范村	中共绵阳市委、绵阳市人民政府	2022年3月
绵阳市涪城区	2021年度乡村振兴优秀县市区	中共绵阳市委、绵阳市人民政府	2022年3月
绵阳市涪城区	2021年度县市区目标绩效综合考核一等次	中共绵阳市委、绵阳市人民政府	2022年9月
绵阳市涪城区	2020年度全市工业和信息化工作先进集体	绵阳市人民政府	2022年1月
绵阳市涪城区应急管理局	2020 年绵阳市地质灾害防治工作先进集体	绵阳市人民政府	2022年1月

续表78

获奖单位	获奖称号	授奖单位全称	授奖年、月
绵阳市涪城区	2020年度工业和信息化发展先进集体一等奖	绵阳市人民政府	2022年1月
绵阳市涪城区稻渔综合种养现代农业园区	绵阳市三星级现代农业园区	绵阳市人民政府	2022年2月
绵阳市涪城区	2021年度审计工作先进单位	绵阳市人民政府	2022年6月
绵阳市涪城区人民政府	全市血吸虫病防治工作先进单位	绵阳市人民政府	2022年10月
绵阳市涪城区	2021年度绵阳市优化营商环境工作先进集体	绵阳市人民政府	2022年10月
绵阳市涪城区农业农村局	全市血吸虫病防治工作先进单位	绵阳市人民政府	2022年10月
绵阳市涪城区卫生健康局	血吸虫病防治工作先进单位	绵阳市人民政府	2022年10月
绵阳市涪城区杨家镇	全市血吸虫病防治工作先进单位	绵阳市人民政府	2022年10月
绵阳市涪城区商务局	2021年度绵阳市优化营商环境工作先进集体	绵阳市人民政府	2022年11月
绵阳市涪城区杨家镇杨家社区	市级“六无”平安村（社区）	平安绵阳建设领导小组	2022年3月
绵阳市涪城区丰谷镇	城乡环境综合提质三年行动2022年第三季度“十佳十差”镇街	绵阳市城乡环境综合类工作领导小组	2022年12月
绵阳市涪城区城郊街道	食品安全示范乡镇（街道）	绵阳市食品安全委员会	2022年7月
绵阳市涪城区政协	2022年度反映社情民意信息工作先进单位	绵阳市政协	2022年12月
绵阳市涪城区政协	2022年度宣传和信息工作先进单位	绵阳市政协	2022年12月
绵阳市涪城区政协	2022年度“助力巩固脱贫，助推乡村振兴”活动先进单位	绵阳市政协	2022年12月

2022年绵阳市涪城区先进个人一览表

表79

姓 名	性别	籍贯	政治面貌	职务、职称	获奖称号	授奖单位全称	授奖年、月
刘永红	女	四川渠县	中共党员	绵阳市涪城区纪委常委二级主任科员	全国纪检监察嘉奖	中共中央纪委、国家监委	2022年9月
刘 东	男	四川绵阳	中共党员	绵阳市公安局涪城分局政保大队中队长	全国公安政治安全工作先进个人	公安部	2022年3月
向明朗	男	四川广元	中共党员	绵阳富临精工股份有限公司总工程师	全国五一劳动奖章	中华全国总工会	2022年4月
叶子瑞	女	四川绵阳	群众	绵阳市先锋路小学少先队大队辅导员	2021年度全国优秀共青团员	共青团中央	2022年4月

续表79

姓 名	性别	籍贯	政治面貌	职务、职称	获奖称号	授奖单位全称	授奖年、月
马　香	女	四川绵阳	中共党员	绵阳市涪城区石塘街道西河路社区党委书记、居委会主任	全国优秀城乡社区工作者	民政部	2022年11月
邓启贵	男	四川北川	中共党员	绵阳市涪城区司法局一级主任科员	2022年第二季度“中国好人榜”	中央文明办	2022年8月
董晓辉	女	四川绵阳	中共党员	绵阳市涪城区社会科学界联合会专职副主席	2022年度全国社科工作先进个人	全国大中城市社科联工作会议主席团	2022年12月
田　坤	男	四川绵阳	中共党员	96863部队副班长、一级上士	二等功	96606部队	2022年11月
王　宇	男	四川绵阳	中共党员	77626部队技师、一级军士长	二等功	西藏军区	2021年11月
成　宏	男	四川绵阳	中共党员	绵阳市涪城区工区街道四级主任科员	2021年四川省驻京信访工作先进个人	四川省人民政府驻北京办事处	2022年1月
刘永红	女	四川渠县	中共党员	绵阳市涪城区纪委常委二级主任科员	四川省纪检监察系统先进个人	四川省纪委监委、四川省人社厅	2022年4月
张　金	男	四川富顺	中共党员	绵阳市涪城区总工会职工教育培训中心	2021年度全省政法优秀新闻作品	四川省委政法委员会	2022年6月
刘虹霞	女	重庆永川	中共党员	绵阳市涪城区人民检察院第四检察部副主任	入选全省检察机关行政检察人才库成员	四川省人民检察院	2022年3月
王　凌	男	四川安岳	中共党员	绵阳市涪城区人民法院一级警长	2021年全省法院督察工作先进个人	四川省高级人民法院	2022年1月
唐桌婧	女	四川广元	中共党员	绵阳市涪城区人民法院四级主任科员	全省法院司法保障工作先进个人	四川省高级人民法院	2022年1月
罗　蕊	女	四川绵阳	中共党员	绵阳市涪城区人民法院刑庭副庭长	全省法院百名优秀女法官	四川省高级人民法院	2022年3月
周兰兰	女	四川安县	中共党员	绵阳市涪城区人民法院政治部副主任	全省法院思想政治建设工作先进个人	四川省高级人民法院	2022年4月
李沅忆	女	四川武胜	群众	绵阳市涪城区人民法院一级科员	全省法院系统第二十四届学术讨论会获优秀论文奖	四川省高级人民法院	2022年5月
张艳君	女	四川盐亭	中共党员	绵阳市涪城区人民法院党组成员、执行局局长	首届“全省法院优秀执行局局长”	四川省高级人民法院	2022年7月
王　茜	女	四川绵阳	群众	绵阳市涪城区人民法院刑庭审判员三级法官	2019年以来全省法院毒品审判工作先进个人	四川省高级人民法院	2022年7月
刘凌宇	男	四川三台	中共党员	绵阳市涪城区人民法院家事审判庭庭长、四级高级法官	全省法院办案标兵	四川省高级人民法院	2022年7月
唐　磊	男	四川绵阳	中共党员	绵阳市涪城区人民法院行装办主任	全省法院岗位标兵	四川省高级人民法院	2022年7月

续表79

姓 名	性别	籍贯	政治面貌	职务、职称	获奖称号	授奖单位全称	授奖年、月
黄昌楠	男	福建连城	民盟盟员	绵阳市涪城区人民法院副院长、审判委员会委员	全省法院党的二十大信访维稳安保工作先进个人	四川省高级人民法院	2022年12月
孙 静	男	四川绵阳	中共党员	绵阳市涪城区人民法院民一庭副庭长一级法官	全省民事审判工作先进个人	四川省高级人民法院	2022年12月
陈昆鹏	男	四川中江	中共党员	立案庭庭长一级法官	全省法院一站式建设先进个人	四川省高级人民法院	2022年12月
向 婧	女	四川巴中	中共党员	绵阳市涪城区人大常委会研究室主任	2022年度全省人大新宣传工作先进个人	四川省人大常委会办公厅	2022年12月
谢清泉	男	四川江油	中共党员	青义镇党建综合办副主任	第31届四川人大新闻奖、网络作品类三等奖	四川省人大常委会办公厅	2022年12月
牛 欢	男	四川江油	中共党员	绵阳市涪城区政协党组成员、副秘书长、办公室主任	全省政协系统宣传思想工作先进个人	四川省政协办公厅	2022年11月
李国阳	男	四川旺苍	中共党员	绵阳市涪城区政协办公室行政股股长、四级主任科员	全省政协系统优秀通讯员	四川省政协办公厅	2022年11月
邓启贵	男	四川北川	中共党员	绵阳市涪城区司法局一级主任科员	2022年度“四川十大法治人物”	中共四川省委依法治省办、省委宣传部、省司法厅	2022年12月
周建国	男	四川广元	中共党员	绵阳市涪城区残疾人联合会副理事长	2022第二季度“四川好人”助人为乐类光荣称号	四川省文明办	2022年12月
邓启贵	男	四川北川	中共党员	绵阳市涪城区司法局一级主任科员	2022年第一季度“四川好人榜”敬业奉献好人	四川省精神文明办公室	2022年3月
董 昕	女	遂宁射洪	群众	绵阳市公安局涪城分局指挥中心民警	全省公安机关110工作成绩突出个人	四川省公安厅	2022年1月
邓铃弋	女	四川绵阳	群众	绵阳市公安局涪城分局网安大队辅警	通报表扬	四川省公安厅	2022年2月
陈七春	女	四川绵阳	中共党员	绵阳市公安局涪城分局治安大队民警	2021年全省公安机关深化打击整治枪支爆炸物品违法犯罪专项行动成绩突出个人	四川省公安厅	2022年4月
帅 明	男	四川绵阳	中共党员	绵阳市公安局涪城分局治安大队指导员	2021年度打击长江非法采砂犯罪专项行动成绩突出个人	四川省公安厅	2022年5月
皮文睿函	女	四川三台	群众	绵阳市公安局涪城分局花园派出所辅警	全省公安机关成绩突出辅警	四川省公安厅	2022年6月

续表79

姓 名	性别	籍贯	政治面貌	职务、职称	获奖称号	授奖单位全称	授奖年、月
樊远平	男	四川绵阳	中共党员	绵阳市公安局涪城分局政委	全省公安机关宣传舆论技能实战大练兵成绩突出个人	四川省公安厅	2022年9月
廖静雯	女	四川绵阳	中共党员	绵阳市公安局涪城分局小浮桥派出所教导员	全省公安机关宣传舆论技能实战大练兵成绩突出个人	四川省公安厅	2022年9月
李一薇	女	四川南充	中共党员	绵阳市涪城区税务局一级行政执法员	亏损企业所得税核查专项工作嘉奖	国家税务总局四川省税务局	2022年1月
杨现坤	男	山东郓城	中共党员	绵阳市涪城区税务局党委委员、副局长	税收大数据和风险管理类“专业骨干”	国家税务总局四川省税务局	2022年1月
邓　玺	男	四川安州	中国民主促进会会员	绵阳市涪城区税务局第四税务分局局长	税收大数据和风险管理类“专业骨干”	国家税务总局四川省税务局	2022年1月
滕明波	男	四川成都	中共党员	绵阳富临精工股份有限公司董事长	2020～2021年度四川省“安康杯”竞赛活动优秀个人	四川省总工会、四川省应急管理厅、四川省卫生健康委员会	2022年10月
胡　英	女	河南内乡	群众	四川忠盛仁联科技有限责任公司培训老师	2022年“四川省最美家政人”	四川省总工会	2022年12月
赵　刚	男	四川绵阳	群众	绵阳市长虹明生物流有限公司	2022年四川省“最美新就业形态劳动者”	四川省总工会	2022年12月
林溦娴	女	四川绵阳	群众	绵阳市石塘小学学生	2022年四川省“优秀少先队员”	共青团四川省委	2022年9月
张诗语	女	四川绵阳	群众	绵阳市青义小学学生	2022年四川省“优秀少先队员”	共青团四川省委	2022年9月
晏章程	男	四川绵阳	群众	绵阳市实验中学学生	2022年四川省“优秀少先队员”	共青团四川省委	2022年9月
王雨婷	女	四川绵阳	群众	绵阳市涪城区吴家镇小学学生	2022年四川省“优秀少先队员”	共青团四川省委	2022年9月
王娇妮	女	四川绵阳	群众	绵阳市第二中学学生	2022年四川省“优秀少先队员”	共青团四川省委	2022年9月
李　冰	男	山东潍坊	中共党员	绵阳师范学院教师	2022年四川省“优秀少先队辅导员”	共青团四川省委	2022年9月
战立刚	男	辽宁沈阳	中共党员	绵阳市公安局交警支队直属一大队一级警长	2022年四川省“优秀少先队辅导员”	共青团四川省委	2022年9月
谢丽诗	女	四川三台	共青团员	绵阳市涪城区特殊教育学校少先队中队辅导员	2022年四川省“优秀少先队辅导员”	共青团四川省委	2022年9月
陈　丹	女	四川绵阳	中共党员	绵阳市涪城区城厢街道临东社区党委委员、居委会副主任	第九届四川省青年志愿服务优秀个人	共青团四川省委、四川省精神文明建设办公室、四川省民政厅	2022年4月

续表79

姓名	性别	籍贯	政治面貌	职务、职称	获奖称号	授奖单位全称	授奖年、月
胡丹丹	女	四川绵阳	中共党员	绵阳市涪城区石塘街道南山社区党委书记、居委会主任	第三届四川省家庭工作先进个人	四川省妇女联合会、四川省精神文明建设办公室	2022年5月
席　君	女	四川平武	群众	绵阳市美新家政服务有限公司副总经理、财务总监	四川省最美巾帼家政人	四川省妇女联合会	2022年12月
黄季春	男	四川西充	中共党员	财政投资评审中心八级职员	全省财政“七五”普法先进个人	四川省财政厅	2022年4月
吴永前	男	四川三台	中共党员	绵阳市涪城区市场监督管理局城厢市场监管所副所长	2022年省级重大活动食品安全保障工作先进个人	四川省市场监督管理局	2022年12月
李钟丹	女	四川绵阳	中共党员	绵阳市涪城区城厢街道铁牛街社区居委会委员	社区教育最美志愿者	四川省社区教育服务指导中心	2022年7月
徐　慧	女	四川绵阳	民进会员	绵阳市涪城区委宣传部二级主任科员	第九届科博会先进个人	中共绵阳市委、绵阳市人民政府	2022年3月
寇峻岭	男	四川苍溪	党员	绵阳市涪城区综合行政执法局党组成员、副局长	绵阳市第四届“十佳环保卫士”	中共绵阳市委、绵阳市人民政府	2022年6月
李　程	男	重庆云阳	中共党员	石塘街道武装部副部长	2021年度征兵工作先进个人	绵阳市人民政府	2022年1月
张　进	女	四川江油	中共党员	绵阳市涪城区城乡社会救助服务中心主任	2022年度血吸虫病防治工作先进个人	绵阳市人民政府	2022年10月
陈永康	男	四川绵阳	中共党员	绵阳市涪城区财政局党委书记	拥军优属先进个人	绵阳市人民政府	2022年4月
周洪军	男	四川绵阳	中共党员	青义镇社会事务办副主任，镇便民中心副主任	血吸虫病防治工作先进个人	绵阳市人民政府	2022年10月
刘春鹏	男	四川绵阳	群众	绵阳市涪城区税务局吴家税务分局副局长	2021年度绵阳市优化营商环境工作先进个人	绵阳市人民政府	2022年10月
胡志斌	男	四川武胜	中共党员	绵阳市涪城区现代农业技术推广中心主任	全市血吸虫病防治工作先进个人	绵阳市人民政府	2022年10月
龚春利	女	四川绵阳	群众	绵阳市涪城区工信局八级职员	2021年度绵阳市优化营商环境先进个人	绵阳市人民政府	2022年10月
李　华	男	四川绵阳	中共党员	镇党委书记、矛盾纠纷多元化解协调中心主任	全市血吸虫病防治工作先进个人	绵阳市人民政府	2022年10月
吴健蓉	女	四川泸州	中共党员	石塘街道社会事务办主任	全市血吸虫病防治工作先进个人	绵阳市人民政府	2022年10月
李志超	男	河南洛阳	中共党员	营商服务中心主任	2021年度绵阳市优化营商环境工作先进个人	绵阳市人民政府	2022年10月

2022年绵阳市涪城区委、区委办重要文件目录

表80

序号	发文文号	发文机关	文件名称	发文时间
1	工作通报〔2022〕第1期	区委办	邓辉同志在区委七届二次全会上的讲话	2022年1月6日
2	工作通报〔2022〕第9期	区委办	邓辉同志在2022年全区民生事业高质量发展大会上的讲话	2022年3月25日
3	工作通报〔2022〕第10期	区委办	邓辉同志在读书班上的讲话	2022年7月11日
4	绵涪委〔2022〕77号	区委	关于学习宣传贯彻省十二次党代会精神的通知	2022年6月8日
5	绵涪委〔2022〕116号	区委	关于推进2022年全面从严治党、党风廉政建设和反腐败工作的意见	2022年8月9日
6	绵涪委发〔2022〕1号	区委	关于推动医疗卫生事业高质量发展的实施意见	2022年2月23日
7	绵涪委发〔2022〕3号	区委	关于乡村文化振兴的实施意见	2022年3月22日
8	绵涪委发〔2022〕7号	区委	关于高质量做好2022年“三农”工作全面推进乡村振兴的意见	2022年5月10日
9	绵涪委发〔2022〕10号	区委	关于认真学习宣传贯彻党的二十大精神的通知	2022年11月14日
10	绵涪委办发〔2022〕3号	区委办	关于印发《绵阳市涪城区经济合作工作管理办法（试行）》的通知	2022年2月9日
11	绵涪委办发〔2022〕5号	区委办	关于印发《涪城区城镇困难群众精准帮扶“五润行动”计划》的通知	2022年3月22日
12	绵涪委办发〔2022〕8号	区委办	关于印发《涪城区义务教育大学区管理实施意见（试行）》的通知	2022年6月20日
13	绵涪委办发〔2022〕9号	区委办	关于印发《涪城区区本级重大经济事项决策规定实施细则（试行）》的通知	2022年7月29日
14	绵涪委办发〔2022〕10号	区委办	关于印发《涪城区对上争取资金考核管理办法（试行）》的通知	2022年8月10日
15	绵涪委办〔2022〕34号	区委办	关于印发《涪城区贯彻落实市委决策部署工作机制》的通知	2022年3月18日
16	绵涪委办〔2022〕39号	区委办	涪城区“园区提质、企业满园”2022年行动计划	2022年3月30日
17	绵涪委办〔2022〕43号	区委办	关于印发《“涪城荟”招商联盟双招双引十条措施》的通知	2022年4月7日
18	绵涪委办〔2022〕47号	区委办	关于印发《园区“载体建设”“形象提升”项目工作计划（2022—2025）》的通知	2022年5月6日
19	绵涪委办〔2022〕62号	区委办	关于印发《涪城区深入开展城乡环境综合提质三年行动13条措施》的通知	2022年6月28日

2022年绵阳市涪城区政府、区政府办重要文件目录

表81

序号	时间	文号	标题	备注
1	2022年1月21日	绵涪府发〔2022〕1号	绵阳市涪城区人民政府2022年森林防火命令	
2	2022年2月15日	绵涪府发〔2022〕4号	关于印发《绵阳市涪城区控制性详细规划修改管理办法》的通知	
3	2022年2月15日	绵涪府发〔2022〕5号	关于印发《绵阳市涪城区城乡规划委员会工作规程》的通知	
4	2022年3月29日	绵涪府发〔2022〕7号	关于分解下达2022年度各镇（涉农街道）农作物、优质粮油、生猪生产目标任务的通知	
5	2022年4月8日	绵涪府发〔2022〕8号	涪城区关于完善财政管理体制进一步激励镇街抓经济促发展的通知	
6	2022年4月15日	绵涪府发〔2022〕9号	关于印发《绵阳市涪城区“十四五”综合交通运输发展规划》的通知	
7	2022年4月18日	绵涪府发〔2022〕10号	关于印发《涪城区“十四五”新型城镇化和城乡融合发展规划》的通知	
8	2022年4月22日	绵涪府发〔2022〕11号	关于印发《绵阳市涪城区2022年度国有建设用地供应计划》的通知	
9	2022年4月22日	绵涪府发〔2022〕12号	关于印发《绵阳市涪城区2022年度国有建设用地出让计划》的通知	
10	2022年4月25日	绵涪府发〔2022〕13号	关于印发《绵阳市涪城区“十四五”应急管理体系规划》的通知	
11	2022年4月27日	绵涪府发〔2022〕14号	关于《绵阳市涪城区河道水系综合治理实施计划》的通知	
12	2022年5月6日	绵涪府发〔2022〕15号	关于确定2022年区级消防安全重点单位的通知	
13	2022年5月11日	绵涪府发〔2022〕17号	关于印发《绵阳市涪城区“十四五”文化和旅游发展规划》的通知	
14	2022年5月16日	绵涪府发〔2022〕18号	关于进一步落实一镇一警工作制度的通知	
15	2022年5月26日	绵涪府发〔2022〕19号	关于印发《涪城区现代农业园区一园一策提升方案》的通知	
16	2022年5月31日	绵涪府发〔2022〕20号	关于做好2022年民兵组织整顿工作的通知	
17	2022年6月6日	绵涪府发〔2022〕21号	关于公布涪城区第五届社科科学优秀成果评奖结果的通知	
18	2022年6月14日	绵涪府发〔2022〕22号	关于印发《“十四五”时期民兵建设发展计划》的通知	
19	2022年7月4日	绵涪府发〔2022〕23号	关于印发《绵阳市涪城区工业高质量发展“十四五”规划》的通知	
20	2022年7月4日	绵涪府发〔2022〕24号	关于印发《绵阳市涪城区“十四五”先进制造业产业功能区规划》的通知	
21	2022年7月21日	绵涪府发〔2022〕25号	关于印发《绵阳市涪城区“十四五”新经济发展规划》的通知	
22	2022年7月21日	绵涪府发〔2022〕26号	关于印发《绵阳市涪城区“十四五”科技创新发展规划》的通知	
23	2022年7月29日	绵涪府发〔2022〕28号	关于印发《绵阳市涪城区耕地保护政策落实情况审计反馈问题整改工作总体方案》的通知	
24	2022年8月19日	绵涪府发〔2022〕31号	关于印发绵阳市涪城区“十四五”服务业发展规划的通知	

续表81

序号	时间	文号	标题	备注
25	2022年9月13日	绵涪府发〔2022〕33号	关于印发《中国（绵阳）科技城涪城人力资源服务产业园扶持办法（试行）》的通知	
26	2022年9月15日	绵涪府发〔2022〕34号	关于印发《涪城区防汛减灾专项整治实施方案的通知》的通知	
27	2022年10月20日	绵涪府发〔2022〕35号	关于印发《涪城区加快推进政务服务标准化规范化便利化重点工作任务清单》的通知	
28	2022年10月24日	绵涪府发〔2022〕36号	关于认定2022年区级现代农业园区的通知	
29	2022年11月30日	绵涪府发〔2022〕37号	关于印发《绵阳市涪城区行政许可事项清单2022年版》的通知	
30	2022年11月30日	绵涪府发〔2022〕38号	关于印发《绵阳市涪城区乡镇（街道）行政权力事项清单（2022年版）》的通知	
31	2022年12月23日	绵涪府发〔2022〕39号	关于印发《绵阳市涪城区森林防火规划（2020—2025年）》的通知	
32	2022年12月23日	绵涪府发〔2022〕40号	关于印发《坚决制止耕地“非农化”防止耕地“非粮化”》的通知	
33	2022年12月27日	绵涪府发〔2022〕41号	绵阳市涪城区人民政府2023年森林防火命令	
34	2023年1月3日	绵涪府发〔2022〕42号	关于印发《绵阳市涪城区国土空间规划委员会工作规则（试行）》的通知	
35	2023年1月5日	绵涪府发〔2022〕43号	关于印发“两纲”的通知12.26（正式发文送审稿）	
36	2023年1月16日	绵涪府发〔2022〕44号	关于印发《绵阳市涪城区土地管理委员会议事规则（第二次修订）》	
37	2022年1月21日	绵涪府办发〔2022〕1号	关于印发《暴雨洪涝巨灾应急预案》的通知	
38	2022年1月21日	绵涪府办发〔2022〕2号	关于印发《地震应急预案》的通知	
39	2022年1月21日	绵涪府办发〔2022〕3号	关于印发《危化事件处置应急预案》的通知	
40	2022年1月30日	绵涪府办发〔2022〕4号	关于印发《2022年绵阳市涪城区违法建设整治专项行动工作方案》的通知	
41	2022年1月30日	绵涪府办发〔2022〕5号	关于印发《涪城区农村道路安全管理办法（试行）》等文件的通知（印发）	
42	2022年1月30日	绵涪府办发〔2022〕6号	关于印发《全区道路交通安全集中整治工作方案》的通知（印发）	
43	2022年2月22日	绵涪府办发〔2022〕8号	涪城区应对新冠肺炎疫情支持商业综合体、专业市场“渡难关促发展”的措施（改）	
44	2022年3月9日	绵涪府办发〔2022〕11号	关于印发《涪城区服务业升级行动工作方案》的通知	
45	2022年3月9日	绵涪府办发〔2022〕12号	（以此为准）绵阳市涪城区制造业倍增行动工作方案	
46	2022年3月29日	绵涪府办发〔2022〕14号	关于印发《涪城区生活垃圾分类和处置工作方案》的通知	
47	2022年4月1日	绵涪府办发〔2022〕15号	关于印发恒大翡翠龙庭项目“保交楼”工作方案的通知	
48	2022年4月8日	绵涪府办发〔2022〕17号	关于印发《绵阳市涪城区贯彻落实深化农村公路管理养护体制改革实施方案》的通知	

续表81

序号	时间	文号	标题	备注
49	2022年5月5日	绵涪府办发〔2022〕20号	关于印发《涪城区“企业办事不出园”政务服务事项清单（第二批）》的通知	
50	2022年5月16日	绵涪府办发〔2022〕22号	关于印发《涪城区推动“清闲促建”工作实施方案》的通知	
51	2022年5月24日	绵涪府办发〔2022〕23号	关于印发《绵阳市涪城区防汛抗旱总体应急预案（2022年修订版）》的通知	
52	2022年5月27日	绵涪府办发〔2022〕24号	关于印发《绵阳市涪城区润禾计划实施方案》的通知	
53	2022年5月27日	绵涪府办发〔2022〕25号	关于印发《绵阳市涪城区耕地保护专项整治行动方案》的通知	
54	2022年5月30日	绵涪府办发〔2022〕26号	关于印发《绵阳市涪城区制造业招商引资“百日攻坚”行动（第二季）实施方案》的通知	
55	2022年6月2日	绵涪府办发〔2022〕27号	关于印发《涪城区突发公共事件医疗卫生救援应急预案》的通知	
56	2022年6月21日	绵涪府办发〔2022〕28号	关于印发《涪城区义务教育大学区管理实施意见（试行）》的通知	
57	2022年6月30日	绵涪府办发〔2022〕29号	关于印发《绵阳市涪城区自然灾害救助应急预案（试行）》的通知	
58	2022年6月30日	绵涪府办发〔2022〕30号	关于印发《绵阳市涪城区2022年营商环境专项整治行动方案》的通知	
59	2022年7月1日	绵涪府办发〔2022〕31号	关于印发《绵阳市涪城区水上运输事故（试行）》的通知	
60	2022年7月1日	绵涪府办发〔2022〕32号	关于印发《绵阳市涪城区突发事件交通运输保障应急预案（试行）》的通知	
61	2022年7月1日	绵涪府办发〔2022〕33号	关于印发《绵阳市涪城区食品安全突发事件应急预案》的通知	
62	2022年7月5日	绵涪府办发〔2022〕34号	关于印发《全区自建房等重点房屋安全专项整治实施方案》的通知	
63	2022年7月13日	绵涪府办发〔2022〕36号	关于印发《2022年度法治政府建设重点工作安排》的通知	
64	2022年7月9日	绵涪府办发〔2022〕38号	关于印发《绵阳市涪城区“优化营商环境面对面”专题座谈会实施方案》的通知	
65	2022年7月25日	绵涪府办发〔2022〕39号	关于印发《绵阳市涪城区粮食应急预案》的通知	
66	2022年7月25日	绵涪府办发〔2022〕40号	关于印发《绵阳市涪城区人民政府关于争创四川省法治政府建设示范项目的实施方案》的通知	
67	2022年7月29日	绵涪府办发〔2022〕42号	关于涪城区对上争取项目考核办法（试行）	
68	2022年8月9日	绵涪府办发〔2022〕43号	关于涪城区防汛、地灾、应急“三合一”工作专班实体化运行的通知	
69	2022年8月18日	绵涪府办发〔2022〕45号	关于印发《绵阳市涪城区防汛抗旱总体应急预案（2022年修订版）》的通知	
70	2022年8月19日	绵涪府办发〔2022〕46号	关于再次印发《关于调整完善绵阳市涪城区应急委员会的通知》的通知	
71	2022年8月19日	绵涪府办发〔2022〕47号	关于成立县域医疗卫生次中心建设工作领导小组的通知	
72	2022年8月25日	绵涪府办发〔2022〕50号	关于印发《绵阳市涪城区旅游突发事件应急预案（试行）》的通知	

续表81

序号	时间	文号	标题	备注
73	2022年8月29日	绵涪府办发〔2022〕52号	关于调整四川信托涉涪投资参与人风险处置工作专班的通知	
74	2022年9月13日	绵涪府办发〔2022〕54号	关于印发《中国（绵阳）科技城涪城人力资源服务产业园建设方案》的通知	
75	2022年10月9日	绵涪府办发〔2022〕58号	关于印发《涪城区“一网通办”能力巩固提升专项重点任务清单》的通知	
76	2022年10月21日	绵涪府办发〔2022〕60号	绵阳市涪城区深化镇街“一支队伍管执法”工作方案	
77	2022年11月8日	绵涪府办发〔2022〕62号	关于印发《涪城区创建四川省健康区实施方案》的通知	
78	2022年11月14日	绵涪府办发〔2022〕63号	关于成立绵阳市涪城区第三次全国土壤普查工作领导小组的通知	
79	2022年12月6日	绵涪府办发〔2022〕67号	关于印发《绵阳市涪城区加快农村寄递物流体系建设实施方案》的通知	
80	2022年12月6日	绵涪府办发〔2022〕68号	关于印发《绵阳市涪城区标准化协调推进联席会议制度》的通知	

2022年涪城区国民经济和社会发展统计公报

涪城区统计局

2022年是党的二十大胜利召开之年，是"十四五"规划深入实施的关键之年，也是涪城建区三十周年。一年来，全区上下坚定以习近平新时代中国特色社会主义思想为指导，深入学习贯彻党的二十大和省委十二届二次全会、市委八届五次全会精神，坚定以市委"五市战略"为引领，深入实施"三千工程"，加快建设"四个强区"，全区经济稳中向好，社会大局保持稳定，西部现代化强区建设迈出坚实步伐。

一、综合

根据地区生产总值统一核算初步结果，2022年涪城区全年地区生产总值1290.78亿元，按可比价格计算，比上年增长5.6%。其中，第一产业增加值31.21亿元，增长3.8%；第二产业增加值633.21亿元，增长7.5%；第三产业增加值626.35亿元，增长4.0%；三次产业结构为2.4 ∶ 49.1 ∶ 48.5。三次产业对经济增长的贡献率分别为1.9%、61.8%和36.4%。

全年民营经济增加值760.45亿元，比上年增长3.5%。其中：民营工业增加值333.37亿元。

年末，辖区行政区域面积达554.47平方千米，城镇化率82.79%。

2018—2022年地区生产总值和增速图

二、农业

全年农林牧渔业增加值32.60亿元，比上年增长3.9%。农林牧渔业总产值57.65亿元，增长4.0%。其中：农业产值36.38亿元，增长4.1%；林业产值1.74亿元，增长9.4%；牧业产值14.12亿元，增长3.9%；渔业产值3.1亿元，增长3.6%；农林牧渔服务业产值2.31亿元，增长5.0%。

全年粮食播种面积达13820公顷，粮食总产量8.63万吨。经济作物种植面积20100.9公顷，比上年增加245.1公顷，其中：蔬菜及食用菌播面17.72万亩，增长2.2%。

有效灌溉面积达11.03千公顷。农业机械总动力231371千瓦，机收面积18533公顷。全年化肥施用量(折纯)12457吨。

三、工业和建筑业

全年规模以上工业增加值比上年增长14.3%。年末，规模以上工业企业330户，营业收入1955.97亿元，产销率达96.2%，盈亏相抵后利润45.48亿元。全年建筑业总产值比上年增长11.1%。

四、固定资产投资

全年全社会固定资产比上年增长15.4%。其中：工业投资增长22.4%；企业技术改造投资增长3.0%；房地产开发投资增长1.5%。

五、国内贸易和对外经济

全年社会消费品零售总额669.25亿元，比上年下降1.4%。批发业销售额下降0.5%，零售业销售额增长6.2%，住宿业营业额增长6.2%，餐饮业营业额增长1.3%。

全年进出口总额364931.39万美元。其中：进口总额134183.06万美元，出口总额230748.33万美元。

六、交通运输、邮电通信

年末全区境内公路总里程1361.56千米，其中：等级公路1353.75千米(高速公路54.81千米)，等级外公路7.81千米。境内铁路营业里程104.51千米，铁路旅客运量(发送量)462.33万人，

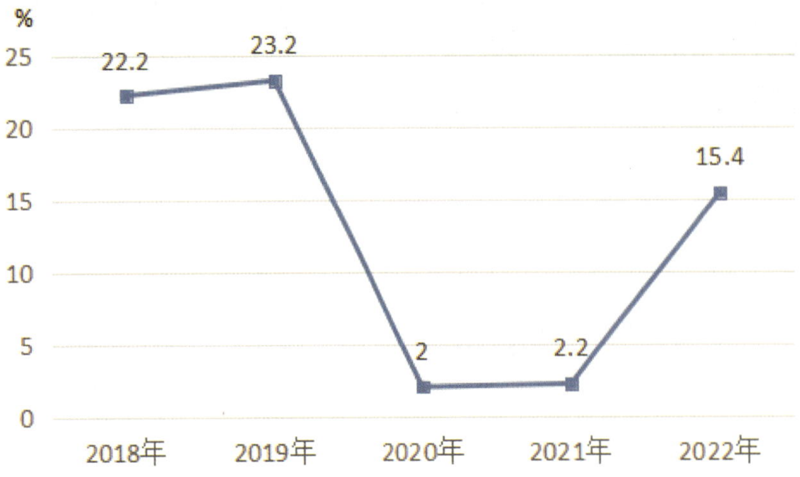

2018—2022年全社会固定资产投资增速图

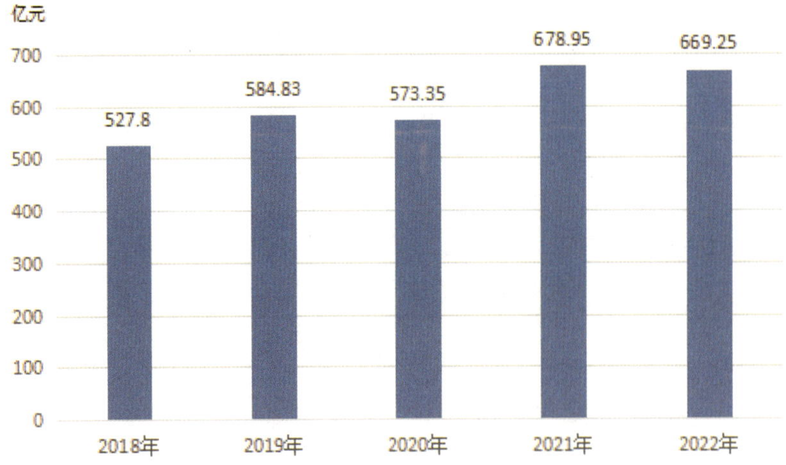

2018—2022年社会消费品零售总额图

铁路货物运量（发送量）6.58万吨，境内火车站3个。

全年电信业务总量180570万元，电信业务收入142713万元。年末本地固定电话用户（不包括分机，包括小灵通）45.85万户、移动电话用户228.95万户、互联网宽带接入用户74.59万户、三网合一用户64.76万户。

七、财务、科技

全年地方一般公共预算收入70.22亿元，比上年下降13.2%。

年末，全区高新技术企业455个；科技型中小企业1257个，其中：本年新增224个。全年专利授权数5872件，其中：发明1948件。

八、教育、文化、卫生和体育

年末，全区拥有小学学校44所，在校学生8.7万人；普通中学44所，在校学生9.5万人；中等职业教育学校7所，在校学生1.6万人；小学、普通中学、中等职业教育学校专任教师分别为4247人、6476人、689人。

年末，全区有公共图书馆2个、图书总藏量80.1万册，艺术馆、文化馆（站）27个，剧场、影剧院1个，博物馆、展览馆1个。全区广播覆盖率为100%、电视覆盖率为100%。

年末，共有各类医疗卫生机构681个，其中：医院37个，卫生院8个，疾病预防控制中心3个，妇幼保健站2个。卫生机构人员16584人。卫生技术人员13602人，其中：执业（助理）医师4864人，注册护士6772人。卫生防疫人员262人。医疗卫生机构床位数9986张。

年末全区拥有设施比较完备的大型体育场馆5个。

九、环境保护

全年市区年降水量567.5毫米，年平均气温18.3℃，年日照时数1220.8小时。

十、人口、人民生活和社会保障

年末，常住人口132.28万人，其中：农业人口22.76万人、城镇人口109.52万人。

年末，户籍总人口77.79万人，其中：农业人口10.63万人、城镇人口67.16万人；男性38.14万人、女性39.65万人。年末60岁及以上老年人口为15.98万人，占全辖区人口的比重为20.5%。

全年城镇居民人均可支配收入48075元，较上年增长4.6%；全年农村居民人均可支配收入27748元，较上年增长6.5%。

年末，城镇登记失业人数8129人，城镇登记失业率2.25%，失业保险参保人数305950人。

全年企业职工养老保险参保人数661298人；城乡居民社会养老保险参保人数96401人；基本医疗保险参保753803人，其中：城镇职工基本医疗保险人数296285人，城乡居民基本医疗保险人数457518人；生育保险参保人数221248人；工伤保险参保人数339240人。

全年城镇居民最低生活保障人数2018人;农村居民最低生活保障人数2351人。农村五保供养人数841人。年末有各种社会福利收养性单位26个,床位数5368张。

说明:

1. 公报中的数据为涪城行政区域口径。(辖区数据)

2. 公报中使用数据为统计快年报数据,正式数据以《涪城统计年鉴(2023)》为准。

3. 公报中部分数据由于四舍五入的原因,存在总计与分项合计不等的情况。

4. 公报中地区生产总值、各产业及相关行业增加值绝对数按当年价格计算,增长速度按可比价格计算。

5. 公报中地区生产总值2021年为年报修订数,2022年为快年报数据;第四次经济普查后,对社会消费品零售总额2017—2019年数据进行了修订。

6. 公报中林业、渔业、农业机械化、交通运输、邮政、电信、旅游、对外贸易、财政、教育、科技、文化、卫生、体育、环境保护、人民生活和社会保障等数据来源于相关部门。

索引

说明：1. 本索引以人名、地名、机构名称、活动名称、事件（事物）名称为主题词。

2. 本索引按主题词汉语拼音字母顺序排列，主题词后面的数字和字母分别表示所在页码和分栏位置（a、b、c表示本页码左、中、右三栏）。

3. 本索引主题词主要选自本年鉴正文部分，特载、大事记、附录以及图表、照片不在索引范围内。

主题索引

A

B

C

D

E

F

G

T

W

X

Y

Z

表格索引